国家哲学社会科学成果文库
NATIONAL ACHIEVEMENTS LIBRARY
OF PHILOSOPHY AND SOCIAL SCIENCES

京杭大运河
国家遗产与生态廊道

俞孔坚　李迪华
李海龙　张　蕾　等著

俞孔坚 男，1963年生，浙江金华人，北京大学教授，建筑与景观设计学院院长、景观设计学研究院院长。1987年获北京林业大学园林系硕士学位，1995年获美国哈佛大学设计学博士学位。研究方向为景观设计学、生态城市与生态规划理论与方法等，研究领域包括城乡规划与设计、景观规划与设计、世界自然与文化遗产保护与利用、乡土遗产研究与保护。他提出的景观生态安全格局、"反规划"与生态基础设施建设、多解规划理论与方法在国内广泛应用。在国内外发表论文二百五十余篇，专著17部，译著5部；7次被国际景观设计师联盟、美国景观设计师协会等国际大型会议邀请做年会主旨演讲嘉宾；建设部、国土资源部、国家文物局、青海省、北京市、苏州市等政府机关专家顾问；《景观设计学》主编，*Journal of Landscape Architecture*、《城市规划》、《规划师》、《自然资源学报》等学刊编委。

俞孔坚教授的城市和景观设计作品获得大量殊荣，包括8次美国景观设计师协会荣誉设计和规划奖、5次中国人居环境范例奖、2次全球最佳景观奖、2次国际青年建筑师优秀奖、3次世界滨水设计杰出奖、2008年世界建筑奖、2009年ULI全球杰出奖和中国第十届美展金奖等，他本人被中央组织部、中央宣传部、中央统战部联合授予"留学回国人员成就奖"，被国务院侨办授予"首届华侨华人专业人士杰出创业奖"。

李迪华 男，1967年生，湖南湘潭人，理学硕士。北京大学建筑与景观设计学院副教授，景观设计学研究院副院长。主要从事城市生态学、景观设计学研究与教学。主持北京市生态用地研究、北京市平谷区沟域经济规划研究、内蒙古自治区二连浩特节水绿地规划研究等项目，是"湖南省武陵源世界自然遗产地保护规划"、"浙江省南麂列岛国家级海洋自然保护区总体规划"、"中国京杭大运河整体保护研究"、"中国生态安全格局规划研究"、"北京市浅山区土地利用战略研究"、"武汉市伊托邦生态城市研究"等项目主要完成人，发表论文二十余篇，参加撰写研究专著5部，主编《对土地与社会的观察与理解》和《徒步阅读世界景观与设计》（中国高等教育出版社）5辑。中国城市规划学会城市生态建设专业委员会委员，中国国际城市化发展战略研究委员会战略咨询委员，北京园林学会学术工作委员会秘书，《景观设计学》副主编、《现代园林》编委。

李海龙 男，1981年生，山西岚县人，2010年获北京大学人文地理学博士学位。现为中国城市科学研究会助理研究员。"河北省生态宜居城市建设研究"、"中国低碳生态城市发展指南"、"中国生态城市指标体系与实践示范"、"国土生态安全格局规划"、"中国京杭大运河整体保护研究"、"四川卧龙国家级自然保护区震后重建规划"等项目主要完成人，参加了多个城市的规划设计工作，在国内外期刊上发表论文十余篇。

《国家哲学社会科学成果文库》
出版说明

  为充分发挥哲学社会科学研究优秀成果和优秀人才的示范带动作用，促进我国哲学社会科学繁荣发展，全国哲学社会科学规划领导小组决定自2010年始，设立《国家哲学社会科学成果文库》，每年评审一次。入选成果经过了同行专家严格评审，代表当前相关领域学术研究的前沿水平，体现我国哲学社会科学界的学术创造力，按照"统一标识、统一封面、统一版式、统一标准"的总体要求组织出版。

全国哲学社会科学规划办公室
2012 年 3 月

序

　　京杭大运河是世界上最长的运河,经历了两千五百多年的历史,北起通州,南至杭州,经北京、天津、河北、山东、江苏、浙江等省市,将海河、黄河、淮河、长江和钱塘江五大水系连成了统一的水运网,是中国历史上南粮北运、商旅交通、军资调配、水利灌溉等用途的生命线,贯穿南北流动的血脉与自然和人文景观剖面。大运河沿岸文化遗产极为丰富,有沿河兴起的城镇,有码头、仓库、船闸,有桥梁、堤坝,等等,形成了中国乃至全世界范围内罕见的大型线性文化遗产。

　　与世界上其他文化遗产和线性文化遗产相比,中国京杭大运河有着明显的特殊性:第一,它是一项由文化要素和自然要素共同构成的混合遗产;第二,它是活态的文化遗产,历史上的大运河作为贯通南北的经济大动脉,是南粮北运和盐运的重要通道,今天的大运河对沿线城市的交通、生态、经济、灌溉和防洪安全的作用依然相当显著;第三,它是由点、线、面不同形态的遗产类型共同构成的文化遗产廊道;第四,它是由古代遗址、近代史迹和当代遗产共同构成的文化遗产;第五,沿线工业遗产、乡土建筑、农业景观等集中反映了普通民众的生产、生活及其变迁,与今天仍然生活在运河边的广大居民形成了物质与非物质文化遗产共生共存的文化空间。

　　2006年5月,国务院将"京杭大运河"公布为全国重点文物保护单位;同时,全国政协文史委筹划、组织了京杭大运河申报世界遗产考察活动;同年12月,我国重新设定的《中国世界文化遗产预备名单》将大运河列入其中。大运河的整体保护成为我国文化遗产保护工作的重点之一。目前国家文物局正在组织有关单位进行大运河保护规划和申遗研究,由北京大学俞孔坚教授主持完成的国家文物局文物保护科学和技术研究课题——"京杭大运河整体保护研究"成果和即将出版的《京杭大运河国家遗产与生态廊道》,以丰富的田野调查记录，以及对京杭大运河历史、自然地理特征和遗产资源的深入整理成果，为这一项举世瞩目的文化遗产保护工程提供了直接依据和建设性的方案，是对中国文化遗产研究和保护的重要贡献，也是世界文化遗产研究的成功案例。

借此机会，向俞孔坚教授及其领导的研究团队积极参加国家文物局组织的文物保护科学技术研究项目和他们的辛勤付出表示感谢。

单霁翔

2008 年 6 月 6 日

目 录

前　言 ··· 1

上卷　京杭大运河整体保护研究

第一章　京杭大运河的历史、自然和社会经济背景 ································ 3
 1.1　何谓京杭大运河 ·· 3
 1.2　开凿年代 ·· 3
 1.3　分段与历史沿革 ·· 4
  1.3.1　通惠河 ·· 4
  1.3.2　北运河 ·· 7
  1.3.3　南运河 ·· 7
  1.3.4　会通河 ·· 8
  1.3.5　梁济运河 ·· 9
  1.3.6　南四湖区段 ·· 9
  1.3.7　不牢河段 ·· 10
  1.3.8　中运河 ·· 10
  1.3.9　里运河 ·· 11
  1.3.10　江南运河 ·· 12
 1.4　沿线自然特征 ·· 13

	1.4.1 地质地貌	13
	1.4.2 河流水系	13
	1.4.3 气候	15
	1.4.4 植被	15
	1.4.5 土壤	15
1.5	沿线社会经济特征	21
	1.5.1 人口	21
	1.5.2 经济	21

第二章 京杭大运河生存现状 ································ 29

2.1	京杭大运河现状	29
	2.1.1 河道	29
	2.1.2 水量与水质	29
	2.1.3 河堤	32
	2.1.4 使用情况	32
2.2	沿线文化遗产	32
	2.2.1 类型	36
	2.2.2 保护等级	37
	2.2.3 保存状况	37
	2.2.4 文化遗产与运河关系	37
2.3	沿线自然遗产	43
2.4	沿线非物质文化遗产	44

第三章 京杭大运河的遗产价值与整体保护问题和机遇 ············ 45

3.1	京杭大运河杰出的遗产与生态价值	45
	3.1.1 杰出的文化遗产价值	45
	3.1.2 难以替代的生产与生活基础设施价值	46
	3.1.3 重要的生态基础设施价值	46
	3.1.4 独特的国民教育价值	47
	3.1.5 战略性休闲游憩廊道价值	47
3.2	京杭大运河整体保护问题	48
	3.2.1 运河保护协调机制不健全	48

	3.2.2 快速城市化过程中对运河保护不足	48
	3.2.3 运河沿线盲目开发	49
	3.2.4 城市对运河的污染	49
3.3	京杭大运河保护面临的机遇	50
	3.3.1 南水北调工程的实施	50
	3.3.2 大运河申报世界遗产	50
3.4	世界遗产保护发展历程	53
	3.4.1 世界文化和自然遗产保护历史	53
	3.4.2 与运河及文化线路相关的世界遗产	59
3.5	国际大尺度文化遗产保护发展历程	63
	3.5.1 美国	63
	3.5.2 其他国家	64
3.6	国际遗产廊道保护理论	66
	3.6.1 遗产廊道概念	66
	3.6.2 美国的遗产廊道	67
3.7	我国遗产与生态保护理论基础	68
	3.7.1 "反规划"思想	68
	3.7.2 生态基础设施	69
	3.7.3 景观安全格局	69
3.8	京杭大运河整体保护的出路	70

第四章 京杭大运河国家遗产与生态廊道 72

4.1	京杭大运河国家遗产与生态廊道涉及内容与范围	72
	4.1.1 京杭大运河国家遗产与生态廊道构成要素	72
	4.1.2 京杭大运河国家遗产与生态廊道涉及范围	73
4.2	京杭大运河保护与管理策略	74
	4.2.1 京杭大运河管理原则	74
	4.2.2 建立综合的协调管理机构	75
4.3	划定遗产廊道的建议范围及保护导则	75
	4.3.1 核心保护范围	76
	4.3.2 重点保护范围	76

4.3.3 外围协调区域 ·· 77
4.4 京杭大运河国家遗产与生态廊道不同保护范围规划导则 ········ 77
4.4.1 核心保护范围规划导则 ····································· 77
4.4.2 重点保护范围规划导则 ····································· 79
4.4.3 外围协调区域规划导则 ····································· 79
4.5 京杭大运河国家遗产与生态廊道典型河段保护
与利用导则 ·· 79

下卷 京杭大运河遗产资源与生存现状详述

第五章 京杭大运河现状特征与资源详述 ································ 87
5.1 通惠河与北运河段 ·· 87
5.1.1 背景概况 ··· 87
5.1.2 运河现状 ··· 92
5.2 南运河段 ·· 131
5.2.1 背景概况 ··· 131
5.2.2 运河现状 ··· 138
5.3 聊城段 ··· 175
5.3.1 背景概况 ··· 175
5.3.2 运河现状 ··· 181
5.4 梁济运河段 ·· 214
5.4.1 背景概况 ··· 214
5.4.2 运河现状 ··· 220
5.5 南四湖区段 ·· 235
5.5.1 背景概况 ··· 235
5.5.2 运河现状 ··· 241
5.6 不牢河段 ·· 260
5.6.1 背景概况 ··· 260
5.6.2 运河现状 ··· 264
5.7 中运河段 ·· 273

  5.7.1 背景概况 ……………………………………………………… 273
  5.7.2 运河现状 ……………………………………………………… 278
 5.8 里运河段 …………………………………………………………… 303
  5.8.1 背景概况 ……………………………………………………… 303
  5.8.2 运河现状 ……………………………………………………… 312
 5.9 江南运河段 ………………………………………………………… 379
  5.9.1 背景概况 ……………………………………………………… 379
  5.9.2 运河现状 ……………………………………………………… 399

第六章 京杭大运河物质文化遗产资源详述 …………………………… 582
 6.1 通惠河与北运河段 ………………………………………………… 582
 6.2 南运河段 …………………………………………………………… 597
 6.3 聊城段 ……………………………………………………………… 625
 6.4 梁济运河段 ………………………………………………………… 659
 6.5 南四湖区段 ………………………………………………………… 669
 6.6 不牢河段 …………………………………………………………… 681
 6.7 中运河段 …………………………………………………………… 688
 6.8 里运河段 …………………………………………………………… 694
 6.9 江南运河段 ………………………………………………………… 744

第七章 京杭大运河非物质文化遗产资源详述 ………………………… 818
 7.1 通惠河与北运河段 ………………………………………………… 818
 7.2 南运河段 …………………………………………………………… 819
 7.3 聊城段 ……………………………………………………………… 820
 7.4 梁济运河段 ………………………………………………………… 821
 7.5 南四湖区段 ………………………………………………………… 822
 7.6 不牢河段 …………………………………………………………… 823
 7.7 中运河段 …………………………………………………………… 823
 7.8 里运河段 …………………………………………………………… 823
 7.9 江南运河段 ………………………………………………………… 827

参考文献 ………………………………………………………………… 838

附 录

附录一 《为实现整体保护目的的京杭大运河
遗产廊道研究》历程 …………………………………… 848
附录二 关于保护和巩固和谐社会根基的两个建议 ……… 俞孔坚 851
附录三 图表目录…………………………………………………… 856
附录四 京杭大运河剖面图图例…………………………………… 891

索 引 ………………………………………………………………… 893

（本书附光盘，包含正文中全部图片的彩色高分辨率电子文件。）

Contents

Foreword ··· 1

Part Ⅰ Research on Overall Protection of the Grand Canal

Chapter 1 Historical, Natural, Social and Economic Background ·· 3
  1.1 What is the Grand Canal? ··· 3
  1.2 Digging Times ·· 3
  1.3 Segmentation and History ·· 4
      1.3.1 Tonghuihe Canal ··· 4
      1.3.2 North Canal ·· 7
      1.3.3 South Canal ·· 7
      1.3.4 Huitonghe Canal ··· 8
      1.3.5 Liangji Canal ·· 9
      1.3.6 Nansihu Lake Segmentation ······························· 9
      1.3.7 Bulaohe Canal ·· 10
      1.3.8 Middle Canal ·· 10
      1.3.9 Li Canal ··· 11
      1.3.10 Jiangnan Canal ·· 12
  1.4 Physical Features ··· 13

    1.4.1 Geology and Geography 13
    1.4.2 River System 13
    1.4.3 Climate 15
    1.4.4 Vegetation 15
    1.4.5 Soil 15
  1.5 Social and Economic Characteristics 21
    1.5.1 Population 21
    1.5.2 Economy 21

Chapter 2 The Existing Condition of the Grand Canal 29
  2.1 The Status of the Grand Canal 29
    2.1.1 Riverway 29
    2.1.2 Water Quantity and Quality 29
    2.1.3 Canal Bank 32
    2.1.4 Usage Situation 32
  2.2 Cultural Heritage along the Grand Canal 32
    2.2.1 Heritage Types 36
    2.2.2 Degree of Protection 37
    2.2.3 Preservation Status 37
    2.2.4 Relationship between Cultural Heritage and the
          Grand Canal 37
  2.3 Natural Heritage along the Grand Canal 43
  2.4 Intangible Cultural Heritage along the Grand Canal 44

Chapter 3 The Grand Canal's Heritage Value and Overall Protection Problems and Opportunities 45
  3.1 The Grand Canal's Outstanding Heritage and
     Ecological Value 45
    3.1.1 Outstanding Cultural Heritage Value 45
    3.1.2 Irreplaceable Value of Production and
          Living Infrastructure 46
    3.1.3 Value of Important Ecological Infrastructure 46

3.1.4 Value of Unique National Education ……………… 47
3.1.5 Value of Strategic Leisure and Recreation ……………… 47
3.2 Problems in the Grand Canal Overall Protection ……………… 48
3.2.1 Limited Coordination Mechanism ……………… 48
3.2.2 Inadequate Protection in Rapid Urbanization Process ……… 48
3.2.3 Disarrangement Development along the Grand Canal ……… 49
3.2.4 Water pollution from Urban Areas ……………… 49
3.3 Opportunities of the Grand Canal Protection ……………… 50
3.3.1 Implementation of South-to-North Water Diversion Project …… 50
3.3.2 Application for Listing in the World Heritage ……………… 50
3.4 Development of the World Heritage Protection ……………… 53
3.4.1 History of World Cultural and Natural Heritage Protection …… 53
3.4.2 World Heritage Related with Cultural Route and Canal …… 59
3.5 Development of International Large-scale Cultural
    Heritage Protection ……………… 63
3.5.1 America ……………… 63
3.5.2 Other Countries ……………… 64
3.6 Development of International Heritage Corridor
    Protection Theory ……………… 66
3.6.1 Concept of Heritage Corridor ……………… 66
3.6.2 Heritage Corridor in America ……………… 67
3.7 Theory and Approaches of Heritage and Ecological Protection … 68
3.7.1 Negative-planning Approach ……………… 68
3.7.2 Ecological Infrastructure Approach ……………… 69
3.7.3 Theory of Landscape Security Patterns ……………… 69
3.8 A Wayout of the Grand Canal Overall Protection ……………… 70

Chapter 4 National Grand Canal Heritage and Ecological Corridor …… 72
4.1 Content and Scope of National Grand Canal Heritage and
    Ecological Corridor ……………… 72
4.1.1 Elements of National Grand Canal Heritage and

Ecological Corridor ·· 72
4.1.2 Scope of National Grand Canal Heritage and
Ecological Corridor ·· 73
4.2 The Grand Canal Protection and Management Strategies ·········· 74
4.2.1 The Grand Canal Management Principles ······················ 74
4.2.2 Establishment of a Comprehensive Coordination and
Management Organization ·· 75
4.3 Scoping the Heritage Corridor and Developing
Protection Guidelines ·· 75
4.3.1 Core Protection Area ·· 76
4.3.2 Key Protection Area ··· 76
4.3.3 External Coordination Area ·· 77
4.4 National Grand Canal Heritage and Ecological Corridor
Protection Planning Rules ·· 77
4.4.1 Guidelines of Planning for Core Protection Areas ············· 77
4.4.2 Guidelines of Planning for Key Protection Areas ·············· 79
4.4.3 Guidelines of Planning for External Coordination Areas ······ 79
4.5 Protection and Utilization Guidelines for Different Typical Segmentation
of National Grand Canal Heritage and Ecological Corridor ········· 79

Part Ⅱ Characterization of Heritage Resources and Existing Condition of the Grand Canal

Chapter 5 The Grand Canal's Current Status and Heritage
Resources in Each Section ·· 87
5.1 Tonghuihe Canal and North Canal Section ····························· 87
5.1.1 Background Overview ··· 87
5.1.2 Canal Situation ··· 92
5.2 South Canal Section ·· 131
5.2.1 Background Overview ··· 131

5.2.2 Canal Situation ································· 138
5.3 Liaocheng Section ································· 175
　5.3.1 Background Overview ······················· 175
　5.3.2 Canal Situation ································· 181
5.4 Liangji Canal Section ····························· 214
　5.4.1 Background Overview ······················· 214
　5.4.2 Canal Situation ································· 220
5.5 Nansihu Lake Segmentation ··················· 235
　5.5.1 Background Overview ······················· 235
　5.5.2 Canal Situation ································· 241
5.6 Bulaohe Canal Section ····························· 260
　5.6.1 Background Overview ······················· 260
　5.6.2 Canal Situation ································· 264
5.7 Middle Canal Section ····························· 273
　5.7.1 Background Overview ······················· 273
　5.7.2 Canal Situation ································· 278
5.8 Li Canal Section ································· 303
　5.8.1 Background Overview ······················· 303
　5.8.2 Canal Situation ································· 312
5.9 Jiangnan Canal Section ····························· 379
　5.9.1 Background Overview ······················· 379
　5.9.2 Canal Situation ································· 399

Chapter 6 Material Cultural Heritage Resources along the Grand Canal ································· 582
6.1 Tonghuihe Canal and North Canal Section ······················· 582
6.2 South Canal Section ································· 597
6.3 Liaocheng Section ································· 625
6.4 Liangji Canal Section ····························· 659
6.5 Nansihu Lake Segmentation ··················· 669
6.6 Bulaohe Canal Section ····························· 681

6.7　Middle Canal Section ······ 688
6.8　Li Canal Section ······ 694
6.9　Jiangnan Canal Section ······ 744

Chapter 7　Intangible Cultural Heritage Resources along the Grand Canal ······ 818

7.1　Tonghuihe Canal and North Canal Section ······ 818
7.2　South Canal Section ······ 819
7.3　Liaocheng Section ······ 820
7.4　Liangji Canal Section ······ 821
7.5　Nansihu Lake Segmentation ······ 822
7.6　Bulaohe Canal Section ······ 823
7.7　Middle Canal Section ······ 823
7.8　Li Canal Section ······ 823
7.9　Jiangnan Canal Section ······ 827

References ······ 838

Appendix

Appendix 1　"Grand Canal Overall Protection Study" Project Implementation Progress ······ 848

Appendix 2　Professor Yu Kongjian's Suggestions for Premier Wen Jiabao in 2006 : "Two Suggestions on Protection and Consolidation of the Foundation of Harmonious China" ······ 851

Appendix 3　List of Figures and Tables ······ 856

Appendix 4　Legend of Figures in Chapters 5 ······ 891

Index ······ 893

(**CD of Color Figures.**)

前 言

1997年初同事间工作交流中提及京杭大运河，都不约而同异常兴奋，于是产生了研究京杭大运河的想法。随着对世界文化与自然遗产、中国乡土遗产的关注和理解的深入，研究京杭大运河的渴望到2003年已经强烈到难以遏制，师生们多次一起探讨如何获得必要的经费支持以正式启动这一研究。我们怀着试一试的打算填写了一份"文物保护科学和技术研究课题"，向国家文物局申请"为实现整体保护目的的京杭大运河遗产廊道研究"立项。我们的申请竟然通过了，兴奋之后正式讨论如何落实这个项目时，赫然发现，摆在我们面前的是一个几乎不可能完成的任务。2007年初手捧将要递交给国家文物局的120万字的《京杭大运河国家遗产与生态廊道研究报告》，全体师生身心顿时放松下来，我们确实完成了这一"不可能"完成的任务。不过，现在看来，这个任务要到五年后——2012年的今天，才算真正初步完成了。

《京杭大运河国家遗产与生态廊道》是一项集体成果，除署名作者外，首先要列出一长串名单，他们是"为实现整体保护目的的京杭大运河遗产廊道研究"成果的完成人，是这本书的共同作者（非常遗憾，按照约定俗成的规矩，不能够将他们的名字都署上）：李伟、朱强、李春波、曾宪丁、白磊、黄刚、宋歌、郭凌云、宋云、周菁、裴丹、姜斌、邓细春、姬婷、李博、刘柯、陈平、苏黎杰、杨江妮、王建武、程成、华亦雄、朱任东、李文龙、张树盛、方婉丽、栾博、闫斌、薛菲、袁剑华、彭文洁、刘海龙、乔青、袁弘、洪敏、王春连、路露、吴雪松、郭耀桧等。他们中大多数人参加了2004年7月初开始的京杭大运河全程或者分段考察，参加了项目筹划和考察完成后的研究报告撰写，或者参加了《京杭大运河国家遗产与生态廊道》一书的定稿与文字修改。在完成这样的壮举之前，他们大都认为是在挑战一个不可能完成的任务。现在，他们中许多人已经带着完成了这一任务的成就感开启了新的人生旅程，相信参加京杭大运河考察与研究的经历会是他们终生的骄傲和荣耀。

《京杭大运河国家遗产与生态廊道》终于付梓,无比欣慰的同时,心中倍感惶恐和遗憾,希望读者在拿到这本书时,审慎对待书中的不足与问题。正是这些我们期待不断改进的问题,使我们在2008年完成初稿后一直不愿意提交给出版社,它们包括:(1)书中列举的大量关于京杭大运河遗产的叙述资料没能逐一核实查证,我们经过反复尝试,最后决定放弃,因为这完全无法在短时间内完成;但我们决定保留搜查到的全部运河遗产信息,并尽可能将它们的出处标注清楚,以便读者可以在我们工作的基础上进一步核实;我们还特别提醒读者,如果您需要引用本书中没有核实过的资料性内容,请务必核实并直接引用原文,我们不仅不希望贪天之功,更希望这个提醒至少部分地弥补我们没有实现研究著作所追求的极致的严谨而带来的遗憾;如果我们的标注有遗漏或者错误的,希望得到原作者的谅解,并在理解京杭大运河这一世界上开挖历史最悠久、总长度最大的人工运河难以想象的复杂程度的基础上,一起更正并继续研究。(2)受制于时间和经费,属于京杭大运河范畴的相当多的河段、支运河和沿运遗产点没有全面考察,留下太多的遗憾;在本书中,已有资料但没有来得及考察的,都注明"未考察",这既是对我们的成果的客观评价,更希望会激励更多对京杭大运河感兴趣的人致力于运河研究。(3)《京杭大运河国家遗产与生态廊道》书稿出版在与京杭大运河遗产保护工作和沿线城市化进程的竞赛中明显处于劣势地位,读者拿到这本书时,不少书中叙述过的运河遗产和土地利用情况可能已经发生了巨大改变,但这正是我们进行京杭大运河研究的宏观背景。理解中国当前快速城市化对土地覆盖和遗产保护的冲击非常重要,一方面提醒读者审慎对待这份成果,另一方面也会促使读者发现这一成果的新的价值——它是对2004年前后的京杭大运河生存状况基本客观的描述,是未来更加深入研究的珍贵资料。

《京杭大运河国家遗产与生态廊道》将要与读者见面时,有太多感谢的话想说。

首先要特别感谢的是单霁翔先生。从2003年申请京杭大运河研究项目开始,国家文物局单霁翔局长一直对这一项目的进展给予高度的关注,2008年就应项目组的要求欣然为《京杭大运河国家遗产与生态廊道》一书撰写了序言。

中国文化遗产研究院张廷皓教授、北京大学历史地理研究中心韩光辉教授持续关注和支持我们的研究和本书出版,正是他们的热情推荐,使《京杭大运河国家遗产与生态廊道》一书得到"全国哲学社会科学规划办"的认可,被列入"优秀成果文库"并获得出版资助,加快了出版进度。

京杭大运河研究过程中,得到著名文物保护专家罗哲文先生,国家文物局刁道胜先生、郭旃先生,中国联合国教科文组织全国委员会主任章新胜先生、秘书长田小刚先生,建设部城市建设司李如生先生,中国风景园林学会王秉洛先生,清华大学吕周教授,北京大学谢凝高教授和阙维民教授等的大力支持。

京杭大运河考察和研究报告编纂过程中,得到京杭大运河沿线许许多多单位、熟悉或不熟悉的朋友的大力支持,他们为我们提供资料、介绍情况、解答困惑、指路,或者在我们艰难前行时表示一下他们的鼓励。请谅解,这些名字不在这里一一列举;请相信,我们希望表达的谢意是诚恳的。

特别感谢所有曾经报道过我们的京杭大运河项目的媒体和关注我们的研究的所有人。我们特别自豪的是,通过你们,京杭大运河保护走进公众视野,京杭大运河作为民族身份象征的文化与遗产价值得到更加普遍的认同。我们骑自行车考察京杭大运河的行动激励了许多热爱京杭大运河的人,在全国掀起了一个不小的持续关注京杭大运河的热潮。据我们掌握的不完全信息,在我们"每个中国人一生都要骑走一次京杭大运河"的信念号召下,在《京杭大运河国家遗产与生态廊道》出版之前,已经有许许多多人这样做了,并且出版了自己的日记,这些行动汇聚在一起正激发更多的人去关注和认识京杭大运河,加入到我们的队伍中来。我们希望《京杭大运河国家遗产与生态廊道》的出版会再一次成为京杭大运河保护的里程碑。

特别感谢北京土人景观与建筑规划设计研究院慷慨捐赠了50万元人民币支持项目组。正是这笔经费为项目组全体成员完成京杭大运河全线考察提供了可能。

特别感谢责任编辑艾英女士和北京大学出版社。艾英和我们一起争取出版经费,实际上这本书是被艾英"赶"着完成的,她以严谨敬业的工作态度为保证这本书的出版质量做出了最大努力。如果读者发现任何编辑方面的问题,都是作者的粗心和原稿的不足给艾英的工作带来困难所留下的遗憾,请艾英在接受我们的敬意的同时亦接受我们的歉意。

2004年8月京杭大运河考察归来不久的研讨会上,有人提到侯仁之先生一直关心京杭大运河保护研究,于是我们打印了数张自己拍摄的照片去探望侯老。侯老手捧照片,久久凝视后反复地说着一句话:"我要是你们这个年龄就好了!"家人见状,担心老人过于激动赶紧过来安抚,老人示意他只是高兴,对我们说:"你们做了一件很了不起的事情!"这是整个工作过程中我们所听到的最朴实、最重要的肯定。今天想起来,侯老这句话既是对我们说的,更是对所有热爱和关注中国文化与自然遗产保护的人说的,现在复述这句话,只希望以前辈学人对中国文化遗产保护的终生关注激发更多人加入到遗产研究、保护和可持续利用队伍中来,成为一名专业研究人员,或者做一名志愿者。

无论写多长的"前言",都无法表达我们能为保护京杭大运河而工作的长久的激动与荣幸,更无法表达对那么多持续关注和支持我们的人的感激。出于这样的原因,我们决定删繁就简,最后用一句话重申一下我们想要表达的:

谨以此书献给所有关心中国文化遗产保护的人们。如同这本书将要展示的,我们已经完成的一切还只是开始,前面的路更加艰辛,京杭大运河和祖国大地上的所有遗产都值得并需要我们用一生的时间为之付出。

俞孔坚　李迪华

2012 年 2 月 28 日

上 卷

京杭大运河整体保护研究

第 一 章
京杭大运河的历史、自然和社会经济背景

1.1 何谓京杭大运河

京杭大运河北起北京,南达杭州,流经北京、天津、河北、山东、江苏、浙江六省市,沟通了海河、黄河、淮河、长江和钱塘江五大水系,全长1794km,相当于苏伊士运河的10倍多、巴拿马运河的22倍,是世界上最长的人工河流,也是最古老的运河之一。在其形成、开凿和利用的漫长历史过程中,孕育产生了丰富的运河文化,留下大量历史文化遗存,这些都是京杭大运河不可缺少的重要组成部分。

在以"漕运"为主导功能的农业时代,河道、水源、水利工程设施、航运工程设施以及管理与运行机构是保障大运河漕运功能的基本要素,也是构成京杭大运河的完整体系。随着大运河漕运功能的通畅,运河沿岸地区城镇与乡村发展繁荣,大量商市街区、建筑园林、石刻墓葬以及戏曲歌舞、民俗传说等应运而生,从而使大运河成为中华大地上一条名副其实的自然与遗产廊道。

1.2 开凿年代

京杭大运河从春秋时期吴王夫差开凿邗沟开始,到元至元三十年(1293)杭州至北京全线贯通,已经一千多年。从始凿到明清历代,运河的开凿和维护

工作从未间断，但其主体成型工程主要集中在三个时期。第一个是春秋时期，这个阶段各诸侯国出于战争和运输的需要竞相开凿运河，但都是各自为政，规模都不大，时兴时废，没有形成统一体系。其中最著名的是邗沟的开挖，它沟通了淮河与长江，是京杭大运河河道成型最早的一段。第二个是隋朝，从584年到610年先后开凿了通济渠、永济渠，重修了江南运河，形成了以国都洛阳为中心，北抵涿郡、南达浙江余杭（今杭州）的大运河体系，是运河开凿的鼎盛时期，至此形成了现今运河系统的基本骨架。第三个是元明清时期，其中元世祖忽必烈时期开凿了济州河、会通河、通惠河等河道，使大运河直接贯通南北，呈多支型分布的运河成为单线型的大运河，奠定了京杭大运河的基本走向与规模。明清两朝对京杭大运河进行了多次大规模的维护与修缮，对局部河道进行了改建（图1.1）。

1.3 分段与历史沿革

西高东低是我国自然地理的一大特点，多数江河都是东西走向，而大运河却是利用黄河、淮河、长江等河流的部分河段再修凿新渠连接而成，因此，运河各段水位高低不一、水量盈亏各异。加上沿途各段地貌与气候等自然条件差异，京杭大运河不同河段的水源、水流向、通航方式等也各不相同。根据这些差异，从北到南京杭大运河依次分为通惠河、北运河、南运河、会通河、梁济运河、南四湖段、不牢河段、中运河、里运河和江南运河十段（图1.2）。

1.3.1 通惠河

通惠河的干流西起东便门的大通桥，向东经过乐家花园、高碑店、普济闸、八里桥、通惠闸，在通州区卧龙桥接北运河，全长20.34 km。

通惠河于元朝至元二十九年（1292）八月开始开凿，至元三十年（1293）完工。此次开凿以积水潭为起点，向东通往通州。明初通惠河开始淤废。永乐年间（1403—1425）改建北京皇城，通惠河城内故道被围入宫墙之内，通惠河改以大通桥为起点，又有"大通河"之称。清嘉庆十三年（1808）九月，通惠河与北运河交接处的张家湾镇泥沙淤积严重，运河改走康家沟。民国起，通惠河不再通漕运，成为商旅行船河道，后来逐渐变成北京城的排水河道。1949年

第一章 京杭大运河的历史、自然和社会经济背景 5

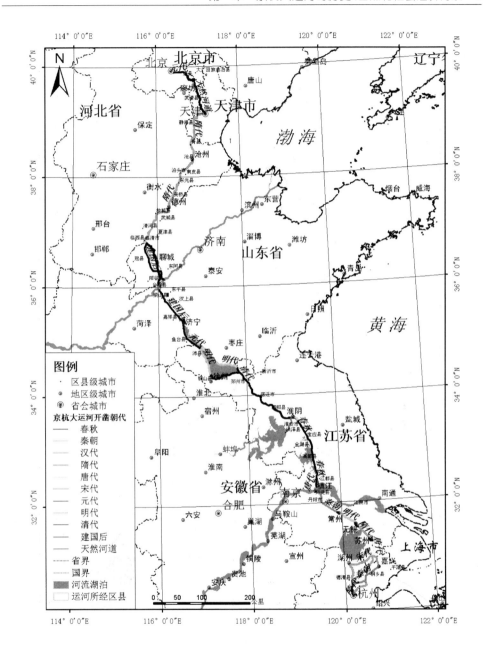

图1.1 京杭大运河开凿年代图

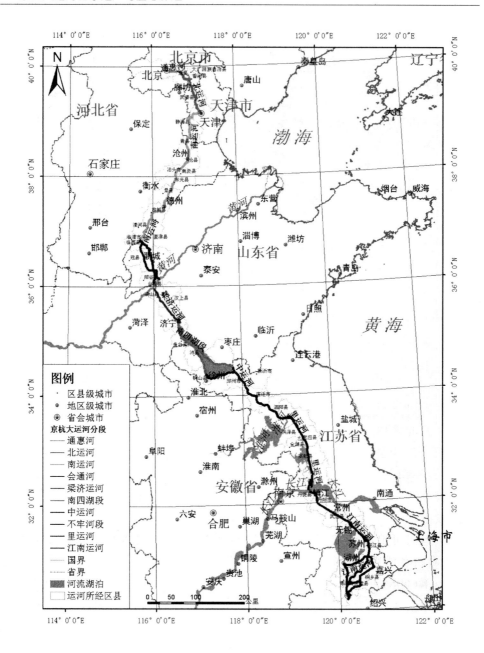

图1.2 京杭大运河分段图

建国前夕,通惠河已严重淤荒,建国后对通惠河进行了多次治理和改造(陈璧显,2001)。

1.3.2 北运河

北运河,常称白河,约自汉末三国起开始通漕运。元代时北运河属白河运道下游,即从通州境至天津静海县界的部分。明朝时北运河被称为白漕,当时政府主要通过不断地堵决修堤、挑浚淤浅来维持航运。清朝时,由于北运河常在河西务、南蔡村及杨村一带决口,故为防洪水泛滥冲毁运河,清政府于康熙四十三年(1704)在杨村以北筐儿港建坝,并开减河,又于康熙五十年(1711)在河西务东开新引河,次年开直河。建国以后,政府继续加强对这一地区的治理。1960年建成北运河拦河闸;1963年建成北关分洪闸;1963年开挖运潮减河,分泄从北运河上游温榆河来的洪水,以缓解北运河的洪水压力;1972年10月至1974年汛前,分两期对北运河进行了工程治理。1989年经北京市水利局批准,将北关至杨坨村3.1km的左堤西移(《北运河水旱灾害》,2003)。

1.3.3 南运河

南运河是指京杭大运河临清至天津段。南运河从西南流向东北,在沧州进入河北境内,直抵天津。流经河北省临西、清河、故城、景县、阜城、南皮、泊头市、沧县、沧州市区、青县等县市和山东省的临清、夏津、武城、德城区,在天津市与子牙河、北运河合流汇成海河。建国后将四女寺水利枢纽以南河段称为卫运河,以北称为南运河。本书所言南运河仍指大运河临清至天津段。

南运河可追溯至建安九年(204)曹操兴建的白沟水运工程。建安十八年,曹操凿利漕渠,引漳水入白沟,使白沟与清河和河北诸水联成水运网。隋大业四年(608)开挖永济渠,引沁水南达于河,北通涿郡,长约1000km。北宋后永济渠更名为御河(也称卫河),指临清到天津段运河,后形成目前的卫运河与南运河。宋元时期都曾以漳河济卫(李连生等,1998;《漳卫南运河志》,2003)。明朝对卫河最重要的措施是开凿减水河,曾先后于德州城西北、德州西面四女寺、沧州城南捷地镇以及兴济县(今河北沧州北兴济镇)等处开凿减水河以分流洪水（陈璧显,2001）。明后期至清初,卫河常常干涸,故康熙（1662—1723）时又以漳河入卫,但由于河道淤塞而有决溢之苦。乾隆五年（1740）,在吴桥县境开凿宣惠河,作为南运河泄水入海干流。由于南运河地势较高,且河道曲折,经常决溢,乾隆时,在大堤危险地段加固或修建月堤以缓解地面险情（陈璧显,2001 年）。光绪二十八年（1902）漕运停止后,南运河仍可通航。1970 年代,卫运河水源减少,航运功能渐失。1982 年德州航运局撤销,南运河停止通航（李连生等,1998;《漳卫南运河志》,2003）。

1.3.4 会通河

大运河在聊城境内分为并行的两段,一段是元代开凿的临清至张秋的会通河;另一段是建国后开挖的临清至位山的位临运河。目前,元代的会通河被称作小运河,而位临运河则是地图上所标示的京杭大运河。

会通河始凿于元至元二十六年（1289）,从山东梁山县安山西南至临清。后又将临清与徐州之间的运河,包括安山以北至临清的原会通河、安山与微山县西北鲁桥之间的原济州河以及鲁桥至徐州间的泗水,统称为会通河。元末会通河因水源不足而被废弃不用。明朝初年,由于国都北迁,漕运增加而重开会通河,在此过程中出现了修复埋城坝、筑戴村坝等著名的水利工程,并形成了南旺湖。清康熙（1662—1723）时,会通河较为繁荣,两岸的张秋、聊城、临清等均为运河名镇。至光绪（1875—1909）时,各湖区尚能间段通航,而会通河北段淤塞（《聊城地区水利志》,1993）。民国二十三年（1934）,曾重新疏浚黄河以北至临清的会通河,但由于抗战爆发,不仅工程未能实现,运河亦因长期无人管理而成为废河。建国后,于 1951 年重新治理小运河,即黄河以北的会通河,治理工程于 1952 年 11 月底完成。1959 年 10 月至 1960 年 4 月又新开挖了位临运河（位山至临清）,但由于工程未能达到通航要求,后来作为灌溉和调水的河道（《聊城地区水利志》,1993）。1970 年代,为防止和减轻沿河地区的洪涝灾害、改造盐碱、发展灌溉,对小运河进行了分段治理。会通河聊城段（即黄河以北段）南段用于排涝,中段基本淤废,北段经治理后主要担负引黄灌溉任务。

1.3.5 梁济运河

梁济运河主要是指山东省梁山县至济宁市之间的一段运河。此段运河曾有济州渠、济州河之称,其部分工程隋初就有修建;济州河为元代新开,但之前运道东有汶、洸之沟通,西有桓公沟及古济水之通航。元人称济州(今济宁)至须域(今东平县)安山镇一段为济州河、安山以北至临清为会通河,后来二河常混称会通河;明代二河成为一河之两段。济州渠于至元十三年(1276)正月兴工,二十年八月开成(姚汉源,1998)。它起于济宁,终于安山,长150余里,南接泗水,北通大清河(《山东省志·水利志》,1994)。明永乐九年(1411),曾对北起临清、南至济宁的运河进行全面疏浚和局部改线;清代对会通河的主要贡献是管理和维护,后来由于黄河决口的影响,于光绪二十七年(1901)停运(《山东省志·水利志》,1994)。济宁至安山间老运河连通北五湖和南四湖,1958年以前尚可通行30吨以下的木船,在梁济运河修建后全部废弃(《济宁市水利志》,1997)。

今天所称梁济运河为开挖于1959年的新运河,北起梁山县路那里村东,南至济宁郊区李集村西南入南阳湖与湖内运河相接,全长87.8km。1967年因航运需要按六级航道(100吨驳船,一拖五驳)标准整治。1970年梁山至济宁开始通航,但由于河道淤积和入黄船闸达不到黄河防汛要求等原因,1981年封堵船闸停止航运。1989—1990年对运河进行了第四次治理。

1.3.6 南四湖区段

南四湖由南阳湖、昭阳湖、独山湖和微山湖四个自然湖泊相连而成,湖形狭长,只有独山湖由运河隔开,其他三湖均无明显湖界。

南四湖区京杭运河包括上级湖从梁济运河入湖口到二级坝微山船闸的航道,下级湖二级坝以下分东西两支:西支由微山船闸沿湖西至蔺家坝,长58km,下通不牢河;东支由微山船闸转向东股引河至韩庄,长50km,下通韩庄运河。

南四湖是由于宋末黄河南徙,河水滞留今南四湖一带而形成。南四湖最早出现于元初,方圆仅数里。明永乐(1403—1425)时,南阳以西、以南已积水,始称昭阳湖。嘉靖(1522—1567)以后,由于黄河溃决汇入泗水运道,昭阳湖迅速扩大,南北连成一片。嘉靖四十五年,为避黄河对济宁以南运河的侵淤,开挖了自南阳镇至留城长140里的南阳新河。由于开河时两岸筑堤,使东部山区各河河水滞留而形成独山湖。此时,昭阳湖已能行船,今微山湖范围内也出现了多个互不连通的小湖。隆庆至万历年间(1567—1620),留城上下以及徐州黄河河床淤高,水位上升,各小湖遂连成一片,至万历末大体形成现在的规模。乾隆初年,鱼台以下运道淤塞形成南阳湖。南四湖最终连成一个大湖,发挥"蓄水济运"和"避黄保运"的功能(刘玉平、贾传宇等,2003)。清代主要对南四湖地区的运河进行河道疏浚与闸坝的整修和兴建。建国后也屡有修建,1958—1959年,北起梁济运河入湖口,南至蔺家坝,结合修筑西大堤,新挖京杭运河130km;1958—1961年,在湖腰建成二级坝枢纽工程,将南四湖分为上级湖和下级湖。

1.3.7 不牢河段

不牢河自徐州蔺家坝经大王庙汇入中运河,建有蔺家坝、解台、刘山三座船闸。不牢河原名荆山河、荆山口河。以荆山河下游部分流经不老庄而称不老河,后谐音称不牢河,民国时期全河统称不牢河。荆山河流经徐州城北二十里,上承微山湖,至班山分成两支,分别与诸山溪和苏家山引河相汇,现在属于苏北运河的一段。明清时期荆山河终岁通流,但因受黄河影响而屡次决塞和疏浚。清康熙年间(1662—1723)曾在此建闸坝以减黄济运。乾隆二十九年(1764)荆山淤废,后改道东北流,又另开潘家河至河成闸下入运河。清咸丰五年(1855)黄河北徙,此段河道逐渐淤废。民国年间,不牢河主要用于承泄微山湖涨水和沿线山洪内涝。1935年黄河在董庄决口入微山湖,经蔺家坝无控制下泄,不牢河沿线堤防全部溃决。建国之初,老不牢河河床宽窄不一,极不规则,故于1958—1961年对不牢河进行治理,对原河取直而形成今天的格局(《沂沭泗河道志》,1996),现已达2级航道标准(《京杭运河志苏北段》,1998)。

1.3.8 中运河

中运河分中河和皂河两部分,原为发源于山东的泗水下游故河道。康熙十八年(1680),由于黄河北决,骆马湖水渐趋枯涸而在湖西皂河口另浚新河即皂河。皂河上接伽河,下通黄河,长20km,于康熙十九年开成,二十二年河堤工程告竣。此时中河尚未开通,清口至宿迁运口之间靠黄河行运(姚汉源,1998)。康熙二十五年开凿中河,自张庄运口起,至清河仲家庄,避开黄河运道90km,形成独立于黄河的运河河道,至此苏北运河基本定形。泇河部分,为避徐州河患和徐吕二洪之险,实现黄运分立,明朝自隆庆三年(1570)开泇河,至万历三十二年(1605)完工(《京杭运河志苏北段》,1998),起自夏镇,讫于直河口,长130km,避黄河之险150km有余。黄河运道湮没后,泇河成为沟通南北的唯一通道。1958—1961年,国家对苏北运河进行扩建,中运河除窑湾至曹店子段新开运河9km以外,其余均利用老运河拓宽浚深。航道选线方面大王庙至龚渡口段、三岔河(运河镇北)至猫儿窝段利用老河拓宽浚深,窑湾至曹店子段为新开河道,曹店子至泗阳段基本利用老河,其中仅宿迁闸上游航道900m、刘老涧绕道2800m、仰化集裁弯1822m进行局部改线,泗阳到杨庄段亦利用老河疏浚而成(《京杭运河志苏北段》,1998)。1959年,国家对中运河宿迁闸至杨庄运道进行疏浚、拓宽、加固。1984年,国家重点整治淮阴至泗阳(泗阳闸下)段航道,达到二级航道标准。

1.3.9 里运河

里运河自淮阴清江大闸起,至邗江瓜洲入长江,长170余km,是大运河最早修凿的河段,古称邗沟。明代后期,运河在淮安城区(今楚州区)向北直通清江浦河,自此,南起扬州、北至淮阴(今淮安市码头镇)连接江淮的运河形成。清代改称淮阴(今淮安市)、扬州间运河为里运河(淮安市水利局,2001)。目前功能以航运、灌溉和区域排涝为主。

周敬王三十四年(前486),吴王夫差开凿了中国历史上有明确记载的第一条人工运河——邗沟,沟通长江与淮河,连接淮河支流泗水和沂水(邹宝山等,1990)。西汉末年这段运河被称为"渠水",已是东南重要运道。东汉形成从扬州经白马湖至黄浦,由黄浦溪入射阳湖至淮安末口(今楚州区古末口)的运河河道。此后,航道不再经过湖泊,黄浦至末口有了直接的航道(姚汉源,1998)。隋炀帝在邗沟的基础上重新疏浚山阳渎,基本形成了后代运河的规模(邹宝山等,1990)。唐元和(806—820)中,在黄浦、界首间邗沟东筑平津堰,向南延伸至邵伯,成为邗沟东堤。宋景德(1004—1007)中,筑邗沟西堤未成。元代江淮运河均以原有运河为主要运道。明永乐(1403—1425)时,为缓解运河负担而按照沙河线路开凿了清江浦河,至明后期,形成了连接江淮的运河。明朝还曾多次开河筑堤,故此段运河东西堤在明末已初具规模。清代运河受黄河影响逐渐淤高,成为今天的地上河,里下河地区连年水灾。建国以后,通过导淮工程和引江工程,淮河水的出路问题得以解决。1950年代,进行了扬州段运河的整体拓宽工程,运河水患基本得到控制(《扬州水利志》,1999)。1960年代初,另辟楚州到淮安间的大运河。1960年9月开挖,同年12月竣工(淮安市水利志,2001)。

1.3.10 江南运河

江南运河北起镇江市长江谏壁闸,南至杭州市钱塘江三堡船闸,跨越江苏和浙江两省,途经镇江市、常州市、无锡市、苏州市、嘉兴市和杭州市六市,主线全长337km。

江南运河最早的修建大致始于春秋后期,秦代亦有开凿,至东汉末三国初基本形成(姚汉源,1998)。隋代疏浚扩大江南运河,此段运河正式形成。江南运河总体水平岸阔、航道稳定,维护较中运河、北运河容易,因此直至明清,虽有修整,未有大改变。

北部镇江—常州段及南部杭州段因地势较高,存在水源问题,故或建堰闸以制水调节,或开湖塘蓄水,或开凿河道引江济运。如东晋初年(317)镇江的丁卯埭,西晋光熙元年(306)丹阳城北的练湖,及唐元和八年(813)在常州西开凿孟渎的引江济运工程(姚汉源,1998)。宋末至元代,由于西湖水源不足,杭州至嘉兴崇福间运河被旁支水系所取代,至元末(1294)改为今经塘栖入杭州的线路(阙维民,2000)。

中部苏州—嘉兴段受太湖影响,水源充沛,问题较少,但因太湖大水时风浪影响航运,故该段水利建设主要是沿太湖堤塘修建,最早始于唐元和五年(810)修筑运河西岸自苏州城南直通松陵(现吴江市)的塘路,此后历代均有修治(《苏州市志》,1995;姚汉源,1998)。

1.4 沿线自然特征

1.4.1 地质地貌

京杭大运河纵贯我国东部平原地区,从北至南,依次流经华北平原、海河平原、黄泛平原和长江三角洲地区;地貌类型主要为现代河流冲积平原,间有零星微高地。其中,黄河以北段属于太行山—大别山山前冲积平原;黄河以南至洪泽湖段属于黄淮海冲积平原;里运河段属于苏北、黄淮冲积平原;江南运河段属于江浙冲积三角洲平原。

从地质构造上看,运河整体位于华北地洼区,为新生界造山后沉积岩。其中,运河在长江以北的部分主要属于华北板块,江南运河段则属于扬子板块,另有徐州附近的中运河段属于晚中生代的前陆褶皱冲断带。

1.4.2 河流水系

京杭大运河沟通了海河、黄河、长江、淮河、钱塘江等重大的河流,加上沿线与之交汇的河流、湖泊、水网众多,在中国东部构成了一个贯穿南北的水系统(图1.3)。大运河的开凿沟通了许多天然的湖泊、河流,为运河提供水源以维持运河的航运功能;同时为避免雨季或洪水来临时运河决堤,运河沿线又开挖了一系列的减河,将运河的水直接排入海中,维持运河的洪水安全。因此京杭大运河可以说是一个涉及众多湖泊、河流的巨大的水系统,在区域的雨洪调节方面发挥着重大的作用。

从水文区划上看,黄河以北河段属于辽河下游平原与淮河平原水文区,黄河以南至南四湖河段属于辽东半岛与山东半岛水文区,南四湖至洪泽湖河段属于淮河平原水文区,洪泽湖以南河段属于长江中下游平原水文区。河网密度从北至南逐渐增加,其中,黄河以北的河网密度大约为$0.5—0.69km/km^2$,黄河以南至徐州河段的河网密度大约为$0.7—1km/km^2$,中运河和里运河河段的河网密度大约为$2—5km/km^2$,江南运河段的河网密度最高,在$59km/km^2$以上。

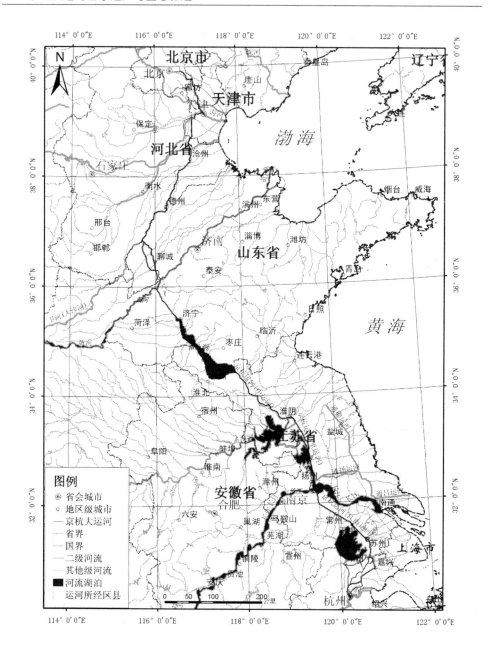

图 1.3 京杭大运河湖泊水系湿地分布图

1.4.3 气候

京杭大运河位于我国东部季风气候区,南北跨越了暖温带和北亚热带。其中,淮河以北河段属于暖温带亚湿润气候区,淮河以南属于北亚热带湿润气候区。温度、降水等气候的差异使大运河从南到北的植被特征、农业耕作方式、各个季节的景观特征各不相同。长江以南运河地区气候温和,雨量充沛,土壤肥沃,自然条件优越;而在长江以北地区,气候渐寒渐燥,水资源缺乏,自然条件差。从北至南,年平均气温 10—16℃,1 月平均气温 -12—2℃,7 月平均气温 22—28℃,年均降水量 600—1400mm。

京杭大运河沿线年均温度、年均降雨量、年均无霜期、日照时数分别见图 1.4—1.7。

1.4.4 植被

按照我国的植被区划,京杭大运河沿线的植被类型可以分为两个大区:以洪泽湖为界,北为暖温带落叶阔叶林区,南为亚热带东部湿润常绿阔叶林。其中,暖温带落叶阔叶林区又可以黄河为界分为两个类型:黄河以北的植被类型为暖温带北部落叶栎林地带的黄、海河平原栽培植被;黄河以南的植被类型主要为暖温带南部落叶栎林地带的黄、海河平原栽培植被。

从栽培植被上看,洪泽湖以北为暖温带三年两熟粮食作物和落叶果树,如冬小麦、大豆、玉米、花生、甘薯、烟草、苹果、谷子、棉花等;洪泽湖以南为亚热带一年两熟粮食作物和落叶、常绿果树,如稻、玉米、冬小麦、油菜、花生、马铃薯、茶、桃、梨等(表 1.1)。

1.4.5 土壤

京杭大运河沿线的土壤类型均属于我国的东部湿润、半湿润区域,从北至南,跨越了棕壤、褐土带和黄棕壤、黄褐土带。不同河段沿线的土壤小类不同,黄河以北河段的土壤类型主要是潮土、盐碱土;黄河以南至南四湖河段以棕壤、褐土为主;中运河、里运河以黄褐土、黄棕壤为主;江南运河河段以黄棕壤、水稻土为主。运河绝大部分河段沿线土壤的成土母质为石灰性冲积物,仅在里运河和江南运河南部河段,成土母质为湖积物。

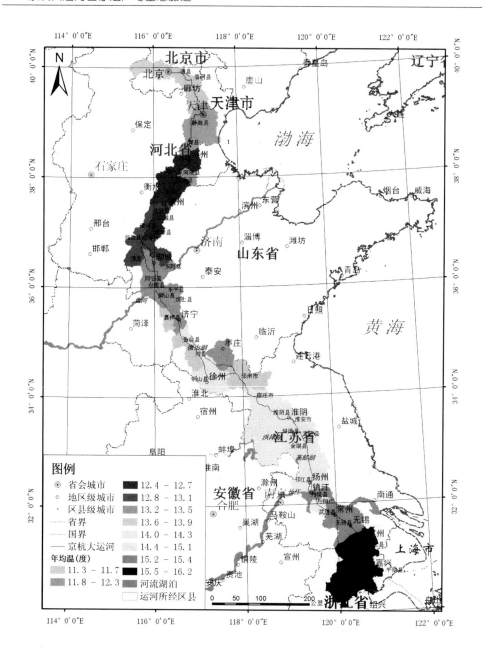

图 1.4 京杭大运河年均温度分布图

第一章 京杭大运河的历史、自然和社会经济背景　17

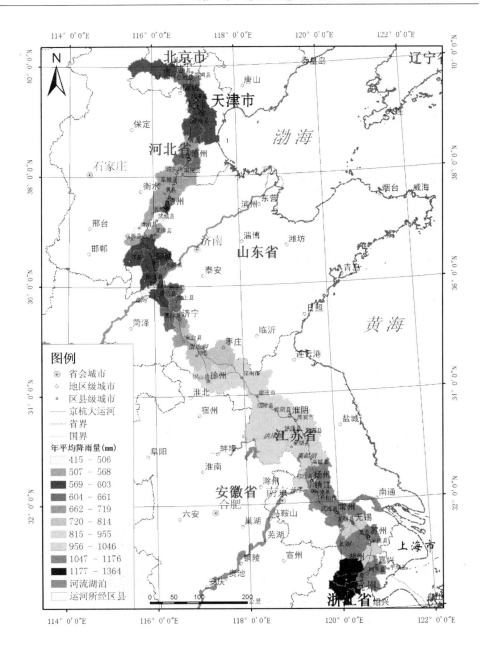

图 1.5　京杭大运河年均降雨量分布图

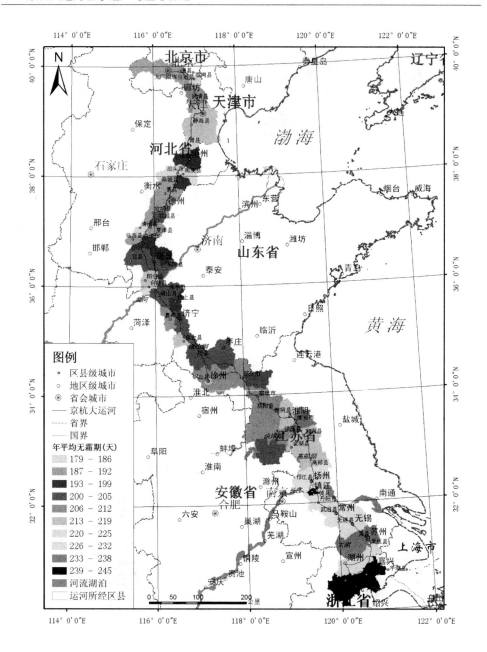

图1.6 京杭大运河年均无霜期分布图

第一章 京杭大运河的历史、自然和社会经济背景　19

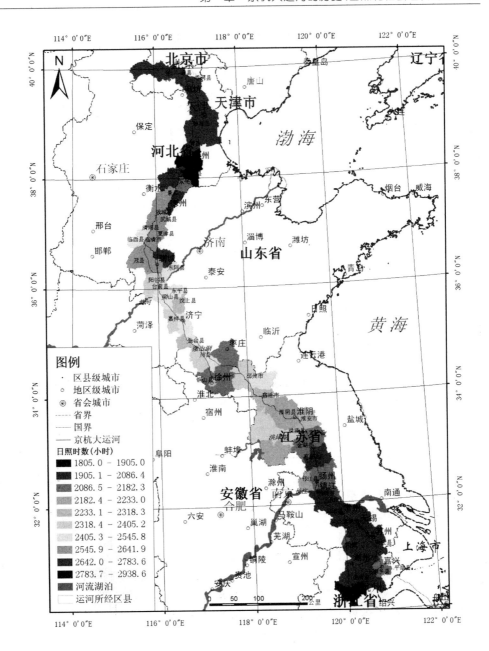

图 1.7　京杭大运河日照时数图

表 1.1 京杭大运河各段自然地理概况

	气候	植被	土壤	地貌
通惠河和北运河	温带半湿润季风型大陆性气候	地带性植被是落叶阔叶林,农作物以小麦等旱作为主	地带性土壤为褐土与潮土	地势平坦
南运河和会通河	暖温带半湿润大陆性气候	针叶林、针阔叶混交林、落叶阔叶林、灌草丛、草甸、盐生植被、沼泽植被、水生植被、沙生植被、人工林、农田种植植物	山地棕壤、山地淋溶褐土、褐土、潮土、沼泽土、水稻土、盐土	地势以平原和洼地为主,北部有低山丘陵,由北至南,海拔逐渐下降
梁济运河和南四湖段	暖温带半湿润大陆性季风气候	落叶栎林,黄淮海平原栽培植被区	潮土、盐土	黄河下游冲积平原;华北地台;聊城市境内地貌主要为河滩高地、决口扇形地、缓平坡地、浅平洼地、背河槽状洼地、沙质河槽地六种类型
中运河和不牢河段	暖温带季风性气候	暖温带落叶阔叶林区,盛产粮食、棉花、油料和花卉等	黄潮土、黄褐土、砂姜黑土	境内有两湖(洪泽湖、骆马湖)四河(大运河、淮河、沂河、沭河)
里运河	北亚热带南部季风气候	自然植被以常绿与落叶阔叶林为主,农业作物以水稻为主	低山丘陵以黄棕壤为主,岗地以黄土为主,平原以潜育型水稻土为主	长江三角洲

(续 表)

	气候	植被	土壤	地貌
江南运河	亚热带季风气候,气温适中,四季分明,光照充足,雨量充沛	亚热带常绿阔叶林,常绿阔叶林、常绿阔叶落叶混交林、亚热带针叶林和亚热带竹林等为全省主要林型;粮食作物以水稻为主,农副业发达	水稻土、红壤和潮土类	长江中下游平原,地势较低

1.5 沿线社会经济特征

京杭大运河纵贯京、津、冀、鲁、苏、浙六省,各地的自然条件和社会状况有很大的差异,因此社会经济发展的不平衡也比较明显。

1.5.1 人口

京杭大运河沿线是我国人口分布集中的区域,是东部地区重要的经济发展带。图1.8,1.9分别为运河所经各区县人口分布图与人口密度图,反映了所经地区人口的南北差异情况。

1.5.2 经济

大运河南段的太湖流域地区不仅是农业高产区,而且成为我国重要的商品生产与集散地。苏州、杭州、嘉兴、无锡等区域不断引入投资,经济增长迅速,经济发展水平居于全国前列;而在长江以北地区,社会经济发展相对滞后,仍以传统农业、工业为主,经济水平较低;京津地区有着良好的经济基础与区位优势,是北方最重要的经济中心。图1.10—1.14分别为2002年运河沿线区县的GDP、人均GDP和第一、二、三产业的对比图。

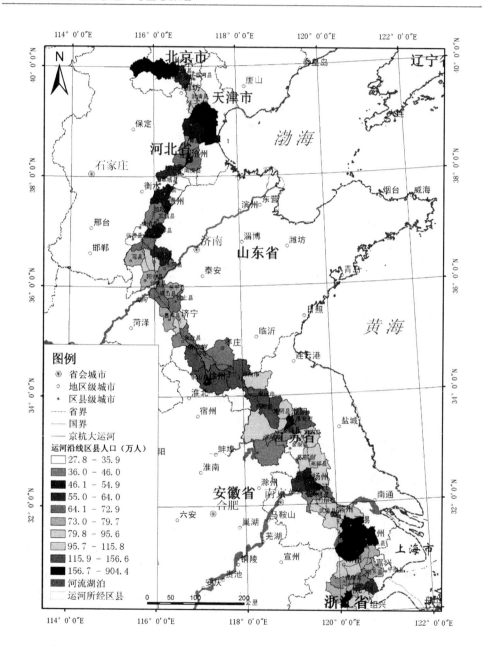

图1.8 京杭大运河所经区县人口分布图

第一章 京杭大运河的历史、自然和社会经济背景　23

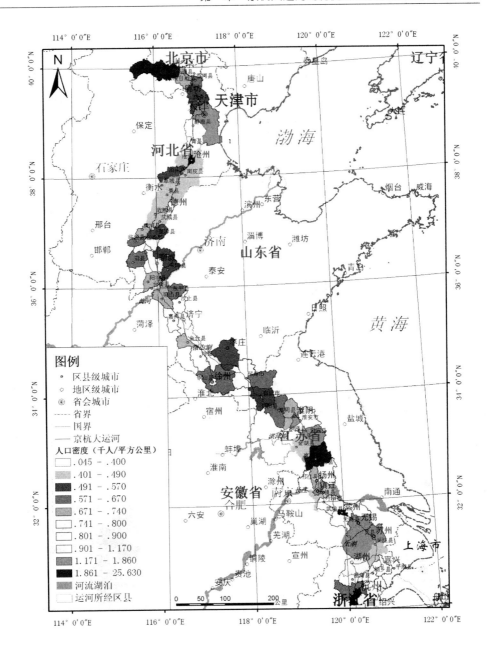

图1.9　京杭大运河所经区县人口密度图

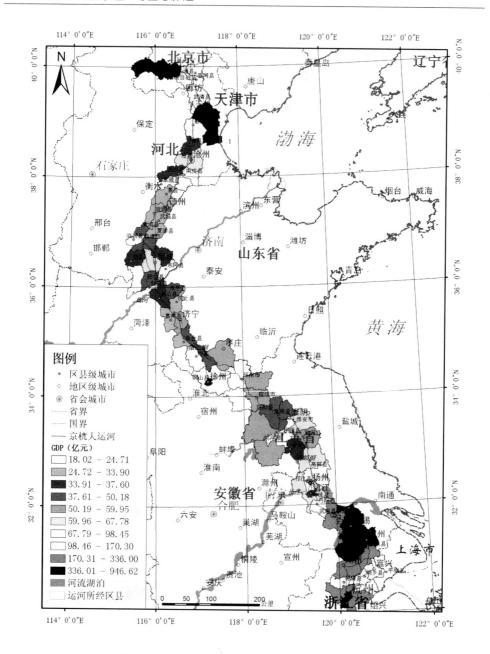

图 1.10 京杭大运河所经区县国内生产总值图

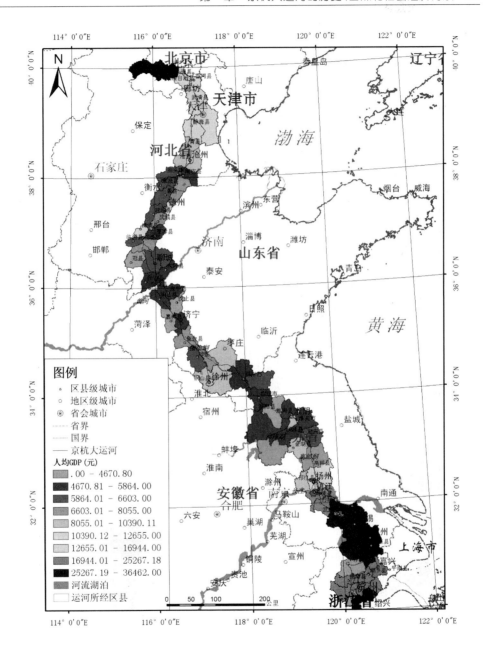

图 1.11 京杭大运河所经区县人均 GDP 图

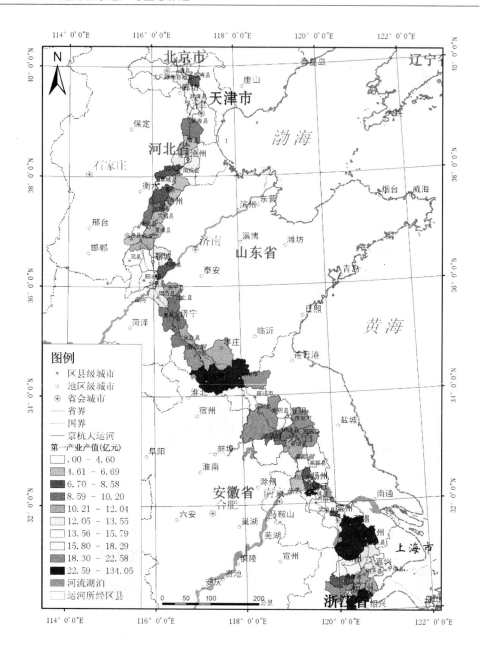

图1.12 京杭大运河所经区县第一产业图

第一章 京杭大运河的历史、自然和社会经济背景　27

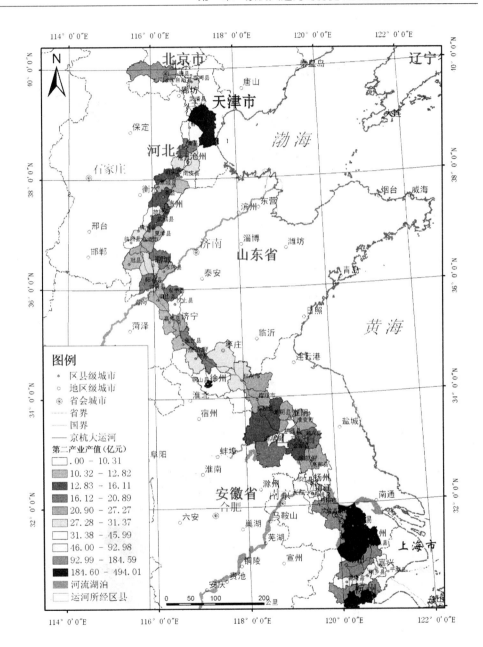

图 1.13　京杭大运河所经区县第二产业图

28 京杭大运河国家遗产与生态廊道

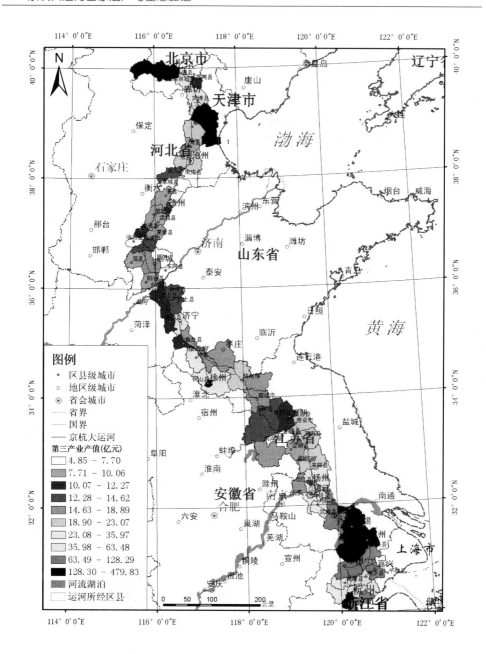

图 1.14 京杭大运河所经区县第三产业图

第 二 章
京杭大运河生存现状

2.1 京杭大运河现状

2.1.1 河道

京杭大运河现有河道宽度各不相同,江南运河目前仍然在使用之中,中段运河部分地段也发挥航运功能,因此河道较宽。但河北、山东等地运河由于废弃已久,现在的南运河、北运河河道较窄,有的河段甚至由于常年干涸而被开垦为农田。通过对运河全线的实地调查,我们把运河宽度分为十个等级(图2.1)。

2.1.2 水量与水质

污染问题是目前京杭大运河最主要的环境问题,也是南水北调东线工程成功与否的重点问题。北运河现在是北京市的排污河之一,水质常年为劣五类;南运河沿途接受河南、山东、河北不断汇入的污水,水生生态系统遭到毁灭性破坏,部分河段甚至沦为垃圾堆放场。中段运河也由于工业废水的不断排入水质恶化严重。江南运河虽然整体比北段运河有所好转,但水污染问题依然严重。图2.2为运河水质情况图。

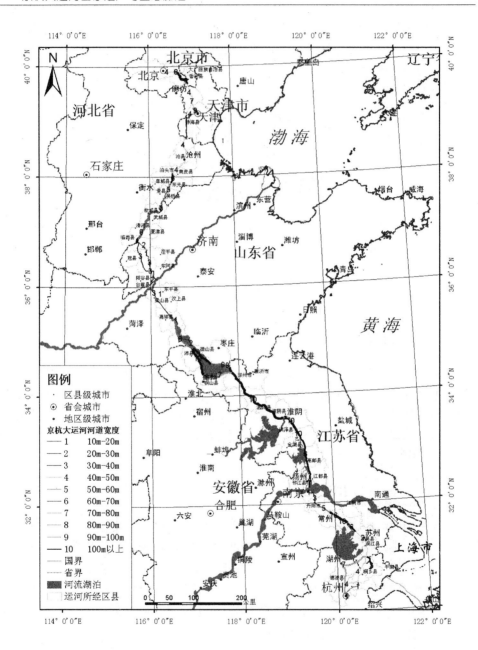

图 2.1 京杭大运河河道宽度图

第二章 京杭大运河生存现状　31

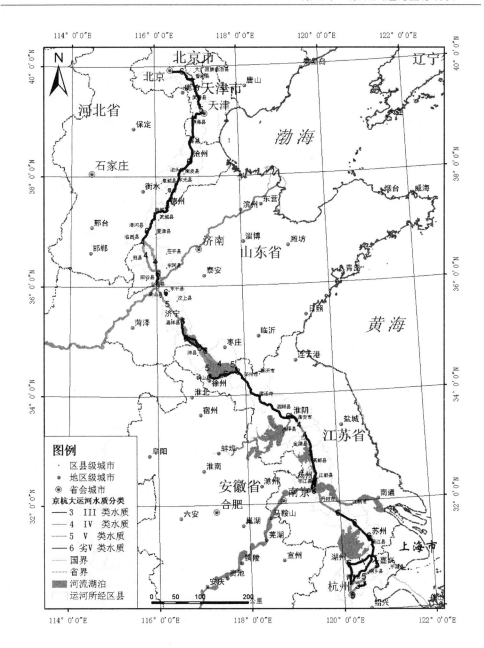

图 2.2　京杭大运河水质现状图

2.1.3 河堤

运河河堤经过上千年的历史变迁,不仅具有防洪功能,而且成为当地居民交通、休闲活动的重要场所,同时也是小动物、鸟类的栖息地。运河河堤同运河一样已经深深地融入到运河沿线居民的生活当中。目前由于大运河各段保护状况不同,导致河堤类型变化很大,有的地方依然保持土质河堤,防护林高大茂密;有的地方经过现代化的整治已经变为水泥、砌石;部分地段河堤为干垒石或者砌砖等类型;有的地段的河堤已经消失。图 2.3 和 2.4 分别为京杭大运河各段河堤连续性和类型图。

2.1.4 使用情况

2.1.4.1 总体情况

京杭大运河不仅发挥着航运功能,对区域的生态环境、工农业生产都起到了不可或缺的作用。目前京杭大运河兼有航运、灌溉、排洪、排污等多项功能。通过城区的运河不仅具备这些主要功能,同时还是当地居民休闲游憩的场所。目前台儿庄以南的京杭大运河仍可通航运,北方的运河已经失去了航运功能。

2.1.4.2 通航与运输

通航与运输是京杭大运河的主要功能。19 世纪后,由于海运发展、津浦铁路通车,加之黄河改道淤塞运河中段河道,部分河段断航(李书恒、郭伟,2007)。目前,京杭大运河的通航里程约为 1442km^2,其中全年通航里程为 877 km^2,主要分布在黄河以南的山东、江苏和浙江三省。在全部河道中,济宁以北河段,因水源不足,未能发挥航运效益。济宁以南至杭州河段,已建成 16 座通航梯级,其中大型船闸 12 座。运河及其沿岸河流、湖泊已节节设闸控制,洪水期调泄,枯水期补给,江水北调工程已初具规模。徐州以南河段,船闸年通过船舶吨位已达 1370 余万吨,年货运量达 5500 万吨。图 2.5 为京杭大运河航运等级现状图(http://www.canal-museum.cn/index.html)。

2.2 沿线文化遗产

历史文化遗产是指具有历史、艺术和科学价值的遗产,包括文化遗址、古

第二章 京杭大运河生存现状 33

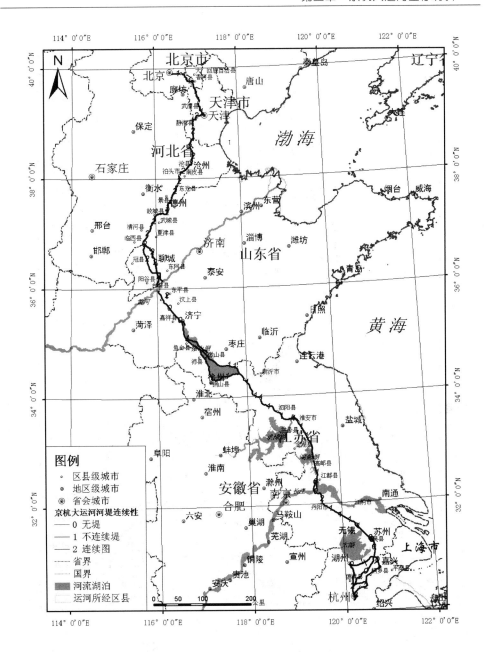

图2.3 京杭大运河堤岸连续性图

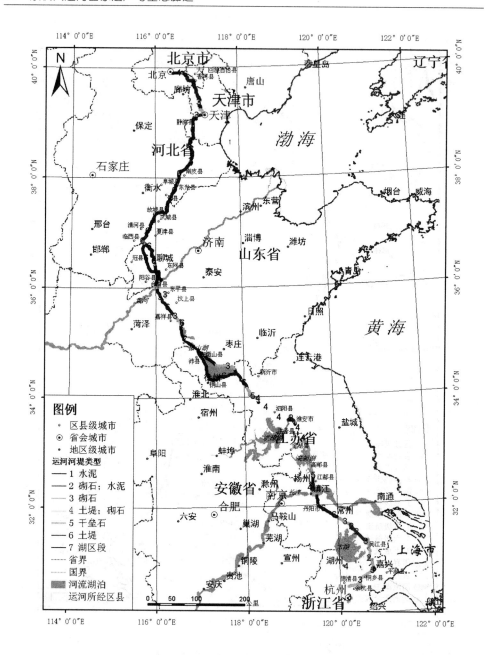

图 2.4 京杭大运河堤岸类型图

第二章 京杭大运河生存现状 35

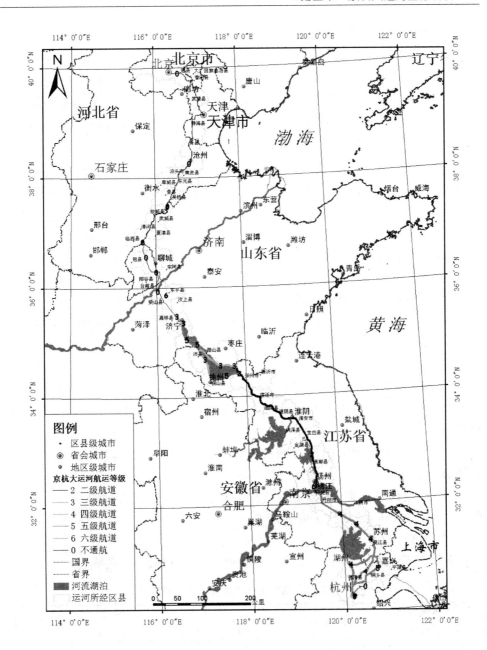

图2.5 京杭大运河航运等级现状图

墓葬、石窟寺、石刻、壁画、近现代史迹及代表性建筑等不可移动的文物,历史上各时代的重要实物、艺术品、文献、手稿、图书资料等可移动文物,以及在建筑式样、分布均匀或环境景色相结合方面具有突出普遍价值的历史文化名城(街区、村镇)(《保护世界文化和自然遗产公约》,1972)。京杭大运河沿线有北京、天津、沧州、德州、聊城、济宁、徐州、宿迁、淮安、扬州、镇江、常州、无锡、苏州、嘉兴、杭州等历史文化名城和数量众多的各类遗产。

为详细分析运河遗产,本研究建立了运河文化遗产地理信息数据库。该数据库包含遗产总数1562个,其中562个为已经实地考察的遗产,1000个未进行实地考察。依据遗产点的类型、保护等级、保存现状、与运河的关系等逐一对其进行了归类整理。

2.2.1 类型

运河沿线遗产类型众多,本研究把运河遗产分为七大类:

(1)运河水利工程遗址:包括码头、闸坝、桥梁等与运河直接关联的遗产;

(2)古建筑:包括运河沿线的寺庙、教堂、会馆、故居、书院、古塔、城楼等建筑类遗产;

(3)古墓葬:主要指名人墓葬、墓群;

(4)古遗址:指各类古代遗址,包括城池遗址、炮台遗址、码头遗址、寺庙遗址等;

(5)石刻:指运河沿线遗存的各类碑刻,包括墓碑、摩崖石刻、纪念碑、石牌坊、砖刻等;

(6)近现代重要史迹:指近现代的各种纪念物,包括各种旧址、革命纪念碑、近代名人故居、近现代工业遗产等;

(7)其他。

初步统计京杭大运河沿线共有各类遗产累计1562项(见下表)。

表2.1 京杭大运河沿线遗产类型表

类型	运河水利工程遗址	古建筑	古墓葬	古遗址	石刻	近现代重要史迹	其他	总计
数量(项)	143	819(其中古建筑群4)	100	100	143	247	10	1562

2.2.2 保护等级

京杭大运河沿线遗产保护等级各异,根据实地考察,运河沿线遗产保护状况可分为国家级文保单位、省级文保单位、市县级文保单位,同时还有大量的遗产没列入文保单位,其中部分遗产点有专门机构管理,处于较好的保护状态,但有的则无人管理,处于废弃状态。根据实地考察结果及深入查阅资料,本研究将京杭大运河的遗产按照保护等级分为6类,并将每一个遗产点进行归并(表2.2)。

表 2.2 京杭大运河遗产保护类型表

遗产保护类型	国家级文保单位	省级文保单位	市县级文保单位	非文保单位			保护状况不详	总计
				有相应机构维护管理	无人管理	保护状况不明		
遗产数量(个)	51	153	713	276	65	245	59	1562

2.2.3 保存状况

京杭大运河沿线遗产保存状况差别很大,有的遗产原物保存良好,具有遗产的真实性与完整性,遗产价值较高;有的遗产经过改建修复,保存状况较好;有的遗产原物破坏严重;而有的已经被完全重建。通过实地调查以及资料分析,将运河沿线遗产的保存状况分为以下7种类型(表2.3)。

表 2.3 京杭大运河沿线遗产与运河关系类型表

类型	原物保存良好	原物保存较好	原物易地保存	改建恢复	完全重建	原物破坏严重	原物已不存在但遗址可考	保存状况不明	总计
个数	218	219	22	101	90	128	77	707	1562

2.2.4 文化遗产与运河关系

2.2.4.1 定义

以遗产点与运河的关系为出发点,将大运河沿线遗产大致分为:与运河功能相关遗产、与运河历史相关遗产、与运河空间相关遗产三大类。

(1) 功能相关,指运河沿线分布的大量与运河的运转直接相关的遗产,包括运河上的闸、坝、桥、码头、渡口、钞关等。

(2) 历史相关,指某些虽然与运河的日常运转没有直接关系,却是由于运河漕运、商贸等功能发展衍生形成的,包括各地商贸会馆、驿馆、寺庙、清真寺、陵墓、碑刻等与运河有历史发生学上的关系的遗产。

(3) 空间相关,指单体遗产与运河没有明显的功能和历史联系,但其空间位置靠近运河的遗产,是广义的运河遗产不可分割的一部分。

按照遗产与运河关系而区分的功能相关、历史相关、空间相关三大类遗产数目如表 2.4。

表 2.4 京杭大运河沿线遗产与运河关系类型表

类型	功能相关	历史相关	空间相关	总计
个数	228	279	1055	1562

2.2.4.2 文化遗产沿运河的分布

运河沿线遗产分布差异较大,有的地段遗产比较集中,有的分散;有的距离运河较远,有的近邻运河。本研究按文化遗产与运河关系分别进行遗产与运河距离的研究。

(1) 功能相关遗产

与运河功能相关遗产总数共 228 个,主要包括闸、坝、桥、码头、渡口遗址、钞关等,这些遗产与运河关系紧密,大都分布在运河河道左右或者离运河很近的地方见表 2.5,图 2.6。通过统计与运河功能相关的遗产的分布情况,可以为确定运河核心的保护范围提供参考。

表 2.5 功能相关遗产沿运河分布情况

距运河距离(m)	数量(项)	占遗产总数的比例(%)
≤50	74	32.5
≤100	119	52.2
≤150	138	60.5

(续　表)

距运河距离(m)	数量(项)	占遗产总数的比例(%)
≤400	159	69.7
≤1000	184	80.7
≤2000	194	85.1
≤3000	196	86.0
≤4000	211	92.5
总计	228	100

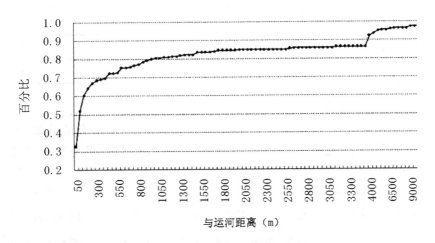

图2.6　功能相关遗产与运河距离关系

(2) 历史相关遗产

历史相关遗产总数共279个,主要类型为寺庙、会馆、石刻、陵墓、古建筑、遗址等。这些遗产比较密集地分布在运河两岸,尤其是在运河沿线各大城市中密集分布。历史相关遗产与运河间的距离、包含的遗产数如表2.6。

表 2.6 历史相关遗产沿运河分布情况

距运河距离(m)	数量(项)	占遗产总数的比例(%)
≤50	12	4.3
≤100	33	11.8
≤150	59	21.1
≤550	147	52.7
≤700	172	61.6
≤850	196	70.3
≤1250	222	79.6
≤1300	227	81.4
≤1650	238	85.3
≤2900	251	90.0
≤3000	251	90.0
≤3100	252	90.3
≤7500	264	94.6
≤10000	269	96.4
总计	279	100

(3) 空间相关遗产

与运河空间相关的遗产总数为 1055 个,包括的遗产类型大部分为遗址、故居、陵墓、寺庙等,其与运河距离关系如表 2.7 所示。

表 2.7 空间相关遗产沿运河分布情况

距运河距离(m)	数量(项)	占遗产总数的比例(%)
≤50	26	2.5
≤100	92	8.7
≤150	135	12.8
≤200	171	16.2
≤250	208	19.7
≤300	236	22.4
≤350	270	25.6

（续　表）

距运河距离(m)	数量(项)	占遗产总数的比例(%)
≤400	306	29.0
≤450	335	31.8
≤600	426	40.4
≤750	518	49.1
≤1000	688	65.2
≤1150	744	70.5
≤1600	847	80.3
≤2600	897	85.0
≤3000	909	86.2
≤3050	911	86.4
≤3500	924	87.6
≤5000	943	89.4
≤5500	947	89.8
≤6000	948	89.9
≤6500	952	90.2
≤10000	998	94.6
总计	1055	100

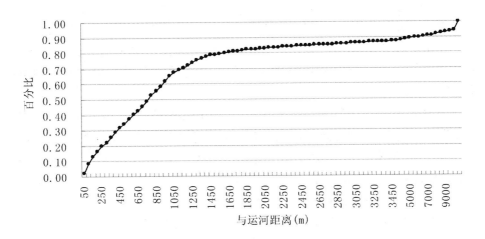

图2.7　历史相关遗产与运河距离关系

（4）全部文化遗产

全部文化遗产点沿运河分布情况见下表：

表2.8 全部文化遗产沿运河分布情况

距运河距离(m)	数量(项)	占遗产总数的比例(%)
≤50	112	7.2
≤100	244	15.6
≤300	492	31.5
≤450	627	40.1
≤650	785	50.3
≤850	927	59.3
≤1000	1082	69.3
≤1200	1164	74.5
≤1450	1256	80.4
≤1500	1261	80.7
≤2000	1308	83.7
≤2350	1328	85.0
≤3000	1356	86.8
≤4500	1414	90.5
≤10000	1490	95.4
总计	1562	100

京杭大运河生态与遗产廊道应根据与运河功能相关的遗产分布情况、河流廊道的合理宽度、运河自身宽度的变化来综合确定其核心保护范围的宽度及边界。

从全部遗产的个数随与运河距离变化的曲线(图2.8)可以看出,存在一个较为明显的拐点,当其间包含的遗产数达到80%以后,增加的趋势变得平缓,而在未达到80%时则增加得非常明显。因此对于运河保护,以下一些距离值得关注：

A.80%距离(包含有80%遗产数的距离)

功能相关:运河两侧1km之内包含80%与运河功能相关遗产；

历史相关:运河两侧1.3km之内包含80%与运河历史相关的遗产；

空间相关:运河两侧1.6km之内包含80%与运河距离相关的遗产；

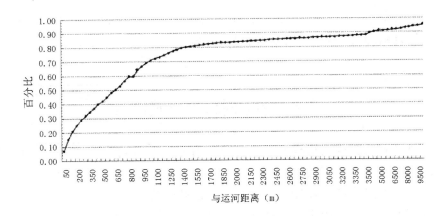

图 2.8　全部遗产点与运河距离关系

全部遗产:运河两侧 1.45km 之内包含遗产总数的 80%。
B.90% 距离(包含有 90% 遗产数的距离)
功能相关:运河两侧 4km 之内包含 90% 与运河功能相关遗产;
历史相关:运河两侧 3km 之内包含 90% 与运河历史相关的遗产;
空间相关:运河两侧 6km 之内包含 90% 与运河距离相关的遗产;
全部遗产:运河两侧 4.5km 之内包含遗产总数的 90%。
C.3km 距离(运河两侧 3km 范围之内的距离)
功能相关:运河两侧 3km 之内包含 86% 与运河功能相关的遗产;
历史相关:运河两侧 3km 之内包含 90% 与运河历史相关的遗产;
空间相关:运河两侧 3km 之内包含 86.2% 与运河距离相关的遗产;
全部遗产:运河两侧 3km 之内包含遗产总数的 86.8%。

2.3　沿线自然遗产

　　自然遗产是指从审美或科学角度看具有突出普遍价值的物质和生物结构或这类结构群组成的自然面貌;从科学或保护的角度看具有突出普遍价值的地质和自然地理结构以及明确划为受威胁的动物和植物生态区;从科学、保护或自然美角度看具有突出普遍价值的天然名胜或明确划分的自然区域(《保护世界文化和自然遗产公约》,1972)。

大运河沿线自然遗产主要是湿地,包括南四湖、骆马湖、扬州四湖、太湖和洪泽湖等自然和人工湖泊,与沿线稻田、水网共同构成一个复杂的自然—人工湿地系统。

2.4 沿线非物质文化遗产

非物质文化遗产是指被各群体、团体、有时为个人视为其文化遗产的各种实践、表演、表现形式、知识和技能及其有关的工具、实物、工艺品和文化场所。各个群体和团体随着所处环境、与自然界的相互关系和历史条件的变化不断使这种代代相传的非物质文化遗产得到创新,同时使他们自己具有一种认同感和历史感,从而促进了文化多样性和人类的创造力(《保护非物质文化遗产公约》,2006)。

运河已经与沿岸人民的社会、经济、文化生活融为一体,因此其文化必然从物质层面扩展到社会层面、精神层面,形成运河沿岸所独有的社会组织形式、民俗礼仪等。通过实地考察和文献研究,京杭大运河沿线的非物质文化遗产主要包括:饮食文化、历史传说、戏曲(曲艺)、手工业制品、文学和绘画艺术、风俗礼仪、民间游艺活动。运河沿线非物质文化遗产分布情况见表2.9。

表2.9 京杭大运河沿线代表性非物质文化遗产

	口头传说和表述	表演艺术	社会风俗、礼仪、节庆	有关自然界和宇宙的知识及实践	传统的手工艺技能	总计
通惠河与北运河段		2			3	5
南运河段		2				2
聊城段		1			3	4
梁济运河段		3				3
南四湖段		3				3
不牢河段		3				3
中运河段	—	—		—	—	0
里运河段	1	6		1	3	11
江南运河	1	11	11	1	16	40
总计	2	31	11	2	25	71

第 三 章
京杭大运河的遗产价值与整体保护问题和机遇

3.1 京杭大运河杰出的遗产与生态价值

一般而言,资源的价值是具有能满足人们需要的属性。要认识大运河的价值,就应当从历史、现实与未来的多个视角,从可持续利用的角度出发,全面研究京杭大运河满足人们现实和潜在需求的功能,从而全面判断其相应的价值。任何孤立的价值判断,以及由此而导致的孤立的工程举措,都将留下不可弥补的遗憾。

3.1.1 杰出的文化遗产价值

文化遗产属性是大运河最重要的属性。从已经发表的研究成果看,目前关于京杭大运河遗产价值的专门认识和阐述尚不系统,比较系统的研究是《国际运河古迹清单》中有关京杭大运河的遗产价值的认识部分。

《国际运河古迹清单》是世界遗产委员会及ICOMOS委托研究的产物,它集中了世界遗产运河研究领域权威专家的意见,可以说是世界遗产运河研究的权威文件。该文件在《世界遗产公约操作指南》(1996年版)文化遗产标准(6条)基础上,针对遗产运河拟订了4条价值评价标准,并以此4条标准为依据,对大运河的价值进行了评价,认为(ICOMOS,1996):

(1)大运河在"是一件人类天才创造力的杰作"、"对(运河)技术发展产生过巨大的影响"、"是一个杰出的构筑物或特征之范例、代表着人类历史上的重要时期"三个方面都具有突出普遍价值(outstanding universal value);

(2)大运河在"与具有突出普遍意义的社会、经济发展直接相关"方面具有很高的普遍价值。

因此,京杭大运河具有毋庸置疑的突出普遍价值,是标志着中华民族文化身份的重要文化遗产。这一价值,是京杭大运河最为核心和基本的价值。

3.1.2 难以替代的生产与生活基础设施价值

我国历代兴修运河,"贡赋通漕"之外,兼利灌溉都是另一个重要理由。大运河作为区域城乡生产生活基础设施,具体表现在三个方面:

(1)作为输水通道的价值。随着南水北调东线工程的启动,运河将承担重要的输水通道功能,这一职能决定了它在当代中国历史发展中将再次发挥重大作用,作为生命之源的水的输送,将成为继漕粮运输之后的又一个意义非凡的文化景观。

(2)作为运输通道的价值。运河的运输功能对于今天部分区段城乡居民的生产生活仍有着重要意义。

(3)作为工农业水源的价值。灌溉是运河除运输以外的最大功能,运河至今仍是区域农业安全的重要基础。同时,运河也是部分城市工业和生活用水的重要水源。

3.1.3 重要的生态基础设施价值

生态基础设施本质上讲是区域和城市所依赖的自然系统,是区域及其城市能持续地获得自然服务(Natures Services)的基础。这些生态服务包括提供新鲜空气、食物、体育、休闲娱乐、安全庇护以及审美和教育等等。它不仅包括人们习惯的城市绿地系统的概念,而且更广泛地包含一切能提供上述自然服务的城市绿地系统、林业及农业系统、自然保护地系统(俞孔坚,李迪华,2002,2003)。京杭大运河作为区域生态基础设施,对维护国土生态安全和促进区域可持续发展具有独到意义(俞孔坚,李迪华等,2004)。

3.1.3.1 作为对区域生态系统结构有广泛影响的半自然生态系统

运河廊道长期横跨南北多种不同类型的自然、半自然、人工生态系统,通过长期的能量、物质、信息的流动和循环,运河本身形成了复杂、影响广泛的生态系统,形成了自身的生态调节能力。虽然运河整体结构和功能受到人工、自然等多种因素的强烈干扰,但其整体在经过系统的生态修复之后仍然具有独特的生态价值。

3.1.3.2 丰富的湿地生态系统留存

湿地是人类及众多动植物的重要生存环境之一,具有极为丰富的生物多样性和多项生态服务功能,被誉为"自然之肾"。运河河道大多依据天然河道修筑,虽然为满足航运要求,河道普遍被渠化,但经过长期的生态变迁之后,仍然形成和保留了大量的沼泽、滩涂。历代为蓄泻洪水、平衡运河水量,沿河利用湖泊或修建人工水库。这些数量众多的人工或自然湿地一直在发挥着重要的生态功能,是运河遗产不可分割的组成部分。

3.1.4 独特的国民教育价值

3.1.4.1 天然的"中国自然地理教科书"

京杭大运河是唯一的沟通中国东部五大最重要水系的河流,是中国东部为数不多的横贯南北的生态廊道,穿越了多个自然地理区域,在中国东部季风区域有着独特的标本价值,犹如一个剖面,清晰地展示着中国大地景观的南北分异,是天然的"中国自然地理教科书"。

3.1.4.2 中华民族文化身份的象征

京杭大运河是中华民族的文化结晶,是中华民族文化形象的杰出代表,是中华民族性格的写照。

3.1.4.3 乡土文化展示的博物馆

京杭大运河流经中国东部高密度人口地区,横贯南北,是以自然元素主导、同时串联流经地区丰富的物质和非物质文化遗产的连续通道,是一个活着的乡土文化展示的博物馆。

3.1.5 战略性休闲游憩廊道价值

京杭大运河具有极其重要的爱国主义和历史文化教育资源,为了发挥大运河作为战略性休闲通道的休闲和教育价值,应以保护遗产为基础,以建设输水通道为契机,借鉴有关国家的成熟经验,通过区域协作,建设集生态与文化保护、旅游发展、文化产业开发等多种功能于一身的遗产廊道①,将其作为一个展示南北文化的景观剖面和一条独一无二的、教科书式的体验和学习廊道。

3.2 京杭大运河整体保护问题

3.2.1 运河保护协调机制不健全

目前关于京杭大运河的遗产保护工作受到了社会各界和各级政府的积极关注,但对大运河的整体保护协调机制尚未建立。在自然与文化遗产管理机制中,作为一个重要的遗产廊道,大运河的保护长期以来却处于失控状态。国家文化遗产保护体系上存在的不足是造成大运河保护现状的本质原因。

目前我国的文化遗产保护的主要法律依据是《中华人民共和国文物保护法》和《文物保护法实施条例》,其次还有一些国务院颁布的条例和地方政府制定的地方性法规。在这些法规中,历史文化遗产保护涉及三个层次:历史文化名城、历史文化街区和村镇、文物保护单位。这种体系架构实际上未涉及区域性的遗产保护,像大运河这样长达一千七百多公里且十分珍贵的文化遗产,作为文物保护单位对待显然是不适宜的,更不可能作为历史文化街区或历史文化名城来对待,现行文化遗产保护的正式架构中实际上没有此类遗产的地位(李伟等,2004)。

另一方面,运河涉及的部门与区域众多,需要建立一个强有力的协调保护机构,与沿线各城市、各部门协调进行保护工作。

3.2.2 快速城市化过程中对运河保护不足

大运河从北向南贯穿了华北平原、淮海平原和杭嘉湖平原,在漫长的历史过程中带动了沿线诸多城市和乡村的形成、发展与繁荣,是这些城市的母亲河。然而在中国经济快速发展的今天,运河沿线各城市和农村在经济快速增长的同时迎来了历史上绝无仅有的大规模建设高潮。但现行的城市规划编制

---

① 遗产廊道(heritage corridor)是目前盛行于美国的一种集遗产与生态保护、经济发展、休闲游憩等于一体的保护与发展战略,是一种行之有效的资源保护与利用及区域复兴平台(参见王志芳、孙鹏,2000)。

方法承袭苏联模式,首先预测城市人口,然后"以人定地",确定功能分区,再进行建设性的分区与详细规划。这种规划模式很少或根本没有考虑城市原有的自然生态系统格局,没有预先保护优良的自然景观,而是采取分区分块的扩张方式,将原本完整的运河分割。

在城市规划以前对城市扩张没有一个刚性的约束,必然不可避免地会对运河完整的格局和健康的河流生态系统形成影响,甚至于将其侵占。因此,没有提前制定切实可行的大运河及沿线遗产保护措施或规划来制约运河沿线大规模的城镇建设,这条伟大的河流可能消失在快速发展的今天。

3.2.3 运河沿线盲目开发

伴随着快速的城镇化进程,许多城市出于美化或治理目的对运河加以整治,但往往单一地对河道进行大规模的人工整饬,钢筋水泥的堤岸代替了运河的自然形态,其后果是河流生态系统遭到破坏,同时破坏了运河作为遗产的真实性和完整性,割裂了运河两岸居民上千来年形成的与运河自然的亲密关系。经过整饬的运河将成为一槽穿城而过的浊水,失去了自然与历史价值。

部分地区由于没有真正认识大运河的生态与遗产价值,而是片面追求眼前利益,开展各类工程建设,包括运河两岸房地产开发、粗制滥造假古迹开发旅游等等,严重威胁到运河的保护。同时,随着城市中高楼大厦的拔地而起,散落在运河城市的大量文物古迹渐渐被高楼大厦所湮没,萎缩到一个个角落里,不能与运河形成完整的遗产体系。

3.2.4 城市对运河的污染

河流是大地的血脉,是为城乡居民提供多种生态服务的重要廊道。由于城市规模的不断扩大和经济的快速发展,越来越多的城市工业废水、生活污水以及被污染了的雨水排入流经城市的运河或运河的水渠、湖泊,使运河水质严重下降。

在运河北部的一些城市,流淌千年的运河逐渐变为一条排污河、臭河,变成城市人疏远、厌恶的臭水沟。有的城市工业生产的废渣、废料、放射性固体废弃物以及生活垃圾大都堆积在城市近郊的运河附近,有的甚至直接倾入运河干涸的河道,对运河环境造成极大的危害。

目前南运河部分河段严重的水污染已经导致运河水生生物的灭绝。健康的河流生态系统的破坏，直接导致大运河生态服务功能的丧失和瘫痪，威胁到运河区域生态系统的健康性与完整性。

3.3 京杭大运河保护面临的机遇

3.3.1 南水北调工程的实施

南水北调的实施为京杭大运河的复苏提供了新的机遇，它是继运河开凿以来又一次对运河的大的改变。但南水北调工程的实施对运河遗产的保护也存在挑战。

南水北调东线工程从长江下游引水，基本沿京杭大运河逐级提水北上，向黄淮海平原东部供水，古老的大运河又肩负起南水北调的使命。南水北调东线工程实施后，可基本解决天津市、河北省黑龙港运东地区、山东鲁北、鲁西南和胶东部分城市的水资源紧缺问题，并具备向北京供水的条件，促进环渤海地带和黄淮海平原东部经济发展，改善因缺水而恶化的环境，为京杭大运河济宁至徐州段的全年通航保证水源，使鲁西和苏北两个商品粮基地得到巩固和发展（刘昌明，2002）。

在南水北调工程中，京杭大运河作为世界级的遗产，具有不可估量的价值，因此规划和施工应该高度重视运河遗产的真实性、完整性的保护。南水北调东线工程对运河遗产保护是一次严峻的挑战，同时也是一次历史性机会，如果科学合理地制定关注到自然、生态、遗产、休闲、社会经济发展等方面的规划，会有利于运河生态系统修复和遗产保护。

3.3.2 大运河申报世界遗产

京杭大运河在近期已经受到国家文物局以及全国政协的高度重视，积极开展了京杭大运河申报世界遗产的各方面工作，京杭大运河整体已经被确定为国家文物保护单位。2007年6月20日，由国家文物局牵头举行大运河保护及申遗工作协调会，与会专家建议将京杭大运河"扩容"为"中国大运河"进行申遗，涉及城市从18个增加到24个，提议沿线城市成立"中国大运河申遗办公室",由省政府、省文物部门指导,鼓励社会各界参与合作、协商和对话。

京杭大运河申报世界遗产的工作将为运河的保护与利用带来前所未有的机遇,如果能够协调好各方利益,制定切实可行的大运河保护规划,对运河的保护与复兴将产生巨大的作用。

我国在1985年12月22日经第六届全国人民代表大会批准加入《保护世界文化和自然遗产公约》,并于1986年开始申请包括长城在内的28项世界遗产,其间专家们就提出了"大运河申遗"的建议,但由于对世界遗产的一些观点理解问题以及部分运河河床已经干涸、部分污染较重、一些河道已经改变的现状不理想,因此当时认为大运河不适合申报世界遗产。

北京大学景观设计学研究院自1997年成立起即开始关注对大运河和工业遗产的保护与研究,并在国内最早提出了建立大运河遗产廊道,对大运河遗产进行整体保护的构想(孙鹏、王志芳,2001)。在经过多年的内部研讨和积累后,俞孔坚教授于2004年发表《论大运河区域生态基础设施战略和实施途径》一文,对于建立大运河区域生态基础设施的理论基础、战略意义、问题背景以及实施的技术途径进行了详细论述,以此作为基本框架,北京大学景观设计学研究院正式展开了大运河遗产整体保护与利用的研究工作(俞孔坚、李迪华等,2004)。

2004年7月,在国家文物局"京杭大运河遗产廊道整体保护研究"项目的资助下,北京大学景观设计学研究院组织28名师生对京杭大运河展开了历时一个月的骑自行车实地调研。此后全院师生又通过一年多的努力,建立大运河遗产地理信息系统,对大运河的河道、遗产现状进行了详细的记录,开始系统地研究京杭大运河。

2005年末,在纪念我国加入《保护世界文化和自然遗产公约》二十周年及2006年新年到来之际,郑孝燮、罗哲文和朱炳仁三位著名专家联名给大运河流经的18个市区的市长写信,呼吁加快大运河在申报物质文化和非物质文化两大遗产领域的工作进程。2006年伊始,国内关于大运河遗产保护与申请世界遗产的呼声逐渐升温,并逐渐走进公众视野。

2006年3月全国两会期间,58名政协委员联合向全国政协十届四次会议提交了一份提案,呼吁从战略高度启动对京杭大运河的抢救性保护工作,并在适当时候申报世界遗产项目。

2006年5月12日起,全国政协大运河保护与申遗考察团一行七十多人,对京杭大运河进行了为期10天的全线考察,其中包括23位全国政协委员,11位全国知名的文物、水利、古建筑、历史学等学科的专家学者和沿运河6省市政协文史委员会负责人。

2006年5月22日,由全国政协文史和学习委员会主办,杭州市委、市政府承办的京杭大运河保护与申遗研讨会在杭州召开,会后联合发布了《京杭大运河保护与申遗杭州宣言》。宣言建议从国家战略高度,建立统一协调机构,制定大运河保护的法律法规,统筹保护与发展规划;尽快成立由相关部委、有关专家、沿线城市参加的研究机构,开展调查研究和价值评估工作,提出可行性建议,启动京杭大运河申遗工作,使古老的运河重新焕发青春与活力。

2006年5月25日国务院公布了第六批全国重点文物保护单位名单,大运河作为整体被列为国家级文物保护单位。

2006年10月,运河申遗论坛在北京通州举行,沿运河的17个城市联合签署《通州宣言》。

2006年12月15日,国家文物局公布了重新确定的《中国世界文化遗产预备名单》,大运河被列入其中。

2007年3月11日,全国政协十届五次会议举行了唯一的一场集体采访活动,主题为"京杭大运河保护与申遗",全国政协委员、国家文物局局长单霁翔总结了大运河的保护和"申遗"面临的问题。

2007年6月20日,由国家文物局牵头,全国政协文史与学习委员会、交通部、水利部以及24个相关城市的代表参加在北京召开的大运河保护及申遗工作协调会。

2009年4月23日,由文化部、国家文物局牵头,国务院13部门和大运河沿线的8省市组成的大运河保护和申遗省部际会商小组在京召开第一次会议。会议通过了《大运河保护和申遗省部际会商小组工作制度》、《大运河保护和申遗2009—2010年工作计划》等文件,为大运河申报世界遗产工作提供了重要的组织保证。

2011年3月29日,大运河保护和申遗省部际会商小组第三次会议在京召开,原则通过了《大运河遗产保护和管理总体规划》和《大运河申报世界文化遗产预备名单》。北京、河南等8省、35地市的运河遗产将整体申报世界遗产,申报将在2014年完成。

3.4 世界遗产保护发展历程

3.4.1 世界文化和自然遗产保护历史

3.4.1.1 文化遗产保护起源

文化遗产的保护起源于文艺复兴时期的古物收藏。19世纪文化遗产保护方面相继出现法国派、英国派和意大利派,这标志着文物建筑保护作为一门学科已具雏形,现代文化遗产保护就此兴起。在以文物建筑保护为目标的文化遗产保护历程中,两个具有里程碑意义的事件是1931年《雅典宪章》和1964年《威尼斯宪章》的签订。后来相当一部分文化遗产保护的国际文献都是以《威尼斯宪章》为基础制定的,如关于历史园林保护的《佛罗伦萨宪章》、关于历史城镇保护的《华盛顿宪章》、关于木结构建筑保护的《古木结构保护原则》以及《关于乡土建筑遗产的宪章》等。

历史城镇、历史街区的保护是在文物建筑保护的基础上得以发展的。一般认为历史城镇、历史街区的保护开始于1960年代甚至更晚。到1970—1980年代,历史城镇、历史街区的保护更加受到文化遗产保护界的关注。仅以ICOMOS(国际古迹理事会)等机构通过的国际文献看,就有1967年的《魁托标准》(*The Norms of Quito*),1972年的《关于在古代建筑群中引入当代建筑研讨会的决议》(*Resolutions of the Symposium on the Introduction of Contemporary Architecture into Ancient Groups of Buildings*),1975年的《关于历史小城镇保护的决议》、《马丘比丘宪章》、《内罗毕建议》、《华盛顿宪章》以及各版的《世界遗产保护行动指南》里对于历史城市与街区的论述等。

3.4.1.2 自然和文化相结合的保护

国际上开始重视自然和文化保护相结合的标志是1968年在美国召开的"世界遗产保护"白宫会议,该会议呼吁保护全世界的自然风景区和文化遗产。这是官方公开发出的关于文化和自然遗产合二为一的最早的声音之一。

联合国教科文组织大会于1972年11月16日通过了《保护世界文化和自

然遗产公约》(简称《世界遗产》公约),正式把自然遗产和文化遗产一起作为具有普遍价值的遗产加以保护。到 2007 年第 31 届世界遗产大会后,共有 184 个缔结《保护世界文化和自然遗产公约》的国家和地区的 851 项遗产被列入世界遗产名录,其中文化遗产 660 项,自然遗产 166 项,文化与自然双遗产 25 项。我国于 1985 年 12 月 12 日正式加入《保护世界文化和自然遗产公约》,到 2007 年共有 33 项世界遗产,其中文化遗产 24 项,自然遗产 5 项,文化与自然双遗产 4 项(见 UNESCO 网站)。

3.4.1.3 世界遗产委员会遗产保护趋势

(1)文化遗产和自然遗产

《保护世界文化和自然遗产公约》最早在其操作指南中只定义了文化遗产和自然遗产。文化遗产分为三类,即文物古迹、建筑群和遗址;自然遗产分为自然景观、地质与地文结构、动物与植物生态区、自然风景名胜和自然区域。

在《保护世界文化和自然遗产公约》及其不断修订的《操作指南》中,核心趋势就是愈益强调对历史环境的保护和保护范围的日益扩大:从单体到街区,由街区到城镇,进而延展到文化景观(cultural landscape)、遗产线路(heritage route)等大尺度遗产。

(2)文化景观类型

1984 年世界遗产委员会第八届大会是遗产保护领域最早讨论文化景观的一次会议,其后 1992 年在法国巴黎召开的关于文化景观的专家会议则提出了较为完善的定义,并于 1994 年对《保护世界文化和自然遗产公约操作指南》(以下简称《操作指南》)的修订过程中确定了有关概念、分类和登录标准(UNESCO,1994)。

1994 年的《操作指南》将"文化景观"定义为人和自然共同的作品,是人与其所在自然环境的多样互动,具有丰富的形式。对文化景观的保护有利于土地的可持续利用,有利于生物多样性的保护(UNOSCO,1994)。

文化景观根据其特征分为以下三类:

A.人类主动设计的景观,包括花园和公园等。通常美和使用是其建造的重要原因,这些景观有时会和宗教或其他古迹关联。

B.有机进化的景观,是人类之社会、经济、管理和宗教作用的结果,是人类对其所在自然环境顺应和适应的产物。

C. 关联和联想的文化景观，其重点在于自然元素在宗教、艺术和文化上的强烈联系，而文化上的物质实证退居次要地位。

1994年的《操作指南》指出，文化景观能否列入世界遗产名录取决于其功能性和可理解性（intelligibility），强调文化景观必须能够充分体现和反映其所代表的文化景观的整体性质。同一文件中，UNESCO还提出"不应排斥线性的交通运输形成的区域"。这便是自1980年代以来国际学术界一直极为重视的线性文化景观（linear cultural landscape），随后发展成为遗产运河和文化线路（cultural route），一些属于这两个类型的重要遗产已经列入世界遗产名录。

（3）文化线路、遗产线路与遗产运河

世界遗产委员会关于线性遗产保护的国际性会议开始于1994年。17届世界遗产委员会于1994年在加拿大举行了关于遗产运河的专家会议，会议报告（Report of the Expert Meeting on Heritage Canals, Canada, September 1994）详细阐述了运河的概念与具体的评价体系。1994年11月24—25日在西班牙马德里召开了关于"线路作为文化遗产的一部分"的专家会议，围绕线性文化遗产问题进行了讨论（Expert Meeting on Routes as part of Our Cultural Heritage, Madrid, 24-25 Nov. 1994）。

1998年，ICOMOS在西班牙特内里弗召开会议（Tenerife, 1998），会上成立了国际古迹理事会文化线路科学委员会CIIC（The ICOMOS International Scientific Committee on Cultural Routes），通过了包括《CIIC工作计划》、《CIIC章程》在内的一系列文件。CIIC的成立标志着文化线路作为一种新型遗产类型得到了国际文化遗产保护界的全面认同。

随着西班牙冈布斯特拉朝圣路（1993年入选）、法国米迪运河（1996年入选）、日本纪伊朝圣路（2004年入选）等相继列入《世界遗产名录》，线性遗产已经成为近年来世界遗产保护界的热点之一。

2005年的《操作指南》中列出四种特殊类型的遗产可入选世界遗产名录（UNESCO, 2005）：

A. 文化景观（Cultural Landscapes）；

B. 历史城镇和中心区（Historic Towns and Town Centres）；

C. 遗产运河（Heritage Canals）；

D. 遗产线路（Heritage Routes）。

(4) 非物质文化遗产

自 1980 年代以来,联合国教科文组织意识到随着全球社会的迅速变迁,非物质文化遗产比物质文化遗产更加脆弱,更需要抢救和保护,也更需要制定国际规则。1989 年联合国教科文组织第 25 届成员国大会通过了《关于保护传统和民间文化的建议案》,正式要求缔约国采取措施保护传统和民间文化,使其免遭人为和自然破坏,同时提出了具体的保护指导原则。

1998 年联合国教科文组织制定了《联合国教科文组织宣布人类口头和非物质遗产代表作条例》,并于 2001 年 5 月首次公布第一批《人类口头和非物质遗产代表作》名单,共 19 项,其中中国的昆曲名列首位。

(5) 工业遗产

工业遗产是指具有历史价值、技术价值、社会价值、建筑或科研价值的工业文化遗存。包括建筑物和机械、车间、磨坊、工厂、矿山以及相关的加工提炼场地、仓库和店铺、生产、传输和使用能源的场所、交通基础设施;除此之外,还有与工业生产相关的其他社会活动场所,如住房供给、宗教崇拜或者教育(《下塔吉尔宪章》,2003)。

工业遗产保护源于工业革命的发祥地英国。19 世纪中期,英国就开始重视工业遗产保护,到 19 世纪末出现"工业考古学",强调对工业革命和工业大发展时期的工业遗迹和遗物加以记录和保存。1950—1960 年代以后,研究与社会关注迅速增多,较为完整的保护工业遗产的理念逐渐形成(单霁翔,2006)。一些工业化国家,如德国、美国、法国等都纷纷开展工业遗产的保护工作。许多政府间和非政府国际组织也积极推进工业遗产保护活动,如 1978 年在瑞典成立了国际工业遗产保护委员会(TICCIH),这是国际上第一个致力于促进工业遗产保护的国际性组织;1999 年 ICOMOS 在墨西哥召开大会,呼吁保护工业遗产在内的"现代遗产";2003 年 7 月 TICCIH 会议通过了保护工业遗产的《下塔吉尔宪章》;2005 年在西安召开的第 15 届 ICOMOS 大会决定将 2006 年 4 月 18 日"国际古迹遗址日"的主题定为"保护工业遗产"(单霁翔,2006)。

运河沿线是中国近代工业的发源地之一,苏州、无锡、杭州等地分布着大量的工业遗产。2006 年"国际古迹遗址日",近百位文化遗产领域的专业人士和全国各工业城市的代表参加的无锡工业遗产保护会议共同探讨我国工业遗产保护的现状与对策,并拟定《无锡建议》,号召社会各界将工业遗产作为整个人类文化遗产的重要组成部分加以保护。

3.4.1.4 遗产运河及遗产线路的定义及评价指标

世界遗产委员会 2005 年出版的《操作指南》中有关遗产运河(Heritage Canal)和遗产线路(Heritage Routes)的定义及评价标准分别如下。

(1)遗产运河(Heritage Canal)

1994 年在加拿大举行的遗产运河(Heritage Canal)专家会议所提出的运河定义是:"运河是人类工程化的水道。从历史和技术的角度来看,它们可能具有突出普遍价值,也是此类文化遗产典型的或者突出的代表。运河可能是具有纪念意义的工程,一个线性文化景观的确定性要素,或是某个复杂的文化景观中不可或缺的一部分。"(UNESCO,1994)

运河入选世界遗产名录的评价标准(UNESCO,2005):

Ⅰ.真实性依赖于历史上的价值和这些价值间的关系。运河的一个与众不同的特点就是它的遗产要素代表其随时间演变的过程,这与它在不同时期的功能以及运河演变进程中相应的技术改变相关联。这些有变化的范围可以形成一个遗产元素。

Ⅱ.运河的真实性和历史内涵可由运河上的不可移动物件、可移动物件(如船、临时的航行设施)、相关构筑物(如桥等)以及景观之间的联系来体现。

Ⅲ.运河的遗产价值可以从技术、经济、社会和景观四个方面来评价:

A.技术:根据运河具有的多种用途进行评价,如灌溉、航运、防御、发电、泄洪、供水等。从技术角度,运河的价值包括以下四个方面:

a.河道疏通以及防渗处理;

b.代表某种独特的建筑和技术的工程结构;

c.复杂构建方法的发展;

d.技术的传播。

B.经济:运河能以多种方式促进经济的发展,例如运输人口和货物。运河是古代人工运输大量货物的高效线路。运河在今天仍然通过灌溉等功能发挥着重要的经济作用。

a.国家建设;

b.农业发展;

c. 工业发展；

d. 财富的创造；

e. 应用到其他领域的工程技术的发展；

f. 旅游。

C. 社会：运河的建造和运行已经而且还将继续对社会产生影响：

a. 社会和文化作用下财富的重新分配；

b. 人口的迁移和文化群体的相互作用。

D. 景观：如此大尺度的工程措施已经而且还将继续对自然景观产生影响。相关的工业活动和变化的聚居格局使景观的形式和格局产生了明显的变化。通常是由某种产业格局形成城市集聚核。

（2）遗产线路（Heritage Route）的相关说明

《操作指南》(2005)有关遗产线路(Heritage Route)的章节指出,"遗产线路的概念是丰富与多样的,它可以提供一个可以相互理解的、特殊的框架,一个融合历史与和平文化的可操作的多重途径"。遗产线路是由国家或区域间多层次的对话与交流而产生的,包括具有重要文化价值的物质要素,诠释了沿遗产线路在不同时间与空间的活动过程。

确定一条遗产线路是否适合入选世界遗产名录应该考虑以下几点：

Ⅰ. 要求遗产线路具备突出普遍价值。

Ⅱ. 遗产线路的定义：

A. 是基于动态的活动、有交流的思想，在时间和空间上具有连续性；

B. 指线路整体，线路的整体价值要超过其构成要素的总和，并且据此来体现其重要的文化价值；

C. 可重点突出国家和区域间的交流。

Ⅲ. 线路是多层次的，在线路建立的初始目标基础上发展和增加了宗教、商业、管理或其他等不同的方面。

Ⅳ. 一条遗产线路可以被认为是独特的、动态的文化景观。

Ⅴ. 遗产线路的鉴别是基于收集可以证明线路本身的重要价值的物质要素与实力。

Ⅵ. 真实性的条件可以根据线路自身以及构成遗产线路的其他要素的重要性来确定。它将考虑线路的持续时间、当今被使用的频次以及受影响的人群合理的开发意愿。

上述定义说明了遗产线路的如下几个特征：

第一，它是一定历史时期人类活动的载体：为人类活动提供特殊的框架，可以融合历史与文化；

第二，它有具体的实体，包括由长期的社会经济政治交流发展而形成的具有重要价值的城镇、村庄、建筑、闸门、码头、驿站、桥梁等物质元素；

第三，它的尺度是多种多样的：可以是国际的，也可以是国内的；可以是地区间的，也可以是地区内部的；

第四，它的价值构成是多元的、多层次的：既有作为线路整体的文化价值，又包括分布在其内部的单体遗产自身的价值，还包括遗产线路所代表的人类的交流与迁徙过程。

3.4.2 与运河及文化线路相关的世界遗产

3.4.2.1 与运河相关的世界遗产

目前已经有不少与运河相关的遗产被列入世界遗产名录。1985年，西班牙塞戈维亚古城及其高架引水渠(Old Town of Segovia and its Aqueduct)以符合世界文化遗产的第Ⅰ、Ⅲ、Ⅳ条标准被列入《世界遗产名录》。该水渠建于公元前1世纪，长仅813m，属于古建类的水利设施(UNESCO网站，http://whc.unesco.org/en/list/311)。

1996年，法国米迪运河(Canal du Midi)以符合世界文化遗产的第Ⅰ、Ⅱ、Ⅳ、Ⅵ条标准被列入《世界遗产名录》。米迪运河建于1667—1694年间，长240km，连接地中海和大西洋，航运水道网络有360km，其上有328个建筑物（闸、导水渠、桥、隧道等），是非常重要的近代土木工程杰作(UNESCO网站，http://whc.unesco.org/en/list/770)。

1998年，比利时中央运河上的四部升降机及周边的拉-卢维耶尔地区和拉-耶鲁地区(The Four Lifts on the Canal du Centre and their Environs, La Louvière and Le Roeulx)，以符合第Ⅲ、Ⅳ条标准被列入《世界遗产名录》(UNESCO网站，http://www.unesco.org/whc/sites/856.htm)。

图 3.1　西班牙塞戈维亚古城及其高架引水渠（徐四海摄）

图 3.2　法国米迪运河（安建国摄）

图3.3 比利时中央运河(温珮君摄)

2007年,加拿大里多运河以符合世界文化遗产的第Ⅰ、Ⅳ条标准被列入《世界遗产名录》。该运河从渥太华到金斯顿,全长202km,由河流、湖泊、人工运河将安大略东部的城镇连接起来。其核心区面积为21454.81hm²,缓冲区面积为2363.2hm²(UNESCO网站,http://whc.unesco.org/en/list/1221)。

图3.4 加拿大里多运河(吴万里摄)

3.4.2.2 文化线路类世界遗产

圣地亚哥德孔波斯特拉朝圣线路(Route of Santiago de Compostela)(西班牙部分)沿线的1800处宗教类和其他长期建筑具有极高的历史价值,1993年以符合世界文化遗产的第Ⅱ、Ⅳ、Ⅵ条标准被列入"线性文化景观"。这条线路在中世纪对促进利比亚半岛和欧洲其他地区的文化交流起到了非常重要的作用(UNESCO网站,http://whc.unesco.org/en/list/669)。

圣地亚哥德孔波斯特拉朝圣线路(法国部分)是去西班牙朝圣的必经之路,1998年以符合世界文化遗产的第Ⅱ、Ⅳ、Ⅵ条标准被列入"线性文化景观"(UNESCO网站,http://whc.unesco.org/en/list/868)。

2004年,日本纪伊山朝圣线路以符合世界遗产评判标准第Ⅱ、Ⅲ、Ⅳ、Ⅵ条标准被列入"线性文化景观",核心区面积为495.3hm^2,缓冲区为1137hm^2 (UNESCO网站,http://whc.unesco.org/en/list/1142)。

图3.5　圣地亚哥德孔波斯特拉朝圣线路(法国部分)(李迪华摄)

图 3.6　日本纪伊山朝圣线路(阪冈悌·藤木庸介提供)

3.5　国际大尺度文化遗产保护发展历程

3.5.1　美国

美国早在 1980 年代就开始注重运河等线性文化遗产的保护。遗产廊道作为一种遗产保护与绿色廊道概念的综合,旨在实现对较大范围内多种文化景观和自然资源的有效保护。它是绿色通道(greenway)概念发展和文化遗产保护的区域化结合的产物。1984 年里根总统签署立法建立了第一条国家遗产廊道——伊利诺伊州和密歇根州运河国家遗产廊道(Illionois and Michigan Canal National Heritage Corridor)。截至 2007 年,美国共公布了 37 项国家遗产廊道与遗产区域,其中包括 8 条遗产廊道(Heritage Corridor),24 个国家遗产区域(Heritage Area),2 个国家遗产合作伙伴(Heritage Partnership),1 个国家历史区域(National Historic District)、1 条工业遗产线路(Industrial Heritage Route),1 条河流廊道(River Corridor)(http://www.nps.gov/history/heritageareas/VST/INDEX.HTM#list)。

3.5.2 其他国家

欧洲和南美的一些国家、加拿大、墨西哥以及亚洲的日本、韩国等国家都具有与美国遗产区域概念相似的保护方法(Frenchman,2004)。其中欧洲由于人类居住的历史较久,自然地几乎为零,同时由于很早就开始发展文化旅游业,因此相对较早地产生了类似的保护方法(MacEwen 和 Malcolm,1982)。

欧洲遗产区域保护从 1970 年代逐渐发展起来,是拥有与美国类似遗产区域最多的地区。与美国类似,欧洲的遗产区域项目包括由多个合作团体管理的不同规模和历史文化主题的地域。这些团体仅对遗产区域实施管理,并不对该地区的土地使用施加控制。

由于欧洲不同国家给予遗产保护支持的程度不同,国家与国家之间遗产区域的种类和范围都有一定的差异。尽管如此,每个国家都有重要的遗产区域案例(表 3.1)。在这些区域内,保护遗产和独特文化景观是地区再生和可持续发展的重要手段。此外,欧盟也通过一些发展项目,为那些由独特的文化和自然要素联系在一起的城市或地区(有时甚至是不同的国家)提供必要的支持,促进它们彼此之间进行区域联合以形成遗产区域。

表 3.1 部分欧洲国家与遗产区域类似的保护项目

名称	代表国家	目标	资金	管理	典型案例
工业遗产区域	英国	保护与近代工业演化相关的重要历史场所	来源于全国的遗产彩票基金和遗产基金	由地方政府、非营利的文化与发展机构、英国遗产保护机构和 UNESCO 组成的协会进行管理。该协会并不对土地使用实施控制,而是通过提供经济资助来鼓励地方对遗产实施保护和再利用。	Ironbridge 峡谷、Derwent 河谷世界遗产区域

(续 表)

名称	代表国家	目标	资金	管理	典型案例
区域(环境)公园	法国	保护区域和民族重要的主题；促进更理性的土地利用；保护地方重要的历史与自然资源	联邦政府指定和资助，另外还辅以地方政府和私有合作者的资助	联邦政府通过与地方政府和私人部门合作制定实施和管理策略；具体的管理工作由地方联合组织实施。该组织仅有少数员工，大部分都是自愿者。	Vosges du Nord
生态博物馆和生态公园、自然公园	荷兰、瑞典、德国、意大利、葡萄牙、丹麦	保护拥有文化遗产、区域或国家意义的城镇及其环境、地方文化和生活方式	政府和各种遗产保护基金会的资助	在政府的支持下，由地方非营利组织进行管理。他们通过关注保护和教育项目以及对遗产资源的再利用来吸引旅游和相适应的经济发展。	Bergsladen生态公园（瑞典）、IBA Emsher公园（德国）
区域遗产计划	西班牙	地区自然与文化遗产的保护、经济复兴	私人、银行和政府机构资助	由各方利益代表组成的公园委员会实施管理，通过发展旅游以及对历史设施的恢复与利用实施地方经济复兴。	Llobregat河流廊道、Parc Agrari del Baix Llobregat、Parc de les Colonies del Llobregat

注：①欧洲的各类保护区中大约有2/3的数量是IUCN第Ⅴ类景观保护区。
②表中资料根据Frenchman(2004)、美国国家公园管理局(http://www.cr.nps.gov/heritageareas/)、法国自然区域公园协会(http://www.parcs-naturels-regionaux.tm.fr/fr/accueil/)、丹麦生态博物馆(http://ecomuseum.dk/english/01gb_lake_district_ecomuseum.htm)等相关资料总结。

3.6 国际遗产廊道保护理论

3.6.1 遗产廊道概念

遗产廊道是一种历史遗产文化保护措施,它是在遗产保护区域及绿色通道基础上发展起来的一类特殊的遗产保护方法,是结合了线性遗产保护并具有游憩、生态、美学等多功能的线性开放空间。

遗产廊道保护和建设的对象是一种线性的文化景观,尽管其价值未必能够突出到列入世界遗产名录,但是因代表了早期人类的活动路线、体现着地域文化的发展历程而具有文化意义。例如具有重要历史文化资源价值的河流峡谷、运河、道路以及铁路线等。遗产廊道作为具有特殊文化资源的线性景观,是一种追求自然与遗产保护、区域振兴、居民休闲、文化旅游及教育等目标的多赢的保护规划方法。

遗产廊道包括以下特点:

(1)它是一种线性的遗产区域,对遗产的保护采用区域而非局部的概念,内部可以包括多种不同遗产的线性区域。

(2)尺度可大可小,多为中尺度。既可以指城市中的一条水系,也可大到跨几个城市的一条水系的部分流域以及某条道路或铁路。

(3)它是一个综合的保护措施,自然、经济、历史文化三者并举;将历史文化内涵提高到首位,同时强调经济价值和自然生态系统的平衡能力。

遗产廊道保护规划注重整体性,从系统的整体空间组织入手,保护遗产廊道边界内所有的自然和文化资源并提供休闲和经济发展的机会。从空间上进行分析,遗产廊道主要有四个主要的构成要素:绿色廊道、游步道、遗产、解说系统。遗产廊道的规划主要就是针对上述四个要素进行规划和设计(王志芳、孙鹏,2001)。

遗产廊道的概念及做法始自美国,但对于中国大量的线性文化资源的保护与发展具有十分重要的意义。借鉴欧美在运河整体保护方面的经验,对京杭大运河进行综合考虑历史文化保护、公民教育和游憩、经济发展的遗产保护体系规划是非常有必要的。

遗产廊道,是一种线性的文化景观,可以是具有文化意义的运河、道路以及铁路线等,也可以指通过适当的区域性景观规划,联系单个的遗产点而形成的具有一定文化意义的绿色通道。通过拓展公园、道路、景观和遗址等资源并提升公众关注,推动区域内的合作、保护和更新。

美国的遗产廊道保护隶属于国家公园体系,整个制定、规划及管理过程都有法律保障并得到政府各方面的大力支持。例如美国议会在1984年制订了《1984年伊利诺伊和密歇根运河国家遗产廊道法》(*Illinois and Michigan Canal National Heritage Corridor Act of 1984*)。

遗产廊道不同于传统的国家公园,联邦政府并不拥有或全职管理廊道范围内的任何土地或资源,而是由国家公园服务机构(the National Park Service)负责管理。各廊道的管理实体则是由联邦政府授权的遗产廊道委员会(Heritage Corridor Commission)。委员会在国家公园服务机构的协助下,与国家和地方主体以及非营利组织一起保护区域内的历史、自然和娱乐资源,以此推进对运河及其周边社区的关注(刘佳燕、陈宇琳,2006)。

3.6.2 美国的遗产廊道

运河作为一种特殊的线性文化景观,具有文化、经济、自然等多重价值,在国家遗产廊道中具有重要的价值。美国建立的第一条国家遗产廊道是1984年里根总统亲自签署的伊利诺伊州和密歇根州运河国家遗产廊道。第二条国家遗产廊道是黑石河谷运河国家遗产廊道,它是美国工业遗产的很好的见证。

到2007年美国已建立9处国家遗产廊道,清单如下(见 www.nps.gov/history/heritageareas/VST/INDEX.HTM#list):

A. 伊利诺伊州和密歇根州运河遗产廊道(Illinois and Michigan Canal National Heritage Corridor),伊利诺伊州,1984年建立。

B. 黑石国家遗产廊道(John H. Chafee Blackstone National Heritage Corridor),马萨诸塞州和罗得岛州,1986年建立。

C. 特拉华州和里海通航运河遗产廊道(Delaware and Lehigh Navigation Canal Heritage Corridor),宾夕法尼亚州,1988年建立。

D. 奎恩博格和夏特科特河谷遗产廊道(Quinebaug and Shetucket River Valley Heritage Corridor),康涅狄格州,1994年建立。

E. 卡什·拉·普德勒河流廊道(Cache la Poudre River Corridor),科罗拉多州,1996年建立。

F. 俄亥俄和伊利运河国家遗产廊道(Ohio & Erie Canal National Heritage Corridor),俄亥俄州,1996年建立。

G. 南卡罗来纳州国家遗产廊道(South Carolina National Heritage Corridor),南卡罗来纳州,1996年建立。

H. 伊利运河国家遗产廊道(Erie Canalway National Heritage Corridor),纽约州,2000年建立。

I. 古拉/吉奇文化遗产廊道(Gullah/Geechee Cultural Heritage Corridor),北卡罗来纳州、南卡罗来纳州、乔治亚州、佛罗里达州,2006年建立。

3.7 我国遗产与生态保护理论基础

3.7.1 "反规划"思想

自然系统为人类的社会经济系统提供了包括食物、空气和水、旱涝调节、审美启智等生态服务,或称自然服务(nature's service)(Daily,1997)。但现代人却过分相信自己的技术力量能够创造一个人工的系统,试图控制包括水和大气过程在内的一切自然过程,满足城市人的需要,而不是利用自然做功。结果,自然的服务功能全面下降,最终导致城市和国土的生态安全危机。

在当前以发展性规划为主导的城乡规划模式下,亟须优先进行不建设区域的控制来保护城市赖以生存的自然生态系统,然后再进行城市空间规划。"规划的要意不仅在规划建设的部分,更要千方百计保护好留空的非建设用地。"(吴良镛,2002)城市规模和用地功能布局可以是不断变化的,而由景观中的河流水系、绿地走廊、林地、湿地构成的景观生态基础设施则永远为城市所必需,是需要恒常不变的。因此,面对变革时代的城市扩张,需要逆向思维的城市规划方法论。

"反规划"思想就是在这种目标下提出来的一种保护优先的规划思想,它不是不规划,也不是反对规划,而是一种景观规划途径。"反规划"的思想表现为在区域尺度上应首先规划、保护和完善非建设用地,包括各种自然要素:

河流、湿地、蓄滞洪区、湖泊、水库、海岸线、滩涂;防风林带(其他防护林带);重要山体、森林斑块、栖息地;重要的经济林、高产农田;绿色通道以及重要的历史文化景点和历史遗产廊道。

"反规划"作为一种城市物质空间规划的途径,旨在为城市的扩展建立一个真正理性的框架,为混沌而急于增长的城市提供一个渐进的、富有弹性的"答案空间"。这意味着城市规划必须将"图—底"关系颠倒过来,先做一个底——即大地生命的健康而安全的格局(Yu,1996),然后,再在此底上做图——一个与大地的过程与格局相适应的、可以持续增长的城市。

3.7.2 生态基础设施

面对中国城镇化带来的国土生态安全危机,生态基础设施是维护土地生态过程安全和健康、保障城市居民持续地获得高质量生态服务的景观格局(俞孔坚、李迪华,2002,2003),这一定义在抽象的生态系统服务概念与可实施的空间规划途径之间建立起了联系。如同城市开发的可持续性依赖于具有前瞻性的市政基础设施建设(道路系统、给排水系统等)一样,城市环境的可持续性也依赖于前瞻性的生态基础设施。通过规划和设计城市生态基础设施,形成高效地维护城市居民生态服务质量、维护土地生态过程安全的景观格局。

生态基础设施是城市所依赖的自然系统(Mander,Jagonaegi,et al. 1988;Selm and Van,1988),本质上讲是城市及其居民能持续地获得自然服务的基本保障,是维护生命土地的安全和健康的空间格局,是城市扩张和土地开发利用不可触犯的刚性限制。

生态基础设施不仅包括人们习惯的城市绿地系统的概念,而且更广泛地包含一切能提供上述自然服务的大尺度山水格局、自然保护地、林业及农业系统、城市水系和滨水区、广场开放空间系统,以及历史文化遗产系统等,它是健全和保障生态服务功能的基础性景观格局。国土尺度上的生态基础设施,是国家宏观战略决策的重要组成部分,是中国可持续发展的基础。

3.7.3 景观安全格局

在快速城镇化的进程中,城市的扩张和市政基础设施的建设不可避免,但必须同时认识到,土地作为一个生命的系统是有结构的,不同的空间构型和格局有不同的生态功能。所以,协调城市与自然系统的关系决不是一个量的问题,更重要的是空间格局和质的问题。因此,当代城市和区域规划的一个巨大挑战是:如何在有限的土地上,建立一个战略性的景观结构来高效地保障自然和生物过程、历史文化过程的完整性和连续性,同时给城市扩展留出足够的空间。

景观安全格局理论与方法为解决如何在有限的国土面积上,以最经济和高效的景观格局,维护生态过程的健康与安全,控制灾害性过程,实现人居环境的可持续性等提供了一个新的思维模式,对在土地有限的条件下实现良好的土地利用格局、安全和健康的人居环境,特别是恢复和重建中国大地上的城乡景观生态系统或有效地阻止生态环境的恶化,有潜在的理论和实践意义(俞孔坚,1998,1999;Yu,2003)。

景观安全格局理论是在最大最优化途径和最小最大约束途径基础之上发展起来的可持续环境与发展规划的新方法论。它强调在各种过程(包括生态过程、社会经济发展过程以及历史过程)中存在一系列阈限和层次,但不承认最终边界的存在,认为这些阈限和层次都不是顶级的和绝对的,既不是维护某一个最大化的效益,也不是维护某一个终极的阈限,而是一种阶梯状的、不均匀的。

安全格局理论实际上是一种或者多种过程中的各方为维护自身利益进行辩护和交易的途径,从而达成共识和决策,是多方利益的妥协和均衡。因此,景观安全格局理论把规划作为一个可操作、可辩护的博弈过程,从而实现精明的保护战略。

3.8 京杭大运河整体保护的出路

在运河和文化线路已经受到国际文化遗产保护界广泛重视的今天,中国作为具有悠久文化传统的文明古国,受到了国际文化线路保护界的重视。在被 CIIC 认为是文化线路研究基础性文献的一些研究文件中,如工业遗产保护委员会 TICCIH(The International Committee for the Conservation of the Industrial Heritage)的相关文献中,中国以大运河、灵渠、丝绸之路为代表的文化线路遗产都占据着重要的地位。

与之形成鲜明对比的,一方面是国内在现有的文化遗产保护法律法规体系中没有涉及线路类遗产的保护,另一方面是学术界从文化遗产保护角度对这类遗产进行的相关研究还比较薄弱。目前从遗产保护的角度对丝绸之路中国部分和茶马古道的研究工作已经取得了初步进展(吕舟,2005),但整体来看,研究程度仍然不够,这种情况使得本身已岌岌可危的线路类文化景观得不到应有的重视,极大地延缓了对这类遗产的保护工作。借鉴国际上关于线性遗产的保护积极地通过多功能整合达成合力保护形式的经验,对我国线性遗产保护工作具有指导性作用。

第 四 章
京杭大运河国家遗产与生态廊道

4.1 京杭大运河国家遗产与生态廊道涉及内容与范围

4.1.1 京杭大运河国家遗产与生态廊道构成要素

京杭大运河国家遗产与生态廊道的组成元素包括大运河河流廊道本身、沿线沟通的大量水系湖泊以及沿线密集分布的文物古迹和非物质文化遗产。大运河遗产廊道研究详细调查了大运河沿线分布的生态资源和遗产资源清单,为大运河国家遗产与生态廊道的建立提供了重要的基础资料。表4.1为京杭大运河国家遗产与生态廊道主要的研究对象。

表 4.1 京杭大运河国家遗产与生态廊道构成要素表

类型	小类	内容
自然生态资源	运河资源	运河的河道、河岸、河漫滩、河堤、护堤林、周边环境
	相关资源	运河连接的水系、湖泊、林地、农田、城市公园等
大运河遗产资源	物质文化遗产	闸、坝、钞关、运河府衙、寺庙、故居、陵墓、古塔、遗址、近代工厂、历史文化街区等遗产
	非物质文化遗产	民间戏剧、民间技艺、文学、传说、风俗等

4.1.2 京杭大运河国家遗产与生态廊道涉及范围

京杭大运河国家遗产与生态廊道的研究范围涉及北京、天津2个直辖市和河北、山东等省18个地级市的沿运河区县(见表4.2)。

表4.2 研究资料收集和野外调查的区县范围

省、直辖市	地级市	区、县名称
北京市		市区、通州区
天津市		武清区、北辰区、市区、西青区、静海县
河北省	沧州市	青县、沧州市区、沧县、泊头市、南皮县、东光县、吴桥县
	衡水市	阜城县、景县、故城县
	廊坊市	香河县
	邢台市	清河县、临西县
山东省	德州市	德城区、武城县、夏津县
	聊城市	临清市、冠县、聊城市、阳谷县
	济宁市	梁山县、嘉祥县、汶上县、济宁市、嘉祥县、微山县、鱼台县
江苏省	徐州市	沛县、铜山县、徐州市区、铜山县、贾旺区、邳州市
	宿迁市	宿豫县、宿迁市区、宿豫县、泗阳县
	淮安市	淮阴区、清河区、楚州区
	扬州市	宝应县、高邮市、江都市、邗江区、扬州市区
	镇江市	京口区、丹徒区、丹阳市
	常州市	武进区、钟楼区、武进区
	无锡市	惠山区、滨湖区
	苏州市	相城区、金阊区、吴中区、吴江市
浙江省	嘉兴市	嘉兴市区、桐乡市
	杭州市	余杭区、杭州市区
	湖州市	湖州市、德清县

京杭大运河国家遗产与生态廊道的研究包括社会、文化、经济、生态等各个方面，同时地域跨度大、涉及众多城乡区域。在跨越四省两市、18个城市，沿线一千七百多公里的区域切实地对运河及历史文化遗产进行保护，实现跨区域的经济互补，建立连贯的、新的产业带，需要付出大量的努力，包括协调机构的建立和一个综合的切实可行的规划，并联合运河沿线涉及的各级政府、单位和个人切实地贯彻京杭大运河遗产廊道的构想。

京杭大运河遗产廊道整体保护的重点是处理好保护与利用的关系。在快速城市化的今天，开发活动对运河的改变将是根本性的，因此处理好运河的开发建设与运河作为遗产的真实性和完整性的保护工作的关系，将会是运河遗产廊道研究和构建的重点。

京杭大运河遗产廊道一方面应该系统地保护运河沿线分布的数量众多的历史文化遗产和自然资源，严格保护这条世界级的线性文化线路，保留区域特色，增强民族自豪感，为后代保存好这一世界级的文化遗产财富。另一方面随着运河断航导致沿河的城市村镇昔日的繁荣成为历史，需要在保护好运河遗产的基础上，发挥运河的价值，通过整合历史、自然、休闲功能，构建新的以文化产业、旅游产业为主导的产业转型，促进运河所经区域的经济发展。

4.2 京杭大运河保护与管理策略

4.2.1 京杭大运河管理原则

京杭大运河沿线的开发工作正积极进行，但保护性工作不足。针对目前南北各段经济水平差异较大的状况，应该在国家层面上进行资源调配，限制经济发达地区对运河的过度开发，同时增强经济欠发达地区的运河保护力度，及早开展系统的保护规划工作，将运河应该保护的区域永久地保留下来。在运河的保护过程与开发中，应该坚持以下原则：

（1）协调短期与长期目标，最大限度地保护运河，严格保护运河区域文化和自然资源，恢复运河的真实性与完整性；

（2）任何旅游开发必须考虑运河的真实性和遗产资源的历史，管理实体应该将旅游收入中的一部分用于遗产的维护与保护；

(3) 运河区域应吸引新的产业，不以传统工业扩张来刺激商业和经济的增长；

(4) 建立连续完善的教育和解说系统，使公众和合作者了解遗产资源的真实性和历史价值，为当地居民和游客提供教育引导服务。

4.2.2 建立综合的协调管理机构

大运河国家遗产与生态廊道的建立涉及中央和各地政府、沿线居民等各方面的利益，同时还包括农业、工业、商业、旅游业、文化遗产保护、河流生态系统保护等问题，因此需要成立一个代表保护与利用双方利益的协调管理机构，以此平衡运河的遗产保护和经济开发，并立法进行保护和实施。

运河的管理机制需要许多合作方的参与，政府管理部门、协会、个人等协作实体积极参与也非常关键。该实体必须被赋予强有力的支持，其管理中的一些问题必须在国家或国际层次上进行研究。

国际上的运河遗产保护管理也都建立了类似的机构，称为遗产廊道委员会。该协调管理机构的成员必须具有广泛的代表性，能代表各个方面的利益，达到多赢的目标。运河遗产廊道委员会负责运河区域的协调、制定规划和法律，为运河遗产廊道的建立进行宣传、教育。遗产廊道委员会应该站在国家的角度，统领运河区域的自然文化遗产保护和经济开发，落实各级运河资源保护与利用的机构。

遗产廊道委员会可以拥有签订合同、雇佣职员、举行遗产廊道会议的权利，同时也可以获得财产，成为运河遗产廊道的法人。它的成立旨在负责两项职责：第一，指导运河遗产廊道的开发并进行规划；第二，鼓励民众或私人去实施该规划。该委员会的角色就是协调运河遗产保护和经济复兴的努力，通过自身来平衡其综合价值和利益。

4.3 划定遗产廊道的建议范围及保护导则

确定京杭大运河国家遗产与生态廊道的保护边界是遗产廊道研究的核心问题之一。根据国际惯例以及国家自然保护区的规则方法，本研究将京杭大运河国家遗产与生态廊道从内到外分为三个不同层次的保护范围，依次是核心保护范围、重点保护范围和外围协调区域(图4.1)。

4.3.1 核心保护范围

京杭大运河国家遗产与生态廊道的核心保护范围即指运河的运输路线，包括大运河本身的河道、河漫滩、河堤以及河堤两侧的护堤林，以及外围一定范围内的完整的大运河运输路线，同时还包括在运河河道线上分布的运河遗产(如闸、坝、桥、码头、渡口等)和紧邻运河的村落、街区。

核心保护范围的宽度及边界应根据与运河功能相关的遗产分布情况、河流廊道的合理宽度以及运河自身宽度的变化来综合确定。综合已有的研究成果，从生态角度出发的廊道宽度及范围应该分为两个层次：第一层次以保护河流本身的宽度来设计，宽度大约为30—80 m之间；第二层次是以生物多样性保护为目标的廊道设计，宽度应该在100m以上，达到1.2km具有最佳的防护效果和丰富的内部种(朱强，2005)。

京杭大运河作为一条跨区域的河流廊道，由于所经过地区的自然地理及人文地理背景的不同，决定了不同段的河流廊道的基本类型及其主要生态过程与功能都有很大差别，因此，其准确的保护宽度和范围应该根据各分段的具体情况来制定。

4.3.2 重点保护范围

京杭大运河国家遗产与生态廊道的主要保护范围除包括大运河本身及与运河功能相关的遗产外，还包括与大运河历史相关的文物古迹、历史文化街区、运河古镇、非物质文化遗产等大量的反映运河文化与区域社会文化特征的遗产点。

京杭大运河国家遗产与生态廊道第二层次保护范围的确定应该建立在详细调查各区域的遗产与重要资源分布状况基础上，实地确定每个区域详细的保护边界，纳入管理的体系。在宏观层面上，根据本项研究工作，探讨运河沿线遗产与运河的大致关系，为大运河国家遗产与生态廊道重点保护范围的划定提供了宏观层面的参考。

根据实地记录的京杭大运河沿线遗产的分布范围来看，以3km为界，可以包括90%的遗产。据此，各地可以根据遗产分布的实际情况，大致以3km

为最大的范围,确定大运河遗产的重点保护范围。

4.3.3 外围协调区域

京杭大运河国家遗产与生态廊道的外围保护区可以是大运河所经区县的行政边界。

4.4 京杭大运河国家遗产与生态廊道不同保护范围规划导则

4.4.1 核心保护范围规划导则

核心保护范围的主要职能分三个方面:遗产保护、生态保护与恢复、休闲游憩。应以遗产保护和生态保护恢复为主,严格控制无序的开发建设。

4.4.1.1 生态保护

核心保护范围内应严格控制建设,以保护河流生态系统健康和维护运河的完整性为重点,改善河道状况,改善水质。

严格保护运河河道,禁止填河等对生态功能有负面影响的行为;禁止裁弯取直,禁止对护岸硬化,保护现存自然洪泛区,逐步恢复被侵占洪泛区的自然形态,保持运河的真实性。

对河漫滩与河堤要重点保护,禁止取土,禁止厂矿、居民的无序建设,保护河漫滩生态系统,维护河堤的完整性和连续性,严格保护护堤林等植被,禁止工业性污染物排放,防止生活性污染物排放,沿水体周边建设缓冲性林带和湿地,防止农业污染。

4.4.1.2 遗产保护

对运河河道上的闸、坝、桥、码头等遗产设施进行切实的保护,将原址留存的物质文化遗产加以完整的保护,并结合实际进行重新整理,恢复运河遗产的真实性与完整性。

4.4.1.3 休憩开发

建设运河的进入系统,建立完善的运河解说系统和服务系统,为运河旅游业打好基础。同时建立运河游憩设施系统,开放被私有化的运河区域。

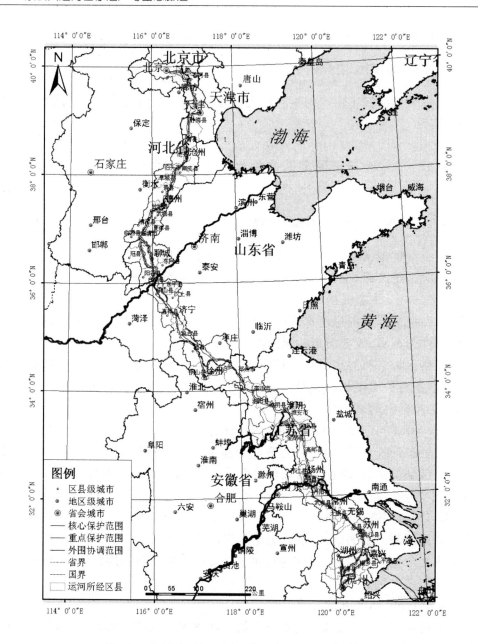

图 4.1 京杭大运河国家遗产与生态廊道保护范围

4.4.2 重点保护范围规划导则

重点保护范围的主要职能是建立运河沿线物质文化遗产与非物质文化遗产的保护区,同时为遗产廊道提供服务管理,适度引入游憩项目,增强区域经济活力。

4.4.2.1 生态保护

对区域内重要的生态资源进行保护,保护重要的湿地、河流、湖泊、林带、城市公园、高产农田等重要的生态资源,提高区域的整体生态服务,并尽量保持自然连续的生态网络。

4.4.2.2 遗产保护

对运河沿线现存的大量物质文化遗产进行严格保护,注意协调遗产保护与周围城市的开发建设,以运河遗产作为城市文化的地标,形成可达性良好的遗产网络体系。

4.4.2.3 游憩开发

遗产区域应该与运河保护有机整合,建立畅通的游憩线路,使遗产点与运河建立良好的连接系统,建立完善的反映运河区域的民俗风情、与运河相关的历史典故、遗产点的历史等完善的遗产解说系统,梳理运河在区域中的地位。鼓励建设与遗产廊道主题紧密相关的游憩设施和项目。

4.4.3 外围协调区域规划导则

外围协调区域的功能是为运河的保护与再利用提供区域的管理与协调。例如调整土地使用类型、限制污染等措施。在这个界限内可以积极地调动沿线区县保护运河的积极性,并调动区域的资源和财力、物力来进行运河保护与再利用的投资及开发,有利于协调区域开发与规划。

4.5 京杭大运河国家遗产与生态廊道典型河段保护与利用导则

京杭大运河从北到南流经不同城市,在不同的城市中河道形态截然不同:有的城市用水泥砌石进行渠化,与居民高高地隔开,完全封闭;有的城市沿河进行铺砌,并留有滨水步道;有的城市未进行渠化,河道仍然保留自然形态。

京杭大运河流经的乡村地带也各不相同：北部运河部分已经完全干涸，河道被开垦为农田；部分河道水面宽阔，风景优美，保持着运河原有的韵味；部分河道已经沦为排污河，堆放着大量的垃圾；南部运河仍然承载着京杭大运河南北航运的使命，河道宽阔，沿岸工厂林立。因此，针对不同的河道类型分类制定导则应是运河保护规划的重点(表4.3,图4.2)。

京杭大运河作为一个整体，应尽量恢复一个统一的剖面结构，恢复京杭运河的连续性与完整性，成为中国贯通南北的生物多样性保护廊道、重要的水文调节通道以及重要的休闲游憩廊道(图4.3)。

表4.3 京杭大运河国家遗产与生态廊道典型河道保护与利用导则

A.河道		河道要求	·保持原有自然河道，清理水体污染物，进行治理污水，严禁城市污水排入，硬化的河道进行软化，恢复自然河道。 ·增加城区河道水量，可为城市水景一部分，考虑夜间照明。 ·至少保证Ⅳ级水质，满足城市景观用水标准和乡村农业灌溉要求，提供适宜水生生物的生境。
B.堤岸		驳岸形式	·满足基本防洪要求。 ·近岸种植水生植物，改造为生态堤岸，为水生生物提供适宜生境。
C.沿河绿带	植被	范围	·城区控制在堤外宽15m以上，其间作为城市滨水开放空间，供市民和游人休憩，乡村段严格保护护堤林及堤外林地。
		植被类型、结构	·优先保护已有自然植被，需要恢复植被时要选用地方乡土物种。 ·沿线植被恢复时要以乔木为主，灌草结合，应能有效控制来自河流侧向的污染物，控制水土流失、保护水质，并调节微气候，提供宜人的游憩空间。 ·于城市界面设置绿带屏蔽城市机动车噪音和城市繁杂的景观。
	遗产点	保护措施	·保护运河以及运河沿线遗产点的真实性。 ·加强沿河分布遗产点与运河的交通联系，维护运河遗产廊道的完整性。

（续　表）

C.沿河绿带	游道	步行道	·保证连续性,并与周边步行交通衔接。 ·在局部结合所在地段的周边使用需求、游憩资源形成独立系统。 ·尽可能滨水设置,两侧配置乔灌结合绿带,路面材质采用石砌铺装为宜,城区考虑夜间照明。 ·乡村段可将堤顶路作为步行道,恢复护堤林带。
		自行车道	·城区可利用现有临近运河的城市道路两侧的非机动车道,确保连续性,并与周边非机动车交通衔接。 ·自行车道应能联系运河廊道涉及的各遗产点、游憩资源。 ·与运河通视性好,靠近运河,设置与运河相连通的自行车道。 ·乡村段可将堤顶作为自行车道,可与步行道合并。 ·路面材质可采用柏油铺砌。
		机动车道	·应与步行和自行车道分开设置,并保证连续性,与周边路网衔接。 ·不应滨水设置。 ·应维持低等级的城市道路,路面宽度不宜过宽。 ·路面材质可采用水泥或柏油。
	游憩设施	场地	·结合周边现有的游憩资源设置较大型的游憩场地。 ·结合周边社区和居民点的使用需求设置中小型游憩场地。
		建筑	·需设置的设施包括:信息服务中心、商业服务点、餐饮设施、休憩设施、体育康乐设施。 ·结合活动场所和现有游憩资源进行设置。
	解说系统	设置原则	·人流量大地段设置信息服务标识,包括指示牌、地图等。 ·专题解释,包括针对特殊环境教育资源的解释性标牌、信息中心等。

(续 表)

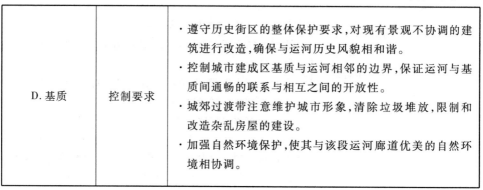

D. 基质	控制要求	・遵守历史街区的整体保护要求,对现有景观不协调的建筑进行改造,确保与运河历史风貌相和谐。 ・控制城市建成区基质与运河相邻的边界,保证运河与基质间通畅的联系与相互之间的开放性。 ・城郊过渡带注意维护城市形象,清除垃圾堆放,限制和改造杂乱房屋的建设。 ・加强自然环境保护,使其与该段运河廊道优美的自然环境相协调。

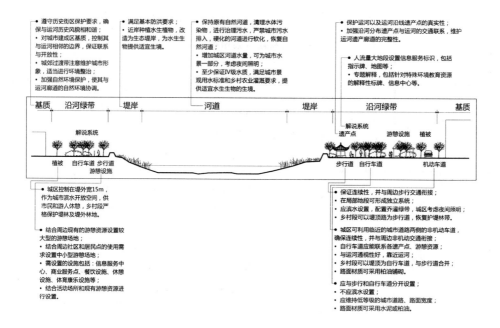

图 4.2 京杭大运河国家遗产和生态廊道规划剖面示意图

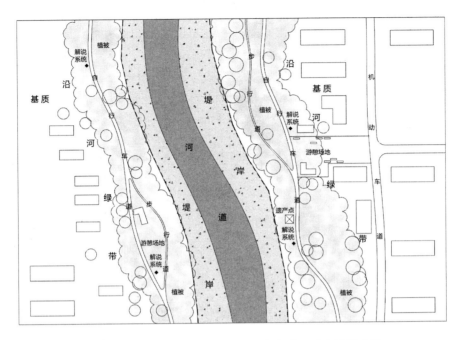

图 4.3　京杭大运河国家遗产与生态廊道平面布局示意图

下 卷

京杭大运河
遗产资源与生存现状详述

第 五 章 京杭大运河现状特征与资源详述

5.1 通惠河与北运河段

5.1.1 背景概况

通惠河的干流西起东便门的大通桥,向东经过乐家花园、高碑店、普济闸、八里桥、通惠闸,在通州区卧龙桥接北运河,全长20.34km。

5.1.1.1 历史沿革

(1) 通惠河

通惠河于元至元二十九年(1292)八月开始开凿,至元三十年(1293)完工。以积水潭为起点,向东通往通州。明初通惠河开始淤废;永乐年间(1403—1425)改建北京皇城,通惠河城内故道被围入宫墙之内,通惠河改以大通桥为起点,又有"大通河"之称。清嘉庆十三年(1808)九月,通惠河与北运河交接处的张家湾镇泥沙淤积严重,运河改走康家沟。民国起,通惠河不再通漕运,成为商旅行船河道,后来逐渐变成北京城的排水河道。1949年建国前夕,通惠河已严重淤荒,建国后对通惠河进行了多次治理和改造(陈璧显,2001)。

(2) 北运河

北运河,常称白河,这一地区通漕运约自汉末三国起;元代时北运河属白河运道下游,即从通州境至静海县界的部分。明朝时北运河被称为白漕,当时政府主要通过不断地堵决修堤、挑浚淤浅来维持航运。清朝时,由于北运河常在河西务、南蔡村及杨村一带决口,故为防洪水泛滥冲毁运河,清政府于康熙四十三年(1704)在杨村以北框儿港建坝,并开减河;又于康熙五十年(1711)在河西务东开新引河,次年开直河。建国以后,政府继续加强对这一地区的治理。1960年建成北运河拦河闸;1963年建成北关分洪闸;1963年开挖运潮减河,从北运河分泄上游温榆河来的洪水,以缓建北运河的洪水压力;1972年10月至1974年汛前,分两期工程对北运河进行治理。1989年经北京市水利局批准,将北关至杨坨村3.1km的左堤西移(《北运河水旱灾害》,2003)。

5.1.1.2 自然条件

(1) 河道水系

通惠河是北运河的一条支流。北运河是海河水系的一条重要河流,发源于北京太行山的西山与燕山山脉的军都山相会处,其干流在通州北关闸以上称为温榆河,北关闸以下始称北运河。北运河出通州区后,流经河北香河县和天津武清区、北辰区,在红桥区汇入海河。北运河的干流总长度约为142.7km,其中包括温榆河47.5km,北关闸以下的北运河长95.2km。北运河(含温榆河)的总流域面积为6166km^2,最大年径流量为6.41亿m^3(1956),最小年径流量为0.069亿m^3(1965)。据通州水文站统计,1949—1984年多年平均年径流量为3.6亿m^3(《北运河水旱灾害》,2003)。

(2) 气候状况

通惠河与北运河所处的京津地区在气候上属于暖温带半湿润大陆性季风气候,四季分明,冬、夏季长,春、秋季短,春季风多雨少,夏季炎热且雨量集中,秋季冷暖适中,冬季寒冷干燥。该地区的年平均雨量约为600mm,年平均温度约为11.5℃,全年日照约为2700小时。

(3) 水旱灾害

A. 洪灾

北运河河道弯曲,绝大部分在平原地区,纵坡小,而河岸又以沙壤为主,所以容易淤积、坍塌和决口,历史上常给流经的平原地区造成水灾。自17世纪以来,北运河流域共发生特大洪水灾害4次、大洪水灾害7次,平均每35年就有一次特大或大洪水灾害发生。据通州志书记载,1883—1939年,通州共发生水灾13次,平均每4.5年一次(《北运河水旱灾害》,2003)。

表 5.1 通惠河与北运河流经区县气候状况

区县	气候类型	年均降雨量(mm)	年均温(℃)	最热月均温(℃)	最冷月均温(℃)	0度积温(℃)	全年日照(h)	全年总辐射(千卡/cm²)	平均无霜期(d)
崇文区	暖温带半湿润大陆性季风气候	600	11.7	26	-4.7	4487	2700	134.24	192
朝阳区		600.7	11.6	25.9	-4.6	4487	2841.4	134.24	192
通州区		620	11.3	25.8	-5.2	4487	2732	132.6	190
香河县		616	11.3	25.7	-5.4	4482.3	2674	128.7	179
武清区		578.3	11.6	26.1	-5.0	4593.7	2752.2	125.9	207
北辰区		584.1	12.1	26.2	-4.4	4671	2733	129.5	216
红桥区		561.5	12	26.2	-4.4	4671	2699	129.5	216
河北区		550	12	26.2	-4.4	4671	2733	129.5	216

注：崇文区数据来源于《崇文区志》；朝阳区数据来源于《朝阳区志》；通州区数据来源于《通县志》，为1955—1996年数据；香河县数据来源于《香河县志》，为1964—1990年数据；武清区数据来源于《武清县志》；北辰区数据来源于《北辰区志》，为1958—1997年数据；红桥区数据来源于《红桥区志》；河北区数据来源于《河北区志》。

B. 涝灾

涝渍灾害在北运河流域非常普遍，有夏涝、秋涝、夏秋连涝，并有连年涝灾的特点。由于流域多处于低洼地区，因而一旦发生涝渍灾害，容易造成大面积的土壤盐碱化。1470—1948年，夏秋连涝的严重涝灾共12年，连续2年以上的涝灾43次，共计122年，最长连续7年(《北运河水旱灾害》，2003)。

C. 旱灾

旱灾是北运河流域发生最频繁、影响范围最大、持续时间最长的一种自然灾害。据史料记载，在1949年之前的580年内，发生过407次较大的旱灾，平均每1.4年一次(《北运河水旱灾害》，2003)。

5.1.1.3 社会经济

表 5.2 通惠河与北运河流经区县经济情况(2002)

区县	总人口(万人)	非农业人口(万人)	城市化水平(%)	人口密度(千人/km²)	国内生产总值(亿元)	第一产业总值(亿元)	第二产业总值(亿元)	第三产业总值(亿元)	人均GDP(元)	城镇居民人均可支配收入(元)	农民人均纯收入(元)
崇文区	40.7	40.7	100	25.63	75.1	–	19.24	55.86	18452	11745	–
朝阳区	157.4	140.1	89	3.34	591.95	2.64	165.35	423.97	37608	12626	8259
通州区	60.7	21.8	35.91	0.70	90.10	13.23	39.82	37.04	14843	10081	5835
香河县	30.68	3.79	12.35	0.67	98.45	7.58	29.92	10.09	15515	7715	4355
武清区	80.57	10.98	13.63	0.51	100.73	17.38	47.38	35.97	12502	9338	5230
北辰区	31.98	12.15	37.99	0.67	98.45	5.07	60.37	33.01	30784	9338	6606
红桥区	55.67	55.41	99.53	26.51	30.22	–	35.80	26.61	5428	9338	–
河北区	60.99	60.96	99.95	22.59	29.88	–	5.53	24.35	4898	9338	–

注:数据来源于《北京统计年鉴(2003)》、《天津统计年鉴(2003)》、《廊坊经济统计年鉴(2003)》,天津市四个区的城镇居民人均可支配收入为全市平均值。

5.1.1.4 水环境

(1)运河水质

虽然近年来北京市努力建设污水处理厂,但每年仍有大量污水排入通惠河与北运河,所以通惠河与北运河的水质并未得到根本的改善。北运河受污染最严重的河段是从通州北关闸至河北香河县土门楼闸之间的河段,污水从温榆河、通惠河以及凉水河汇入北运河,出通州在河北省香河县土门楼闸以上进入青龙湾减河。此段运河的河水普遍发黑,有异味,在闸、坝处产生大量泡沫。北运河进入天津市市区之后,由于被用作引滦入津的输水河道,水质有所好转。表5.3是通惠河与北运河在各区县河段的水质情况。

表5.3 通惠河与北运河各区县河段水质情况(2003)

区县	运河水质
崇文区	劣V类
朝阳区	劣V类
通州区	劣V类
香河县	劣V类
武清区	劣V类
北辰区	V类
红桥区	V类
河北区	V类

注：以上运河水质情况主要来源于北京市、河北省、天津市的环境公报。

(2) 运河污染源

通惠河与北运河的主要污染源是来自北京市的工业废水与生活污水。随着北京市人口的增长和市民生活水平的提高，从1970年代开始，北京城排入北运河的污水量迅速增加，而且污水的比重也呈显著上升趋势(见表5.4)。据北京市2000年水资源公报，2000年北京市的污水排放总量为13.55亿m^3，其中工业废水5.79亿m^3，生活污水7.76亿m^3，这些污水绝大部分都排入了北运河。

表5.4 北运河在北京市不同年代平均出境水量统计表

年份	清水(亿m^3)	污水(亿m^3)	清水+污水(亿m^3)	出境水比例(%) 清水	出境水比例(%) 污水
1961—1969	7.01	1.65	8.66	81.0	19.0
1970—1979	6.45	3.93	10.38	62.1	37.9
1980—1989	1.69	6.08	7.77	21.7	78.3
1990—1998	3.11	7.18	10.29	30.3	69.7
1961—1998	4.62	4.69	9.31	49.6	50.4

注：以上数据来源于《北运河水旱灾害》，2003，第10页。

(3) 地下水水位

京津地区的地下水过度开采严重,形成了以北京市市区和天津市市区为中心的两大地下漏斗。在两大城市之间,地下水水位基本上沿着大运河呈梯度变化。在远离漏斗中心的方向,北京市的地下水水位比天津市的地下水水位上升得慢一些。沿着大运河,两大城市之间的地下水埋深大致在天津市武清区河西务镇一带达到最小值。但是天津市地下水埋深的最大值远大于北京市,2004年9月北京市市区漏斗中心的地下水埋深是51m,而天津市是96m。2000年以来,北京市多数区县的地下水水位都有不同程度的降低,下降最显著的区县是石景山区,下降了近10m,地下水埋深达到40m;除北辰区以外,天津市的多数区县地下水水位变化不大,北辰区的地下水水位大幅度下降,现在地下水埋深达到九十多米。

表5.5 通惠河、北运河主要流经区县环境情况(2004年9月)

区县	地下水埋深近似值(m)
朝阳区	30
通州区	20
香河县	10
武清区	5
北辰区	95

注:以上地下水水位方面的信息与数据均来源于水利部水文局主办的地下水动态查询系统(http://sqqx.hydroinfo.gov.cn/shuiziyuan/default.htm)。

5.1.2 运河现状

5.1.2.1 运河河道分段

表5.6 通惠河、北运河河道分段表

序号	河段名称	开凿年代	主要特点说明
1	通惠河	元至元二十九年至三十年	宽约50m,水泥和砌石护岸,主要穿过城市建成区,水量一般,污染严重。主要功能是排污、排洪和游憩。

(续　表)

序号	河段名称	开凿年代	主要特点说明
2	北运河通州城区段	天然河道	宽约90m,水泥护岸,穿过通州城区,水量充足,污染严重。主要功能是排洪、排污和游憩。
3	北运河六环路——潞湾橡胶坝段	天然河道	宽约200m,土质护岸,穿过农村地区,水量充足,污染严重。具有显著的湿地特征,沿岸有成片防护林,风景优美。主要功能是排洪、排污、蓄水和游憩。
4	北运河潞湾橡胶坝——青龙湾减河段	天然河道	宽约150m,土质护岸,穿过农村地区,水量充足,污染严重。沿岸风景比较优美。主要功能是排洪、排污和蓄水。
5	北运河青龙湾减河——武清城区北边缘段	天然河道	宽约50m,土质护岸,穿过农村地区,缺水。主要功能是排洪。
6	北运河武清城区段	天然河道	宽约75m,砌石护岸,穿过武清城区,缺水,污染较严重,主要功能是排洪、排污和游憩。
7	北运河武清城区南边缘——屈家店枢纽段	天然河道	宽约50m,土质护岸,穿过农村地区,水量一般。污染较严重,主要功能是排洪和排污。
8	北运河屈家店枢纽——新红桥段	天然河道	宽约100m,砌石护岸,穿过城市建成区,水量一般。主要功能是排洪、输水和游憩。
9	北运河新红桥——三岔口段	天然河道	宽约150m,砌石护岸,水量充足。主要功能是排洪、输水和游憩。

5.1.2.2　运河分段详述

（1）通惠河（东便门——卧龙桥）

A. 河段概况

在背景概况部分已经对通惠河的历史沿革进行了阐述,在此不再赘述。

近年来,为解决日渐严重的污染问题,1999年12月开始对通惠河进行全面治理,治理内容包括扩大泄洪流量、建设东三环橡胶坝、修建巡河路和绿化带等等。在治理过程中,对庆丰闸遗址和高碑店闸(平津闸)遗址进行了保护。此外还拆除了原通惠闸桥,在下游 200m 处建设新的通惠闸(《北运河水旱灾害》,2003)。

目前通惠河的主要功能是排泄北京市城区的洪水和污水,此外还具有城市开放空间的功能。通惠河上建有东便门和东三环两座橡胶坝,以及高碑店闸、普济闸和通惠闸三座拦河闸,这 5 座水工建筑均具有调节水位、流量,保证泄洪安全,保障上游工农业用水、各机关企业单位用水以及烘托水面景观的作用。其次有交通桥 21 座,架空电缆桥 1 座,泵站及扬水站 16 座,退水渠及雨水暗沟入口 6 处,引水口 11 个,排污口 93 个(《北运河水旱灾害》,2003)。

B. 河道剖面

【河道】以高碑店闸为界分成上下两段。上段从东便门至高碑店闸,长 7.8km。其中,东便门至乐家花园按 20 年一遇洪峰流量 448m³/s 设计,乐家花园至高碑店闸按 20 年一遇洪峰流量 464m³/s 设计,河底宽 40m。下段由高碑店闸至北运河,长 12.3km,按 20 年一遇洪峰流量 611m³/s 设计,底宽 43m(《北运河水旱灾害》,2003)。

上段河水水量比较充足,下段河水相对较少,河道两边露出了大面积的边坡,河水流动缓慢。河水整体上呈棕绿色,透明度低,水面有漂浮物,有异味,据北京市环境公报,水质为劣 V 类。

【河漫滩】无。

【护坡】东便门橡胶坝到外环铁路桥段,采用混凝土衬砌,直墙护坡,高 4.5m。外环铁路桥至高碑店闸段为高碑店湖区,面积约为 20hm²。湖中开挖主河槽,底宽 35m,边坡比 1:3。高碑店闸以下,河道边坡由六边形砖砌成,坡度约为 30 度,边坡外侧是直墙护岸。

【堤岸】东便门橡胶坝到外环铁路桥段,两岸各有约 7m 宽的巡河路与绿化带。高碑店湖区两岸建平台,各宽 3.5m,滨河路宽分别为 5m 和 7m。高碑店闸以下,沿河两侧各有一条宽约 6m 的滨河路,采用柳树作为行道树,但由于只有几年的树龄,树身较小,枝叶不够浓密,因而只能形成比较稀疏的绿化景观。

【堤外土地利用】从东便门至五环路,沿河是高密度的城市建成区,土地利用类型包括公共设施用地、工业用地、居住用地、公共绿地以及交通用地。

从五环路至通州城区边缘,沿河是密度相对较低的城市郊区,土地利用类型包括工业用地、文教用地、居住用地、交通用地、农田以及鱼塘。在通州城区,沿河是密度比较高的城市建成区,土地利用类型主要包括公共设施用地、工业用地、居住用地以及交通用地。

【剖面图】

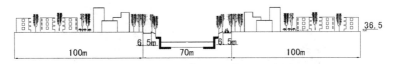

图 5.1　通惠河北京城区段两岸 100m 范围剖面图

图 5.2　通惠河北京城区段两岸 1000m 范围剖面图

图 5.3　通惠河北京城区段典型照片

图 5.4　通惠河通州城区段两岸 100m 范围剖面图

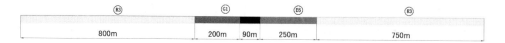

图 5.5 通惠河通州城区段两岸 1000m 范围剖面图

图 5.6 通惠河通州城区段典型照片

C. 沿河遗产分布

通惠河沿线遗产分布见表 5.7。

表 5.7 通惠河沿线主要文化遗产分布表

名称	类型	与运河关系	地址	时代	保存状况	文物级别	备注
广源闸	运河水利工程遗址	功能相关	北京市海淀区,共两座;上闸在万寿寺东,下闸在白石桥下	元	上闸原物破坏严重,下闸原物不存,但遗址可考	非文物保护单位,保护状况不明	未考察(《北运河水旱灾害》,2003)
西城闸	运河水利工程遗址	功能相关	北京市海淀区,两座;上闸即高梁桥前的石闸,下闸在护城河边	元	上闸原物保存较好,下闸原物不存,但遗址可考	非文物保护单位,保护状况不明	未考察(《北运河水旱灾害》,2003)

(续　表)

名称	类型	与运河关系	地址	时代	保存状况	文物级别	备注
朝宗闸	运河水利工程遗址	功能相关	北京市西城区,两座;都在德胜门水关至西护城河之间	元	原物不存,但遗址可考	非文物保护单位,保护状况不明	未考察(《北运河水旱灾害》,2003)
澄清闸(又名海子闸)	运河水利工程遗址	功能相关	北京市西城区,三座;上闸在后门桥下,中、下闸在东不压桥胡同和北河胡同	元	原物不存,但遗址可考	非文物保护单位,保护状况不明	未考察(《北运河水旱灾害》,2003)
文明闸	运河水利工程遗址	功能相关	北京市东城区,两座;上闸在正义路北口,下闸在今台基厂胡同中间	元	原物不存,但遗址可考	非文物保护单位,保护状况不明	未考察(《北运河水旱灾害》,2003)
魏林闸	运河水利工程遗址	功能相关	北京市东城区,两座;上闸在今船板胡同东口,下闸在北京站东南	元	原物不存,但遗址可考	非文物保护单位,保护状况不明	未考察(《北运河水旱灾害》,2003)
后门桥	运河水利工程遗址	功能相关	北京市西城区地安门外大街	元	原物破坏严重	省级文物保护单位	未考察(《西城区志》,1999)
北新仓	古建筑	功能相关	北京市东城区北新仓胡同甲16号	明、清	原物保存较好	省级文物保护单位	未考察(北京文化网,www.oldbj.com)

（续　表）

名称	类型	与运河关系	地址	时代	保存状况	文物级别	备注
庆丰闸遗址（又名籍东闸）	运河水利工程遗址	功能相关	北京市朝阳区，共两座；上闸在今东便门外的丰闸村，下闸在深沟村附近	元	原物不存，但遗址可考	非文物保护单位，有相应机构或个人维护	已考察（《北运河水旱灾害》，2003）
肃慎亲王敬敏墓	古墓葬	空间相关	北京市朝阳区王四营乡道口村	清	原物保存较好	市县级文物保护单位	未考察（北京文博网，www.bjww.gov.cn）
东岳庙	古建筑	空间相关	北京市朝阳区朝外大街141号	始建于元至治二年（1322），明、清重建	原物保存较好	国家级文物保护单位	未考察（北京文化网，www.oldbj.com）
日坛	古建筑	空间相关	北京市朝阳区朝阳门外日坛路	明嘉靖九年（1530）	原物保存良好	省级文物保护单位	未考察（北京文化网，www.oldbj.com）
十方诸佛宝塔	古建筑	空间相关	北京市朝阳区王四营乡马房寺	明嘉靖二十四年（1545）	原物保存较好	省级文物保护单位	未考察（北京文化网，www.oldbj.com）

（续　表）

名称	类型	与运河关系	地址	时代	保存状况	文物级别	备注
山东会馆	古建筑	空间相关	北京市朝阳区呼家楼南里2号	清	原物保存较好	市县级文物保护单位	未考察（北京文博网，www.bjww.gov.cn）
南下坡清真寺	古建筑	空间相关	北京市朝阳区朝外二条	清	原物保存较好	市县级文物保护单位	未考察（北京文博网，www.bjww.gov.cn）
那桐墓	古墓葬	空间相关	北京市朝阳区三间房乡人民政府	清	原物保存较好	市县级文物保护单位	未考察（北京文博网，www.bjww.gov.cn）
马骏墓	古墓葬	空间相关	北京市朝阳区朝外街日坛公园西北角	民国	原物保存良好	市县级文物保护单位	未考察（北京文博网，www.bjww.gov.cn）
常营清真寺	古建筑	空间相关	北京市朝阳区常营乡常营村	明	原物保存较好	市县级文物保护单位	未考察（北京文博网，www.bjww.gov.cn）
平津闸（又名郊亭闸）	运河水利工程遗址	功能相关	北京市朝阳区，共三座；上闸即今高碑店闸，下闸在花园闸村，中闸的确切位置不详	元	上闸完全重建，下闸和中闸原物不存，但遗址可考	非文物保护单位，有相应机构或个人维护	已考察（《北运河水旱灾害》，2003）

(续　表)

名称	类型	与运河关系	地址	时代	保存状况	文物级别	备注
普济闸（又名杨尹闸）	运河水利工程遗址	功能相关	北京市朝阳区，共两座；下闸在今普济闸村，上闸在下闸东四里的老龙背村附近	始建于元代，新普济闸建于1984年	上闸完全重建,下闸原物不存，但遗址可考	非文物保护单位,有相应机构或个人维护	未考察(《北运河水旱灾害》,2003)
永通桥及石道碑	古建筑及碑刻	功能相关及历史相关	北京市朝阳区，横跨通惠河，因距通州八里，俗称"八里桥"	永通桥建于明正统十一年（1446），石道碑立于清雍正十一年（1733）	原物保存较好	省级文物保护单位	未考察(《通县志》,2003)
通州闸（又名通流闸）	运河水利工程遗址	功能相关	北京市通州区，共两座；上闸在今通州区新华大街与人民路交叉口；下闸在原通县南门外明代称南浦闸的位置	元	原物不存，但遗址可考	非文物保护单位,保护状况不明	未考察(《北运河水旱灾害》,2003)

（2）北运河通州城区段(北关闸——六环路)

A. 河段概况

此段运河为通州城区段运河,从北关闸至六环路,上游为温榆河,在通州城区汇入通惠河,长约5.6km,流向为东南方向,河道较直。

此段运河目前的主要功能是排泄来自通惠河、温榆河以及通州城区的洪水和污水,并作为城市水体开放空间供市民休闲使用。据介绍,通州区已经将北起北关闸以北约 500m,南至六环路,长约 8km,包括运河两岸约 1km 至 2km,总面积 13.5km² 的区域进行统一规划设计,设计方案将把河道扩宽至 200m,并以发掘和弘扬运河文化为主题。通过对运河进行统一规划,通州城区的中心将向运河一带转移。

此段运河上的重要水工建筑与水利工程为北关拦河闸与分洪闸,以及运潮减河。

北关拦河闸及分洪闸位于北运河起点处,是此段北运河上主要的水工建筑,共同组成分洪枢纽工程,也是北京市东南郊防洪除涝工程的重要建筑物。两闸最大蓄水量790万 m³,配套灌溉面积 2100hm²。两闸防洪设计标准为 10 年一遇上游洪水流量 1010m³/s,分洪闸分泄 500m³/s;20 年一遇上游洪水流量 1450m³/s,分洪闸分泄 600m³/s;50 年一遇上游洪水流量 2055m³/s,分洪闸分洪 900m³/s。

北关拦河闸始建于 1960 年 3 月,完工于同年 10 月,为开敞式堤坝实用堰型,闸底高程 16.00m,堰顶高程 17.00m。闸室为钢筋混凝土整体结构,弧形钢闸门,12 孔,每孔净宽 6m。闸上设工作桥及京榆公路桥。设计流量为上游水位在 22.50m 时(50 年一遇),下泄量 1150m³/s。

北关分洪闸建于 1963 年,闸 10 孔,采用宽 6m、高 5m 弧形钢闸门。闸底标高 17.00m,为平底式。上部有京榆公路桥及机架桥,手、电两用启闭机(《北运河水旱灾害》,2003)。

运潮减河自通州北关起经王家场、古城、召里在东堡村北入潮白河,全长 11.5km,底宽 80m,于 1963 年汛前完工。为加大运潮减河的分洪量,北京市于 1987 年 9 月组织有关施工单位对运潮减河进行了清淤和筑堤,次年 5 月完工。治理后,温榆河 20 年一遇洪水可分洪 600m³/s,50 年一遇洪水可分洪 900m³/s(《北运河水旱灾害》,2003)。

B. 河道剖面

【河道】现状河道宽度约 90m,土质河床,据文献记载,1973—1974 年对此段运河进行了疏挖,按 10 年一遇洪水流量 510—1038m³/s 标准除涝设计,20 年一遇洪水流量 850—1285m³/s 设计,50 年一遇洪水流量 1155—1770m³/s 的标准校核,河底设计宽度 60m。河水水量充足,水体发黑,有比较多的飘浮物和泡沫,有异味,据北京市水资源公报,水质为劣 V 类。

【河漫滩】无。

【护坡】除北关闸附近河段为土质护坡外,其余河段都是水泥护坡。

【堤岸】左岸一带已被改造为滨水公园,长有年幼的针叶与阔叶乔木;右岸是一条宽约20m的快速过境滨河公路,没有防护林。左岸步行可达性较好,右岸车行可达性较高,步行可达性低。

【堤外土地利用】运河左岸保留的几百米宽的开放绿带被规划为城市公园,已经建成大运河文化广场和运河体育公园。在公园和公共绿地的外侧是大片新开发的居住区。主要土地利用类型有城市居住用地和城市公园。

运河右岸,滨河快速过境公路将运河与城区隔开,城区至河岸的步行可达性低,河岸基本不具有休闲、游憩等开放空间功能。主要土地利用类型有交通用地、城市居住用地、公共设施用地和工业用地。

【剖面图】

图5.7　北运河通州城区段两岸100m范围剖面图

图5.8　北运河通州城区段两岸1000m剖面图

图5.9　北运河通州城区段典型照片

C. 沿河遗产分布

表5.8 北运河通州城区段主要文化遗产分布表

名称	类型	与运河关系	地址	时代	保存状况	文物级别	备注
石坝遗址	运河水利工程遗址	功能相关	北京市通州区西海子公园葫芦湖	明代	原物不存在,但遗址可考	非文物保护单位,保护状况不明	未考察(北京文化网,www.oldbj.com)
都闸署	古建筑	功能相关	北京市通州区中山大街	明代	原物不存在,但遗址可考	非文物保护单位,保护状况不明	未考察(北京文化网,www.oldbj.com)
元代管河公判署铁狮(又名通永道署铁狮)	石刻	历史相关	北京市通州区工会院内	元代	原物易地保存	市县级文物保护单位	未考察(北京文博网,www.bjww.gov.cn;北京文化网,www.oldbj.com)
大运西仓	古建筑	功能相关	北京市通州区佟麟阁街	始建于明永乐七年(1409)	原物不存,但遗址可考	非文物保护单位,保护状况不明	未考察(北京文化网,www.oldbj.com)
司空分署遗址	古建筑	功能相关	北京市通州区司空分署街小学	明代	原物不存,但遗址可考	非文物保护单位,保护状况不明	未考察(北京文化网,www.oldbj.com)

（续　表）

名称	类型	与运河关系	地址	时代	保存状况	文物级别	备注
总督仓场署遗址	古建筑	功能相关	北京市通州区四员厅	明代	原物不存，但遗址可考	非文物保护单位，保护状况不明	未考察（北京文化网，www.oldbj.com）
燃灯塔及佑胜教寺	古建筑	空间相关	北京市通州区西海子西街12号	始建于辽代，明代重修	原物保存良好	省级文物保护单位	已考察（《通县志》，2003）
通州城墙遗址	古建筑	历史相关	北京市通州区西海子公园	明代	原物不存，但遗址可考	非文物保护单位，保护状况不明	已考察（北京文化网，www.oldbj.com）
李卓吾墓	古墓葬	空间相关	北京市通州区西海子公园	明代，原葬于通州北门外马厂村西，现迁至西海子公园	完全重建	省级文物保护单位	已考察（《通县志》，2003）
通州清真寺	古建筑	历史相关	北京市通州区清真寺街1号	始建年代不详	保存较完好	省级文物保护单位	已考察（《通县志》，2003；北京文化网，www.oldbj.com）

(续 表)

名称	类型	与运河关系	地址	时代	保存状况	文物级别	备注
御制重修马驹桥碑记	石刻	空间相关	北京市通州区西海子公园	清乾隆三十八年（1774）	原物保存较好	市县级文物保护单位	已考察（北京文化网，www.oldbj.com）
富育女校教士楼、百友楼旧址	近现代重要史迹	空间相关	北京市通州区玉带河大街72号	清代，民国	原物保存良好	省级文物保护单位	未考察（北京文化网，www.oldbj.com）
万字会院	近现代重要史迹	空间相关	北京市通州区西大街9号	始建于民国，1964年重修，改作"东颐饭店"，1991年重修，建成通州博物馆	原物保存较好	市县级文物保护单位	未考察（《通县志》，2003；北京文化网，www.oldbj.com）
潞河中学原教学楼	近现代重要史迹	空间相关	北京市通州区复兴庄潞河中学	清同治六年（1867）	原物保存较好	省级文物保护单位	未考察（《通县志》，2003；北京文化网，www.oldbj.com）

（续　表）

名称	类型	与运河关系	地址	时代	保存状况	文物级别	备注
日军侵华罪证碑	石刻	空间相关	北京市通州区梨园镇小街村南	民国	原物保存较好	市县级文物保护单位	未考察（北京文博网，www.bjww.gov.cn）
北齐土长城遗址	古遗址	空间相关	北京市通州区永顺镇窑厂村	北齐	原物破坏严重	市县级文物保护单位	未考察（北京文博网，www.bjww.gov.cn）
石像生群	石刻	空间相关	北京市通州区西海子公园	明代	原物保存较好	市县级文物保护单位	已考察（北京文博网，www.bjww.gov.cn）
宝光寺铜钟	石刻	空间相关	北京市通州区西大街9号	明代	原物保存较好	市县级文物保护单位	未考察（北京文博网，www.bjww.gov.cn）
王芝祥故居	近现代重要史迹	空间相关	北京市通州区新城南街9号	清代	原物保存较好	市县级文物保护单位	未考察（北京文博网，www.bjww.gov.cn）
通州起义指挥部旧址	近现代重要史迹	空间相关	北京市通州区东大街83号	清代	原物保存较好	市县级文物保护单位	未考察（北京文博网，www.bjww.gov.cn）

(续　表)

名称	类型	与运河关系	地址	时代	保存状况	文物级别	备注
协和书院教士楼	近现代重要史迹	空间相关	北京市通州区玉带河大街甲66号	1925年	原物保存较好	市县级文物保护单位	未考察（北京文博网，www.bjww.gov.cn）
博唐亭	近现代重要史迹	空间相关	北京市通州区新城南关31号	1926年	原物保存较好	市县级文物保护单位	未考察（北京文博网，www.bjww.gov.cn）
三义庙	古建筑	空间相关	北京市通州区玉带路54号	清代	原物保存较好	市县级文物保护单位	已考察（北京文博网，www.bjww.gov.cn）
紫清宫	古建筑	空间相关	北京市通州区大成街1号	清代	原物保存较好	市县级文物保护单位	已考察（北京文博网，www.bjww.gov.cn）
大成殿	古建筑	空间相关	北京市通州区大成街1号	清代	原物保存较好	市县级文物保护单位	已考察（北京文博网，www.bjww.gov.cn）
静安寺	古建筑	空间相关	北京市通州区静安寺胡同12号	清代	原物保存较好	市县级文物保护单位	已考察（北京文博网，www.bjww.gov.cn）

(3) 北运河六环路——潞湾橡胶坝段

A. 河道概况

此段运河位于通州东南郊,从六环路起流向东南方向,至潞湾橡胶坝,长约 7.3km,河道比较弯曲。历史沿革与历代浚治情况在上一河段中已有论述,在此不再赘述。1992 年,完成杨坨至牛牧屯左堤加固,部分堤段裁弯取直。

目前此段运河的主要功能是排泄来自温榆河、通惠河以及通州城区的洪水和污水,同时通过利用潞湾橡胶坝拦蓄,水面平均宽度可达 200m,形成了比较典型的河流湿地,风景优美,具有较高的教育与游憩价值,还可以补充该地区的地下水。但由于污染严重,河水不能作为沿岸农田的灌溉用水。

此段运河上唯一的重要水工建筑是潞湾橡胶坝,主要功能是拦蓄以及增宽通州城区段和此段运河的水面宽度。

B. 河道剖面

【河道】河道宽约 200m,土质河床,水量充足。水质属于劣 V 类,河水经过河流湿地的过滤,飘浮物逐渐减少,透明度增加,但仍然发黑。

【河漫滩】河道两边是浅水湿地,河漫滩不太明显。

【护坡】土坡,坡度比较缓,生长有很茂盛的野草,使河道更多地呈现出自然河道的特征。

【堤岸】一道堤以土堤为主,部分河段右岸的一道堤是宽约 6m 的水泥路。左岸一道堤与二道堤的距离在 400m 到 1.5km 之间,右岸一道堤与二道堤之间的距离在 100m 到 500m 之间。左右两岸的二道堤连续性都比较高,可达性也较好。右岸的二道堤堤顶路是碎石路面,宽约 6m。左右两岸的一道堤与二道堤之间都有成片的防护林,主要是杨树,生长良好,形成茂密的林子。在右岸的防护林中,还分布有一些浅塘湿地。河流湿地与防护林的结合,营造出适合鸟类栖息的环境,林间很容易观察到鸟类的活动。在两道堤之间距离较宽的地方,防护林外侧还有果园。

【堤外土地利用】左岸受通州城区的直接影响比较小,所以左岸二道堤以外的主要土地利用类型是农田、果园和农村居民点,主要农作物为玉米。右岸受通州城区的城市化和经济发展的影响比较大,早在 1980 年代初,就分布有造纸厂和化工厂,现在化工厂还在。因此右岸二道堤以外的主要土地利用类型是农田、果园、工业用地以及农村居民点,此外还有公路、铁路等交通用地,主要农作物为玉米,主要果树为枣和梨。

【剖面图】

图 5.10　北运河六环路——潞湾橡胶坝段两岸 100m 范围剖面图

图 5.11　北运河六环路——潞湾橡胶坝段两岸 1000m 范围剖面图

图 5.12　北运河六环路——潞湾橡胶坝段典型照片

C. 沿河遗产分布

表 5.9 北运河六环路——武清城区北边缘段主要文化遗产分布表

河段	名称	类型	与运河关系	地址	时代	保存状况	文物级别	备注
六环路——潞湾橡胶坝	河门闸（又名广利闸）	运河水利工程遗址	功能相关	北京市通州区张家湾镇	元	原物不存，但遗址可考	非文物保护单位,保护状况不明	未考察（《北运河水旱灾害》,2003）
	通运桥	运河水利工程遗址	功能相关	北京市通州区张家湾镇	明万历	原物保存较好	省级文物保护单位	已考察（《通县志》,2003）
	张家湾城墙遗址	古建筑	历史相关	北京市通州区张家湾镇	始建于元	重建一段城墙	省级文物保护单位	已考察（《通县志》,2003）
	张家湾运河码头遗址	运河水利工程遗址	功能相关	北京市通州区张家湾镇	元	原物不存，但遗址可考	非文物保护单位,无人管理	已考察
	张家湾清真寺	古建筑	历史相关	北京市通州区张家湾镇	元	原物保存较好	市县级文物保护单位	已考察（《通县志》,2003）
	土桥镇水兽	石刻	空间相关	北京市通州区张家湾镇土桥村	明	原物保存较好	市县级文物保护单位	未考察（北京文博网www.bjww.gov.cn）
	三士庙	古建筑	空间相关	北京市通州区张家湾镇陆辛庄村	清	原物保存较好	市县级文物保护单位	未考察（北京文博网www.bjww.gov.cn）

（续　表）

河段	名称	类型	与运河关系	地址	时代	保存状况	文物级别	备注
潞湾橡胶—青龙湾减河	香河县文庙	古建筑	空间相关	河北省香河县城西街北,一小附近	始建年代无考,明清多次修葺	原物保存较好	市县级文物保护单位护	已考察（《香河县志》,2001）
	秦营古码头遗址	运河水利工程遗址	功能相关	天津市武清区大沙河乡以东,北运河西岸	元	原物不存,但遗址可考	非文物保护单位,无人管理	已考察
青龙湾减河—武清城区北边缘	三角坝沉船	运河水利工程遗址	功能相关	天津市武清区大沙河乡木厂村以东北运河西岸	元	原物保存较好	非文物保护单位,无人管理	已考察
	东西仓沉船	运河水利工程遗址	功能相关	天津市武清区大沙河乡北运河故道西岸	元	原物保存良好	非文物保护单位,无人管理	未考察
	十四仓遗址	古遗址	功能相关	天津市武清区大沙河乡北运河故道两岸	元	原物不存,但遗址可考	非文物保护单位,无人管理	未考察
	河西务清真寺	古建筑	历史相关	天津市武清区河西务镇	始建于清代晚期,1988年重建	完全重建	市县级文物保护单位	已考察

（续　表）

河段	名称	类型	与运河关系	地址	时代	保存状况	文物级别	备注
青龙湾减河——武清城区北边缘	河西务城址	古遗址	历史相关	天津市武清区河西务镇	明	原物不存，但遗迹可考	非文物保护单位，无人管理	已考察
	小河遗址	古遗址	历史相关	天津市武清区双树乡小河村西，紧邻北运河旧道	元	原物不存，但遗迹可考	非文物保护单位，保护状况不明	未考察
	蒙村遗址	古遗址	历史相关	天津市武清区双树乡蒙村，紧靠北运河	元、明	原物不存，但遗迹可考	非文物保护单位，保护状况不明	未考察
	辛庄遗址	古遗址	历史相关	天津市武清区双树乡辛庄西，北运河东岸河滩上	元、明	原物不存，但遗迹可考	非文物保护单位，保护状况不明	未考察
	孙松林墓碑	石刻	空间相关	天津市武清区大孟庄乡霍屯村西	清	原物破坏严重	非文物保护单位，保护状况不明	未考察

（续　表）

河段	名称	类型	与运河关系	地址	时代	保存状况	文物级别	备注
青龙湾减河——武清城区北边缘	定福庄辽墓	古墓葬	空间相关	天津市武清区南蔡村乡定福庄东街	辽	已发掘，墓室保存现状不详	非文物保护单位，保护状况不明	未考察
	仓上遗址	古遗址	功能相关	天津市武清区泗村店乡，仓上村西南	元	原物不存，但遗址可考	非文物保护单位，无人管理	已考察
	聂官屯沉船	运河水利工程遗址	功能相关	天津市武清区南蔡村乡聂官屯村东，北运河东岸	元	原物保存较好	非文物保护单位，无人管理	未考察
	筐儿港坝	运河水利工程遗址	功能相关	天津市武清区杨村镇以北5km	清康熙	原物破坏严重	非文物保护单位，无人管理	已考察
	清世祖顺治帝手植槐	运河水利工程遗址	历史相关	天津市武清区杨村镇以北5km，筐儿港枢纽旁光荣院内	清顺治	原物保存较好	市县级文物保护单位	已考察

注：表中备注"未考察"遗产资料均据《中国文物地图集·天津分册》，2002。

(4) 北运河潞湾橡胶坝——青龙湾减河段

A. 河道概况

此段运河从通州东南郊的潞湾橡胶坝起,向东南流至榆林庄闸后折向东,过杨洼闸后入河北香河县境,然后折向南,在香河县土门楼北至青龙湾(减)河河口,长约39.8km。在榆林庄闸以上纳入凉水河,在通州区与香河县交界处的牛牧屯通过新河沟通潮白河,在香河县王家摆乡以南纳入龙凤减河。从潞湾橡胶坝至香河县王家摆乡之间河曲较多,王家摆乡以下河道较直。历史沿革与历代浚治情况如下:

清朝康熙三十三年(1694),香河县官修堤416丈,民修堤319丈。雍正七年(1729),于土门楼村北始建青龙湾减水石坝40丈,开王家务引河(今青龙湾引河),九年竣工(《武清县志》,1991)。乾隆二年(1737)移青龙湾坝于王家务(姚汉源,1998)。乾隆四年四月,培筑北运河堤。乾隆十八年,疏浚王家务引河。道光三年(1823)秋,清淤张家湾至河西务河道。道光十二年,北运河汛内,抢修王家务减河堤坝。道光十五年至十八年,每年均抢修王家务堤坝。道光二十八年,培筑北运河枳根城堤。咸丰九年(1859),北运河大水,王家务减河过水,抢修。光绪十七年(1891),挑浚青龙湾减河。

1949年、1950年和1954年,先后培筑堤防,加高培厚大友堡、王指挥庄复堤8处(《通县志》,2003)。1967—1974年,为开发水资源、蓄污导污、防止污染天津水源,先后建成榆林庄闸和杨洼闸(《北运河水旱灾害》,2003)。1973年春,开挖治理桥上村至南双街20.38km的北运河主河道,其中牛牧屯引河口至土门楼分洪闸13.2km河段裁弯取直,河底高程6.5—8m,底宽100m,50年一遇校核流量达1620m³/s,开挖疏浚凤港减河引水注入北运河,对引洪排沥和向天津市供水都发挥了重要作用(《通县志》,2003)。1992年完成杨坨至牛牧屯左堤加固,部分堤段裁弯取直。

目前此段运河的主要功能是承接北京上游的洪水和污水,通过青龙湾河排洪,并通过闸坝拦蓄来补充沿岸农业灌溉用水的不足。此外,此段运河沿岸自然风景比较优美,非常适合进行休闲游憩活动。

此段运河上的重要水工建筑与水利工程有榆林庄闸、杨洼闸、王家摆橡胶坝以及青龙湾减河。

榆林庄闸位于通州区榆林庄北、凉水河入口的下游,距通州北关闸22km。

分东西两闸,西闸于1968年11月动工建设,次年11月全部建成蓄水。西闸底板高程11.7m,10孔,每孔宽6m,平板钢闸门,门高5m,分上下两扇。1973年9月在西闸东侧修建东闸,5孔,每孔净跨6m。榆林庄闸(含东、西闸)的主要功能是防洪、蓄水灌溉以及拦污,泄洪标准:20年一遇洪水设计,流量1353m³/s;50年一遇洪水校核,流量1835m³/s。

杨洼闸位于通州区西集乡杨洼村附近,距离榆林庄闸15km,主要功能是拦蓄榆林庄闸下泄的基流和污水,以补充灌溉用水的不足。闸室为钢筋混凝土结构,全闸11孔,每孔跨度8m,采用钢闸门,门高4.7m,闸室底板高程9.53m,门顶高程14.23m。正常蓄水水位14m,泄洪标准:20年一遇洪水设计,流量1353m³/s;50年一遇洪水校核,流量1835m³/s(《北运河水旱灾害》,2003)。

王家摆橡胶坝位于香河县王家摆乡东,建于1995年,坝宽140m,设计寿命15年,主要功能是拦蓄上游来水,以补充沿岸农田的灌溉用水。

青龙湾减河,与北运河相接于土门楼村北,是北运河的主要泄洪河道。清雍正七年(1729),始在土门楼村北建减水石坝,辟减河。1926年,在土门楼减水坝上建40孔分洪闸,孔宽2.7m,泄洪能力1200m³/s(《武清县志》,1991)。1973年改建,全闸10孔,总长109m,20年一遇时的引洪流量为1330m³/s。

B.河道剖面

【河道】河道宽约150m,土质河床,水量充足,水质为劣Ⅴ类。在凉水河河口以上,河水透明度逐渐增加,漂浮物减少,在凉水河河口以下,因汇入来自凉水河的污水,水质进一步恶化,透明度降低,漂浮物增加。

【河漫滩】由于水量比较充足,只有很少的河段可见河漫滩,所见河漫滩的沉积物以泥沙为主,未生长野草。

【护坡】土坡,坡度比较缓,生长有茂盛的野草。

【堤岸】一、二道堤均为土堤,二道堤的堤顶路为碎石路,宽约6m,一、二道堤之间的距离最近不足100m,最远约3km。左右两岸的一道堤都不连续,二道堤比较连续,从二道堤到一道堤的可达性一般。一、二道堤都有茂盛的防护林,以杨树为主,两堤之间既有果园也有农田,主要农作物为玉米。

【堤外土地利用】此段运河主要从农村地区穿过,左右两岸二道堤以外的主要土地利用类型为农田、果园以及农村居民点,主要农作物为玉米。

【剖面图】

图 5.13　北运河潞湾橡胶坝——青龙湾减河段两岸 100m 范围剖面

图 5.14　北运河潞湾橡胶坝——青龙湾减河段两岸 1000m 范围剖面

图 5.15　北运河潞湾橡胶坝——青龙湾减河段典型照片

C. 沿河遗产分布

此段河道沿线分布的遗产见表 5.9。

(5) 北运河青龙湾减河——武清城区北边缘段

A. 河道概况

此段运河从与青龙湾减河的交叉口向南流，经河西务镇至武清城区北边缘，长约 50.5km。在武清城区以北约 5km 处，通过筐儿港枢纽与北京排污河、

龙凤新河相交接。在总体上,河道比较弯曲,部分河段可以看出曾经裁弯取直的痕迹。历史沿革与历代浚治情况如下:

元大德二年(1298)五月,修杨村至河西务险工35处,并加高增厚自寺甸口(今宋庄子北)至河西务堤,创建月堤(套堤)。

明成化十二年(1476)七月,河堤冲决、淤塞,修浚直沽迤北至耍儿渡河道。嘉靖十一年(1532),两次修筑桃花口、耍儿渡决堤。万历二十年(1592),修筑北运河蔡家口、桃花口等处坍塌擦薄堤岸,后每年春修成定制。

清代,武清县堤最多,故屡次开挖引河、修筑堤坝以分减洪水(姚汉源,1998)。

建国以后此段运河也曾屡次修缮。1950年春,修筑北蔡村至杨村的右堤大型子埝,高1m,顶宽2m,以防溢决。1955年,修建筐儿港左堤(今16孔闸处)分洪溢流堰,南北宽100m,东西长47m。1959年10月,建北运河6孔节制闸。1960年,拆除8孔闸,续建11孔分洪闸,孔宽6m,过流量268m³/s。同年,木厂9孔节制闸(今土门楼节制闸)、筐儿港分洪口(减水坝)上简易16孔分洪闸(孔宽4m)相继完工。1966年,完成16孔闸加固工程。1971年,修建并列于6孔闸西侧的3孔节制闸,每孔宽8m。1972年,修建老米店防洪闸,共7孔,中孔宽8m,边孔宽3m,过流量400m³/s。堵闭老龙凤闸的6个孔,仅留2孔,过流量10m³/s。1976年,地震,抢修河道与河堤至次年5月完工。1978—1981年,先后对筐儿港16孔分洪闸、11孔分洪闸、6孔节制闸与3孔节制闸、老米店防洪闸实施震后修复、改建、增建防震设施(《武清县志》,1991)。

目前此段运河的主要功能是排泄此段内所纳入的洪水,同时当上游洪水超过青龙湾减河的泄洪能力时,帮助青龙湾减河泄洪。此外,此段运河沿岸自然风景比较优美,部分河段适合进行休闲游憩活动。

此段运河上的重要水工建筑与水利工程有土门楼节制闸与筐儿港枢纽。

土门楼节制闸位于香河县土门楼村附近,建成于1969年4月,闸底高程8m,9孔,每孔宽2.5m,设计流量309m³/s,主要功能是拦蓄洪水和污水,使其向青龙湾河分泄(《香河县志》,2001)。

筐儿港枢纽位于天津市武清区筐儿港村南,是北京排污河、北运河交接处的枢纽工程,包括北运河的6孔旧拦河闸、3孔新拦河闸、16孔分洪闸和北京排污河的6孔节制闸、11孔分洪闸、穿运倒虹吸六座水工建筑。该枢纽承担拦洪、分洪、排沥、排污和蓄水灌溉等综合任务。

B. 河道剖面

【河道】河道宽约 50m，土质河床。从土门楼节制闸至筐儿港枢纽，设计流量为 225m³/s；从筐儿港枢纽至居家店枢纽，设计流量为 48m³/s。从土门楼节制闸以下，水量逐渐减少，从河西务至筐儿港枢纽之间，河道内几乎无水，过筐儿港枢纽后，抵武清城区北边时，水量逐渐增多。河水多浮萍，发黑，水质为劣 V 类。

【河漫滩】由于水量较少，河漫滩比较多见，以泥沙沉积为主，生长有比较茂盛的水草。

【护坡】土坡，坡度较大，生长有茂盛的野草。

【堤岸】一、二道堤都以土堤为主，两堤之间的距离最近不足 100m，最远约 1.5km。二道堤堤顶路以宽约 6m 的土路为主，右岸二道堤的堤顶路在南蔡村以下为 15m 宽的柏油路。在整个河段内，二道堤连续性都比较高，但从二道堤到一道堤的可达性不好。沿着一道堤的防护林分布不连续，树种包括杨树和柳树。沿着二道堤的防护林比较好，分布连续，树种有杨树、榆树和柳树。一、二道堤之间主要是农田，农作物以玉米为主。

【堤外土地利用】此段运河主要穿过农村地区，左右两岸二道堤以外的土地利用类型以农田和农村居民点为主，主要农作物为玉米和棉花。

【剖面图】

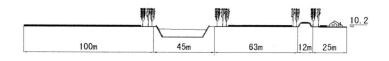

图 5.16　北运河青龙湾减河——武清城区北边缘段两岸 100m 范围剖面图

图 5.17　北运河青龙湾减河——武清城区北边缘段两岸 1000m 范围剖面图

5.18 北运河青龙湾减河——武清城区北边缘段典型照片

C.沿河遗产分布

此段河道沿线的遗产分布见表5.9。

（6）北运河武清城区段

A.河道概况

此段运河从北向南穿过武清县城区,长约6.1km,河道比较直。此段运河历史沿革与历代浚治情况在前面一些河段中已有论述,在此不再赘述。目前此段运河的主要功能是排泄筐儿港枢纽以下纳入的洪水以及武清城区段的洪水和污水,兼有城市开放空间的功能,但因水量少和污染严重以及与城区景观不太协调而不受城区居民的欢迎。此段运河无重要水工建筑与水利工程。

B.河道剖面

【河道】河道宽约75m,土质河床,水量较少,流动缓慢,水面多浮萍,水体发黑,水质为劣Ⅴ类。

【河漫滩】无。

【护坡】砌石护坡,较陡,坡度大于45度,部分河段的护坡上生长有野草、灌草和爬藤植物。

【堤岸】两岸各有宽约4m的滨河绿化带,乔灌搭配,乔木比较高大,阔叶为主,少数地方在树下形成了市民的休闲场所,绿化带外是宽约20m的城市滨河干道。

【堤外土地利用】城市滨河干道外侧是城市建成区,土地利用类型主要有居住区、公共设施用地、城市公园或广场以及工业用地。

【剖面图】

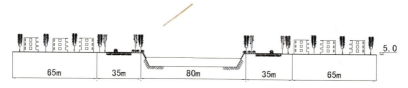

图5.19　北运河武清城区段两岸100m范围剖面图

图5.20　北运河武清城区段两岸1000m范围剖面图

图5.21　北运河武清城区段典型照片

C. 沿河遗产分布

表 5.10 北运河武清城区北边缘——新红桥段主要文化遗产分布表

河段	名称	类型	与运河关系	地址	时代	保存状况	文物级别	备注
武清城区段	五街沉船	运河水利工程遗址	功能相关	天津市武清区杨村镇五街,北运河西岸	元代	原物保存较好	非文物保护单位,保护状况不明	未考察
	杨村遗址	古遗址	历史相关	天津市武清区杨村镇,北运河西岸	元至清	原物不存,但遗址可考	非文物保护单位,保护状况不明	未考察
	杨村清真寺	古建筑	历史相关	天津市武清区杨村镇七街	始建于清乾隆年间,多次重修	原物保存良好	非文物保护单位,但有相应机构或个人维护	未考察
	杨村公署碑	石刻	空间相关	天津市武清区杨村镇西	明	原物保存较好	非文物保护单位,保护状况不明	未考察
	杨村义和团战斗旧址	近现代重要史迹	空间相关	天津市武清区杨村火车站	清光绪二十六年(1900)	原物保存较好	非文物保护单位,保护状况不明	未考察

（续 表）

河段	名称	类型	与运河关系	地址	时代	保存状况	文物级别	备注
屈家店枢纽——新红桥	凤河桥碑	石刻	空间相关	天津市北辰区双口村	清同治五年（1866）	原物保存较好	非文物保护单位，保护状况不明	未考察
	杨连第故居	近现代重要史迹	空间相关	天津市北辰区北仓村	1919年	原物保存较好	非文物保护单位，保护状况不明	未考察
	天穆清真北寺	古建筑	历史相关	天津市北辰区天穆村北	始建于明永乐二年（1404），1948年重建	完全重建	非文物保护单位，但有相应机构或个人维护	已考察
	天穆清真南寺	古建筑	历史相关	天津市北辰区天穆村南	始建于咸丰四年（1854），1948年重建	完全重建	非文物保护单位，但有相应机构或个人维护	已考察
	北洋大学堂旧址	近现代重要史迹	空间相关	天津市红桥区光荣道2号	清光绪二十八年（1902）	原物保存较好	非文物保护单位，但有相应机构或个人维护	未考察

注：表中备注"未考察"遗产资料均据《中国文物地图集·天津分册》，2002。

(7) 北运河武清城区南边缘——屈家店枢纽段

A. 河道概况

此段运河从武清城区南缘向南流,至居家店枢纽,长约 18.7km,河道比较弯曲。在居家店枢纽西接永定河,东接永定新河。历史沿革与历代浚治情况在前面一些河段中已有论述,在此不再赘述。

目前此段运河的主要功能是排泄筐儿港枢纽以下的洪水和污水。此段河道沿线风景较好,部分河段适合进行休闲游憩活动。

此段运河上的重要水工建筑与水利工程是居家店枢纽和永定新河。

屈家店枢纽位于天津市北辰区永定河与北运河汇流处,距筐儿港枢纽 22.5km,距北运河与子牙河交汇处 12.5km。枢纽包括北运河节制闸、新引河进洪闸、永定新河进洪闸等水工建筑。工程占地面积 12.6 万 km^2,设计总泄量 $1800m^3/s$,校核总泄量 $2200m^3/s$。枢纽以防洪为主,担负着北运河、永定河泄洪任务,直接保护天津市和京津公路、京山铁路安全,同时兼有灌溉、排涝、挡潮、供水等综合功能,是天津市重点防汛工程之一,在天津市防洪体系中占有非常重要的地位。

永定新河是为彻底解决永定河的洪水出路问题而于 1970 年开挖的,西起屈家店进洪闸,东至北塘口,全长 62km(《北辰区志》,2000)。

B. 河道剖面

【河道】河道宽 50m,土质河床,水量一般,水面多浮萍,水体发黑,水质为劣 V 类。

【河漫滩】部分河段可见河漫滩,长有茂盛的水草。

【护坡】土坡,坡度较缓,长有茂盛的野草。

【堤岸】一、二道堤都是土堤,两堤之间总体上距离较近,不超过 500m,有些地方一、二道堤重合。二道堤连续,堤顶路为宽约 6m 的柏油路。部分河段沿一、二道堤的防护林都比较好,树种包括柳树、杨树、槐树。部分河段沿一道堤无防护林,部分河段沿二道堤是刚植下的幼年杨树林。一、二道堤之间主要是农田,农作物为玉米。

【堤外土地利用】此段运河主要穿过农村地区,左右两岸二道堤以外的土地利用类型以农田和农村居民点为主,主要农作物为玉米。

【剖面图】

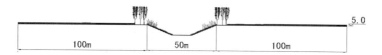

图 5.22　北运河武清城区南边缘——屈家店枢纽段两岸 100m 范围剖面图

图 5.23　北运河武清城区南边缘——屈家店枢纽段两岸 1000m 范围剖面

图 5.24　北运河武清城区南边缘——屈家店枢纽段典型照片

C. 沿河遗产分布

此段河道沿线无重要遗产分布。

（8）北运河屈家店枢纽——新红桥段

A. 河道概况

此段运河从屈家店枢纽以下折向东南方向，穿过北辰区之后左岸是河北区，右岸是红桥区，至新红桥与子牙河相会，长约 15.1km，河道整体上比较直，部分河段弯曲。除在前面一些河段中已有的论述之外，有关历史沿革与历代浚治情况如下：

元朝初年，由大运河漕运的粮食占运粮总额的95%，故运河沿岸粮仓众多。至元十六年（1279），元世祖忽必烈经北运河组织漕运，自三岔口至杨村设包括仓上、南仓、北仓在内的许多粮仓，通称"直沽广通仓"，并设"秩正七品大使一员"负责管理（《北辰区志》，2000）。故终元一朝，曾多次修浚此段运河。

明正统五年（1440），九、十月修筑直沽等处河堤。明天顺二年（1458），开挖金钟河，西起堤头村附近北运河左堤，东至永和村，导北运河水入海，全长3万余米（《北辰区志》，2000）。

清雍正元年（1723），七月八日，清廷在北仓始建库式粮仓48座，占地375亩，库容40万石，史称北仓廒（《北辰区志》，2000）。雍正四年自桃花寺至韩家村，筑横堤长10里。光绪十六年（1890），堵王庄、王秦庄等处漫口堤岸（《北运河》，2003）。

1931年，国民政府对北运河武清至霍嘴段的左、右大堤进行培修加固。

建国以后，1953—1956年，投资15.7万元对北运河小街村至三岔河口段分期疏浚和培堤。1957年，投资11.05万元实施左堤培修加高工程。1962年，投资4万元修复北运河堤埝。1974年，投资72万元实施北运河复堤工程。1989年，从南仓至天穆段复堤4km（《北辰区志》，2000）。

2001年，投资4.7亿元实施北运河综合治理工程，治理河段长15km。综合治理后的北运河，根除了污染源，做到泄洪与输水工程相结合，堤防治理与环境改造相结合，水利工程与城市景观相结合，实现工程水利向资源水利、环境水利的根本转变和由单一功能向综合功能的转变（《北运河》，2003）。

目前此段运河的主要功能是部分承泄永定河洪水和引滦河水入海河，并具有休闲与游憩功能。

B. 河道剖面

【河道】河道宽约100m，设计流量为400m³/s，土质河床，水量一般，部分河段水面多浮萍，水质为V类。

【河漫滩】无。

【护坡】砌石护坡，坡度约为45度，没有野草生长。

【堤岸】北辰区内，堤顶路宽约8m，柏油路面。经过2001年的综合治理后，堤内与堤外一定距离内被改造为公园绿地，有比较好的成年防护林，并新植了乔木和草坪,设置了一些休闲娱乐设施。

河北区和红桥区内,堤顶路宽约 6m,柏油路面,外侧紧邻建筑,在护坡和堤上都有成年杨树作为防护林。

【堤外土地利用】此段运河从天津市西北郊进入市区,左岸外侧的主要土地利用类型有城市居住区、工业用地、公共设施用地、城市公园或广场,右岸外侧的主要土地利用类型有城市居住区、工业用地、公共设施用地、传统街区以及城市公园或广场。

【剖面图】

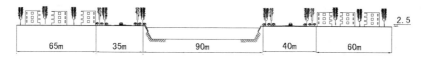

图 5.25　北运河屈家店枢纽——新红桥段两岸 100m 范围剖面图

图 5.26　北运河屈家店枢纽——新红桥段两岸 1000m 范围剖面图

图 5.27　北运河屈家店枢纽——新红桥段典型照片

C. 沿河遗产分布

此段河道沿线遗产分布见表 5.10。

(9) 北运河新红桥——三岔口段

A. 河道概况

此段运河位于河北区与红桥区交界线上,从新红桥向东南方向流,至三岔口与南运河一同汇入海河,长约 1.9km,河道直。历史沿革与历代浚治情况在前面一些河段已有论述,在此不再赘述。

目前此段运河的主要功能是承泄子牙河和永定河的洪水,以及引滦河水入海河,此外还有一定的休闲游憩功能。

此段运河上的主要水工建筑与水利工程是耳闸与新开河。

耳闸于 1919 年动工建设,1921 年竣工,为海河分洪和通航而建,是天津市最早的水利建筑设施。钢混结构,由节制闸和船闸两部分组成,节制闸 14 孔,全宽 79.35m,船闸全长 140m。2003 年在老耳闸下游重建新耳闸,设计流量 $200m^3/s$。

新开河开挖于光绪十九年 (1893),代原金钟河上段,西起北运河左堤,迤东北下行,尾闾于南孙庄东入金钟河,以分泄北运河汛期洪水(《北辰区志》,2000)。

B. 河道剖面

【河道】河道宽约 150m,土质河床,水量充足,与上游相比水质有所好转,透明度增高,无浮萍,水质为 V 类。

【河漫滩】无。

【护坡】砌石护坡,左岸护坡从新河桥以下坡度逐渐增大,直到垂直,右岸护坡从新河桥起便是垂直角度。护坡上不生长任何野草。

【堤岸】堤顶路宽约 6m,柏油路面,堤外侧紧邻建筑,堤上种有杨树等成年阔叶乔木作为防护林。

【堤外土地利用】此段运河穿过天津市区中心偏西北的地区,左岸是河北区,右岸是红桥区,两岸外侧的土地利用类型主要是城市居住区、公共设施用地、传统街区、城市公园或广场以及工业用地。

【剖面图】

图 5.28　北运河新红桥——三岔口段两岸 100m 范围剖面图

图 5.29　北运河新红桥——三岔口段两岸 1000m 范围剖面图

图 5.30　北运河新红桥——三岔口段典型照片

C. 沿河遗产分布

表 5.11 北运河新红桥——三岔口段主要文化遗产分布表

名称	类型	与运河关系	地址	时代	保存状况	文物级别	备注
耳闸	运河水利工程遗址	功能相关	天津市河北区天纬路新开河上	始建于1919年	完全重建	非文物保护单位,但有相应机构或个人维护	未考察
恒源纺织股份有限公司旧址	近现代重要史迹	空间相关	天津市河北区天纬路	1918年	原物破坏严重	非文物保护单位,保护状况不明	未考察
大悲禅院	古建筑	空间相关	天津市河北区天纬路26号	始建于清顺治年间,康熙八年(1669)重修,民国二十九年(1940)扩建	原物保存良好	省级文物保护单位	已考察
刘春霖旧居	近现代重要史迹	空间相关	天津市河北区李公祠大街48号	清末	原物破坏严重	非文物保护单位,保护状况不明	未考察
李公祠旧址	近现代重要史迹	空间相关	天津市河北区天纬路李公祠东箭道4号	清光绪三十一年(1905)	原物破坏严重	非文物保护单位,保护状况不明	未考察

（续　表）

名称	类型	与运河关系	地址	时代	保存状况	文物级别	备注
金刚桥	近现代重要史迹	空间相关	天津市河北区中山路西端	1924年	原物保存较好	非文物保护单位，但有相应机构或个人维护	已考察
望海楼教堂	近现代重要史迹	空间相关	天津市河北区狮子林桥东口	始建于清同治八年（1869），清光绪三十年（1904）重建	完全重建	国家级文物保护单位	已考察
大红桥	近现代重要史迹	功能相关	天津市红桥区子牙河北路	1937年	原物保存较好	非文物保护单位，但有相应机构或个人维护	未考察
同义庄清真寺	近现代重要史迹	空间相关	天津市红桥区同义庄清真寺前胡同7号	清光绪二十三年（1897）	原物保存良好	非文物保护单位，但有相应机构或个人维护	未考察
炮台渡口旧址	运河水利工程遗址	功能相关	天津市红桥区子牙南路东段北侧	清同治四年（1865）	原物保存较好	非文物保护单位，但有相应机构或个人维护	未考察

(续　表)

名称	类型	与运河关系	地址	时代	保存状况	文物级别	备注
利和毛巾厂旧址	近现代重要史迹	空间相关	天津市红桥区北开新街2号	1923年	原物保存较好	非文物保护单位,保护状况不明	未考察
福兴机器厂旧址	近现代重要史迹	空间相关	天津市红桥区三条石小马路16号	1926年	原物保存较好	非文物保护单位,但有相应机构或个人维护	未考察
曾公祠	近现代重要史迹	空间相关	天津市红桥区南运河北路4号	清同治十三年(1875)	原物破坏严重	非文物保护单位,保护状况不明	未考察
重修募安寺碑	石刻	空间相关	天津市红桥区三条石大街40号	清	原物易地保存	非文物保护单位,但有相应机构或个人维护	未考察

注:表中备注"未考察"遗产资料均据《中国文物地图集·天津分册》,2002。

5.2　南运河段

5.2.1　背景概况

南运河是指京杭大运河临清至天津段,其上游是漳河与卫河,漳河又分为清漳河与浊漳河,均发源于山西东南部太行山腹地。南运河从西南流向东北,在沧州进入河北境内,直抵天津。流经河北省临西、清河、故城、景县、阜城、南皮、泊头市、沧县、沧州市区、青县等县市和山东省的临清、夏津、武城、德城区,在天津市与子牙河、北运河合流汇成海河。建国后将四女寺水利枢纽以南河段称为卫运河,以北称为南运河。本节所指南运河仍指大运河的临清到天津段。

5.2.1.1 历史沿革

南运河即卫河,因与天津以北之北运河对应而称南运河。此段运河可追溯至建安九年(204)曹操兴建的白沟水运工程;建安十八年,曹操凿利漕渠,引漳水入白沟,使白沟与清河和河北诸水联成水运网。隋大业四年(608)开挖永济渠,引沁水南达于河,北通涿郡,长约1000km。北宋后永济渠更名为御河(也称卫河),指临清到天津段运河,后形成目前的卫运河与南运河。宋元时期都曾以漳河济卫(李连生等,1998;《漳卫南运河志》,2003)。明朝对卫河最重要的措施是开凿减水河,曾先后于德州城西北、德州西面四女寺、沧州城南捷地镇以及兴济县(今河北沧州北兴济镇)等处开凿减水河以分流洪水(陈璧显,2001)。明后期至清初,卫河常常干涸,故康熙(1662—1723)时又以漳河入卫,但由于河道淤塞而有决溢之苦。乾隆五年(1740),在吴桥县境开凿宣惠河,作为南运河泄水入海干流。由于南运河地势较高,且河道曲折,经常决溢,乾隆时,在大堤危险地段加固或修建月堤以缓解地面险情(陈璧显,2001年)。光绪二十八年(1902)漕运停止后,南运河仍可通航。1970年代,卫运河水源减少,航运功能渐失。1982年德州航运局撤销,南运河停止通航(李连生等,1998;《漳卫南运河志》,2003)。

5.2.1.2 自然条件

南运河流经县市基本是平原区,气候温和,土地肥沃,物产丰富,是我国粮棉重要产区之一。粮食作物主要以小麦、玉米为主,经济作物以棉花为主。广袤的农田上林网密布,构成了独特的平原景观。

(1)河道水系

由于南运河水患不断,历朝历代均采取开挖减河的方法来让洪水出海,以增大其泄洪能力。南运河按开挖的先后顺序共有五条减河:

A. 四女寺减河(即现在的漳卫新河)

四女寺减河位于山东省德州西南约12km的武城县四女寺。开挖于明永乐十年(1412),历朝曾多次清淤、维修闸坝,但很快又被淤废,其中大的修缮分别在弘治三年(1490)、嘉靖十四年(1635)、康熙四十四年(1705)、雍正八年(1730)、乾隆二十七年(1726)。建国后1955年重新疏浚河道,1956年再次进行治理,挖河筑堤206km,设计行洪流量为400 m^3/s。1957—1958年又一次治理,修建了四女寺枢纽,河道设计行洪流量850 m^3/s;1971—1976年,漳卫河扩大治理时从四女寺到吴桥县大王铺新开岔河,设计新洪流量为2000 m^3/s,同时对四女寺减河进行了扩挖、筑堤,将设计新洪流量提高到1500 m^3/s。此次治理后四女寺减河、岔河以及两河汇流以下河道统称为漳卫新河(《漳卫南运河志》,2003)。

B. 兴济减河

兴济减河位于河北省沧县和青县之间,开挖于明成化三年(1467)。明嘉靖年间的《兴济县志》称之为"减水闸河",清代称之为"兴济引河"或"北减水河",当地人称"娘娘河"。明嘉靖十六年(1537)重新开挖,明末渐淤。清雍正四年(1726)于青县兴济镇建石坝一座,开挖引河长90里。乾隆三十六年(1771)为减少天津水患将兴济闸改为滚水坝,嘉庆十二年又增高坝顶。兴济减河于清末逐渐淤废。1963年根治海河大修水利中,兴济减河为子牙新河所取代,大致从原兴济减河南岸流过(《漳卫南运河志》,2003)。

C. 捷地减河

捷地减河又称"南减水河或砖河",开挖于明弘治三年(1490),起于河北省沧县捷地镇,在黄骅歧口附近出海,与兴济减河相距25km并行东流,至下游汇合。捷地减河分别于清雍正四年(1726)、嘉庆十二年(1807)、同治年间、光绪十五年(1889)进行过大的开挖和修坝等维护。建国后在1963、1965两年,沧县、黄骅对捷地减河进行复堤、堤防加固等工作,1972年进行扩建、疏浚、固堤,使分泄能力达到180 m^3/s,同时修建了高尘头挡潮闸、捷地枢纽和北陈屯节制闸、船闸等水利设施,现在仍发挥着重要的作用(《漳卫南运河志》,2003)。

D. 哨马营减河

哨马营减河位于德州城西北6km闸子村附近南运河右岸,于雍正十三年(1735)建成。哨马营减河在乾隆年间一直发挥着很好的作用。嘉庆年间,哨马营减河渐淤。现在已无踪迹,仅可见减水石坝遗迹(《漳卫南运河志》,2003)。

E. 马厂减河

马厂减河西起天津静海县的靳官屯,东至天津赵连庄北大港,全长40.19m,设计过水能力120 m³/s。清光绪初年,由于南运河上的四女寺减河、哨马营减河和兴济减河都已淤废,当时的直隶总督李鸿章调集在马厂驻扎的淮军周传胜部三十余营(当时每营为850—900人)于光绪五年开始分段挑浚,至光绪六年完工。在南运河右岸靳官屯马厂减河入口处建5孔大桥闸一座,每孔宽一丈九,当时称之为靳官屯大闸,又称"宣九桥",现名"九宣闸"。清末漕运停止后渐淤,水患大增。民国九年(1920)重开这条河,正式命名为马厂减河。九宣闸自建立至今已有一百多年历史,闸门也曾改建数次,但全部基础及闸墩均系原物,保存完好,至今仍发挥作用(《漳卫南运河志》,2003)。

(2) 气候状况

南运河流域地处温带半干旱、半湿润地区,多年平均降水608mm,平均气温在14℃左右。降水量年内、年际变化大。年内降水多集中在7—8月份,占全年的70—80%。下表为南运河沿线所经区县的自然地理情况。

表5.12 南运河流经区县气候状况

区县名称	气候类型	年均降雨量(mm)	年均温(℃)	最热月均温(℃)	最冷月均温(℃)	0度积温(℃)	全年日照(h)	全年总辐射(千卡/cm²)	平均无霜期(d)
西青区	暖温带半湿润大陆性季风气候	566.4	11.6	26.0	-4.9	4613.2	2749.3	127.4	184
静海县		573.9	12.0	26.2	-4.7	4647.8	2701.5	124.2	214
青县		557.5	12.1	26.3	-4.6	4721.1	2769.8	125.7	180
沧县		617.8	12.5	26.5	-3.8	4829.7	2890.1	130	196
泊头市		529.8	12.7	26.7	-4.3	4867	2783.6	129.7	185
南皮县		568.0	12.3	26.6	-4.3	4771	2938.6	133.6	183
东光县		542.0	12.4	26.6	-4.1	4778.9	2169.3	127.39	195
吴桥县		555.1	12.6	26.7	-4.1	4862.9	2693	125.48	192
景县		554	12.5	26.4	-4.1	4834.7	2576.8	121.042	192
故城县		558.4	12.9	26.7	-3.5	4867.8	2581.0	122.279	190

（续　表）

区县名称	气候类型	年均降雨量（mm）	年均气温（℃）	最热月均温（℃）	最冷月均温（℃）	0度积温（℃）	全年日照(h)	全年总辐射（千卡/cm²）	平均无霜期(d)
阜城县		538.9	12.5	26.6	-4.3	4850.8	2693.5	126.4	192
德城区		571.3	13.1	26.8	-3.2	4953.0	2688.9	126.54	206
武城县		500	12.7	26.0	-3.4	4830	2617	-	203
夏津县		559.4	12.7	26.5	-3.6	4873	2600.0	123.4	192
清河县		505.5	12.8	26.8	-3.5	4932.4	2523.5	121.1	179
临西县		534.7	13.0	26.7	-2.8	4941.1	2497.8	119.2	192

注：西青区数据来源于《西青区志》，为1958—1995年数据；静海县数据来源于《静海县志》，为1959—1990年数据；青县数据来源于《青县志》，为1963—1989年数据；沧县数据来源于《沧县志》，为1954—1985年数据；泊头市数据来源于《泊头市志》，为1957—1990年数据；南皮县数据来源于《南皮县志》，为1956—1986年；东光县数据来源于《东光县志》，为1965—1990年数据；吴桥县数据来源于《吴桥县志》，为1959—1985年数据；景县数据来源于《景县志》，为1970—1985年数据；故城县数据来源于《故城县志》，为1961—1987年数据；阜城县数据来源于《阜城县志》，为1967—1984年数据；德城区数据来源于《德州市志》，为1951—1990年数据；武城县数据来源于《武城县志》，为1965—1983年数据；夏津县数据来源于《夏津县志》，为1959—1974年数据；清河县数据来源于《清河县志》，为1962—1986年数据；临西县数据来源于《临西县志》，为1956—1989年数据。

（3）水旱灾害

A. 洪涝灾

南运河洪涝灾害频繁，南宋以前一直受黄河的干扰，水量不定，南宋以后才成为海河流域一支比较独立的支流。据资料记载，明清时期（1368—1911）南运河共发生大洪水60次，平均5年一次。民国时期（1912—1949）有3次特大洪涝灾害。建国后分别于1956年与1963年发生两次特大洪涝灾害（《漳卫南运河志》，2003）。

在1956年国民经济大跃进的形势下，南运河上游掀起兴建水库的热潮，先后兴建了漳泽、后湾、关河、岳城等大型水库，修建25座中型水库和三百余座小型水库（《漳卫南运河志》，2003）。1963年在"一定要根治海河"的号召下,又开始大规模的治理,修建水库、开挖河道、加深河床,防洪抗灾能力增强。1965年以后,南运河的水患渐渐消失,但同时旱灾却逐年加重。

B. 旱灾

旱灾也是南运河水系频发的自然灾害。明清时期(1368—1911)特大旱灾明代共有8次,平均每百年2.9次;清代共有7次,平均每百年2.6次。民国时期(1912—1949)发生两次大旱灾。建国后漳卫南运河流域几乎年年有旱灾,有些河道开始出现断流。如临清水文站1965年出现1918年建站以来首次断流,断流期达28天。此后差不多年年发生断流。最长断流期达207天(《漳卫南运河志》,2003)。

5.2.1.3 社会经济

表5.13 南运河流经区县经济情况(2002)

区县	总人口(万)	非农业人口(万)	城市化水平(%)	人口密度(千人/km²)	国内生产总值(亿元)	第一产业总产值(亿元)	第二产业总产值(亿元)	第三产业总产值(亿元)	人均GDP(元)	城镇居民人均可支配收入(元)	农民人均纯收入(元)
南开区	77.96	–	–	1.9990	33.8116	–	6.3782	27.4334	4337	9338	5315
红桥区	55.67	55.41	99.5	2.6509	30.2	–	3.5862	26.614	5428		
西青区	30.60	7.69	25.1	0.543	100.033	5.3300	55.0900	39.5833	32680		
静海县	50.86	8.22	16.2	0.344	78.1084	10.0568	45.9934	22.0582	15357		
青县	38.9	5.4784	14	0.402	36.5787	6.0314	20.7144	9.8329	9403	–	2842
沧县	65.4	2.9422	4.5	0.428	64.0357	12.1252	30.0284	21.8821	9791	–	2893
沧州市	47.52	37.1431	78.2	2.59	67.7829	1.0368	35.5648	31.1813	14264	6150	2549
泊头市	55.3	10.9746	19.8	0.550	35.2213	6.6980	16.1085	12.4148	6369	–	2882
南皮县	34.7	3.1396	9.05	0.437	18.0191	4.0123	7.9367	6.0701	5192		2270
东光县	34.5	3.8162	11.06	0.493	24.7066	4.7814	12.2229	7.7023	7161		2414
吴桥县	27.8	3.6471	13.12	0.461	20.2873	6.1271	7.0512	7.1090	7297		2635
故城县	46.0	5.9194	12.86	0.489	29.5060	9.7866	10.0312	9.6882	6414		2627
景县	49.3	4.2748	8.67	0.417	32.5533	7.5188	15.9028	9.1317	6603		2751
阜城县	32.1	2.9354	9.14	0.459	20.7977	4.5982	11.3533	4.8462	6479	–	2645

(续 表)

区县	总人口（万）	非农业人口（万）	城市化水平（%）	人口密度（千人/km²）	国内生产总值（亿元）	第一产业总产值（亿元）	第二产业总产值（亿元）	第三产业总产值（亿元）	人均GDP（元）	城镇居民人均可支配收入（元）	农民人均纯收入（元）
德城区	54.23	34.25	63.15	1.006	33.5	5.05	14.1	14.35	11602	6598	—
武城县	37.1	7.42	20	0.494	29.76	5.69	16	8.07	8055	6123	—
夏津县	48.42	10.06	20.77	0.549	25.73	6.69	10.34	8.7	5336	5917	—
清河县	35.60	14.13	39.69	0.710	44.9	2.9	30.3	11.7	12655	—	3666
临西县	32.3	2.99	9.26	0.593	20	5.2	8.2	6.6	6192	—	2760

5.2.1.4 水环境

（1）运河水质

南运河水污染严重，长年水质均为劣Ⅴ类，水体呈黑色，主要污染物有氨氮、高锰酸钾、化学耗氧量、挥发酚、总磷等。其污染源主要是沿线建材、造纸、化工、冶金等产业向运河排放的污水。南运河四女寺水利枢纽和第三店两个断面的多年监测结果表明，南运河水质从1985年以来一直为劣Ⅴ类。南运河作为南水北调东线输水工程的水质保护区，水质达标目标为Ⅱ类，但目前各项指标仍严重超标。

表5.14 南运河典型断面历年水质监测结果

水质	年份	1982	1985	1990	1997	2003	2004
断面	四女寺	Ⅲ	劣Ⅴ	Ⅴ	劣Ⅴ	劣Ⅴ	劣Ⅴ
	第三店	Ⅲ	劣Ⅴ	劣Ⅴ	劣Ⅴ	劣Ⅴ	劣Ⅴ

（资料来源：《漳卫南运河志》，2003；漳卫南运河网，www.zwnj.gov.cn）

（2）运河污染源

据1991年漳卫南运河管理局调查，南运河主要污染源有馆陶县、临清市和德州市。临清市北大洼排水口汇集了该市几个工业污染源的废水污水，年排放量达906.6万吨。主要污染物为化学耗氧量、挥发酚、氨氮。德州市通过老虎仓等几个排污口向河道排放污水，每年达2788万吨。严重的水污染已使南运河河流生态系统严重破坏,并且污染了沿岸的土壤和地下水。如临清市地下水质Ⅳ类,水质较差,铁含量严重超标;德州市浅层深层地下水均为Ⅴ类,极差,深井水氟化物严重超标(《漳卫南运河志》,2003)。

(3) 地下水水位

南运河沿线水资源相当缺乏。漳卫南运河流域多年平均水资源总量为53.55亿 m^3,人均水资源量为440 m^3,仅为全国人均水资源量的1/6,远低于人均1000 m^3的国际水资源紧缺标准。由于严重缺水,流域过度开发地下水,造成德州、沧州、天津等地区地下水位持续下降,目前已经有德州漏斗、沧州漏斗、天津漏斗等地下水位漏斗。其中以德城区为中心的德州漏斗,水位埋深达98m,面积达80多 km^2;天津漏斗中心水位埋深已大于105 m(杨玉刚,2003)。沧州漏斗中心1985年底地下水位埋深75.65m,1997年达到92.42m,年均下降1.4m,面积超过1万 km^2,与天津漏斗、德州漏斗、衡水漏斗连成一片(郑连生等,2002)。更为严重的是地下水位下降速度越来越快,天津、沧州的漏斗中心水位下降速度均超过2m/年。

5.2.2 运河现状

5.2.2.1 运河河道分段

表5.15 南运河河道分段表

序号	名称	开凿年代	主要特点说明
1	南运河天津市区段(三岔口——天津市区西边缘)	隋大业四年(608)	运河地处天津市内,两岸已经为水泥固化,沿河建有城市绿化带,供市民休闲。
2	南运河天津市西郊——杨柳青城区东郊	隋大业四年(608)	整个河道即是一个大型垃圾场,沿线密集分布近30个自然村,污染极其严重,是运河上最差的一段。
3	南运河杨柳青城区段	隋大业四年(608)	建成较典型的城市滨水区,对运河文化进行挖掘,开发运河景区,恢复重建石家大院等文物古迹,开发建设古文化街,以运河为主体进行城市建设和开发。

（续　表）

序号	名称	开凿年代	主要特点说明
4	南运河杨柳青城区边缘——独流减河	隋大业四年（608）	沿途以农田为景观基质,河道内水草茂盛,河岸防护林较好。
5	独流减河——九宣闸	隋大业四年（608）	沿途以农田为景观基质,河堤防护林生长良好,景色优美;河道内水草生长茂盛,有人牧羊;沿运河两岸分布许多村镇,有的村镇把河堤作为了街道。
6	九宣闸——青县北郊段	隋大业四年（608）	沿途以农田为景观基质,河堤防护林生长良好,景色优美;河道内水草生长茂盛。
7	南运河青县城区段	隋大业四年（608）	河道保留为自然河道,城区建筑以平房为主,部分地点有一些垃圾污染;运河还未作为城市的开发空间被开发和利用。
8	南运河青县城区边缘——沧州市边缘	隋大业四年（608）	以农田为景观基质,河堤防护林良好,沿途风景优美;为引水而治理河道,比如进行河道清淤。
9	南运河沧州城区段	隋大业四年（608）	运河已经进行了水泥固化,配套进行运河景观区建设;城市开发慢的地方,运河保护利用也相应滞后;城市景观与运河的关系比较紧密,沿河有几个城市公园,与运河共同形成绿化轴线、绿化带。
10	南运河沧州城区边缘——泊头城区边缘	隋大业四年（608）	沿途以农田为景观基质,河道两侧植被较差;以引黄和排洪为主要功能,另有蓄水功能。
11	南运河泊头城区段	隋大业四年（608）	城区建筑多是老平房,运河显得宽且深;河道内水很少。沿河城区发展建设滞后,运河相应的保护与利用也落后,未发挥好其作为城市开发空间的作用。

(续　表)

序号	名称	开凿年代	主要特点说明
12	南运河泊头城区边缘——东关县码头镇	隋大业四年（608）	以农田为景观基质,河堤防护林差,大量被砍伐;水量逐渐增多,但是来自德州等地的污水对沿途居民生活影响较大。
13	南运河东光县码头镇——德州市区北	隋大业四年（608）	景观基质为农田,河堤防护林良好,水体污染严重,沿途有不少直接入河的排污口和沿岸居民区堆放的垃圾。
14	南运河德州市区段	隋大业四年（608）	自然河道,水质极差,德州排污口直接将污水排入运河,加上沿途所经农村居民点的垃圾堆放,使运河水体发黑,水面上漂着大量绿萍,河道内长满水草,水量较少。
15	南运河德州市区南——四女寺镇	隋大业四年（608）	自然河道,水量较少,景观基质为农田和果园,防护林茂密。
16	南运河武城县四女寺镇——故城建国镇	隋大业四年（608）	自然河道,河堤防护林良好,是大量野生动物的栖息地。两侧河堤相距比以上各段明显增大。
17	南运河故城县建国镇——临清舍利塔	隋大业四年（608）	自然河道,河堤防护林较好,河堤距宽,河漫滩以及二道堤以外均为农田分布,水质差。
18	南运河临清舍利塔——引黄济津穿卫处	隋大业四年（608）	自然河道,河东侧临清城区文物古迹分布较多,部分地点有一些垃圾污染;有排污口直接将污水排入运河。

5.2.2.2 运河分段详述

(1) 南运河天津市区段(三岔口——天津市区西边缘)

A. 河段概况

此段运河地处天津市区中心的红桥区和南开区,开挖于隋大业四年(608),即当时的永济渠。天津是随着京杭大运河的开通渐渐兴起的码头城市。元、明、清时期南运河一直是重要的南北漕运通道,天津作为南方粮食、丝绸北运的著名水陆码头,商贾云集,日渐繁忙。明清依河筑城,后又派兵设卫,而后又改卫为州,升州为府,慢慢形成现在的天津。所以一直以来有"先有三岔口,后有天津卫"之说。

B. 河道剖面

【河道】河道宽约50m,水质较差,经过改造后河道宽度变化不大。

【河岸及河漫滩】护岸为水泥硬质护岸,坡度大约45度。滨河地带已作为城市公共绿地。无河漫滩。

【护坡】堤坡种植草坪、灌木和杨树等乔木,配置有一些休闲服务设施,供市民使用。部分地段为铺装的步行道。

【堤岸】堤岸已不明显,滨河绿化带外是硬质的路面,作为城市交通的一部分。

【堤外土地利用】南运河两岸土地利用类型主要有城市居民区以及工商业用地,也有一定的文物古迹用地和工业仓储用地。分布有估衣街、耳朵眼炸糕店等天津特色的商业街区和天津老字号的商铺。

【剖面图】

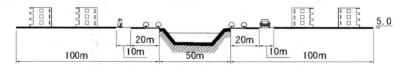

图5.31 南运河天津城区段两岸100m范围剖面图

图5.32 南运河天津城区段两岸1000m范围剖面图

图 5.33　南运河天津城区段典型照片

C. 沿河遗产分布

表 5.16　南运河天津城区段主要文化遗产分布表

遗产名称	遗产类型	与运河关系类型	地址	时代	保存状况	文物级别	备注
天后宫	古建筑	空间相关	天津市南开区古文化街	元泰定三年始建	原物保存较好	省级文物保护单位	已考察
天津文庙	古建筑	空间相关	天津市南开区东门里大街	明朝万历年间修建，清代屡次重建、扩建	原物保存良好	省级文物保护单位	已考察
天穆清真北寺	古建筑	空间相关	天津市红桥区西北角小伙巷大街前8号	明永乐二年（1404）	原物保存良好	市级文保单位	已考察
天穆清真南寺	古建筑	空间相关	天津市红桥区针布街清真巷	始建于明代，清朝历有重建扩建	原物保存良好	市级文物保护单位	已考察

(续　表)

遗产名称	遗产类型	与运河关系类型	地址	时代	保存状况	文物级别	备注
望海楼教堂遗址	古遗址	空间相关	天津市红桥区海河北岸狮子林桥东	光绪二十九年(1899)	原物保存良好	国家级文物保护单位	已考察
吕祖堂	近代现代重要史迹	空间相关	天津市红桥区如意庵大街何家胡同18号	始建于明宣德八年(1433),1719年改建为吕祖堂	原物保存良好	国家级文物保护单位	已考察
红灯照黄莲圣母停船场遗址	古遗址	空间相关	天津市红桥区归贾胡同北口、南运河南岸	清	原物不存,在原址设立保护标志	市级文物保护单位	已考察
天津鼓楼	古遗址	空间相关	天津市南开区	始建于明弘治年间,2001年重建	完全重建	省级文物保护单位	已考察
广东会馆	古建筑	历史相关	天津市南开区南门里大街	清光绪三十三年(1903)	原物保存较好	国家级文物保护单位	已考察

(2) 南运河天津市西郊——杨柳青城区东郊段

A. 河段概况

河段主要流经天津市的西青区,连接天津市区和杨柳青古镇。开挖于隋大业四年(608)。环境状况与天津市区的反差很大,河道污染相当严重,直接影响运河以及当地的生态环境。

B. 河道剖面

【河道】河道宽约30m,水质极差,水量少,有的地方甚至无水。天津市区南区段河道水面布满厚密的绿萍,漂浮的大量垃圾散发出刺鼻的气味。其余部分河段河道水量较少或无水,污染不严重,基本为天然河道。

【河岸及河漫滩】自然河岸,天津市区南部分河段河岸堆放有大量的生活生产垃圾,给环境造成极大的污染。此段运河是沿途考察中污染最为严重的一段。其他部分河段河岸基本保持天然植被,地被覆盖状况良好。河漫滩基本未被开垦或开发,只有少部分较宽地段被开垦为农田。

【护坡】堤坡保持自然状态,坡度约45度。坡面为草本植物和部分杨树、槐树等乔木组成,植被状况良好。靠近村镇的地方河堤生活垃圾堆放现象严重,布满了整个堤坡。

【堤岸】堤顶宽度约10m,土质路面,两侧行道树茂盛,但是不连续。

【堤外土地利用】堤外两侧分布有大片的农田,种植作物主要为玉米,有部分经济林和菜地。沿途分布有村庄和工业仓储用地。

【剖面图】

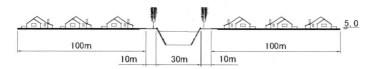

图5.34　南运河天津城区南——杨柳青段两岸100m范围剖面图

图5.35　南运河天津城区南——杨柳青段两岸1000m范围剖面图

图5.36　南运河天津城区南——杨柳青段典型照片

（3）南运河杨柳青城区段

A. 河段概况

此段运河通过杨柳青城区，已经和当地文化、景观紧密结合。杨柳青建镇已有千年历史，曾经是大运河的重要枢纽，具有深厚的文化底蕴。著名的杨柳青年画、风筝等民间艺术珍品名扬中外。城区内运河已经作为"御河景观"休憩带进行开发，有年画园、风筝园、精武园、砖雕石刻园、乾隆御赐园等景区。

B. 河道剖面

【河道】河道宽约 50m，水质较差，水量较充足。河道用来休闲娱乐，供游人划船等。有部分水面分布有少量绿萍。由于河段两侧设有拦蓄设施，水流基本为静止的。

【河岸及河漫滩】河岸为 45 度角水泥砌石河岸，护岸外侧有质护栏；护栏外是硬质铺装路面，供人们休闲、旅游。无河漫滩。

【护坡】运河两侧护岸为人工的植被护坡。种植有草坪、柳树等作为绿化带，设置硬质的园路，供游人休憩。

【堤岸】沿河建有一系列的景观工程，通过雕塑、四季植物等反映杨柳青的历史、民俗、传说。

【堤外土地利用】堤外为杨柳青古镇的文化旅游区和新开发的居住区。有杨柳青民俗旅游景区和明清街等仿古商业街区。

【剖面图】

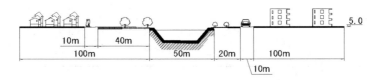

图 5.37　南运河杨柳青城区段两岸 100m 范围剖面图

图 5.38　南运河杨柳青城区段两岸 1000m 范围剖面图

图 5.39 南运河杨柳青城区段典型照片

C. 沿河遗产分布

表 5.17 南运河杨柳青城区段主要文化遗产分布表

遗产名称	遗产类型	与运河关系类型	地址	时代	保存状况	文物级别	备注
石家大院	古建筑	空间相关	天津市西青区杨柳青镇	清同治十二年（1873）	修旧如故	省级文物保护单位	已考察
文昌阁	古建筑	空间相关	天津市杨柳青镇	明万历四年（1576）	修旧如故	省级文物保护单位	已考察

(4) 南运河杨柳青城区边缘——独流减河段

A. 河段概况

河段流经天津市西青区杨柳青以南地区，亦开挖于隋朝。以下各段运河均为隋大业四年（608）开挖，故不一一赘述其开挖年代。此段运河保持自然河道形态，景色优美，植被良好，但部分村庄附近河堤也有垃圾堆放现象。

B. 河道剖面

【河道】河道宽约 40m，水质较差，部分地段有绿萍漂浮，为自然河道。

【河漫滩】天然护岸,水草茂密,生态良好,景色宜人。基本没有河漫滩,河岸直接过渡到河堤的护坡。

【护坡】天然植被护坡,约45度,植被良好,物种丰富。但靠近村庄地段有垃圾堆放现象,对运河河岸造成一定影响。堤坡还分布有杨树、柳树等乔木,构成美好的运河景观。

【河堤】两侧河堤相距很近,植被茂盛,茂密的杨树、柳树构成了良好的河堤防护林,但也有部分地段护堤林并不连续。堤岸地面路面为土质路面。

【河段内水工建筑】位于西青区第六埠村、南独流减河进口处的独流减河进洪闸是确保天津市和津浦铁路安全的重要水利枢纽,也是天津以南运河的第一座闸坝。南运河所设闸坝的详细技术指标见下表。

表 5.18 南运河水工建筑物详细技术指标表

	建筑年代	地点	闸坝组成	规模	设计流量(m^3/s)	校核流量(m^3/s)	功能
独流减河进洪闸	始建于1967年 1993年进行重建	天津市西青区第六埠村南	进洪旧闸	开敞式8孔	840	840	调水泄洪
			进洪新闸	开敞式25孔	2360	2360	
九宣闸	始建于光绪六年(1880),1965年改建	天津静海县靳官屯	开敞式条石砌筑	5孔,每孔宽6m	150	150	分洪输水
北陈屯枢纽	1972年11月开工,1973年竣工	河北省沧州药王庙与北陈屯之间	节制闸		180	180	分洪航运灌溉蓄水
			船闸	100t级			
子牙新河穿卫枢纽	1966年开工,1967年竣工	河北省青县周官屯村南	南运河节制闸	2孔,每孔宽15m	100	100	防洪输水灌溉
			主槽	30孔,高5m	—	—	
			渡槽	2个渡槽	100	180	
			引水压槽	全长346m	—	—	

(续　表)

	建筑年代	地点	闸坝组成	规模	设计流量（m³/s）	校核流量（m³/s）	功能
捷地分洪闸	1974 年	河北省沧县捷地镇	分洪闸	8 孔	180	180	泄洪排涝灌溉
			电站涵洞	—	已废弃		
安陵枢纽	1972 年 4 月开工，1973 年 5 月竣工	河北省吴桥县安陵镇北 3km	节制闸	6 孔，闸总宽 74.2m	300	360	泄洪排涝灌溉航运
			船闸	100t 级			
祝官屯枢纽	1974 年	山东省武城县祝官屯村西南	节制闸	9 孔，每孔宽 10m	4000	5500	泄洪排涝灌溉航运
			船闸	闸距 130m	100t 级		
四女寺枢纽	1957 年 11 月动工，1973 年扩建	山东省武城县四女寺村东北	南泄洪闸	12 孔，每孔宽 10m	1500	2200	分流泄洪灌溉航运
			北泄洪闸	12 孔，每孔宽 10m	2000	2800	
			节制闸	3 孔，每孔宽 8m	300	< 300	
			船闸	总长 252.5m	1000t 级		
引黄穿卫枢纽	1993 年 10 月开工，1995 年 5 月全部竣工	山东省临清市南郊	右堤外明渠	长 291.5m	75		泄洪排涝灌溉航运
			穿右堤涵闸	长 105m			
			右滩明渠	长 93.3m			
			穿主槽倒虹吸	长 238.2m			
			左滩明渠	长 732.47m			
			穿左堤涵闸	长 105m			

【堤外土地利用】堤外为大片农田分布和部分农村居民点。

【剖面图】

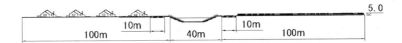

图 5.40　南运河杨柳青城区边缘——独流减河段两岸 100m 范围剖面图

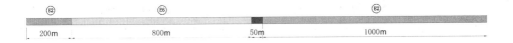

图 5.41　南运河杨柳青城区边缘——独流减河段两岸 1000m 范围剖面图

图 5.42　南运河杨柳青城区边缘——独流减河段典型照片

(5) 南运河独流减河——九宣闸（马厂减河）段

A. 河段概况

此段运河流经天津静海县全境，沿途景观为农村自然景观，景色优美。河堤距离渐宽，并出现二道堤。

B. 河道剖面

【河道】河道宽约50m,水质较差,水量较少,部分地段为湿地或无水,河道或荒弃或开垦为农田。

【河漫滩】自然护岸,植被状况良好。河漫滩为自然状态,但较宽地段已经开垦为零星的农田,种植有玉米等农作物。

【护坡】自然护坡,护堤林茂盛,但不连续。有部分地段将河堤摊平并开垦为小块的农地。

【河堤】河堤路面为土质路面,宽约10m,行道树茂盛但不连续。

【水工建筑】位于马厂减河起点的九宣闸于清光绪六年修建,当时的直隶总督李鸿章调集驻马厂军队开挖马厂减河,同时开建石料大桥闸,当时名为"宣九桥"。经过历朝的改建,现九宣闸基础、闸墩均为原物,保存完好,不仅是南运河上重要的水利枢纽,而且是重要的水利遗产。引黄济津水多次由黄河抵达九宣闸,由九宣闸进入天津市(《漳卫南运河志》,2003)。

【堤外土地利用】堤外分布广袤的农田和散落的农村居民点,运河东侧南北方向交通动脉有津浦线铁路、104国道以及京沪高速。

【剖面图】

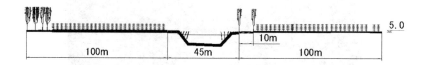

图5.43 南运河独流减河——九宣闸段两岸100m范围剖面图

图5.44 南运河独流减河——九宣闸段两岸1000m范围剖面图

第五章　京杭大运河现状特征与资源详述　151

图 5.45　南运河独流减河——九宣闸段典型照片

C. 沿河遗产分布

表 5.19　南运河独流减河——九宣闸段主要文化遗产分布表

遗产名称	遗产类型	与运河关系类型	地址	时代	保存状况	文物级别	备注
西钓台古城址	古建筑	空间相关	天津市静海县陈官屯乡西钓台村西北400m	西汉	原物破坏严重	省级文物保护单位	已考察
唐官屯清真寺	古建筑	空间相关	天津市静海县唐官屯镇	始建于清代，1992年重建	完全重建	非文物保护单位	已考察
九宣闸	运河水利工程遗址	功能相关	天津市静海县大张屯乡	始建于光绪六年(1880)，1965年改建	部分重建	非文物保护单位	已考察
靳官屯闸碑	石刻	功能相关	天津市静海县大张屯乡	清光绪十七年(1891)	原物保存较好	非文物保护单位	已考察

(6) 南运河九宣闸——青县城区边缘段

A. 河段概况

大运河从此段开始进入河北省沧州市境内,流经青县县城以北农村地区。此段运河人为干扰较大,堤岸破坏严重,损坏了连续的运河自然景观。

B. 河道剖面

【河道】河道宽约 50m,水质较差,水量较少,部分地段为湿地或无水。河道保持自然形态,未被开垦为农田。

【河漫滩】自然护岸,植被状况良好。河漫滩人为破坏较大,挖土翻地等开发造成河漫滩地形起伏,失去自然形态。也有一小部分零星开垦的农田。

【护坡】自然护坡,护堤林很差,部分地段没有护堤林或仅有散落生长的乔木。河段内有取土、开垦等人类活动,造成运河景观的不连续。

【河堤】河堤路面为土质路面,宽约 10m,行道树不连续,郁密度差。此段运河河堤建有砖瓦厂、蔬菜大棚等生产设施。

【堤外土地利用】河堤外主要土地利用类型为农田以及农村居民点。

【剖面图】

图 5.46 南运河九宣闸——青县城区边缘段两岸 100m 范围剖面图

图 5.47 南运河九宣闸——青县城区边缘段两岸 1000m 范围剖面图

图 5.48　南运河九宣闸——青县城区边缘段典型照片

C. 沿河遗产分布

表 5.20　南运河九宣闸——青县城区边缘段主要文化遗产分布表

遗产名称	遗产类型	与运河关系类型	地址	时代	保存状况	文物级别	备注
赵兵部墓	古墓葬	空间相关	河北省青县流河镇东北1km处运河西堤西侧	明嘉靖十二年（1533）	原物保存较好	省级文物保护单位	已考察
马厂营房	古遗址	空间相关	河北省青县县城北15km处马厂兵营	清末	完全重建	非文物保护单位	已考察
马厂炮台	古遗址	空间相关	河北省青县城北15km处	清同治十年（1870）二月	原物破坏严重	省级文物保护单位	已考察
大邵庄汉墓群	古墓葬	空间相关	河北省青县县城北8km"青王"公路东侧	汉、宋	原物破坏严重	县文物保护单位	已考察

（续　表）

遗产名称	遗产类型	与运河关系类型	地址	时代	保存状况	文物级别	备注
东空城遗址	古遗址	空间相关	河北省青县城北偏西10km王镇店乡东空城村	宋	原物破坏严重	县级文物保护单位	已考察

（7）南运河青县城区段

A. 河段概况

此段运河流经青县县城，河道未被开发为滨水游憩带，基本保持其自然状态。

B. 河道剖面

【河道】河道宽约45m，水质较差，水量少。河道保持自然形态。有少许垃圾漂浮。

【河漫滩】自然护岸，植被状况良好。

【护坡】自然护坡，基本为草本植物，坡度大约45度。

【河堤】河堤路面为土质路面，宽约10m，行道树较好。部分河堤有垃圾堆放。

【堤外土地利用】河堤外侧为青县县城居民区，大多为平房。也分布有商业、工业等用地类型。

【剖面图】

图5.49　南运河青县城区段两岸100m范围剖面图

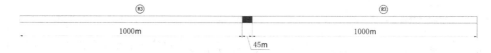

图5.50　南运河青县城区段两岸1000m范围剖面图

图 5.51　南运河青县城区段典型照片

（8）南运河青县城区边缘——沧州市边缘段

A. 河段概况

河段流经地区为农村地区，自然植被良好。河道情况变化较大。

B. 河道剖面

【河道】河道宽约 50m，水质较差，水量较少。河道保持自然形态。

【河岸】自然护岸，植被状况良好。部分地段河岸经过改造，植被还未恢复。

【河漫滩及护坡】自然植被，基本为草本植物，坡度大约 45 度。河漫滩较以上河段变得宽阔，二级河漫滩被整块开垦为农田，种植有玉米等作物。运河出现二道堤。

【河堤】河堤路面为土质路面，宽约 10m，行道树较好，连续性差。新改造的地段仍为裸地，植被未恢复，与运河沿线反差较大。

【堤外土地利用】运河河堤外侧土地利用为农田和散落的农村居民点。

【区段内水工建筑】区段内运河水工建筑有北陈屯枢纽和子牙新河穿运枢纽，其中北陈屯枢纽与捷地分洪闸统一调度，控制南运河的调洪、输水等。子牙新河穿运枢纽主要任务是根据洪水大小解决子牙河新河与运河交叉过水问题。

【剖面图】

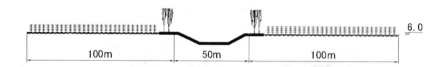

图5.52 南运河青县城区边缘——沧州市边缘段两岸100m范围剖面图

图5.53 南运河青县城区边缘——沧州市边缘段两岸1000m范围剖面图

图5.54 南运河青县城区边缘——沧州市边缘段典型照片

C. 沿河遗产分布

表 5.21　南运河青县城区边缘——沧州市边缘段主要文化遗产分布表

遗产名称	遗产类型	与运河关系类型	地址	时代	保存状况	文物级别	备注
盘古祠	古建筑	空间相关	河北省青县南偏西6km大盘古村	元世祖至元十五年（1278），1997年重建	完全重建	非文物保护单位	已考察
杜林石桥	古建筑	空间相关	河北省沧县旧沧河路与滹沱河故道交汇处	明万历二十二年（1592）	原物保存较好	省级文物保护单位	已考察

（9）南运河沧州城区段

A. 河段概况

沧州城区段运河已经过改造，成为城市绿化带，与城市公园结合，是市民休闲的场所，但运河河岸全部水泥固化，亲水性差。沧州古时也为运河沿线重镇，与天津、德州、临清等运河名镇构成南运河上重要的节点。

B. 河道剖面

【河道】河道宽约50m，水质较差。由于市区两侧有蓄水的水利设施，水量较丰。河底为自然状态，河岸经过水泥砌石固化。

【河岸及河漫滩】河岸为水泥砌石固化河岸，亲水性差。河流生态系统破坏，砌石的缝隙中长着零星的野草。

【护坡】砌石护坡，坡度大约45度。外侧有石质护栏，每个护栏柱上都有象征沧州市的石狮子。

【河堤】河堤路面为沥青路面，宽约10m。行道树连续性较好。

【堤外土地利用】运河河堤外侧为沧州市居民区，有文物保护用地、商业金融用地以及城市公园等市政设施用地。

【剖面图】

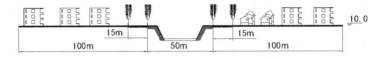

图 5.55　南运河沧州城区段两岸 100m 范围剖面图

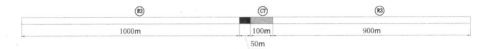

图 5.56　南运河沧州城区段两岸 1000m 范围剖面图

图 5.57　南运河沧州城区段典型照片

C. 沿河遗产分布

表 5.22　南运河沧州城区段主要文化遗产分布表

遗产名称	遗产类型	与运河关系类型	地址	时代	保存状况	文物级别	备注
清真北大寺	古建筑	空间相关	河北省沧州市区解放中路	明永乐十八年（1420）	完全重建	省级文物保护单位	已考察
沧州市文庙	古建筑	空间相关	河北省沧州市晓市街北侧	明	原物保存良好	市县级文物保护单位	已考察

（10）南运河沧州城区边缘——泊头城区边缘段

A. 河段概况

沧州市以南运河流经沧县县境、南皮县境，最后进入泊头市。流经地区为河北平原区。

B. 河道剖面

【河道】自然河道，宽约 50m，水质差，水量较少。大部分地段河道无水或作为开垦的农田或荒弃，长满野草。部分河段为湿地。

【河岸及河漫滩】自然河岸，植被较好，河漫滩宽阔，面积较大。由于大部分河段无水，河岸以及河漫滩被开垦为农田，种植有玉米等作物。

【护坡】自然护坡，坡度大约 45 度；河堤坡度变化较大，人工干扰下变得不规整。护坡自然植被良好，生长有乔木，但不连续。部分地段高大的护坡乔木被砍伐，只留下一排排的树桩，对运河景观以及河堤的防护功能均有很大的影响。河堤有新栽植的幼树。

【河堤】河堤路面为土质路面，宽约 10m，行道树较好，但连续性差，部分河堤根本没有行道树。部分农村居民点有杂物堆放。

【河段内水工建筑】南运河在此段与捷地减河、南排水河垂直相交。捷地减河是开挖历史较长的减河，建有捷地分洪闸，与北陈屯水利枢纽共同调度，实现排洪等功能。

【堤外土地利用】主要为农田以及农村居民点。

【剖面图】

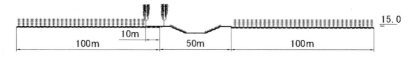

图 5.58 南运河沧州城区边缘——泊头城区边缘段两岸 100m 范围剖面图

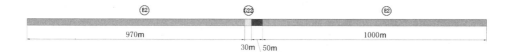

图 5.59 南运河沧州城区边缘——泊头城区边缘段两岸 1000m 范围剖面图

图 5.60 南运河沧州城区边缘——泊头城区边缘段典型照片

C. 区段内遗产清单

表 5.23 南运河沧州城区边缘——泊头城区边缘段主要文化遗产分布表

遗产名称	遗产类型	与运河关系类型	地址	时代	保存状况	文物级别	备注
沧州旧城	古遗址	空间相关	河北省沧县东南20km东关村西	西汉高祖五年（前202）	原物破坏严重	省级文物保护单位	已考察
沧州铁狮子	石刻	空间相关	河北省沧县旧城	五代	原物易地保存	国家级文物保护单位	已考察
刘涛墓	古墓葬	空间相关	河北省沧州城南3km梁官屯	明万历二十六年（1598）	原物破坏严重	市县级文物保护单位	已考察
捷地闸	运河水利工程遗址	功能相关	河北省沧县捷地镇	明弘治三年（1490），1933年重修	完全重建	非文物保护单位	已考察

(续 表)

遗产名称	遗产类型	与运河关系类型	地址	时代	保存状况	文物级别	备注
捷地乾隆碑	石刻	历史相关	河北省沧县捷地镇捷地闸旁	清乾隆三十六年（1771）	原物保存较好	市县级文物保护单位	已考察
捷地石姥姆座像	石刻	空间相关	河北省沧县捷地镇捷地村	明	原物异地保存	市县级文物保护单位	已考察
捷地清真寺	古建筑	空间相关	河北省沧县捷地镇	始建于明代后期,1981年重修	完全重建	沧州市级	已考察
南皮石金刚	石刻	空间相关	河北省南皮县城东北大慈阁湾北	唐	原物保存完好	省级文物保护单位	已考察
古皮城	古遗址	空间相关	河北省南皮县城北6km张三拨村西约300m处	秦、汉、魏	原物破坏严重	非文保单位	已考察
范丹居	古遗址	空间相关	河北省南皮县古皮城西门外0.5km处	东汉	原物破坏严重	非文保单位	已考察

（11）南运河泊头城区段

A.河段概况

泊头市区内运河也已经固化,虽然对城市防洪、安全等发挥了一定作用,但也使运河的亲水性变差,没有很好地利用运河的游憩价值。运河水量较少,显得与两岸建筑不协调,沿河城区发展滞后,运河相应的保护与利用也较落后,未开发其城市开放空间的功能。城内有国家级文物保护单位泊头清真寺,具有独特的风格和建筑价值,是中华民族的宝贵遗产。泊头也是我国三大"铸造之乡"之一;始建于1912年的泊头火柴厂是河北省历史最悠久的企业,也是我国最早的火柴厂之一。

B. 河道剖面

【河道】自然河道,宽约 50m,水量很少。河床为自然河床,长满野草,部分河床为湿地。

【河岸及河漫滩】河岸水泥砌石河岸,无河漫滩。

【护坡】人工固化护坡,坡度大约 45 度。护岸外侧有垂直石质围栏,将运河与城市隔开,使运河的可达性大大降低。

【河堤】河堤为城市交通的一部分,土质或沥青路面均有分布。行道树茂盛,较连续。

【堤外土地利用】泊头城区段运河周围主要为传统街区、居住区、文物保护用地、商业金融用地、工业用地以及部分农田,城市建筑多为平房。

【剖面图】

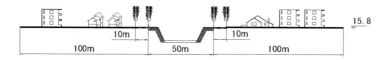

图 5.61　南运河泊头城区段两岸 100m 范围剖面图

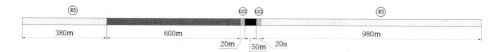

图 5.62　南运河泊头城区段两岸 1000m 范围剖面图

图 5.63　南运河泊头城区段典型照片

C. 运河遗产分布

表 5.24　南运河泊头城区段主要文化遗产分布表

遗产名称	遗产类型	与运河关系类型	地址	时代	保存状况	文物级别	备注
泊头清真寺	古建筑	空间相关	河北省泊头市区清真街南端	明永乐二年（1404）	修旧如故	国家级文物保护单位	已考察
泊头火柴厂	近现代重要史迹	空间相关	河北省泊头市解放西路	1908 年	原物保存较好	非文特保护单位	已考察
六合武馆	近现代重要史迹	空间相关	河北省泊头市清真寺街南端	2002 年	原物保存较好	非文物保护单位	已考察

（12）南运河泊头城区边缘——东关县码头镇段

A. 河段概况

此段运河作为阜城县和东光县的县界，流经地区为农村地区，运河景观基质为农田。

B. 河道剖面

【河道】自然河道，宽约 50m，水量很少。河床为自然河床，部分河床为湿地。

【河岸及河漫滩】河岸为自然河岸，河漫滩大部分开垦为农田，种植有玉米、棉花等农作物。

【护坡】自然护坡，植被以草本植物居多。部分河段护堤林被砍伐。

【堤岸】土质堤岸，护堤林以及堤岸行道树不连续，时有时无。部分河段护堤林被完全砍伐，只留有一排排的树桩，严重影响运河景观的连续性以及河堤的防洪安全。

【堤外土地利用】主要为大片的农田以及农村居民区，种植作物主要有玉米、棉花等。

【剖面图】

图 5.64　南运河泊头城区边缘——东关县码头镇段两岸 100m 范围剖面图

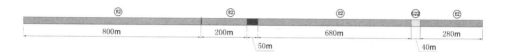

图 5.65　南运河泊头城区边缘——东关县码头镇段两岸 1000m 范围剖面图

图 5.66　南运河泊头城区边缘——东关县码头镇段典型照片

C. 沿河遗产分布

表 5.25　南运河泊头城区边缘——东关县码头镇段主要文化遗产分布表

遗产名称	遗产类型	与运河关系类型	地址	时代	保存状况	文物级别	备注
东光铁佛寺	古建筑	空间相关	河北省东光县城普照寺公园	北宋	完全重建	省级文物保护单位	已考察
东光码头遗址	古遗址	功能相关	河北省东光县码头镇	始建年代不详	原物破坏严重	市县级文物保护单位	已考察
二郎岗永清观	古建筑	空间相关	河北省东光县城普照寺公园	明嘉靖十三年(1534)兴建	完全重建	非文物保护单位	已考察
安陵古城遗址	古遗址	空间相关	河北省吴桥县政府北7.5km西北侧紧靠南运河,京福铁路以东1km处南北通过	唐	东西长1km,南北宽0.5km,总面积为50万m^2,文化层深度为3m	非文物保护单位,但已纳入特定保护范围	未考察(《吴桥县志》,1992)

(13) 南运河东光县码头镇——德州城区段

A. 河段概况

此段运河作为河北省吴桥县、景县的县界,沿途经过连镇、安陵镇,最后进入山东德州境内。重点的文物古迹较多,东岸有吴桥县3A级国家旅游景点"吴桥杂技大世界"、国宝孙膑石牛;西岸有封氏墓群和著名的景州塔。

B. 河道剖面

【河道】自然河道,宽约50m,水质极差,德州以北多处排污口直接将污水排入运河。水量较少,河床为自然河床,河道蜿蜒,与农田景观十分协调,景色优美。

【河岸及河漫滩】河岸为自然河岸,河漫滩大部分开垦为农田,种植有玉米、棉花等农作物。农田开垦对河岸及河漫滩破坏较为严重。

【护坡】自然护坡,草本植物居多,坡度约60度。农村居民点附近河段有杂物堆放和垃圾堆放。

【堤岸】土质堤岸,堤顶路面宽约10m。护堤林及堤岸行道树茂密,但不连续,时有时无。堤岸两侧部分被作为当地居民的墓冢用地。

【水工建筑】区段内有安陵水利枢纽,这是南运河渠化规划五级梯级布置的第一级,其目标为恢复临清至德州之间航运,因河道无水,一直未发挥航运作用,但在泄洪、输水、蓄水、灌溉等方面起到良好的作用。

【堤外土地利用】主要为大片的农田以及农村居民区,种植作物主要有玉米、棉花。

【剖面图】

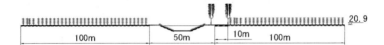

图 5.67　南运河东光县码头镇——德州城区段两岸 100m 范围剖面图

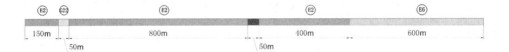

图 5.68　南运河东光县码头镇——德州城区段两岸 1000m 范围剖面图

图 5.69　南运河东光县码头镇——德州城区段典型照片

C. 沿河遗产分布

表 5.26　南运河东光县码头镇——德州城区段主要文化遗产分布表

遗产名称	遗产类型	与运河关系类型	地址	时代	保存状况	文物级别	备注
窑厂店古砖窑遗址	古遗址	空间相关	河北省吴桥县水波乡窑厂店村西150m处,京沪铁路与京福铁路之间	始建于明代洪武年间(1368—1398)	原物不存,但遗址可考	非文物保护单位	已考察
景州塔	古建筑	空间相关	河北省衡水市景县县城开福寺院内	宋	原物保存较好	国家级文物保护单位	已考察
封氏墓群	古墓葬	空间相关	河北省衡水市景县县城东南15km处	北朝至隋	原物保存较好	国家级文物保护单位	已考察
孙膑石牛	石刻	空间相关	河北省沧州市吴桥县县城杂技大世界院内	明弘治十五年(1502)	原物异地保存	省级文物保护单位	已考察
澜阳书院	近现代重要史迹	空间相关	河北省吴桥县铁城镇中学院内	不详	原物保存较好	县级文物保护单位	已考察
苦井甘泉	古遗址	空间相关	河北省吴桥县双井王村	不详	原物保存较好	非文物保护单位,但已纳入特定保护范围	已考察
吴桥唐槐	古遗址	空间相关	河北省	唐代	原物保存良好	非文物保护单位,但已纳入特定保护范围	已考察
三里井卧槐	古遗址	空间相关	河北省吴桥县城关镇北关	不详	原物保存良好	非文物保护单位,但已纳入特定保护范围	已考察

（14）南运河德州城区段

A. 河段概况

德州城区段运河位于德州市区东侧，保持自然河流状态。河道作为德州市排污河道，污染较为严重，整体环境差。

B. 河道剖面

【河道】自然河道，宽约50m，水量少，水质极差，德州市区排入运河的污水和沿岸农村居民点无序堆放的垃圾对运河的污染非常严重。此段运河水体发黑，水面上漂着大量的绿萍，河道内长满水草。水量较少，河床为自然河床。

【河岸及河漫滩】河岸为自然河岸，水草茂密，垃圾在河岸边的水草间堆集，污染严重。

【护坡】自然护坡，植被良好，草本植物居多，有部分灌木，坡度约45度。农村居民点附近有大量垃圾堆放。

【堤岸】土质堤岸，堤顶路面宽约10m，护堤林质量差。

【堤外土地利用】两侧土地主要为德州市西郊区农村居民点，也有部分农田和工业用地与仓储用地。

【剖面图】

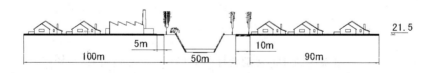

图5.70 南运河德州城区段两岸100m范围剖面图

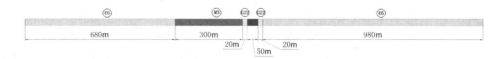

图5.71 南运河德州城区段两岸1000m范围剖面图

图 5.72　南运河德州城区段典型照片

C.沿岸遗产分布

德州苏禄王墓是德州市区一处重要的遗产,与运河直接相关。当年苏禄国王进京访问后取道京杭大运河归国,不幸途中病逝,后葬于德州。

表 5.27　南运河德州城区段主要文化遗产分布表

遗产名称	遗产类型	与运河关系类型	地址	时代	保存状况	文物级别	备注
苏禄王墓	古墓葬	历史相关	山东省德州市城北1km处北营村	明永乐十五年(1417)	原物保存良好	国家级文物保护单位	已考察

(15) 南运河德州市区南——四女寺水利枢纽段

A.河段概况

此段运河处于德州城区南与四女寺水利枢纽之间,污染较为严重。

B.河道剖面

【河道】自然河道,宽约50m,水量少,水质极差,水生生态环境完全破坏,水体为深黑色,发出刺鼻的气味,水面上漂浮着大量的绿萍。污水与两侧环境不协调。

【河漫滩】河岸为自然河岸,河边由于氨氮等污染物的排入,水草茂密。河漫滩宽阔地带开垦为农田,种植有玉米棉花等作物。

【护坡】自然护坡,植被良好,均为草本植物。

【堤岸】运河东堤为沥青路面,堤顶路面宽约10m,护堤林高大,连续性较好。西侧河堤仍为土质路面。

【水工建筑】四女寺水利枢纽是南运河重要的水利枢纽,也是南运河水量大小的重要转折点。四女寺以南运河河道设计流量为4000 m^3/s,四女寺枢纽以北南运河河道设计流量为300m^3/s。

【堤外土地利用】两侧土地基本为农田。

【剖面图】

图5.73 南运河德州市区南——四女寺水利枢纽段两岸100m范围剖面图

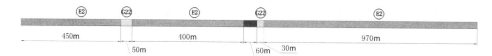

图5.74 南运河德州市区南——四女寺水利枢纽段两岸1000m范围剖面图

图5.75 南运河德州市区南——四女寺水利枢纽段典型照片图

(16) 南运河四女寺水利枢纽——故城县建国镇段

A. 河段概况

此段运河作为山东省与河北省的省界,东岸为山东省德州市,西岸为河北省衡水市。运河水量大,河道宽度较以上各段增大,左右河堤距明显加宽。

B. 河道剖面

【河道】自然河道,蜿蜒曲折。河道宽约100m,水量大,设计流量为4000m³/s;水质极差,为劣Ⅴ类,水生生态环境完全破坏,水体为深黑色,发出刺鼻的气味。主要功能为泄洪、排污。

【河岸及河漫滩】河岸为自然河岸,河漫滩非常宽阔,土地利用主要为农田,种植着大片的玉米、棉花等作物。

【护坡】自然护坡,植被良好,有乔木和草本植物构成,景色宜人,生态环境良好。

【堤岸】河堤路面为土质路面,堤顶路面宽约8m,护堤林高大,连续性较好。部分地段有栽植的幼苗。

【水工建筑】此段运河属于祝官屯水利枢纽。

【堤外土地利用】两侧土地为农田以及农村居民点。

【剖面图】

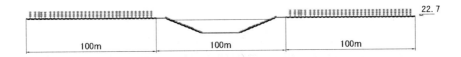

图5.76 南运河四女寺水利枢纽——故城县建国镇段两岸100m范围剖面图

图5.77 南运河四女寺水利枢纽——故城县建国镇段两岸1000m范围剖面图

图 5.78　南运河四女寺水利枢纽——故城县建国镇段典型照片

(17) 南运河故城县建国镇——临清舍利塔段

A. 河段概况

此段河道作为山东与河北省界,河西是河北清河县、临西县,河东为山东夏津县,流经地区为农村,基质为农田。

B. 河道剖面

【河道】自然河道,河道宽约100m,水量大,设计流量为4000 m^3/s;水质极差,为劣五类,水体发黑。主要功能为泄洪、排污。

【河漫滩】河岸为自然河岸,河漫滩宽阔,土地利用主要为农田,种植着大片的玉米、棉花等作物。还零星的分布有一些乔木。

【护坡】自然护坡,植被良好,由乔木、灌木和草本植物构成,生态环境良好。

【堤岸】河堤路面为土质路面,堤顶路面宽约8m,护堤林高大,连续性较好。部分地段有栽植的幼苗。

【堤外土地利用】两侧土地为农田、林地以及一些农村居民点。

【剖面图】

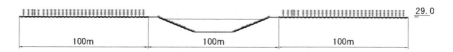

图 5.79 南运河故城县建国镇——临清舍利塔段两岸 100m 范围剖面图

图 5.80 南运河故城县建国镇——临清舍利塔段两岸 1000m 范围剖面图

图 5.81 南运河故城县建国镇——临清舍利塔段典型照片

(18) 南运河临清舍利塔——引黄济津穿卫枢纽段

A. 河段概况

临清市是史上运河沿线非常繁盛的集镇,有"下有苏杭,上有临张"之说,据史载临清运河上的税收最高时占全国总税收达七分之一。临清既是会通河的终点,又是南运河的起点,有着特殊的地位和意义。

B. 河道剖面

【河道】此段运河在临清市西侧伴市北流,河面宽度约 100m,水量较大,水质差。

【河岸及河漫滩】自然河岸,河漫滩很宽,主要土地利用类型为农田和护堤林。河漫滩也建有少量房屋,对泄洪产生一定的影响。

【护坡】水泥砌石护坡,护堤林树种以柳树、杨树为主。左堤坡度较陡,右堤较缓。

【堤岸】堤上路面为土质路面,两侧的行道树基本是新栽植的幼树,树种以杨树为主。河堤连续。

【水工建筑】区段内引黄穿卫闸枢纽为华北地区跨流域、跨省的大型调水工程,是引黄济津穿卫河的闸涵。

【堤外土地利用】河堤东侧是临清市区,居民区和工矿企业对运河影响较大,市区大量的工业污水直接排入运河,造成严重污染,据了解临清银河纸业是南运河上最大的排污口之一。临清市分布有许多文物古迹,仅国家级文物保护单位就有五处。运河东侧为农田。

【剖面图】

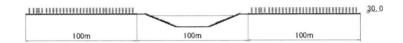

图 5.82　南运河临清舍利塔——引黄济津穿卫枢纽段两岸 100m 范围剖面图

图 5.83　南运河临清舍利塔——引黄济津穿卫枢纽段两岸 1000m 范围剖面图

图 5.84　南运河临清舍利塔——引黄济津穿卫枢纽段典型照片

C. 沿河遗产分布

此段河道沿线遗产分布见表 5.30。

5.3 聊城段

5.3.1 背景概况

大运河在聊城境内分为并行的两段,一段是元代开凿的临清至张秋的会通河,另一段是后开挖的临清至位山的位临运河。目前,过去的会通河被称为小运河,而位临运河则是地图上所标示的京杭大运河。根据二者在大运河发展历史中的地位,聊城段大运河研究将以会通河为重点。

5.3.1.1 历史沿革

会通河始凿于元至元二十六年(1289),从山东梁山县安山西南至临清。后又将临清与徐州之间的运河,包括安山以北至临清的原会通河、安山与微山县西北鲁桥之间的原济州河以及鲁桥至徐州间的泗水,统称为会通河。元末会通河因水源不足而废弃不用。明朝初年,由于国都北迁,漕运增加而重开会通河,在此过程中出现了修复戴城坝、筑戴村坝等著名的水利工程,并形成了南旺湖。清康熙(1662—1723)时,会通河较为繁荣,两岸的张秋、聊城、临清等均为运河名镇。至光绪(1875—1909)时,各湖区尚能间段通航,而会通河北段淤塞(《聊城地区水利志》,1993)。民国二十三年(1934),曾重新疏浚黄河以北至临清的会通河,但由于抗战爆发,不仅工程未能实现,运河亦因长期无人管理而成为废河。建国后,于1951年重新治理小运河,即黄河以北的会通河,治理工程于1952年11月底完成。1959年10月至1960年4月又新开挖了位临运河(位山至临清),但由于工程未能达到通航要求,后来作为灌溉和调水的河道(《聊城地区水利志》,1993)。1970年代,为免除和减轻沿运地区的洪涝灾害、改造盐碱、发展灌溉,对小运河进行了分段治理。会通河聊城段(即黄河以北段)南段用于排涝,中段基本淤废,北段经治理后主要担负引黄灌溉任务。

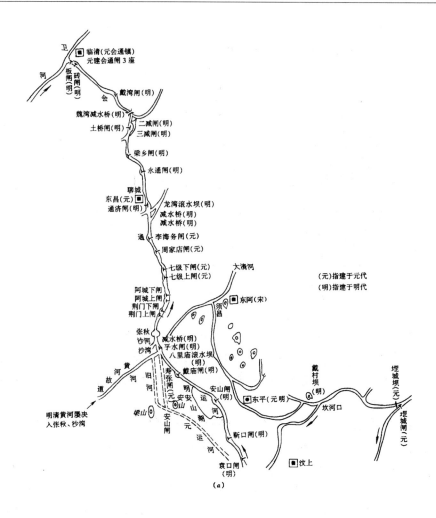

图 5.85　历代会通河上闸坝示意图(《聊城地区水利志》,1993)

5.3.1.2　自然条件

(1) 河道水系

聊城段运河绝大部分都属于海河流域,会通河南起济宁,北至临清,全长125km,流经东平、阳谷、东昌府区、茌平、临清五县市。自黄河在张秋冲断运河以后,会通河分为南北两段,北段即小运河,全长110km,从阳谷、张秋到临清。

第五章 京杭大运河现状特征与资源详述   177

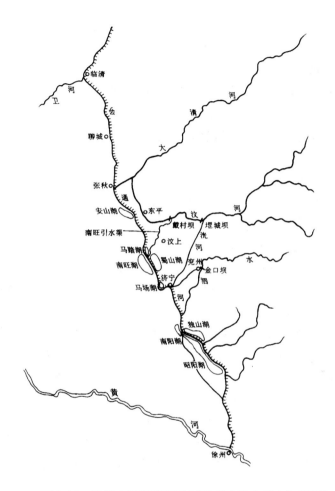

图 5.86　明代会通河示意图(《聊城地区水利志》,1993)

历经修整,目前的小运河已经支离破碎,无法构成一条完整连续的河道。据现实情况可分为以下四段:

A. 张秋至周店(阳谷段)

此河段水源来自金堤河,1955年4月张秋北金堤新建涵闸一座,引金堤河水入小运河,灌溉或排涝。1975年以张秋闸和小运河为基础,建立了张秋灌区。1977年该段运河进行治理,因周店以下段被位山引黄二干渠占用,所以此段小运河改道从聊城王庄西北沿挡水沟至苏里井入赵王河,工程于 1979 年 11 月竣工。

B. 周店至辛闸(聊城段)

1970 年位山引黄复灌后,小运河周店至四河头段改为引黄二干渠,从四河头至辛闸段改为小运河分干,通过龙湾泄水闸每年向聊城市环城湖放水 630 万 m^3,发展水产养殖,供应城市用水,并担负两岸三千多 hm^2 农田的灌溉。

C. 辛闸至马颊河(聊城与茌平县边界段)

1967 年春马颊河进行治理时,将小运河截断,因此辛闸至马颊河段完全被废弃。

D. 马颊河至卫运河(临清段)

1958 年聊城大搞河网化,从小运河右岸戴湾西到水城屯北开挖了一条戴水河,从陈官营到廖庄开挖了一条陈廖河。1959 年又从刁庄到金郝庄开挖了一条刁金河(裕民渠)作为小运河的支流。1959 年位山引黄时,小运河曾作为入临清的干渠。1962 年引黄停灌后,1964 年在头闸口兴建了引卫灌溉扬水站,小运河又作为引卫灌溉的干渠。1970 年位山引黄灌区复灌后,卫临运河成为位山三干渠,小运河又成了三干渠的分干(《聊城地区水利志》,1993)。

可以看到,以上小运河的四段基本属于各自独立的河道系统,已无法将其称为一条完整连续的河流。从连续完整性这一点来看,位山三干渠(位临运河)的状况要好得多,除了进行农田灌溉,从 1981 年起还承担引黄济津的调水任务,2004 年已是第九次引黄济津。南水北调东线工程也将会沿此线路进行调水。

(2) 气候状况

聊城地区在气候上属于暖温带半湿润大陆性季风气候,具有明显的季节变化和季风气候特征,冬、夏季长,春、秋季短,春季风多雨少,夏季炎热且雨量集中,秋季冷暖适中,冬季寒冷干燥。该地区的年平均雨量约为 567.7—637.3mm,年平均温度约为 12.8—13.4℃,全年日照约为 2463—2740 小时,年平均日照率 56—62%。

表 5.28　运河聊城段流经区县气候状况

区县名称	气候类型	年均降雨量(mm)	年均温(℃)	最热月均温(℃)	最冷月均温(℃)	0度积温(℃)	全年日照(h)	全年总辐射(千卡/cm^2)	平均无霜期(d)
东昌府区	暖温带半湿润大陆性季风气候	594.0	13.2	26.8	-2.6	—	2641.9	124.2	201
临清市		587.6	12.8	26.6	-3.3	4877.6	2629.7	124.8	193.6
阳谷县		594.3	13.3	26.7	-2.3	—	2385.5	122.9	217.4
茌平县		603.2	13.1	26.7	-3.0	4953.3	2740.7	127.1	193
东阿县		634.6	13.3	26.5	-1.9	5025.8	2545.8	122.9	199
冠县		588.0	13.1	26.7	-2.9	4974.6	2605.7	124.4	204

注：东昌府区数据来源于《聊城市志》，数据下限止于1985年，其中年均温为1957—1980年数据，其余为1957—1985年数据；临清市数据来源于《临清市志》，数据下限止于1990年，其中降雨量为1951—1985年数据，全年总辐射为1956—1985年数据；阳谷县数据来源于《阳谷县志》，数据下限止于1987年，其中降雨量为1960—1987年数据；茌平县数据来源于《茌平县志》，数据下限止于1985年，其中降雨量为1960—1985年数据；东阿县数据来源于《东阿县志》，数据下限止于1985年，其中年均温为1962—1985年数据；冠县数据来源于《冠县志》，数据下限止于1987年，其中全年日照为1957—1984年数据。

(3) 水旱灾害

A. 洪灾

聊城市地处鲁西北黄泛平原，是山东省历史上遭受洪涝灾害最多、最重的地区之一。在洪水灾害中，黄河的溃决无疑是最严重的，历史上聊城市遭受的大的洪灾均来自黄河。但是建国后随着国家对黄河治理的重视，黄河再没有发生过一起洪灾。

临清以北的卫河、南运河也有洪水的威胁，在清代268年间发生过77次，民国时期29年间发生4次，建国后发生过4次。

B. 涝灾

聊城市的涝灾主要是雨涝。据史料记载，自清代1644年至1990年的347年间，有121年出现雨涝，其中特大涝年6年、大涝年14年、中涝年33年、小涝年68年。

聊城市的雨涝灾害还具有以下特点:一是周期性;二是连续性;三是突发性;四是季节性。

C. 旱灾

旱灾是制约聊城市农业生产和人民生活的重要因素之一。由于聊城处在暖温带季风气候区,属于半干旱大陆性气候,天然降水不多,并且时空分布不均匀,旱灾的季节性很强,自古就有"十年九旱"的说法。1949—1996年间,出现旱灾28年,平均1.7年一次(《聊城地区水利志》,1993)。

5.3.1.3 社会经济

表5.29 运河聊城段流经区县经济情况(2002)

县区	总人口（万）	非农业人口（万人）	城市化水平（%）	人口密度（千人/km²）	国内生产总值（亿元）	第一产业总产值（亿元）	第二产业总产值（亿元）	第三产业总产值（亿元）	人均GDP（元）	在岗职工平均工资（元）	农民人均纯收入(元)
东昌府区	98.91	34.96	35.3%	0.789	61.62	13.93	28.80	18.89	6230.1	10570	聊城市 2503
临清市	72.21	18.23	25.2%	0.760	50.13	10.51	27.22	12.40	6942.6	8346	
阳谷县	75.15	14.25	19.0%	0.706	42.28	13.66	19.01	9.61	5626.4	7662	
茌平县	56.71	7.44	13.1%	0.507	35.79	12.50	16.63	6.66	6311.9	8389	
东阿县	41.78	6.46	15.5%	0.523	23.65	6.74	10.69	6.22	5659.9	8264	
冠县	73.61	7.27	9.9%	0.634	34.38	13.93	10.39	10.06	4670.8	7352	

资料来源:《聊城统计年鉴》,2003。

5.3.1.4 水环境

(1) 运河水质

聊城段运河的水源目前大致有三类,引黄河水、金堤河水和天然降水。从水质来说,引黄河水水质最佳,好时能到Ⅲ类,差时到Ⅳ类,除用来灌溉外,还用来做城市用水。金堤河水由于上游的污染,水质很差,属于劣Ⅴ类水。

目前,小运河已不被环保部门列入检测对象,因此大部分水质状况无法得知。

(2) 运河污染源

聊城段运河的主要污染源来自两方面,一是工业污染,二是农业用化学制剂的污染。工业污染集中在临清和聊城两市,污水排放量较多的有化工、造纸、纺织、印染等行业,污水中的有害物质主要是 COD(化学耗氧量)、酚、氰、汞、镉、铬、砷、铅等,这些有害物质除部分挥发或渗入地下水外,大部分随污水进入河渠,然后排入下游地区。另外,乡镇以及村办企业的发展,也给当地环境带来了污染。农田中大量使用的农药、化肥及有机物,除了被农作物直接吸收一部分外,其余消散于农田或被降水径流、灌溉退水带入水体,由此产生污染(《聊城地区水利志》,1993)。

(3) 地下水水位

聊城市浅层地下水开采条件较好,适宜开发利用的面积占总面积的81.9%,因此长期以来当地以开发利用浅层地下水为主。中、深层地下水因开采困难、不易恢复补充等原因,开发利用程度很低,主要用于工业和少量生活供水。

5.3.2 运河现状

5.3.2.1 运河河道分段

表 5.30　运河聊城段河道分段表

序号	河段名称	开凿年代	主要特点说明
1	元宝桥至工农桥	元代	早已废弃,目前为死水,污染严重,主要是沿岸老居住区产生的生活垃圾。
2	头闸口至二闸口	明代	河道较规则,做过灌溉用引水渠道,目前二闸口处封闭,无水源,故水浅。
3	二闸口至鳌头矶	明代	城市内整治过河道,进行了硬化和人工绿化处理,水量和水质均有保证。
4	鳌头矶至歇马亭	元代	城市内整治过河道,和上段河道比,亲水性稍差,水量较少,两岸连续性也不如上段。
5	歇马亭至郭庄闸	元代	河道属于半自然护岸,自然植被较好,水量少,河床生满绿色植物。
6	郭庄闸至魏湾	元代	自然河道,两岸无连续道路,可达性极差。
7	魏湾至马颊河	元代	河道破坏严重,局部已湮没。
8	马颊河至辛闸	元代	自然河道保留较完整,但无水,两岸可达性极差。

（续　表）

序号	河段名称	开凿年代	主要特点说明
9	辛闸至周公河	元代	自然河道，靠近周公河处河段水量较多，两岸可达性极差。
10	周公河至聊城兴华街桥	元代	自然河道，完全无水，有河床已被农民开垦种地，两岸可达性较差。
11	聊城兴华街桥至山陕会馆南	元代	城市内整治过河道、人工驳岸和绿化，亲水性好，水量充沛，水质好，两岸连续性和可达性都很好。
12	山陕会馆南至沉沙池	元代	属于较区段河道，两岸用地较乱，且性质不明确，连续性差。
13	沉沙池至周店	元代	主要功能为灌溉和调水的渠道，河道规整，为人工硬化护岸，堤上有连续路，可达性较好。
14	周店至张秋闸堤口	元代	自然河道，功能为排涝和灌溉，水量大且水质差，两岸可达性极差。
15	郭庄闸至周店	1949—1960年	主要功能为灌溉和调水的渠道，河道规整，局部为自然护岸，可达性一般。
16	周店至位山引黄闸	1949—1960年	主要功能为灌溉和调水的渠道，河道规整，为人工硬化护岸，堤上有连续路，可达性较好。

5.3.2.2　运河分段详述

（1）聊城运河元宝桥——工农桥（临清市内元运河）段

A. 河段概况

元宝桥位于卫运河右岸堤下，工农桥在临清市中心鳌头矶北侧，元代大运河就是沿着这段河道汇入卫运河。此段是原貌保留最好的元代古运河，自明朝废弃后留存至今，在当地又被称为死河子，北段元宝桥处为尽端，工农桥处被人为封闭，目前仍无确定的功能，也无相应的管理和保护措施。河段上的水工建筑基本没有留存，有四座可通行桥。

B. 河道剖面

【河道】河道曲折，宽15—25m，没有水源，水质很差。河道中有大量生活垃圾，水中有机质过多，河面几乎被浮萍的绿色盖满。靠近元宝桥处河道淤废严重，长满了湿生植物。

【河漫滩】此段无河漫滩。

【护坡】河两岸是自然护坡,但是岸线破坏较大,不少地方被垃圾堆积。

【堤岸】(堤顶路、植被、宽度)两岸近水处有自然生长的灌木和乔木,自然植被较繁茂。沿河两侧有不连续的小路,宽2m左右,不能通车。

【堤外土地利用】河段经过的用地是老城区,用地性质以居住为主,外观基本是平房和低层房屋。

【剖面图】

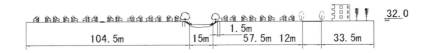

图 5.87 聊城运河元宝桥——工农桥段两岸 100m 范围剖面图

图 5.88 聊城运河元宝桥——工农桥段两岸 1000m 范围剖面图

图 5.89 聊城运河元宝桥——工农桥段典型照片

C. 沿河遗产分布

表 5.31　聊城运河元宝桥——工农桥段主要文化遗产分布表

遗产名称	遗产类型	与运河关系类型	地址	时代	保存状况	文物级别	备注
问津桥（元宝桥）	运河水利工程遗址	功能相关	原会通河北支入卫处	明万历年间（1573—1620）重修	原物不存,但遗址可考	非文物保护单位,无人管理	已考察
月径桥	运河水利工程遗址	功能相关	临清市官驿街西端	清顺治九年（1652）建,民国十八年（1929）重修	原物破坏严重	市县级文物保护单位	已考察
永济桥（天桥）	运河水利工程遗址	功能相关	临清市城区内郭市街北头	明成化年间（1465—1487）建	完全重建	非文物保护单位,无人管理	已考察
会通闸	运河水利工程遗址	功能相关	福德街北门外	元贞元二年（1296）开工,大德二年（1298）竣工	原物破坏严重	市县级文物保护单位	已考察
通济桥（工农桥）	运河水利工程遗址	功能相关	城区鳌头矶北	明弘治时（1488—1505）建造,嘉靖年间（1522—1566）改石桥为闸式	完全重建	非文物保护单位,无人管理	已考察
临清清真北寺	古建筑	历史相关	临清市先锋街道办事处桃园街西侧	始建年代无考,明嘉靖四十三年（1564）,清嘉庆十四年（1809）曾两次重修	原物保存良好	国家级文物保护单位	已考察

(续 表)

遗产名称	遗产类型	与运河关系类型	地址	时代	保存状况	文物级别	备注
临清清真东寺	古建筑	历史相关	临清先锋街道办事处桃园街西侧,古运河入卫处	明成化元年(1465)建	原物保存较好	国家级文物保护单位	已考察
临清大宁寺	古建筑	历史相关	位于新城中州大寺街北侧	无考	原物破坏严重	非文物保护单位,但有相应机构或个人维护	已考察

(2) 聊城运河头闸口——二闸口段(临清市内明运河自然段)

A. 河段概况

明代大运河入卫河就是这段河道,头闸口和二闸口都是明代临清运河上的闸名,如今地名还在,闸却早已是现代的了。运河断航后,其功能以灌溉为主,1964年在头闸口兴建了引卫灌溉扬水站,原来运河入卫的口被堵死,此后河段的功能就以农业灌溉和城市排涝为主。现在灌溉的功能被其他河道取代,作为城市景观用水的功能受到重视,计划中将被改造为城市休憩型河道。河段内现有的水工建筑在头闸和二闸处,都是现代的设施。

B. 河道剖面

【河道】河道平直,宽度25—30m,深4—5m。目前因施工而将二闸口以上人为封堵,所以河床内水量少,大部分是周围排入的污水。

【河漫滩】无河漫滩。

【护坡】护坡很规则,坡度较大,覆盖自然草本植物。

【堤岸】堤岸上有连续的道路,近3m宽,不通车,无河堤防护林。

【堤外土地利用】周边用地以居住为主,多是老街区,建筑大部分都是低层房屋。

【剖面图】

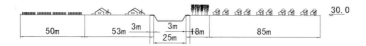

图 5.90　聊城运河头闸口——二闸口段两岸 100m 范围剖面图

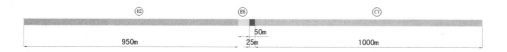

图 5.91　聊城运河头闸口——二闸口段两岸 1000m 范围剖面图

图 5.92　聊城运河头闸口——二闸口段典型照片

C. 沿河遗产分布

表 5.32　聊城运河头闸口——二闸口段主要文化遗产分布表

遗产名称	遗产类型	与运河关系类型	地址	时代	保存状况	文物级别	备注
头闸	运河水利工程遗址	功能相关	临清市夹道街南首	始建于明永乐十五年（1417），正德八年（1513）重建	完全重建	市县级文物保护单位	已考察
二闸	运河水利工程遗址	功能相关	临清市会通街东	明永乐十五年（1417）建	完全重建	市县级文物保护单位	已考察

（3）聊城运河二闸口——鳌头矶段

A. 河段概况

此段运河开凿于明代，从鳌头矶处取代元运河折向西南入卫运河，明、清时是运河通航要道，运河的航运管理机构就设在运河边。建国后改为灌溉功能，曾进行过疏浚、改造，并承担城市排涝的任务。目前河道进行了全线疏浚、清淤、截污、拓宽、衬砌以及配套的绿化美化，基本功能是城市景观与游憩，灌溉的功能已经完全被取代。河段内没有保留的水工建筑，仅有现代城市桥梁。

B. 河道剖面

【河道】河道规则，宽 30—45m，驳岸为垂直石砌，有石制栏杆，临水有 2m 宽的步行路，配有照明。河床内水面距离步行路面约 1.5m，估计和部分地段仍在施工有关，并未达到设计水量。水质一般，颜色发绿，但无明显臭味，有鱼虾生存，并且有游乐型小船在河中运行。

【河漫滩】无河漫滩。

【护坡】护坡很规则，但没有固化，坡度较缓，有人工种植的花草、灌木和乔木。

【堤岸】堤岸上有连续道路，局部路段有已经成荫的行道树，从青年桥至鳌头矶段为城市次级路，宽 9m，青年桥以南段道路等级降低，宽 3—4m。

【堤外土地利用】从青年桥至鳌头矶段,路西是城市老街区;河东是人民公园,护坡与公园内的山体直接相连。青年桥以南段,河道两侧用地以居住为主。

【剖面图】

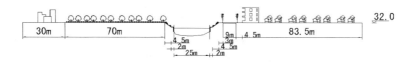

图 5.93　聊城运河二闸口——鳌头矶段两岸 100m 范围剖面图

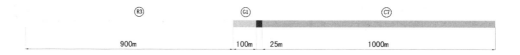

图 5.94　聊城运河二闸口——鳌头矶段两岸 1000m 范围剖面图

图 5.95　聊城运河二闸口——鳌头矶段典型照片

C. 沿河遗产分布

表 5.33　聊城运河二闸口——鳌头矶段主要文化遗产分布表

遗产名称	遗产类型	与运河关系类型	地址	时代	保存状况	文物级别	备注
临清钞关	古建筑	功能相关	临清市青年路南侧,古运河西岸	始建于明宣德四年(1429),隆庆元年(1576),乾隆十五年(1750)扩建	原物保存较好	国家级文物保护单位	已考察
鳌头矶	古建筑	历史相关	临清市中区汶河分汊处	建于明代正德年间(1506—1521),明嘉靖年间(1522—1566)续修。	原物保存良好	国家级文物保护单位	已考察

(4) 聊城运河鳌头矶——歇马亭段

A. 河段概况

此段运河最初即为元代所开会通河,后经明清两代的利用整治,建国后航运停止,农业灌溉和排涝是河道的主要功能,如今功能向城市休憩型河道转变。遗留的水工建筑以现代设施为主。

B. 河道剖面

【河道】河道规则,宽 40—50m,河床深 4—5m。由于上游未开闸放水,水量不多,水质一般,无臭味。

【河漫滩】无河漫滩。

【护坡】护坡较缓和,下半部为石砌,上半部为自然植被。

【堤岸】堤岸上有路,但并不连续,被用地隔开,路宽 3m,水泥铺就,路两旁有行道树。

【堤外土地利用】河段经过用地有居住、工厂、农田以及文物用地。居住以现代城市居住为主,工厂则是市区内的非污染工业。

【剖面图】

图5.96　聊城运河鳌头矶——歇马亭段两岸100m范围剖面图

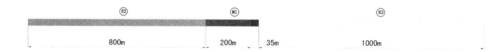

图5.97　聊城运河鳌头矶——歇马亭段两岸1000m范围剖面图

图5.98　聊城运河鳌头矶——歇马亭段典型照片

C. 沿河遗产分布

表 5.34　聊城运河鳌头矶——歇马亭段主要文化遗产分布表

遗产名称	遗产类型	与运河关系类型	地址	时代	保存状况	文物级别	备注
临清歇马亭古岱庙	古建筑	空间相关	临清市东郊大辛庄镇歇马亭村古运河西岸	始建于明万历年间（1573—1620）	修旧如故	非文物保护单位,但有相应机构或个人维护	已考察

(5) 聊城运河歇马亭——郭庄闸段

A. 河段概况

此段运河最初即为元代所开会通河,后经明清两代的利用整治,建国后航运停止,河道经过再次疏浚改造,农业灌溉和排涝成为河道的主要功能,如今还保留了引水和向城市供水的功能。没有历史遗留的水工建筑,只有现代的郭庄节制闸。

B. 河道剖面

【河道】河道规则,宽 35—40m,河床深 4—5m。郭庄闸未开闸放水,水量很少,水质一般,无臭味,河床长满草类和湿生植物。

【河漫滩】无。

【护坡】河道护坡较缓和,下半部为石砌,缝隙较大,有野草在其中生长;上半部为自然植被。

【堤岸】堤岸上有连续水泥路,宽 3m。路两旁有行道树,西岸无临河路。

【堤外土地利用】河段经过用地主要为农田,以及少量单位建设用地。

【剖面图】

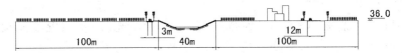

图 5.99　聊城运河歇马亭——郭庄闸段两岸 100m 范围剖面图

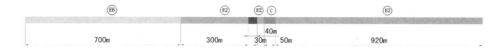

图 5.100　聊城运河歇马亭——郭庄闸段两岸 1000m 范围剖面图

图 5.101　聊城运河歇马亭——郭庄闸段典型照片

C.沿河遗产分布

此段河道沿线无遗产分布。

（6）聊城运河郭庄闸——魏湾段

A.河段概况

此河段属于小运河,即元代所开会通河,后经明清两代的利用整治,建国后航运停止,河道经过再次疏浚改造,农业灌溉和排涝成为河道的主要功能。遗留的水工建筑失去原有功能,但遗址和残迹尚存。

B.河道剖面

【河道】河道宽 20—35m,为自然河道,水量不充沛,水质混浊发黄,但无明显臭味。

【河漫滩】无。

【护坡】护坡很规则,有人工疏浚的痕迹,坡度较平缓,护坡上植被较少。

【堤岸】两岸没有连续道路,可达性很差,岸边直接就是用地,植被相对较好。

【堤外土地利用】大部分用地类型为农田和人工林地,有少量村镇。

【剖面图】

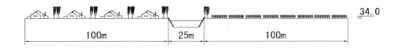

图 5.102　聊城运河郭庄闸——魏湾段两岸 100m 范围剖面图

图 5.103　聊城运河郭庄闸——魏湾段两岸 1000m 范围剖面图

图 5.104　聊城运河郭庄闸——魏湾段典型照片

C. 沿河遗产分布

表 5.35 聊城运河郭庄闸——魏湾段主要文化遗产分布表

遗产名称	遗产类型	与运河关系类型	地址	时代	保存状况	文物级别	备注
戴闸	运河水利工程遗址	功能相关	戴闸村南，距市区 15km	明成化元年（1464）建	原物保存较好	市县级文物保护单位	已考察
魏湾闸	运河水利工程遗址	功能相关	魏湾南 1km 会通河入马颊河处	明景泰四年（1453）建	完全重建	非文物保护单位，无人管理	已考察
临清魏湾钞关	古建筑	功能相关	临清市魏湾镇魏湾村运河北岸运河折湾码头处	始建年代待考，光绪二十七年（1910）罢漕后曾改建茶馆，1970年代初拆毁	原物不存，但遗址可考	非文物保护单位，无人管理	已考察

(7) 聊城运河魏湾——马颊河段

A. 河段概况

此河段属于小运河，即元代所开会通河，后经明清两代的利用整治，建国后航运停止，河道经过再次疏浚改造，农业灌溉和排涝成为河道的主要功能。1967 年在进行马颊河治理时，小运河被截断，因此河道完全废弃，不少河段已经消失。遗留的水工建筑遗址尚存，但损毁严重。

B. 河道剖面

【河道】尚能找到的河道宽 15—20m，为自然河道，河道中存水不多，水质较差，有家禽活动；其他河道已被填埋湮没，基本看不出痕迹。

【河漫滩】无河漫滩。

【护坡】护坡很缓，岸线也不明显，生长有大型乔木。

【堤岸】两岸没有连续道路,可达性很差,岸边或河道本身直接就是用地,整体植被状况较好。

【堤外土地利用】用地以农田和人工林地以及村镇为主。

【剖面图】

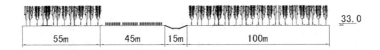

图 5.105　聊城运河魏湾——马颊河段两岸 100m 范围剖面图

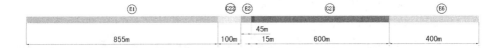

图 5.106　聊城运河魏湾——马颊河段两岸 1000m 范围剖面图

图 5.107　聊城运河魏湾——马颊河段典型照片

C.沿河遗产分布

表 5.36 聊城运河魏湾——马颊河段主要文化遗产分布表

遗产名称	遗产类型	与运河关系类型	地址	时代	保存状况	文物级别	备注
土闸	运河水利工程遗址	功能相关	土桥北至戴家湾17.5km,南至梁家乡6km。	明成化九年(1473)建	原物破坏严重	市县级文物保护单位	已考察

(8) 聊城运河马颊河——辛闸段

A.河段概况

此河段属于小运河,即元代所开会通河,后经明清两代的利用整治,建国后航运停止,河道经过再次疏浚改造,农业灌溉和排涝成为河道的主要功能。1967年在进行马颊河治理时,小运河被截断,河道完全废弃。遗留的水工建筑遗址尚存,但损毁严重。

B.河道剖面

【河道】河道宽15—20m,为自然河道,河床深3m。河道中基本无水,局部低洼处有积水,水量很少,水质较差,有家禽活动。大部分河道河床中都长满了野草或是人工种植的树苗。

【河漫滩】无。

【护坡】护坡较陡,有较好自然植被。

【堤岸】两岸没有连续道路,可达性很差。

【堤外土地利用】周边用地以农田和村镇为主。

【剖面图】

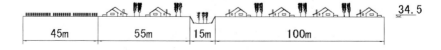

图 5.108 聊城运河马颊河——辛闸段两岸100m范围剖面图

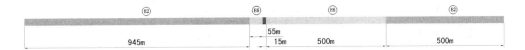

图 5.109　聊城运河马颊河——辛闸段两岸 1000m 范围剖面图

图 5.110　聊城运河马颊河——辛闸段典型照片

C. 沿河遗产分布

表 5.37　聊城运河马颊河——辛闸段主要文化遗产分布表

遗产名称	遗产类型	与运河关系类型	地址	时代	保存状况	文物级别	备注
梁家乡闸	运河水利工程遗址	功能相关	山东省聊城市东昌府区梁水镇梁闸村中部偏南	明宣德四年（1429）建	原物破坏严重	市县级文物保护单位	已考察
辛闸	运河水利工程遗址	功能相关	聊城市东昌府区北杨集乡辛闸村西古运河道	明永乐十六年（1418）建	原物破坏严重	市县级文物保护单位	已考察

(9) 聊城运河辛闸——周公河段

A.河段概况

此河段属于小运河,即元代所开会通河,后经明清两代的利用整治,建国后航运停止,河道经过再次疏浚改造,农业灌溉和排涝成为河道的主要功能。目前农业灌溉的功能渐渐被取代,上游不放水,使得大部分河道无水。遗留有水工建筑遗址,但部分损毁。

B.河道剖面

【河道】河道宽 15—20m,为自然河道,河床深 3m。河道靠近周公河段水量较大,水质混浊,但无臭味。北段水少,低洼处有积水,水量很少,水质较差,有家禽活动。无水的大部分河道,河床中都长满了野草或是人工种植的树苗。

【河漫滩】无。

【护坡】护坡较陡,自然植被较好。

【堤岸】两岸没有连续道路,可达性很差。

【堤外土地利用】周边用地以农田和村镇为主。

【剖面图】

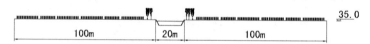

图 5.111 聊城运河辛闸——周公河段两岸 100m 范围剖面图

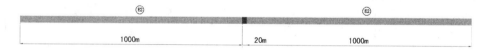

图 5.112 聊城运河辛闸——周公河段两岸 1000m 范围剖面图

C.沿河遗产分布

此段河道沿线无遗产分布。

(10) 聊城运河周公河——兴华街桥段

A.河段概况

此河段属于小运河,即元代所开会通河,后经明清两代的利用整治,建国后航运停止,河道经过再次疏浚改造,农业灌溉和排涝成为河道的主要功能。

图 5.113　聊城运河辛闸——周公河段典型照片

目前农业灌溉的功能渐渐被取代,在兴华街桥处人为将河道隔断,河道中已经多年无水。没有历史遗留的水工建筑遗址,现代的水利灌溉设施有不少,但废弃已久。

B. 河道剖面

【河道】河道宽 15—20m,为自然河道,河床深 3—4m。河床中基本都被开垦成农田。河道北段河床有取土破坏的痕迹。

【河漫滩】无。

【护坡】河道北段护坡较陡,南段护坡较缓,堤岸明显高出两侧用地,护坡上自然植被较好。

【堤岸】两岸有连续土质路面,路况很差,有些地方实际就成了田埂路,可达性较差。堤岸上有高大乔木,但不连续,有被砍伐的痕迹。

【堤外土地利用】河段两侧用地类型以农田和村落为主。

【剖面图】

图 5.114　聊城运河周公河——兴华街桥段两岸 100m 范围剖面图

图 5.115　聊城运河周公河——兴华街桥段两岸 1000m 范围剖面图

图 5.116　聊城运河周公河——兴华街桥段典型照片

C. 沿河遗产分布

此段河道沿线无遗产分布。

（11）聊城运河兴华街桥——山陕会馆南段

A. 河段概况

此河段属于小运河，即元代所开会通河，经明清两代的利用整治，建国后航运停止，河道经过再次疏浚改造，主要承担灌溉和排涝的功能。1962年引黄灌溉停止，河段的主要功能是城市排涝。1970年恢复引黄灌溉后，河段又增加了向环城湖供水的功能。目前河道经过改造，已经成为聊城市区重要的旅游观光线路，以城市景观和市民休憩为主要功能。水工建筑没有遗存，两岸留有不少历史遗迹。

B. 河道剖面

【河道】河道规则，宽45—60m。驳岸为垂直石砌，临水有栏杆，岸边有连续的石面步道，宽2m，有路灯提供夜间照明。水面与步道路面相差30cm左右，亲水性较好，并且有固定的游船码头。水质较好，无异味，并与环城湖相连通,流动性较好。

【河漫滩】无。

【护坡】护坡较缓,被人工种植的花草和灌木覆盖,底部沿步道栽有成排柳树,树已成荫。

【堤岸】两侧堤岸上均有连续的城市道路,在道路和河道之间还有连续的开放绿地空间,宽10m左右,种植花草灌木和各类乔木,以及保存下来的古树。

【堤外土地利用】河段流经大半个城市,经过的用地大部分都属于城市中心区范围,用地性质有居住、文教、行政办公、公共服务以及文物古迹。

【剖面图】

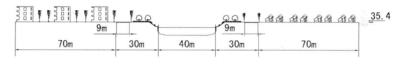

图5.117　聊城运河兴华街桥——山陕会馆南段两岸100m范围剖面图

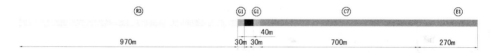

图5.118　聊城运河兴华街桥——山陕会馆南段两岸1000m范围剖面图

图5.119　聊城运河兴华街桥——山陕会馆南段典型照片

C. 沿河遗产分布

表 5.38 聊城运河兴华街桥——山陕会馆南段主要文化遗产分布表

遗产名称	遗产类型	与运河关系类型	地址	时代	保存状况	文物级别	备注
小码头	运河水利工程遗址	功能相关	位于聊城东关运河西岸大码头街	明、清	修旧如故	市县级文物保护单位	已考察
大码头	运河水利工程遗址	功能相关	山东省聊城市大码头街	明、清	修旧如故	市县级文物保护单位	已考察
通济闸	运河水利工程遗址	功能相关	所在位置目前是东关大桥	明永乐十六年（1418）建	原物不存,但遗址可考	——	已考察
山陕会馆	古建筑	历史相关	位于聊城东关古运河西岸	山陕商人建于清乾隆八年（1743），其后多次重修扩建,馆内保存有历年重修大小碑刻19块	原物保存良好	国家级文物保护单位	已考察
光岳楼	古建筑	历史相关	聊城旧城中央	始建于明洪武七年（1374），明成化二十二年（1486）重修；其后又进行多次维修,最后一次从1984年5月动工到1985年12月竣工,历时19个月	原物保存良好	国家级文物保护单位	已考察

（续　表）

遗产名称	遗产类型	与运河关系类型	地址	时代	保存状况	文物级别	备注
聊城铁塔		历史相关	位于聊城市东关古运河河畔，原护国隆兴寺内东南角	据推测，当在南宋或辽金始建；原塔在明代永乐年间（1403—1424）倒塌，天顺年间（1457—1464）重修	原物保存较好	省级文物保护单位	已考察
小礼拜寺（聊城清真东寺）	古建筑	历史相关	聊城东关大街路北，古运河西岸，铁塔以南	始建于明永乐年间（1403—1424）	原物破坏严重	市县级文物保护单位	已考察
闸北古槐		空间相关	大码头遗址附近，运河西岸	500年树龄	原物保存良好	市县级文物保护单位	已考察
基督教堂	近现代重要史迹	空间相关	聊城市山陕会馆北行50m	清末	修旧如故	市县级文物保护单位	已考察
王口古槐		空间相关	聊城市隆兴寺铁塔以北1km处运河西岸	当地人称唐槐，不可考	原物保存良好	市县级文物保护单位	已考察
海源阁	古建筑	历史相关	位于聊城旧城万寿观街路北	始建于清道光二十年（1840），1992年聊城市政府重新修复	完全重建	省级文物保护单位	已考察
傅以渐墓及傅氏先茔	古墓葬	空间相关	位于聊城旧城城南1.5km傅家坟	清	原物保存较好	市县级文物保护单位	已考察

（12）聊城运河山陕会馆南——沉沙池段

A. 河段概况

此河段属于小运河，即元代所开会通河，经明清两代的利用整治，建国后航运停止，河道经过再次疏浚改造，主要承担灌溉和排涝的功能。1962年引黄灌溉停止，河段的主要功能是城市排涝。1970年恢复引黄灌溉后，河段又增加了向环城湖供水的功能。目前河道正在进行改造，目标是实现河道的城市景观和市民休憩功能。水工建筑没有遗存，有现代的控水节制闸，调配经过沉淀净化的河水进入城市。

B. 河道剖面

【河道】河道规则，宽40—50m，水量大且深。水质较好，无异味，上接沉沙池流下的水，下连环城湖，流动性较好。

【河漫滩】无。

【护坡】护坡和驳岸正在施工，目前尚未形成植被。

【堤岸】两侧堤岸上道路不连续，甚至无路，无河堤防护林。

【堤外土地利用】周边的用地类型以居住为主，因为接近郊区，居住区环境较差，还有大片拆迁地块，用地性质尚不明确。

【剖面图】

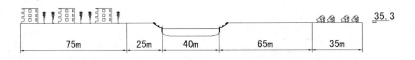

图5.120　聊城运河山陕会馆南——沉沙池段两岸100m范围剖面图

图5.121　聊城运河山陕会馆南——沉沙池段两岸1000m范围剖面图

图 5.122　聊城运河山陕会馆南——沉沙池段典型照片

C. 沿河遗产分布

此段河道沿线无遗产分布。

（13）聊城运河沉沙池——周店段

A. 河段概况

此河段属于小运河，即元代所开会通河，经明清两代的利用整治，建国后航运停止，河道经过再次疏浚改造，主要承担灌溉和排涝的功能。1962年引黄灌溉停止，河段的主要功能是排涝。1970年恢复引黄灌溉后，河段又增加了向城市引水的功能。目前河段内有四河头水利枢纽仍在运行，原有的闸坝遗址也留存有一些，保存状况不尽相同。

B. 河道剖面

【河道】河道平直，宽度30—40m，深4—5m。水量受人为控制因素的影响大，水中含沙量高，颜色发黄混浊，但无异味。河床上沙子淤积较厚。

【河漫滩】无。

【护坡】护坡为水泥砌注，坡度较陡。

【堤岸】两侧堤岸上有连续的沙质土路，宽3m左右，路外侧有人工林带，尚未成林。

【堤外土地利用】河段流经的用地类型大部分为农田、林地。

【剖面图】

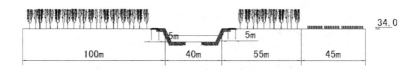

图 5.123　聊城运河沉沙池——周店段两岸 100m 范围剖面图

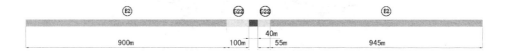

图 5.124　聊城运河沉沙池——周店段两岸 1000m 范围剖面图

图 5.125　聊城运河沉沙池——周店段典型照片

C. 沿河遗产分布

表 5.39　聊城运河沉沙池——周店段主要文化遗产分布表

遗产名称	遗产类型	与运河关系类型	地址	时代	保存状况	文物级别	备注
李海务闸	运河水利工程遗址	功能相关	聊城市东昌府区李海务镇	元元贞二年（1296）建	原物不存，但遗址可考	非文物保护单位，无人管理	已考察
周店闸	运河水利工程遗址	功能相关	聊城市东昌府区周店镇	元大德四年（1300）建，民国二十五年（1936）修	原物保存较好	市县级文物保护单位	已考察

（14）聊城运河周店——张秋闸堤口段

A. 河段概况

此河段属于小运河，即元代所开会通河，经明清两代的利用整治，建国后航运停止，在张秋建闸从金堤河引水以满足灌溉和排涝的功能。1960—1970年代，此段运河又经过多次清淤和裁弯，最终下游改道流入赵王河。目前河段功能仍以灌溉和排涝为主，遗留下的水工建筑以老闸的遗迹为主。

B. 河道剖面

【河道】河道自然曲折，宽 15—25m，夏伏季节水量大，水质差，浑浊发黑，有臭味。

【河漫滩】河道南段有河漫滩地，宽 30—50m，自然植被较好，大部分是农田用地，有大型乔木生长。

【护坡】两岸为自然护坡，坡度很缓，植被较好。

【堤岸】河道两侧没有连续的道路，可达性很差。河堤防护林不连续。

【堤外土地利用】周边用地以农田和村镇为主。

【剖面图】

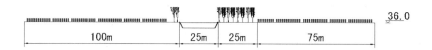

图 5.126　聊城运河周店——张秋闸堤口段两岸 100m 范围剖面图

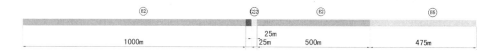

图 5.127　聊城运河周店——张秋闸堤口段两岸 1000m 范围剖面图

图 5.128　聊城运河周店——张秋闸堤口段典型照片

C. 沿河遗产分布

表 5.40 聊城运河周店——张秋闸堤口段主要文化遗产分布表

遗产名称	遗产类型	与运河关系类型	地址	时代	保存状况	文物级别	备注
七级闸	运河水利工程遗址	功能相关	阳谷县城东北60里，七级镇东北15里	元大德元年(1297)建，明永乐九年(1411)、嘉靖十三年(1534)、清康熙十一年(1672)重修	原物保存较好	市县级文物保护单位	已考察
刘楼闸	运河水利工程遗址	功能相关	阳谷县阿城镇刘楼村；阿城下闸位于阿城北11里	元大德三年(1299)建，明永乐九年(1411)、嘉靖十三年(1534)、清康熙十一年(1672)重修	原物破坏严重	非文物保护单位，无人管理	已考察
阿城闸	运河水利工程遗址	功能相关	阳谷县阿城镇；阿城上闸位于阿城镇北8里	元大德二年(1298)建，明永乐九年(1411)、嘉靖十三年(1534)、清康熙十一年(1672)重修	原物保存较好	非文物保护单位，无人管理	已考察
张秋下闸	运河水利工程遗址	功能相关	阳谷县张秋镇下闸村西，阿城镇宋庄村东，南距张秋上闸约1000m；荆门下闸位于张秋北11里	元大德三年(1299)建，明永乐九年(1411)、嘉靖十三年(1534)、清康熙十一年(1672)重修	原物保存较好	市县级文物保护单位	已考察

（续　表）

遗产名称	遗产类型	与运河关系类型	地址	时代	保存状况	文物级别	备注
张秋上闸	运河水利工程遗址	功能相关	阳谷县张秋镇下闸村西，阳谷县城东50里；荆门上闸位于张秋北8里	元大德六年（1302）建，明永乐九年（1411）、嘉靖十三年（1534）、清康熙十一年（1672）重修	原物保存较好	市县级文物保护单位	已考察
金堤闸	运河水利工程遗址	功能相关	阳谷县张秋镇	现代	完全重建	非文物保护单位，无人管理	已考察
张秋古桥	运河水利工程遗址	功能相关	阳谷县张秋镇	不详	原物保存较好	市县级文物保护单位	已考察
七级镇古街	古建筑	历史相关	阳谷县七级镇	清	原物保存较好	市县级文物保护单位	已考察
海会寺	古建筑	历史相关	阳谷县阿城镇	清康熙年间（1662—1722）	原物破坏严重	市县级文物保护单位	已考察
张秋镇	古建筑	历史相关	阳谷县	明	原物破坏严重	市县级文物保护单位	已考察
清真东寺	古建筑	历史相关	阳谷县张秋镇	始建于明弘治八年（1495）	改建恢复	非文物保护单位，但有相应机构或个人维护	已考察

(续　表)

遗产名称	遗产类型	与运河关系类型	地址	时代	保存状况	文物级别	备注
清真南寺	古建筑	历史相关	阳谷县张秋镇	不详	原物破坏严重	市县级文物保护单位	已考察
陈家老宅	古建筑	历史相关	阳谷县张秋镇	清	原物保存较好	市县级文物保护单位	已考察
张秋五体十三碑	石刻	历史相关	阳谷县张秋镇	明正德十一年（1516），杨淳修季子祠，并立碑留诗；明隆庆年间、万历年间、清康熙年间，陆续有骚人墨客在此续修季子祠，并题诗镌碑，其中的十三块碑刻保存至今，字体囊括楷、行、草、隶、篆	原物保存较好	市县级文物保护单位	已考察
张秋山陕会馆	古建筑	历史相关	张秋镇南街，东距运河70m	不详，约为清康熙年间（1662—1722）	原物破坏严重	非文物保护单位，无人管理	已考察
景阳冈遗址	古遗址	空间相关	阳谷县张秋镇景阳冈村西	1973年鉴定为"龙山文化"遗址	原物保存较好	非文物保护单位，但有相应机构或个人维护	已考察

（15）聊城运河郭庄闸——周店段

A.河段概况

此河段乃建国后开挖（1949—1960），主要功能为灌溉和调水的渠道，河道规整，局部为自然护岸，可达性一般。

B.河道剖面

【河道】河道平直，宽度40m，深4—5m。主要功能是引水和灌溉，水量受人为控制，水质以当时黄河位山段水质为准，大体维持在Ⅲ类和Ⅳ类之间。

【河漫滩】无。

【护坡】护坡很规则，水泥砌筑，坡度较陡。

【堤岸】堤岸上有连续的道路，近3m宽，不通车，无河堤防护林。

【堤外土地利用】周边用地以居住为主，多是老街区，建筑大部分都是低层房屋。

【剖面图】

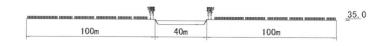

图5.129　聊城运河郭庄闸——周店段两岸100m范围剖面图

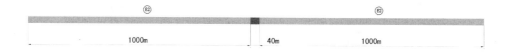

图5.130　聊城运河郭庄闸——周店段两岸1000m范围剖面图

C.沿河遗产分布

此段河道沿线无遗产分布。

（16）聊城运河周店——位山引黄闸段

A.河段概况

此河段乃建国后（1949—1960年）开挖，主要功能为灌溉和调水的渠道，河道规整，为人工硬化护岸，堤上有连续路，可达性较好。

图 5.131　聊城运河郭庄闸——周店段典型照片

B. 河道剖面

【河道】河道平直,宽度 25—30m,深 4—5m。目前因施工而将二闸口以上人为封堵,所以河床内水量少,大部分是周围排入的污水。

【河漫滩】无河漫滩。

【护坡】护坡很规则,坡度较平缓,覆盖自然草类植被。

【堤岸】堤岸上有连续的道路,近 3m 宽,不通车,无河堤防护林。

【堤外土地利用】周边用地以居住为主,多是老街区,建筑大部分都是低层房屋。

【剖面图】

图 5.132　聊城运河周店——位山引黄闸段两岸 100m 范围剖面图

图 5.133　聊城运河周店——位山引黄闸段两岸 1000m 范围剖面图

图 5.134　聊城运河周店——位山引黄闸段典型照片

C. 沿河遗产分布

此段河道沿线无遗产分布。

5.4　梁济运河段

5.4.1　背景概况

梁济运河北起梁山县路那里村东,南至济宁郊区李集村西南入南阳湖与湖内运河相接,全长 87.8km。其干流从 1959 年到 1986 年分四次进行治理,1960 年春,为了排泄东平湖的滞黄退水,疏浚了梁济运河长河口至长沟镇 36km 的河道(《济宁市水利志》,1997)。为使梁济运河与黄河沟通,兴建了国那里入黄船闸。梁山至济宁开始通航,后由于河道逐渐淤积,于 1981 年停止使用。以后逐渐改为防洪功能为主的河道(《梁山县水利志》,1992)。

5.4.1.1　历史沿革

梁济运河主要是指山东省梁山县至济宁市之间的一段运河。此段运河曾有济州渠、济州河之称,其部分工程隋初就有修建;济州河为元代新开,但之前运道东有汶、洸沟通,西有桓公沟及古济水通航。元人称济州(治济宁)至须城(今东平县)安山镇一段为济州河,安山以北至临清为会通河,后来二河常混称会通河;明代二河成为一河之两段。济州渠于至元十三年(1276)正月动工,二十年八月开成(姚汉源,1998),起于济宁,终于安山,长150余里,南接泗水,北通大清河(《山东省志·水利志》,1994)。明永乐九年(1411)曾对北起临清、南至济宁的运河进行全面疏浚和局部改线;清代对会通河的主要贡献是管理和维护,后来由于黄河决口的影响,于光绪二十七年(1901)停运(《山东省志·水利志》,1994)。济宁至安山间老运河连通北五湖和南四湖,1958年以前尚可通行30吨以下的木船,在梁济运河修建后全部废弃(《济宁市水利志》,1997)。今所称梁济运河为开挖于1959年的新运河,北起梁山县路那里村东,南至济宁郊区李集村西南入南阳湖与湖内运河相接,全长87.8km。1967年因航运需要按六级航道(100吨驳船,一拖五驳)标准整治。1970年梁山至济宁开始通航,但由于河道淤积和入黄船闸达不到黄河防汛要求等原因,于1981年封堵并停止使用。1989—1990年对运河进行了第四次治理。

5.4.1.2 自然条件

(1) 河道水系

梁济运河北起梁山县路那里村东,流经梁山、汶上、嘉祥和济宁城区,南至济宁郊区李集村西南入南阳湖与湖内运河相接,全长87.8km,是1959年开挖的防洪排涝、灌溉航运以及南水北调输水的大型综合利用骨干河道。梁济运河现在有大小支流38条,流域面积3306km^2。其中主要支流有:

表5.41 梁济运河主要支流水系

河名	起讫	省内河长(km)	省内流域面积(km^2)
宋金河	发源于郓城县临集附近,现河道为陈营到路那里入梁济运河。	18	626
戴码河	北起梁山县戴庙乡孟垓,沿梁(山)戴(庙)公路西侧向南经小安山隔堤涵洞后,沿东平湖大堤至柳长河泄水闸入梁济运河,称戴柳排水沟。1973年改称戴码河,为季节性河道。	14	79.5
金码河	于1973年春开挖,上游起自黑虎庙乡侯庄北的金堤,至梁山县的后码头村北入梁济运河。	14.6	77

(续　表)

河名	起讫	省内河长(km)	省内流域面积(km²)
龟山河	位于梁山县城西,原为排水沟。南起穆屯向北至龟山北折向东,在任庄北入梁济运河。	12.5	50.9
柳长河	为解决东平湖库区排涝问题于1964年开挖河道,北起八里湾引湖闸南至张桥,经柳长沟泄水闸入梁济运河。	20	225.58
流畅河	从汪海屯向东至后孙庄,沿梁兖公路南侧向东入梁济运河。	8.6	56.3
琉璃河	于1966年新开挖河道,上游起自赵坝,接金堤西河,向南走宋金河至倪楼,经褚庄在高店村东南入梁济运河。	34.45	250
郓城新河	原名新河,西起郓巨河东岸的唐店,向东于梁山县方庙乡琉璃井村西入境,沿南边界至信楼乡陆庄东南入梁济运河。	27.9	229
湖东排水沟	于1960年开挖,北起东平县大清河南岸的吴家漫至张坝口,向南沿梁山、汶上边界经开河于东司垓村西南入梁济运河。	49	312
小汶河	位于大汶河与梁济运河之间,纵贯汶上县南北,源于宁阳县泗皋集东北,经军屯、杨店、郭仓、寅寺、刘楼至南旺镇十里闸村东南入梁济运河。	89.5	238
泉河	由南泉河、北泉河、总泉河组成。北泉河源于曹营;南泉河源于西疏集;南北泉河在鹅河汇合后至梁济运河称总泉河。	32 24.5 11.3	252 217.75 626
赵王河	河道原系直接入南阳湖河道,1959年冬至1960年春于马村改道入梁济运河。西起巨野县沙土集,经巨野、嘉祥、市郊区于陈庄入梁济运河。	29.3	424
南跃进河	源于济宁市郊区李营镇白家洼,经二十里铺南沿长沟、南张乡镇界于军王村西入梁济运河。	17	110.5
幸福河	源于南张乡王增村南,于凤凰台村入梁济运河。	4.3	—
老运河	北起安居镇火头湾,南至西五里营入梁济运河。	—	—

数据来源:《济宁市水利志》,1997。

(2) 气候状况

梁济运河主要位于济宁市,地处暖温带大陆性季风气候区,具有四季分明、光照充足、雨热同季、降水集中、干湿交替、无霜期长、偶有灾害的特点。历年平均初霜日为10月28日,终霜日为4月11日,无霜期199天。历年平均土壤冻结日为11月下旬,解冻日为3月上旬,冻土期1—10天,冻土深一般20—30cm(《山东各地概况》,1999)。

表 5.42　梁济运河流经区县气候状况

县区	气候类型	年均降雨量(mm)	年均温(℃)	最热月平均温(℃)	最冷月平均温(℃)	0度积温(℃)	全年日照(h)	全年总辐射(kc/cm²)	平均无霜期(d)
梁山县	暖温带半湿润大陆性季风气候	601.1	13.4	26.8	-1.9	5084.3	2505.9	-	205
汶上县		613.9	13.3	26.8(极端高温42.5)	-2.1(极端低温-18.9)	-	2280.4	117.73	195
嘉祥县		661	13.9	26.9(极端高温43.1)	-1.1(极端低温-18.3)	-	2405.2	-	211.6
任城区		719.3	13.5	26.6(极端高温41.6)	-1.3(极端低温-18.2)	-	2318.3	118.4	213
东平县		640.5	13.3	31.6(极端高温41.0)	-6.3(极端低温-16.5)	4994.8	2474.2	120.63	199

数据来源:梁山县数据来源于《梁山县水利志》,下限止于1985年;汶上县数据来源于《汶上县志》,下限止于1985年;嘉祥县数据来源于《嘉祥县志》,下限止于1990年;任城区数据来源于《任城区志》,上限起于1840年,下限止于1995年;东平县数据来源于《东平县志》,下限止于1985年。

(3) 水旱灾害

济宁市主要有旱灾、涝灾、雹灾、风灾和震灾。旱灾平均4—5年一遇;春旱危害最大,发生频率平均为41.8%,2—3年一遇,平均受旱面积约占耕地面积的30%。涝灾平均3—4年一遇,常发于春、夏、秋季,平均频率分别为15%、20%和26%。

梁山县涝灾一般发生在春、秋,以秋季为多。旱灾多发于春、夏,以春季为多。风灾多发于春、秋两季,风向一般自西向东,有时伴有雷雨、冰雹。

嘉祥县旱灾较频繁，自置县至 1949 年 802 年间，有记载的旱灾 120 次，平均 6.7 年一遇。建国后发生中等以上旱灾 13 次，平均 3.8 年一遇。因地处南四湖地区下游，极易积水成灾。建国前 802 年间共出现大小涝灾 137 次，平均 5.9 年一遇。建国后涝灾基本得到控制。建国前 802 年间共发生洪灾 37 次，平均 21.7 年一遇。建国后发生两次，因加强了治理防护，未发生过河道决口与改道。

汶上县主要有旱涝。建国前旱灾为 12 年一遇，水灾 11 年一遇。1951 年以来，因暴风雨出现偏涝年 4 次，大涝年 3 次，偏旱年 14 次。

任城区春旱平均 2—3 年一遇，秋旱平均 3 年一遇；夏涝约 5 年一遇。1957 年 7 月 10—25 日，连降暴雨 660mm，造成泗河、府河数处决口，南阳湖及湖西各河堤普遍漫溢，农田受灾面积 5.51 万 hm^2，其中绝产 4.03 万 hm^2；受灾人口 33.4 万人，倒塌房屋 9 万间。冰雹多由西北汶上县两条路线入境，东路 2—3 年发生一次，西路 3—5 年发生一次，造成严重灾害的约 10 年一遇。初霜冻 5—10 年一遇，晚霜冻约 5 年一遇。重干热风 4—5 年一遇。

泰安市东平县建国后旱灾 4 年一遇，涝灾 2 年一遇（《山东各地概况》，1999）。

5.4.1.3 社会经济

表 5.43 梁济运河与废弃老运河流经区县经济情况（2002）

县区	总人口（万）	非农业人口（万人）	城市化水平（%）	人口密度（千人/km²）	国内生产总值（亿元）	第一产业总产值（亿元）	第二产业总产值（亿元）	第三产业总产值（亿元）	人均GDP（元）	城镇居民人均可支配收（元）	农民人均纯收入（元）
梁山县	71.34	8.3	11.6	0.74	37.6	12.52	12.82	12.26	5271	6495	2266
汶上县	72.9	8.0	11.0	0.83	33.9	10.20	10.31	13.39	4650	5871	2732
嘉祥县	78.04	7.7	9.9	0.80	33.35	9.07	12.61	11.67	4273	6111	2665
任城区	63.38	8.6	13.6	0.72	45.95	9.65	18.38	17.92	7250	7285	3200
东平县	77.00	10.8	14.0	0.61	43	12.04	16.34	14.62	5584	6010	2531

数据来源：《山东省年鉴》，2003。

5.4.1.4 水环境

(1) 运河水质

济宁市十二个县市区中,每日排放生活污水和工业废水大于10万吨的有济宁市中区,5—10万吨的有兖州和邹县,1—5万吨的有7个县,小于1万吨的有4个县。经分析,境内河道、湖泊和水库无一符合国家水环境一类和二类标准,有机物污染均有检出。其中尼山水库、洙赵新河、南阳湖、微山湖水质较好;二级湖在二级坝附近局部水域水质较差;东鱼河和万福河也受污染;其他河道如泗河、白马河、洸府河、老运河、西支河、梁济运河水质污染严重(《济宁市水利志》,1997)。

(2) 运河污染源

根据1987年《山东省工业污染源调查与评价》,排入南四湖的废水达1.38亿吨,工业废水对环境的污染以有机物污染为主,属有机污染。废水中主要有害物质为:化学耗氧量、硫化物、石油类、氨氮、挥发酚等(《山东省志·环境保护志》,1999)。

表 5.44 梁济运河污染情况

	排污口数	日污水量（万吨）	日均污染物排放量						
			CODcr	酚	NH3-N	Hg	氰化物	As	Cr6+
梁济运河	7	3.301	56878	28.55	2266	0	0.0322	0.230	0.722

数据来源:《济宁市水利志》,1997。

(3) 地下水水位

全淡型地下水主要分布于黄河以南的鄄城—梁山一带。浅层淡水,咸水体(矿化度大于 $2g/l$)以上的含水层直接受到大气降水的补给,含水砂层最厚地段为古河道带,砂层累计厚度一般为15—20m,局部达25—30m,单层厚度3—10m;富水性强,单井出水量1000—3000m^3/日,局部为500—1000 m^3/日。水位埋深1—4m,上部为潜水,下部为承压水,矿化度1—2g/l。深层淡水,顶界面埋深100—300m,含水层岩性为粉砂、粉细砂、细砂、中细砂和中砂等多层结构。鲁西南地区主要分布在东明—梁山及东明—曹县一带,砂层累计厚度一般为20—40m,水位埋深1—5m(《山东省志·地质矿产志》,1992)。

汶上县地下水位随降雨大小升降,可利用地下水资源总量 2.9 亿 m³。嘉祥县地下水多年平均埋深 2.34m,年变幅度 2—4m,最大 5m,可利用量 1.18 亿 m³。任城区北部山麓冲积平原基岩埋深 145—303m,中细沙含水层 15—20m;湖东平原基岩埋深 180—250m,中细沙含水层 7—15m;湖西黄泛平原基岩埋深 300—493m,粉细沙含水层 5—20m。东平湖底地下水埋深 2—3m,可利用开采量 1.67 亿 m³(《山东各地概况》,1998;《嘉祥县志》,1997;《东平县志》,1989;《任城区志》,1999;《汶上县志》,1996)。

5.4.2 运河现状

5.4.2.1 运河河道分段

表 5.45 梁济运河河道分段表

序号	河段名称	开凿年代	主要特点说明
1	梁山县到济宁段	1959 年	宽约 40m,自然护岸,主要穿过农村地区,水量极少,污染严重,主要功能是排污、排洪和灌溉。
2	济宁郊区到湖口段	1959 年	宽约 100m,自然护岸,主要穿过农村地区,水量充足,污染较严重,主要功能是排洪、灌溉和航运。
3	安山老运河段	明永乐年间(1403—1424)	宽约 20m,自然护岸,穿过农村地区,水量充足,污染严重。与东平湖相连,主要功能是通航。
4	黄河以南到济宁以北老运河段	元至元二十年(1283)	初为元代济州河,明代后为京杭运河最繁华的一段,1959 年后废弃,现已被严重破坏,仅存少量遗迹。
5	济宁市区老运河	初为古泗水的一部分,后并入京杭运河	宽约 20m,石砌堤岸,垂直护坡,局部有亲水台阶,穿过济宁城市建成区,水量一般,污染严重,主要功能是排洪与游憩。
6	济宁郊区老运河段	初为古泗水的一部分,后并入京杭运河	宽约 30m,自然护岸为主,穿过郊区和农村地区,污染较严重,主要功能是排洪、排污和游憩。

5.4.2.2 运河分段详述

(1) 梁济运河梁山县——济宁段

A. 河段概况

梁济运河原来的治理标准偏低,加之十多年的淤积,成为目前山东淮河流域大型骨干河道中排水标准最低的河道,亟须重新治理。

目前济宁段以上部分水流量太小不能通航,主要用于防洪和灌溉。

B. 河道剖面

【河道】水面漂浮黑色絮状物质,偶尔可见大块黑色油斑,有强烈异味(梁山县城东运河桥附近河道);水体呈绿色,没有看到垃圾、浮游水生物、絮状污染物(梁山县后码头段运河桥附近)。梁济运河李集断面水质呈Ⅴ类(《南水北调东线工程山东段水污染防治总体规划》,2003),水量较少,水浅,可以看到河底。河道目测距离为40m。

【河漫滩】无河漫滩存在,河段淤积严重。

【护坡】自然护坡,自然生长灌木、杂草;主要涵洞附近护岸为水泥或砌石。

【堤岸】两岸为土质路面,路面宽度约为5m;两岸均有密集防护林,树种主要是杨树、柳树等。

【堤外土地利用】主要为农田、人工林,农田分布在河道两侧,是主要的用地形式。

【水工建筑】梁济运河上共有各种建筑物102座,其中节制闸1座、船闸1座、排灌站27座、提水站31座、排水涵洞34座、铁路桥1座、公路桥7座。上述水工建筑均由所在地区或所在县建于1960和1970年代初期(《济宁市水利志》,1997)。

郭楼节制闸:位于梁山县郭楼村附近梁济运河上,开敞式,钢筋混凝土结构,5孔,每孔净宽5m,高6.7m,闸底高程33m。附建公路桥一座,桥面宽4m,荷载标准汽-8级(《济宁市水利志》,1997)。

郭楼船闸:位于梁山县郭楼附近梁济运河上,为六级船闸,单闸室,闸室长115m,宽12m,高8m,闸底高程31.5m。闸门为人字形钢闸门(《济宁市水利志》,1997)。

国那里入黄船闸:位于梁山县戴庙乡国那里村西,梁济运河与黄河南大堤衔接处。单孔,孔宽12m,孔高11.3m,闸室长120m,底高程35.5—39m,上闸首附汽-15级公路桥,桥面宽7m,为钢筋混凝土结构。1981年在闸前围堵,停止使用(《梁山县水利志》,1992)。

八里湾引水闸:位于梁山县原大安山乡八里湾村北、柳长河与东平河二级湖堤衔接处,建于1967年7月,为钢筋混凝土箱式涵洞。2孔,每孔净宽2.25m,高2.5m,洞身长26m,闸底高程37m。用于引老东平湖水济运通航和新湖区灌溉(《梁山县水利志》,1992)。

【剖面图】

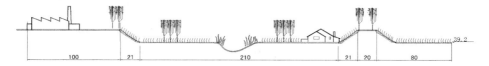

图5.135　梁济运河梁山县东郊段两岸100m范围剖面图

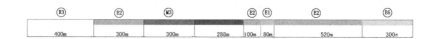

图5.136　梁济运河梁山县东郊段两岸1000m范围剖面图

图5.137　梁济运河梁山县东郊段典型照片

C. 沿河遗产分布

此段河道沿线文化遗产较少,此次考察过程中未发现有历史价值的水工建筑。

(2) 梁济运河济宁郊区——湖口段

A. 河段概况

此段运河可用于航运。梁济运河承接着南四湖湖西地区北部的主要排水河道,并且是东平湖水库滞蓄黄河水以后可以向南四湖退泄部分洪水的通道,另外还是规划中的南水北调工程南四湖至东平湖的输水干线。

此段运河自赵王河口向东南行 4km,从长沟镇和张山之间穿过,又行 1km,穿过老运河,再行 1km,南跃进河自左汇入,最后汇入南阳湖(《济宁市水利志》,1997)。

B. 河道剖面

【河道】水面呈昏黄色,没有见到排污口,附近河道有人划船捕鱼(济宁运河特大桥附近),水质为Ⅴ类(《南水北调东线工程山东段水污染防治总体规划》,2003)。泄洪 1000m³/s 时赵王河口水位为 39.15m,入湖口水位为 35.99m(《沂沭泗水利志》,1996)。

【河漫滩】无。

【护坡】自然护坡为主。赵王河口边坡临水坡坡度为 1:3,背水坡坡度为 1:2;入湖口临水坡坡度为 1:3,背水坡坡度为 1:3(《沂沭泗水利志》,1996)。

【堤岸】靠河道的河堤在两岸一直延伸 60—100m,形成高于河道的泛滥平原,上面种植一些作物或作为堆场和荒地。泛滥平原两边各有一道堤坝,覆盖着茂密的人工林。堤顶高程为 40—41.22m,堤顶路宽 7m,内堤距 300m(《沂沭泗水利志》,1996)。

【堤外土地利用】两侧主要用地类型是农田;沿岸分布零星码头设施,沿河堤两侧种植人工林。

【剖面图】

图 5.138 梁济运河济宁郊区段两岸 100m 范围剖面图

图 5.139　梁济运河济宁郊区段两岸 1000m 范围剖面图

图 5.140　梁济运河济宁郊区段典型照片

C. 沿河遗产分布

此段河道沿线文化遗产较少,此次考察过程中未发现有历史价值的水工建筑。

(3) 梁济运河安山老运河段

A. 河段概况

据历史记载,从明永乐年间(1403—1424)运河改道经过安山之后,南至靳口北去戴庙均 30km 的安山因其地理优势,于成化十八年(1482)建起安山闸,即成市镇。到清朝中、晚期,发展到鼎盛时期,全镇六条街八百多户,经济实力甚至超过了附近的县城。随着济宁地区老运河的废弃和历史地形的变迁,安山的行政设置被取消,这段运河也与东平湖联为一体,运河北岸成了湖中的一个岛,被运河与陆地分隔开来,南岸则和东平湖的湖岸结合为一体。

现有河道为残存老运河的一段,与东平湖相连,水源靠东平湖来补充,成为东平湖的一部分,可通航。主要水工建筑为安山大桥。

B. 河道剖面

【河道】河道水体呈暗绿色,有少量垃圾,生长大量水草,水量充足。河道目测宽度为 20m 左右(安山闸附近河道)。

【河漫滩】无。

【护坡】自然护岸为主,主要涵洞附近护岸为水泥或砌石,生长有草丛。

【堤岸】两岸为土质路面,路面宽度约为 5m;两岸均有密集防护林,树种主要是杨树、柳树。

【堤外土地利用】一侧为农田,另一侧为居住区,零散分布,运河北端与湖泊相连。

【剖面图】

图 5.141　梁济运河安山老运河段两岸 100m 范围剖面图

图 5.142　梁济运河安山老运河段两岸 1000m 范围剖面图

图 5.143　梁济运河安山老运河段典型照片

C. 沿河遗产分布

表 5.46 梁济运河安山老运河段主要文化遗产分布表

遗产名称	遗产类型	与运河关系类型	地址	时代	保存状况	文物级别	备注
安山闸遗址	运河水利工程遗址	功能相关	山东省泰安市东平县安山	始建于明代成化十二年(1476)	完全新建	非文物保护单位,无人管理	已考察
安山运河堤	运河水利工程遗址	功能相关	山东省泰安市东平县安山	不详	完全重建	非文物保护单位,无人管理	已考察

(4) 梁济运河黄河以南到济宁以北老运河段

A. 河段概况

老运河北段遗迹在现在的梁山至济宁,北起梁山黄河右岸十里堡,经戴庙、大安山、袁口、南旺、长沟、济宁再接位于南四湖东边的老运河南段。这段运河最初成型于元代至元二十年(1283)从济宁到安山开挖的济州河,到明代成为京杭运河中极为重要的一段。京杭运河鲁运河段的沿运九镇,这段运河就占了五镇,这里曾经是京杭大运河上最繁华的枢纽地段。随着时间的推移,老运河河道弯曲年久失修,淤塞严重并且疏导困难,已经不能满足通航和排水等功能的需要,一些地段慢慢地不再使用了。民国年间,南旺以上通航就很困难了(刘玉平、贾传宇等,2003)。1958 年汛后,兴建东平湖水库工程,将张坝口以北之运河截入库区内,至此南运河失去通航、排水作用而湮废(《梁山县水利志》,1992)。

B. 河道剖面

【河道】河道大部分已经废弃,废弃河道已被改变用途,填埋成农田、林地、居住区,在部分村镇只留下少量水沟、池塘。

【河漫滩】无。

【护坡】无。

【堤岸】无。
【堤外土地利用】主要的土地利用形式为农田、林地、农村居住区。
【剖面图】

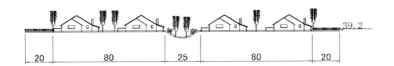

图 5.144　梁济运河靳口老运河段两岸 100m 范围剖面图

图 5.145　梁济运河靳口老运河段两岸 1000m 范围剖面图

图 5.146　梁济运河靳口老运河段典型照片

C. 沿河遗产分布

表 5.47 梁济运河黄河以南到济宁以北老运河段主要文化遗产分布表

遗产名称	遗产类型	与运河关系类型	地址	时代	保存状况	文物级别	备注
靳口古闸遗址	运河水利工程遗址	功能相关	山东省济宁市梁山县馆驿镇靳口村	元	原物不存,但遗址可考	非文物保护单位,无人看管	已考察
袁口古闸遗址	运河水利工程遗址	功能相关	山东省济宁市梁山县韩岗镇袁口村	1506年	原物不存,完全新建	非文物保护单位,无人看管	已考察
开河古闸遗址	运河水利工程遗址	功能相关	山东省济宁市梁山县韩垓镇开河村	元	原物不存,完全新建	非文物保护单位,无人看管	已考察
开河石碑	石刻	历史相关	山东省济宁市梁山县韩垓镇开河村	明	原物破坏严重	非文物保护单位,无人看管	已考察
南旺分水龙王庙	古建筑	历史相关	山东省济宁市汶上县南旺镇	明洪武、天顺年间	原物破坏严重	市文物保护单位,无人看管	已考察
柳林闸遗址	运河水利工程遗址	功能相关	山东省济宁市汶上县南旺镇柳林闸村	明	原物不存,完全新建	非文物保护单位,无人看管	已考察
运河石碑	石刻	历史相关	山东省济宁市汶上县南旺镇柳林闸村	清	原物破坏严重	非文物保护单位,无人看管	已考察
佛庙石碑	石刻	空间相关	山东省济宁市汶上县南旺镇柳林闸村	清	原物破坏严重	非文物保护单位,无人看管	已考察

(续　表)

遗产名称	遗产类型	与运河关系类型	地址	时代	保存状况	文物级别	备注
十里闸遗址	运河水利工程遗址	功能相关	山东省济宁市汶上县南旺镇十里闸村	明	原物不存,完全新建	非文物保护单位,无人看管	已考察
长沟古桥遗址	运河水利工程遗址	功能相关	山东省济宁市任城区长沟镇	明	原物不存,但遗址可考	非文物保护单位,无人看管	已考察
党堌堆遗址	古遗址	空间相关	位于山东省济宁市市郊区长沟镇党堌堆村北约100m	大汶口文化至商周			未考察(《济宁市志》,2002)

(5) 梁济运河济宁市区老运河段

A. 河段概况

南四湖形成前,泗水自济宁北至徐州段即已成为南北运河一段。南四湖形成后,该段泗水故道亦全部湮废。至此,泗水只剩下鲁桥以上河段,即今日的泗河。

自从1958年在城郊开挖新运河(今京杭运河)之后,老运河失去通航的功能,目前还有城市排洪的作用。市区段尤其是市中心老运河段的重要功能是游憩休闲。

B. 河道剖面

【河道】水体呈绿色,较浑浊,有少量垃圾,水质较差,局部地段有明显臭味。河宽目测20m左右(太白楼至东大寺段)。

【河漫滩】无。

【护坡】此段河道为石砌堤岸,垂直护坡,局部有亲水台阶。

【堤岸】堤内河滩和堤上的防护林和景观绿带树种单一,多为柳树,也有少许松柏,长势良好。堤顶路为水泥公路。

【堤外土地利用】市区河段东西向穿过城市中心,沿岸有百货大楼等商业设施,有太白楼、东大寺等古迹,有快活林等沿河的市民休闲公园,还有新的住宅区。总的来看河道周边为建筑较密集的城市景观。

【剖面图】

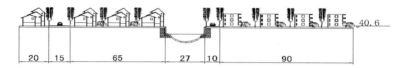

图 5.147　梁济运河济宁市区老运河太白楼段两岸 100m 范围剖面图

图 5.148　梁济运河济宁市区老运河太白楼段两岸 1000m 范围剖面图

图 5.149　梁济运河济宁市区老运河太白楼段典型照片

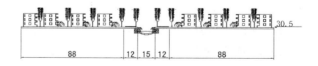

图 5.150　梁济运河济宁市区越河段两岸 100m 范围剖面图

图 5.151 梁济运河济宁市区越河段运河 1000m 范围剖面图

图 5.152 梁济运河济宁市区越河段典型照片

C. 沿河遗产分布

表 5.48 梁济运河济宁市区老运河段主要文化遗产分布表

遗产名称	遗产类型	与运河关系类型	地址	时代	保存状况	文物级别	备注
东大寺	古建筑	历史相关	山东省济宁市中区古运河西岸	始建于明初洪武元年（1368）	原状保护良好，完整	省级文物保护单位	已考察
太白楼	古建筑	空间相关	山东省济宁市中区太白中路	明代迁址重建，1952年原址重建	改建恢复	省级文物保护单位	已考察
竹竿巷	古遗址	历史相关	山东省济宁市中区古运河岸	始建于元	原物破坏严重，大量改建	非文物保护单位	已考察

（续　表）

遗产名称	遗产类型	与运河关系类型	地址	时代	保存状况	文物级别	备注
黄家街教堂	古建筑	空间相关	山东省济宁市中区县前街	1924年	原状保护较好	市级文物保护单位	已考察
济阳会馆	古建筑	历史相关	山东省济宁市中区运河北岸	不详	原物不存，但有碑可考	市级文物保护单位	已考察
吕家宅院	古建筑	空间相关	山东省济宁市中区财神阁街11号	晚清	改建恢复	市级文物保护单位	已考察
浣笔泉	纪念性建筑，历史相关	空间相关	山东省济宁市中区浣笔泉路		原状保护较好	市级文物保护单位	已考察
潘家大楼	古建筑	空间相关	山东省济宁市中区古槐路北端南侧	1920年代	大量改建	市级文物保护单位	已考察
大石桥	运河水利工程遗址	功能相关	山东省济宁市环城路北侧大石桥街	明	改建恢复	市级文物保护单位	已考察
慈孝兼完坊	古建筑	空间相关	山东省济宁市翰林街南头		原状保护较好	市级文物保护单位	已考察
智照禅师塔	古建筑	空间相关	山东省济宁市人民公园内	金明昌七年（1196）	原状保护较好	市级文物保护单位	已考察
礼拜堂教士楼	古建筑	空间相关	山东省济宁市中区人民医院内	1914年	原状保护较好	市级文物保护单位	已考察

（续　表）

遗产名称	遗产类型	与运河关系类型	地址	时代	保存状况	文物级别	备注
济州城墙	古遗址	空间相关	山东省济宁市环城路北路西头	金、明	原物破坏严重	市级文物保护单位	已考察
铁塔	古建筑	空间相关	山东省济宁市中区铁塔寺街北侧南崇觉寺内	北宋崇宁四年(1105)			未考察（《济宁市志》,2002）
声远楼	古建筑	空间相关	山东省济宁市崇觉寺铁塔东南附近	始建于北宋中叶			未考察（《济宁市志》,2002）
僧王四合院	古建筑	空间相关	山东省济宁市中区铁塔寺街北	清同治九年(1870)			未考察（《济宁市志》,2002）
济宁桥亭记碑	石刻	空间相关	原在山东省任城县阳门桥头,清初移至文庙泮池东	唐开元二十六年(783)立			未考察（《济宁市志》,2002）

（6）梁济运河济宁郊区老运河段

A. 河段概况

郊区老运河与市区老运河有同样的历史形成原因,此段河道不通航,但作为市区老运河的下游,承担着防洪以及附近污染来水泄道的功能,河道的堤岸、护坡、水质与市区老运河有很大的差异。

B. 河道剖面

【河道】水体呈绿色,在石灰窑路以南,经过石化厂、羽绒厂,发现排污口,水质很差,有大量淤泥和垃圾。河宽目测 30m 左右。

【河漫滩】无。

【护坡】刚出市区的河段仍然是石砌护岸,至顺河门外街附近变成自然护岸

【堤岸】刚出市区的河段,堤边种植杨树、柳树等,堤顶路为水泥公路;往郊区方向,两岸均为村庄,西岸民房的围墙直接建在大堤上,无法沿堤行走,东岸堤上为菜地、榆树等,堤顶路为土质路面,路况较差,扬尘很多,车辆来往频繁;至排污口,堤顶土路变窄,民房占据大堤,无法沿堤前进。

【堤外土地利用】刚出市区的河段,河两岸城市建筑和农村民房并存;往郊区方向,两岸均为村庄;石灰窑路以南,经过石化厂、羽绒厂,在不远处发现排污口。

【剖面图】

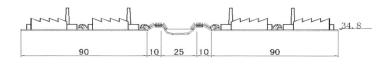

图5.153 梁济运河济宁郊区老运河石化厂段两岸100m范围剖面图

图5.154 梁济运河济宁郊区老运河石化厂段两岸1000m范围剖面图

图5.155 梁济运河济宁市郊区老运河石化厂段典型照片

C.沿河遗产分布

此段河道沿线文化遗产较少,此次考察过程中未发现有历史价值的水工建筑。

5.5 南四湖区段

5.5.1 背景概况

南四湖由南阳湖、昭阳湖、独山湖和微山湖四个自然湖泊相连而成,湖形狭长,只有独山湖由运河隔开,其他三湖均无明显湖界。南四湖是我国第六大淡水湖,最大湖泊面积 $1266km^2$。1958—1961 年在湖腰建成二级坝枢纽工程,包括拦湖大坝、溢流堰、节制闸和船闸,将南四湖一分为二,坝北称上级湖,面积 $602km^2$;坝南称下级湖,面积 $664km^2$(《济宁市水利志》,1997)。南四湖区京杭运河包括上级湖从梁济运河入湖口到二级坝微山船闸的航道,下级湖二级坝以下分东西两支:西支由微山船闸沿湖西至蔺家坝,长 58km,下通不牢河;东支由微山船闸转向东股引河至韩庄,长 50km,下通韩庄运河。除京杭运河外,湖内还有一般航道,总长 325.5km。

5.5.1.1 历史沿革

南四湖是由于宋末黄河南徙,河水滞留今南四湖一带而形成。最早出现于元初,方圆仅数里。明永乐(1403—1425)时,南阳以西、以南已积水,始称昭阳湖。嘉靖(1522—1567)以后,由于黄河溃决汇入泗水运道,昭阳湖迅速扩大,南北连成一片。嘉靖四十五年,为避黄河对济宁以南运河的侵淤,开挖了自南阳镇至留城长 140 里的南阳新河。由于开河时两岸筑堤,使东部山区各河河水滞留而形成独山湖。此时,昭阳湖已能行船,今微山湖范围内也出现了多个互不连通的小湖。隆庆(1567—1573)至万历(1573—1620)年间,留城上下以及徐州黄河河床淤高,水位上升,各小湖遂连成一片,至万历末大体形成现在的规模。乾隆初年,鱼台以下运道淤塞形成南阳湖。南四湖最终连成一个大湖,发挥"蓄水济运"和"避黄保运"的功能(刘玉平、贾传宇等,2003)。清代主要对南四湖地区的运河进行河道疏浚和闸坝的整修和兴建。建国后也屡有修建,1958—1959 年,北起梁济运河入湖口,南至蔺家坝,结合修筑西大堤,新挖京杭运河130km;1958—1961年在湖腰建成二级坝枢纽工程,将南四湖分为上级湖和下级湖。

5.5.1.2 自然条件

(1) 河道水系

南四湖是山东省最大湖泊,南北长125km,东西宽6—25km,周边长311km,最大湖面积1266km^2,总库容47亿 m^3。承接鲁、苏、豫、皖4省32县(市)来水,控制流域面积3.17万 km^2,其中山东省2.57万 km^2。入湖河流53条,其中:湖东28条,为山溪性河流;湖西25条,为平原坡水性河流。山东省境内流域面积1000km^{2}以上的河流有东鱼河、万福河、洙赵新河、梁济运河、府河、泗河、白马河、十字河及东鱼河的3条支流(北支、南支、胜利河)共11条,流域面积300—1000km^{2}的河流20条(见下表)。

表5.49 南四湖水系主要河流情况

河名	起讫	省内河长(km)	省内流域面积(km^2)
梁济运河	自梁山县路那里村东,经汶上、嘉祥至济宁市郊区李集村入南阳湖	88	3306
赵王河	自巨野县沙土集南,经嘉祥至济宁市郊区陈庄西入梁济运河	41.8	381
泉河	北泉河自汶上县曹营西南流,至鹅河村汇南泉河,西南流至南旺入梁济运河	42.8	626
湖东排水河	自东平县老县城北武家漫村,经梁山、汶上至嘉祥县王场村入梁济运河	48.8	312
老洙水河	自巨野县十里铺,经嘉祥、济宁市郊区于路口村南入南阳湖	48.5	57
洙赵新河	自东明县穆庄,经菏泽、鄄城、郓城、巨野、嘉祥、济宁市郊区至微山县侯楼入南阳湖	140.7	4200
鄄郓河	自鄄城县左营西孙沙窝,至巨野县丁庄入洙赵新河	46.6	975
三分干河	自鄄城县北王君,至郓城县郑营入洙赵新河	43	313
箕山河	自鄄城县城南,至箕山村东入鄄郓河	33	365
郓巨河	自郓城县李统庄,至巨野县于楼闸入洙赵新河	47.9	986

（续　表）

河名	起讫	省内河长（km）	省内流域面积（km²）
安兴河	自菏泽市佃户屯，经定陶至巨野县毛官屯入洙赵新河	41.5	360
洙水河	自菏泽市引黄抗旱沟何庄倒虹吸，于安兴镇西入洙赵新河	55.0	450
万福河	自定陶县大薛庄南，经巨野、金乡、鱼台至济宁市郊区大周庄南入南阳湖	77.3	1283
老万福河	自金乡县刘堂坝，至鱼台县吴坑村入南阳湖	33.0	563
北大溜	自金乡县关帝庙村，至济宁市郊区吕王楼村东入南阳湖	28.8	380
东鱼河	自东明县刘楼，经菏泽、曹县、定陶、成武、单县、金乡，至鱼台县西姚村北入昭阳湖	172.1	5323
北支	自东明县王二寨，经菏泽、定陶至成武县王双楼东入东鱼河	96.0	1443
南支	自曹县白茅集西，经曹县至定陶县老张庄入东鱼河	52.4	1239
胜利河	自曹县太行堤水库六库，经成武至单县刘珂楼入东鱼河	66.3	1224
黄白河	自曹县梁堤头东石香炉，至单县白庄入胜利河	44.2	412
团结河	自曹县刘堂，至成武县小麦青集入东鱼河	39.2	395
复新河	源出安徽省砀山县，经江苏省丰县至山东省鱼台县华庄南入省境，在西姚村南与东鱼河平行入昭阳湖	8.3	459
太行堤河	自单县流水口，至江苏省丰县李楼闸入复新河	47.0	377
黄河故道子河	自河南省兰考县进入山东曹县，于单县张河崖流入安徽省砀山县	91.0	381
府河	自宁阳县泉头村，经兖州至济宁市郊区石佛入南阳湖	75.0	1367

数据来源：《山东省志·水利志》，1993。

（2）气候状况

南四湖主要隶属于济宁市微山县管辖，地处暖温带大陆性季风气候，属鲁西南平原气候区。特点是平均气温13—14℃，最热月平均温27℃左右，最冷月平均温-2—-1℃。极端气温最高40—42℃，最低-22—-18℃。10度积温4000—4700℃，无霜期190—220天。日照时数2300—2600h。年均降雨量700—900mm，多涝灾与暴雨（《山东省志·气象志》，1993）。

表 5.50　南四湖区段运河流经区县气候状况

县区	气候类型	年均降雨量(mm)	年均温(℃)	最热月平均温(℃)	最冷月平均温(℃)	0度积温(℃)	全年日照(h)	全年总辐射(千卡/cm²)	平均无霜期(d)
台儿庄区	暖温带半湿润大陆性季风气候	811.6	13.5	26.8（极端高温39.1）	－1.5℃（极端低温－15.8℃）	－	2182.3	112.2	－
峄城区		874.1	13.9	26.7（极端高温39.6）	－0.9℃（极端低温－19.2℃）	－	2368	117.5	195
济宁市中区		719.2	13.5	26.9（极端高温41.6）	－1.9℃（极端低温－19.4℃）	－	2490.5	122	205
任城区		719.3	13.5	26.6℃（极端高温41.6℃）	－1.9℃（极端低温－19.48℃）	5040.4	2490.4	111.6	205
鱼台县		705.2	13.7	26.7（极端高温40.6）	－1.3℃（极端低温－18.28℃）	－	2318.3	118.4	213
微山县		773.6	13.8(陆地)；14.3（湖内）	26.7（极端高温40.6）	－1.4℃（极端低温－22.3℃）	－	2515.5	119.7	205

数据来源：台儿庄区数据来源于《台儿庄区志》,数据下限止于 1985 年；峄城区数据来源于《峄城区志》,数据下限止于 1990 年；济宁市中区数据来源于《济宁市中区志》,数据上限起于 1840 年,下限止于 1995 年；任城区数据来源于《任城区志》,数据上限起于 1840 年,下限止于 1995 年；鱼台县数据来源于《鱼台县志》,数据下限止于 1990 年；微山县数据来源于《微山县志》,数据下限止于 1990 年。

（3）水旱灾害

枣庄市台儿庄区主要有旱涝、暴雨等,其中干旱、暴风雨为害最多。水灾10 年 7 遇,涝灾 2—3 年一遇,干旱 3—5 年一遇。暴风雨每年都有发生,多集中在夏秋两季,7、8 月份最多。

枣庄市峄城区主要有旱、涝、暴雨等，其中旱涝最常见。水灾受灾面积10万亩以上的3年一遇；20万亩以上的5年一遇。干旱6年一遇，严重干旱10年一遇。东部重旱少涝，运河沿岸和甘露沟乡的南部则易涝少旱，且旱涝发生带有周期性和连续性的特点。一般少雨年6—7年为一个周期，多雨年则带有年际间的连续性。

济宁市中区主要是水灾，1949—1977年共发生26次，其中1957年受灾达1102hm²，占土地面积的35%。1958年后加快农田水利建设，至1998年未再发生大的水灾。旱灾建国后近30年中出现16次，年成灾面积19.7hm²。1980—1990年代，抵御旱灾能力逐年提高，避免了大的旱灾损失。

济宁市任城区主要是旱涝灾，春旱平均2—3年一遇，秋旱平均3年一遇。夏涝约5年1遇。1957年7月10—25日，连降暴雨660mm，造成泗河、府河数处决口，南阳湖及湖西各河堤普遍漫溢，农田受灾面积5.51万hm²，其中绝产4.03万hm²。受灾人口33.4万人，房屋倒塌9万间。

济宁市鱼台县特大涝灾百年一遇，大涝灾6年一遇，一般涝灾3年一遇；特大旱灾百年一遇，大旱灾17年一遇，一般旱灾3—4年一遇。

济宁市微山县水、旱均有发生。水灾多集中于6—9月，受灾面积6666.7hm²以上者平均3年一遇；受灾1.33hm²以上者平均5年一遇。旱灾多发于低山丘陵区，全年性的干旱平均6年一遇，严重干旱平均10年一遇（《山东各地概况》，1999）。

5.5.1.3 社会经济

表5.51 南四湖区段运河流经区县经济情况（2002）

县区	总人口（万）	非农业人口（万）	城市化水平(%)	人口密度（千人/km²）	国内生产总值（亿元）	第一产业总产值（亿元）	第二产业总产值（亿元）	第三产业总产值（亿元）	人均GDP（元）	城镇居民人均可支配收入（元）	农民人均纯收入（元）
枣庄市台儿庄区	28.54	5.51	19.3	0.53	31.14	5.48	14.82	10.84	10911	6493	3120
枣庄市峄城区	35.53	6.03	17.0	0.57	25.92	6.09	12.57	7.26	7295	5897	3080

(续 表)

县区	总人口（万）	非农业人口（万）	城市化水平(%)	人口密度（千人/km²）	国内生产总值（亿元）	第一产业总产值（亿元）	第二产业总产值（亿元）	第三产业总产值（亿元）	人均GDP（元）	城镇居民人均可支配收入（元）	农民人均纯收入(元)
济宁市中区	39.71	38.17	96.1	10.18	13.24	0.12	5.12	8.00	3334	7285	—
济宁市任城区	63.38	8.6	13.6	0.72	45.95	9.65	18.38	17.92	7250	7285	3200
济宁市鱼台县	45	6.31	14.0	0.69	31.55	8.93	10.35	12.27	7011	4150	2960
济宁市微山县	68.52	9.21	13.4	0.39	48	11.04	19.63	17.33	7005	5459	2869

数据来源：《山东省年鉴》，2003。

5.5.1.4 水环境

（1）运河水质

南四湖水质污染日趋严重，对渔业和渔民已造成严重威胁。如老运河、城漷河、薛王河等入湖口附近的水域，水质质量指数 p 分别为18.9、23.3和31.1（$p \geq 10$，即为严重污染级），水质发黑、发臭，鱼虾几乎绝迹。重污染级（$5 \leq p < 10$）的水域有梁济运河、洸府河的入湖口附近和沙堤子的局部湖面，其水质污染物已超过地面水环境质量标准，既不能饮用，也不能养鱼。其他大部分区域的水质属轻污染级（《济宁市水利志》，1997）。

表5.52 南四湖区段南水北调控制单元1995—2002年水质监测结果

断面名称	水质类别			
	1995年	1997年	2000年	2002年
前白口	>V	>V	>V	>V
南阳	>V	>V	V	>V
二级坝	>V	>V	>V	>V
大捐	>V	>V	>V	>V
微山岛东	>V	>V	IV	>V

数据来源：《南水北调东线工程山东段水污染防治总体规划》，2003。

根据国家环保总局发布的 2003 年环境公报,南四湖水域水质仍为劣V类。

(2) 运河污染源

南四湖的水质污染源涉及济宁、菏泽、枣庄、泰安和徐州 5 个地(市),共 26 个县市区。工业污染源有 129 处,向上级湖排污的 113 个,向下级湖排污的 16 个,年排工业废水 5952 万吨。工业废水中的 4 种主要污染物每年向湖内排入量高达 9.1 万吨。济宁市中区境内污染源 106 个,年排废水 1762 万 m^3 (《济宁市中区志》,1999)。

农业灌溉回归水带有化肥、农药等残留物,随水入湖,也是南四湖的重要污染源。另外,沿湖城镇人口 42 万人,其生活污水中含有大量的尿素、碳水化合物、动植物脂肪和肥皂、洗涤剂等,使湖内水质变坏。仅济宁市中区 19 万人,每天排出污水约 3600 吨,全部流入南四湖(《济宁市水利志》,1997)。

(3) 地下水水位

济宁市中区地下水为第四系沉积层孔隙水,水位年际变化幅度 2.67m。峄城区地下水位平均埋深 3—5m。任城区北部山麓冲积平原基岩埋深 145—303m,中细沙含水层 15—20m;湖东平原基岩埋深 180—250m,中细沙含水层 7—15m;湖西黄泛平原基岩埋深 300—493m,粉细沙含水层 5—20m。微山县地下水位埋深 3m 左右(《山东各地概况》,1998;《任城区志》,1999;《微山县志》,1997;《济宁市中区志》,1999)。

滨湖地带(地面高程 37m 以下地带)地下水主要靠降雨下渗和湖水侧渗补给,同时受下游地下水的影响。滨湖地带地下水可开采总量为 4.03 亿 m^3,其中上级湖范围内为 3.8 亿 m^3(《济宁市水利志》,1997,p.177)。

5.5.2 运河现状

5.5.2.1 运河河道分段

表 5.53 南四湖区段运河河道分段表

序号	河段名称	开凿年代	主要特点说明
1	南四湖区京杭运河	1958—1959 年	宽约 50m,自然护岸为主,主要穿过农村地区,水量一般,污染严重,主要功能是排污、排洪、灌溉和航运。

(续　表)

序号	河段名称	开凿年代	主要特点说明
2	南阳镇老运河	元至元三十年(1293)	宽约20m,砌石的直立驳岸,穿过南阳镇城区,水量充足,污染严重,主要功能是排洪、排污。
3	鱼台(谷亭)老运河	元至元二十年(1283)	宽约30m,自然护岸,穿过郊区,水量较少,污染严重,已经基本荒弃。
4	鱼台——南阳段	天然河道	宽约40m,自然护岸为主,穿过农村地区,水量充足,污染严重,主要功能是通航运输、游憩休闲。
5	微山县老运河	元代与明代	宽约30m,砌石护岸,穿过城市建成区,缺水,已经废弃。
6	韩庄运河段	明万历二十一年(1593)	宽约80m,闸附近为混凝土护坡,其他河段一般下部分为低矮的石砌护坡,上部分为自然坡地。主要穿过农村地区,水量较大,污染一般,主要功能是航运、行洪排涝、灌溉和输水。
7	台儿庄老运河	明万历二十一年(1593)	宽约20—40m,直立式石砌驳岸,穿过农村地区,水量一般,污染较严重,主要功能是排洪、排污和游憩。

5.5.2.2　运河分段详述

(1)南四湖区京杭运河

A. 河段概况

南四湖内的航道有运河航道和湖内一般航道之分,前者共有176km。1958—1959年,北起梁济运河入湖口,南至蔺家坝,结合修筑西大堤,新挖京杭运河130km。二级坝以下分东西两支(《济宁市水利志》,1997),两支运河在明代开伽河之后就已经成形。

这段运河主要功能是航运,同时还有行洪排涝、灌溉和输水等功能。

湖区主要的水工建筑是二级坝枢纽工程,包括:拦湖大坝,溢流堰,节制闸和船闸。

B. 河道剖面

【河道】2002年水质为劣Ⅴ类(《南水北调东线工程山东段水污染防治总体规划》,2003)。水呈黄绿色,无异味,较浑浊。二级坝以上河道长68km,底宽45m,底高程29.8m,边坡1:3,原标准为二级航道,现淤为六级航道,可通航100吨级船舶。二级坝以下:西支由微山船闸沿湖西至蔺家坝,河道长58km,只能通航50吨以下的小船;东支由微山船闸转向东股引河至韩庄,河道长50km,底宽20—30m,水深3m,可通航100吨级船舶(《济宁市水利志》,1997)。

【河漫滩】无。

【护坡和堤岸】湖西堤自南阳湖北端石佛至微山湖南端蔺家坝,全长131.45km。设计堤顶高程39.0—39.5m,堤顶宽6m,临水坡1:6.5,背水坡1:3,现状堤顶高程39.0m,顶宽4m左右。山东段自南四湖的北端往南至刘香庄,长54.4km,设计堤顶高程为39.5m,堤顶宽6m,临湖边坡1:6.5,背湖边坡为1:3;筑堤结合开挖的湖内运河,自梁济运河口至苏鲁边界长近50km,设计河底高程29.8m,底宽45m,边坡1:3,堤至河口的滩地宽一般为30m(《济宁市水利志》,1997,p.194)。堤顶路有连续的防护林和护堤植被,种植杨树和槐树防护林和经济林,草本和灌木也较多,局部地段有民房占据大堤。

湖东堤北起济宁市南老运河口东岸,向东南折向南至微山县韩庄老运河口,长135.9km。济宁老运河口至白马河口(青山)有正规堤防,其他为山丘、高地、生产埝及老运河堤。其中,济宁市老运河口至青山,长31km,堤顶高程38.5m,顶宽4m,迎水坡1:3,背水坡1:2;青山至北界河口,长19km,为山丘高地;北界河口至二级坝东端,生产埝及老运河堤,长35.9km,堤线弯曲,堤顶高程一般均在36.0—37.5m之间,堤身单薄;二级坝至高庄,长4km,无固定生产埝;高庄至薛河口,长17km,为开挖东股引河弃土区,顶高程一般在35—40m之间,局部已做成庄台。庄台设计高程为36.0m;薛河口至郗山,长14km,生产埝,大部分堤顶高程为36.5m,顶宽5—8m;郗山至韩庄老运河口,长15km,原是老运河左堤,长期失修,堤身严重破坏,已无防洪能力(《沂沭泗河道志》,1996)。

【堤外土地利用】南四湖是浅水型湖泊,湖内水生植物繁茂。上级湖东西两侧,特别是大沙河口以上,下级湖二级坝至鹿口河口,都生长了大量芦苇,再往里是菰蒋(《沂沭泗河道志》,1996)。

【主要水工建筑】拦湖坝：均质黏土坝，全长4010m，设计洪水位37m，坝顶高程为39m，坝底高程（即湖底高程）一般在32.5m左右，平均坝高6.5m，坝顶宽10m，边坡坡度上游为1∶9，下游为1∶8（《济宁市水利志》，1997）。

溢洪堰：溢流坝顶宽10m，高程35m，后加修沥青路面，增至35.2m，坝顶长300m，上口长370m。溢流坝上游湖滩地面高程为34m。设计上游水位36.87m，下游水位36.2m时，泄量为2100m/s（《沂沭泗河道志》，1996）。

第一节制闸：1958年10月开工，1960年5月建成。开敞式，共39孔，每孔净宽6m，闸室长14m。钢筋混凝土筏式底板，3孔一联，共13联。闸墩为浆砌块石及混凝土结构。上游为黏土铺盖，干砌石护底。下游为混凝土消力池，两道消力坎，浆砌和干砌石海漫。设计闸上洪水位36.87m、闸下36.2m时，过闸流量为4500 m^3/s。

第二节制闸：1967年上半年，在一闸西700m增建第二节制闸。开敞式，每孔净宽5m，共55孔，总宽度317.8m。采用混凝土分联倒拱底板。墩前段及墩中洞内设两道工作桥。设计闸上洪水位36.33m、闸下36.2m时，过闸流量为4500 m^3/s。

第三节制闸：1970年11月开工，1972年上半年完工。在二闸西350m处。设计水位同一闸。共84孔，每孔净宽6m。

第四节制闸：闸轴线与二级坝成西偏南10度角。设计洪水位与一闸同，设计泄量4320 m^3/s。总宽982.05m（《沂沭泗河道志》，1996）。

微山船闸：穿越南四湖二级坝的二级船闸，位于第三、四节制闸之间，东距三闸830m。全长278.5m，净宽20m，最小水深5m。上闸首底面高程28m，下闸首底面高程26.5m。船闸设计通过能力为2000万吨（《济宁市水利志》，1997）。

【剖面图】

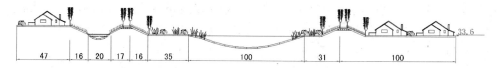

图 5.156　南四湖区运河上级湖西线航道大李庄到小李庄段两岸100m范围剖面图

图5.157　南四湖区运河上级湖西线航道大李庄到小李庄段两岸1000m范围剖面图

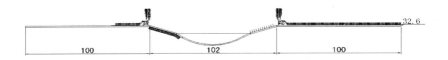

图5.158　南四湖区运河下级湖西线航道二级坝南段两岸100m范围剖面图

图5.159　南四湖区运河下级湖西线航道二级坝南段两岸1000m范围剖面图

图5.160　南四湖区运河下级湖东线航道二级坝南段两岸100m范围剖面图

图5.161　南四湖区运河下级湖东线航道二级坝南段两岸1000m范围剖面图

C. 沿河遗产分布

南四湖为古泗水故道,京杭运河纵贯其中,历史文物古迹众多,主要集中在湖中微山岛上,但与运河相关的文化遗产较少。

表 5.54 南四湖区段运河主要文化遗产分布表

遗产名称	遗产类型	与运河关系类型	地址	时代	保存状况	文物级别	备注
微子墓	古墓葬	空间相关	山东省济宁市微山岛西北	墓葬为周初,碑为清代	原物保存良好	省级文物保护单位	未考察
张良墓	古墓葬	空间相关	山东省济宁市微山岛西南	汉初	原物保存良好	省级文物保护单位	未考察
目夷墓	古墓葬	空间相关	山东省济宁市微山岛东部山头	春秋	原物保存良好	市级文物保护单位	未考察
独山岛汉墓群	古墓葬	空间相关	山东省济宁市微山县两城乡独山岛周围	汉	—	—	未考察(《济宁市中区志》,1999)

(2) 南四湖区运河南阳镇老运河段

A. 河段概况

南阳岛居微山湖之一的南阳湖南端,形如琵琶,东西长约 3500m 南北宽 200—500m,运河穿镇而过。元至元三十年(1293)南北大运河通航后,南阳成为运河岸边的重要商埠;至顺二年(1331)在与古老的泗水重合的京杭大运河上重建南阳闸。明嘉靖四十五年(1566),开凿南阳至留城的新运河;到了明代中期,南阳已成为古运河畔四名镇之一。清初南阳镇由陆地变成湖中之岛。建国后新开挖的京杭运河的湖中航漕又在南阳岛北侧穿过。南阳镇中运河,是济宁全线唯一没被淤塞的一段古运河。历史上有南阳闸、南阳横坝等水工建筑,前者尚存遗迹,后者已淹没。此河段现已无航运功能。

B. 河道剖面

【河道】水体已严重受污,呈黑绿色,较浑浊,有垃圾,布满大量绿色浮游物,2002 年为劣 V 类水质(《南水北调东线工程山东段水污染防治总体规划》,2003)。河宽 20m 左右。

【河漫滩】无。

【护坡】砌石的直立驳岸,自然生长杂草。

【堤岸】堤顶无路,堤岸上民房临水而建,房前屋后种植杨树等高大乔木。局部民房侵占河道现象十分严重。

【堤外土地利用】整个镇区沿河道弯曲延伸,外围四面环水,运河两岸民房临水而建,以河面作为"街面",形成类似苏州水乡的景观,有"小苏州"之称;民房新旧参差不齐,老房子大多破坏严重。

【剖面图】

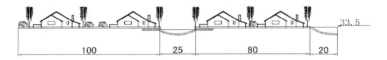

图5.162　南四湖区运河南阳镇老运河段两岸100m范围剖面图

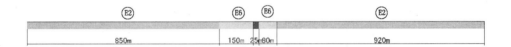

图5.163　南四湖区运河南阳镇老运河段两岸1000m范围剖面图

图5.164　南四湖区运河南阳镇老运河段典型照片

C. 沿河遗产分布

此段河道原有丰富的重要历史文化遗存,后多湮没,只留下些许遗迹。

表 5.55 南四湖区运河南阳镇老运河段主要文化遗产分布表

遗产名称	遗产类型	与运河关系类型	地址	时代	保存状况	文物等级	备注
清真寺	古建筑	历史相关	山东省济宁市微山县南阳镇中心	明	原物破坏严重	非文物保护单位,但有相应机构或个人维护	已考察
东西古街	古建筑	历史相关	山东省济宁市微山县南阳镇东牌坊街和北小井子街上	明清	原物保存较好,改建恢复	非文物保护单位,但已纳入特定保护范围	已考察
新河神庙	古建筑	历史相关	山东省济宁市微山县南阳镇南阳中学院内	明隆庆二年(1568)	原物不存,但遗址可考,有石碑可考	非文物保护单位,无人管理	已考察
南阳闸	运河水利工程遗址	功能相关	山东省济宁市微山县南阳镇古运河上	明清	—	非文物保护单位,无人管理	未考察(《运河古镇——南阳》,2001)

(3) 南四湖区运河鱼台(谷亭)老运河段

A. 河段概况

元至元二十年(1283)开济州河。南来漕船由淮溯泗经谷亭北上。至元二十六年开挖会通河,北京至杭州大运河全线贯通,运河自北而来由鲁桥经南阳至谷亭,由谷亭东去湖陵城出鱼台境,谷亭时为两京漕运咽喉。明永乐年间(1411)复开会通河,运道更为通畅,谷亭成南北交通要津。嘉靖四十五年(1566)京杭运河改道昭阳湖东岸,鱼台境内南阳——谷亭——湖陵城航道渐废(刘玉平、贾传宇等,2003)。

此河段为历史上的运粮河,两三年前还可以养鱼,现在被两头截断,成了垃圾河。

B.河道剖面

【河道】河水污浊,有很多垃圾、淤泥、浮萍。河道宽度约20—30m,残存河道长度不过数百米,两端截断,成了一潭死水。

【河漫滩】无。

【护坡】自然泥土的缓坡,野草丛生,生活垃圾污染严重。

【堤岸】两岸的土堤上不甚整齐地种植着杨树、槐树等,生活垃圾污染严重。堤顶路为农村土路。土堤上搭建民房挤占河道,使得运河向东成了暗沟,甚至无处可泄,勉强流入下水道,向西滞留在西头桥以西,无法流出,成了一片荒草滩,野草横生。

【堤外土地利用】河北为运北村,河南为运南村,两岸均为民房。

【剖面图】

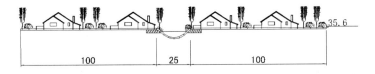

图5.165 南四湖区运河鱼台郊区老运河段两岸100m范围剖面图

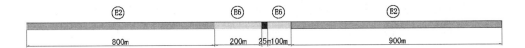

图5.166 南四湖区运河鱼台郊区老运河段两岸1000m范围剖面图

图 5.167　南四湖区运河鱼台郊区老运河段典型照片

C.沿河遗产分布

此段河道遗留下来的文化遗产较少,现有石婆婆庙一座,是占地 5m² 左右的一间小房。婆婆庙系金代初建,供婆婆石像一尊,雕艺精湛,后被盗,1992 年重建,位置稍移,现仍有香火。据当地人介绍,此河道曾发现一个废弃的古闸,后在附近修桥一座,位于河东。

(4)南四湖区运河鱼台——南阳段

A.河段概况

鱼台——南阳河段包括从鱼台至湖口的西支河段,以及湖中西支河口至南阳的一段航道。

随着复新河建国以后的治理,截走了上游来水,东鱼河开挖又截去了一小段,现从郭楼开始,向北经鱼台县城(谷亭镇)西至摆渡口入湖,为西支河,全长 14km,流域面积 96km²(《沂沭泗河道志》,1996)。

这段运河的功能主要是通航运输、游憩休闲。运河周边以南四湖、南阳岛及其附近湿地等自然景观为核心开展旅游度假活动,湖中的航线亦成为地区旅游路线的一部分。

B.河道剖面

【河道】水体呈碧绿色,较浑浊,有少量垃圾,2002 年水质为劣 V 类(《南水北调东线工程山东段水污染防治总体规划》,2003)。河宽目测 40m 左右,水量充足,可通行100吨级船舶(《沂沭泗河道志》,1996)。

【河漫滩】无。

【护坡】部分河道两岸为低矮的自然护岸,护岸部分可见裸露土壤;部分河道有人工混凝土护岸,堤较高,自然生长杂草;进入湖区以后,低矮草丛和岸边芦苇等构成主要植被。

【堤岸】西支河段堤顶有土路,种植杨树等稀疏防护林,树龄较小。

【堤外土地利用】此河段东西向穿过湖区,有湖中小岛上的村庄以及大面积湿地,水中有养殖区。

【剖面图】

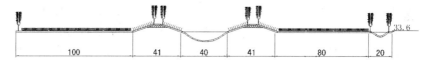

图 5.168　南四湖区运河鱼台——南阳段两岸100m范围剖面图

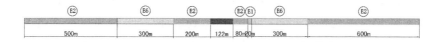

图 5.169　南四湖区运河鱼台——南阳段两岸1000m范围剖面图

图 5.170　南四湖区运河鱼台——南阳段典型照片

C. 沿河遗产分布

此段运河无重要遗产分布。

(5) 南四湖区运河微山县老运河段

A. 河段概况

元代及明代南阳新河之前,运河沿古泗水从今天的济宁市区老运河到鲁桥,经南阳再至鱼台继续往南,今在鲁桥镇残留部分老运河段。明代开南阳镇经夏镇至留城的南阳新河,今在夏镇残留部分老运河段。现今这两段老运河同属于微山县,均处于废弃状态。

B. 河道剖面

【河道】水体呈碧绿色,较浑浊,有绿色浮萍和少量垃圾。夏镇闸口桥附近河道宽度约30m左右;鲁桥镇仲子庙附近河道宽10m左右,水量较少。

【河漫滩】石砌护坡,无河漫滩,部分河段有湿生植物(夏镇闸口桥附近)。

【护坡】部分河段为直立加斜坡式石砌护岸(夏镇闸口桥附近),部分河段为泥土护岸,长有野草和榆树等乔木(鲁桥镇仲子庙附近)。

【堤岸】堤高5m左右,堤边种植杨树、柳树等。堤顶路局部为水泥道路,局部为土路。堤岸两侧有老的石阶可通行到水面,局部河段民房侵占大堤。

【堤外土地利用】外侧主要为居住区,周围是古商业街、小学、清真寺等。

【剖面图】

图5.171 南四湖区运河微山县夏镇闸口桥段两岸100m范围剖面图

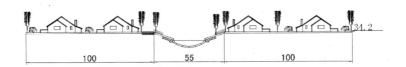

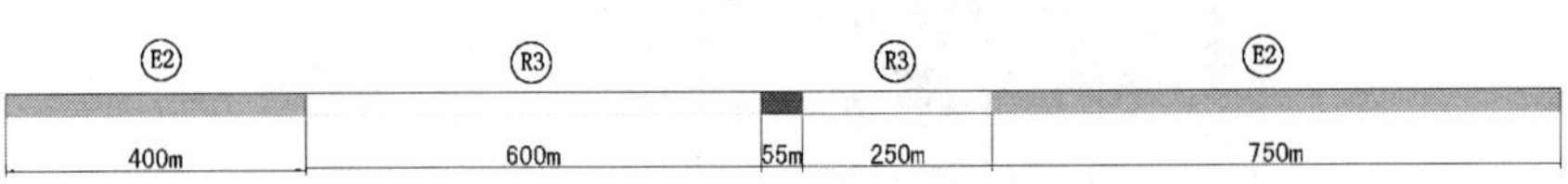

图5.172 南四湖区运河微山县夏镇闸口桥段两岸1000m范围剖面图

图 5.173　南四湖区运河微山县夏镇闸口桥段典型照片

C. 沿河遗产分布

此段运河具有非常深厚的历史积淀,但是保留下来的历史文化遗存甚少,残留的遗产空间分布比较分散。

表 5.56　南四湖区运河微山县老运河段主要文化遗产分布表

遗产名称	遗产类型	与运河关系类型	地址	时代	保存状况	文物等级	备注
闸口桥	运河水利工程遗址	功能相关	山东省济宁市微山县夏镇老城区	古闸年代不详,1990年建桥	已经完全新建	非文物保护单位,无人管理	已考察
吕公堂春秋阁	古建筑	空间相关	山东省济宁市微山县夏镇老城区	明	原物破坏严重	非文物保护单位,无人管理	已考察
仲子庙	古建筑	空间相关	山东省济宁市微山县鲁桥镇仲浅村内	始建于唐开元七年(719),明代重建	原物保存较好,修旧如故	省级文物保护单位	已考察

（续　表）

遗产名称	遗产类型	与运河关系类型	地址	时代	保存状况	文物等级	备注
伏羲庙	古建筑	空间相关	山东省济宁市微山县两城乡刘庄村	始建于金承安二年（1197），现为明代重修	原物保存较好，修旧如故	省级文物保护单位	已考察
圣母池泉群	运河水利工程遗址	功能相关	山东省济宁市微山县两城乡陈村北	明	原物破坏严重	非文物保护单位，但有相应机构或个人维护	已考察
两城汉墓群	古墓葬	空间相关	山东省济宁市微山县两城乡两城村东部	汉	—	—	未考察，（《济宁市志》，2002）
火山汉墓群	古墓葬	空间相关	山东省济宁市微山县两城乡南薄村西火山附近	汉	—	—	未考察（《济宁市志》，2002）
两城山汉画像石	石刻	空间相关	山东省济宁市南阳湖东	东汉时期	—	—	未考察（《济宁市志》，2002）
朱贵夫妇造像碑	石刻	空间相关	1989年出土于山东省济宁市微山县夏镇小官口村北薛河中，现藏于微山县文化馆	隋代大业二年	—	—	未考察（《济宁市志》，2002）
沙沟五村遗址	古遗址	空间相关	山东省枣庄市薛成区沙沟镇五村周围	新石器时代，东周时期	—	—	未考察（《枣庄市志》，1992）

(6) 南四湖区运河韩庄运河段

A. 河段概况

韩庄运河的前身是泇河的一段。泇河始凿于明万历二十一年(1593),但当时所挖河槽浅窄,不能通航。万历三十二(1604)年至三十三(1605)年,在已挖泇河河槽的基础上加宽浚深,上起夏镇李家港,经韩庄至泇口,汇丞河、泇河、沂河诸水,于直河口入黄河,全长130km,并有德胜、六里、张庄、万年、丁庙、顿庄、候迁、台庄八闸节制水流,以利通航。清代为保漕运,对韩庄段泇河进行过多次疏浚治理。清咸丰五年(1855)黄河北徙后,航运日趋衰落,至光绪二十六年(1900)漕运废止。此后,运河失修,韩庄段泇河严重淤塞,排洪能力下降,两岸屡遭洪涝灾害(《沂沭泗河道志》,1996)。

1947年3月—1948年1月,徐州南运河复堤工程处对韩庄至台儿庄泇河段进行复堤,复堤标准较低。建国后对韩庄运河干流进行了三次治理,行洪排泄能力在微山湖水位33.5m时达到1300m³/s(《沂沭泗河道志》,1996)。

韩庄运河的主要功能是航运,同时还具有行洪排涝、灌溉和输水的功能。

伊家河西起韩庄镇西伊家河节制闸及船闸,与微山湖相通,与韩庄运河并行东流,在台儿庄镇西南河上庄入韩庄运河。建国后至1985年,在韩庄运河和伊家河上建有韩庄节制闸、伊家河节制闸及船闸、台儿庄节制闸及船闸、伊家河上刘庄节制闸及船闸和赵村、台儿庄、石佛寺、西阎迁四座排灌站。

B. 河道剖面

【河道】2002年水质为Ⅳ类(《南水北调东线工程山东段水污染防治总体规划》,2003)。沿河两岸处于南北山丘之间,地面高程从韩庄至省界由37m降至25m,东西坡由1:1000降为1:5000,行洪水位高出地面高程。韩庄闸下河槽宽度为330—440m,河底高程为28.5m;台儿庄下河槽宽度为65m,河底高程为21.2m;苏鲁边界下河槽宽度为80m,河底高程为19.5m。

【河漫滩】无。

【护坡】闸附近为混凝土护坡,其他河段一般下部分为低矮的石砌护坡,上部分为自然坡地,岸边生产有芦苇、低矮草丛等。

【堤岸】堤岸种植杨树等密集防护林,树龄较小。堤顶部分有道路相通,但亲水性不好。韩庄闸下、台儿庄和苏鲁边界三处堤岸特征如下表:

表 5.57　韩庄运河干流堤岸特征表

控制地点	里程(km)	堤顶高程(m)		堤顶宽度(m)		堤身高度(m)		内堤距(m)
		左	右	左	右	左	右	
韩庄闸下	1	43.0	43.0	100	100	7	7	450
台儿庄	36	32.2	31.7	4—5	4—5	2.6	2.6	780
苏鲁边界	42.5	31.5	31.5	25	8	4.9	4.9	1300

数据来源:《沂沭泗河道志》,1996。

【堤外土地利用】河段东西向,从南四湖区出口进入韩庄运河道,沿岸有村庄、工矿企业、城镇,多农田。总的来看河道周边为乡村风貌的景观。

【剖面图】

图 5.174　南四湖区运河韩庄运河韩庄节制闸段两岸 100m 范围剖面图

图 5.175　南四湖区运河韩庄运河韩庄节制闸段两岸 1000m 范围剖面图

图 5.176　南四湖区运河韩庄运河韩庄节制闸段典型照片

图 5.177　南四湖区运河韩庄运河台儿庄节制闸段两岸 100m 范围剖面图

图 5.178　南四湖区运河韩庄运河台儿庄节制闸段两岸 1000m 范围剖面图

C. 沿河遗产分布

表 5.58　南四湖区运河韩庄运河段主要文化遗产分布表

遗产名称	遗产类型	与运河关系类型	地址	时代	保存状况	文物等级	备注
钓鱼台窑址	古遗址	空间相关	山东省枣庄市钓鱼台山西侧,南临郭村,北依韩庄	南北朝至隋	—	—	未考察
桥上村古墓/王坟	古墓葬	空间相关	山东省枣庄市涧头集镇西南 1km 桥上村旁	汉	—	市级文物保护单位	未考察
西兰成墓群	古墓葬	空间相关	山东省枣庄市台儿庄区兰城古城的西南山麓	汉代	—	—	未考察
单庄墓群	古墓葬	空间相关	山东省枣庄市侯孟乡大单庄西北约 200m 处,石俑在县文化馆	元代	—	—	未考察
伯兴妻碑	石刻	空间相关	山东省枣庄市台儿庄区张山子镇官牧村,现存市博物馆	东汉熹平三年（174）	—	—	未考察
明崇祯碑	石刻	空间相关	山东省枣庄市台儿庄区黄林庄南旧运河道内	明崇祯十二年（1639）	—	—	未考察

注：表中备注"未考察"遗产资料均据《枣庄市志》,1992。

（7）南四湖区运河台儿庄老运河段

A.河段概况

台儿庄老运河位于台儿庄城区南部，全长 3km，是历史上泇河的一部分。明清时期，由于运河漕运的发展，台儿庄成为中转南北货物的集散地。建国后，因运河截弯取直，裁下的这段老运河呈月牙状存于台儿庄城区内，目前其上游已开发建成月河公园，下游部分为保存完好的古运河码头，成为城市的旅游风景区。老运河段现在已无通航功能，具有城市防洪排涝、景观河道的功能。主要水工建筑有台儿庄节制闸及船闸、台儿庄运河公路大桥等。

B.河道剖面

【河道】水体呈绿色，较浑浊，污染严重，有绿色浮游生物和少量垃圾，月河上有废弃船只。河宽约 20—40m 不等。

【河漫滩】此段河道主要采用直立式石砌驳岸，无河漫滩或二级滩地。

【护坡】两岸为低矮人工混凝土护岸。

【堤岸】堤岸种植柳树等景观树木，堤顶有水泥道路，上游沿河有月河公园。

【堤外土地利用】沿岸有村庄、工矿企业、城镇。

【剖面图】

图 5.179　南四湖区运河台儿庄老运河段两岸 100m 范围剖面图

图 5.180　南四湖区运河台儿庄老运河段两岸 1000m 范围剖面图

C.沿河遗产分布

此段老运河保存得比较完整，下游有保存完好的古运河码头，大部分保持了明清时期的原始风貌，北岸有明清时期的丁字街、月河街，东岸有顺河街，南岸有古运河村落遗址等，如表 5.59 所示。

图 5.181　南四湖区运河台儿庄老运河段典型照片

表 5.59　南四湖区运河台儿庄老运河段主要文化遗产分布表

遗产名称	遗产类型	与运河关系类型	地址	时代	保存状况	文物等级	备注
台儿庄清真古寺	古建筑	历史相关	山东省枣庄市台儿庄区大门北里	明、清	原物保存较好，改建恢复	省级文物保护单位	已考察
清真南寺	古建筑	历史相关	山东省枣庄市台儿庄区古运河畔	始建于明万历年间	完全新建	非文物保护单位,但有相应机构或个人维护	已考察
太和号及旁边商号	古建筑	历史相关	山东省枣庄市台儿庄区古运河畔	明清	原物保存较好，改建恢复	非文物保护单位,但已纳入特定保护范围	已考察
山西会馆	古建筑	历史相关	山东省枣庄市台儿庄区运河街道办事处大南门里车大路西侧	清雍正十三年(1735)	原物保存较好，改建恢复	非文物保护单位,无人管理	已考察

(续　表)

遗产名称	遗产类型	与运河关系类型	地址	时代	保存状况	文物等级	备注
古码头	运河水利工程遗址	功能相关	山东省枣庄市台儿庄区古运河北岸顺河街	明清	原物破坏严重	非文物保护单位，但已纳入特定保护范围	已考察
台儿庄船闸	运河水利工程遗址	功能相关	山东省枣庄市台儿庄节制闸左侧	1968年	原物保存良好	非文物保护单位，但有相应机构或个人维护	已考察
明崇祯碑	石刻	空间相关	山东省枣庄市台儿庄区黄林庄南旧运河道内	明崇祯十二年(1639)	—	—	未考察(《枣庄市志》，1992)

5.6　不牢河段

5.6.1　背景概况

不牢河自徐州蔺家坝经大王庙汇入中运河，建有蔺家坝、解台、刘山三座船闸。徐州北扼齐鲁，南临江淮，是江苏省的能源基地，穿越徐州市境的不牢河，现已达二级航道标准(《京杭运河志·苏北段》，1998)。

5.6.1.1　历史沿革

不牢河原名荆山河、荆山口河。以荆山河下游部分流经不老庄而称不老河，后谐音称不牢河，民国时期全河统称不牢河。荆山河流经徐州城北二十里，上承微山湖，至班山分成两支，分别与诸山溪和苏家山引河相汇，现在属于苏北运河的一段。明清时期荆山河终岁通流，但因受黄河影响而屡次决塞和疏浚。清康熙年间(1662—1723)曾在此建闸坝以减黄济运。乾隆二十九年(1764)荆山河淤废，后改道东北流；又别开潘家河至河成闸入运河。清咸丰五年(1855)黄河北徙，此段河道逐渐淤废。民国年间，不牢河主要用于承泄微山湖涨水和沿线山洪内涝。1935年黄河在董庄决口入微山湖,经蔺家坝无控制下泄,不牢河沿线堤防全部溃决。建国初,老不牢河河床宽窄不一,极不规则,故于1958—1961年对老不劳河进行治理,对原河取直而形成今天的格局(《沂沭泗河道志》,1996)。

5.6.1.2 自然条件

（1）河道水系

不牢河西起微山湖南端的蔺家坝枢纽,上与湖内西航道相通,东至邳县大王庙附近入中运河,是京杭运河的一股。干流全长73km,流域面积1343km²。主要支流有顺堤河、桃园河、徐沛河、丁万河、荆马河、荆山引河、房改河、屯头河。

（2）气候状况

不牢河段位于徐州地区。徐州市属于暖温带季风气候区。由于东西狭长,受海洋影响程度有差异,东部为暖温带湿润季风气候,西部为暖温带半湿润气候。年平均气温14℃,1月平均气温 -0.7℃,7月平均气温27℃。极端最高气温43.3℃(1928年7月15日),极端最低气温 -23.3℃(1969年2月6日)。年平均降水量800—930mm,东部多于西部。年降水量最多的是邳县的1365.8mm;年降水量最少的是丰县的462.8mm。一日内降水最大的是丰县的345.4mm。年平均降水天数81—98天,睢宁县最多,97.8天;沛县最少,81.8天(《江苏市县概况》,1989)。

表5.60 不牢河流经市县气候状况

县区	气候类型	年均降雨量(mm)	年均温(℃)	最热月平均温(℃)	最冷月平均温(℃)	0度积温(℃)	全年日照(h)	全年总辐射(千卡/cm²)	平均无霜期(d)
沛县	暖温带半湿润季风气候	789.1	13.8	27（极端高温40.7）	-1.4（极端低温-21.3）	5156.1	2354.4	—	200
铜山县	暖温带湿润和半湿润季风气候	868.9	14	27.1（极端高温40.1）	-0.5（极端低温-23.3）	—	2157.9	—	206

(续 表)

县区	气候类型	年均降雨量(mm)	年均温(℃)	最热月平均温(℃)	最冷月平均温(℃)	0度积温(℃)	全年日照(h)	全年总辐射(千卡/cm²)	平均无霜期(d)
徐州市区	暖温带湿润和半湿润季风气候	814.1	14.2	27.0(极端高温40.6)	-0.1(极端低温-22.6)	5247.5	2283.9	—	218
邳州市	暖温带湿润和半湿润季风气候	923	13.9	26.8(极端高温39.8)	-0.7(极端低温-23)	5139.3	2348.3	—	209

数据来源:《江苏市县概况》,数据下限止于1985年。

(3) 水旱灾害

徐州地区主要自然灾害是旱、涝、风、雹。建国以来,旱灾全市平均6年发生1次,丰县最多,平均5年发生1次,主要发生在春季。涝灾平均两年发生一次,新沂市最多,平均5年3次,主要发生在7—8月份(《江苏市县概况》,1989)。

沛县主要遭受洪涝旱灾,清顺治二年(1645)到民国二十四年(1935)的290年间,共发生49次水灾;清顺治六年(1649)年到民国三十一年(1942)年的293年间,共发生29次旱灾。建国后没有大的灾害(《江苏市县概况》,1989)。

铜山县历史上从三国魏明帝元年(237)到1949年的一千七百多年间水灾183次,旱灾31次,建国后到1985年水灾4次,旱灾3次(《江苏市县概况》,1989)。

邳州市历史上水灾严重,从西汉到1948年发生水灾84次,平均每百年发生15次。建国后没有大的灾害(《江苏市县概况》,1989)。

5.6.1.3 社会经济

表 5.61 不牢河流经市县经济情况(2002)

县区	总人口（万）	非农业人口（万人）	城市化水平（%）	人口密度（千人/km²）	国内生产总值（亿元）	第一产业总产值（亿元）	第二产业总产值（亿元）	第三产业总产值（亿元）	人均GDP（元）	在岗职工平均工资（元）	农民人均纯收入（元）
沛县	118.92	21.50	18.1	0.88	78.20	21.20	31.37	25.62	6588	8202	3735
铜山县	128.94	18.09	14.0	0.65	109.89	24.75	55.64	29.50	8524	9012	4141
徐州市	904.44	250.31	27.7	0.80	791.69	134.05	367.31	290.08	8763	11887	3576
邳州市	156.56	35.24	22.5	0.75	80.88	29.37	28.44	23.07	5171	8085	3475

数据来源：江苏统计信息网，http://www.jssb.gov.cn/。

5.6.1.4 水环境

（1）运河水质

根据 2000 年对全徐州地区近 30 个河段、水域进行的水质监测结果分析，符合地面水Ⅱ类水标准的占总评价河段水域的 4.5%，Ⅲ类水占 30.1%，Ⅳ类水占 13.3%，Ⅴ类水占 7.1%，劣Ⅴ类水占 44.7%（《徐州市水利志》，2003）。不牢河段运河水质属于劣Ⅴ类（《江苏省环境状况公报》，2003）。

（2）运河污染源

与 1998 年度相比，重污染河段有加重的趋势。主要超标项目是高锰酸盐指数、化学耗氧量、氨氮和溶解氧、五日生化需氧量等。重污染河道是京杭运河柳新河口至荆山桥段、徐州市区奎河段、废黄河市区段、房亭河大庙段、新沂总沭河王庄段、沛县沿河城区段、睢宁县小滩河。邳苍分洪道及中运河邳州水文站以上河段不时遭受山东污水的污染。与此同时，微山湖水质也不断恶化，地面水厂小闫河取水口也遭到山东枣庄薛城焦化厂和鲁南化工厂排放高浓度氨氮污水的污染，氨氮含量超标 3—5 倍（《徐州市水利志》，2003）。

（3）地下水水位

运河流经的徐州地区地下水为冲积层孔隙水，南部潜水层小于 10m，承压水层在 25—40m 间，西北部承压水层在 20—50m 间（《徐州市志》，1994）。

5.6.2 运河现状

5.6.2.1 运河河道分段

表 5.62　不牢河段运河河道分段表

序号	河段名称	开凿年代	主要特点说明
1	不牢河段	1958—1961	河槽宽度60m,自然护岸,主要穿过乡村,水量充足,污染严重,主要功能是排污、排洪和通航。
2	徐州市废黄河段	南宋绍熙五年(1194)	宽约50m,自然护岸,市区段为垂直的砌石护岸,局部有亲水台阶,穿过徐州城区,水量充足,污染严重,主要功能是排洪、排污、灌溉和游憩。

5.6.2.2 运河分段详述

（1）京杭运河不牢河段

A. 河段概况

不牢河西起微山湖南端的蔺家坝枢纽,上与湖内西航道相通,东至邳县大王庙附近入中运河,是京杭运河的一股,于1958—1961年利用老不牢河取直而成。干流全长74km,流域面积1343km^2(《沂沭泗河道志》,1996)。

不牢河经治理后,效益显著。第一,除安全承泄本流域870km^2的山洪和内涝外,还为湖西地区473km^2的内涝提供了排水出路;第二,可引水灌溉两岸90万亩农田,并可向房亭河调水,同时还可为通航补水及供应市区工业、生活用水;第三,作为京杭运河的一支,已达到二级航道标准,在水路运河方面发挥重要作用(《沂沭泗河道志》,1996)。

B. 河道剖面

【河道】最低通航水位:蔺家坝至解台闸31m,解台闸至刘山闸26m,刘山闸至中运河20.5m(《沂沭泗河道志》,1996)。河槽宽度60m(《沂沭泗河道志》,1996),设计河底高程为:蔺家坝至解台闸27m,解台闸至刘山闸22m,刘山闸至中运河16.5m(《沂沭泗河道志》,1996)。不牢河全线分设蔺家坝、解台、刘山三个梯级:第一级蔺家坝枢纽,建节制闸1座,节制闸具有防洪、泄洪、引水的功能;第二级为解台枢纽,建节制闸、船闸、灌溉引水闸各1座;第三级为刘山枢纽,建节制闸、船闸各1座;另在徐州市近郊跨不牢河建秦洪公路桥和京沪铁路桥各1座(《沂沭泗河道志》,1996)。

【护坡】自然护岸。蔺家坝至荆山桥和解台至邳铜界两段为沙土地区,河坡放缓至1:5,其他为1:3(《沂沭泗河道志》,1996)。河滩地种植杨树。

【堤岸】堤顶宽度大于8m。

【堤外土地利用】此段河道上有蔺家坝、解台闸等重要的闸坝水工建筑,沿河小码头和堆场众多,且有贾汪矿区、电厂等工业设施,其他主要为农田和村庄。

【剖面图】

图5.182　不牢河徐州郊区解台船闸段两岸100m范围剖面图

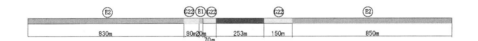

图5.183　不牢河徐州郊区解台船闸段两岸1000m范围剖面图

图5.184　不牢河徐州郊区解台船闸段典型照片

C. 沿河遗产分布

此段河道沿线与运河相关的文化遗产较少,此次考察过程中未发现有历史价值的水工建筑。据当地人介绍,荆山桥已于1958年拆除,现已遗迹无存,未实地考察。

表 5.63　京杭运河不牢河段主要文化遗产分布表

遗产名称	遗产类型	与运河关系类型	地址	时代	保存状况	文物级别	备注
北洞山西汉楚王陵	古墓葬	空间相关	江苏省徐州北郊茅村乡洞山村	西汉	原状保护较好	国家级文物保护单位	已考察
白集汉画像石墓	古墓葬	空间相关	江苏省徐州市铜山县白集村北	东汉	—	市级文物保护单位	未考察
荆山桥	古遗址	空间相关	江苏省徐州市东北荆山下	清	原物不存	市级文物保护单位	未考察
寨山摩崖石刻	石刻	空间相关	江苏省徐州市邳县寨山	清康熙	—	省级文物保护单位	未考察
王杰烈士陵园	近现代重要史迹	空间相关	江苏省徐州市邳县张楼	现代	—	省级文物保护单位	未考察
茅村汉画像石墓	古墓葬	空间相关	江苏省徐州市铜山县茅村	东汉	—	省级文物保护单位	未考察

注:表中备注"未考察"遗产资料均据《徐州市志》,1994。

(2) 徐州市废黄河段

A. 河段概况

古代徐州上、下通航水道原为泗水,南宋绍熙五年(1194)黄河夺淮后成为黄河的组成部分,元代运河改道,借黄行运,因而又成为京杭运河中的一段黄河河道。明清时期,实行黄运分立,北凿南阳新河与泇河,南开皂河与中河,均为人工运河。徐州至邳州段运河自泇河通流后已日益衰落,清咸丰五年(1855)黄河北徙,此段河道逐渐淤废。

废黄河在徐州市区,自西向东折向南贯穿城区,历史上是借黄行运的河道,现在成为城市景观河道。1978年开始,增做两岸块石护岸工程,在堤顶铺设柏油马路。右堤顶内侧修建了拥有76000m²的绿化地和大小95个花坛的带状黄河公园(《沂沭泗河道志》,1996)。

另外,废黄河也有泄洪和灌溉的功能。

B. 河道剖面

【河道】废黄河自二坝至徐州河段,丰县境内河底高程38.4m,底宽15—25m。铜山境内河底高程:周庄闸以上38.4m,丁楼闸以上34m,以下约33m;河底宽25—70m。从徐州至袁圩,河槽底宽为:铜山境内25—70km,一般50m;睢宁境内50—100m,局部30m(《沂沭泗河道志》,1996)。主要水工建筑有:安庆水库、崔贺庄水库。

【河漫滩】无。

【护坡】农村为自然护岸;市区段为垂直的砌石护岸,局部有亲水台阶

【堤岸】两堤堤距窄处5km,在丰县梁寨处,最宽近12km,在铜山县王月铺水库处(《沂沭泗河道志》,1996)。徐州市区废黄河石砌堤岸上种植景观林带(柳树、杨树等),堤上是水泥路,可走机动车。右堤顶内侧修建了拥有76000m²的绿化地和大小95个花坛的带状黄河公园,其中包括黄楼、牌楼、镇水铁牛等遗址。

【堤外土地利用】市区废黄河段堤顶路外是居住区、商业区等,汉桥附近有烟囱、工厂。

【剖面图】

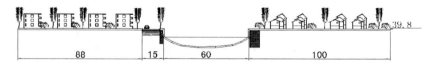

图5.185 徐州市废黄河段两岸100m范围剖面图

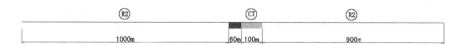

图5.186 徐州市废黄河段两岸1000m范围剖面图

图 5.187　徐州市废黄河段典型照片

C. 沿河遗产分布

此段河道沿线的文化遗产较多,但是与运河直接相关的遗产较少,如下表所示。

表 5.64　徐州市废黄河段主要文化遗产分布表

遗产名称	遗产类型	与运河关系类型	地址	时代	保存状况	文物级别	备注
黄楼	古建筑	历史相关	江苏省徐州市区北故黄河畔	始建于北宋,1988年重修	完全新建	非文物保护单位,但已纳入特定保护范围	已考察
牌楼	古建筑	历史相关	江苏省徐州市区北故黄河畔	始建于清代,1987年11月重建	改建恢复	非文物保护单位,但已纳入特定保护范围	已考察
狮子山楚王陵及兵马俑	古墓葬	空间相关	江苏省徐州市郊狮子山西麓	西汉	原状保护较好	国家级文物保护单位	已考察

（续　表）

遗产名称	遗产类型	与运河关系类型	地址	时代	保存状况	文物级别	备注
文征明书碑《疏吕梁洪记》	石刻	历史相关	江苏省铜山县凤冠山上	明	—	市级文物保护单位	未考察
乾隆行宫	古建筑	历史相关	江苏省徐州市云龙山北麓	清	改建恢复	市级文物保护单位	已考察
北洞山西汉楚王陵	古墓葬	空间相关	江苏省徐州北郊茅村乡洞山村	西汉	原状保护较好	国家级文物保护单位	已考察
山西会馆	古建筑	历史相关	江苏省徐州市云龙山东麓	清	原状保护较好	市级文物保护单位	已考察
兴化寺大雄宝殿	古建筑	空间相关	江苏省徐州市云龙山北数第一节山的东山腰上	明	原状保护较好	市级文物保护单位	已考察
戏马台	古建筑	空间相关	江苏省徐州市户部山上	前206年初建,1986年重修	完全新建	市级文物保护单位	已考察
土山汉墓	古墓葬	空间相关	江苏省徐州市云龙山北麓	东汉	—	省级文物保护单位	未考察
楚王山汉墓群	古墓葬	空间相关	江苏省徐州市铜山县夹河乡	汉	—	省级文物保护单位	未考察
华祖庙	古建筑	空间相关	江苏省徐州市中山南路石磊巷	清	—	市级文物保护单位	未考察
黄楼赋碑	石刻	空间相关	江苏省徐州市庆云桥东	宋	—	市级文物保护单位	未考察

（续　表）

遗产名称	遗产类型	与运河关系类型	地址	时代	保存状况	文物级别	备注
快哉亭	古建筑	空间相关	江苏省徐州市人民公园	清	—	市级文物保护单位	未考察
桓山墓	古墓葬	空间相关	江苏省徐州市铜山县洞山村东		—	市级文物保护单位	未考察
道台衙门	古建筑	空间相关	江苏省徐州市文亭街西	清	—	市级文物保护单位	未考察
东洞山汉墓	古墓葬	空间相关	江苏省徐州市郊下淀乡石桥村南	西汉	—	市级文物保护单位	未考察
卧牛山汉墓	古墓葬	空间相关	江苏省徐州市铜山县卧牛山西麓	王莽	—	市级文物保护单位	未考察
刘注墓（小龟山汉墓）	古墓葬	空间相关	江苏省徐州市铜山县拾屯乡小龟山西麓	西汉	—	市级文物保护单位	未考察
古彭广场地下城遗址	古遗址	空间相关	江苏省徐州市中心彭城路和淮海路交叉点	明	—	市级文物保护单位	未考察
文庙大成殿	古建筑	空间相关	江苏省徐州市二中院内	清	—	市级文物保护单位	未考察
万字会旧址	古遗址	空间相关	江苏省徐州市淮海东路民政医院内	清	—	市级文物保护单位	未考察
彭祖祠	古建筑	空间相关	江苏省徐州市统一街北	清	—	市级文物保护单位	未考察
古城墙遗址	古遗址	空间相关	江苏省徐州市人民公园	清	—	市级文物保护单位	未考察

（续　表）

遗产名称	遗产类型	与运河关系类型	地址	时代	保存状况	文物级别	备注
黄河故河道河堤	古遗址	空间相关	江苏省徐州市废黄河畔		—	市级文物保护单位	未考察
九里山平山寺	古建筑	空间相关	江苏省徐州市九里山		—	市级文物保护单位	未考察
云龙山碑	石刻	空间相关	江苏省徐州市云龙山北门内	明	—	市级文物保护单位	未考察
天主教耶稣圣心大教堂	古建筑	空间相关	江苏省徐州市青年东路	近代(1908)	—	市级文物保护单位	未考察
李蟠状元故居	古建筑	空间相关	江苏省徐州市劳动巷	清	—	市级文物保护单位	未考察
花园饭店	近现代重要史迹	空间相关	江苏省徐州市大同街东	现代	—	市级文物保护单位	未考察
钟鼓楼	近现代重要史迹	空间相关	江苏省徐州市大同街中	现代	—	市级文物保护单位	未考察
万年少墓	古墓葬	空间相关	江苏省徐州市泰山南朱园村	明	—	市级文物保护单位	未考察
权瑾牌坊	古建筑	空间相关		明	—	市级文物保护单位	未考察
石佛井	古建筑	空间相关	江苏省徐州市云龙山放鹤亭前	明	—	市级文物保护单位	未考察

（续　表）

遗产名称	遗产类型	与运河关系类型	地址	时代	保存状况	文物级别	备注
燕子楼	古建筑	空间相关	江苏省徐州市云龙公园知春岛	唐	—	市级文物保护单位	未考察
淮海战役烈士纪念塔	近现代重要史迹	空间相关	江苏省徐州市南郊凤凰山	现代	—	省级文物保护单位	未考察
兴化寺摩崖造像	石刻	空间相关	江苏省徐州市云龙山东侧	魏唐	—	市级文物保护单位	未考察
东坡石床	石刻	空间相关	江苏省徐州市云龙山西侧	宋	—	市级文物保护单位	未考察
云龙山碑	石刻	空间相关	江苏省徐州市云龙山顶	清	—	市级文物保护单位	未考察
代笔亭摩崖石刻	石刻	空间相关	江苏省徐州市云龙山东麓	魏	—	市级文物保护单位	未考察
王陵母墓	古墓葬	空间相关	江苏省徐州市云龙公园内	汉	—	市级文物保护单位	未考察
大士岩	石刻	空间相关	江苏省徐州市云龙山西侧	清	—	市级文物保护单位	未考察
铁路员工抗战烈士纪念亭	古建筑	空间相关	江苏省徐州市云龙山北麓	现代	—	市级文物保护单位	未考察
吴亚鲁革命活动遗址	古建筑	空间相关	江苏省徐州市彭城路北首	民国	—	市级文物保护单位	未考察

注：表中备注"未考察"遗产资料均据《徐州市志》，1994。

5.7 中运河段

5.7.1 背景概况

中运河原为发源于山东的泗水下游故河道，后为黄河所夺，又为南北漕运所经，成为大运河的一部分。

5.7.1.1 历史沿革

中河和皂河部分：康熙十八年（1680）由于黄河北决，骆马湖渐趋枯涸而在湖西皂河口另浚新河，皂河上接伽河，下通黄河，长约20km，于康熙十九年（1681）开成，二十二年（1684）河堤工程告竣。此时中河尚未开通，清口至宿迁运口之间靠黄河行运（姚汉源，1998）。康熙二十五年（1687）开凿中河，自张庄运口起，至清河仲家庄，避开黄河运道90km，形成独立于黄河的运河河道，至此苏北运河基本定型。

泇河部分：为避徐州河患和徐吕二洪之险，实现黄运分立，明朝自隆庆三年（1570）开泇河，至万历三十二年（1605）完工（《京杭运河志·苏北段》，1998），起自夏镇，讫于直河口，长约130km。黄河运道湮没后，泇河成为沟通南北的唯一通道。

1958—1961年，国家对苏北运河进行扩建，中运河除窑湾至曹店子段新开运河9km，其余均利用老运河拓宽浚深。航道选线方面大王庙至龚渡口段、三岔河（运河镇北）至猫儿窝段利用老河拓宽浚深，窑湾至曹店子段为新开河道，曹店子至泗阳段基本利用老河，其中仅宿迁闸上游航道900m、刘老涧绕道2800m、仰化集裁弯1822m进行局部改线，泗阳到杨庄段亦利用老河疏浚而成（《京杭运河志苏北段》，1998）。1959年，国家对中运河宿迁闸至杨庄运道进行疏浚、拓宽、加固。1984年，国家重点整治淮阴至泗阳（泗阳闸下）段航道，11月15日开工至12月27日完工，达到二级航道标准。

5.7.1.2 自然条件

（1）河道水系

A.背景水系

黄河水系：黄河分为"北道"、"东道"、"南道"。"北道"即禹道，是传说中夏禹治水的河道;"东道"是现行河道;"南道"是黄河夺泗、夺淮,北自徐州北茶城会泗水,至淮安会淮河入海的河道;"南道"还包括黄河在徐州之西,南决入颖、入涡、入濉等泛道,颖、涡两河在洪泽湖上游会淮,濉河泛道在宿迁小河口会泗入淮。

沂沭泗水系:沂沭泗水系由沂河、沭河、泗水组成。沂河发源于山东沂源县鲁山,南流经鲁南低山丘陵至江苏境内入骆马湖,流域面积11820km²。沭河在沂河之东,与沂河平行南下,至临沭县大官庄分成两河,南流为老沭河,经江苏新沂市流入新沂河;东流为新沭河,经江苏石梁河水库从临洪口入海,流域面积9250km²。泗河水系汇集沂蒙山西麓和南四湖各支流,其中较大的有洙赵新河、红卫河等,均汇入南四湖,流域面积约2338km²,再经韩庄运河、中运河汇合邳苍地区来水流入骆马湖,然后经新沂河入海。沂沭泗水系为暴发性河流,源短流急,历史上下游水系紊乱,河道淤塞,洪水不能畅流入海,水患频繁(《京杭运河志·苏北段》,1998)。

B. 主要河流

新沂河:1952年建成,西起骆马湖东嶂山闸,流经宿迁、沭阳、灌南县,至灌河入海,长144km,堤距3.3km,是承泄沂、沭、泗洪水的主要通道。

淮沭新河:南起洪泽湖二河闸,经洪泽、淮安、泗阳、沭阳入新沂河,向北沟通沭新干渠、蔷薇河达连云港市,全长173km,堤距500—1400m。

淮河干流(淮安——宿迁)段:自安徽来,至本市泗洪、盱眙县入洪泽湖,自浮山至老子山长80.5km。

六塘河:自骆马湖至沭阳钱集称总六塘河,以下分为南、北六塘河,均东北流入灌河达海,流经宿迁、泗阳、淮安、沭阳、涟水、灌南六县(《江苏市县概况》,1989)。

C. 主要湖泊

骆马湖:位于宿迁、新沂两市境内,地处中运河东北,是沂沭泗流域调蓄洪水的大水库。明万历年间开训河,使沂河失去原有流路而壅于宿迁、新沂低洼地区,并和原有的周湖、柳湖、嘡头湖一起汇成骆马湖。当前骆马湖一般湖底高程18—21m。水位高程23m时,湖面积375km²,库容9亿m³;水位高程25m时,湖面积450Km²,库容15.03亿m³。非常时期开放黄墩湖,两湖水域面积约800km²,总库容约30亿m³。骆马湖承泄上中游5.1万km²面积的三股来水,一是南四湖,二是沂河干流,三是邳苍地区。出湖口有嶂山闸泄洪入新沂河;皂河闸、宿迁闸泄洪入中运河;扬河滩闸、六塘河闸送灌溉水给来龙灌区。骆马湖一线防洪蓄水是由皂河闸、扬河滩闸和长18.4km的骆马湖大堤联接闭锁,当上游洪水入境水位超过24.5m时,退守至宿迁大控制二线防洪,并由宿迁节制闸、宿迁船闸、六塘河闸、嶂山闸和井儿头大坝、废黄河北堤联接闭锁。1958年后,骆马湖改为常年蓄水,在冬春沂、沭、泗无水下泄之际,利用库容,"整存零付",调节通航水位,成为拦洪蓄水综合利用的大型水库。

洪泽湖:位于宿迁、淮安两市境内。湖底高程在常年控制水位下,平均水深4m以内,最大深度达8m,但大部分湖区仅有2m左右。水域面积一般为2069km^2,洪水期间可达3050km^2。洪泽湖承泄淮河上中游约16万km^{2}的来水,蓄水水位高程12.5m时,库容量31.7亿 m^3;水位高程16m时,库容量135.14亿 m^3。因洪泽湖湖底高出东部里下河地区5—9m,万顷湖水全赖高家堰作为屏障(《京杭运河志·苏北段》,1998)。

(2)气候状况

中运河流经徐州市、宿迁市,所经区县气候状况如下表。

表5.65 中运河与里运河流经区县气候状况

区县	气候类型	年均降雨量(mm)	年均温(℃)	最热月均温(℃)	最冷月均温(℃)	0度积温	全年日照(h)	全年总辐射(千卡/cm^2)	平均无霜期(d)
宿迁市	暖温带季风气候区	899.9	14.1	26.8	-0.1	—	2299	—	210
泗阳县		890.9	14.1	27.0	-1.0	—	2228	—	209
泗洪县		893	14.3	27.4	0	—	2354	—	210
邳州市		927	13.9	26.8	0.7	—	2350	—	209
新沂市		904	13.7	26.7	-0.8	—	2515	—	201

资料来源:《宿迁市志》,1996;《江苏市县概况》,1989。

(3) 水旱灾害

本区自然灾害以水灾为多，其次是旱灾，再次是风灾、雹灾、冻灾、蝗灾。对楚州区危害最大的是洪涝。淮安主要是洪涝、风灾、雹灾、冻灾；洪涝平均 4—5 年一遇，风灾和雹灾均是 3 年两遇。泗阳主要是暴雨、冰雹、龙卷风；暴雨一般 3 年一遇，冰雹通常 1 年一遇，龙卷风一般 4 年一遇。宿迁主要是水灾、风灾、雹灾，特大水灾数十年一遇，龙卷风一般两年一遇，雹灾 1 年一遇（《江苏市县概况》，1989）。

5.7.1.3 社会经济

表 5.66 中运河流经区县经济情况（2002）

县区	总人口（万）	非农业人口（万）	城市化水平（%）	人口密度（千人/km²）	国内生产总值（亿元）	第一产业总产值（亿元）	第二产业总产值（亿元）	第三产业总产值（亿元）	人均GDP（元）	城市居民可支配收入（元）	在岗职工年平均工资（元）	农民人均纯收入（元）
宿迁市	513	147.19	28.7	0.60	247.03	85.05	92.14	69.84	4815	5041	8699	3231
市区	26.00	23.57	90.7	1.91	24.56	0.88	12.95	10.73	9446	—	11357	3559
宿城区	23.38	21.46	91.8	1.91	13.54	0.88	6.42	6.24	5791	—	7480	3559
宿豫县	96.12	20.01	20.8	0.61	46.41	14.91	20.85	10.65	4828	—	8340	3170
泗阳县	116.31	25.15	21.6	0.67	47.12	18.78	14.83	13.52	4051	—	8344	3108

资料来源：《宿迁统计年鉴（2003）》；徐州市数据来自 http://www.jssb.gov.cn。

5.7.1.4 水环境

（1）运河水质

表5.67 中运河各区县河段及相关水体水质情况（2003）

		水质	主要污染物	主要污染来源	监测点	综合污染指数
京杭大运河	淮安里运河段	劣于Ⅴ类	总磷、氨氮、五日生化需氧量	生活污水、工业废水	东风造纸厂，引河口	13.63
	楚州区段	Ⅳ类	粪大肠菌、总氮	生活污水、工业废水	平桥	—
	淮安主城区段	劣于Ⅴ类	粪大肠菌、总氮、总磷、氨氮、五日生化需氧量	淮阴发电厂导致里运河水倒流	板闸	10.75
					大运河桥	10.11
					五汊河口	11.39
	宿迁段	Ⅲ类	化学需氧量、氨氮	生活污水为主，工业废水为辅	—	—
洪泽湖	—	Ⅳ类	总磷、总氮、石油类、高锰酸钾指数、五日生化需氧量			
骆马湖	—	优于Ⅲ类	—			
废黄河	淮安段	劣于Ⅴ类	粪大肠菌、总磷、高锰酸钾指数、化学需氧量	快鹿牛奶场污水、生活污水		
	宿迁段	劣于Ⅴ类	—			
新沂河	宿迁段	Ⅱ类	—			
六塘河	宿迁段	Ⅴ类	—			

资料来源：《淮安市环境质量报告书，2003》；《宿迁市环境状况公报，2002》。

(2) 运河污染源

宿迁2003年工业废水排放总量3576.12万吨,占全市废水排放量的30.2%。工业废水排放达标量3408.45万吨,达标率95.31%。非工业废水中化学需氧量(COD)排放总量5391.69万吨(《宿迁市环境公报,2003》,2003)。

(3) 地下水水位

黄泛冲积平原区:分布于淮河以北广大平原区。水位埋深:西部泗洪、宿迁为2—8m,泗阳、淮阴、沭阳为3—5m,废黄河自然堤为5—6m,涟水为1.5—2.5m,自然堤区5—6m。

沂、沭河冲积平原区:分布于沭阳县新沂河以北及宿迁市区东北区。浅层承压水水位埋深1—3m,顶板埋深20—40m;深层承压水水位埋深小于2m,顶板埋深45—60m。年允许开采量0.15亿 m^3。

黄淮冲积平原区:包括宿迁市区、沭阳县南境、泗阳县、涟水县、淮阴区以及楚州灌溉总渠以北地区,浅层承压水水位埋深1—5m,含水层顶板埋深40—60m;深层地下水埋深2—9m,隔水层顶板埋深60—80m。年允许开采量0.5亿 m^3(《淮阴市志》,1995)。

5.7.2 运河现状

5.7.2.1 运河河道分段

表5.68 中运河河道分段表

序号	河段名称	开凿年代	主要特点说明
1	苏鲁边界至窑湾运河段(大王庙——睢宁船闸)	明隆庆三年至万历三十二年(1569—1603)	河道平均宽为170m,土堤为主。流经邳州、窑湾两个重要城镇。两岸主要基质类型为城市、农田、村镇。2级航道。水质为3类。主要功能为灌溉、排洪、防涝、输水。
2	窑湾至皂河段(睢宁船闸——皂河闸)	康熙十九年(1680)	河道平均宽为250m,土堤为主。两岸主要基质类型为农田、村镇、湖泊湿地。2级航道。水质为3类。主要功能为航运、灌溉、排涝、防洪。

（续　表）

序号	河段名称	开凿年代	主要特点说明
3	皂河闸至宿迁北郊段（皂河闸——宿迁闸）	康熙二十五年（1686）	河道平均宽为250m，砌石堤岸为主。两岸主要基质类型为农田、村镇、湖泊湿地。2级航道。水质为Ⅲ类。主要功能为航运、灌溉、排涝、防洪、供水。
4	宿迁市北郊段（宿迁闸——宿迁二号桥段）	康熙二十五年（1686）	河道平均宽度为300m，水泥堤岸为主。两岸主要基质类型为城市、传统街区、工业区。2级航道。水质为Ⅲ类。主要功能为航运、灌溉、排涝、防洪、供水。
5	宿迁市区中心段（运河二号桥——墩普）	康熙二十五年（1686）	河道平均宽为250m，水泥堤岸为主。两岸主要基质类型为城市、传统街区、工业区。2级航道。水质为Ⅲ类。主要功能为航运、灌溉、排涝、防洪、休闲游憩、供水、排污。
6	宿迁市南郊段（墩普——运河六堡）	康熙二十五年（1686）	河道平均宽度为250m，砌石堤岸为主。两岸主要基质类型为农田、传统街区、村镇。2级航道。水质为Ⅲ类。主要功能为航运、灌溉、排涝、防洪、休闲游憩、供水、排污。
7	宿迁市南郊至泗阳段（六堡——周庄）	康熙二十五年（1686）	河道平均宽度为150m，土堤为主。两岸主要基质类型为农田、村镇。2级航道，水质为Ⅲ类。主要功能为航运、灌溉、排涝、养殖放牧、防洪、休闲游憩。
8	泗阳周庄至淮阴闸段	康熙二十五年（1686）	河道平均宽度为120m，土堤为主。两岸主要基质类型为城市、农田、村镇、林草地。2级航道。水质为Ⅲ类。主要功能为航运、调水、灌溉、防洪、排涝。

5.7.2.2　运河分段详述

（1）中运河苏鲁边界至窑湾段（大王庙——睢宁船闸）

A. 河段概况

中运河上起山东台儿庄区和江苏邳县交界处，直到淮阴杨庄；苏鲁边界至民便河口运河段是中运河的一部分，该段北接韩庄运河，西纳不牢河，流经邳州、窑湾两个重要城镇。本次重点考察的是其中的邳州至窑湾段。

由于此段所在地域黄患严重,因此水道多有变迁,历史复杂,大致可追溯到泇河的开凿。此段历史沿革在第一部分泇河的历史沿革中已经介绍过,不再赘述。

此段水工建筑情况如下:

310公路桥:1965年建成,预应力板桥,共36孔,梁底高程31m,河底高程18m,设计洪水位29.7m。

徐塘闸:位于运河镇西北3km处,1972年建,以拦蓄来水发展灌溉。共16孔,中间两孔每孔净宽20m,余14孔,每孔净宽6m,门顶高程24m,闸底高程18m,开敞式结构,无交通桥,左岸滩地建船闸一座(15×210m)。南水北调工程初步形成后,徐塘闸这一级控制已经废除。

陇海铁路桥:位于运河镇以西1km处,改建于1959年,计32孔,最低墩台顶部高程29.41m,设计行洪流量5000m^3/s,上下游水位差0.4m。

邳睢公路桥:位于运河镇南,1972年建,3孔双曲拱桥,中孔梁底高程32.27m,右岸约800m,滩地只作漫水路面,行洪时不能通行。

民便河船闸:位于邳、宿交界民便河口处,建于1969—1971年,闸身长60m,闸门宽8m,闸首底坎高程17m,可通过40—60吨货船(《沂沭泗河道志》,1996)。

此河段主要功能为灌溉、排洪、防涝、输水。

B. 河道剖面

【河道】苏鲁边界王庄至不牢河口,河段长12km,地面高程24.5—25.5m,河底高程19—20m,河槽宽50—80m;不牢河口至邳州铁路桥,河长15km,地面高程17.5—18.5m,河槽宽80—100m,河槽内套挖底高程17.3m、底宽50m的航道;自铁路桥至民便河口,河长28km,地面高程21.3—23.2m,河底高程17.5m,河槽宽200m左右,局部河槽宽150m,民便河船闸以上段河底套挖底高程17.3m、底宽50m的航道(《沂沭泗河道志》,1996)。从邳州到徐宿分界点之间运河堤距约1km左右。水质为Ⅲ类。

【河漫滩】邳州至窑湾段沿河有连续的自然缓坡河漫滩,局部已被开垦为菜地。邳州城南郊段河中有岛状自然滩地。

【护坡】自然护坡,边坡比均为1:3,局部地段为抛石。

【堤岸】自苏鲁边界至民便河口,左堤自陶沟河口至二湾,长61km,堤顶高程28—31.56m,一般堤顶超设计洪水位2m,堤顶宽8m。右堤省界至民便河口56.87km,其中房亭河口至民便河口段14.5km,堤后筑戗台,戗台顶高程26m,宽10m(《沂沭泗河道志》,1996)。堤上种植杨树防护林,堤顶路两侧均有杨树林带,各宽约20m。

【堤外土地利用】邳州城区段左岸主要用地类型为仓储用地、对外交通用地、工业用地、居住用地、商业用地等;右岸主要为农业用地和村镇用地。邳州南郊至窑湾段两岸主要用地类型为农业用地、村镇用地。

【剖面图】

图5.188 中运河苏鲁边界至窑湾段两岸100m范围剖面图

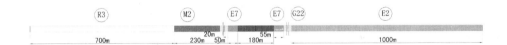

图5.189 中运河苏鲁边界至窑湾段两岸1000m范围剖面图

图5.190 中运河苏鲁边界至窑湾段典型照片

C. 沿河遗产分布

表 5.69 中运河苏鲁边界至窑湾段主要文化遗产分布表

遗产名称	遗产类型	与运河关系类型	地址	时代	保存状况	文物级别	备注
淮海战役碾庄战斗革命烈士纪念碑	碑刻	空间相关	江苏省徐州市碾庄乡	1960 年	不明	保护状况不明	未考察（《邳县史志》，1988）
古刹石屋寺	古建筑	空间相关	江苏省徐州市邳睢界	北魏	原物不存，但遗迹可考	保护状况不明	未考察（《邳县文史资料》第三辑，1985）
圯桥	古建筑	空间相关	江苏省徐州市下邳城东南	汉	原物破坏严重	保护状况不明	未考察（《邳县文史资料》第一辑，1983）
窦氏门楼	古建筑	空间相关	江苏省邳州市	清以前	不明	保护状况不明	未考察（《邳县文史资料》第四辑，1986）
炬山古墓群	古陵墓	空间相关	江苏省徐州市八路乡	秦汉	不明	县级文物保护单位	未考察（《邳县文史资料》第八辑，1991）

(续　表)

遗产名称	遗产类型	与运河关系类型	地址	时代	保存状况	文物级别	备注
困凤堂	古建筑	空间相关	江苏省徐州市古邳镇下邳村	南北朝宋元嘉二十七年(450)	不明	保护状况不明	未考察(《邳县文史资料》第十辑,1993)
韩愈亭	古建筑	空间相关	江苏省徐州市古邳镇下邳村	宋大观元年(1107)	不明	保护状况不明	未考察(《邳县文史资料》第十辑,1993)
三雄两帝衙	古建筑	空间相关	江苏省徐州市古邳镇下邳村	汉	不明	保护状况不明	未考察(《邳县文史资料》第十辑,1993)

(2) 中运河窑湾至皂河段(睢宁船闸——皂河闸)

A. 河段概况

康熙十九年(1680),总河靳辅开皂河四十里,即由原直河口与董沟河口之间开口通黄河,由皂河口向西北偏西开河至窑湾接泇河(《京杭运河志·苏北段》,1998)。此段运河是宿迁主要的洪水走廊,也是重要的灌溉水源,水质为Ⅲ类。主要功能为航运、灌溉、排涝、防洪。

B. 河道剖面

【河道】河道宽(堤距)约175—200m,河底平均高程为19—19.5m,宽136—160m,设计防洪水位为25m,流量为1000m³/s(《淮阴水利手册》,1995)。水质为Ⅲ类。

【河漫滩】无。

【护坡】临水坡、背水坡均为1:3,基本为自然护坡。

【堤岸】由于与骆马湖相连无左堤,右堤堤顶高程为27.6—28m,临水面堤脚高程为20.4—24m,背水面堤脚高程为21m。堤顶路宽约8m(《淮阴水利手册》,1995)。沿堤顶路有茂盛的防护林带,以杨树为主要树种。

【堤外土地利用】沿岸土地利用类型主要为农田、经济林、农村居民点等。

【剖面图】

图5.191　中运河窑湾至皂河段两岸100m范围剖面图

图5.192　中运河窑湾至皂河段两岸1000m范围剖面图

图5.193　中运河窑湾至皂河段典型照片

C. 沿河遗产分布

表 5.70　中运河窑湾至宿迁段主要文化遗产分布表

遗产名称	遗产类型	与运河关系类型	地址	时代	保存状况	文物级别	备注
窑湾古镇中宁街	古建筑群	历史相关	江苏省新沂市窑湾镇中宁街	明末清初	已翻修恢复	非文物保护单位	已考察
窑湾山西会馆	古建筑	历史相关	江苏省新沂市窑湾镇	明嘉靖九年(1530)	已翻修恢复	非文物保护单位	已考察

（3）中运河皂河闸至宿迁北郊段（皂河闸——宿迁闸）

A. 河段概况

此段属于康熙二十五年（1686）开凿的中河，是宿迁地区主要的洪水走廊，也是重要的灌溉水源。河流两侧有骆马湖、废黄河、黄墩湖滞洪区等重要的湖泊水体。

主要水工建筑情况如下表：

表 5.71　中运河皂河闸至宿迁北郊段主要船闸

船闸名称	连接河道	地点	设计通航标准(m)	闸宽长×宽(m)	设计门槛		上游通航水位		下游通航水位		建成年月
					顶高程(m)	水深(m)	最高(m)	最低(m)	最高(m)	最低(m)	
皂河船闸	大运河	宿迁皂河	3×300	230×20	16.5	4	24.5	20.5	20.5	18.5	1973.8
皂河复线船闸	大运河	宿迁皂河	2×2000	230×23	15.5	5	26.0	20.5	24.0	18.5	1988.12

表 5.72　中运河皂河闸至宿迁北郊段主要涵闸

河道(堤防)名称	涵闸名称	所在地县(市)乡	竣工年、月	设计最大过闸流量(m^3/s)	结构型式	主要技术数据
中运河	皂河闸	宿迁皂河	1952.6	1000(排)	钢弧形门	闸孔数7,净宽9.2m,净高4m。闸底高程15.87m,闸顶高程27.47m。稳定设计水位上游为23、25.5m,下游为18.34、19.5m。
中运河	邳洪河新闸	宿迁皂河	1986	310(排)	钢弧板门	闸孔数7+1(航),净宽6.6m,净高7.0、8.5m。闸底高程14.5m,闸顶高程28m。稳定设计水位上游为19.3,18.2m,下游19.1,18.5m。

资料来源：《淮阴水利手册》,1995。

其他重要的大型涵闸主要有宿迁井头(总六塘河上)的杨河滩闸、六塘河闸、六塘河雍水闸,宿迁皂河的皂河闸和邳洪河新闸。小型涵闸主要有六运隔堤上的六运新闸和六运老闸。

骆马湖进湖水系主要有沂河、中运河、邳苍河,通过嶂山闸向新沂河出水,通过皂河闸向中运河出水。作为重要的水柜,起到调节中运河水位,确保区域免受洪水侵害的重要作用。中运河的南四湖和皂河河段向骆马湖进水,流域面积分别为 31700 km^2 和 35200 km^2,骆马湖通过皂河闸向中运河出水,设计泄量为 600 m^3/s。

此河段主要功能为航运、灌溉、排涝、防洪、供水。

B. 河道剖面

【河道】河宽(堤距)为 200—300m。河底宽 153—185m,平均高程为 19.4—20m(《淮阴水利手册》,1995)。水质为Ⅲ类。

【河漫滩】两侧有基本连续的河漫滩,植被覆盖情况良好,植物品种以湿生草本植物为主。

【护坡】骆马湖一线湖泊为混凝土砌石护坡。临水坡为 1∶3,背水坡为

1∶4。右岸为骆马湖二线,临水坡为1∶3,背水坡为1∶3。右岸护坡主要为自然护坡。

【堤岸】左岸大堤为骆马湖一线,堤顶路约为6m宽,堤顶高程为25.6—26.5m,堤脚高程(临水面)为20—20.8m,背水面为20.5—21.5m。右岸大堤为骆马湖二线,堤顶路约为8m宽,堤顶高程为27.5—28.5m,其中支口窑厂——东福电站段堤脚高程(临水面)为23m,背水面堤脚高程为22—27.6m。东福电站——宿迁闸段堤脚高程(临水面)为24m,背水面堤脚高程为22—27.6m(《淮阴水利手册》,1995)。

宿迁闸至九龙村之间堤岸为六运隔堤。宿迁闸至九龙村河段两岸除少数路段为土路外,基本无堤顶路,无法连续通行。堤上有连续的防护林带,发育成熟。

【堤外土地利用】此段运河两岸主要用地类型有工业用地、仓储用地、农田、经济林、村镇用地。运河两岸零星分布有工业、仓储用地,规模均较小,主要是露天造船场和砂石堆场。两岸堤内外均分布有大片农田,主要由运河提供灌溉用水。沿堤两侧分布有经济林,亦有成片的林区。右堤(骆马湖二线)外侧分布有村镇用地,村镇与运河的关系较紧密,村民利用运河两侧肥沃的土地进行耕种。

【剖面图】

图5.194　中运河皂河闸至宿迁北郊段两岸100m范围剖面图

图5.195　中运河皂河闸至宿迁北郊段两岸1000m范围剖面图

图 5.196 中运河皂河闸至宿迁北郊段典型照片

C. 沿河遗产分布

此段河道沿线分布的遗产主要是宿迁龙王庙行宫。

(4) 中运河宿迁市北郊段(宿迁闸——宿迁二号桥段)

A. 河段概况

此段属于康熙二十五年(1686)开凿的中河。中运河是宿迁主要的洪水出路,也是重要的灌溉、工业生产和生活用水的水源。此河段主要功能为航运、灌溉、排涝、防洪、供水,水工建筑情况见下表。

表5.73 中运河宿迁市北郊段主要水工建筑

船闸名称	连接河道	地点	设计通航标准(m)	闸宽长×宽(m)	设计门槛		上游通航水位		下游通航水位		建成年月
					顶高程(m)	水深(m)	最高(m)	最低(m)	最高(m)	最低(m)	
宿迁船闸	大运河	宿迁井头	2800	210×15	14.8	3.2	25.1	18.0	18.5	18.0	1958.5
宿迁复线船闸	大运河	宿迁井头	2×2000	230×23	13.5	5	24	18.5	20	18	1986.9

资料来源:《淮阴水利手册》,1995。

B. 河道剖面

【河道】河宽(堤距)为270—360m。河底宽153—185m,平均高程为19.4—20m。水质为Ⅲ类。

【护坡】左岸护坡主要为水泥砌石护坡,临水坡坡度为1:3,背水坡坡度为

1:2。右岸护坡为垂直水泥护坡。

【堤岸】堤顶高程为21.9—22.86m,临水面高程为18—19.7m,背水面高程为16.3—17.9m,堤顶路宽4—10m。

【堤外土地利用】此段运河两侧的主要用地类型有工业用地、仓储用地、农田、经济林、村镇。工业用地、仓储用地主要分布在西岸滨河公园以北至宿迁闸河段右侧,主要有水泥厂、农药厂、磷肥厂等工厂。这些工厂以运河水为主要的生产水源,工业污水经处理后排入运河,依靠运河进行产品、能源、原料的运输,对运河水体有一定污染。宿迁闸附近左岸有大片农田和林地。村落主要分布在运河右岸。

【剖面图】

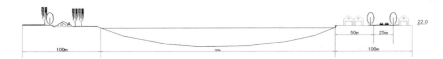

图5.197　中运河宿迁市北郊段两岸100m范围剖面图

图5.198　中运河宿迁市北郊段两岸1000m范围剖面图

图5.199　中运河宿迁市北郊段典型照片

C. 沿河遗产分布

此段河道沿线无重要遗产分布。

（5）中运河宿迁市区中心段（运河二号桥——墩埠）

A. 河段概况

此段属于康熙二十五年(1686)开凿的中河，是宿迁主要的洪水出路。主要功能为航运、灌溉、排涝、防洪、休闲游憩、供水、排污。

B. 河道剖面

【河道】河宽(堤距)为200—300m，河底宽80—100m，平均高程为14.5—10m(《淮阴水利手册》,1995)。水质为Ⅲ类。

【河漫滩】此段右岸基本为垂直混凝土护岸，无河漫滩。左岸基本保持自然形态，有宽约10m的湿地植被带。

【护坡】右堤基本为垂直水泥护岸，有亲水平台伸向河面。左内堤护坡为自然缓坡，局部地段为抛石护岸。外堤主要为水泥砌石护坡，临水坡坡度为1:3，背水坡坡度为1:2(《淮阴水利手册》,1995)。

【堤岸】宿迁闸至刘老涧闸段右堤顶高程为21.45—22.6m，堤脚高程为19m，背水面堤脚高程为17.1—18.7m；左堤堤顶高程为21.9—22.86m，临水面堤脚高程为18—19.7m，背水面堤脚高程为16.3—17.9m(《淮阴水利手册》,1995)。

左堤由内堤和外堤两条堤组成，外堤内侧用地被规划为生态滨河公园，强调人与自然的和谐共处，尊重场地的自然现状，保持了自然地形和乡土植被，只辅以少量必需的供休闲游憩的人工设施。

右堤被规划为城市滨河公园，宽度约70—100m。沿河步道以硬质铺底为主，已经投入使用。

【堤外土地利用】运河两侧的主要用地类型有城市公园用地、工业用地、仓储用地、城市居住区用地、商业金融用地、文物古迹等。城市公园用地主要分布在滨河带上，西岸的滨河公园靠近城市中心，为城市居民提供了休闲游憩的好去处，也促进了运河的环境改善。前来游憩的城市居民以傍晚和早晨较多，白天游人相对较少。东岸的生态公园对于改善运河生态环境和提高运河在城市中的地位，唤起人们的生态意识和环境保护意识有很大的作用，同时也为城市居民提供了良好的户外游憩场所。除滨河公园外，还有马陵公园、黄河河滨公园、黄海公园等其他公园分布在城市中心区。工业、仓储用地主要分布在西岸滨河公园以北至运河二号桥之间地段,临河布置。主要有电厂、玻璃厂、航运公司等工厂和企业,以运河水为主要的生产水源,工业污水经处理后排入运河,依靠运河进行产品、能源、原料的运输,对运河水体有一定污染。商业金融用地主要分布在运河西侧城市中心区。文物古迹用地主要分布在运河西侧城市中心区,与运河距离稍远。

【剖面图】

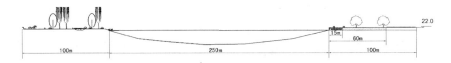

图 5.200　中运河宿迁市区中心段两岸 100m 范围剖面图

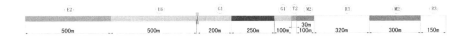

图 5.201　中运河宿迁市区中心段两岸 1000m 范围剖面图

图 5.202　中运河宿迁市区中心段典型照片

C. 沿河遗产分布

表 5.74 中运河宿迁市区段主要文化遗产分布表

遗产名称	遗产类型	与运河关系类型	地址	时代	保存状况	文物级别	备注
龙王庙行宫	古建筑	历史相关	江苏省宿迁市西南运河西岸,皂河镇	清康熙二十三年(1684)	原物保存良好	国家级文物保护单位	已考察
马陵公园	古建筑	空间相关	江苏省宿迁市宿城马陵山	民国二十四年(1935)	完全重建	市县级文物保护单位	已考察
极乐律院	古建筑	历史相关	江苏省宿迁市粮食局北院,宿城区博物馆内	明崇祯十七年(1644)	原物破坏严重	省级文物保护单位	已考察
大王庙	古建筑	历史相关	江苏省宿迁市东南运河西岸,宿城东关口	明	原物破坏严重	市县级文物保护单位	已考察
关坝台遗址	古建筑	历史相关	江苏省宿迁市南,京杭运河西岸东关口	待考	原物破坏严重	非文物保护单位,无人管理	已考察
道生碱店	近现代重要史迹及代表性建筑	空间相关	江苏省宿迁市区一招园内	民国	不明	市级文物保护单位	未考察
耶稣堂	近现代重要史迹及代表性建筑	空间相关	江苏省宿迁市宿城镇内	1925年	不明	市级文物保护单位	未考察

（续　表）

遗产名称	遗产类型	与运河关系类型	地址	时代	保存状况	文物级别	备注
孔庙大成殿	古建筑	空间相关	江苏省宿迁市宿城镇南宿迁中学内	明	不明	市级文物保护单位	未考察
仁济医院	古建筑	空间相关	江苏省宿迁市人民医院内	1905年	不明	市级文物保护单位	未考察
三皇庙碑刻	石刻	空间相关	江苏省宿迁市城南	元	不明	市级文物保护单位	未考察
杨泗洪墓	古陵墓	空间相关	江苏省宿迁市人民医院内	1905年	不明	市级文物保护单位	未考察
井儿头遗址	古遗址	空间相关	江苏省宿迁市宿城区井头乡政府所在地	新石器时期	不明	县级文物保护单位	未考察（《宿城区文物保护单位》，2001，未出版）
三皇庙遗址	古遗址	空间相关	江苏省宿迁市城南	元	不明	县级文物保护单位	未考察（《宿城区文物保护单位》，2001，未出版）
下相城遗址	古遗址	空间相关	江苏省宿迁市宿城区古城村	秦汉	不明	县级文物保护单位	未考察（《宿城区文物保护单位》，2001，未出版）

（续　表）

遗产名称	遗产类型	与运河关系类型	地址	时代	保存状况	文物级别	备注
显佑伯行宫	古建筑	空间相关	江苏省宿迁市宿城行官街北段	明	不明	县级文物保护单位	未考察（《宿城区文物保护单位》，2001，未出版）
寿圣禅寺	古建筑	空间相关	江苏省宿迁市项里大酒店范围	元	不明	县级文物保护单位	未考察（《宿城区文物保护单位》，2001，未出版）
通汇桥	运河水利工程遗址	功能相关	江苏省宿迁市城南马陵河上	清	不明	县级文物保护单位	未考察（《宿城区文物保护单位》，2001，未出版）
六尺庵古井	古遗址	空间相关	江苏省宿迁市古城村西	宋	不明	县级文物保护单位	未考察（《宿城区文物保护单位》，2001，未出版）

注：表中备注"未考察"遗产资料除特别注明以外均据《宿迁市国家、省、市级文物保护单位概况一览表》，未出版。

(6) 中运河宿迁市南郊段(墩普——运河六堡)

A. 河段概况

此段属于康熙二十五年(1686)所开凿的中河,是宿迁地区主要的洪水走廊。主要功能为航运、灌溉、排涝、防洪、休闲游憩、供水、排污。

B. 河道剖面

【河道】河宽(堤距)200—300m。河底宽 80—100m,平均高程为 10—14.5m(《淮阴市水利志》,1995)。水质为Ⅲ类。

【河漫滩】河道两侧均有较为连续的河漫滩带,植物种类以芦苇等湿生植物为主,生长茂盛,景观优美。

【护坡】右堤基本为垂直砌石护岸,只有少量的台阶伸向水面。左堤以自然护坡为主,迎水面有芦苇生长带。

【堤岸】高程指数与前段基本一致。右堤堤顶路宽约 4—6m,主要为土路,两侧均有成熟的防护林带,树种主要为杨树和榆树。堤上有民居。

【堤外土地利用】此段运河主要的用地类型有农田、传统街区和农村居民点、文物古迹用地等。运河两侧均有农田分布,以运河水作为重要的灌溉水源。传统街区和农村居民点主要沿滨河带分布,由于水质不佳,居住在河边的居民与运河关系并不紧密。运河右岸分布有文物古迹用地,与运河有较紧密的空间联系。

【剖面图】

图 5.203　中运河宿迁市南郊段两岸 100m 范围剖面图

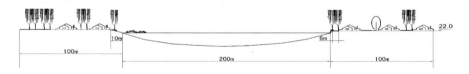

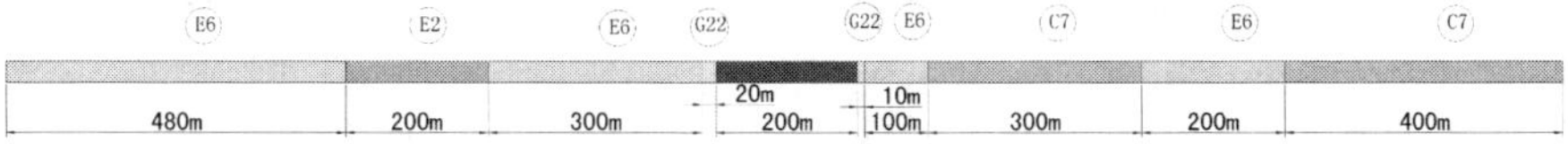

图 5.204　中运河宿迁市南郊段两岸 1000m 范围剖面图

图 5.205 中运河宿迁市南郊段典型照片

C. 沿河遗产分布

此段河道沿线无重要遗产分布。

(7) 中运河宿迁市南郊至泗阳段(六堡——周庄)

A. 河段概况

此段运河属于康熙二十五年(1686)所开凿的中河。中运河在桃源(今泗阳)盛家道口至清河长六十里的河段,因紧靠黄河,地势低洼,难以筑堤,总河于成龙于康熙三十八年(1669)将这段河道废弃,同时改北岸为南岸,另筑北堤,挑河建闸,取名为"新中河",故泗阳段大运河亦称新河。

此段水工建筑见下表。

表 5.75 中运河宿迁市南郊至泗阳段主要船闸

船闸名称	连接河道	地点	设计通航标准	闸宽 长×宽	设计门槛		上游通航水位		下游通航水位		建成年月
					顶高程	水深	最高	最低	最高	最低	
刘老涧船闸	大运河	宿迁刘老涧	—	230×20	13	4	20	17	18.5	14.5	1978

（续　表）

船闸名称	连接河道	地点	设计通航标准	闸宽长×宽	设计门槛		上游通航水位		下游通航水位		建成年月
					顶高程	水深	最高	最低	最高	最低	
刘老涧复线船闸	大运河	宿迁刘老涧	2×2000	230×23	13	5	19.6	18	18.65	16	1987

表5.76　中运河宿迁市南郊至泗阳段大型涵闸

河道（堤防）名称	堤别	涵闸名称	所在地县（市）乡	竣工年、月	设计最大过闸流量（m³/s）	结构型式	主要相关尺寸	实际效益
中运河	—	刘老涧闸	宿迁仰化	1953.6	500	钢弧形门	闸孔数13,净宽3m,净高4.8m。闸底高程15m,闸顶高程22m。稳定设计水位上游为18m。	—
中运河	—	刘老涧越闸	宿迁仰化	1976.8	400	钢丝网水泥平面门	闸孔数5,净宽5m,净高5.75m。闸底高程12.5m,闸顶高程21m。稳定设计水位上游为20m,下游14.5m。	—

小型涵洞主要有泗阳众兴镇左堤的竹络坝洞和泗阳史集左堤的程道闸，设计最大过闸流量（m³/s）分别为32和25,灌溉面积（万亩）分别为12和11.3。宿迁洋北南堤的新团结洞和老团结洞,设计最大过闸流量（m³/s）分别

为12.5和10,排涝面积(万亩)分辊为3和2(《淮阴水利手册》,1995)。

此河段主要功能为航运、灌溉、排涝、养殖放牧、防洪、休闲游憩。

B. 河道剖面

【河道】河宽约120—300m,河底平均高程为10—14.5m,河底宽50—80m(淮阴市水利志,1995)。水质为三类。

【河漫滩】河道两侧均有较为连续的河漫滩带,植物种类以芦苇等湿生植物为主,生长茂盛,景观优美。

【护坡】临水坡坡度分为1:2和1:3两种。除个别地段残破外,整体状况良好,但坡度较大,亲水性较差。主要护岸类型为自然缓坡和砌石缓坡护岸。自然缓坡护岸由于受到河水的冲刷侵蚀,不少生长于迎水面堤脚上的大树已露出树根。一些地段因为岸边的水面生长有芦苇带,对护岸起到了一定的保护作用。

【堤岸】此段运河堤岸亦为土路,路宽约4—10m。局部地段断开无法通行,沿堤顶路两侧有成熟的防护林带,树种主要为杨树。宿迁闸到刘老涧闸段堤顶高程为21.9—22.86m,堤脚高程(临水面)为18—19.7m,背水面为16.3—17.9m。刘老涧闸到泗阳船闸堤顶高程为19.4—21.9m,堤脚高程(临水面)为16.7—17.5m,背水面为15.4—16.3m(《淮阴市水利志》,1995)。

【堤外土地利用】沿岸主要用地类型有农田、经济林、农村居民点等。两岸分布大面积农田,运河水为主要的灌溉水源。经济林在两岸分布亦较广,且形成连续的防护林带,有利于水土保持和改善运河水质。沿河分布有农村居民点,村民利用运河边肥沃的土地进行种植和养殖,以及在运河从事运输、捞沙等作业。

【剖面图】

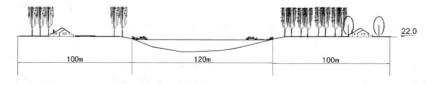

图5.206 中运河宿迁市南郊至泗阳段两岸100m范围剖面图

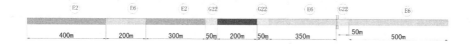

图 5.207　中运河宿迁市南郊至泗阳段两岸 1000m 范围剖面图

图 5.208　中运河宿迁市南郊至泗阳段典型照片

C. 沿河遗产分布

此段河道沿线无重要遗产分布。

(8) 中运河泗阳周庄至淮阴闸段

A. 河段概况

此段运河属于康熙二十五年(1686)所开凿的中河的一段。1959 年,国家对中运河宿迁闸至杨庄运道进行疏浚、拓宽、加固。1984 年,国家重点整治淮阴至泗阳(泗阳闸下)段航道,11 月 15 日开工至 12 月 27 日完工,完成土方 556.5 万 m^3,疏浚全长 29550m,达到二级航道标准。

此段主要水工建筑见下表:

表5.77 中运河泗阳周庄至淮阴闸段主要船闸

船闸名称	连接河道	地点	设计通航标准	闸宽长×宽(m)	设计门槛顶高程(m)	设计门槛水深(m)	上游通航水位最高(m)	上游通航水位最低(m)	下游通航水位最高(m)	下游通航水位最低(m)	建成年月
泗阳船闸	大运河	泗阳众兴东	—	230×20	12.0	5	19.6	170	16.5	16.0	1961.5
泗阳复线船闸	大运河	泗阳众兴东	2×2000	230×23	11.0	5	18.0	16.0	16.5	10.5	1988.10

资料来源:《淮安水利手册》,1995。

表5.78 中运河泗阳周庄至淮阴闸段主要涵闸

河道(堤防)名称	堤别	涵闸名称	所在地县(市)乡	竣工年、月	设计最大过闸流量(m³/s)	结构型式	主要相关尺寸	实际效益
大运河	—	泗阳闸	泗阳众兴镇	1960.12	1000(排)	钢平板门	共30孔,每孔净宽10.0m,净高8.5m,总宽345.4m。实测最大流量为960m³/s(1991.6.13),上游最高水位为17.56m(1974.8.18)	—

资料来源:《淮安水利手册》,1995。

此河段主要功能为航运、调水、灌溉、防洪、排涝。

B.河道剖面

【河道】河宽约 100—120m,河底高程 6.5m,底宽 60—70m。水质为Ⅲ类。

【河漫滩】河道两侧均有较连续的河漫滩带,植物种类以芦苇等湿生植物为主。

【护坡】护岸类型为自然缓坡和砌石护岸。砌石护岸缺少维护管理,不少地段已经残破,露出土基。边坡比约为 1:3。泗阳船闸附近河段护坡类型为砌石缓坡(少量河段为垂直砌石护岸),边坡比约为 1:2 或 1:3。

【堤岸】河道两岸均有防护林带,植被覆盖良好,树种以杨树为主。大多数河段无堤顶路。堤顶路多为土路。

泗阳船闸附近段运河东岸堤顶路为土路,堤顶高程 18.5—19.5 m,顶宽 6—8m,堤两边均有成熟的防护林带,主要树种为杨树。市政设施不足。

泗阳船闸到二河段的左堤顶高程 19.4—19.5m,临水面 14.5—16.6m,背水面 15.4—17.7m。堤顶宽 6m。右堤的堤顶高程为 19.5—20.2m,临水面堤脚高程 13.5—17m,背水面堤脚高程 13.41—16.02m。堤顶宽为 6m。

【堤外土地利用】此段主要的用地类型有经济林、农村居民点、工业用地、仓储用地等。

两岸分布大面积农田,运河水为主要的灌溉水源。沿岸均分布有经济林,形成连续的防护林带,有利于水土保持和改善运河水质。泗阳城区段东岸分布有一定面积的工业用地,依靠运河提供生产用水,工业污水对运河水体造成严重污染。宿迁南郊段、泗阳城区段东岸分布有仓储用地,主要用于堆放水上运输物资,如煤炭、沙石等。堆场对运河水体有污染,且占据河漫滩,导致水土流失,与两岸自然景观很不协调。

【剖面图】

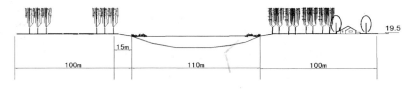

图 5.209 中运河泗阳周庄至淮阴闸段两岸 100m 范围剖面图

图 5.210　中运河泗阳周庄至淮阴闸段两岸 1000m 范围剖面图

图 5.211　中运河泗阳周庄至淮阴闸段典型照片

C.沿河遗产分布

表 5.79　中运河泗阳周庄至淮阴闸段主要文化遗产分布表

遗产名称	遗产类型	与运河关系类型	地址	时代	保存状况	文物级别	备注
宗墩遗址	古遗址	空间相关	江苏省宿迁市泗阳仓集镇西南邱夏村北	新石器时期	不明	保护状况不明	未考察
穿城古井	古遗址	空间相关	江苏省泗阳县穿城街	汉	不明	保护状况不明	未考察
老泗阳城遗址	古遗址	空间相关	江苏省泗阳县众兴镇南	明正德六年(1511)	不明	保护状况不明	未考察
贾家墩汉墓群	古陵墓	空间相关	江苏省泗阳县棉花原种场庙东村	汉	不明	保护状况不明	未考察

(续　表)

遗产名称	遗产类型	与运河关系类型	地址	时代	保存状况	文物级别	备注
宋太尉刘世勋墓	古陵墓	空间相关	江苏省泗阳县城南旧县城西北角	南宋	不明	保护状况不明	未考察
天后宫	古建筑	空间相关	江苏省泗阳众兴镇西骡马街面粉厂院内	清	原物破坏严重	县级文物保护单位	未考察
韩公祠遗址	近现代重要史迹及代表性建筑	空间相关	江苏省泗阳县城厢乡	1928年	原物不存，遗迹可考。	保护状况不明	未考察
爱园	近现代重要史迹及代表性建筑	空间相关	江苏省泗阳县众兴镇爱园路南首西侧	1944年	不明	市文物保护单位	未考察
魏其虎烈士墓	近现代重要史迹及代表性建筑	空间相关	江苏省泗阳县李口街西北	近现代	不明	保护状况不明	未考察

注：表中备注"未考察"遗产资料均据《淮阴文物志》，1994。

5.8　里运河段

5.8.1　背景概况

里运河自淮阴清江大闸起，至邗江瓜洲入长江，长一百七十余公里，是大运河最早修凿的河段，古称邗沟。明代后期，运河在淮安城区（今楚州区）向北直通清江浦河。自此，南起扬州、北至淮阴（今淮安市码头镇）连接江淮的运河形成。清代改称淮阴（今淮安市）、扬州间运河为里运河（淮安市水利局，2001）。目前功能以航运、灌溉和区域排涝为主。

5.8.1.1 历史沿革

周敬王三十四年(前486),吴王夫差开凿了中国历史上有明确记载的第一条人工运河——邗沟,沟通长江与淮河,连接淮河支流泗水和沂水(邹宝山等,1990)。西汉末年这段运河被称为"渠水",已是东南重要运道。东汉形成从扬州经白马湖至黄浦,由黄浦溪入射阳湖至淮安末口(今楚州区古末口)的运河河道。此后,航道不再经过湖泊,黄浦至末口有了直接的航道(姚汉源,1998)。隋炀帝在邗沟的基础上重新疏浚山阳渎,基本形成了后代运河的规模(邹宝山等,1990)。唐元和(806—820)中,在黄浦、界首间邗沟东筑平津堰,向南延伸至邵伯,成为邗沟东堤。宋景德(1004—1007)中,筑邗沟西堤未成。元代江淮运河均以原有运河为主要运道。明永乐(1403—1425)时,为缓解运河负担而按照沙河线路开凿了清江浦河,至明后期形成了连接江淮的运河。明朝还曾多次开河筑堤,故此段运河东西堤在明末已初具规模。清代运河受黄河影响逐渐淤高,成为今天的地上河,里下河地区连年水灾。

建国以后,通过导淮工程和引江工程,淮河水的出路问题得以解决。1950年代,进行了扬州段运河的整体拓宽工程,运河水患基本得到控制(《扬州水利志》,1999)。1960年代初,另辟楚州到淮安间的大运河。1960年9月开挖,同年12月竣工(淮安市水利局,2001)。

5.8.1.2 自然条件

(1) 河道水系

A. 背景水系

淮河水系:淮河发源于河南省桐柏山,古为"四渎"之一。其下游故道,经古泗州城稍东,过龟山,折向东北,至清口会泗水,向东经淮安城北至涟水云梯关入海。黄河夺泗、夺淮后,清口以下的淮河河道(今废黄河)成为黄、淮合流入海之路。尔后,淮河流路受阻,盱眙县以东、高家堰大堤以西的小型湖泊和洼地汇成洪泽湖;清口以下的淮河河槽又为黄水泥沙所淤塞,淮水入海受阻,被迫改道入江。

长江水系:唐宋以前,江淮一带地势南高北低,运河水源依赖长江与沿河湖泊补给。自黄河夺淮后,由于长期泛溢淤塞,地势逐渐转为北高南低,1950年代前运河水源以淮水补给为主。今可翻引江水,北送徐淮地区(《京杭运河志·苏北段》,1998)。

B. 主要河流

淮河入江水道：淮河下游最大的泄洪河道，堤距2—3km。北岸大堤是白马湖、宝应湖地区御洪屏障，又是保护里运河地区的第一道防线。

苏北灌溉总渠：西起高良涧，经楚州城南，东至盐城滨海县境入海，全长168km。它是里下河、渠北、白马湖等地区引淮灌溉的主要输水干渠，兼有排洪、航运等多方面的功能。

六塘河：自骆马湖至沭阳钱集称总六塘河，以下分为南、北六塘河，均东北流入灌河达海，流经宿迁、泗阳、淮安、沭阳、涟水、灌南六县。该河是淮北地区防洪排涝的主要河道。

盐河：上在淮安市杨庄接京杭运河，下经涟水、灌南、灌云至连云港，全长152km。始挖于688年，历来为江、淮、运、海联运的主要航道，并可防洪、排涝（《江苏市县概况》，1989）。

C. 主要湖泊

邵伯湖：湖长17km，最大宽度6km，湖盆面积为77km^2，湖底高程3.2m，正常水位4.2m时，蓄水面积0.8亿m^3。湖的西侧由于人工围垦，岸线修直。湖区除主要承受高邮湖的来水外，同时受西部送驾桥、大仪集、方巷等丘陵岗地的来水补给，然后分别由运盐河、金湾河、太平河、凤凰河、新河、壁虎河下泄入江。京杭运河有11.5km航道穿湖而过，泄洪时横向流速远远超过安全系数，影响航运安全。

运东诸湖泊：里下河地区原为古潟湖演变而成，古代巨型湖泊——射阳湖为古潟湖的残留部分。今日运河大堤以东的湖泊有大纵湖、蜈蚣湖、郭正湖、得胜湖、广洋湖、平旺湖、乌巾荡、南荡等，都是古射阳湖被淤废而分割出来的小型湖泊。这些小型湖泊由于大量泥沙淤积，湖盆日渐淤浅，加之人们不断围垦，湖面积日益缩小，这是运东湖泊的一个显著特征。

高邮湖：位于高邮城西。行政区划分属苏、皖二省，地跨高邮、天长、金湖和宝应四县，一般湖底高程5m，蓄水水位高程5.7m，蓄水面积663km^2，灌溉库容4.2亿m^3，防洪水位高程9.5m时，库容30亿m^3。以三河、自塔河、铜龙河、新开河为主要入湖水道。三河由入江水道入高邮湖。车逻新民滩为高邮、邵伯二湖的咽喉，高邮湖上游来水经滩上的庄台闸、新王港漫水闸、新港漫水闸、老王港漫水闸、毛港闸和杨庄漫水闸泄入邵伯湖。水大时则漫滩行洪。高邮湖与京杭运河仅一堤之隔,1985年建珠湖船闸沟通河湖交通。

白马湖:位于宝应以西12km,蓄水面积105km²,蓄水水位高程6.5m时,灌溉库容0.95亿m³,防洪水位8m时,库容2.54亿m³。东南与宝应湖毗邻,分属宝应、淮安、金湖和洪泽四县。汇入湖区的河流有新河、永济河、花河、浔河、草泽河、阮桥河、永陆河、唐家沟及三河等。三河原为最大的进水河流,由于泥沙长期淤积,水流受阻宣泄不畅。1956年冬,筑白马湖隔堤,建阮桥闸,使白马湖地区994km²获得洪涝分治。入江水道开凿后,三河之水不再进入白马湖。白马湖目前只承纳洪泽和金湖农田灌溉尾水,水位比较稳定。但自1970年代初大兴围垦,湖面日益缩小,湖区已非原来自然面貌。

宝应湖:面积原为192.1km²,属宝应、金湖二县管辖,位于白马、高邮湖之间。洪泽湖来水由大汕子入高邮湖,后因入湖尾间段的三角洲迅速发展,湖面日益缩小。自入江水道和大汕子隔堤兴建以后,宝应、高邮二湖的联系被阻隔,成为一个不受洪泽湖影响的内湖。为解决宝应湖蓄水和区间雨涝水出路问题,建宝应5孔退水闸,设计流量150m³/s。由于水位比较稳定,滩地被大量围垦,1980年代初湖面积已缩小到42.8km²,其中除大洼仍是宽敞水面外,湖面实际已变为几条圩内的河道(《京杭运河志·苏北段》,1998)。

(2) 气候状况

里运河流经淮安市、扬州市,所经区县气候状况如下表。

表5.80 里运河流经区县气候状况

区县	气候类型	年均降雨量(mm)	年均温(℃)	最热月均温(℃)	最冷月均温(℃)	0度积温	全年日照(h)	全年总辐射(千卡/cm²)	平均无霜期(d)
楚州区	暖温带季风气候区	930	14.1	26.8	0.4	—	2277	—	233
淮安市	暖温带季风气候区	954.8	14.1	27.1	0.2	—	2233	—	216
扬州市	亚热带湿润气候区	1030	14.8	27.6	1.5	—	2177	—	222

资料来源:《江苏市县概况》,1989。

5.8.1.3 社会经济

表 5.81 里运河流经区县经济情况（2002）

县区	总人口（万人）	非农业人口（万人）	城市化水平（%）	人口密度（千人/Km²）	国内生产总值（亿元）	第一产业总产值（亿元）	第二产业总产值（亿元）	第三产业总产值（亿元）	人均GDP（元）	城市居民可支配收入（元）	在岗职工年平均工资（元）	农民人均纯收入（元）
淮安市	517.68	132.96	25.7	0.51	375.02	100.5	161.22	113.29	7267	—	7159	3365
清河区	23.43	21.7	92.6	0.80	8.04	0.2	2.85	4.99	13864	—	9793	
清浦区	31.16	14.64	47.0	1.04	16.1	3.42	7.17	5.52	7778	—	9798	4078
淮阴区	85.64	16.22	18.9	0.68	50.18	17.19	20.94	12.04	5864	—	8794	3153
楚州区	119.98	20.9	17.4	0.80	67.29	22.05	25.97	19.27	5622	—	8091	3615
宝应县	91.73	17.35	18.9	1.46	59.08	18.76	20.89	19.43	6435	9212		3712
高邮市	83.16	15.55	18.7	1.96	61.22	18.29	21.76	21.18	7368	8742		3728
邗江区	54.89	10.28	18.7	0.73	83.19	8.04	45.16	29.99	16944	9187		4375
广陵区	31.25	25.33	81.1	4.66	20.28	1.27	6.41	12.59	6490	10682		5250
仪征市	59.35	19.25	32.4	0.9	61.03	6.51	35.79	18.72	10266	13263		3649

资料来源：淮安统计局，http://www.jssb.gov.cn。

5.8.1.4 水环境

(1) 运河水质

表 5.82 里运河淮安市各区县河段水质情况(2003)

河道、水体	河段	水质	主要污染物	主要污染来源	监测点	综合污染指数
京杭大运河	淮安里运河段	劣Ⅴ类	总磷、氨氮、五日生化需氧量	生活污水、工业废水	东风造纸厂，引河口	13.63
	淮安主城区段	劣Ⅴ类	粪大肠菌、总氮、总磷、氨氮、五日生化需氧量	淮阴发电厂导致里运河水倒流	板闸	10.75
					大运河桥	10.11
					五汊河口	11.39
	楚州区段	Ⅳ类	粪大肠菌、总氮	生活污水、工业废水	平桥	
	邗江区	Ⅲ类				
	宝应县	Ⅲ类				
	高邮市	Ⅲ类				
	江都市	Ⅲ类				
古运河	广陵区	劣Ⅴ类				
	邗江区	劣Ⅴ类				
	仪征市	劣Ⅴ类				
洪泽湖		Ⅳ类	总磷、总氮、石油类、高锰酸钾指数、五日生化需氧量	—	—	—
废黄河	淮安段	劣Ⅴ类	粪大肠菌、总磷、高锰酸钾指数、化学需氧量	快鹿牛奶场污水、生活污水	—	—

(续表)

河道、水体	河段	水质	主要污染物	主要污染来源	监测点	综合污染指数
入江水道	淮安段	Ⅲ类	氨氮、化学需氧量、高锰酸钾指数	—	—	—
苏北灌溉总渠	淮安段	Ⅲ类	氨氮、化学需氧量、生化需氧量、高锰酸钾指数	—	—	—
盐河	淮安段	Ⅴ类	氨氮、化学需氧量、高锰酸钾指数、氟化物	—	—	—

资料来源:《淮安市环境质量报告书(2003年度)》;《宿迁市环境状况公报(2003)》;《扬州市区环境质量公报(2003年度)》;《宝应县环境质量公报(2003年度)》;《高邮市环境质量公报(2003年度)》。

表5.83 运河水生物状况(1)

2003年淮安市区河流底栖动物监测评价表					
河流名称	监测断面	GOODNIGHT修订指数法	评价结果	生物学污染指数	评价结果
大运河	五汊河口	0.181	重污染	2.01	β-重污染
大运河	大运河桥	0	重污染	5.18	重污染
大运河	板闸	0.246	中污染	1.17	α-中污染
里运河	引河口	0	重污染	无底栖动物	严重污染
里运河	东风造纸厂	0	重污染	无底栖动物	严重污染
清安河	淮安农校	0	严重污染	4.2	严重污染

资料来源:《淮安市环境质量报告书(2003年度)》。

表5.84 运河水生物状况(2)

2002年和2003年洪泽湖生物监测评价表				
湖泊名称	监测点位	营养状态指数		营养状态	
		2002	2003	2002	2003
洪泽湖	高涧镇	42.1	45.4	中营养	中营养
	成河乡中	43.9	52.8	中营养	中营养
	蒋坝镇	45.2	44.5	中营养	中营养
	老山乡	43.4	44	中营养	中营养
	临淮乡	44.9	45.2	中营养	中营养
	成河乡北	42.6	43.8座座	中营养	中营养
	龙集乡北	35.4	44.7	中营养	中营养
	成河乡东	45.9	44.1	中营养	中营养
	成河乡西	46.2	42.9	中营养	中营养

资料来源:《淮安市环境质量报告书(2003年度)》。

(2) 运河污染源

淮安市2002年全市工业废水排放总量0.69亿吨,占废水总排放量的48%。工业废水排放各类污染物17169吨,其中化学需氧量排放量为9867吨,氨氮为1076吨,挥发性酚为7.97吨,硫化物为42.7吨,石油类为140吨。2002年全市排放工业废水污染负荷总量为3942吨,主要污染源有江苏金莲纸业有限公司(占24.3%)、江苏双合化工公司(19.9%)、涟水县化肥厂(10.4%)、清江化肥总厂(9.7%)、淮阴区化肥厂(9.6%)、涟水县磷肥厂(5.4%)。工业废水污染物中氨氮污染负荷最大,为1076吨,占27.3%(《江苏省淮安市生态建设规划[讨论稿]》)。

扬州市境内水污染类型属于有机污染型。全市排入地面水体的污染物中,有机物约为66%,城区排放的有机物约占总排污物的62%。有机污染主要来自工业生产和城市生活。工业污染源比较集中,主要来自造纸、食品加工、制药和有机化工、印纺、制革五大行业,以造纸为首。对水污染反映强烈的主要是饮水卫生和水产养殖。1985年以后,扬州、仪征和靖江城区以江水为水源的新水源建成以后,饮用水质已得到改善,13个城区自来水厂,5个厂取长江和京杭运河水,8个取河湖水的厂受到威胁。农村地区普遍打3—5m的浅井取水,水质较差。据环保部门分析,全市饮用合格水的居民仅有5%。1981年以后,全市每年都要发生20—40起鱼类养殖死亡纠纷。以前只能依靠自流排污,当长江水位高时便会受到严重影响。污水治理的速度低于污染物增长的速度。近年来有所好转(《扬州水利志》,1999)。

(3) 地下水水位

A. 淮安地区

丘陵区:分布于盱眙维桥——旧铺一线以西,淮河以南地区。水量小,枯水季节常干涸。

江淮冲积区:分布于淮河、废黄河以南,包括盱眙县东部、洪泽县、金湖县、楚州区及淮安市区。淮安市黄码——范集一线以西地区的潜水,水位埋深4.33m;淮安市黄码——范集一线以东地区的潜水,水位埋深1.5—2.5m。

湖积平原区:分布于泗洪县及盱眙县淮河以北地区。浅层承压水水位埋深4.35m,隔水层顶板埋深10—30m。年允许开采量0.16亿 m^3。

海积平原区:分布于灌南县全境及涟水东北隅。浅层地下水层顶板埋深60—80m;深层地下水顶板埋深100—160m。

水网斜平原区:包括泗洪、泗阳、淮阴、盱眙境内的洪泽湖、白马湖、高宝湖的周边地区及金湖县全境。浅层地下水含水层顶板埋深30—50m,含水层厚10—20m。年允许开采量2亿 m^3。

低山丘陵基岩区:分布于盱眙县中、南部及洪泽县老子山区。维桥——桂五一带顶板埋深8.19—12.7m,含水层厚49.3—61.81m;马坝、桂五、古桑、河桥、仇集、龙山等地方含水层厚81.58—86.94m,西部顶板埋深小于50m,东部顶板埋深为50—100m之间;浅层地下水埋深约25.15m(《淮阴市志》,1995)。

B. 扬州地区

扬州地下水资源丰富,矿化度小于2克/升的浅层地下水多年平均值为19.51亿 m^3,可开采量为12.02亿 m^3;深层地下水大约在40—50m,最深可达80m,开采量较小。总体来说全市地下水质差、价高、利用率低(《扬州水利志》,1999)。

5.8.2 运河现状

5.8.2.1 运河河道分段

表5.85 里运河河道分段表

序号	河段名称	开凿年代	主要特点说明
1	里运河（新）淮安市西郊段（淮阴闸——新港码头）	1960年	河道平均宽为170m，水泥堤岸为主。两岸主要用地类型为农田、村镇、工业区。2级航道。水质为劣V类。主要功能为航运、灌溉、排洪。
2	里运河（新）淮安市区段（新港码头——黄庄）	1960年	河道平均宽为170m，水泥堤岸为主。两岸主要用地类型为城市、工业区。二级航道。水质为劣V类。主要功能为航运、排洪、输水。
3	里运河（老）淮安市区段（新港码头——淮安市板闸）	明永乐十三年（1415）	河道平均宽为80m，砌石堤岸为主。两岸主要用地类型为城市、传统街区、工业区。基本不通航。水质为劣V类。主要功能为调水、排污、输水。
4	里运河（老）楚州区北郊段（板闸——河下）	明永乐十三年（1415）	河道平均宽度为80m，水泥堤岸为主。两岸主要用地类型为城市、传统街区、工业区。基本不通航。水质为劣V类。主要功能为灌溉、防洪、排污。
5	里运河（新）楚州区段（黄庄——楚州区杨庙）	1960年	河道平均宽为170m，水泥堤岸为主。两岸主要用地类型为农田、村镇、工业区。二级航道。水质为劣V类。主要功能为航运、灌溉、排洪、输水。
6	里运河（老）楚州区城区段（河下古镇——运东村）	春秋末年	河道平均宽度为120m，砌石堤岸为主。两岸主要用地类型为传统街区、农田、村镇。基本不通航。水质为劣V类。主要功能为灌溉、防洪、排污。

(续　表)

序号	河段名称	开凿年代	主要特点说明
7	里运河(老)楚州区南郊段(运东村——杨庙)	春秋末年	河道平均宽度为100m,土堤为主。两岸主要用地类型为农田、村镇。水质为劣Ⅴ类。主要功能为灌溉、防洪。
8	里运河楚州区南郊至宝应县段(杨庙——宝应县泾河镇)	春秋末年	河道平均宽度为120m,土堤为主。两岸主要用地类型为农田、村镇、工业区。2级航道。水质为Ⅳ类。主要功能为航运、灌溉、排洪。
9	里运河宝应县至邵伯镇段	春秋	河道平均宽度为70m,干垒石和抛石护岸。主要穿过农村地区,水量充足。水质为Ⅲ类。主要功能为航运、灌溉和排洪。
10	里运河邵伯镇至茱萸湾段	春秋	河道平均宽度为70m,土堤护岸。两岸主要用地类型为农田。水量充足,水质为Ⅲ类。主要功能是航运、灌溉和排洪。
11	里运河茱萸湾至扬州新运河入江口段	1959—1961年	河道平均宽度为70m,土堤护岸。两岸主要用地类型为城郊农田。水量充足,水质为Ⅲ类。主要功能为航运、灌溉和排洪。
12	里运河茱萸湾至扬州闸段	春秋	河道平均宽度为50m,砌石护岸。两岸主要用地类型为城郊工业区。水量充足,水质为Ⅴ类。主要功能为航运和排洪。
13	里运河扬州闸至扬农集团段	唐代	河道平均宽度为30m,砌石护岸。两岸主要用地类型为城市建成区。水量充足,水质为劣Ⅴ类。主要功能为排洪和游憩。

（续　表）

序号	河段名称	开凿年代	主要特点说明
14	里运河扬农集团至瓜州镇段	唐代	河道平均宽度为30m，砌石和土堤护岸。两岸主要用地类型为城郊农田。水量充足，水质为劣V类。主要功能为航运、灌溉和排洪。

5.8.2.2　运河分段详述

（1）里运河（新）淮安市西郊段（淮阴闸——新港码头）

A. 河段概况

此段运河属于建国后新开凿的运河，1960年9月开始动工开挖，同年12月竣工。新港码头往西北方向约20km即为杨庄运口，杨庄附近水域为里运河、大运河、盐河、废黄河、淮沭河、二河的交汇区域，在水利、航运、防洪上具有非常重要的战略意义。

主要的水工建筑有淮阴船闸、淮阴复线船闸、杨庄船闸、淮阴闸、盐河闸、盐河水电站、活动坝水电站等，详见下表。

表5.86　里运河（新）淮安市西郊段主要船闸

船闸名称	连接河道	地点	设计通航标准（m）	闸宽长×宽（m）	设计门槛 顶高程（m）	设计门槛 水深（m）	上游通航水位 最高（m）	上游通航水位 最低（m）	下游通航水位 最高（m）	下游通航水位 最低（m）	建成年月
淮阴船闸	大运河	淮阴杨庄	2×600	230×20	5.5	5	15.4	10.5	10.8	8.5	1961.5
淮阴复线船闸	大运河	淮阴杨庄	2×2000	230×23	5.5	5	15.4	10.5	10.8	8.5	1961.4
杨庄船闸	盐河	淮阴杨庄	10×18	135×12	8.0	2.5	9.5	6.5	6.93	1.5	1961.5

资料来源：《淮安市水利手册》，1995。

表5.87 里运河(新)淮安市西郊段主要涵闸

河道(堤防)名称	涵闸名称	所在地县(市)乡	竣工年、月	设计最大过闸流量(m³/s)	结构型式	主要技术参数	实际效益
淮沭河	淮阴闸	淮安市袁集乡杨庄	1959.10	4000	钢丝网水泥弧形门	共30孔,每孔净宽10m,每孔净高8.5m,总宽345.4m。	该闸的主要作用为在淮河洪水年份分泄洪水入新沂河,提高淮河下游的防洪能力,一般年份和桃汛期,保护淮沭河滩地4700hm² 农作物免遭水害;为工农业生产及人民生活提供水源,灌溉面积46万hm²;调节航运水位。
盐河	盐河闸	淮阴袁集乡杨庄	1959.4	230(灌)	钢筋混凝土直升门	12+3(电),净宽3.0m,4.0m(电),4.2m,8.339m(电),闸底高程6.8m,闸顶高程15.8m。	—

资料来源:《淮安市水利手册》,1995。

河道主要功能为航运、休闲游憩、灌溉、防洪、养殖。

B.河道剖面

【河道】新港至杨庄运口段河面宽约200—230m,杨庄运口淮沭河、二河、大运河交汇处宽约500m,杨庄运口至许渡河面宽约150—210m。设计通航水位为8.5m,行洪水位为10.9—11.8m。底宽为60m,边坡为1:3,河底高程为

4.7m(《淮安市水利志》,2001)。水质为劣 V 类。

【河漫滩】有连续的自然河漫滩,部分泥沙沉积较多,植被较好,以草丛灌木为主。

【护坡】临水坡为1:8,背水坡为 1:4—1:2。除运口两侧护岸为砂石缓坡护岸外,主要护岸类型为自然缓坡护岸。淮阴船闸附近水面护坡形式为混凝土浇铸的缓坡。

【堤岸】堤顶宽约 2—6m,堤顶高程为 12.5—13.5m,背水面堤脚高程为6.5—12.5m(《淮阴水利手册》,1995)。堤岸有连续的防护林带,发育成熟,主要树种为杨树。大多数河堤没有堤顶路可以通行,淮阴闸至许渡之间河段西堤堤顶路为土质路面,路宽约 3m。

【堤外土地利用】此河段两岸主要的土地利用类型有农田、林地、农村居民点、工业用地等。

两岸均有农田分布,主要为水田,以运河水为主要的灌溉水源。林地主要分布在河堤两侧,有利于保护河岸,防治水土流失,改善小气候等。农村居民点大多分布在堤外,与运河相隔不远,居民与运河关系较为紧密。村民在运河边进行经济作物的种植以及在河里捕鱼作业。

【剖面图】

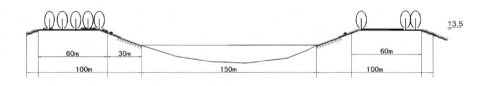

图 5.212　里运河(新)淮安市西郊段两岸 100m 范围剖面图

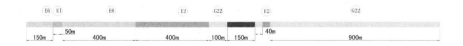

图 5.213　里运河(新)淮安市西郊段两岸 1000m 范围剖面图

图 5.214　里运河(新)淮安市西郊段典型照片

C. 沿河遗产分布

表 5.88　里运河(新)淮安市西郊段主要文化遗产分布表

遗产名称	遗产类型	与运河关系类型	地址	时代	保存状况	文物级别	备注
甘罗城遗址	古遗址	空间相关	江苏省淮安市淮阴区码头镇	秦	原物不存,但遗址可考	市县级文物保护单位	未考察
韩信故里遗址	古遗址	空间相关	江苏省淮阴市淮阴区码头镇	汉	原物不存,但遗址可考	市县级文物保护单位	未考察
韩信城遗址	古遗址	空间相关	江苏省淮阴市青浦区城南乡韩城村	汉	原物不存,但遗址可考	市县级文物保护单位	未考察
韩母墓	古陵墓	空间相关	江苏省淮阴市青浦区城南乡小河村	汉	原物不存,但遗址可考	市县级文物保护单位	未考察

注:表中备注"未考察"遗产资料均据《淮安市各级文物保护单位简介》,2003。

(2) 里运河(新)淮安市区段(新港码头——黄庄)

A. 河段概况

此段运河与前段运河历史沿革基本一致,均为1960年9月开始动工开挖,同年12月竣工。共有大小码头119座以及黄码大桥。河道主要功能为航运、调水、排污、防洪、水源等。

B. 河道剖面

【河道】河宽150—200m,河底宽60m,河底高程4.7m,设计通航水位为8.5m,行洪水位为10.9—11.8m,河身边坡为1:3。水质为劣V类。

【河漫滩】基本不存在河漫滩。

【护坡】以人工混凝土护坡为主,迎水坡约为1:2.5,背水坡约为1:2.5。

【堤岸】堤顶高程为12.5—13m,顶宽2—6m(《淮安市水利志》,2001)。堤岸有连续的防护林带,只有少数路段可以通行。大运河桥至淮二路北口之间路段可通行机动车。

【堤外土地利用】此段运河两岸主要土地利用类型有农田、林地、传统街区或村镇、农村居民点、工业用地、仓储用地、文物古迹用地。主要的工厂有钢铁厂、化工厂、橡胶厂等,多数生产废水只经过低等级处理,对运河水体有较严重的污染。码头和堆场由于存在化工原料、煤炭以及其他物资的抛、撒、滴、漏等现象,对运河造成较严重的污染。村镇在运河两岸均有分布,由于运河水质不佳,村镇居民大多不愿意亲近运河。

【剖面图】

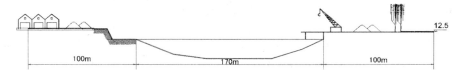

图5.215 里运河(新)淮安市区段两岸100m范围剖面图

图5.216 里运河(新)淮安市区段两岸1000m范围剖面图

图 5.217　里运河(新)淮安市区段典型照片

C. 沿河遗产分布

此段河道沿线无重要遗产分布。

(3) 里运河(老)淮安市区段(新港码头——淮安市板闸)

A. 河段概况

此段运河的前身是清江浦河,开凿于明永乐十三年(1415)。主要水工建筑有位于里运河南堤的西小闸泵站和大型货运码头——新港码头。新港码头远期规划为岸线 800m 长、吞吐量 500 万吨。

里运河流经淮安市城市中心区,主要功能有休闲游憩、排污、航运、防洪。

B. 河道剖面

【河道】河口宽约 80—170m,河底宽 25—45m,平均高程为 4.5m。水质为劣 V 类。

【河漫滩】基本不存在河漫滩。

【护坡】基本为人工混凝土砌石护坡,大多数地段为垂直护坡,少数地段为缓坡入水。

【堤岸】左堤堤顶高程为 12—13.6m,背水面堤脚高程为 8m,堤顶宽 4—10m。右堤堤顶高程 11.3—13.5m,背水面堤脚高程为 8m。

堤顶路两侧种植有连续的防护林带,主要为杨树,宽度约 30m 左右。清隆桥至新港码头段两岸堤顶路均为水泥路面(除清浦桥至运河十组段堤顶路为土路),有三种典型宽度,分别为 20m(漕运东路)、15m(河南西路)、8m(河堤路）。除清浦桥至运河十组段，均有成熟的防护林带。

【堤外土地利用】此段运河两侧的主要土地利用类型为对外交通用地、工业用地、仓储用地、城市居住区用地、公共设施用地、文物古迹用地。

主要对外交通用地如板闸至清隆桥段东北侧的翔宇大道，毗邻里运河，与运河共用防护林带作为道路景观林带。

工业用地及仓储用地主要分布在清浦桥西侧运河南岸，紧邻运河布置，部分能源及物资依靠运河进行运输，以运河水作为生产用水，排放的污水对运河造成较大的污染，货物运输过程中的抛、撒、泄、漏对运河水亦有污染。主要为发电厂、化工厂、油库、煤炭堆场等，部分企业向运河排放未经处理或低级处理的工业污水。

商业金融用地主要分布在河南东路、河南西路东侧、漕运东路及漕运西路，如东大街和西大街、城市购物广场等，主要功能以零售、餐饮、娱乐为主。城市居住区主要分布在河南东路、河南西路南侧、清隆桥西南侧，以多层住宅为主，如锦江花苑、随园小区、东方花园等。良好的河岸环境吸引了房地产商在滨河带进行居住区开发，而居民亦乐于在运河畔购房安家。文化娱乐、体育用地主要分布在漕运东路、河南东路、漕运西路、河南西路东段，文化娱乐用地在运河边的集中分布反映了运河在城市生活中扮演着重要的角色。

文物古迹用地主要分布在城市中心段里运河两侧，是里运河灿烂和悠久历史的重要见证。

【剖面图】

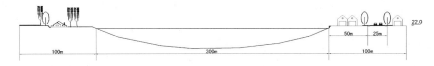

图 5.218　里运河（老）淮安市区段两岸 100m 范围剖面图（1）

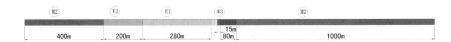

图 5.219　里运河（老）淮安市区段两岸 1000m 范围剖面图（1）

图 5.220　里运河(老)淮安市区段典型照片(1)

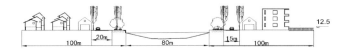

图 5.221　里运河(老)淮安市区段两岸 100m 范围剖面图(2)

图 5.222　里运河(老)淮安市区段两岸 1000m 范围剖面图(2)

图 5.223　里运河(老)淮安市区段典型照片(2)

C. 沿河遗产分布

表 5.89　里运河（老）淮安市区段主要文化遗产分布表

遗产名称	遗产类型	与运河关系类型	地址	时代	保存状况	文物级别	备注
郑文英墓	古陵墓	历史相关	江苏省淮阴县图书馆内	清	原物保护较好	市县级文物保护单位	已考察
清江大闸（若飞桥）	运河水利工程遗址	功能相关	江苏省淮安市区里运河航道上	明	原物保护较好	市县级文物保护单位	已考察
清江浦楼	古建筑	功能相关	江苏省淮安市清江大闸中州岛东端	清雍正七年(1729)	易地保存	市县级文物保护单位	已考察
慈云禅寺	古建筑	历史相关	江苏省淮安市承德南路北端与轮埠路的交界处	明	原物保护较好	市县级文保单位	已考察
清江文庙	古建筑	历史相关	江苏省淮安市青浦区轮埠路169号	明嘉靖九年(1530)	原物破坏严重	省级文物保护单位	已考察
东西大街	古建筑群	历史相关	江苏省淮安市西大街（西到人民南路，东至淮海南路）、东大街（西到淮安南路，东到环城东路）。	不晚于清朝	完全重建	非文物保护单位，但有相应机构或个人维护	已考察
苏皖边区政府旧址	近现代重要史迹及代表性建筑	空间相关	江苏省淮安市西大街与淮海南路交界口南50m处	1945年	改建恢复	省级文物保护单位	已考察

(续　表)

遗产名称	遗产类型	与运河关系类型	地址	时代	保存状况	文物级别	备注
周恩来童年读书处	近现代重要史迹及代表性建筑	空间相关	江苏省淮阴市区河北路174号	清末民初	原物破坏严重	市县级文物保护单位	已考察
李更生故居	近现代重要史迹及代表性建筑	空间相关	江苏省淮安市青浦区西大街淮阴中学北院	近现代	完全重建	市县级文物保护单位	已考察
清宴园	古建筑	历史相关	江苏省淮安市人民南路西侧92号	明永乐十五年(1417)	改建恢复	省级文物保护单位	已考察
普墩汉墓群	古陵墓	空间相关	江苏省淮安市清浦区武墩乡普墩村西北	汉	不明	保护状况不明	未考察
关帝庙大殿	古建筑	空间相关	江苏省淮安市清浦区清晏园内	明末	不明	保护状况不明	未考察
都天庙	古建筑	空间相关	江苏省淮安市清浦区都天庙街43号	清乾隆年间(1736—1795)	不明	保护状况不明	未考察
范冕与三范故居	古建筑	空间相关	江苏省淮安市清河区东长街272号	清	不明	保护状况不明	未考察
丰济仓	古建筑	空间相关	江苏省淮安市清浦区西大街草市口向北100m	清	不明	保护状况不明	未考察

(续表)

遗产名称	遗产类型	与运河关系类型	地址	时代	保存状况	文物级别	备注
青龙庵	古建筑	空间相关	江苏省淮安市清河区东越河街中段	清	不明	保护状况不明	未考察
观音庵	古建筑	空间相关	江苏省淮安市清浦区清江文庙东侧	晚清	不明	保护状况不明	未考察
文会庵	古建筑	空间相关	江苏省淮安市清浦区二中西北侧	清末民初	不明	保护状况不明	未考察
桂花庵	古建筑	空间相关	江苏省淮安市清浦区大庆路和长青路交汇处	晚清	不明	保护状况不明	未考察
明泉浴室	古建筑	空间相关	江苏省淮安市清浦区牛行街东南首	晚清	不明	保护状况不明	未考察
王叔相故居	近现代重要史迹及代表性建筑	空间相关	江苏省淮安市清浦区东大街厅门口巷26-4号	近现代	不明	保护状况不明	未考察
中共淮盐特委旧址	近现代重要史迹及代表性建筑	空间相关	江苏省淮安市清浦区花门楼巷12号	近现代	不明	保护状况不明	未考察
朱慕萍烈士墓	近现代重要史迹及代表性建筑	空间相关	江苏省淮安市清浦区清晏园内	近现代	不明	保护状况不明	未考察
淮阴攻城阵亡将士纪念亭	近现代重要史迹及代表性建筑	空间相关	江苏省淮安市清浦区清晏园东南角	近现代	不明	保护状况不明	未考察

注：表中备注"未考察"遗产资料均据《淮安市各级文物保护单位简介》，2003。

(4) 里运河(老)楚州区北郊段(板闸——河下)

A. 河段概况：

此段运河属于清江浦段运河，开凿于永乐十三年(1415)。

主要水工建筑情况见下表。

表 5.90　里运河(老)楚州区北郊段主要水工建筑

河道 (堤防) 名称	堤别	涵闸 名称	所在地 县(市)乡	竣工 年、月	设计最大 过闸流量 (m^3/s)	结构 型式	闸门结构及 形式	实际效益 (hm^2)	
								灌溉	排涝
里运河	左堤	乌沙洞	淮安板闸	1957.4	30.0	箱式	平面钢闸门	7300	—
里运河	左堤	板闸洞	淮安板闸	1958	38.7	开敞式	平面钢闸门	7300	—

河道主要功能为灌溉、防洪、养殖、休闲游憩、城区及郊区航运。

B. 河道剖面

【河道】河面宽 80m 左右。根据测量，河下大桥断面河底高程为 3.6m，河底宽为 15m，河身边坡比为 1∶5；板闸洞断面河底高程为 4.9m，河底宽为 40m，河身边坡比为 1∶6(《淮安市水利志》，2001)。水质为劣 V 类。

【河漫滩】无。

【护坡】人工砌石垂直护岸为主，河下镇附近河段右堤为自然缓坡护岸。板闸洞断面左堤堤顶高程为 12.6m，堤顶宽 8m，内坡与外坡均为 1∶3；右堤堤顶高程为 12.1m，堤顶宽 4m，内坡与外坡均为 1∶3(《淮安市水利志》，2001，p34)。

【堤岸】左堤堤顶路以土路为主，靠近河下古镇的路段为沥青路面，但已破损不堪。堤两侧植物较茂盛，草本和灌木类植物种类丰富，除局部地段，堤两侧均分布有成熟的防护林。堤顶路宽度分为 10m、6m、3m 三种等级。两侧绿化带总宽度约 6m。在村落段有人渡码头和台阶通往河面。

【堤外土地利用】此段运河两侧的主要土地利用类型有农田、林地、农村居民点、工业用地、仓储用地、城市居住区。农田在运河两侧均有分布，以运河水为重要的灌溉水源。农村居民点沿河分布，不少农居沿河而建，堤外也有不少村落,与运河关系紧密,居民在河中捕鱼和养殖经济作物,日常生活与运河关联度较高。但村落河段生活垃圾较多,对运河水体有一定污染。在左堤有少量工业用地、仓储用地分布,主要为仓库和造船车间,经营状况不佳,厂房闲置。在河下镇以北的东堤外有少量多层住宅。

【剖面图】

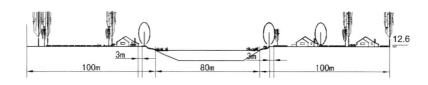

图5.224　里运河(老)楚州区北郊段两岸100m范围剖面图

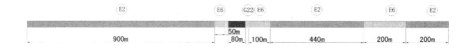

图5.225　里运河(老)楚州区北郊段两岸1000m范围剖面图

图5.226　里运河(老)楚州区北郊段典型照片

(5) 里运河(新)楚州区段(黄庄——楚州区杨庙)

A. 河段概况

此段运河是 1960 年代初为里运河裁弯而另辟的新河,1960 年 9 月开挖,同年 12 月竣工(淮安市水利局,2001)。

主要水工建筑见下表。

表 5.91 里运河(新)楚州区段主要涵闸

河道(堤防)名称	堤别	涵闸名称	所在地县(市)乡	竣工年、月	设计最大过闸流量(m^3/s)	结构型式	闸门结构及形式	实际效益(km^2)	
								灌溉	排涝
大运河	左堤	杨庙穿运洞(新穿运洞)	楚州区	1960.7	130	箱式	叠梁式闸门		
大运河	左堤	夹河洞	板闸镇夹河乡	1967.4	0.55	箱式	箱式混凝土		

资料来源:《淮安市水利志》,2001。

河道主要功能为航运、灌溉和区域排涝(淮安市楚州区水务局,2003)。

B. 河道剖面

【河道】河口宽 120—150m,河底宽 50—60m,河底高程 4.7—5.3m。河身边坡比为 1∶3,设计通航水位为 8.5m,行洪水位为 10.9—11.8m。水质为 Ⅳ 类。

【河漫滩】基本无。

【护坡】护坡以水泥护坡为主,缓坡入水。迎水坡与背水坡为 1∶2.5。

【堤岸】堤顶高程为 12.5—13m,顶宽为 2—6m。堤顶路两侧均有成熟防护林带。

【堤外土地利用】此段运河两侧的主要土地利用类型有农田、林地、工业用地、仓储用地等。运河两侧分布有大面积的农田。林地包括沿河堤种植的防护林带和少量成片的林地,有利于保护河岸,防治水土流失。运河东堤外有少量工业及仓储用地分布,部分工业对运河水有一定依赖,可能存在工业污染。油库等仓储用地为运河营运供应能源。

【剖面图】

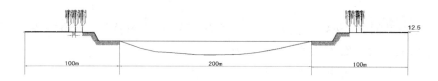

图 5.227　里运河(新)楚州区段两岸 100m 范围剖面图

图 5.228　里运河(新)楚州区段两岸 1000m 范围剖面图

注：与老运河为平行线路，可达性差，故未考察，照片暂缺。

(6) 里运河(老)楚州区城区段(河下古镇——运东村)

A. 河段概况

此段前身为邗沟，始凿于春秋末年，经过历代变迁和修缮，至明代基本实现河湖分开，后期运河线路基本形成(详细介绍见 5.8.1 历史沿革)。主要水工建筑有河下大桥、友谊桥、人民桥、黄码大桥。主要功能为灌溉、防洪、排涝。

B. 河道剖面

【河道】河面宽 100—150m，河底平均高程为 4.5m，河底宽 25—45m。河下大桥点剖面测量数据为：河底高程为 3.6m，河底宽为 15m，河身边坡比为 1:5。西门大桥点：河底高程为 4.3m，河底宽为 16m，河身边坡比为 1:5。杨庙点：河底高程为 4.4m，河底宽为 15m，河身边坡比为 1:5(《淮安市水利志》，2001)。水质为劣 V 类。

【河漫滩】河下古镇附近河段有大片的河漫滩湿地，芦苇茂盛。其余地段无河漫滩。

【护坡】人工砌石垂直护岸为主。河下镇附近河段右堤为自然缓坡护岸，临水坡为 1:3—1:2，背水坡为 1:3—1:2。

【堤岸】堤顶高程为 11.3—13.5m，堤脚高程为 8m。左侧堤岸已经被建设为滨河风光带，堤顶路宽约 6m，为水泥路面，堤顶高程为 12m 左右。

堤顶路两侧均有种植带，邻水一侧即西侧的树木树龄较小，尚未形成连续的林带；东侧的防护林带宽约20m左右，发育成熟，树种以水杉为主。右侧堤岸为乡村泥土路，局部段为沥青路面，滨河有成熟的防护林带，堤上有少量农居。

【堤外土地利用】农田主要分布在里运河西侧，运河水为重要的灌溉水源。人工林主要沿河堤两侧种植，有利于保护河岸，防治水土流失。传统街区与村镇主要分布在楚州区西北段运河东侧，东侧有零散村落，由于运河而兴起的河下镇曾经是里运河畔的商业重镇，但随着里运河功能的萎缩和环境的恶化，已经不复当年的繁荣。东堤为机动车道，车流量较大，对人们在滨河的休闲娱乐活动干扰较大。

【剖面图】

图5.229　里运河(老)楚州区城区段两岸100m范围剖面图

图5.230　里运河(老)楚州区城区段两岸1000m范围剖面图

图5.231　里运河(老)楚州区城区段典型照片

C. 沿河遗产分布

表 5.92　里运河(老)楚州区城区段主要文化遗产分布表

遗产名称	遗产类型	与运河关系类型	地址	时代	保存状况	文物级别	备注
周恩来故居	古建筑	空间相关	江苏省淮安市楚州区驸马巷7号	始建于清道光年间（1824—1850），1976年维修	原物保存较好	国家级文物保护单位	未考察（《淮阴文物志》，1994；《淮安名胜古迹》，1998）
新安旅行团发祥地	近现代重要史迹及代表性建筑	空间相关	江苏省淮安市楚州区河下莲花街新安学校旧址	1929年	易地保存	市县级文物保护单位	未考察
铜钟		功能相关	江苏省淮安市楚州区城西勺湖公园钟亭内	金天德三年（1151）	易地保存	省级文物保护单位	未考察
铁牛		功能相关	洪泽县洪泽湖大堤	清康熙四十年（1701）	易地保存	省级文物保护单位	未考察
关天培祠	近现代重要史迹及代表性建筑	空间相关	江苏省楚州区镇怀楼东侧县东街32号	始建于清道光二十三年（1843），1954年重修	易地保存	省级文物保护单位	未考察
中共中央华中分局遗址	近现代重要史迹及代表性建筑	空间相关	江苏省楚州区淮城镇淮阴师范分院	1936年	改建恢复	省级文物保护单位	未考察

（续　表）

遗产名称	遗产类型	与运河关系类型	地址	时代	保存状况	文物级别	备注
淮安东岳庙	古建筑	空间相关	江苏省淮安市楚州区镇淮楼东路51号	始建于唐，清光绪三十年（1904）重修	原物保存较好	市级文物保护单位	未考察
梁红玉祠	古建筑	空间相关	江苏省淮安市楚州区城北礼字坝东南环城路边上	1982年重建	完全重建	市级文物保护单位	未考察
韩信钓台	古建筑	空间相关	江苏省淮安市楚州区萧湖边古枚里街	始建于明万历年间（1573—1619），1982年重建	完全重建	市级文物保护单位	未考察
韩侯祠	古建筑	空间相关	江苏省淮安市楚州区镇淮楼东路13号	始建于唐，1982年重建	完全重建	市级文物保护单位	未考察
胯下桥牌坊	古建筑	空间相关	江苏省淮安市楚州区胯下桥街中部	始建于明代	原物保存较好	市级文物保护单位	未考察
裴荫森故居	古建筑	空间相关	江苏省淮安市楚州区河下姜桥巷30号	清	不明	市级文物保护单位	未考察
左宝贵墓	近现代重要史迹及代表性建筑	空间相关	江苏省楚州区淮城镇河下村罗家桥西圩河东岸	1898年	不明	市级文物保护单位	未考察
周恩来祖茔	近现代重要史迹及代表性建筑	空间相关	江苏省淮安市楚州区城东乡闸口村夏庄组	19世纪中叶	不明	市级文物保护单位	未考察

（续　表）

遗产名称	遗产类型	与运河关系类型	地址	时代	保存状况	文物级别	备注
刘鹗故居和墓	古建筑	空间相关	江苏省淮安市楚州区西长街北端	清	原物保存良好	市级文物保护单位	未考察
秦焕故居	古建筑	空间相关	江苏省淮安市楚州区南门大街元件厂内	清	原物保存较好	市级文物保护单位	未考察
罗振玉故居	古建筑	空间相关	江苏省淮安市楚州区城区罗家巷	清	原物保存良好	市级文物保护单位	未考察
谈荔孙故居	近现代重要史迹及代表性建筑	空间相关	江苏省淮安市楚州区镇淮楼东路	清	原物保存良好	市级文物保护单位	未考察
兴文桥	古建筑	空间相关	江苏省淮安市楚州区镇淮楼西南	明天顺八年（1464）	不明	县级文物保护单位	未考察
文渠	运河水利工程遗址	功能相关	江苏省淮安市楚州区城内	明嘉靖年间（1522—1566）	不明	县级文物保护单位	未考察
龙光闸	运河水利工程遗址	功能相关	江苏省淮安市楚州区淮城镇东南角	明天启年间（1624—1627）	不明	县级文物保护单位	未考察
许孝节祠	古建筑	空间相关	江苏省淮安市楚州区县东街	明万历二十六年（1598）建	不明	县级文物保护单位	未考察

(续 表)

遗产名称	遗产类型	与运河关系类型	地址	时代	保存状况	文物级别	备注
古淮阴市碑	石刻	历史相关	江苏省淮安市楚州区淮城镇府市口	建于明，1988年仿建	改建恢复	县级文物保护单位	未考察
康熙乾隆碑	石刻	历史相关	江苏省淮安市楚州区勺湖公园碑园内	清康乾时期	不明	县级文物保护单位	未考察
蝴蝶厅	古建筑	空间相关	江苏省淮安市楚州区镇淮楼东路	清	不明	县级文物保护单位	未考察
古末口	古遗址	历史相关	江苏省淮安市楚州区淮城镇新城村	春秋	完全重建	市县级文物保护单位	已考察
吴承恩故居	古建筑	空间相关	江苏省淮安市楚州区河下居委会打铜巷内	明	完全重建	市县级文物保护单位	已考察
江宁会馆	古建筑	空间相关	江苏省淮安市楚州区河下中街	清嘉庆年间（1796—1820）	原物破坏严重	市县级文物保护单位	已考察
古枚里	古建筑	空间相关	江苏省淮安市楚州区河下镇里运河畔	明	完全重建	市县级文物保护单位	已考察
河下古镇石板街	古建筑群	历史相关	江苏省淮安市楚州区河下古镇	明嘉靖九年（1530）	改建恢复	省级文物保护单位	已考察

（续　表）

遗产名称	遗产类型	与运河关系类型	地址	时代	保存状况	文物级别	备注
润州会馆	古建筑	历史相关	江苏省淮安市楚州区西北北角楼外	清嘉庆年间（1796—1820）	原物保存较好	市县级文物保护单位	已考察
文通塔	古建筑	空间相关	江苏省淮安市楚州区勺湖公园	晋大兴二年（319）	改建恢复	省级文物保护单位	已考察
总督漕运公署遗址	古建筑	历史相关	江苏省淮安市楚州区南门大街北端市中心	南宋乾道六年（1170）	原物破坏严重	省级文物保护单位	已考察
镇淮楼	古建筑	历史相关	江苏省淮安市楚州区南门大街北端市中心	南宋宝庆二年（1226）	原物破坏严重	市县级文物保护单位	已考察
淮安府儒学泮池	古遗址	空间相关	江苏省淮安市楚州区学府路南	北宋景佑二年（1035）	原物破坏严重	市县级文物保护单位	已考察
淮安古城墙遗址	古建筑	历史相关	江苏省淮安市巽关新村,南巽路到文府路之间	晋	原物破坏严重	市县级文物保护单位	已考察

注：表中备注"未考察"遗产资料均据《淮安市各级文物保护单位》，2003。

（7）里运河（老）楚州区南郊段（运东村——杨庙）

A.河段概况

历史沿革与上段运河基本一致。

主要水工建筑见下表。

表5.93 里运河(老)楚州区南郊段主要涵闸

河道(堤防)名称	堤别	涵闸名称	所在地县(市)乡	竣工年、月	设计最大过闸流量(m³每秒)	结构型式	主要技术参数	实际效益
里运河	左堤	矶心闸	楚州区	明代建造,建国后修建	—	混凝土箱式涵洞	洞底高程5m,宽1.5m,侧墙高2m,上加拱顶。	洞下接文渠,为城内生产、生活用水主要来源。
里运河	左堤	兴文闸	楚州区	明代建造,建国后修建	—	—	洞底高程3.85m,宽0.95m,洞顶高程7.3m。	灌溉农田300亩。
里运河	左堤	渠首——耳洞	楚州区	民国十八年(1929)	—	条石结构	单孔,孔宽1.3m,高1.03m,洞底高程4m,洞身长32m。设计当上游水位10m时,下游水位8.5m。	耳洞灌区总面积19.29km²,共有耕地1.32万亩。

资料来源:《淮安市水利志》,2001。

河道主要功能为灌溉、防洪、排涝、航运。

B.河道剖面

【河道】河道宽100m左右,杨庙断面测量数据为河底宽15m,河底高程4.4m,河身边坡比为1:5。水质为Ⅳ类。

【河漫滩】有较连续的河漫滩带,以草地缓坡为主,局部地段河道两侧生长有茂盛的芦苇。

【护坡】自然护坡为主,右堤临水坡为1:2—1:3,背水坡为1:2—1:3(《淮阴水利手册》,1995)。

【堤岸】左堤顶路为土路,路面宽度约为7m,有机动车通行。堤顶路两侧为居民住宅,宅间空地种植泡桐、榆树、杨树等高大乔木,树种混杂,基本能形成连续的滨河林带。右堤堤顶高程为 13.5—11.3m,堤脚高程为 8m。堤顶宽约 10m,堤顶路为土路,局部地段已被植物覆盖或被作为农田使用,少量农房占据堤面,有宽约 10m 的防护林带,树种以杨树为主。

【堤外土地利用】此段主要土地利用类型为农田、林地、传统街区与村镇、工业用地等。两岸均有分布较广的农田,以水田为主,旱地为辅。林地主要为沿岸种植的防护林带。河堤两岸还分布有农村居民点,存在违章搭建农居的情况。村落依托运河存在,但随着运河的衰落,许多居民不再依靠运河谋生。居民点的生活垃圾对运河水质有一定污染。左堤运东村有一定数量的工业用地,主要为化工厂和电厂,对运河水体有较大的污染。

【剖面图】

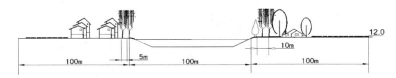

图 5.232　里运河(老)楚州区南郊段两岸 100m 范围剖面图

图 5.233　里运河(老)楚州区南郊段两岸 1000m 范围剖面图

图 5.234　里运河(老)楚州区南郊段典型照片

C.沿河遗产分布

此段河道沿线经调查无重要遗产。

(8) 里运河楚州区南郊至宝应县段(杨庙——宝应县泾河镇)

A.河段概况

前身为邗沟,前486年吴王夫差为北上进攻齐国而开凿。经隋代拓浚之后,宋代筑邗沟西堤后河、湖分开,运道基本成形。1958年政府组织进行了京杭运河扩建工程,里运河航道治理北起淮阴杨庄讫于扬州六圩都天庙,全长168.66km。此段即属于扩建河段(徐从法,1998)。1980年冬,对运南闸至宝应县南运西闸间河段进行续建,切断新、老河槽间中埝,浚深河底,加固左右两堤。

主要水工建筑情况见下表。

表5.94 里运河楚州区南郊至宝应县段主要船闸

船闸名称	连接河道	地点	设计通航标准	闸宽长×宽	设计门槛		上游通航水位		下游通航水位		建成年月
					顶高程	水深	最高	最低	最高	最低	
淮安船闸	大运河	淮安三堡东	4×600	230×20	3.5	5	10.8	8.5	9.0	7.5	1960.2
淮安复线船闸	大运河	淮安三堡东	2×2000	230×23	3.5	5	10.8	8.5	9.0	7.5	1960.2
二堡船闸	大运河——头溪河	淮安二堡	800	106×8 (12)	3.5	—	8.5	5.5	4.0	1.0	1979.12
井头船闸	京杭运河——二干渠	宿迁井头	60	120×12 (8)	15.0	3	20.5	19.0	20.0	18.0	1989.7

资料来源:《淮阴水利手册》,1995。

表 5.95　里运河楚州区南郊至宝应县段主要涵闸

河道（堤防）名称	堤别	涵闸名称	所在地县(市)乡	竣工年、月	设计最大过闸流量（m³/s）	结构型式	闸门结构及形式	实际效益（万亩） 灌溉	实际效益（万亩） 排涝
里运河	左堤	乌沙洞	淮安板闸	1957.4	30	箱式	平面钢闸门	11.0	—
里运河	左堤	板闸洞	淮安板闸	1958	38.7	开敞式	平面钢闸门	11.0	—
里运河	左堤	平桥闸	淮安平桥洞	1987	10	拱式	平面木门	3.50	—
里运河	左堤	大兴闸	淮安七洞	1973	20.23	拱式	平面钢门	11.2	—
里运河	左堤	头闸	淮安三堡	1972	80	涵洞式	平面木门	17.7	—
里运河	左堤	白马湖穿运涵洞	淮安平桥镇	1960	50	两孔箱式	钢筋混凝土平板闸门	—	运西渠南积水东排
里运河	左堤	平桥洞	淮安平桥镇	—	—	—	—	—	—
里运河	左堤	岔溪洞	淮安七洞	—	—	—	—	—	—

资料来源：《淮阴水利手册》，1995。

表 5.96　里运河楚州区南郊至宝应县段水电站

名称	所在地点	单机容量（千瓦）	总装机（千瓦）	年发电量（万度）	发电流量	落差（m）	建站/发电时间	附注
头闸	淮安建淮	160/200	520	13.5	18.5	2.5	1976年	县属
运东闸	淮安城南	75	450	25	—	—	—	省属
运东	淮安城南	200	2000	300	80	4.5	1989年	县属

资料来源：《淮阴水利手册》，1995。

河道主要功能为灌溉、航运、排涝、防洪。

B. 河道剖面

【河道】河面(堤距)100—150m。水质为Ⅳ类。

【河漫滩】河道两侧均有较为连续的河漫滩带,主要为草地缓坡。

【护坡】自然护岸为主,主要涵洞附近护岸为水泥或砌石护岸。

【堤岸】左堤顶路为沥青路面(省道),路面宽度约为15m,两侧防护林带宽度约为20m;右堤为土堤,宽度不详。堤两侧均有防护林,树种主要为水杉和杨树,灌木和草本植物丰富。

【堤外土地利用】此段的主要土地利用类型有农田、林地、传统街区、对外交通用地、工业及仓储用地。两岸均分布有大量的农田,以水田为主,旱地为辅。运河流经泾河镇、洋河镇两个主要城镇。左堤堤顶路为省级公路,有利于运河与地方经济上的联系,但对于生态环境有一定负作用,快速车道限制了运河休闲游憩功能的发挥。两岸均分布有堆场,左堤外有少量工业用地,工厂主要为化工厂和水泥预制厂,露天堆场以堆放煤、砂石为主,多依托运河而存在,对河水有一定的污染。

【剖面图】

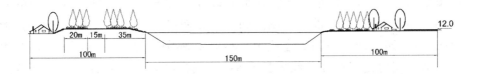

图5.235 里运河楚州区南郊至宝应县段两岸100m范围剖面图

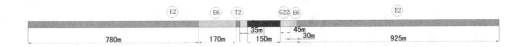

图5.236 里运河楚州区南郊至宝应县段两岸1000m范围剖面图

图 5.237　里运河楚州区南郊至宝应县段典型照片

C. 沿河遗产分布

此段河道沿线的遗产分布见表 5.97。

（9）里运河宝应县——邵伯镇段

A. 河段概况

整个京杭大运河扬州段经过两期土石方工程基本成为现在所见到的状态。第一期工程主要是：淮安节制闸到界首镇四里铺、高邮镇国寺塔到邵伯鳅鱼口拓西堤,四里铺到镇国寺塔段由于西临高邮湖长堤,只能拓东堤,即在堤后开新河。当时由于存在急躁冒进和估计不够的情况,一些计划内的任务没有达到,后来陆续修补。1960 年代以后,加固了里运河山阳闸到邵伯大船闸全长 96.625km 的西堤,重新打夯灌浆,一些险段做了块石和石埝护坡,江都段运河全部实现了块石护坡。此外,1980 年,高邮市对拓出的 26.5km 中、西堤进行了吹填；对里运河最险段清水潭、马棚湾增做了块石护坡。第二期工程主要在 1980 年代以后,对宝应段运河因为拓新河而形成的中梗进行切除,在工程中发现很多明代的石埝遗迹。1984 年高邮临城段运河北起磨盘坝,南到琵琶洞,拓宽为二级航道。河道主要功能为航运、调水、灌溉、泄洪（《扬州水利志》,1999）。

B. 河道剖面

【河道】河道底宽大约在 35—45m 左右,弯道可达到 60m,最宽处在清水潭月河,弧度顶端可达到 150m。河床基本无纵坡。有些河道可以看见拓新河后残留的中梗,水深在 3—4m,河道水量比较充足。水质为 III 类。

【河漫滩】按照季节不同水量有增减,考察时汛期未至,某些河段露出淤滩。东堤的修筑程度要强于西堤,西堤在堤脚处有普通的堆石工或水泥板工,迎水坡很短;东堤在某些重要地段有砌石、砌砖工,无石工的地方有较长的迎水坡。两堤岸高出水面大约 2—3m。

【堤岸】堤岸绿化程度比较高,两岸均有一排到数排树木。东堤堤面为 237 省道,西堤上无公路。东堤分布着较为密集的洞、涵、闸。

【堤外土地利用】东堤外为大片农田和村镇以及数个县城,农田种植稻麦,城镇工业很不发达,以农副产品加工业、轻工业为主。西堤外以圩田、滩荡地、湖面为主。

【剖面图】

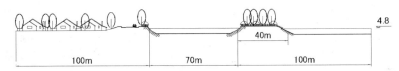

图 5.238　里运河宝应县——邵伯镇段两岸 100m 范围剖面图

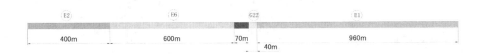

图 5.239　里运河宝应县——邵伯镇段两岸 1000 范围剖面图

C. 沿河遗产分布

沿线遗产集中在市镇,河道有一些古代水利工程的遗迹。宝应县文物保护单位较少,共 25 处,只考察了宁国寺一处;高邮市文物很多,共 61 处,此次考察了与运河关系较密切的盂城驿、南门大街、镇国寺塔、高邮州署、文游台、界首镇护国寺大殿等数处;在运河河道附近上寻找到清代遗留的几处水工遗迹。这些遗产很少有人问津,保护程度一般。

图 5.240 里运河宝应县——邵伯镇段典型照片

表 5.97 里运河宝应县——邵伯镇段主要文化遗产分布表

遗产名称	遗产类型	与运河关系类型	地址	时代	保存状况	文物级别	备注
潘塎墓	古陵墓	空间相关	江苏省宝应县平桥镇九洞村	明	原物破坏严重	非文物保护单位,无人管理	已考察
盂城驿	古建筑	历史相关	江苏省扬州市高邮镇馆驿巷13号	明、清	原物保存良好	国家级文物保护单位	已考察
龙虬庄遗址	古遗址	空间相关	江苏省扬州市龙虬镇龙虬村	新石器时代	不明	国家级文物保护单位	未考察
镇国寺塔	古建筑	历史相关	江苏省扬州市高邮镇运河中心岛上	宋	原物保存较好	省级文物保护单位	已考察
天山汉墓	古墓葬	空间相关	江苏省扬州市天山乡林场村	西汉	不明	省级文物保护单位	未考察
文游台	古建筑	历史相关	江苏省扬州市高邮镇东北郊	宋	原物保存较好	省级文物保护单位	已考察

(续　表)

遗产名称	遗产类型	与运河关系类型	地址	时代	保存状况	文物级别	备注
当铺	古建筑	历史相关	江苏省扬州市高邮镇人民路19号	清	不明	省级文物保护单位	未考察
高邮奎楼及城墙	古建筑	历史相关	江苏省扬州市高邮镇东南郊	明、宋	不明	省级文物保护单位	未考察
周邶墩遗址	古遗址	空间相关	江苏省扬州市龙奔乡周邶墩村	商、周	不明	市县级文物保护单位	未考察
禹王庙遗址	古遗址	空间相关	江苏省扬州市周巷乡张平村	明	不明	市县级文物保护单位	未考察
毛惜惜墓	古墓葬	空间相关	江苏省扬州市南城墙根	宋	不明	市县级文物保护单位	未考察
高邮州署头门	古建筑	历史相关	江苏省扬州市高邮镇市府街62号	明、清	原物保存较好	市县级文物保护单位	已考察
高邮王氏故居	古建筑	历史相关	江苏省扬州市高邮镇西后街21号	清	不明	市县级文物保护单位	未考察
百岁巷纱帽厅	古建筑	历史相关	江苏省扬州市高邮镇百岁巷65号	清	不明	市县级文物保护单位	未考察
人民路民居	古建筑	历史相关	江苏省扬州市高邮镇人民路50-2	清	不明	市县级文物保护单位	未考察
北门街明清民居	古建筑	历史相关	江苏省扬州市高邮镇北门大街158号	明、清	不明	市县级文物保护单位	未考察
中二街民居	古建筑	历史相关	江苏省扬州市三垛镇中二街114号	清	不明	市县级文物保护单位	未考察

(续　表)

遗产名称	遗产类型	与运河关系类型	地址	时代	保存状况	文物级别	备注
陈家巷民居	古建筑	历史相关	江苏省扬州市三垛镇陈家巷8号	清	不明	市县级文物保护单位	未考察
县府街清代民居	古建筑	历史相关	江苏省扬州市府前街91号现文游台内	清	不明	市县级文物保护单位	未考察
秦家大院民居	古建筑	历史相关	江苏省扬州市高邮镇焦家巷31号	明、清	不明	市县级文物保护单位	未考察
百岁巷民居	古建筑	历史相关	江苏省扬州市高邮镇百岁巷63号	清	不明	市县级文物保护单位	未考察
三层楼巷民居	古建筑	历史相关	江苏省扬州市高邮镇三层楼巷17号	明、清	不明	市县级文物保护单位	未考察
南门大街民居	古建筑	历史相关	江苏省扬州市高邮镇南门大街48号	清	原物保存较好	市县级文物保护单位	已考察
当典巷民居	古建筑	历史相关	江苏省扬州市三垛镇当典巷2号	清	不明	市县级文物保护单位	未考察
前河路民居	古建筑	历史相关	江苏省扬州市三垛镇前河路100号	清	不明	市县级文物保护单位	未考察
引江西路民居	古建筑	历史相关	江苏省扬州市三垛镇引江西路6号	清	不明	市县级文物保护单位	未考察
平津堰	运河水利工程遗址	功能相关	江苏省扬州市高邮大运河西侧	唐	不明	市县级文物保护单位	未考察

(续　表)

遗产名称	遗产类型	与运河关系类型	地址	时代	保存状况	文物级别	备注
高邮段古运河	运河水利工程遗址	功能相关	江苏省扬州市高邮大运河西侧	宋	不明	市县级文物保护单位	未考察
御码头	运河水利工程遗址	功能相关	江苏省扬州市高邮镇通湖路	清	改建恢复	不详	已考察
清水潭	运河水利工程遗址	功能相关	江苏省扬州市马棚镇马棚湾	明	原物保存较好	市县级文物保护单位	已考察
常住院	古建筑	空间相关	江苏省扬州市临泽镇常住庵巷	清	不明	市县级文物保护单位	未考察
昭关坝	运河水利工程遗址	功能相关	江苏省扬州市江都市邵伯镇	清	原物不存，但遗址可考	不详	已考察
子婴闸	运河水利工程遗址	功能相关	江苏省扬州市高邮市界首镇	清	原物不存，但遗址可考	不详	已考察
车逻闸	运河水利工程遗址	功能相关	江苏省扬州市高邮市车逻镇	清	原物不存，但遗址可考	不详	已考察
界首镇护国寺大殿	古建筑	历史相关	江苏省扬州市高邮市界首镇	清	改建恢复	市县级文物保护单位	已考察

（续　表）

遗产名称	遗产类型	与运河关系类型	地址	时代	保存状况	文物级别	备注
柳荫禅林	古建筑	空间相关	江苏省扬州市高邮镇马饮塘	清	不明	市县级文物保护单位	未考察
高邮极乐庵	古建筑	空间相关	江苏省扬州市高邮镇西后街4号	清	不明	市县级文物保护单位	未考察
千佛庵巷清真寺	古建筑	历史相关	江苏省扬州市高邮镇千佛庵巷14号	清	不明	市县级文物保护单位	未考察
菱塘清真寺	古建筑	空间相关	江苏省扬州市菱塘乡新景村	清	不明	市县级文物保护单位	未考察
南斗坛	古建筑	空间相关	江苏省扬州市高邮镇小巷42号	清	不明	市县级文物保护单位	未考察
净土寺塔	古建筑	空间相关	江苏省扬州市高邮镇东郊	明	不明	市县级文物保护单位	未考察
高邮四贤祠	古建筑	历史相关	江苏省扬州市高邮镇文游台内	清	原物保存较好	市县级文物保护单位	已考察
明伦堂	古建筑	历史相关	江苏省扬州市高邮镇市府街42号	明、清	不明	市县级文物保护单位	未考察
张氏宗祠	古建筑	历史相关	江苏省扬州市高邮镇梁逸湾9号	清	不明	市县级文物保护单位	未考察
秦邮碑帖	石刻	历史相关	江苏省扬州市文游台内	清	原物保存较好	市县级文物保护单位	已考察
高邮州公天记碑	石刻	历史相关	江苏省扬州市文游台内	明	原物保存较好	市县级文物保护单位	已考察

（续　表）

遗产名称	遗产类型	与运河关系类型	地址	时代	保存状况	文物级别	备注
耿庙石柱	古遗址	历史相关	江苏省扬州市高邮镇通湖路运河对岸	明	不明	市县级文物保护单位	未考察
马棚湾铁牛	古遗址	功能相关	江苏省扬州市文游台内	清	原物保存较好	市县级文物保护单位	已考察
高邮公园礼堂	古建筑	历史相关	江苏省扬州市高邮镇熙和巷70号	民国	不明	市县级文物保护单位	未考察
铁汉庐	古建筑	历史相关	江苏省扬州市高邮镇西后街63号	清	不明	市县级文物保护单位	未考察
孙云铸故居	古建筑	历史相关	江苏省扬州市高邮镇梁逸湾孙家巷3号	民国	不明	市县级文物保护单位	未考察
汪曾祺故居	古建筑	历史相关	江苏省扬州市高邮镇竺家巷9号	民国	不明	市县级文物保护单位	未考察
周山、李健等烈士墓	近现代重要史迹	历史相关	江苏省扬州市高邮镇通湖路92号	现代	不明	市县级文物保护单位	未考察
抗日烈士墓	近现代重要史迹	空间相关	江苏省扬州市高邮城东郊	现代	不明	市县级文物保护单位	未考察
胡曾钰烈士墓	近现代重要史迹	空间相关	江苏省扬州市汉留镇	现代	不明	市县级文物保护单位	未考察
陈特平纪念墓	近现代重要史迹	空间相关	江苏省扬州市东逻镇特平村	现代	不明	市县级文物保护单位	未考察

（续　表）

遗产名称	遗产类型	与运河关系类型	地址	时代	保存状况	文物级别	备注
张云祥纪念墓	近现代重要史迹	空间相关	江苏省扬州市高邮镇通湖路92号	现代	不明	市县级文物保护单位	未考察
三垛河伏击战烈士墓	近现代重要史迹	空间相关	江苏省扬州市横泾镇三郎庙	1945年	不明	市县级文物保护单位	未考察
夏德华烈士墓	近现代重要史迹	空间相关	江苏省扬州市郭集镇德华村	现代	不明	市县级文物保护单位	未考察
高邮县人民英雄烈士纪念碑	近现代重要史迹	空间相关	江苏省扬州市高邮镇通湖路92号	现代	不明	市县级文物保护单位	未考察
高邮县烈士纪念馆	近现代重要史迹	空间相关	江苏省扬州市高邮镇通湖路92号	现代	不明	市县级文物保护单位	未考察
万钰烈士纪念塔	近现代重要史迹	空间相关	江苏省扬州市高邮镇通湖路92号	民国	不明	市县级文物保护单位	未考察
左卿、秦梅青纪念塔	近现代重要史迹	空间相关	江苏省扬州市二沟乡	现代	不明	市县级文物保护单位	未考察
周山纪念塔	近现代重要史迹	空间相关	江苏省扬州市周山乡	现代	不明	市县级文物保护单位	未考察

（续　表）

遗产名称	遗产类型	与运河关系类型	地址	时代	保存状况	文物级别	备注
张轩纪念碑	近现代重要史迹	空间相关	江苏省扬州市张轩乡	现代	不明	市县级文物保护单位	未考察
高邮船闸	运河水利工程遗址	功能相关	江苏省扬州市高邮镇运河西岸	1926年	不明	市县级文物保护单位	未考察
"九里一千墩"汉墓群	古墓葬	空间相关	江苏省扬州市射阳湖镇	汉	不明	省级文物保护单位	未考察
周恩来少年读书处	近现代重要史迹	空间相关	江苏省扬州市安宜镇水巷口3号	1907年	不明	省级文物保护单位	未考察
水泗潘舍遗址	古遗址	空间相关	江苏省扬州市水泗乡潘余村	新石器	不明	市县级文物保护单位	未考察
射阳故城遗址	古遗址	空间相关	江苏省扬州市射阳湖镇西侧	汉	不明	市县级文物保护单位	未考察
抗倭战场遗址	古遗址	空间相关	江苏省扬州市安宜镇小南门外运河东堤	明	不明	市县级文物保护单位	未考察
八宝亭遗址	古遗址	历史相关	江苏省扬州市安宜镇县南街	明	不明	市县级文物保护单位	未考察
仲兰家族墓	古墓葬	空间相关	江苏省扬州市泾河乡钱庄村	明	不明	市县级文物保护单位	未考察

（续　表）

遗产名称	遗产类型	与运河关系类型	地址	时代	保存状况	文物级别	备注
刘师恕墓	古墓葬	空间相关	江苏省扬州市曹甸镇古塔村	清	不明	市县级文物保护单位	未考察
宝应北宋墓群遗址	古墓葬	空间相关	江苏省扬州市县建筑公司院内,城郊中学院内	宋	不明	市县级文物保护单位	未考察
氾水汉墓	古遗址	空间相关	江苏省扬州市氾水镇胜利居委会	汉	不明	市县级文物保护单位	未考察
纵棹园	近现代重要史迹	历史相关	江苏省扬州市安宜镇安宜东路2号	清	不明	市县级文物保护单位	未考察
张仙庙桥	古建筑	功能相关	江苏省扬州市安宜镇张仙庙桥	清	不明	市县级文物保护单位	未考察
广惠桥	古建筑	功能相关	江苏省扬州市安宜镇南门大桥	明	不明	市县级文物保护单位	未考察
忠祐桥	古建筑	功能相关	江苏省扬州市安宜镇城隍庙街	明	不明	市县级文物保护单位	未考察
宁国寺蝴蝶厅	古建筑	历史相关	江苏省扬州市宝应县叶挺路115号	清	改建恢复	市县级文物保护单位	已考察
宝应学宫	古建筑	历史相关	江苏省扬州市安宜镇小新桥25号	明	不明	市县级文物保护单位	未考察
朱氏家祠	古建筑	历史相关	江苏省扬州市安宜镇小石头街8号	清	不明	市县级文物保护单位	未考察

（续　表）

遗产名称	遗产类型	与运河关系类型	地址	时代	保存状况	文物级别	备注
重修潼口寺碑记	石刻	空间相关	江苏省扬州市夏集镇潼口村	明	不明	市县级文物保护单位	未考察
泰山殿石狮	石刻	空间相关	江苏省扬州市现在纵棹园内	明	不明	市县级文物保护单位	未考察
定善寺石狮	石刻	空间相关	江苏省扬州市现曹甸烈士陵园内	清	不明	市县级文物保护单位	未考察
苏中公学旧址	古遗址	空间相关	江苏省扬州市曹甸镇金吾村	1944年	不明	市县级文物保护单位	未考察
刘宝楠故居	近现代重要史迹	历史相关	江苏省扬州市安宜镇芦家巷28号	清	不明	市县级文物保护单位	未考察
曹甸革命烈士墓	近现代重要史迹	空间相关	江苏省扬州市曹甸镇曹南村	1957年	不明	市县级文物保护单位	未考察
宝应县烈士陵园	近现代重要史迹	空间相关	江苏省扬州市安宜镇大桥居委会南港组	1966年	不明	市县级文物保护单位	未考察
刘宝楠墓遗址	古墓葬	空间相关	江苏省扬州市黄塍乡徐甸村	清	不明	市县级文物保护单位	未考察

注：表中备注"未考察"遗产资料均据《扬州市各级文物保护单位清单》，2003。

（10）里运河邵伯镇——茱萸湾段

A. 河段概况

邵伯船闸到茱萸湾段运河长约10km。西岸为高滩，开挖上凤凰河时，储土于西岸，堆土较高，无堤防。东岸为金湾河与太平河之间的太安镇。圩堤北部正迎邵伯湖口，1975—1987年曾经加固圩堤，但高程只有8—10m，标准太低,极易出险。太平河口到瓦窑铺对岸,凤凰河、新河之间,地势都较高,无堤防。河道功能以航运、调水、灌溉、泄洪为主(《扬州水利志》,1999)。

B. 河道剖面

【河道】此段河道较宽,邵伯镇以下基本在邵伯湖口通航。湖口以下到茱萸湾河道宽70—80m。水质为Ⅲ类。

【河漫滩】无。

【护坡】湖内部分未能考察,河道部分大部分为土堤。

【堤岸】堤岸高于水面1—2m,绿化程度很好。

【堤外土地利用】两岸基本为农田,种植双季水稻。经过的乡镇工业很少。

【剖面图】

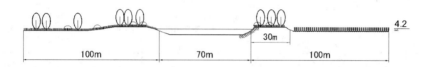

图 5.241　里运河邵伯镇——茱萸湾段两岸100m范围剖面图

图 5.242　里运河邵伯镇——茱萸湾段两岸1000m范围剖面图

图 5.243　里运河邵伯镇——茱萸湾段典型照片

C.沿河遗产分布

邵伯为运河航道管理处所在,自古是运河重镇,有文物保护单位7处,另有如大码头古街区等具有研究价值的对象等。

表5.98 里运河邵伯镇——茱萸湾段主要文化遗产分布表

遗产名称	遗产类型	与运河关系类型	地址	时代	保存状况	文物级别	备注
小纪真武庙大殿	古建筑	空间相关	江苏省扬州市小纪镇真如广场	1495	不明	省级文物保护单位	未考察
郭村战斗指挥部旧址	近现代重要史迹	空间相关	江苏省扬州市郭村镇	1940	不明	省级文物保护单位	未考察
柏庄汉墓	古墓葬	空间相关	江苏省扬州市邵伯镇高蓬村柏庆南100m	汉	不明	市县级文物保护单位	未考察
李祠汉墓	古墓葬	空间相关	江苏省扬州市双沟镇陈甸村李祠庄南	汉	不明	市县级文物保护单位	未考察
童氏住宅	古建筑	空间相关	江苏省扬州市大桥镇昌松薛河村	清	不明	市县级文物保护单位	未考察
史宅厅房	古建筑	空间相关	江苏省扬州市大桥镇昌松善玉村	明	不明	市县级文物保护单位	未考察
侍卫府	古建筑	空间相关	江苏省扬州市浦头镇进士街	明末	不明	市县级文物保护单位	未考察
团结街楠木厅	古建筑	空间相关	江苏省扬州市大桥镇团结街47号	清	不明	市县级文物保护单位	未考察
费密故居	古建筑	空间相关	江苏省扬州市麃村镇野田村	清	不明	市县级文物保护单位	未考察

（续　表）

遗产名称	遗产类型	与运河关系类型	地址	时代	保存状况	文物级别	备注
于氏姊妹楼	古建筑	空间相关	江苏省扬州市塘头镇东	清光绪	不明	市县级文物保护单位	未考察
依绿园客厅	古建筑	空间相关	江苏省扬州市塘头镇东	清	不明	市县级文物保护单位	未考察
三娘井	古建筑	空间相关	江苏省扬州市塘头镇三娘村	五代至明	不明	市县级文物保护单位	未考察
广福庵	古建筑	空间相关	江苏省扬州市浦头镇韩桥村	清	不明	市县级文物保护单位	未考察
圣容寺大殿	古建筑	空间相关	江苏省扬州市嘶马镇圣容村南	清	不明	市县级文物保护单位	未考察
邵伯清真寺大殿	古建筑	历史相关	江苏省扬州市邵伯礼拜寺巷3号	清咸丰年间	不明	市县级文物保护单位	未考察
嘶马镇关帝庙大殿	古建筑	空间相关	江苏省扬州市嘶马镇牌楼街63号	清	不明	市县级文物保护单位	未考察
罗君生祠记碑	石刻	历史相关	江苏省扬州市邵伯镇新大街邵伯中学院内	明	不明	市县级文物保护单位	未考察
谢公祠碑	石刻	历史相关	江苏省扬州市邵伯红旗街20号	明	不明	市县级文物保护单位	未考察
张声墓碑	石刻	空间相关	江苏省扬州市浦头镇育才路11号文化站院内	1744	不明	市县级文物保护单位	未考察

(续　表)

遗产名称	遗产类型	与运河关系类型	地址	时代	保存状况	文物级别	备注
捐修码头记事碑	石刻	历史相关	江苏省扬州市江都镇工农路37号	清	不明	市县级文物保护单位	未考察
宝镇寺碑	石刻	空间相关	江苏省扬州市张纲镇张纲小学院内	清	不明	市县级文物保护单位	未考察
王氏祠堂碑刻	石刻	空间相关	江苏省扬州市嘶马镇太字村太字小学内	清至民国	不明	市县级文物保护单位	未考察
中州会馆石狮	古遗址	历史相关	江苏省扬州市邵伯镇新大街邵伯中学门前	清	不明	市县级文物保护单位	未考察
江都东岳庙石狮	古遗址	空间相关	江苏省扬州市江都镇仙女公园门前	明	不明	市县级文物保护单位	未考察
徐氏家茔石羊石马	古遗址	空间相关	江苏省扬州市江都镇仙女公园内	清	不明	市县级文物保护单位	未考察
江都铁牛	古遗址	功能相关	江苏省扬州市邵伯镇西运河大堤	清康熙	不明	市县级文物保护单位	未考察
邵伯保卫战遗址	近现代重要史迹	空间相关	江苏省扬州市邵伯镇西南大堤	1946	不明	市县级文物保护单位	未考察
许晓轩故居	近现代重要史迹	空间相关	江苏省扬州市江都镇一人巷3号	1916—1936	不明	市县级文物保护单位	未考察

（续　表）

遗产名称	遗产类型	与运河关系类型	地址	时代	保存状况	文物级别	备注
杨庄革命烈士墓园	近现代重要史迹	空间相关	江苏省扬州市杨庄镇西南	1945	不明	市县级文保单位	未考察
武坚革命烈士墓园	近现代重要史迹	空间相关	江苏省扬州市武坚镇联丰村	1947	不明	市县级文保单位	未考察
三江营战斗烈士墓	近现代重要史迹	空间相关	江苏省扬州市大桥镇三江村	1949	不明	市县级文保单位	未考察
章台旅社	古遗址	空间相关	江苏省扬州市市区龙111街	1910	不明	市县级文保单位	未考察

注：表内备注"未考察"遗产资料均据《扬州市各级文物保护清单》，2003。

（11）里运河茱萸湾——扬州新运河入江口段

A. 河段概况

河段属于邗江区1959—1961年将运河裁弯取直,从瓦窑铺径由六圩入江形成的河道。航运、排灌为其主要功能。全长18km。

B. 河道剖面

【河道】约宽60—70m,无明显纵坡。水质Ⅲ类。航船极为繁忙。主要由施桥船闸调节长江与运河水位差。

【河漫滩】无。

【护坡】基本无护坡,只在码头和驳岸处修建。

【堤岸】连续的土堤。堤面超高1—2m左右,临江口超高2—3m。

【堤外土地利用】主要用地类型为防护林、农田、厂房仓储和荒地。

【剖面图】

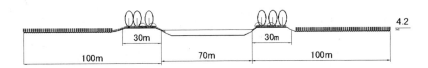

图 5.244　里运河茱萸湾——扬州新运河入江口段两岸 100m 范围剖面图

图 5.245　里运河茱萸湾——扬州新运河入江口段两岸 1000m 范围剖面图

C.沿河遗产分布

此段运河为建国后开挖的新运河,由于时间关系,未作考察。

(12) 里运河茱萸湾——扬州闸段

A.河段概况

此段属于古运河,长度约为 3km。扬州闸原名湾头闸,1970 年兴建,1972 年竣工,主要作用是挡洪、排涝、改善市区河道水质,南侧同时建有套闸,以恢复古运河交通。由于当时设计存在一系列问题,故现在很少使用。但它是古运河扬州市区段的起点,入闸之后沿途景观与未入之前有较大区别(《扬州水利志》,1999)。

B.河道剖面

【河道】宽度在 50m 左右,航船很少。水质为 V 类。无明显纵坡。

【河漫滩】有废弃物和淤泥形成的滩地。

【护坡】砌石和水泥护坡。

【堤岸】无规划,基本为自然状态。

【堤外土地利用】为厂房、仓库和农田占据。

【剖面图】

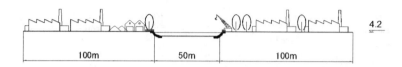

图5.246　里运河茱萸湾——扬州闸段两岸100m范围剖面图

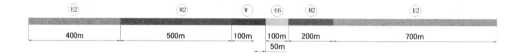

图5.247　里运河茱萸湾——扬州闸段两岸1000m范围剖面图

图5.248　里运河茱萸湾——扬州闸段典型照片

C.沿河遗产分布

此段河道沿线文化遗产较少,此次考察过程中未发现有历史价值的水工建筑和与运河相关的文化遗产。

表 5.99　里运河茱萸湾——扬州闸段主要文化遗产分布表

遗产名称	遗产类型	与运河关系类型	地址	时代	保存状况	文物级别	备注
茱萸湾古闸区	古建筑	功能相关	江苏省扬州市市区湾头镇	清	原物保存较好	市县级文保单位	已考察
隋炀帝陵	古墓葬	空间相关	江苏省扬州市槐泗镇槐二村	唐武德五年(622)	不明	省级文保单位	未考察
堤坝	古遗址	功能相关	江苏省扬州市槐泗镇槐子村	宋	不明	市县级文保单位	未考察

注：表中备注"未考察"遗产资料均据《扬州市各级文物保护清单》，2003。

(13) 里运河扬州闸——扬农集团段

A. 河段概况

此段为古运河，长度约在 11km。唐代扬州市区运河流经今城区的西北。自宋天禧年间，江淮发运使贾宗开扬州新河，由古扬子镇引水入运，经过新河湾，绕道城南接旧运河，通黄金坝再东行，过境线移至城南宝塔湾，漕运避开闹市，市区河道基本定型。现在古运河基本成为地区性河道，不再有泄洪任务。市区河岸整治情况良好，原有码头林立、航道狭窄的情况得到很大改观，成为扬州市区的主要景观地带。

B. 河道剖面

【河道】河道宽度在 40m 左右，无明显的纵坡，河道航船很少。水质 V 类，部分河段超标。

【河漫滩】无。

【护坡】沿运河都有石立面堤和护栏，高出水面 2m 左右。

【堤岸】近城一侧有公路，堤岸种植了柳树和草皮，较多地段还规划了公园。马路和市区建筑紧靠运河，噪声较大。

【堤外土地利用】近城一侧为市区。另一侧为郊区，郊区的堤岸多为未整理的荒地，后面是小区、废弃厂房、菜市场等等。

【剖面图】

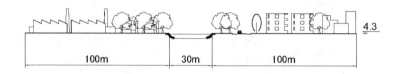

图 5.249　里运河扬州闸——扬农集团段两岸 100m 范围剖面图

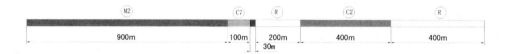

图 5.250　里运河扬州闸——扬农集团段两岸 1000m 范围剖面图

图 5.251　里运河扬州闸——扬农集团段典型照片

C.沿河遗产分布

扬州市区及周围遗产数量很多,广陵区为明清时期扬州城的故址,文物保护单位计有 148 处。我们考察了其中和运河有密切关系的 45 处,集中分布在南河下、广陵路、东关街三条街市附近。保护和利用的情况大部分不容乐观。

表 5.100　里运河扬州闸——扬农集团段主要文化遗产分布表

遗产名称	遗产类型	与运河关系类型	地址	时代	保存状况	文物级别	备注
个园	古建筑	历史相关	江苏省扬州市市区东关街328号	清	原物保存较好	国家级文保单位	已考察
何园	古建筑	历史相关	江苏省扬州市市区徐凝街77号	清	原物保存较好	国家级文保单位	已考察
扬州城遗址	古建筑	历史相关	江苏省扬州市市区及西北郊	隋至宋	原物保存较好	国家级文保单位	已考察
普哈丁墓	古建筑	历史相关	江苏省扬州市解放桥古运河边	南宋	原物保存较好	国家级文保单位	已考察
莲花桥	古建筑	历史相关	江苏省扬州市市区瘦西湖内	清	原物保存较好	省级文保单位	已考察
小盘谷	古建筑	历史相关	江苏省扬州市市区大树巷58号	清	不明	省级文保单位	未考察
仙鹤寺	古建筑	历史相关	江苏省扬州市市区南门街111号	宋始建清重建	不明	省级文保单位	未考察
重宁寺	古建筑	历史相关	江苏省扬州市市区长征路15号	清	原物破坏严重	省级文保单位	已考察
天宁寺	古建筑	历史相关	江苏省扬州市市区丰乐下街	晋始建，清重建	原物保存较好	省级文保单位	已考察
天主教堂	近现代重要史迹	历史相关	江苏省扬州市市区北河下25号	清	原物保存较好	省级文保单位	已考察
史可法祠、墓	古墓葬	空间相关	江苏省扬州市市区丰乐下街	清	原物保存较好	省级文保单位	已考察

（续　表）

遗产名称	遗产类型	与运河关系类型	地址	时代	保存状况	文物级别	备注
天山汉墓	古墓葬	空间相关	江苏省扬州市市区象别桥	汉	不明	省级文保单位	未考察
大明寺及鉴真纪念堂	古建筑	历史相关	江苏省扬州市市区蜀冈中峰	南朝始建，清重建	原物保存较好	省级文物保护单位	已考察
西方寺	古建筑	空间相关	江苏省扬州市市区驼岭巷18号	明	不明	省级文物保护单位	未考察
朱自清故居	近现代历史遗迹	空间相关	江苏省扬州市市区安乐巷27号	清	不明	省级文物保护单位	未考察
阮家祠墓	古建筑、古墓葬	空间相关	江苏省扬州市市区毓贤街8号、邗江槐泗镇槐二村	清	不明	省级文物保护单位	未考察
小苑	古建筑	历史相关	江苏省扬州市市区地官第14号	清	原物保存较好	省级文物保护单位	已考察
汪姓盐商住宅	古建筑	空间相关	江苏省扬州市市区南河下174号	清	原物破坏严重	省级文物保护单位	已考察
吴道台宅第	古建筑	空间相关	江苏省扬州市市区市人民医院内	清	不明	省级文物保护单位	未考察
绿杨旅社	近现代重要史迹	空间相关	江苏省扬州市市区新胜街23号	民国	不明	省级文物保护单位	未考察
王少堂故居	近代重要史迹	空间相关	江苏省扬州市市区湾子街三多巷10号	1887—1968	不明	市县级文物保护单位	未考察

（续　表）

遗产名称	遗产类型	与运河关系类型	地址	时代	保存状况	文物级别	备注
树人堂	近现代重要史迹	空间相关	江苏省扬州市淮海路13号扬州中学	1930	不明	市县级文物保护单位	未考察
曹起晋故居	近现代重要史迹	空间相关	江苏省扬州市市区东关街338号	1906—1931	不明	市县级文物保护单位	未考察
扬州教案旧址	近现代重要史迹	历史相关	江苏省扬州市皮市街147—149号	清	原物破坏严重	市县级文物保护单位	已考察
扬州烈士墓园	近现代重要史迹	空间相关	江苏省扬州市市区蜀冈万松岭	1954年	不明	市县级文物保护单位	未考察
熊成基墓	近现代重要史迹	空间相关	江苏省扬州市市区大明寺内	民国	不明	市县级文物保护单位	未考察
朱良钧烈士墓	近现代重要史迹	空间相关	江苏省扬州市市区黄金坝西北	民国	不明	市县级文物保护单位	未考察
刘庄	古建筑	历史相关	江苏省扬州市市区广陵路272号	清	改建恢复	市县级文物保护单位	已考察
冬荣园	古建筑	历史相关	江苏省扬州市市区东关街98号	清	不明	市县级文物保护单位	未考察
匏庐	古建筑	历史相关	江苏省扬州市市区甘泉路81号	民国	改建恢复	市县级文物保护单位	已考察
八咏园	古建筑	历史相关	江苏省扬州市市大流芳巷19号	清	改建恢复	市县级文物保护单位	已考察

（续　表）

遗产名称	遗产类型	与运河关系类型	地址	时代	保存状况	文物级别	备注
蔚圃	古建筑	历史相关	江苏省扬州市市区风箱巷6号	清	改建恢复	市县级文物保护单位	已考察
平园	古建筑	历史相关	江苏省扬州市市南河下723所内	清	改建恢复	市县级文物保护单位	已考察
珍园	古建筑	历史相关	江苏省扬州市市区文昌中路	清	不明	市县级文物保护单位	未考察
二分明月楼	古建筑	历史相关	江苏省扬州市市区广陵路91号	清	原物保存较好	市县级文物保护单位	已考察
小圃	古建筑	历史相关	江苏省扬州市市区夹剪桥10号	清	不明	市县级文物保护单位	未考察
容膝园	古建筑	历史相关	江苏省扬州市市区金鱼巷5号	清	原物不存，但遗址可考	市县级文物保护单位	已考察
辛园	古建筑	历史相关	江苏省扬州市市区仁丰里	民国	原物不存，但遗址可考	市县级文物保护单位	已考察
沧州别墅	古建筑	历史相关	江苏省扬州市市区地官第39号	清	原物不存，但遗址可考	市县级文物保护单位	已考察
朱氏园	古建筑	历史相关	江苏省扬州市市区南柳巷38号	民国	不明	市县级文物保护单位	未考察
贾氏庭园	古建筑	历史相关	江苏省扬州市市区大武城巷1号	清	不明	市县级文物保护单位	未考察
邱氏园	古建筑	历史相关	江苏省扬州市市区广陵路292号	民国	改建恢复	市县级文物保护单位	已考察

（续　表）

遗产名称	遗产类型	与运河关系类型	地址	时代	保存状况	文物级别	备注
刘氏园	古建筑	历史相关	江苏省扬州市市区甘泉路176号	民国	原物不存，但遗址可考	市县级文物保护单位	已考察
逸圃	古建筑	历史相关	江苏省扬州市市区东关街356号	清	不明	市县级文物保护单位	未考察
怡庐	古建筑	历史相关	江苏省扬州市市区穗家湾	民国	不明	市县级文物保护单位	未考察
刘氏庭园	古建筑	历史相关	江苏省扬州市市区粉妆巷19号	清	改建恢复	市县级文物保护单位	已考察
壶园	古建筑	历史相关	江苏省扬州市市区东圈门22号	清	不明	市县级文物保护单位	未考察
西式楼	古建筑	历史相关	江苏省扬州市市区淮海路44号	近代	不明	市县级文物保护单位	未考察
杨氏小筑	古建筑	历史相关	江苏省扬州市市区风箱巷22号	民国	不明	市县级文物保护单位	未考察
长生寺阁	古建筑	历史相关	江苏省扬州市市区跃进桥北古运河东岸	清	原物保存较好	市县级文物保护单位	已考察
盐运使司衙署门厅	古建筑	历史相关	江苏省扬州市市区国庆北路	清	完全重建	市县级文物保护单位	已考察
南河下杉木大厅	古建筑	历史相关	江苏省扬州市市区南河下118号	清	原物保存较好	市县级文物保护单位	已考察

（续　表）

遗产名称	遗产类型	与运河关系类型	地址	时代	保存状况	文物级别	备注
萃园	古建筑	历史相关	江苏省扬州市市区三元路49号	清	不明	市县级文物保护单位	未考察
冶春园	古建筑	历史相关	江苏省扬州市市区天宁寺西侧	清	不明	市县级文物保护单位	未考察
莲性寺白塔	古建筑	历史相关	江苏省扬州市市区瘦西湖内	清	原物保存较好	省级文物保护单位	已考察
木兰院石塔	古建筑	空间相关	江苏省扬州市市区文昌中路绿岛内	唐	原物保存较好	市县级文物保护单位	已考察
文峰塔	古建筑	历史相关	江苏省扬州市市区宝塔湾运河边	明	原物保存较好	市县级文物保护单位	已考察
四望亭	古建筑	空间相关	江苏省扬州市市区美食街东端	明	原物保存较好	市县级文物保护单位	已考察
廿四桥	古建筑	历史相关	江苏省扬州市市区念泗路上	清	原物保存较好	市县级文物保护单位	已考察
大虹桥	古建筑	历史相关	江苏省扬州市市区瘦西湖上	清	原物保存较好	市县级文物保护单位	已考察
文昌阁	古建筑	空间相关	江苏省扬州市市区汶河路广场中	明	原物保存较好	市县级文物保护单位	已考察
朱草诗林	古建筑	历史相关	江苏省扬州市市区弥陀巷44号	清	原物破坏严重	市县级文物保护单位	已考察
卢姓盐商住宅	古建筑	历史相关	江苏省扬州市市区康山街22号	清	完全重建	市县级文物保护单位	已考察
小金山	古建筑	历史相关	江苏省扬州市市区瘦西湖内	清	原物保存较好	市县级文物保护单位	已考察

(续　表)

遗产名称	遗产类型	与运河关系类型	地址	时代	保存状况	文物级别	备注
棣园	古建筑	历史相关	江苏省扬州市市区南河下26号723所内	明	完全重建	市县级文物保护单位	已考察
武当行宫	古建筑	历史相关	江苏省扬州市市区东关街艺蕾小学内	明	不明	市县级文物保护单位	未考察
梅花书院	古建筑	历史相关	江苏省扬州市市区广陵路248号	清	改建恢复	市县级文物保护单位	已考察
岭南会馆	古建筑	历史相关	江苏省扬州市市区新城仓巷4-3号	清	不明	市县级文物保护单位	未考察
愿生寺	古建筑	历史相关	江苏省扬州市市区埂子街146号	民国	改建恢复	市县级文物保护单位	已考察
南来观音庵楠木厅	古建筑	历史相关	江苏省扬州市市区康山大水湾	清	原物易地保存	市县级文物保护单位	已考察
大东门楠木厅	古建筑	历史相关	江苏省扬州市市区大东门81号	明	原物不存，但遗址可考	市县级文物保护单位	已考察
粮食局楠木厅	古建筑	历史相关	江苏省扬州市市区广陵路252号	清	改建恢复	市县级文物保护单位	已考察
四岸公所楠木厅	古建筑	历史相关	江苏省扬州市市区广陵路广陵中心小学内	清	改建恢复	市县级文物保护单位	已考察

（续　表）

遗产名称	遗产类型	与运河关系类型	地址	时代	保存状况	文物级别	备注
湖北会馆楠木厅	古建筑	历史相关	江苏省扬州市市区南河下174号之二	清	原物保存较好	市县级文物保护单位	已考察
人民银行楠木厅	古建筑	历史相关	江苏省扬州市市区广陵路250号	清	改建恢复	市县级文物保护单位	已考察
徐宅楠木楼	古建筑	历史相关	江苏省扬州市市区南河下88号	清	改建恢复	市县级文物保护单位	已考察
汶河路楠木厅	古建筑	历史相关	江苏省扬州市市区汶河路24号	明	不明	市县级文物保护单位	未考察
琼花观	古建筑	历史相关	江苏省扬州市市区文昌中路	清	原物保存较好	市县级文物保护单位	已考察
旌忠寺	古建筑	历史相关	江苏省扬州市市区仁丰里	清	不明	市县级文物保护单位	未考察
宝轮寺	古建筑	历史相关	江苏省扬州市市区宝塔南路5号	明始建清重建	原物不存，但遗址可考	市县级文物保护单位	已考察
准提寺	古建筑	历史相关	江苏省扬州市市区东关街安家巷	明	不明	市县级文物保护单位	未考察
万寿寺	古建筑	历史相关	江苏省扬州市市区万寿街26号	宋始建清重建	不明	市县级文物保护单位	未考察
兴教寺大殿	古建筑	历史相关	江苏省扬州市市区万寿街26号	明	原物易地保存	市县级文物保护单位	已考察

(续表)

遗产名称	遗产类型	与运河关系类型	地址	时代	保存状况	文物级别	备注
紫竹观音庵	古建筑	历史相关	江苏省扬州市槐泗脚小井巷5号	民国	不明	市县级文物保护单位	未考察
观音禅寺	古建筑	历史相关	江苏省扬州市市区蜀冈东峰	清	不明	市县级文物保护单位	未考察
城隍庙	古建筑	历史相关	江苏省扬州市市区堡城中心小学	清	不明	市县级文物保护单位	未考察
片石山房	古建筑	历史相关	江苏省扬州市何园内	清	原物保存较好	市县级文物保护单位	已考察
双忠祠	古建筑	历史相关	江苏省扬州市市区双忠祠巷12号	清	原物不存，但遗址可考	市县级文物保护单位	已考察
曾公祠	古建筑	历史相关	江苏省扬州市市区康山街20号	清	不明	市县级文物保护单位	未考察
徐家祠堂	古建筑	历史相关	江苏省扬州市市区通泗街2号	清	原物易地保存	市县级文物保护单位	已考察
董子祠	古建筑	历史相关	江苏省扬州市市区北柳巷99号	明	不明	市县级文物保护单位	未考察
文公祠	古建筑	历史相关	江苏省扬州市市区广陵路119号	清	原物破坏严重	市县级文物保护单位	已考察
永宁宫古戏台	古建筑	历史相关	江苏省扬州市市区永宁巷23号	清	不明	市县级文物保护单位	未考察
铁佛寺	古建筑	历史相关	江苏省扬州市市区城北乡卜杨村余田组	唐始建清重建	不明	市县级文物保护单位	未考察

（续　表）

遗产名称	遗产类型	与运河关系类型	地址	时代	保存状况	文物级别	备注
龙衣庵	古建筑	历史相关	江苏省扬州市市区南门外新河湾	清	不明	市县级文物保护单位	未考察
刘文淇故居	古建筑	历史相关	江苏省扬州市市区东圈门14号	清	不明	市县级文物保护单位	未考察
甘泉县衙署门厅	古建筑	历史相关	江苏省扬州市市区甘泉路194号	清	改建恢复	市县级文物保护单位	已考察
赵氏庭园	古建筑	历史相关	江苏省扬州市市区赞化宫	清	不明	市县级文物保护单位	未考察
廖姓盐商住宅	古建筑	历史相关	江苏省扬州市市区南河下118号	清	改建恢复	市县级文物保护单位	已考察
诸姓盐商住宅	古建筑	历史相关	江苏省扬州市市区国庆北路342—346号	清	不明	市县级文物保护单位	未考察
丁家湾1号楠木厅	古建筑	历史相关	江苏省扬州市市区丁家湾1号	清	不明	市县级文物保护单位	未考察
楠木厅	古建筑	历史相关	江苏省扬州市市区广陵路218号	清	原物不存，但遗址可考	市县级文物保护单位	已考察
东关街楠木厅	古建筑	历史相关	江苏省扬州市市区东关街282之四	清	原物不存，但遗址可考	市县级文物保护单位	已考察
周姓盐商住宅	古建筑	历史相关	江苏省扬州市市区青莲巷19号	清	不明	市县级文物保护单位	未考察

（续　表）

遗产名称	遗产类型	与运河关系类型	地址	时代	保存状况	文物级别	备注
丁姓盐商住宅	古建筑	历史相关	江苏省扬州市市区地官第12号	清	不明	市县级文物保护单位	未考察
马氏住宅	古建筑	历史相关	江苏省扬州市市区地官第10号	清	不明	市县级文物保护单位	未考察
包世臣故居	古建筑	历史相关	江苏省扬州市市区观巷29号	清	原物不存，但遗址可考	不详	已考察
四眼井	石刻	历史相关	江苏省扬州市市区大实惠巷23号	清	不明	市县级文物保护单位	未考察
砖刻门楼	石刻	历史相关	江苏省扬州市市区南河下106号	清	原物不存，但遗址可考	市县级文物保护单位	已考察
砖刻门楼	石刻	历史相关	江苏省扬州市市区南河下112号	清	原物不存，但遗址可考	市县级文物保护单位	已考察
砖刻门楼	石刻	历史相关	江苏省扬州市市区丁家湾118号	清	原物保存较好	市县级文物保护单位	已考察
砖刻门楼	石刻	历史相关	江苏省扬州市市区引市街33号	清	不明	市县级文物保护单位	未考察
砖刻门楼	石刻	历史相关	江苏省扬州市市区引市街84号	清	原物不存，但遗址可考	市县级文物保护单位	已考察
砖刻门楼	石刻	历史相关	江苏省扬州市市区新大源62号	清	不明	市县级文物保护单位	未考察

（续　表）

遗产名称	遗产类型	与运河关系类型	地址	时代	保存状况	文物级别	备注
砖刻门楼	石刻	历史相关	江苏省扬州市市区达士巷54号	清	原物不存，但遗址可考	市县级文物保护单位	已考察
砖刻门楼	石刻	历史相关	江苏省扬州市市区广陵路292号	清	原物保存较好	市县级文物保护单位	已考察
砖刻门楼	石刻	历史相关	江苏省扬州市市区廿三所平园内	清	原物保存较好	市县级文物保护单位	已考察
砖刻门楼	石刻	历史相关	江苏省扬州市市区大流芳巷19号	清	原物不存，但遗址可考	市县级文物保护单位	已考察
砖刻门楼	石刻	历史相关	江苏省扬州市市区达士巷12号	清	不明	市县级文物保护单位	未考察
砖刻门楼	石刻	历史相关	江苏省扬州市市区石榴巷3号	清	原物不存，但遗址可考	市县级文物保护单位	已考察
砖刻门楼	石刻	历史相关	江苏省扬州市市区北河下79号	清	原物不存，但遗址可考	市县级文物保护单位	已考察
砖刻门楼	石刻	历史相关	江苏省扬州市市区彩衣街30号	清	原物保存较好	市县级文物保护单位	已考察
砖刻门楼	石刻	历史相关	江苏省扬州市市区彩衣街36号	清	原物不存，但遗址可考	市县级文物保护单位	已考察

(续　表)

遗产名称	遗产类型	与运河关系类型	地址	时代	保存状况	文物级别	备注
砖刻门楼	石刻	历史相关	江苏省扬州市市区广陵路218号	清	原物不存,但遗址可考	市县级文物保护单位	已考察
砖刻门楼	石刻	历史相关	江苏省扬州市市区广陵路40号	清	原物不存,但遗址可考	市县级文物保护单位	已考察
砖刻门楼	石刻	历史相关	江苏省扬州市市区青莲巷19号	清	原物保存较好	市县级文物保护单位	已考察
砖刻门楼	石刻	历史相关	江苏省扬州市市区新仓巷62号	清	不明	市县级文物保护单位	未考察
砖刻门楼	石刻	历史相关	江苏省扬州市市区旧仓巷64号	清	原物不存,但遗址可考	市县级文物保护单位	已考察
砖刻门楼	石刻	历史相关	江苏省扬州市市区正谊巷17号	清	不明	市县级文物保护单位	未考察
砖刻门楼	石刻	历史相关	江苏省扬州市市区市人民医院吴宅	清	原物不存,但遗址可考	市县级文物保护单位	已考察
砖刻门楼	石刻	历史相关	江苏省扬州市市区引市街84号二	清	原物不存,但遗址可考	市县级文物保护单位	已考察
砖刻门楼	石刻	历史相关	江苏省扬州市市区实惠巷8号	清	原物不存,但遗址可考	市县级文物保护单位	已考察

(续 表)

遗产名称	遗产类型	与运河关系类型	地址	时代	保存状况	文物级别	备注
顾成墓	古墓葬	空间相关	江苏省扬州市市区柴油机厂内	明	原物不存，但遗址可考	市县级文物保护单位	已考察
叶相墓	古墓葬	空间相关	江苏省扬州市市区北门外骆驼山	明	原物不存，但遗址可考	市县级文物保护单位	已考察
汪中墓	古墓葬	历史相关	江苏省扬州市市区城北上方寺侧	清	不明	市县级文物保护单位	未考察
黄金坝墓葬群	古墓葬	历史相关	江苏省扬州市市区黄金坝	唐、宋	原物破坏严重	市县级文物保护单位	已考察
古邗沟遗迹	古遗址	功能相关	江苏省扬州市市区城北螺丝湾桥至黄金坝	春秋	原物保存较好	市县级文物保护单位	已考察
莲溪墓	古墓葬	空间相关	江苏省扬州市市区大明寺内	清	不明	市县级文物保护单位	未考察
禅堂四禁碑	石刻	空间相关	江苏省扬州市市南门外宝轮寺内	明崇祯	原物易地保存	市县级文物保护单位	已考察
陀罗尼经幢	石刻	空间相关	江苏省扬州市市区市五中内	唐	原物不存，但遗址可考	市县级文物保护单位	已考察
青龙泉	石刻	空间相关	江苏省扬州市市区天宁门街63号	清	原物易地保存	市县级文物保护单位	已考察

(续 表)

遗产名称	遗产类型	与运河关系类型	地址	时代	保存状况	文物级别	备注
石造像	石刻	历史相关	江苏省扬州市市皮市街水仓巷口	清	原物不存,但遗址可考	市县级文物保护单位	已考察
莲花桥巷宋井	石刻	空间相关	江苏省扬州市市区文昌中路	南宋	不明	市县级文物保护单位	未考察
砖刻门楼	石刻	历史相关	江苏省扬州市市区居士巷41号	清	原物不存,但遗址可考	市县级文物保护单位	已考察
砖刻门楼	石刻	历史相关	江苏省扬州市市区南河下72号	清	原物破坏严重	市县级文物保护单位	已考察
砖刻门楼	石刻	历史相关	江苏省扬州市市区南河下84号	清	原物破坏严重	市县级文物保护单位	已考察
砖刻门楼	石刻	历史相关	江苏省扬州市市区南河下88号	清	原物保存较好	市县级文物保护单位	已考察
东关古渡	运河水利工程遗址	功能相关	江苏省扬州市市区东关街口	唐至清	改建恢复	不详	已考察

注:表中备注"未考察"遗产资料均据《扬州市各级文物保护清单》,2003。

(14) 里运河扬农集团——瓜州镇段

A. 河段概况

此段为古运河,长度约为26km。最早为唐代所开凿的伊娄河,后来历年修建但河道走向基本未变。1970年瓜洲闸和扬州闸相继修建,此段古运河不再承担淮河分洪任务,成为区域性河道,只承担航运和灌溉任务。建国以后两岸土堤均做了加固培修。石块堤岸从民国时期开始修筑,但长期没有整体修建,已经多处破坏。

B. 河道剖面

【河道】宽度大约在 30m 左右，河道曲折，无明显纵坡。水质为 V 类，部分河段超标。航船很少。

【河漫滩】无。

【护坡】修筑形式比较简单，在人居密集处有石工护堤，一些地方仅为土堤。

【堤岸】东侧保留有较长的纤道，堤岸高于水面 1—2m。沿途无明显的人工绿化，基本为农村的自然景观。

【堤外土地利用】基本是水稻田。汉河镇和瓜洲镇是沿途较大的集镇，主要是居民点。

【剖面图】

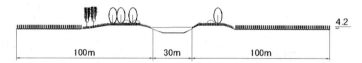

图 5.252 里运河扬农集团——瓜州镇段两岸 100m 范围剖面图

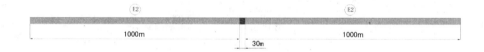

图 5.253 里运河扬农集团——瓜州镇段两岸 1000m 范围剖面图

图 5.254 里运河扬农集团——瓜州镇段典型照片

C. 沿河遗产分布

表 5.101　里运河扬农集团——瓜州镇段主要文化遗产分布表

遗产名称	遗产类型	与运河关系类型	地址	时代	保存状况	文物级别	备注
胡笔江故居	古建筑	空间相关	江苏省扬州市沙头镇胡家墩	民国	不明	省级文物保护单位	未考察
焦循墓	古墓葬	空间相关	江苏省扬州市黄珏镇	清	不明	市县级文物保护单位	未考察
老山汉墓	古墓葬	空间相关	江苏省扬州市甘泉镇老山村	汉	不明	市县级文物保护单位	未考察
老虎墩汉墓	古墓葬	空间相关	江苏省扬州市甘泉镇甘泉村	汉	不明	市县级文物保护单位	未考察
宝女墩汉墓	古墓葬	空间相关	江苏省扬州市杨寿镇李岗村	汉	不明	市县级文物保护单位	未考察
双墩汉墓	古墓葬	空间相关	江苏省扬州市杨庙镇双颉村	汉	不明	市县级文物保护单位	未考察
牵牛山汉墓	古墓葬	空间相关	江苏省扬州市甘泉镇老山村	汉	不明	市县级文物保护单位	未考察
新庵记碑	石刻	空间相关	江苏省扬州市瓜洲镇瓜洲村	清康熙年间	不明	市县级文物保护单位	未考察
吴惟华天中塔碑	石刻	历史相关	江苏省扬州市高旻寺内	清顺治年间	不明	市县级文物保护单位	未考察
王羲之心经碑	石刻	历史相关	江苏省扬州市高旻寺内	清	不明	市县级文物保护单位	未考察
乾隆清碑	石刻	历史相关	江苏省扬州市江苏宝石集团	清乾隆年间	不明	市县级文物保护单位	未考察

（续　表）

遗产名称	遗产类型	与运河关系类型	地址	时代	保存状况	文物级别	备注
忠义坟碑	石刻	历史相关	江苏省扬州市瓜洲镇梅庄村	清咸丰年间	不明	市县级文物保护单位	未考察
房淑亭烈士墓	近现代重要史迹	空间相关	江苏省扬州市黄珏镇陈家村	1946年	不明	市县级文物保护单位	未考察
朱秀清烈士墓	近现代重要史迹	空间相关	江苏省扬州市李典镇吴桥村	1948年	不明	市县级文物保护单位	未考察
高旻寺	古建筑	历史相关	江苏省扬州市瓜洲镇运西三汊河	清	不明	市县级文物保护单位	未考察
鼓楼	古建筑	空间相关	江苏省扬州市仪征市区鼓楼广场	明	不明	省级文物保护单位	未考察
天宁塔	古建筑	空间相关	江苏省扬州市仪征市工农南路油厂内	明	不明	省级文物保护单位	未考察
庙山汉墓区	古墓葬	空间相关	江苏省扬州市新集镇东北庙山	西汉	不明	省级文物保护单位	未考察
仪征神墩遗址	古遗址	空间相关	江苏省扬州市陈集镇丁桥村	商周	不明	市县级文物保护单位	未考察
虎山遗址	古遗址	空间相关	江苏省扬州市新城镇郁桥村	春秋至汉	不明	市县级文物保护单位	未考察
周太古墓	古墓葬	空间相关	江苏省扬州市青山镇龙山村	清	不明	市县级文物保护单位	未考察
圩城汉墓	古墓葬	空间相关	江苏省扬州市谢集乡尹山村	汉	不明	市县级文物保护单位	未考察

(续　表)

遗产名称	遗产类型	与运河关系类型	地址	时代	保存状况	文物级别	备注
状元井	古石刻	空间相关	江苏省扬州市真州镇商会街	北宋	不明	市县级文物保护单位	未考察
真州古井	古石刻	空间相关	江苏省扬州市真州镇解放西路南	元	不明	市县级文物保护单位	未考察
六朝古井栏	古石刻	空间相关	江苏省扬州市真州镇胥浦卫生院内	西晋	不明	市县级文物保护单位	未考察

注：表中备注"未考察"遗产资料均据《扬州市各级文物保护清单》，2003。

5.9　江南运河段

5.9.1　背景概况

江南运河北起镇江市长江谏壁闸，南至杭州市钱塘江三堡船闸，跨越江苏和浙江两省，途经镇江市、常州市、无锡市、苏州市、嘉兴市和杭州市六市，主线全长337km。

5.9.1.1　历史沿革

江南运河最早的修建大致始于春秋后期，秦代亦有开凿，至东汉末三国初时基本形成（姚汉源，1998）。隋代疏浚扩大江南运河，此段运河正式形成。江南运河总体水平岸阔、航道稳定，维护较中运河、北运河容易，因此直至明清，虽有修整，未有大改变。

北部镇江——常州段及南部杭州段因地势较高，存在水源问题，故或建堰闸以制水调节，或开湖塘蓄水，或开凿河道引江济运，如东晋初年（317）镇江的丁卯埭，西晋光熙元年（306）丹阳城北的练湖，及唐元和八年（813）在常州西开凿孟渎的引江济运工程（姚汉源，1998）。宋末至元代，由于西湖水源不足，杭州至嘉兴崇福间运河被旁支水系所取代，至元末（1294）改为今经塘栖入杭州的线路（阙维民，2000）。

中部苏州——嘉兴段受太湖影响,水源充沛,问题较少,但因太湖大水时风浪影响航运,故此段水利建设主要是沿太湖堤塘修建,最早始于唐元和五年(810)修筑运河西岸自苏州城南直通松陵(现吴江市)的塘路,此后历代均有修治(《苏州市志》,1995;姚汉源,1998)。

(1) 镇江城区段

镇江城区段运河的变迁主要是由运河入长江口的移动而引起的。历史上运河入江口曾先后有过五处,即大京口、甘露口、小京口、丹徒口和谏壁口,现在仅存后三处。历史上随着长江岸线的淤涨变化,五口各有兴废,运河则在其间摆动或同时存在多个入江口。1958年定谏壁口为江南运河入江口,建谏壁船闸,原小京口至谏壁16.7km河段不再通航,称古运河(《镇江水利志》,1992;《镇江市志》,1993)。

(2) 常州城区段

常州城区段运河据记载在唐宋时期为穿城而过,即今经西水关、驿桥,过毗陵驿、青果巷、新坊桥的河道;元至正年间(1341)于其南开"西兴河",明以后作为运河主线,运河自此改为绕城而过;明万历九年(1581)又在西兴河南开新城南濠,运河主线再次南移。建国后此段运河多经疏浚,并于1984年改造为四级航道,成为今运河市区段航道(《常州市志》,1995;王博铭,1997)。

(3) 无锡城区段

无锡城区段运河在明清时期环城而过,自"吴桥"绕"黄埠墩"至"江尖"分流,西半环自人民桥起至跨塘桥向南,东半环自莲蓉桥起在羊腰湾与西半环合流。建国后,从1958年到1983年,无锡市于城西侧开辟了一条新运河,从黄埠墩到下甸河与古运河汇合(浦学坤等,1997),使新运河避开了文物古迹分布密集的古运河两岸,从而形成了江南运河保护最为完整的"南长街"古运河历史风貌保护区。

(4) 苏州城区段

苏州城区段运河长约14km,明清时期河道沿护城河环城而过。建国后经多次改线,运河原由枫桥向东流入阊门与环城河汇合;1959年改走横塘,循胥江入护城河;1985年后在横塘镇南另辟新河,弃胥江而改走澹台湖,至宝带桥北垍与原运河线相接,对保护古城和古运河两岸的风貌有积极作用(《苏州词典》,1999)。

(5) 嘉兴城区段

嘉兴城区段运河在明清时期环城而过,据记载运河自城北分支夹城左右而南流,会于城南的南湖出城(姚汉源,1998)。两支线同时作为运河航道沿用至建国后,1998年嘉兴市建成市区外围环城河,其中北郊河一段目前为运河主航道(《嘉兴城市水系规划》,2003)。

(6) 杭州城区段

杭州城区段运河除受元末运河改道影响北线有所变动外,历史变迁主要由运河入钱塘江口的变动而引起。历史上的入江口有两处,一为浙江闸(又称柳浦),一为其西今六和塔下的龙山闸。一般认为隋代运河的入江口在柳浦,五代吴越时改柳浦为浙江闸,同时自浙江闸向西南开新运河至龙山,建龙山闸,从而避开钱塘江潮对航运的影响;南宋以后龙山河几经兴废,入江口以浙江闸为主,至清末随着钱塘江北岸的淤涨,运河不复通江,杭州城北的拱墅一带多被认为是京杭运河的南端点(阙维民,2000)。1983—1987年,杭州市在城北郊新开河道通钱塘江,并建三堡船闸,成为京杭运河通江的新端点。杭州城内有运河支线多条,中河、东河、贴沙河以及已经湮废的清湖河等历史上均曾作为支线,但以中河为主线。

5.9.1.2 **自然条件**

(1) 河道水系

A. 镇江段

镇江市区根据地形分布状况,由宁镇山脉与茅山山脉构成天然分水岭。河流可分为沿江水系、秦淮水系、湖西水系,其中后两个水系也是长江水系的组成部分。全市水面面积占13.7%,是江苏省水面较少的地区之一(《镇江市志》,1993)。市区内长江河段和大运河河段为主要河流。此外还有一些小型河道,如运粮河、四明河、玉带河等。它们的特点是:流程短、季节性变化明显,水量不大。其中除玉带河直接流入长江外,其余均直接或间接流入镇江老港港池(《镇江要览》,1989)。

B. 常州段

市区河流属于长江水系太湖水网区。北临长江,南濒太湖、滆湖,京杭运河由西向东穿越全境。运河两侧河道纵横密布。城区由关河、市河组成环状河道,与京杭运河相连,市区西、北有德胜河、凤凰河、北塘河等与运河、长江沟通;

南有南运河、白荡河可通往滆湖；东南有采菱港、梅港河与太湖相通。全区共有干、支流河道二百余条与江、湖相连，沟塘星罗棋布（《常州市志》，1995，p349）。

C. 无锡段

无锡市区依托江南水网中心——太湖，地表水资源较丰富，外来水源补给充足。境内水网密集，有京杭运河、望虞河、锡澄运河等多条水道贯通长江、太湖水系，组成密集的水运网络（无锡水利局网站，http://www.wxwater.gov.cn，2004）。

D. 苏州段

苏州地处太湖流域，地势低平，水域广阔，以"五里、七里一纵浦，七里、十里一横塘"的棋盘式格局形成了具有地方特色的苏州塘浦水系。境内的主要河流包括吴淞江、太浦河、望虞河，江南运河则是境域内南北向的重要河流，在望亭镇与沙墩港（望虞河上段）相交，于吴江市与吴淞江、太浦河、由页塘等河流相交（《苏州水利志》，2003；《苏州市志》，1995）。

E. 嘉兴段

嘉兴市位于太湖西南杭嘉湖平原中心地带，全市河道纵横，河道全长1.38万km，共有57条河流，内河航运发达。全市可分为入海、入浦两个排水网络，入海以长山河、海盐塘和盐官上河、盐官下河为骨干河道组成南排水网；入浦以苏州塘（即京杭运河苏嘉段）、澜溪塘、芦墟塘、红旗塘、三店塘、上海塘为骨干河道组成入浦水网（《嘉兴市河道整治规划》，2004）。

F. 杭州段

杭州市河流纵横，湖荡密布，平原地区水网密度达 $10km^2$，水资源量和水力资源丰富。重要河流包括钱塘江、东苕溪、京杭运河等，分属钱塘江水系和太湖水系；重要湖泊包括西湖、千岛湖、湘湖、青山湖（《杭州市志》第一卷，1995）。

（2）气候状况

A. 镇江段

此段属北亚热带季风区气候的温暖亚带，具有四季分明、温暖湿润、热量丰富、雨量充沛的特点，气候条件比较优越，但又时有气象灾害（《镇江市志》，1993）。

表 5.102　江南运河镇江运河段流经区县气候状况

区县名称	气候类型	年均降雨量（mm）	年均温（℃）	最高温（℃）	最低温（℃）	0度积温（℃）	全年日照（h）	全年总辐射（千卡/cm²）	平均无霜期（d）	备注
润州区	北亚热带湿润季风气候	1063.1	15.4	27.8	2.3	5631.4	2051.7	111.3	239	为1949—1985年数据
京口区		1063.1	15.4	27.8	2.3	5631.4	2051.7	111.3	239	同上
丹徒区		1071.6	15.4	27.8	2.3	5431.6—5526.5	2073.7	112.9	230	同上
丹阳市		1056.5	14.9	26.3	3.2	5431.6—5526.5	2043.3	111.27	224	同上

资料来源：《镇江市志》，1993。

B. 常州段

此段属北亚热带季风性湿润气候区，常年主导风向东南偏东，四季分明，气候温和湿润，雨量丰沛，日照充足，无霜期长(《常州市志》，1995)。

表 5.103　江南运河常州运河段流经区县气候状况

区县名称	气候类型	年均降雨量（mm）	年均温（℃）	最高温（℃）	最低温（℃）	0度积温（℃）	全年日照（h）	全年总辐射（千卡/cm²）	平均无霜期（d）	备注
武进区	北亚热带湿润季风气候	1071	15.4	28.2	2.4	—	2047.5	—	228	其中日照为1953—1985年数据，其余为1952—1985年数据
钟楼区		1071	15.4	28.2	2.4	—	2047.5	—	228	同上
天宁区		1071	15.4	28.2	2.4	—	2047.5	—	228	同上
戚墅堰区		1071	15.4	28.2	2.4	—	2047.5	—	228	同上

资料来源：《常州市志》，1995。

C. 无锡段

此段地处北亚热带湿润区,四季分明,气候温和,雨水充沛,日照充足,无霜期长。由于受太湖水体和宜南丘陵山区复杂地形等影响,局部地区小气候条件多种多样,具有南北农业皆宜的特点,作物种类繁多(无锡市人民政府网站,http://www.wuxi.gov.cn,2004)。

表5.104 江南运河无锡运河段流经区县气候状况

区县名称	气候类型	年均降雨量(mm)	年均温(℃)	最高温(℃)	最低温(℃)	0度积温(℃)	全年日照(h)	全年总辐射(千卡/cm²)	平均无霜期(d)	备注
北塘区	北亚热带湿润季风气候	1035.9	15.4	28.0	2.5	5652.7	2019.4	—	220	为1959—1985年数据
崇安区		1027.8	15.4	28.2	2.5	5652.7	2019.4	—	220	同上
南长区		1035.9	15.5	28.5	2.5	5652.7	2019.4	—	220	其中气温为1952—1987年数据,降雨量为1922—1987年数据,其余为1959—1985年数据
惠山区		1035.9	15.4	28.0	2.5	5652.7	2019.4	—	220	为1959—1985年数据
滨湖区		1035.9	15.4	28.0	2.5	5652.7	2019.4	—	220	同上
锡山区		1035.9	15.4	28.0	2.5	5652.7	2019.4	—	220	同上
新区		1035.9	15.4	28.0	2.5	5652.7	2019.4	—	220	同上

资料来源:《无锡市志》,1995;《南长区志》,1991。

D. 苏州段

此段地处长江三角洲东南部,属北亚热带湿润季风气候区,境内季风明显,四季分明,降水充沛,无霜期长(《苏州市志》,1995)。

表 5.105　江南运河苏州运河段流经区县气候状况

区县名称	气候类型	年均降雨量(mm)	年均温(℃)	最高温(℃)	最低温(℃)	10度积温(℃)	全年日照(h)	全年总辐射(千卡/cm²)	平均无霜期(d)	备注
相城区	北亚热带湿润季风气候	1063	15.7	28.2	3.0	—	1965	111.2	233	其中年均降雨量根据1924—1985年数据,年均温、最高温、最低温根据1951—1985年数据
金阊区		1063	15.7	28.2	3.0	—	1965	111.2	233	同上
沧浪区		1063	15.7	28.2	3.0	—	1965	111.2	233	同上
平江区		1063	15.7	28.2	3.0	—	1965	111.2	233	同上
苏州高新区、虎丘区		1063	15.7	28.2	3.0	—	1965	111.2	233	同上
吴中区		1129.9	15.9	29.2	3.1	5096	2005-2179	112.7-117.8	235-244	根据1959—1985年数据
吴江市		1045.7	15.7	28.1	3.0	4986	2086.4	—	226	同上

资料来源:《苏州市志》,1995。

E. 嘉兴段

此段地处北亚热带南缘,属东亚季风区,气候四季分明,日照充分,雨量充沛,温和湿润,春秋较短,冬夏较长。主要的灾害性天气有寒潮、大雪、干高温、暴雨、洪涝、台风和持续阴雨等(《嘉兴市志》,1997)。

表 5.106　江南运河嘉兴运河段流经区县气候状况

区县名称	气候类型	年均降雨量(mm)	年均温(℃)	最高温(℃)	最低温(℃)	10度积温(℃)	全年日照(h)	全年总辐射(千卡/cm²)	平均无霜期(d)	备注
嘉兴市区(包括秀洲区和秀城区)	北亚热带湿润季风气候	1089	15.7	28.0	3.2	4985	2109.4	110.9	245	为1949—1990年数据
桐乡市		1176	15.8	28.2	3.3	5016	2021.9	105.8	245	同上
海宁县		1152	15.9	28.4	3.5	5039	2062.9	109.9	245	同上

资料来源：《嘉兴市志》，1997。

F. 杭州段

此段地处亚热带季风气候，全年四季分明，常年风向为偏东风，降水以春雨、梅雨、台风雨为主(《杭州市志》第一卷,1995)。

表 5.107　江南运河杭州运河段流经区县气候状况

区县名称	气候类型	年均降雨量(mm)	年均温(℃)	最高温(℃)	最低温(℃)	10度积温(℃)	全年日照(h)	全年总辐射(千卡/cm²)	平均无霜期(d)	备注
上城区	中北亚热带季风湿润气候	1321	16.2	27.6	6.9	5117	1905	105	245	为1964—1980年数据
下城区		1321	16.2	27.6	6.9	5117	1905	105	245	同上
拱墅区		1321	16.2	27.6	6.9	5117	1905	105	245	同上
江干区		1321	16.2	27.6	6.9	5117	1905	105	245	同上
余杭区		1350	15.9	27.6	6.9	5044	1805	108	245	同上

资料来源：《杭州市志》第一卷,1995。

(3) 水旱灾害

A. 镇江段

根据清光绪二年(1876)至1985年间的资料统计,大于200mm的是春涝严重年份,大约4年一遇。夏涝参照江苏旱涝指标进行统计,严重受涝4—5年一遇。秋涝大于200mm的大约6年一遇。

干旱频繁。清光绪六年(1880)至1985年,共发生大旱年26次,平均4年一次,大体春旱几率为9%,夏旱64%(其中大旱22%),秋旱42%,冬旱29%,以夏、秋旱为多,冬、春旱较少(《镇江市志》,1993)。

B. 常州段

1949—1990年,42年中共有大水年14年,成灾12年,发生频率4年一次(其中特大水一次,1954年,为特重灾),大水5年(1949、1969、1974、1983、1987),一般水8年(1951、1956、1957、1961、1962、1970、1980、1982)(《常州水利志》,2001)。

1949—1990年,旱年9年,成灾7年,发生频率5年一次,一般旱5年(1950、1953、1964、1966、1971)(《常州水利志》,2001)。

C. 无锡段

无锡市区以当日雨量≥100mm或3天雨量≥150mm为雨涝指标,1959—1985年的27年中共发生11年。以连续5天以上日雨量≥0.1mm的降雨过程(中间允许间隔一天无阴雨)作为连阴雨天气。春季(3—5月)连阴雨,无锡市区1959—1985年内共发生64次,平均每年发生2—3次,10天以上的长连阴雨天气过程有24次。秋季(9—11月)连阴雨,1959—1985年内共发生43次,平均每年4.32次。

无锡市区在1959—1985年的27年内曾发生不同程度的旱象39次,其中,春灾仅发生在1962、1975年两年,对农业生产威胁不大。夏旱共发生12年,对旱田作物影响较大;最长夏旱历时58天,发生在1971年。秋旱共发生14年,对旱田作物影响较大。冬旱共发生11年(《无锡市志》,1998)。

D. 苏州段

以4—10月连续3个月降水百分率≥100%,且其中至少有一个月≥150%或连续2个月>100%,并在6—9月中有一个月接近或≥200%为涝害指标,则苏州市出现春涝的概率为8年一遇,主要由连阴雨引起;出现夏涝的概率为4.5年一遇,主要由梅雨及盛夏热带风暴暴雨引起;出现秋涝的概率约为10年一遇,主要由连阴雨和热带风暴暴雨引起。形成涝灾主要由于三种情况,一是历时较短、强度较大的暴雨;二是降水强度不大,但阴雨时间较长;三是阴雨时间长,且降水量大。

按从6月上旬至9月上旬的10个旬中出现连续3个旬旬降水量小于20mm为夏旱指标,9月上旬至11月下旬的9个旬中出现连续3个旬旬降水量小于10mm为秋旱指标,则苏州市发生夏旱的概率为2.5年一遇,连续5旬小于20mm的严重干旱约为17年一遇;发生秋旱的概率为2.4年一遇,连续5旬小于20mm的重旱约7年一遇(《苏州市志》,1995)。

E. 嘉兴段

全年有三个明显降雨时段,即4—5月的春雨,6—7月的梅雨和9月的秋雨。每年的台风和持续阴雨都可能导致洪涝灾害。1949—1990年,水灾21次,约每两年一次,其中大水8次,每5.3年一次,特大水1次。年均降雨量1178mm,年均蒸发量1313mm。

每年的7—8月份都是伏旱天气,需要紧急调水。1949—1990年,旱灾31次,平均每1.4年一次,其中大旱2次,每21年一次(《嘉兴市志》,1997)。

F. 杭州段

杭州市天气受温带西风带天气系统和热带东风带天气系统交替控制,一年中冷热、干湿季节变化很大,灾害以暴雨引发的洪涝和干旱为主。近40年来水旱灾害以1956年8月1日和1988年8月8日的两次台风最为猛烈(《杭州概览》,1992)。

杭州市洪涝一般出现在5—10月,以梅涝和台涝为主。1959—1985年,全市各地洪涝的出现频率是44—70%,约1.4—2.3年一遇。梅涝和台涝以临安最多,分别约2.5和3年一遇。建德和淳安最少,尤其是台涝,分别约13.5和6.8年一遇。热雷雨和其他原因引起的洪涝,余杭最多,约3年一遇。另外,余杭和萧山一带东部平原区地势平坦,暴雨虽少,但洪水下泄缓慢,容易出现内涝灾害。

杭州市的旱期主要发生于7、8月,9、10月和11月至次年1月,分别称为伏旱、秋旱和冬旱。全市1959—1985年各地的干旱出现频率为78—93%,约1.1—1.3年一遇,地域分布上西南部、中部多于北部和东部。

各地连旱现象时有发生,其中以伏秋连旱为多,约占连旱出现年数的3/4(《杭州市志》第一卷,1995)。

5.9.1.3 社会经济

(1) 镇江段

表5.108 江南运河镇江运河段流经区县社会经济情况(2002)

区县	总人口(万人)	非农业人口(万人)	城市化水平(%)	人口密度(人/km²)	国内生产总值(亿元)	第一产业(亿元)	第二产业(亿元)	第三产业(亿元)	人均国内生产总值(元)	在岗职工年平均工资(元)	农民人均村收入(元)
润州区	23.20	19.29	83.1	1.75	18.82	1.66	6.80	9.63	8112	10740	4270
京口区	33.94	31.16	91.8	2.88	18.00	0.56	6.81	10.63	5304	11058	4470
丹徒区	36.41	6.11	16.8	0.49	61.41	13.79	92.98	63.48	24697	10413	4098
丹阳市	80.37	22.37	27.8	0.77	170.30	13.77	93.06	63.48	21199	11372	4710

资料来源:《镇江年鉴》,2003;《镇江统计年鉴》,2003;丹阳市统计信息网,www.dystats.com,2004。

(2) 常州段

表5.109 江南运河常州运河段流经区县社会经济情况(2002)

区县	总人口(万人)	非农业人口(万人)	城市化水平(%)	人口密度(人/km²)	国内生产总值(亿元)	第一产业(亿元)	第二产业(亿元)	第三产业(亿元)	人均国内生产总值(元)	在岗职工年平均工资(元)	农民人均村收入(元)
武进区	92.8	19.348	20.91	0.75	265.60	16.01	162.55	87.04	28620	14056	5505
钟楼区	33.83	32.187	59.10	4.74	30.30	1.25	13.28	15.80	8957	12420	5798
天宁区	33.67	32.690	97.1	5.00	45.04	0.41	26.13	18.51	13377	12197	5986
戚墅堰区	8.94	5.381	60.2	2.55	9.00	0.38	7.31	1.32	10067	14026	5886

资料来源:《常州年鉴》,2003;《常州统计年鉴》,2003。

（3）无锡段

表 5.110　江南运河无锡运河段流经区县社会经济情况（2002）

区县	总人口（万人）	非农业人口（万人）	城市化水平（％）	人口密度（人/km²）	国内生产总值（亿元）	第一产业（亿元）	第二产业（亿元）	第三产业（亿元）	人均国内生产总值（元）	在岗职工年平均工资（元）	农民人均村收入（元）
崇安区	18.59	18.01	96.88	10.57	29.4	0.19	10.08	19.13	15929	15655	6820
南长区	30.62	30.13	98.40	13.65	40.18	0.16	19.04	20.98	12832	14894	6950
北塘区	25.02	23.96	95.76	8.07	41.01	0.53	18.72	21.76	16316	11452	7116
锡山区	42.63	11.18	26.23	0.94	137.5	6.2	82.8	48.5	32253	12630	5631
惠山区	37.11	8.08	21.77	1.13	152.09	5.25	101.23	45.61	40870	13777	6145
滨湖区	44.24	28.06	63.43	0.70	145.00	3.2	82.3	59.5	35500	14800	6271
新区	17.71	12.05	68.04	1.28	163.57	2.56	128.35	32.66	88266	15815	6600

资料来源：《无锡年鉴》，2003；《无锡统计年鉴》，2003。

（4）苏州段

表 5.111　江南运河苏州运河段流经区县社会经济情况（2002）

区县	总人口（万人）	非农业人口（万人）	城市化水平（％）	人口密度（人/km²）	国内生产总值（亿元）	第一产业（亿元）	第二产业（亿元）	第三产业（亿元）	人均国内生产总值（元）	在岗职工年平均工资（元）	农民人均村收入（元）
相城区	33.79	6.67	19.74	0.7	76	7.34	40.48	31.08	22177	16123	6116
金阊区	20.88	19.73	94.49	5.64	15.5	—	—	—	23000	18840	6505
沧浪区	32.19	31.83	98.88	10.73	7.2	—	3.20	4.03	—	18840	6140
平江区	23.88	23.22	97.24	9.47	9.1	—	—	4.19	—	18840	6140
高新区、虎丘区	26.54	12.36	46.57	1.03	204	—	—	—	20337	18840	6007
吴中区	54.09	17.8	32.91	0.65	147.5	15.18	66.39	52.35	29415	18840	6170
吴江市	76.94	22.33	29.02	1092.9	234.6	13.55	171.15	96.35	36462	13605	5942

（续　表）

区县	总人口（万人）	非农业人口（万人）	城市化水平（%）	人口密度（人/km²）	国内生产总值（亿元）	第一产业（亿元）	第二产业（亿元）	第三产业（亿元）	人均国内生产总值（元）	在岗职工年平均工资（元）	农民人均村收入（元）
市区(包括相城区、金阊区、沧浪区、平江区、高新区、吴中区、工业园区)	—	—	—	—	727.15	23.71	427.39	276.05	34475	18840	6140

资料来源：《苏州年鉴》，2003；《苏州统计年鉴》，2003；金阊政府网站，2004。

（5）嘉兴段

表5.112　江南运河嘉兴运河段流经区县社会经济情况（2002）

区县	总人口（万人）	非农业人口（万人）	城市化水平（%）	人口密度（千人/Km²）	国内生产总值（亿元）	第一产业总产值（亿元）	第二产业总产值（亿元）	第三产业总产值（亿元）	人均GDP（元）	城镇居民人均可支配收入（元）	农民人均纯收入（元）
秀城区	45.56	24.99	54.85	1.07	97.41	6.54	45.77	45.11	20993	11500	5470
秀洲区	33.89	6.3	18.59	0.63	63.62	6.47	38.23	18.92	20993	10757	5276
桐乡市	65.99	11.78	17.90	0.908	147.2696	10.6547	86.3183	50.2966	22316	11600	5148
海宁县	64.03	13.39	20.90	0.959	155.2774	10.9667	94.2884	50.0223	24250	11700	6002

资料来源：《嘉兴市统计年鉴》，2003；《嘉兴年鉴》，2003。

（6）杭州段

表 5.113　江南运河杭州运河段流经区县社会经济情况（2002）

区县	总人口（万人）	非农业人口（万人）	城市化水平（%）	人口密度（人/Km²）	国内生产总值（亿元）	第一产业（亿元）	第二产业（亿元）	第三产业（亿元）	人均国内生产总值（元）	城镇居民人均可支配收入（元）	农民人均村收入（元）
余杭区	79.72	18.07	22.7%	0.65	175.39	20.6	93.2	61.4	22025	11458	6386
拱墅区	28.95	26.62	92.0%	3.29	23.7	—	—	—	—	11778	7655
下城区	32.85	31.96	97.3%	10.60	17.14	1.06	12.43	10.21	—	11778	9828
江干区	35.54	24.35	68.5%	1.69	52.16	—	—	—	—	11778	8053
上城区	31.46	31.44	99.9%	17.48	36.53	—	—	12.1	—	11778	—
市区	—	—	—	1366.82	60.54	665.97	640.31	35664	11778	5242

资料来源：《杭州年鉴》，2003；《杭州统计年鉴》，2003；杭州市余杭区统计局，2004。

注："市区"包括上城、下城、拱墅、西湖、江干、滨江、萧山、余杭八个区。

5.9.1.4　水环境

（1）运河水质

A. 镇江段

京口闸至谏壁的古运河段水质总体上达到Ⅳ类水标准，表现为一定程度的有机污染，主要污染指标为氨氮、溶解氧、挥发酚、生化需氧量和高锰酸盐指数；谏壁至丹阳的大运河段水质总体上达到Ⅲ类水标准，主要污染指标为阴离子表面活性剂、氨氮、溶解氧、生化需氧量和高锰酸盐指数。

表 5.114　镇江运河各区县河段水质情况

区县	运河水质
润州区	Ⅵ类（古运河）
京口区	Ⅵ类（古运河）、Ⅲ类（大运河）
丹徒区	Ⅲ类（大运河）
丹阳市	Ⅲ类（大运河）

资料来源：《2003 年镇江市环境质量状况公报》，2004。

B. 常州段

常州段、水质劣于Ⅴ类标准(《2002年江苏省环境公报》,2003)。运河常州段44km,将市区水网分割为南、北两部分,约三分之一的水量来自上游,三分之二由新孟河和德胜河引长江水。其污染特征是:除市西门水厂上游,德胜河、澡港河至北塘河、大湾浜受到有机污染较轻外,其他支流普遍受到较严重的有机污染,大通河最严重。从各断面情况来看,运河上游各断面水质符合相应的标准要求,运河下游及支流大通河夏城桥断面、澡江河龙虎塘南桥断面水质相对较差(《2003年常州市环境公报》,2004)。

表5.115 常州运河各区县河段水质情况

区 县	运河水质
武进区	超Ⅴ类
钟楼区	超Ⅴ类
天宁区	超Ⅴ类
戚墅堰区	超Ⅴ类

资料来源:《2003年常州市环境状况公报》,2004。

C. 无锡段

2003年,无锡水文水资源勘测局在全市42条主要河流及长江、湖泊、水库共布设了65个地表水水质监测断面(点)。对这些监测断面(点)的全年监测资料表明:无锡地区总体上水质污染依然严重,其中宜兴市水质状况相对较好,江阴沿江地区通过调引长江水,部分河道水质有所改善,无锡市区的河道尤其是东部部分河道水体污染最为严重。除宜兴横山水库、长江江阴段、太湖部分水域处于Ⅱ—Ⅲ类水之间,其余水体均劣于Ⅲ类水。有6.2%的断面(点)符合Ⅱ—Ⅲ类水标准,12.3%的监测断面(点)为Ⅳ类水,12.3%的监测断面(点)为Ⅴ类水,69.2%监测断面(点)劣于Ⅴ类水。主要超标项目(超标指超过《地面水环境质量标准》[GB 3838—2002]Ⅲ类水标准)为溶解氧、高锰酸盐指数、五日生化需氧量、总磷、氨氮、挥发酚等。

2003年4月16—21日,无锡水利局利用城区现有的水利工程设施引入较清洁的运河水对盛岸圩、北塘联圩、耕渎圩进行了一次换水冲污工作。该次换水最大总流量为23.5m³/秒,换水总量达564万m³。通过这次换水冲污工作,圩区水环境得到有效改善,河道水体黑臭现象得以缓解,水中污染指标有所降低,达到预期目的(无锡市人民政府网站,http://www.wuxi.gov.cn,2004)。

表 5.116 无锡运河各区县河段水质情况

区 县	运河水质
崇安区	超 V 类
南长区	超 V 类
北塘区	超 V 类
锡山区	超 V 类
惠山区	超 V 类
滨湖区	超 V 类
新区	超 V 类

资料来源:《2003 年无锡市环境状况公报》,2004。

D. 苏州段

根据 2000 年 3 月的全国水环境状况公报,太湖流域 6 个测报河段全为污染河段,其中大运河无锡段和苏州段水质为超 V 类。根据 2003 年苏州市环境状况公报,京杭运河苏州段为综合污染指数表明的污染最严重的三条河流之一。根据《江苏省地表水(环境)功能区划》的要求,京杭运河苏州市区段水域功能区划 2010 年目标为 IV 类。2003 年度,京杭运河苏州市区段水质主要监测指标基本满足相应的功能区划 2010 年目标的要求,受上游来水影响,各断面氨氮指标超过 V 类水标准。

表 5.117 苏州运河各区县河段水质情况

区 县	运河水质
相城区	超 V 类
金阊区	超 V 类
沧浪区	超 V 类
平江区	超 V 类
苏州高新区、虎丘区	超 V 类
吴中区	超 V 类
吴江市	超 V 类

资料来源:《2003 年苏州市环境状况公报》,2004。

E. 嘉兴段

1990年Ⅱ—Ⅲ类水质占50%，Ⅳ类水质占40%，Ⅴ类水质或者劣于Ⅴ类水质的占10%。至1994年市域无Ⅱ类水质，Ⅲ类水质占16%，Ⅳ类水质占37%，Ⅴ类水质或者劣于Ⅴ类水质占47%。至1995年境内基本没有Ⅲ类水质。2000年，Ⅲ类水质2段河道，Ⅳ类水质11段河道，Ⅴ类水质20段河道，劣于Ⅴ类水质3段。2002年，Ⅲ类水质占评价河长的1%，Ⅳ类河长占11.9%，Ⅴ类河长占9.2%，劣Ⅴ类河长77.9%，运河属于Ⅴ类水质。

表5.118 嘉兴运河各区县河段水质情况

区 县	运河水质
嘉兴市区	Ⅴ类
桐乡市	Ⅴ类
海宁县	Ⅴ类

资料来源：《嘉兴市河道整治规划》，2004。

F. 杭州段

运河污染严重，有95%的河段不能满足功能的要求，主要污染指标为高锰酸盐指数、生化需氧量、非离子氨和挥发酚等。运河近期水质为Ⅳ类或Ⅴ类，规划将达到Ⅳ类或Ⅲ类。

运河杭州段干流水质2003年与2002年相比未见明显变化，大部分指标符合Ⅴ类水质标准。城市内河水质与上年相比有所提高，按"城考"指标评价基本达到Ⅴ类标准，另外上塘河水质比上年有较大程度改善（《2003年杭州市环境状况公报》，2004）。

表5.119 杭州运河（包含古运河）各区县河段水质情况

区 县	运河水质
上城区	Ⅴ类
下城区	Ⅴ类
拱墅区	Ⅴ类
江干区	Ⅴ类
余杭区	Ⅴ类

资料来源：《2003年杭州市环境状况公报》，2004。

另据杭州市"十五"环境保护计划和2015年环境规划,将运河及其支流作为"十五"期间整治重点。至2005年,运河市区段消除黑臭,消灭劣于Ⅴ类水质,初步恢复水生生态,三堡船闸至坝子桥河段水质达到Ⅳ类标准,坝子桥至义桥水质达到Ⅴ类标准。运河各支流水质达到Ⅴ—Ⅳ类标准。贴沙河达到Ⅱ类水质,中东河达到Ⅳ类水质。

(2) 运河污染源

A. 镇江段

此段运河主要的污染源为工业废水、生活污水和部分农业污染。由于历史原因,镇江市的工业结构以电力、建材、化工、冶金、造纸为主导,排放的工业废水成为影响城市水环境的重点污染源,约占全市重点污染源排放总量的95%以上,结构性污染问题非常突出;另外,城郊运河两岸分布着大量乡镇企业,其工艺装备往往比较落后,造成的污染也较严重。流经城区段的运河则主要由于城市污水大量增加,使有机污染问题突出。同时,镇江市域范围内广泛分布着石灰石、煤炭、硫铁矿等矿区,采矿造成严重的生态破坏、水土流失,加之由于农药、化肥的大量使用,降低了农业生态的质量,水体富营养化日趋严重,导致河道淤积、水生生态功能退化,这些都影响了运河的水质(《2003年镇江市环境质量状况公报》,2004;镇江市环境保护局网站,www.zjshb.gov.cn,2004)。

由于镇江段运河受长江的影响,总体水质情况好于江南运河的其他段。

B. 常州段

此段运河主要的污染源是工业废水和生活污水(《2003年常州市环境公报》,2004)。其中市区以生活污水为主,北郊以大量乡镇企业产生的工业废水为主;南郊运河沿岸则是常州重要的大型企业集中分布区之一,涉及钢铁、电力、建材、机械等多种行业,多为大型支柱性产业,如著名的江苏苏钢集团有限公司,这些企业对运河水质带来了一定影响,但相对来说由于企业现代化程度较高,污染程度有望在未来得到改善。

C. 无锡段

无锡市运河污染源主要为污水、垃圾处理厂和畜禽养殖业。距离运河较远的江阴市与宜兴市,其钢铁、热电企业和建材、陶瓷、化工行业的超标排放已经对运河造成了一定的影响。距离运河较近的市区中,锡山区的电镀企业、畜禽养殖业,惠山区的印染厂,滨湖区小溪港、大溪港、直湖港流域范围内的一些企业,以及崇安、南长、北塘区内的餐饮行业对运河的污染较为严重(无锡市环保局网站,2004)。

D. 苏州段

苏州段运河沿线分布有大量工业用地,其中苏州高新区浒墅关经济开发区、吴中区经济开发区(吴县经济开发区)和吴江经济开发区均位于运河沿岸,涉及行业包括电子资讯业、机电工业、模具工业、精密机械、精细化工、新型建材等,部分产业对运河水质有严重影响。另外运河沿线分布的大量仓储和建材、燃料及各种工业原材料的露天堆场,也对运河的水质、生态环境造成了破坏(《2003年苏州市环境状况公报》,2004)。

E. 嘉兴段

此段运河的主要污染源包括生活污水、工业废水、农业面源污染和交通航运污染。嘉兴市化学原料及化学制品制造业占有相当大的比重,是主要的工业污染源;农业的污染也很严重,主要是农药和化肥的污染。另外一个主要的污染源是苏州市、吴江市以及杭州市,嘉兴地势低,而且由于近年来开采地下水,地面下沉严重,造成地势更加低洼,上游污染严重,加重了下游的污染(《嘉兴市河道整治规划》,2004)。

F. 杭州段

杭州段运河沿线分布有大量工业用地,对运河水质有所影响。另外,运河沿线分布的大量仓储和建材、燃料及各种工业原材料的露天堆场,也对运河的水质、生态环境造成了破坏。

据2003年杭州市环境状况公报,2003年全市工业废水排放量6.78亿吨,工业废水达标率为98.26%。工业废水排放行业主要集中于造纸及纸制品业、纺织业、化工原料及化学制品制造业。全市工业废水中主要污染物排放总量:化学需氧量8.09万吨,氨氮0.28万吨,石油类287.93吨,氰化物3.44吨,一类污染物2.32吨。

作为运河的引水源,2000年钱塘江水质状况总体良好,I、II类水河段占总长度的74.8%。污染水域主要分布在东阳江的后金渡河段、南江的城头和南江桥河段,主要污染指标为高锰酸盐指数、生化需氧量、挥发酚等(《2000年浙江省环境状况公报》,2001)。

另据《2003年杭州环境状况公报》,钱塘江Ⅰ、Ⅱ类水体(可作为饮用水源)所占的长度减少,一类水体只有3%。

(3) 地下水水位

A. 镇江段

市区第四系冲积层孔隙水水位埋深基本在1—3m,北部平原地带为漫滩河谷地下水富水带,含水层埋深1—10m,地下水埋深0.5—35m。前第四系基岩裂隙水市区地下水位标高一般为3.5m(《镇江市志》,1993)。

B. 常州段

潜水含水层厚度一般在4—8m之间。1990年地下水总体上已遭受轻度污染,各含水层水质污染综合指数均在0.5左右。地下水轻度污染的主要特征是总硬度偏高和三氮污染,人为的毒物污染轻微(《常州水利志》,2001)。

C. 无锡段

无锡地下水资源丰富,市区储量为6349万m^3,年补给量为6453万m^3(无锡市人民政府网站,http://www.wuxi.gov.cn,2004)。无锡1927年开凿第一口深井。近年来随着经济建设的发展,地下水开采量逐年增加,导致地下水位下降,地面下沉。市区北部由于开采层集中、开采量集中、井深分布集中、开采时间集中,地下水位已由1995年的7.5m下降到1981年的64.44m。市区地下水位1955—1983年某些地段累计最大沉降达0.9m。后经过一些政府措施,减少开采量,使地面沉降得到一定程度的控制(《无锡市志》,1998)。

D. 苏州段

运河沿线浅层地下水(这里主要指潜水与微承压含水层组)埋深平均在0.5—1.5m,太湖边缘的近代湖沼低洼地区为0.5m,正仪——吴江一线地势相对稍高,水位埋深大于3m(《苏州市志》,1995)。

E. 嘉兴段

地下水埋藏较浅,随地势及季节变化,北部稻田区最高,冬季水位距地表1—1.5m,雨季小雨0.5m(《嘉兴市志》,1997)。

F. 杭州段

运河区域地下水资源量为2.112亿m^3(《杭州市志》第一卷,1995)。近年来杭州市地下水年开采总量逐年下降,地下水位逐年回升。目前杭州地下水的使用为每天五六千吨,约占城市供水的二十分之一。

5.9.2 运河现状

5.9.2.1 运河河道分段

表 5.120 江南运河河道分段表

序号	河段名称	开凿年代	主要特点说明
1	京口闸——老西门桥	秦代	宽约20m,砌石护岸,主要穿过城市建成区,水量充足,水质为Ⅲ类水,主要功能是排洪和游憩。
2	老西门桥——青年广场	秦代	宽约20m,砌石护岸,主要穿过城市建成区,水量充足,水质为Ⅲ类水,主要功能是排洪和游憩。
3	青年广场——丁卯桥	秦代	宽约20m,砌石护岸,主要穿过城市建成区,水量充足,水质为Ⅲ类水,主要功能是排洪和游憩。
4	丁卯桥——谏壁闸	秦代	宽约40m,砌石护岸,主要穿过城郊工业区,水量充足,水质为Ⅳ类水,主要功能是排洪和排污。
5	谏壁闸——丹阳市	秦代	宽约40m,水泥护岸,主要穿过城郊工业区和农田,水量充足,水质为Ⅳ类水,主要功能是航运、灌溉和排洪。
6	丹阳市——武进区	秦代	宽约60m,砌石和土堤护岸,主要穿过城郊农田,水量充足,水质为Ⅳ类水,主要功能是航运、灌溉和排洪。
7	武进区市区——怀德桥	春秋	宽约60m,砌石和土堤护岸,主要穿过城市建成区,水量充足,水质为劣Ⅴ类水,主要功能是航运、灌溉和排洪。
8	市区怀德桥——朝阳桥(下)	唐宋	宽约80m,水泥和砌石护岸,主要穿过城市建成区,水量充足,水质为劣Ⅴ类水,主要功能是航运、灌溉和排洪。
9	明长城——东坡公园(上)	唐宋	宽约30m,水泥和砌石护岸,主要穿过城市建成区,水量充足,水质为劣Ⅴ类水,主要功能是排洪和游憩。

（续 表）

序号	河段名称	开凿年代	主要特点说明
10	朝阳桥——戚墅堰	明清	宽约70m，砌石护岸，主要穿过城市郊工业区，水量充足，水质为劣Ⅴ类水，主要功能是航运、灌溉和排洪。
11	戚墅堰——山北大桥	明清	宽约150m，砌石护岸，主要穿过城市建成区，水量充足，水质为劣Ⅴ类水，主要功能是航运、灌溉和排洪。
12	山北大桥——吴桥	隋代	宽约60m，砌石和水泥护岸，主要穿过城市建成区，水量充足，水质为劣Ⅴ类水，主要功能是航运、灌溉和排洪。
13	吴桥——国际集装箱中转站（新运河）	1965—1983年	宽约90m，砌石和水泥护岸，主要穿过城市建成区，水量充足，水质为劣Ⅴ类水，主要功能是航运、灌溉和排洪。
14	江尖公园——跨塘桥	隋代	宽约40m，砌石和水泥护岸，主要穿过城市建成区，水量充足，水质为劣Ⅴ类水，主要功能是排洪和游憩。
15	吴桥——跨塘桥（护城河下）	隋代	宽约30m，砌石和水泥护岸，主要穿过城市建成区，水量充足，水质为劣Ⅴ类水，主要功能是排洪和游憩。
16	跨塘桥——清名桥	隋代	宽约20m，砌石和水泥护岸，主要穿过古运河历史街区，水量充足，水质为劣Ⅴ类水，主要功能是排洪和游憩。
17	清名桥——钢铁桥	隋代	宽约25m，砌石和水泥护岸，主要穿过城郊工业区，水量充足，水质为劣Ⅴ类水，主要功能是航运、灌溉和排洪。
18	钢铁桥——国际集装箱中转站	隋代	宽约30m，砌石和水泥护岸，主要穿过城郊工业区，水量充足，水质为劣Ⅴ类水，主要功能是航运、灌溉和排洪。

（续　表）

序号	河段名称	开凿年代	主要特点说明
19	国际集装箱中转站——新虹桥	隋代	宽约70m,砌石和水泥护岸,主要穿过城郊工业区,水量充足,水质为劣Ⅴ类水,主要功能是航运、灌溉和排洪。
20	新虹桥——望亭	隋代	宽约70m,砌石和水泥护岸,主要穿过城郊工业区,水量充足,水质为劣Ⅴ类水,主要功能是航运、灌溉和排洪。
21	望亭镇——枫桥	隋代	宽约50m,砌石和水泥护岸,主要穿过城郊工业区,水量充足,水质为劣Ⅴ类水,主要功能是航运、灌溉和排洪。
22	枫桥——运河公园	1949—1960年	宽约50m,砌石和水泥护岸,主要穿过城市建成区和历史街区,水量充足,水质为劣Ⅴ类水,主要功能是航运、灌溉和排洪。
23	运河公园——宝带桥	1949—1960年；1981—2004年	宽约50m,砌石护岸,主要穿过城郊工业区和农田,水量充足,水质为劣Ⅴ类水,主要功能是航运、灌溉和排洪。
24	宝带桥——吴江市	唐代至元代	宽约45m,砌石护岸,主要穿过城郊工业区,水量充足,水质为劣Ⅴ类水,主要功能是航运、灌溉和排洪。
25	山塘河	唐代	宽约25m,砌石护岸,主要穿过历史街区,水量充足,水质为劣Ⅴ类水,主要功能是排洪和游憩。
26	上塘河	隋代	宽约25m,砌石护岸,主要穿过历史街区,水量充足,水质为劣Ⅴ类水,主要功能是排洪和游憩。
27	护城河	不详	宽约80m,砌石护岸,主要穿过城区和历史街区,水量充足,水质为劣Ⅴ类水,主要功能是排洪和游憩。

(续表)

序号	河段名称	开凿年代	主要特点说明
28	横塘——胥门	春秋	宽约30m,砌石护岸,主要穿过城市建成区,水量充足,水质为劣Ⅴ类水,主要功能是航运和排洪。
29	觅渡桥——宝带桥	隋代	宽约70m,砌石护岸,主要穿过城郊工业区,水量充足,水质为劣Ⅴ类水,主要功能是航运和排洪。
30	吴江市区	唐代至元代	宽约45m,砌石和水泥护岸,主要穿过城市建成区,水量充足,水质为劣Ⅴ类水,主要功能是航运、灌溉和排洪。
31	吴江市区——平望	唐代至元代	宽约45m,砌石护岸,主要穿过城郊工业区和农田,水量充足,水质为劣Ⅴ类水,主要功能是航运、灌溉和排洪。
32	平望镇区	隋代	宽约50m,砌石和水泥护岸,主要穿过城镇建成区,水量充足,水质为劣Ⅴ类水,主要功能是航运、灌溉和排洪。
33	平望——嘉兴北郊河	汉代	宽约65m,干垒石和土堤护岸,主要穿过大面积的湿地圩田区,水量充足,水质为劣Ⅴ类水,主要功能是航运、灌溉和排洪。
34	嘉兴市区(上中)	秦代	宽约40m,水泥护岸,主要穿过城市建成区,水量充足,水质为Ⅴ类水,主要功能是航运、排洪和游憩。
35	嘉兴北郊河——石门 崇福——塘栖	秦代	宽约48m,砌石护岸,主要穿过城郊工业区,水量充足,水质为Ⅴ类水,主要功能是航运、灌溉和排洪。
36	塘栖——拱墅区	元代	宽约80m,砌石和土堤护岸,主要穿过城郊工业区,水量充足,水质为Ⅴ类水,主要功能是航运、灌溉和排洪。
37	崇福——长安——临平	北宋	宽约15m,砌石护岸,主要穿过城郊工业区和农田,水量一般,水质为Ⅲ类水,主要功能是灌溉和排洪。

（续 表）

序号	河段名称	开凿年代	主要特点说明
38	临平——拱墅区	隋代	宽约28m,砌石和土堤护岸,主要穿过城郊工业区,水量充足,水质为V类水,主要功能是灌溉和排洪。
39	拱墅区——三堡船闸	1981—2004年	宽约75m,砌石护岸,主要穿过城郊工业区,水量充足,水质为V类水,主要功能是航运、灌溉和排洪。
40	中河（艮山门到龙山闸）	唐代	宽约9m,砌石护岸,主要穿过城市建成区,水量充足,水质为V类水,主要功能是排洪和游憩。
41	东河（艮山门到小营街道）	唐代	宽约18m,砌石护岸,主要穿过城市建成区,水量充足,水质为V类水,主要功能是排洪和游憩。
42	贴沙河（公交总公司到南星桥）	唐代	宽约50m,砌石护岸,主要穿过城市建成区,水量充足,水质为V类水,主要功能是排洪和游憩。

5.9.2.2 运河分段详述

（1）江南运河京口闸——老西门桥段

A. 河段概况

此段运河属于江南运河徒阳段。江南运河徒阳段自秦开凿至隋代全线沟通连接长江起,一直是江浙南北水运和区域性引排的主干河道。至清末,由于海运、铁路运输兴起,经运河北上的水运逐渐衰退,建国后多次疏浚并在谏壁入江口建成节制闸、船闸和抽水站等工程。原京口至谏壁一段长16.7km的运河称古运河,已经不能通航。1980年代末,交通部门确定按国家四级航道标准逐段整治（《镇江水利志》,1992）。

B. 河道剖面

【河道】此段河道平均底宽20m。京口闸至新西门桥桥底高程0m,底宽8m,边坡平政桥至京口闸段为1:1.6—1:1.8,其余在1:2左右。在高程4.7—5.4m以下块石护坡到河底部分做块石驳岸。

【河漫滩】此段河道主要采用直立式驳岸,无河漫滩或二级滩地。

【护坡】护岸工程采用直立式或半直立式、浆砌块石护岸或混凝土挡墙,全部为人工固化岸线。

【堤岸】城市内部的运河可达性好，连续的防护林和护堤植被，生态条件较好，良好的景观功能河休闲游憩功能。

【堤外土地利用】基本以传统街区、城市居住区、城市公园或广场、公共设施用地、文物古迹用地为主(《镇江水利志》,1992)。

【剖面图】

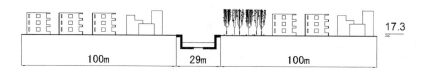

图5.255　江南运河京口闸——老西门桥段两岸100m范围剖面图

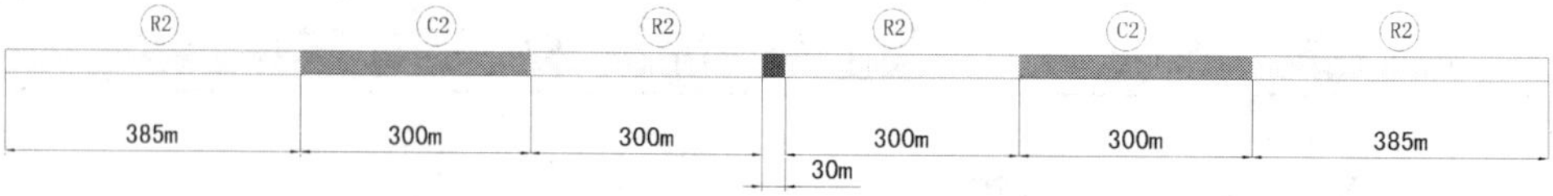

图5.256　江南运河京口闸——老西门桥段两岸1000m范围剖面图

图5.257　江南运河京口闸——老西门桥段典型照片

C. 沿河遗产分布

表 5.121　江南运河京口闸——老西门桥段主要文化遗产分布表

遗产名称	遗产类型	与运河关系类型	地址	时代	保存状况	文物级别	备注
通阜桥	运河水利工程遗址	功能相关	江苏省镇江市大西路中部	始建年代不详,现存为1960年改建	完全重建	非文物保护单位,但有相应机构或个人维护	已考察
大京口闸	运河水利工程遗址	功能相关	江苏省镇江市中华路北段与鱼巷口交汇处	唐	一无可考	非文物保护单位,保护状况不明	已考察
小京口闸	运河水利工程遗址	功能相关	江苏省镇江市京口闸北侧	北宋天圣七年(1029)已有	一无可考	非文物保护单位,保护状况不明	已考察
北水关石闸	运河水利工程遗址	功能相关	江苏省镇江市北水关巷南段江奎住宅区内	明清	原物不存,但遗迹可考	非文物保护单位,但有相应机构或个人维护	未考察
焦山碑林	石刻	空间相关	江苏省镇江市焦山公园内	北宋庆历八年(1048)	原物保存较好	国家级文物保护单位	已考察
镇江英国领事馆旧址	近现代重要史迹	空间相关	江苏省镇江市伯先路85号	1864年	原物保存较好	国家级文物保护单位	已考察

(续 表)

遗产名称	遗产类型	与运河关系类型	地址	时代	保存状况	文物级别	备注
铁塔	其他	空间相关	江苏省镇江市北固公园内	始建于北宋元丰元年（1078），现塔座及一、二层是宋代原物，三、四层为明代重铸	改建恢复	省级文物保护单位	已考察
昭关石塔	石刻	空间相关	江苏省镇江市西津渡街	始建于元代，明万历十年（1582）重修	原物保存良好	省级文物保护单位	已考察
焦山炮台遗址	近现代重要史迹	空间相关	江苏省镇江市焦山东麓	1840年建	改建恢复	省级文物保护单位	已考察
"五卅"演讲厅	近现代重要史迹	空间相关	江苏省镇江市伯先公园内	1925年	原物保存良好	省级文物保护单位	已考察
三国铁瓮城古城墙遗址	古遗址	空间相关	江苏省镇江市烈士陵园内	始建于195年，建成于209年	原物不存，但遗址可考	省级文物保护单位	未考察
东晋花山湾古城墙遗址	古遗址	空间相关	江苏省镇江市烈士陵园内	晋成帝咸和三年（328）	原物不存，但遗址可考	省级文物保护单位	未考察
太史慈墓	古墓葬	空间相关	江苏省镇江市北固山中峰	三国时建，后毁	改建恢复	市县级文物保护单位	已考察

(续　表)

遗产名称	遗产类型	与运河关系类型	地址	时代	保存状况	文物级别	备注
观音洞一条街（包括西津渡、待渡亭）	古建筑	历史相关	江苏省镇江市小码头街	始建于六朝,一直持续到晚清	原物保存较好	市县级文物保护单位	已考察
"天下第一江山"石刻	石刻	空间相关	江苏省镇江市北固山后峰	南朝大统十年(544)建,现存为清康熙四年(1665)重建,1988年修补	修旧如故	市县级文物保护单位	已考察
超岸寺	古建筑	空间相关	江苏省镇江市新河路60号	始建于元至大三年(1310),现为清光绪十七年(1891)起二十余年复建	原物保存较好	市县级文物保护单位	未考察
慈寿塔	古建筑	空间相关	江苏省镇江市金山公园内	始建于南朝齐梁,光绪二十六年(1900)重建	原物保存良好	市县级文物保护单位	未考察
焦山顶快炮台	近现代重要史迹	空间相关	江苏省镇江市焦山西峰	光绪二十五年(1899)建	原物保存较好	市县级文物保护单位	已考察
天下第一泉	石刻	空间相关	江苏省镇江市金山塔影湖畔	清光绪十九年(1893)建	原物保存良好	市县级文物保护单位	已考察

（续　表）

遗产名称	遗产类型	与运河关系类型	地址	时代	保存状况	文物级别	备注
美孚火油公司旧址	近现代重要史迹	空间相关	江苏省镇江市迎江路	1894年	修旧如故	市县级文物保护单位	已考察
新河街一条街	古建筑	历史相关	江苏省镇江市新河街	建筑大多为晚清时建	原物保存较好	市县级文物保护单位	已考察
泾太公所	古建筑	历史相关	江苏省镇江市新河街	晚清	原物破坏严重	市县级文物保护单位	已考察
米业公所	古建筑	历史相关	江苏省镇江市新河街114号	清同治五年（1866）	原物破坏严重	市县级文物保护单位	已考察
太平天国新城与清军水师标统署旧址	古建筑	空间相关	江苏省镇江市姚一湾小营盘	清咸丰三年（1853）	原物破坏严重	市县级文物保护单位	未考察
亚细亚火油公司旧址	近现代重要史迹	空间相关	江苏省镇江市长江路207号	1908年	原物保存较好	市县级文物保护单位	未考察
德士古火油公司旧址	近现代重要史迹	空间相关	江苏省镇江市长江路	1866年	一无可考	市县级文物保护单位	未考察
瓦木公所旧址	古建筑	空间相关	江苏省镇江市拖板桥小学内	清光绪晚期	原物破坏严重	市县级文物保护单位	未考察

（续　表）

遗产名称	遗产类型	与运河关系类型	地址	时代	保存状况	文物级别	备注
广肇公所	古建筑	空间相关	江苏省镇江市伯先路82号	清光绪三十三年（1907）	原物破坏严重	市县级文物保护单位	已考察
福音堂	古建筑	空间相关	江苏省镇江市大西路343号	1889年	原物保存良好	市县级文物保护单位	已考察
伯先公园	近现代重要史迹	空间相关	江苏省镇江市伯先路	1926—1931年	改建恢复	市县级文物保护单位	已考察
税务司公馆旧址	近现代重要史迹	空间相关	江苏省镇江市长江路前进印刷厂内	1865年	原物保存良好	市县级文物保护单位	未考察
伯先路近代建筑群	近现代重要史迹	空间相关	江苏省镇江市伯先路	晚清至民国	原物保存较好	市县级文物保护单位	已考察
镇江市老邮电局	近现代重要史迹	空间相关	江苏省镇江市宝盖路	晚清至民国	原物保存较好	市县级文物保护单位	已考察
红十字会江苏分会旧址	近现代重要史迹	空间相关	江苏省镇江市宝盖路	民国	原物保存较好	市县级文物保护单位	已考察
镇江商会旧址	近现代重要史迹	空间相关	江苏省镇江市伯先路	民国	改建恢复	市县级文物保护单位	已考察

(续　表)

遗产名称	遗产类型	与运河关系类型	地址	时代	保存状况	文物级别	备注
绍宗国学藏书楼	近现代重要史迹	空间相关	江苏省镇江市伯先公园内	1933年	原物保存良好	市县级文物保护单位	未考察
古定福禅寺	古建筑	空间相关	江苏省镇江市宝盖路	清同治十年（1871）	原物破坏严重	市县级文物保护单位	已考察
王宗培烈士墓	近现代重要史迹	空间相关	江苏省镇江市北固山	1925年	改建恢复	市县级文物保护单位	未考察
老气象台旧址	近现代重要史迹	空间相关	江苏省镇江市北固公园内	民国二十三年（1934）	原物保存较好	市县级文物保护单位	未考察
中山纪念林塔	近现代重要史迹	空间相关	江苏省镇江市北固公园内	1930年	原物保存较好	市县级文物保护单位	未考察
老存仁堂药店	古建筑	空间相关	江苏省镇江市大西路476号	清同治年间	原物保存较好	市县级文物保护单位	已考察
张云鹏故居	近现代重要史迹	空间相关	江苏省镇江市仓巷69号	清光绪年间	原物保存较好	市县级文物保护单位	未考察
镇江近代江防工事遗址	近现代重要史迹	空间相关	江苏省镇江市金山、焦山、北固公园及象山	1948年	原物不存，但遗址可考	市县级文物保护单位	已考察

注：表中备注"未考察"遗产资料均据《镇江市历史文化名城保护规划》，2003。

(2) 江南运河老西门桥——青年广场段

A. 河段概况

此段同样属于镇江古运河的一段,与上一段的区别是有较多的人工建设,特别是沿河的城市休闲公共空间的建设。

B. 河道剖面

【河道】平均底宽20m,在高程4.7—5.4m以下块石护坡到河底部分做块石驳岸。

【河漫滩】主要采用直立式驳岸,无河漫滩或二级滩地。

【护坡】护岸工程采用直立式或半直立式、浆砌块石护岸或混凝土挡墙,全部为人工固化岸线。

【堤岸】城市内部的运河可达性好,连续的防护林和护堤植被,生态条件较好,良好的景观功能和休闲游憩功能。

【堤外土地利用】基本以城市居住区、城市公园或广场、公共设施用地、文物古迹用地为主(《镇江水利志》,1992)。

【剖面图】

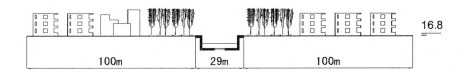

图5.258 江南运河老西门桥——青年广场段两岸100m范围剖面图

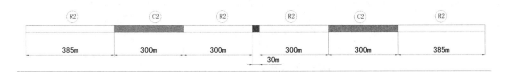

图5.259 江南运河老西门桥——青年广场段两岸1000m范围剖面图

图 5.260　江南运河老西门桥——青年广场段典型照片

C. 沿河遗产分布

表 5.122　江南运河老西门桥——青年广场段主要文化遗产分布表

遗产名称	遗产类型	与运河关系类型	地址	时代	保存状况	文物级别	备注
虎踞桥	运河水利工程遗址	功能相关	江苏省镇江市南门外运河上	始建年代不详,明万历二十二年(1594)改建为石桥	改建恢复	市县级文物保护单位	已考察
千秋桥	运河水利工程遗址	功能相关	江苏省镇江市千秋桥街东端	东晋	一无可考	非文物保护单位,保护状况不明	未考察
南水关石闸	运河水利工程遗址	功能相关	江苏省镇江市南水桥西北侧排污截流管理站内	明清	原物不存,但遗迹可考	非文物保护单位,但有相应机构或个人维护	已考察

(续 表)

遗产名称	遗产类型	与运河关系类型	地址	时代	保存状况	文物级别	备注
赵伯先墓	近现代重要史迹	空间相关	江苏省镇江市南山风景区内	始建于20世纪初,现存为1981年重建	改建恢复	省级文物保护单位	未考察
五柳堂	古建筑	空间相关	江苏省镇江市演军巷16号	明、清、民国	原物保存较好	省级文物保护单位	已考察
赛珍珠故居	近现代重要史迹	空间相关	江苏省镇江市润州山路6号	1886—1890年间	原物保存较好	省级文物保护单位	未考察
荆王刘贾墓	古墓葬	空间相关	江苏省镇江市青云门鼓楼岗鼓楼二村1号	始建于西汉,毁于清咸丰三年(1853)	原物破坏严重	市县级文物保护单位	未考察
梦溪园	古建筑	空间相关	江苏省镇江市梦溪园巷21号	始建于北宋元丰八年(1085),现为1985年整修恢复	改建恢复	市县级文物保护单位	未考察
米芾墓	古墓葬	空间相关	江苏省镇江市南郊黄鹤山北麓	始建于宋,现为1987年重建	改建恢复	市县级文物保护单位	未考察
紫金泉	石刻	空间相关	江苏省镇江市大市口城市客厅	始建于宋,现存泉井栏为元代重建,泉旁石碑为明万历二十六年(1568)立	改建恢复	市县级文物保护单位	未考察

(续　表)

遗产名称	遗产类型	与运河关系类型	地址	时代	保存状况	文物级别	备注
古泮泉	石刻	空间相关	江苏镇江市东门坡中山路口处	始建于北宋，石碑为明万历年间立	原物保存较好	市县级文物保护单位	未考察
鹤林寺大殿	古建筑	空间相关	江苏省镇江市磨笄山西黄鹤山东北	始建于东晋大兴四年（321），现为同治年间复建	改建恢复	市县级文物保护单位	未考察
杜鹃楼	古建筑	空间相关	江苏省镇江市南郊鹤林寺大殿后	光绪二十二年（1896）重建	原物保存较好	市县级文物保护单位	未考察
城隍庙戏台	古建筑	空间相关	江苏省镇江市城隍庙街6号	始建于宋，现为清同治十二年（1873）重建	原物保存较好	市县级文物保护单位	未考察
清真寺石刻	石刻	历史相关	江苏省镇江市剪子巷150号	始建于清	原物破坏严重	市县级文物保护单位	未考察
清真寺	古建筑	历史相关	江苏省镇江市清真寺街84号	始建于清康熙年间，同治十二年（1873）重建，1982年重新整修	原物保存较好	市县级文物保护单位	已考察
招隐寺	古建筑	空间相关	江苏省镇江市南郊兽窟山北	始建于南朝宋景平元年（432），现存为清同治、光绪、民国年间和1981年重建	改建恢复	市县级文物保护单位	未考察

（续　表）

遗产名称	遗产类型	与运河关系类型	地址	时代	保存状况	文物级别	备注
火星庙戏台	古建筑	空间相关	江苏省镇江市火星庙巷	清中期即在，复建于清同治初年(1862—1863)	原物保存较好	市县级文物保护单位	未考察
唐老一正斋药店旧址	古建筑	空间相关	江苏省镇江市中山东路	清康熙元年(1662)	原物保存较好	市县级文物保护单位	未考察
育婴堂旧址	古建筑	空间相关	江苏省镇江市梳儿巷29号	始建于清康熙年间，现存为清嘉庆、道光年间重建	原物保存较好	市县级文物保护单位	未考察
基督医院	近现代重要史迹	空间相关	江苏省镇江市第一人民医院内	1922年	改建恢复	市县级文物保护单位	未考察
太平天国堙壕遗址	近现代重要史迹	空间相关	江苏省镇江市南郊招隐山	清咸丰三年(1853)	原物不存，但遗址可考	市县级文物保护单位	未考察
真道堂旧址	近现代重要史迹	空间相关	江苏省镇江市宝盖路127号	1931年	原物保存较好	市县级文物保护单位	未考察
"五卅"运动镇江外交后援会旧址	近现代重要史迹	空间相关	江苏省镇江市仙鹤巷十五中校园内	1925年建，1987年修缮	改建恢复	市县级文物保护单位	未考察
柳诒徵墓	古墓葬	空间相关	江苏省镇江市南郊	现代	原物保存良好	市县级文物保护单位	未考察

（续表）

遗产名称	遗产类型	与运河关系类型	地址	时代	保存状况	文物级别	备注
崇实女中旧址	近现代重要史迹	空间相关	江苏省镇江市第二中学校园内	1914、1924年	原物保存较好	市县级文物保护单位	未考察
原镇江"五三"图书馆	近现代重要史迹	空间相关	江苏省镇江市第一人民医院内	1930年	原物保存较好	市县级文物保护单位	未考察
箴庐	近现代重要史迹	空间相关	江苏省镇江市健康路4号	1926年	原物保存较好	市县级文物保护单位	未考察
江苏省立镇江图书馆	近现代重要史迹	空间相关	江苏省镇江市解放路17号	1935年	改建恢复	市县级文物保护单位	未考察
节孝祠堂牌坊及碑刻	石刻	空间相关	江苏省镇江市宝盖路244号	清同治九年(1870)	原物保存较好	市县级文物保护单位	未考察
定波门瓮城遗址	古遗址	空间相关	江苏省镇江市老北门	明初	原物不存，但遗址可考	市县级文物保护单位	未考察
省庐	近现代重要史迹	空间相关	江苏省镇江市京口饭店内	1929年	原物保存较好	市县级文物保护单位	未考察
私立京江中学旧址	近现代重要史迹	空间相关	江苏省镇江市第一中学校园内	1937年	原物破坏严重	市县级文物保护单位	未考察

注：表中备注"未考察"遗产资料均据《镇江市历史文化名城保护规划》，2003。

(3) 江南运河青年广场——丁卯桥段

A. 河段概况

此段运河逐渐进入镇江郊区，运河各个硬件标准都有所下降，仍然可以达到上两段的基本标准。

B. 河道剖面

【河道】平均底宽 20m，在高程 4.7—5.4m 以下块石护坡到河底部分做块石驳岸。

【河漫滩】主要采用直立式驳岸，无河漫滩或二级滩地。

【护坡】护岸工程采用直立式或半直立式、浆砌块石护岸或混凝土挡墙，全部为人工固化岸线。

【堤岸】城市内部的运河可达性好，连续的防护林和护堤植被，生态条件较好，良好的景观功能和休闲游憩功能。

【堤外土地利用】基本以城市居住区、公共设施用地为主（《镇江水利志》，1992）。

【剖面图】

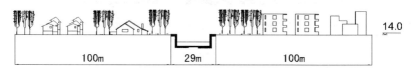

图 5.261　江南运河青年广场——丁卯桥段两岸 100m 范围剖面图(1)

图 5.262　江南运河青年广场——丁卯桥段两岸 1000m 范围剖面图(1)

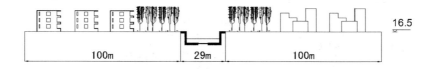

图 5.263　江南运河青年广场——丁卯桥段两岸 100m 范围剖面图(2)

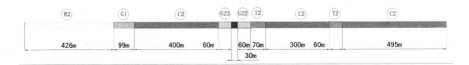

图 5.264　江南运河青年广场——丁卯桥段两岸 1000m 范围剖面图(2)

图 5.265　江南运河青年广场——丁卯桥段典型照片

C. 沿河遗产分布

表 5.123　江南运河青年广场——丁卯桥段主要文化遗产分布表

遗产名称	遗产类型	与运河关系类型	地址	时代	保存状况	文物级别	备注
丁卯桥遗址	运河水利工程遗址	功能相关	江苏省镇江市丁卯村	东晋	原物不存，但遗址可考	市县级文物保护单位	已考察
僧伽塔	古建筑	空间相关	江苏省镇江市东门坡中山路口处	始建于明万历年间，于清嘉庆、道光年间修缮过，1984年又整修。	原物保存较好	市县级文物保护单位	已考察

（4）江南运河丁卯桥——谏壁闸段

A. 河段概况

此段古运河已经完全进入镇江郊区，连通到谏壁闸。河道已经具备一定的通航能力，沿岸出现一定的农业和工业景观。

B. 河道剖面

【河道】一般底宽40m，两岸采用1:3—1:5斜坡式断面。市镇仍然采用直立式或半直立式驳岸，底宽大于40m，驳岸间宽大于60m，最小设计水深2.5m。

【河漫滩】出现灌木为主的河漫滩景观，局部出现水泥驳岸。

【护坡】自然护坡和人工水泥护坡都存在。

【堤岸】城市郊区的运河可达性差，连续的防护林和护堤植被，生态条件较好，出现农田为主的堤岸土地利用。

【堤外土地利用】以农田和工业为主（《京杭运河苏南段工程技术总结》，1999）。

【剖面图】

图 5.266　江南运河丁卯桥——谏壁闸段两岸100m范围剖面图

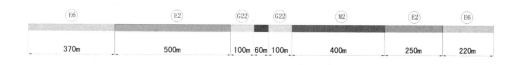

图 5.267　江南运河丁卯桥——谏壁闸段两岸1000m范围剖面图

图 5.268　江南运河丁卯桥——谏壁闸段典型照片

C. 沿河遗产分布

表 5.124　江南运河丁卯桥——谏壁闸段主要文化遗产分布表

遗产名称	遗产类型	与运河关系类型	地址	时代	保存状况	文物级别	备注
宗泽墓	古墓葬	空间相关	江苏省镇江市京岘山北麓	始建于宋,历代多有修缮,1966年毁,现存为1984年整修	改建恢复	省级文物保护单位	未考察
戴家山遗址	古遗址	空间相关	江苏省镇江市江苏大学内	新石器晚期	原物不存,但遗址可考	市县级文物保护单位	未考察
四角墩土墩墓群	古墓葬	空间相关	江苏省丹徒镇西南磨盘山附近	西周	原物保存较好	市县级文物保护单位	未考察

注：表中遗产资料均据《镇江市历史文化名城保护规划》,2003。

(5) 江南运河谏壁闸——丹阳市段

A. 河段概况

此段是江浙运河联系的重要通道,有谏壁枢纽大型水工建筑,包括谏壁节制闸、谏壁船闸和抽水站。谏壁船闸闸室净宽 20m,长 230m,最小通航水深 4m。内侧引航道底宽 40m,长 800m,与徒阳运河衔接;外侧引航道底宽 50m,长 1500m,与长江衔接;引航道最小通航水深都是 2.5m。

B. 河道剖面

【河道】一般底宽 40m,两岸采用 1:3—1:5 斜坡式断面,市镇仍然采用直立式或半直立式驳岸,底宽大于 40m,驳岸间宽大于 60m,最小设计水深 2.5m。

【河漫滩】主要采用直立式驳岸,无河漫滩或二级滩地。

【护坡】以人工水泥护坡为主。

【堤岸】此段运河可达性好,连续的防护林和护堤植被,生态条件较好,出现工业为主的堤岸土地利用。

【堤外土地利用】以工业和对外交通用地为主(《京杭运河苏南段工程技术总结》,1999)。

【剖面图】

图 5.269　江南运河谏壁闸——丹阳市段两岸 100m 范围剖面图

图 5.270　江南运河谏壁闸——丹阳市段两岸 1000m 范围剖面图

图 5.271　江南运河谏壁闸——丹阳市段典型照片

C. 沿河遗产分布

表 5.125　江南运河谏壁闸——丹阳市段主要文化遗产分布表

遗产名称	遗产类型	与运河关系类型	地址	时代	保存状况	文物级别	备注
练湖闸	运河水利工程遗址	功能相关	江苏省丹阳市老西门西北约四里许（今练湖农场内）	民国时期	原物不存但遗址可考	非文物保护单位，无人管理	已考察
铜钟	其他	空间相关	江苏省丹阳市人民公园内	唐中和三年（883）	原物保存良好	省级文物保护单位	未考察
新丰车站抗日战斗旧址	近现代重要史迹	空间相关	江苏省丹阳市大泊镇黄泥坝村	1938 年	原物保存较好	市县级文物保护单位	未考察
王家花园	近现代重要史迹	空间相关	江苏省镇江市谏壁镇月湖村	始建于 1930 年，1933 年建成	原物保存良好	市县级文物保护单位	未考察

注：表中备注"未考察"遗产资料均据《镇江市历史文化名城保护规划》，2003。

(6) 江南运河丹阳市——武进区段

A. 河段概况

此河段功能主要为航运,为 4 级航道标准,同时兼有行洪排涝、灌溉和输水等功能。

途经主要水利等工程设施包括:吕城、望亭、奔牛水利枢纽。

B. 河道剖面

【河道】河床底宽 40m 左右,驳岸间口宽约 50m,最小设计水深 2.5m。河床基本无纵坡,河道水量充足。目前河道水质为超 V 类水质。

【河漫滩】主要为自然河漫滩或二级滩地。

【护坡】护岸工程采用半直立式护岸,部分为人工固化岸线,部分为自然护坡。

【堤岸】河道两侧多为直接滨水的码头港口岸线,以及部分连续的堤顶路,有连续的防护林和护堤植被,生态条件较好。

【堤外土地利用】此段运河两侧为农田和村镇,1km 外沿线有沪宁铁路与运河平行(《京杭运河苏南段工程技术总结》,1999)。

【剖面图】

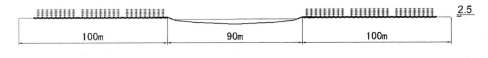

图 5.272　江南运河丹阳市——武进区段两岸 100m 范围剖面图

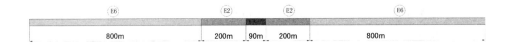

图 5.273　江南运河丹阳市——武进区段两岸 1000m 范围剖面图

C. 沿河遗产分布

此段河道沿线文化遗产较少,包括丹阳南朝石刻、奔牛镇老宁闸、万缘桥、丹阳练湖闸。其中丹阳南朝石刻为国家级重点文物,保护较为完整,练湖闸、位于奔牛镇孟渎口的万缘桥和老宁闸目前有一定程度的破坏,需加强保护。

图5.274 江南运河丹阳市——武进区段典型照片

表5.126 江南运河丹阳市——武进区段主要文化遗产分布表

遗产名称	遗产类型	与运河关系类型	地址	时代	保存状况	文物级别	备注
南朝陵墓石刻	石刻	空间相关	江苏省丹阳市陵口镇	南朝齐、梁	原物破坏严重	国家级文物保护单位	已考察
总前委、三野司令部驻地旧址	近现代重要史迹	空间相关	江苏省丹阳市云阳镇	1949年	原物保存较好	省级文物保护单位	未考察(《镇江市历史文化名城保护规划名录》,2003)

(7) 江南运河武进区——市区怀德桥段

A. 河段概况

此段运河北岸为312国道及沪宁铁路,南岸无沿河公路。沿岸有大量的工业、仓储用地及码头。

目前此河段功能主要为航运,为4级航道标准,同时兼有行洪排涝、灌溉和输水等功能,滨水地区兼有城市休闲和旅游功能。其中航运功能对休闲旅游存在一定的干扰。

B. 河道剖面

【河道】河床底宽40m左右,驳岸间口宽约50m,最小设计水深2.5m。河床基本无纵坡。河道水量充足,目前水质为超 V 类。

【河漫滩】主要采用直立式驳岸,无河漫滩或二级滩地。

【护坡】护岸工程采用直立式或半直立式、浆砌块石护岸或混凝土挡墙,全部为人工固化岸线。两岸有 $1m^2$ 左右的护栏,入水处为水泥护坡。

【堤岸】北岸堤岸绿化较差,少量乔木,地面黄土干涸,少许杂草,无植被。南岸无植被。

【堤外土地利用】市郊两岸为工业仓储、农田、码头用地。进入市区,两岸为居住用地和公共绿地(《京杭运河苏南段工程技术总结》,1999)。

【剖面图】

图 5.275　江南运河武进区——市区怀德桥段两岸 100m 范围剖面图

图 5.276　江南运河武进区——市区怀德桥段两岸 1000m 范围剖面图

图 5.277　江南运河武进区——市区怀德桥段典型照片

C. 沿河遗产分布

此段河道沿线文化遗产较少,此次考察过程中未发现有历史价值的水工建筑。

表 5.127　江南运河武进区——市区怀德桥段主要文化遗产分布表

遗产名称	遗产类型	与运河关系类型	地址	时代	保存状况	文物级别	备注
五洞桥	运河水利工程遗址	功能相关	江苏省常州市寨桥乡夏坊村	明成化年间(1465—1487)	完全重建	市县级文物保护单位	未考察(《常州文物》,2003)

(8) 江南运河市区怀德桥——朝阳桥段

A. 河段概况

目前此河段功能主要为航运,4级航道标准。

途经主要水利等工程设施包括:内港池4处,顺岸式港池码头5处。

B. 河道剖面

【河道】河床底宽40m左右,驳岸间口宽约50m,最小设计水深2.5m。河床基本无纵坡。河道水量充足,目前为超Ⅴ类水质。

【河漫滩】主要采用直立式或半直立式驳岸,无河漫滩或二级滩地。

【护坡】护岸工程采用直立式或半直立式或混凝土挡墙,以半自然岸线为主。

【堤岸】河道两侧有部分直接滨水的码头港口岸线,以及部分连续的堤顶路,无连续的防护林和护堤植被,石湖以西城郊地区堤岸为农田、湿地或荒地,部分地段生态状况良好。

【堤外土地利用】沿途为农业、工业、仓储和居住等功能混杂的用地(《京杭运河苏南段工程技术总结》,1999)。

【剖面图】

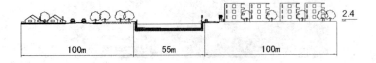

5.278　江南运河市区怀德桥——朝阳桥段两岸100m范围剖面图

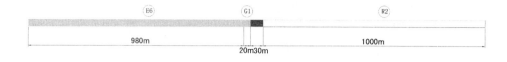

图 5.279　江南运河市区怀德桥——朝阳桥段两岸 1000m 范围剖面图

图 5.280　江南运河市区怀德桥——朝阳桥段典型照片

C. 沿河遗产分布

此段河道沿线文化遗产较少,此次考察过程中未发现有历史价值的水工建筑和与运河相关的文化遗产。沿岸主要文化遗产分布见表 5.128。

(9) 江南运河明长城——东坡公园段

A. 河段概况

此段运河为明清时期运河绕城支线,目前已禁航,成为以旅游休闲功能为主的城市生活性河道,两侧绿化情况较好。

B. 河道剖面

【河道】河床底宽 40m 左右,驳岸间口宽约 50m,最小设计水深 2.5m。河床基本无纵坡。河道水量充足,目前为超 V 类水质。

【河漫滩】无河漫滩或二级滩地。

【护坡】主要采用全部水泥护岸,高出水面 2—3m。

【堤岸】运河两岸经过重新规划,成为城市中重要的公共空间,两侧分布有城市公园、城市广场、商业步行街。

【堤外土地利用】沿途主要为历史街区、居住区,以及沿河的公共开放空间(《京杭运河苏南段工程技术总结》,1999)。

【剖面图】

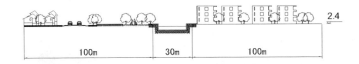

图 5.281　江南运河明长城——东坡公园段两岸 100m 范围剖面图

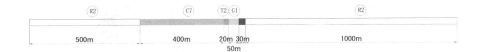

图 5.282　江南运河明长城——东坡公园段两岸 1000m 范围剖面图

图 5.283　江南运河明长城——东坡公园段典型照片

C. 沿河遗产分布

此段运河两岸包括蓖箕巷、青果巷、前北岸、后北岸历史文化保护街区,有大量的文物古迹集中分布,保留了较好的历史风貌。其中包括与运河有直接功能联系的重要遗产,如毗陵驿、西瀛门城墙及部分古桥。

表 5.128 江南运河明长城——东坡公园段主要文化遗产分布表

遗产名称	遗产类型	与运河关系类型	地址	时代	保存状况	文物级别	备注
文亨桥	运河水利工程遗址	功能相关	江苏省常州市市区西瀛里西南蓖箕巷	明嘉靖二十七年(1548)	完全重建	市县级文物保护单位	已考察
广济桥	运河水利工程遗址	功能相关	江苏省常州市东坡公园东首	明正统十二年(1447)	完全重建	市县级文物保护单位	已考察
新坊桥	运河水利工程遗址	功能相关	江苏省常州市和平南路中段东侧	梁武帝大同元年(535)	完全重建	市县级文物保护单位	已考察
飞虹桥	运河水利工程遗址	功能相关	江苏省常州市东坡公园西首	清乾隆五十年(1786)重建	完全重建	市县级文物保护单位	已考察
通吴门	古建筑	空间相关	江苏省常州市红梅路与延陵路交叉处	五代吴天祚元年(935)	已不存在	非文物保护单位,无人管理	已考察
毗陵驿	运河水利工程遗址	功能相关	江苏省常州市城区西古码头	清光绪九年(1893)最后一次复建	修旧如故	市县级文物保护单位	已考察
西瀛门城墙	古建筑	空间相关	江苏省常州市市区西瀛里	明洪武二年(1369)	原物不存,但遗址可考	市县级文物保护单位	已考察

（续　表）

遗产名称	遗产类型	与运河关系类型	地址	时代	保存状况	文物级别	备注
文笔塔	古建筑	空间相关	江苏省常州市市区红梅公园南端	晚清	改建恢复	市县级文物保护单位	已考察
袈裟塔	古建筑	空间相关	江苏省常州市红梅公园内	元大德年间（1297—1307）	完全重建	市县级文物保护单位	已考察
保合堂碑寺	古建筑	空间相关	江苏省常州市青果巷唐氏贞和堂	明	原物保存良好	市县级文物保护单位	已考察
孙慎行书碑	石刻	空间相关	江苏省常州市红梅阁前	明	原物保存良好	市县级文物保护单位	已考察
明清医学祠碑	石刻	空间相关	江苏省常州市青果巷先医祠	明	原物保存良好	市县级文物保护单位	已考察
乾隆御碑	石刻	空间相关	江苏省常州市舣舟阁内	清乾隆十六年（1751年）	原物保存良好	市县级文物保护单位	已考察
重修常州府学庙记	石刻	空间相关	江苏省常州市府学内	清乾隆五十二年（1787）	原物保存良好	市县级文物保护单位	已考察
测日景石表、平面日晷	石刻	空间相关	江苏省常州市解放西路天宁寺内	清嘉庆二十五年（1820）	原物保存良好	市县级文物保护单位	已考察
五百罗汉画像石刻	石刻	空间相关	江苏省常州市解放西路天宁寺内	清嘉庆三年（1798）	原物保存良好	市县级文物保护单位	已考察

(续　表)

遗产名称	遗产类型	与运河关系类型	地址	时代	保存状况	文物级别	备注
胡宗愈墓志	石刻	空间相关	江苏省常州市常州市博物馆	宋	原物保留	市县级文物保护单位	未考察（《常州文物》，2003）
藤花旧馆	古建筑	空间相关	江苏省常州市前北岸79—81号	宋	原物易地保存	省级文物保护单位	已考察
胡荧故居	古建筑	空间相关	江苏省常州市西瀛里30—34号	明	原物不存，但遗址可考	市县级文物保护单位	已考察
转胪第	古建筑	空间相关	江苏省常州市转胪里	明	原物易地保存	市县级文物保护单位	已考察
庄存与故居	古建筑	空间相关	江苏省常州市马山埠	明万历（1573—1619）	原物易地保存	市县级文物保护单位	已考察
赵翼故居	古建筑	空间相关	江苏省常州市前北岸8号	清	原物易地保存	市县级文物保护单位	已考察
管干贞故居	古建筑	空间相关	江苏省常州市前北岸27—28号	清	原物易地保存	省级文物保护单位	已考察
黄景仁故居	古建筑	空间相关	江苏省常州市神仙观弄29—33号	清	原物易地保存	市县级文物保护单位	已考察
盛宣怀故居	古建筑	空间相关	江苏省常州市鲜鱼巷	晚清	原物保存良好	市县级文物保护单位	已考察

（续　表）

遗产名称	遗产类型	与运河关系类型	地址	时代	保存状况	文物级别	备注
庄蕴宽故居	近现代重要史迹	空间相关	江苏省常州市舜宜巷	近代	原物保存良好	市县级文物保护单位	已考察
吕思勉故居	近现代重要史迹	空间相关	江苏省常州市十子街新生里8—10号	近代	原物不存，但遗址可考	市县级文物保护单位	已考察
赵元任故居	近现代重要史迹	空间相关	江苏省常州市青果巷16弄15—22号	近代	原物保存良好	市县级文物保护单位	已考察
刘国均故居	近现代重要史迹	空间相关	江苏省常州市青果巷82—84号	近代	原物保存良好	市县级文物保护单位	已考察
史良故居	近现代重要史迹	空间相关	江苏省常州市和平南路143号	近代	原物不存，但遗址可考	市县级文物保护单位	已考察
护王府（纪念馆）	古建筑	空间相关	江苏省常州市局前街187号	太平天国时期	原物保存良好	省级文物保护单位	已考察
瞿秋白故居（天香楼）、纪念馆	古建筑	空间相关	江苏省常州市青果巷84号；西大街	清	原物保存良好	国家级文物保护单位	已考察
张太雷故居	近现代重要史迹	空间相关	江苏省常州市清凉路子和里3号	近代	原物保存良好	省级文物保护单位	已考察
革命烈士陵墓	近现代重要史迹	空间相关	江苏省常州市兰陵路33号	近代	原物保存良好	市县级文物保护单位	已考察

(续 表)

遗产名称	遗产类型	与运河关系类型	地址	时代	保存状况	文物级别	备注
中山纪念堂	近现代重要史迹	空间相关	江苏省常州市大庙弄	近代	原物保存良好	市县级文物保护单位	已考察
约园	古建筑	空间相关	江苏省常州市第二人民医院	明代	原物保存良好	市县级文物保护单位	已考察
近园	古建筑	空间相关	江苏省常州市化龙巷	清顺治年间（1644—1661）	原物保存良好	省级文物保护单位	已考察
意园	古建筑	空间相关	江苏省常州市后海岸	清康熙年间（1662—1722）	原物保存良好	市县级文物保护单位	已考察
未园	古建筑	空间相关	江苏省常州市大观路原二十三中学	1920—1923年	原物保存良好	省级文物保护单位	已考察
天宁寺	古建筑	空间相关	江苏省常州市解放西路	唐天复年间（901—904）	原物保存较好	省级文物保护单位	已考察
清凉寺	古建筑	空间相关	江苏省常州市市区清凉路22号	北宋治平元年（1064）	修旧如故	省级文物保护单位	已考察
县文庙大成殿	古建筑	空间相关	江苏省常州市工人文化宫	南宋咸淳元年（1265）	修旧如故	市县级文物保护单位	已考察
崇法寺大殿	古建筑	空间相关	江苏省常州市双桂坊	北宋宣和七年（1125年）	修旧如故	市县级文物保护单位	已考察

（续　表）

遗产名称	遗产类型	与运河关系类型	地址	时代	保存状况	文物级别	备注
季子祠	古建筑	空间相关	江苏省常州市双桂坊	明洪武七年（1374）	修旧如故	市县级文物保护单位	已考察
阳湖县城隍庙戏楼	古建筑	空间相关	江苏省常州市青果巷新坊桥小学内	清乾隆二十四年（1759）	保存状况不明	市县级文物保护单位	未考察
屠寄故居	近现代重要史迹	空间相关	江苏省常州市麻巷58号	近代	原物易地保存	市县级文物保护单位	未考察（《常州文物》，2003）
吕宫、吕星垣故居	古建筑	空间相关	江苏省常州市前北岸64号	清顺治年间（1644—1661）	原物易地保存	市县级文物保护单位	未考察（《常州文物》，2003）
唐氏宗祠楠木厅	古建筑	空间相关	江苏省常州市青果巷	明末清初	原物易地保存	市县级文物保护单位	未考察（《常州文物》，2003）
关帝庙大殿	古建筑	空间相关	江苏省常州市关帝庙弄	明嘉靖三十四年（1555）	修旧如故	市县级文物保护单位	未考察（《常州文物》，2003）
王伯与祠	古建筑	空间相关	江苏省常州市临川里	明	修旧如故	市县级文物保护单位	未考察（《常州文物》，2003）
李公朴故居	近现代重要史迹	空间相关	江苏省常州市湖唐镇董村	近代	原物易地保存	市县级文物保护单位	未考察（《常州文物》，2003）

(续 表)

遗产名称	遗产类型	与运河关系类型	地址	时代	保存状况	文物级别	备注
青果巷历史文化保护街区	古建筑	空间相关	江苏省常州市青果巷	主要是明清	原物保存较好	非文物保护单位,但已纳入特定保护范围	未考察
前北岸、后北岸	古建筑	空间相关	江苏省常州市局前街	主要是明清	原物保存较好	非文物保护单位,但已纳入特定保护范围	未考察
天宁寺——舣舟亭历史风貌保护区	古建筑	空间相关	江苏省常州市天宁寺至舣舟亭	宋、元、清	原物保存较好	非文物保护单位,但已纳入特定保护范围	未考察

注:表中备注"未考察"遗产资料除特别注明外均据《常州历史文化名城保护规划》,2005。

(10) 江南运河朝阳桥——戚墅堰段

A. 河段概况

目前此河段功能主要为航运,4级航道标准,同时兼有行洪排涝、灌溉和输水等功能。主要水利工程为年吞吐量500万吨以上的戚墅堰港的部分码头泊位。

B. 河道剖面

【河道】河床底宽40m左右,驳岸间口宽约50m,最小设计水深2.5m。河床基本无纵坡。河道水量充足,目前为超Ⅴ类水质。

【河漫滩】主要采用直立式驳岸,无河漫滩或二级滩地。

【护坡】两岸基本上都是石墙式的堤防。护岸工程采用直立式或半直立式、浆砌块石护岸或混凝土挡墙。

【堤岸】高出水面2—3m。市区内的堤岸有护栏。绿化情况比较差。

【堤外土地利用】河段两岸以工业、仓储、码头用地为主(《京杭运河苏南段工程技术总结》,1999)。

【剖面图】

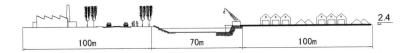

图 5.284　江南运河朝阳桥——戚墅堰段两岸 100m 范围剖面图

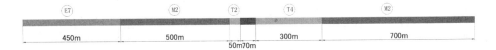

图 5.285　江南运河朝阳桥——戚墅堰段两岸 1000m 范围剖面图

图 5.286　江南运河朝阳桥——戚墅堰段典型照片

C. 沿河遗产分布

此段涉及的文化遗产主要有一处,为圩墩遗址。

表 5.129　江南运河朝阳桥——戚墅堰段主要文化遗产分布表

遗产名称	遗产类型	与运河关系类型	地址	时代	保存状况	文物级别	备注
圩墩遗址	古遗址	空间相关	江苏省常州市戚墅堰圩墩村圩墩路	新石器时代	原物保存良好	市县级文物保护单位	未考察
万安桥	运河水利工程遗址	功能相关	江苏省常州市戚墅堰老三山港	明正统五年(1440)	保存状况不明	市县级文物保护单位	未考察
惠济桥	运河水利工程遗址	功能相关	江苏省常州市戚墅堰老三山港	清乾隆初	保存状况不明	市县级文物保护单位	未考察

注:表中遗产资料均据《常州文物》,2003。

(11) 江南运河戚墅堰——山北大桥段

A. 河段概况

目前此河段功能主要为航运,4级航道标准,同时兼有行洪排涝、灌溉和输水等功能。入无锡界沿途分布有农田。

沿河有部分港口、码头泊位,无重要水利工程设施。

B. 河道剖面

【河道】河床底宽40m左右,驳岸间口宽约50m,最小设计水深2.5m。河床基本无纵坡。河道水量充足,目前为超Ⅴ类水质。

【河漫滩】无河漫滩或二级滩地。

【护坡】城镇段采用直立式或半直立式、浆砌块石护岸或混凝土挡墙,主要为半自然岸线。左侧半自然护坡,比较平缓,右侧为人工固化护坡,较陡。

【堤岸】部分滨河地带仍存在绿化用地不足、用地功能混杂的现象。

【堤外土地利用】运河流经城郊,沿途分布较多厂矿企业。运河南侧2—3km内基本为工业企业和村镇居住用地,农田已不多见,两岸无直接沿河的道路(《京杭运河苏南段工程技术总结》,1999)。

【剖面图】

图5.287　江南运河戚墅堰——山北大桥段两岸100m范围剖面图

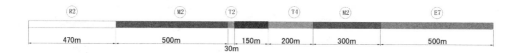

图5.288　江南运河戚墅堰——山北大桥段两岸1000m范围剖面图

图5.289　江南运河戚墅堰——山北大桥段典型照片

C.沿河遗产分布

此段河道沿线文化遗产较少，此次考察过程中未发现有历史价值的水工建筑和与运河相关的文化遗产。

（12）江南运河山北大桥——吴桥段

A.河段概况

此段为古运河故道。运河流经无锡市郊，沿途分布较多厂矿企业，航运功能突出。吴桥附近黄埠墩为新运河与古运河的分流处，自此新运河成为承担航运功能的主航道，古运河则为6级航道，目前不通航。

B. 河道剖面

【河道】河床底宽50m左右。河床基本无纵坡。河道水量充足。

【河漫滩】主要采用直立式驳岸,无河漫滩或二级滩地。

【护坡】护岸工程采用直立式或半直立式、浆砌块石护岸或混凝土挡墙,全部为人工固化岸线。

【堤岸】河道两侧多为直接滨水的码头港口岸线,以及部分连续的堤顶路,无连续的防护林和护堤植被,生态条件较差。

【堤外土地利用】运河两岸分布大量工厂,如炼油厂、造船厂、棉纺织厂、印染厂,在双河与运河交汇处还有大型的建材市场(《无锡市志》,1988)。

【剖面图】

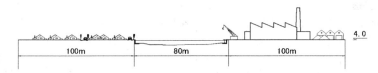

图5.290 江南运河山北大桥——吴桥段两岸100m范围剖面图

图5.291 江南运河山北大桥——吴桥段两岸1000m范围剖面图

图5.292 江南运河山北大桥——吴桥段典型照片

C. 沿河遗产分布

此段河道沿线文化遗产较少，此次考察过程中未发现有历史价值的水工建筑及与城镇相关的文化遗存。

表5.130 江南运河山北大桥——吴桥段主要文化遗产分布表

遗产名称	遗产类型	与运河关系类型	地址	时代	保存状况	文物级别	备注
王恩绶祠	古建筑	空间相关	江苏省无锡市北塘区下河塘8号之一	清同治十三年（1874）	不明	市县级文物保护单位	未考察
盐业公所旧址	近现代重要史迹	空间相关	江苏省无锡市北塘区惠山上河塘	清末民国	不明	非文物保护单位，但已纳入特定保护范围	未考察
山货公所旧址	近现代重要史迹	空间相关	江苏省无锡市北塘区惠山直街西北口	清末民国	不明	非文物保护单位，但已纳入特定保护范围	未考察
耍货公所旧址	近现代重要史迹	空间相关	江苏省无锡市北塘区惠山直街50号左右	清末	不明	非文物保护单位，但已纳入特定保护范围	未考察
无锡市革命烈士墓	近现代重要史迹	空间相关	江苏省无锡市北塘区惠钱路惠山北麓	1953年	不明	市县级文物保护单位	未考察

注：表中遗产资料均据《无锡市历史文化名城保护规划》，2006。

（13）江南运河吴桥——国际集装箱中转站（新运河）段

A. 河段概况

此段运河自吴桥到下甸桥，全长13.94km，为1958年始开挖的新运河航道，于1982年全线贯通（《无锡市志》，1988）。经1990—1992年的航道整治，目前达到4级航道标准（《京杭运河苏南段工程技术总结》，1999）。

目前河道主要功能为航运，同时兼有行洪排涝、灌溉和输水等功能。

途经主要水利等工程设施包括：无锡港双河尖货场、无锡港下甸桥国际集装箱中转站等。无锡港年货物总吞吐量在500万吨以上。

B.河道剖面

【河道】河床底宽达50—60m,面宽达90m,水深约2.5m。河道水量充足。

【河漫滩】此段河道途经市区,无河漫滩。

【护坡】护岸工程采用直立式浆砌块石护岸或混凝土挡墙,全部为人工固化岸线。

【堤岸】河道两侧多为直接滨水的码头港口岸线和部分连续的堤顶路,无连续的防护林和护堤植被,生态条件较差。

【堤外土地利用】沿岸多为工业和仓储用地,对运河水质存在污染。

【剖面图】

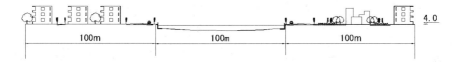

图5.293　江南运河吴桥——国际集装箱中转站(新运河)段两岸100m范围剖面图

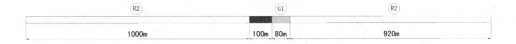

图5.294　江南运河吴桥——国际集装箱中转站(新运河)段两岸1000m范围剖面图

图5.295　江南运河吴桥——国际集装箱中转站(新运河)段典型照片

C. 沿河遗产分布

表 5.131　江南运河吴桥——国际集装箱中转站（新运河）段主要文化遗产分布表

遗产名称	遗产类型	与运河关系类型	地址	时代	保存状况	文物级别	备注
寄畅园	古建筑	空间相关	江苏省无锡市惠山横街，毗邻锡山和惠山寺	明嘉靖初年（约1527）	改建恢复	国家级文物保护单位	已考察
华彦钧墓	古墓葬	空间相关	江苏省无锡市锡惠公园内惠山东麓映山.	1950年	保存状况不明	市县级文物保护单位	未考察
龙光塔	古建筑	历史相关	江苏省无锡市锡惠公园内	明代万历年间（1573—1619）	完全重建	市县级文物保护单位	未考察
惠山寺石经幢	石刻	历史相关	江苏省无锡市惠山寺古华山门内两侧	不详	原物保存较好	省级文物保护单位	已考察
"天下第二泉"庭院及石刻	石刻	历史相关	江苏省无锡市锡惠公园	唐大历年间（766—779）	原物保存较好	省级文物保护单位	已考察
二泉书院（点易台铭四面碑）	石刻	历史相关	江苏省无锡市松风堂	明正德年间（1506—1521）	原物保存较好	省级文物保护单位	已考察
竹炉山房石刻	石刻	历史相关	江苏省无锡市锡惠公园	清	原物破坏严重	省级文物保护单位	已考察
北塘米市旧址	古遗址	历史相关	江苏省无锡市北塘三里桥	清	原物不存	省级文物保护单位	未考察

(续　表)

遗产名称	遗产类型	与运河关系类型	地址	时代	保存状况	文物级别	备注
愚公谷旧址	古建筑	历史相关	江苏省无锡市惠山东麓，今锡惠公园内	明万历十五年(1587)	原物保存较好	市县级文物保护单位	已考察
张中丞庙	古建筑	历史相关	江苏省无锡市惠山直街120号	明成化九年(1496)	原物保存较好	省级文物保护单位	已考察
忍草庵	古建筑	历史相关	江苏省无锡市锡惠公园内的惠山头茅峰章家坞山腰	元至正十年(1350)	完全重建	市县级文物保护单位	已考察
清祠堂建筑	古建筑	空间相关	江苏省无锡市锡惠公园	清同治四年(1862—1865)	不明	市县级文物保护单位	已考察
碧山吟社旧址	古建筑	空间相关	江苏省无锡市锡惠公园	明、清	不明	市县级文物保护单位	已考察
听松石床	石刻	空间相关	江苏省无锡市锡惠公园	唐	不明	市县级文物保护单位	已考察
至德祠	近现代重要史迹	空间相关	江苏省无锡市锡惠公园	清	不明	市县级文物保护单位	已考察
惠山寺庙园林	古建筑	历史相关	江苏省无锡市锡惠公园	南北朝	改建恢复	省级文物保护单位	已考察
秦观墓	古陵墓	历史相关	江苏省无锡市惠山二茅峰南坡	南宋	原物保存较好	省级文物保护单位	未考察

(续 表)

遗产名称	遗产类型	与运河关系类型	地址	时代	保存状况	文物级别	备注
惠山石门摩崖石刻	石刻	空间相关	江苏省无锡市惠山区三茅峰北坡望公坞之上	清	原物保存较好	市县级文物保护单位	未考察
开原寺	古建筑	空间相关	江苏省无锡市梅园浒山脚下	1930年	原物保存较好	市级文物保护单位	未考察

注：表中备注"未考察"遗产资料均据《无锡市历史文化名城保护规划》，2006。

(14) 江南运河江尖公园——跨塘桥（东护城河）段

A. 河段概况

槐古桥塊有少量工厂企业，因此还承担一定的航运功能，为6级航道。莲蓉桥东侧是火车站，近期无锡市对此地段进行了重点规划，新建了城市广场和地下商业街。运河西侧多为新建成的居民小区和经过改建的旧居民小区，因此还兼有城市休闲功能。

B. 河道剖面

【河道】河床底宽30m左右。河床基本无纵坡。河道水量充足。

【河漫滩】主要采用直立式驳岸，无河漫滩或二级滩地。

【护坡】护岸工程采用直立式或半直立式、浆砌块石护岸或混凝土挡墙，全部为人工固化岸线。

【堤岸】以人工管理的绿地为主，有局部连续的护堤植被，形成乔、灌、草结合的多层次绿化，目前状况较好。有的地段用绿化带将人行道与运河分隔，降低了运河沿岸的可达性。

【堤外土地利用】此段运河已经进入无锡市区，因此两岸多为居民小区、城市广场等，只在运河西侧槐古大桥塊有少量工厂，尤其是在今年新建成无锡市站前广场段，对古运河沿岸进行了重点的整治规划。运河沿岸有防护林，新规划小区和广场地段树木较小，不成规模。

【剖面图】

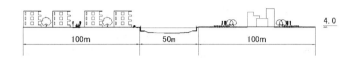

图 5.296　江南运河江尖公园——跨塘桥（东护城河）段两岸 100m 范围剖面图

图 5.297　江南运河江尖公园——跨塘桥（东护城河）段两岸 1000m 范围剖面图

图 5.298　江南运河江尖公园——跨塘桥（东护城河）段典型照片

C.沿河遗产分布

此段河道文化遗产主要集中在吴桥附近，遗产保护存在不同问题。其中黄埠墩、天主堂和东林书院保存较好；丝绸仓库地处火车站新规划广场附近，面临视觉景观和使用功能的不协调；中国银行无锡分行旧址在旧城改造运动中被拆除。

表 5.132　江南运河江尖公园——跨塘桥(东护城河)段主要文化遗产分布表

遗产名称	遗产类型	与运河关系类型	地址	时代	保存状况	文物级别	备注
黄埠墩	古遗址	历史相关	江苏省无锡市北塘区吴桥东运河中流	始建年代不详,现存为宋至清重建	完全重建	市县级文物保护单位	已考察
天主堂	古建筑	历史相关	江苏省无锡市北塘区民主街86号	始建于1640年;重建于光绪十八年(1892)	原物保存较好	市县级文物保护单位	已考察
东林书院	古建筑	空间相关	江苏省无锡市解放东路867号	始建于北宋政和元年(1111)	不明	省级文物保护单位	已考察
纸业公会旧址	近现代重要史迹	空间相关	江苏省无锡市北塘区江尖96号	民国	改建恢复	市县级文物保护单位	已考察
惠元面粉厂旧址	近现代重要史迹	空间相关	江苏省无锡市北塘区吴桥西堍古运河边	民国	原物保存较好	非文物保护单位,但已纳入特定保护范围	已考察
中国银行无锡分行旧址	近现代重要史迹	空间相关	江苏省无锡市北塘区前竹场巷	民国	不明	非文物保护单位,但已纳入特定保护范围	未考察(《无锡市历史文化名城保护规划》,2006)
锡金钱丝两业公所旧址	近现代重要史迹	空间相关	江苏省无锡市北塘区前竹场巷30号	清末	不明	市县级文物保护单位	未考察(《无锡市历史文化名城保护规划》,2006)

（15）江南运河吴桥——跨塘桥（西护城河）段

A. 河段概况

此段原为古护城河，目前已不通航，为 7 级航道。两岸大多为新开发的居民区和经过重新修缮的景点。有居民小区将运河沿岸的地段纳入小区整体规划中，辅以少量供休闲游憩的人工设施。运河河道有部分被填埋，填埋部分将成为人行道。

B. 河道剖面

【河道】河床底宽 20m 左右。河床基本无纵坡。河道水量充足。

【河漫滩】主要采用直立式或半直立式驳岸，无河漫滩或二级滩地。

【护坡】护岸工程采用直立式或半直立式、浆砌块石护岸或混凝土挡墙，以人工岸线为主，历代修缮痕迹尚存。

【堤岸】河道两侧有部分直接滨水的河埠头和部分连续的堤顶路，无连续的防护林和护堤植被。

【堤外土地利用】运河西侧分布大量的新建居民小区和城市公园，如五爱家园、西水墩人民公园、体育公园。东侧多为大型的商业建筑及部分文物保护建筑。

【剖面图】

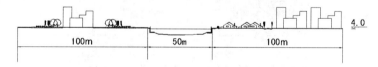

图 5.299　江南运河吴桥——跨塘桥（西护城河）段两岸 100m 范围剖面图（1）

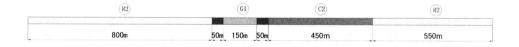

图 5.300　江南运河吴桥——跨塘桥（西护城河）段两岸 1000m 范围剖面图（1）

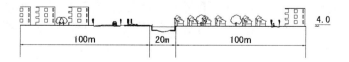

图 5.301　江南运河吴桥——跨塘桥（西护城河）段两岸 100m 范围剖面图（2）

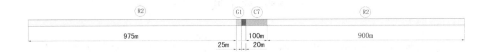

图5.302 江南运河吴桥——跨塘桥(西护城河)段两岸1000m范围剖面图(2)

图5.303 江南运河吴桥——跨塘桥(西护城河)段典型照片

C.沿河遗产分布

此段河道文化遗产保护情况相对较好,一些遗产被纳入总体规划中,如西水墩公园、江尖公园。旧城区内大量的名人故居进行了重新维修,如薛福成故居、钱钟书故居、荣德生故居、顾毓秀故居等。由于地处市中心地段,大多数传统街区保护不利,周围高楼林立、道路拓宽挤占街巷空间,如日晖巷传统街区、东大街、西大街、小娄巷等处。运河沿岸的近代工商业旧厂房保护较好,如茂新面粉厂。

此外,运河西侧的锡惠公园中也保留了大量文化遗产。

表 5.133　江南运河吴桥——跨塘桥（西护城河）段主要文化遗产分布表

遗产名称	遗产类型	与运河关系类型	地址	时代	保存状况	文物级别	备注
茂新面粉厂	近现代重要史迹	空间相关	江苏省无锡市南长区振新路415号	建于1902年	原物保存良好	省级文物保护单位	已考察
县学古建筑	近现代重要史迹	空间相关	江苏省无锡市崇安区大桥中学内	清同治十年（1871）	不明	市县级文物保护单位	已考察
无锡县学古碑刻	石刻	空间相关	江苏省无锡市学前街	北宋	原物保存较好	市县级文物保护单位	已考察
小娄巷	古遗址	历史相关	江苏省无锡市中心崇安寺附近	成形于明清	原物破坏严重	省级文物保护单位	已考察
薛福成故居	近现代重要史迹	空间相关	江苏省无锡市学前街152号	清末（1894）	修旧如故	国家级文物保护单位	已考察
秦邦宪故居	近现代重要史迹	空间相关	江苏省无锡市崇宁路112号	1923年	原物保存较好	省级文物保护单位	已考察
钱钟书故居	近现代重要史迹	空间相关	江苏省无锡市新街巷30、32号	始建年代不详	完全重建	省级文物保护单位	已考察
华彦均故居	近现代重要史迹	空间相关	江苏省无锡市崇安寺东侧	1919年	原物破坏严重	市县级文物保护单位	已考察
荣德生旧居	近现代重要史迹	空间相关	江苏省无锡市郊区荣巷西首（今驻锡部队某部营区内）	明正德中（1506—1520）	改建恢复	市县级文物保护单位	已考察

(续　表)

遗产名称	遗产类型	与运河关系类型	地址	时代	保存状况	文物级别	备注
王禹卿故居	近现代重要史迹	空间相关	江苏省无锡市崇安区梁溪饭店内	民国	不明	市县级文物保护单位	已考察
文渊坊（秦古柳故居）	古建筑	空间相关	江苏省无锡市崇安区崇宁路	清	不明	市县级文物保护单位	已考察
谈氏宗祠	古建筑	空间相关	江苏省无锡市崇安区小娄巷	清	不明	非文物保护单位，但已纳入特定保护范围	已考察
秦毓鎏故居及佚园	古建筑	空间相关	江苏省无锡市崇安区福田巷17-8号	清末	不明	非文物保护单位，但已纳入特定保护范围	已考察
侯桐少宰第	古建筑	空间相关	江苏省无锡市崇安区人民中路36—42号	清	不明	市县级文物保护单位	已考察
陆定一故居	古建筑	空间相关	江苏省无锡市崇安区县前西街10号	清	原物保存较好	省级文物保护单位	已考察
顾毓琇故居	古建筑	空间相关	江苏省无锡市崇安区学前街3号	清末	不明	市县级文物保护单位	已考察
缪公馆	古建筑	空间相关	江苏省无锡市崇安区新生路7号	1932年	不明	市县级文物保护单位	已考察
圣公会十字堂	近现代重要史迹	空间相关	江苏省无锡市崇安区中山路98号	1916年	不明	市县级文物保护单位	已考察

（续　表）

遗产名称	遗产类型	与运河关系类型	地址	时代	保存状况	文物级别	备注
秦氏旧宅	古建筑	空间相关	江苏省无锡市崇安区人民路人民弄1—3号	清初	不明	非文物保护单位，但已纳入特定保护范围	已考察
张效呈故居	近现代重要史迹	空间相关	江苏省无锡市崇安区东大街118号	民国	不明	非文物保护单位，但已纳入特定保护范围	已考察
无锡县商会旧址	近现代重要史迹	空间相关	江苏省无锡市崇安区南太平巷	民国	不明	市县级文物保护单位	未考察
高子止水	古遗址	历史相关	江苏省无锡市江南中学内	明	原物破坏严重	市县级文物保护单位	已考察
日晖巷传统街区	古遗址	历史相关	江苏省无锡市解放路东侧后西溪南侧	清末民国	改建恢复	非文物保护单位，但已纳入特定保护范围	已考察
薛汇东故居	近现代重要史迹	空间相关	江苏省无锡市崇安区前西溪1、2号	民国	原物保存较好	省级文物保护单位	未考察
城中公园（锡金公园旧址）	近现代重要史迹	空间相关	江苏省无锡市中心	清光绪三十二年(1907)	完全重建	市县级文物保护单位	已考察
无锡县图书馆旧址	近现代重要史迹	空间相关	江苏省无锡市图书馆内	1912年	原物保存较好	省级文物保护单位	未考察

(续　表)

遗产名称	遗产类型	与运河关系类型	地址	时代	保存状况	文物级别	备注
西水仙庙	古建筑	历史相关	江苏省无锡市南长区解放西路古运河中西水墩	明	改建恢复	市县级文物保护单位	已考察
妙光塔	古建筑	历史相关	江苏省无锡市解放南路朝阳南路	北宋雍熙年间（984—987）	完全重建	市县级文物保护单位	已考察
南禅寺	古建筑	历史相关	江苏省无锡市解放南路朝阳南路	梁武帝太清年间(547—548)	完全重建	市县级文物保护单位	已考察

注：表中备注"未考察"遗产资料均据《无锡市历史文化名城保护规划》,2006。

(16) 江南运河跨塘桥——清名桥段

A. 河段概况

此段 1.5km 的运河两岸为颇具水乡特色的传统民居,1995 年 12 月江苏省人民政府批准为古运河文化保护区。无锡市政府现在正在对其进行规划整治,拟在保护的基础上,改建成南长区的商业中心和重要的公共活动中心。目前出于保护目的,此段运河禁航(《南长街保护街区规划》,2004)。

B. 河道剖面

【河道】河床平均底宽 10m 左右。河道水量充足。

【河漫滩】无河漫滩或二级滩地。

【护坡】主要采用直立式或半直立式、浆砌块石护岸或混凝土挡墙。

【堤岸】运河两岸有连续植被。植物繁茂,树种多为法国梧桐和香樟。

【堤外土地利用】此段运河在历史保护街区内,运河两侧用地主要为传统民居和旧工业厂房。

【剖面图】

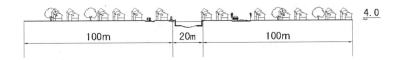

图 5.304　江南运河跨塘桥——清名桥段两岸 100m 范围剖面图

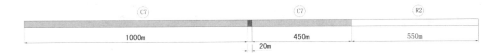

图 5.305　江南运河跨塘桥——清名桥段两岸 1000m 范围剖面图

图 5.306　江南运河跨塘桥——清名桥段典型照片

C. 沿河遗产分布

此段保存有 1.5km 的历史保护街区,包含较为完整的传统街巷、码头、渡口、古桥、古窑址,以及大量的民族工商业史迹。

表 5.134　江南运河跨塘桥——清名桥段主要文化遗产分布表

遗产名称	遗产类型	与运河关系类型	地址	时代	保存状况	文物级别	备注
清名桥及沿河建筑	运河水利工程遗址	功能相关	江苏省无锡市跨塘桥到清名桥	始建于明万历年间，重建于同治八年(1869)	修旧如故	市县级文物保护单位	已考察
耕读桥	运河水利工程遗址	功能相关	江苏省无锡市桥横跨梁溪河支流孤渎港	始建年代不详，明、清两代都有重建	原物破坏严重	不详	已考察
伯渎桥	运河水利工程遗址	功能相关	江苏省无锡市古运河与伯渎港交会处，横跨于伯渎港上	不详	完全重建	不详	已考察
大窑路窑群遗址	古遗址	空间相关	江苏省无锡市大窑路沿线	明初	原物保存较好	市县级文物保护单位	已考察
鼎昌丝厂旧址	近现代重要史迹	空间相关	江苏省无锡市南长区黄泥金钩桥23号	民国十八年(1928)	改建恢复	市县级文物保护单位	已考察
南长邮电局	近现代重要史迹	空间相关	江苏省无锡市南长街张家弄之南、鸭子滩弄之北	民国三年(1913)	原物保存较好	市县级文物保护单位	已考察
海宁救熄会	近现代重要史迹	空间相关	江苏省无锡市南下塘263号	民国初年	原物保存较好	市县级文物保护单位	已考察

(17) 江南运河清名桥——钢铁桥段

A. 河段概况

此段运河为古运河故道，紧邻南长街历史保护街区，为控制发展地带，因此两岸尚保留了大量民族工业的旧厂房和传统民居。这一段也被纳入2004年无锡市规划的运河景观改造计划(《南长街保护街区规划》，2004)。由于此段与伯渎港连通，有部分航运功能，为6级航道，运载物资多为煤炭、沙石等。

B. 河道剖面

【河道】河床平均底宽 15m 左右。河床基本无纵坡。河道水量充足。

【河漫滩】主要采用直立式驳岸,无河漫滩或二级滩地。

【护坡】护岸工程采用直立式或半直立式、浆砌块石护岸或混凝土挡墙,全部为人工固化岸线。

【堤岸】运河西侧无绿化覆盖,东侧有较为繁盛的行道树,树种多为法国梧桐和香樟。

【堤外土地利用】此段为控制保护地段,因此仍保留有大量的传统民居和旧工业厂房。

【剖面图】

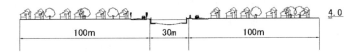

图 5.307　江南运河清名桥——钢铁桥段两岸 100m 范围剖面图

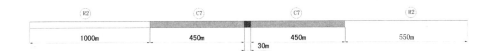

图 5.308　江南运河清名桥——钢铁桥段两岸 1000m 范围剖面图

图 5.309　江南运河清名桥——钢铁桥段典型照片

C. 沿河遗产分布

此段河道沿岸还分布了大量的民族工商业史迹，但未列入文物保护名单中。

表 5.135　江南运河清名桥——钢铁桥段主要文化遗产分布表

遗产名称	遗产类型	与运河关系类型	地址	时代	保存状况	文物级别	备注
永泰丝厂	近现代重要史迹	空间相关	江苏省无锡市南长区南长街364号	民国	原物保存较好	市县级文物保护单位	已考察
王元吉锅厂	近现代重要史迹	空间相关	江苏省无锡市南长区伯渎港117—127号	清末	原物保存较好	市县级文物保护单位	已考察
南水仙庙	古建筑	空间相关	江苏省无锡市南长街598号	始建于明代，增建于清康熙二十二年（1683）	修旧如故	市县级文物保护单位	已考察

（18）江南运河钢铁桥——国际集装箱中转站、国际集装箱中转站——新虹桥段

A. 河段概况

此两段运河为古运河故道，是城市郊区河段。新旧运河在下甸桥处汇合，航运成为河道的主要功能，为 6 级航道。

B. 河道剖面

【河道】河床平均底宽 20m 左右。河床基本无纵坡。河道水量充足。

【河漫滩】无河漫滩或二级滩地。

【护坡】主要采用小驳岸、化纤（法布）模袋或混凝土块护岸形式。

【堤岸】靠近无锡市区仍为水泥护岸，城郊方向石工护岸和自然驳岸增多。靠近市区两岸有状况较好的行道树，城郊段则乔木较少，多为灌木或者低矮植被。

【堤外土地利用】两岸土地以工业、仓储、码头交通设施用地为主。

【剖面图】

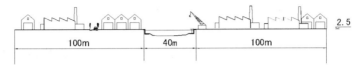

图 5.310　江南运河钢铁桥——新虹桥段两岸 100m 范围剖面图

图 5.311　江南运河钢铁桥——新虹桥段两岸 1000m 范围剖面图

图 5.312　江南运河钢铁桥——新虹桥段典型照片

C. 沿河遗产分布

此段河道沿线文化遗产较少，此次考察过程中未发现有历史价值的水工建筑及与城镇相关的文化遗存。

（19）江南运河新虹桥——望亭段

A. 河段概况

新运河与老运河在下甸桥汇合后，河道变宽，主要承担航运功能。两岸以工业企业为主，并有大量的煤炭、沙石堆场。

B. 河道剖面

【河道】河床平均底宽 30m 左右。河道水量充足。

【河漫滩】主要采用直立式驳岸，无河漫滩或二级滩地。

【护坡】护岸工程采用直立式或半直立式、浆砌块石护岸或混凝土挡墙，有少量的石工缓坡。

【堤岸】河边缓坡地段有灌木或低矮植被。

【堤外土地利用】沿途经过旺庄镇。两岸主要为工业用地。

【剖面图】

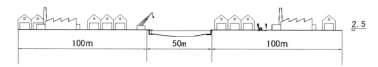

图 5.313　江南运河新虹桥——望亭段两岸 100m 范围剖面图

图 5.314　江南运河新虹桥——望亭段两岸 1000m 范围剖面图

图 5.315　江南运河新虹桥——望亭段典型照片

C. 沿河遗产分布

此段河道沿线文化遗产较少,此次考察过程中未发现有历史价值的水工建筑及与城镇相关的文化遗存。

(20) 江南运河望亭——枫桥段

A. 河段概况

此河段在隋代开江南运河时定型(姚汉源,1998),有说法认为其应形成于春秋末期吴越统治时期(《运河访古》,1986;《苏州市水利志》,2003)。唐宋至明清均有修治。

目前此河段功能主要为航运,4级航道标准,同时兼有行洪排涝、灌溉和输水等功能。

沿线主要水利等工程设施包括:望虞河望亭水利枢纽、年吞吐量100万吨以上的浒关港、年吞吐量20万吨以上的望亭港,以及年吞吐量500万吨以上的苏州港的部分码头泊位。

B. 河道剖面

【河道】河床底宽40m左右,驳岸间口宽约50m,最小设计水深2.5m。河床基本无纵坡,仅在望虞河处设1/1000纵坡,长约200m。河道水量充足,目前为劣Ⅴ类水质。

【河漫滩】主要采用直立式驳岸,无河漫滩或二级滩地。

【护坡】护岸工程采用直立式或半直立式、浆砌块石护岸或混凝土挡墙,全部为人工固化岸线。

【堤岸】河道两侧多为直接滨水的码头港口岸线,以及部分连续的堤顶路,无连续的防护林和护堤植被,生态条件较差。

【堤外土地利用】此段运河途经苏州高新区浒墅关经济开发区,沿岸多为工业和仓储用地,对运河水质存在污染(《京杭运河苏南段工程技术总结》,1999;《2003年苏州市环境状况公报》,2004)。

【剖面图】

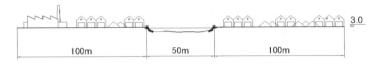

图 5.316　江南运河望亭——枫桥段两岸 100m 范围剖面图

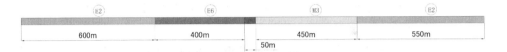

图 5.317　江南运河望亭——枫桥段两岸 1000m 范围剖面图

图 5.318　江南运河望亭——枫桥段典型照片

C.沿河遗产分布

此段河道沿线文化遗产较少,未发现有历史价值的水工建筑。与城镇相关的文化遗存中属于苏州市级文物保护单位的遗产有 4 处,主要位于浒墅关镇。

其他目前已遭较严重的破坏、仅余少量遗址或存在争议的文化遗产包括位于望亭镇的南北上、下塘老街、隋陵杨柳墩、鲁肃螺丝墩、皇亭碑和古月城遗址以及位于浒墅关镇的东西上、下塘老街和始建于 1911 年的上海蚕业学堂。

表 5.136　江南运河望亭——枫桥段主要文化遗产分布表

遗产名称	遗产类型	与运河关系类型	地址	时代	保存状况	文物级别	备注
上海蚕业学堂	古建筑	空间相关	江苏省苏州市浒墅关镇	1911年	不明	不详	未考察
观山摩崖石刻	石刻	空间相关	江苏省苏州市观山、龙池坞（浒墅关）	明清	不明	市县级文物保护单位	未考察
真山吴楚贵族墓葬	古墓葬	空间相关	江苏省苏州市浒关真山、小真山、华山一带	春秋战国	不明	市县级文物保护单位	未考察
文昌阁太平军营垒遗址	古遗址	空间相关	江苏省苏州市兴贤桥运河西岸	明万历二十三年（1595）始建,现存为1860—1863年间改建	原物破坏严重	市县级文物保护单位	未考察
三里亭	古建筑	历史相关	江苏省苏州市兴贤桥南运河西岸	始建于清乾隆年间,现存为同治年间重修	原物保存较好	市县级文物保护单位	未考察
十里亭	古建筑	历史相关	江苏省苏州市枫桥、射渎口（运河西）	约始建于明代,现存为清代重修	原物保存较好	市县级文物保护单位	未考察
寒山摩崖石刻	石刻	空间相关	江苏省苏州市龙池山、寒山岭	明清	不明	市县级文物保护单位	未考察
魏了翁墓	古墓葬	空间相关	江苏省苏州市高景山、金盆坞（枫桥镇）	宋	不明	市县级文物保护单位	未考察

(续　表)

遗产名称	遗产类型	与运河关系类型	地址	时代	保存状况	文物级别	备注
章焕墓	古墓葬	空间相关	江苏省苏州市枫桥章家山	明	不明	市县级文物保护单位	未考察
茶店头遗址	古遗址	空间相关	江苏省苏州市高景山东北（枫桥镇茶店头村）	新石器至商周	不明	市县级文物保护单位	未考察
杨家桥天主堂	古建筑	空间相关	江苏省苏州市三香路莲香桥	1892年	不明	市县级文物保护单位	未考察

注：表中备注"未考察"遗产资料均据《苏州市历史文化名城保护规划》，2002。

(21) 江南运河枫桥——运河公园段

A. 河段概况

此段运河于1959年开凿。当时为提高运河航运能力，在横塘镇开辟新河道，运河弃上塘河故道，改由胥江入护城河。

目前此河段功能主要为航运，4级航道标准，同时兼有行洪排涝、灌溉和输水等功能，滨水地区兼有城市休闲和旅游功能。其中航运功能对休闲旅游存在一定的干扰。

沿线主要水利等工程设施包括年吞吐量500万吨以上苏州港的部分码头泊位。

B. 河道剖面

【河道】河床底宽40m左右，驳岸间口宽约50m，最小设计水深2.5m。河床基本无纵坡。河道水量充足，目前为劣Ⅴ类水质。

【河漫滩】主要采用直立式驳岸，无河漫滩或二级滩地。

【护坡】护岸工程采用直立式或半直立式、浆砌块石护岸或混凝土挡墙，全部为人工固化岸线。

【堤岸】以人工管理的绿地为主,有局部连续的护堤植被,形成乔、灌、草结合的多层次绿化,目前状况较好。河道西岸局部仍为工业、仓储、居住等功能混杂的用地。

【堤外土地利用】此段运河途经闻名中外的文化遗产枫桥、寒山寺景区和苏州新区(苏州国家高新技术产业开发区),沿运河以城市公共绿地为主(《京杭运河苏南段工程技术总结》,1999;《2003年苏州市环境状况公报》,2004)。

【剖面图】

图 5.319　江南运河枫桥——运河公园段两岸 100m 范围剖面图

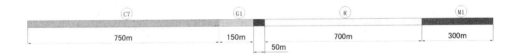

图 5.320　江南运河枫桥——运河公园段两岸 1000m 范围剖面图

图 5.321　江南运河枫桥——运河公园段典型照片

C. 沿河遗产分布

此段运河途经两个主要的城市公共绿地：

寒山寺、枫桥风景名胜区：位于运河沿线枫桥古镇,以张继《枫桥夜泊》诗境为特色,把古刹寒山寺、古桥枫桥和江村桥、古关铁铃关、古镇枫桥镇以及古运河和新增景点整合为一体,总面积45.5hm^2,目前已建成并开放。

运河公园：位于苏州新区运河西岸,北起金门路,南至三香路,于1987年起开始建设,1993、1994年中段、南段建成并开放,目前北段仍处于规划建设中。公园以植物造景为主,有大面积草坪,并有高尔夫球场、多功能茶室、游艇等娱乐服务设施。

此段河道文化遗产主要集中在寒山寺、枫桥景区,目前重要的文化遗产保护状况良好。

表 5.137 江南运河枫桥——运河公园段主要文化遗产分布表

遗产名称	遗产类型	与运河关系类型	地址	时代	保存状况	文物级别	备注
枫桥	运河水利工程遗址	功能相关	江苏省苏州市枫桥镇铁铃关前	始建年代不详,现存为清	原物保存较好	省级文物保护单位	已考察
江村桥	运河水利工程遗址	功能相关	江苏省苏州市枫桥镇寒山寺前	始建年代不详,现存为清	原物保存较好	省级文物保护单位	已考察
铁铃关	古建筑	历史相关	江苏省苏州市古城外枫桥	明嘉靖三十六年(1557)始建,现存为明代重建	原物保存较好	省级文物保护单位	已考察
寒山寺	古建筑	历史相关	江苏省苏州市枫桥	南朝梁天监年间始建,现存为清代重建	改建恢复	省级文物保护单位	已考察

(22) 江南运河运河公园——宝带桥段

A. 河段概况

此段运河为1959年和1985年两次运河改线形成的新河道。

目前河段功能主要为航运,4级航道标准,同时兼有行洪排涝、灌溉和输水等功能,局部滨水地区兼有城市休闲和旅游功能。其中航运功能对文物保护和休闲旅游活动存在较为严重的干扰。

沿线主要水利工程包括:年吞吐量500万吨以上的苏州港的部分码头泊位,以及宝带桥西蠡墅线航道与运河交汇处、年吞吐量10万吨左右的龙桥港。

B. 河道剖面

【河道】河床底宽40m左右,驳岸间口宽约50m,最小设计水深2.5m。河床基本无纵坡。河道水量充足,目前为劣Ⅴ类水质。

【河漫滩】主要采用直立式或半直立式驳岸,无河漫滩或二级滩地。

【护坡】护岸工程采用直立式或半直立式、浆砌块石护岸或混凝土挡墙,以半自然岸线为主。

【堤岸】河道两侧有部分直接滨水的码头港口岸线和部分连续的堤顶路,无连续的防护林和护堤植被。石湖以西城郊地区堤岸为农田、湿地或荒地,部分地段生态状况良好。

【堤外土地利用】沿途为农业、工业、仓储和居住等功能混杂的用地,亦有城郊休闲绿地,途经横塘驿、石湖上方山风景名胜区和澹台湖三处重要文化遗产。目前两岸用地功能混杂,环境质量较差,石湖以西的城郊农业用地面临被城市化蚕食的危险(《京杭运河苏南段工程技术总结》,1999;《2003年苏州市环境状况公报》,2004)。

【剖面图】

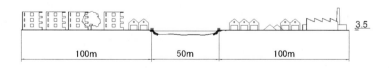

图5.322 江南运河运河公园——宝带桥段两岸100m范围剖面图

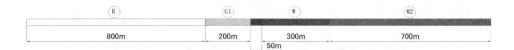

图 5.323　江南运河运河公园——宝带桥段两岸 1000m 范围剖面图

图 5.324　江南运河运河公园——宝带桥段典型照片

C. 沿河遗产分布

此段河道文化遗产主要集中在上方山、石湖景区，目前遗产保护均存在不同程度的问题。其中运河航运对宝带桥的保护造成了严重影响，行春桥、越城桥面临的威胁主要来自地面交通，横塘驿站则主要面临视觉景观和使用功能的不协调。

表 5.138　江南运河运河公园——宝带桥段主要文化遗产分布表

遗产名称	遗产类型	与运河关系类型	地址	时代	保存状况	文物级别	备注
横塘驿站	古建筑	历史相关	江苏省苏州市横塘	始建年代不详，现存为同治十三年（1874）年建	原物保存较好	省级文物保护单位	已考察
彩云桥	运河水利工程遗址	功能相关	江苏省苏州市横塘镇横塘驿站东侧	始建年代不详，现存为民国十七年（1928）重建	改建恢复	市县级文物保护单位	已考察

（续　表）

遗产名称	遗产类型	与运河关系类型	地址	时代	保存状况	文物级别	备注
烈士陵园	近现代重要史迹	空间相关	江苏省苏州市横山	1956年	不明	市县级文物保护单位	未考察
星火村遗址	古遗址	空间相关	江苏省苏州市星火村东500m	商周后期，1984年拓运河时发现	不明	不详	未考察
越城桥	运河水利工程遗址	功能相关	江苏省苏州市横塘镇石湖北侧，跨越来溪	始建年代不详，现存为清代重建	原物保存较好	市县级文物保护单位	已考察
行春桥	运河水利工程遗址	功能相关	江苏省苏州市横塘镇上方山路，跨石湖北渚	始建年代不详，现存为清代重建	原物保存较好	市县级文物保护单位	已考察
楞枷寺塔	古建筑	空间相关	江苏省苏州市上方山	北宋	原物保存较好	省级文物保护单位	已考察
吴城遗址	古遗址	空间相关	江苏省苏州市石湖磨盘屿，属治平寺遗址	春秋	不明	不详	未考察
治平寺遗址	古遗址	空间相关	江苏省苏州市石湖	新石器时期	不明	市县级文物保护单位	未考察
越城遗址	古遗址	空间相关	江苏省苏州市石湖	新石器时期至春秋	不明	省级文物保护单位	未考察
申时行墓	古墓葬	空间相关	江苏省苏州市石湖吴山东麓周家桥村	明	不明	省级文物保护单位	未考察
渔庄	古建筑	空间相关	江苏省苏州市石湖	1934年	不明	市县级文物保护单位	未考察

(续 表)

遗产名称	遗产类型	与运河关系类型	地址	时代	保存状况	文物级别	备注
范成大祠、诗碑	古建筑	空间相关	江苏省苏州市石湖	明清	不明	市县级文物保护单位	未考察
顾野王墓	古墓葬	空间相关	江苏省苏州市石湖西岸下舟村	南北朝	不明	市县级文物保护单位	未考察
宝带桥	运河水利工程遗址	功能相关	江苏省苏州市吴中区运河与澹台湖交口处	唐元和十一年至十四年（816—819）间始建，现存为元、明重修	原物保存较好	国家级文物保护单位	已考察

注：表中备注"未考察"遗产资料均据《苏州市历史文化名城规划》，2002。

(23) 江南运河宝带桥——吴江市段

A. 河段概况

此段运河途经地区为江南运河全线地势最低的一段，古为太湖泻水口，唐以前现吴江市南北均为太湖水体，无陆路。此段运河约形成于唐代，唐元和五年（810）苏州刺史王仲舒"堤松江为路"，筑宝带桥，形成了今运河的西堤，称为吴江塘路。吴越钱镠时亦有修治。北宋庆历二年（1042）又于唐堤之东筑堤，形成运河东堤。经过这几次修筑，太湖与湖东水乡基本隔开，此段运河定型（《运河访古》，1986；姚汉源，1998）。

目前此河段功能主要为航运，5级航道标准，同时兼有行洪排涝、灌溉和输水等功能。

沿线主要水利工程包括：年吞吐量500万吨以上的苏州港的部分码头泊位，以及宝带桥西蠡墅线航道与运河交汇处、年吞吐量10万吨左右的龙桥港。

B. 河道剖面

【河道】河床平均底宽30m左右，驳岸间口宽约45m。河床基本无纵坡。河道水量充足，目前为劣V类水质。

【河漫滩】无河漫滩或二级滩地。

【护坡】主要采用小驳岸、化纤（法布）模袋或混凝土块护岸形式，护坡坡比1:3左右。城镇段采用直立式或半直立式、浆砌块石护岸或混凝土挡墙。主要为半自然岸线。

【堤岸】此段运河与苏嘉公路紧邻，两岸结合公路绿化进行了景观整治，有连续植被。主要以人工管理的植被为主，视觉景观和环境质量较好。部分滨河地带仍存在绿化用地不足、用地功能混杂的现象。河道生态状况总体相对市区段较好。

【堤外土地利用】途经吴中区经济开发区（吴县经济开发区）和吴江经济开发区，两侧主要分布工业、仓储用地，对运河水质存在污染（《京杭运河苏南段工程技术总结》，1999；《2003年苏州市环境状况公报》，2004）。

【剖面图】

图5.325 江南运河宝带桥——吴江市段两岸100m范围剖面图

图5.326 江南运河宝带桥——吴江市段两岸1000m范围剖面图

图5.327 江南运河宝带桥——吴江市段典型照片

C. 沿河遗产分布

此段河道沿线文化遗产较少,未发现有历史价值的水工建筑和与运河相关的文化遗产。

(24) 江南运河吴江市区段

A. 河段概况

此段运河历史修筑情况同前文所述的宝带桥——吴江市段。

目前此河段功能主要为航运,5 级航道标准,同时兼有行洪排涝、灌溉和输水等功能。

沿线主要水利工程包括:年吞吐量 500 万吨以上的苏州港的部分码头泊位。

B. 河道剖面

【河道】河床平均底宽 30m 左右,驳岸间口宽约 45m。河床基本无纵坡。河道水量充足,目前为劣 V 类水质。

【河漫滩】主要采用直立式驳岸,无河漫滩或二级滩地。

【护坡】护岸工程采用直立式或半直立式、浆砌块石护岸或混凝土挡墙,全部为人工固化岸线。

【堤岸】河道两侧多为直接滨水的码头港口岸线和部分连续的堤顶路,有部分连续的道路绿化和护堤植被。

【堤外土地利用】此段河道为运河途经吴江市区段,两侧主要为城市建设用地,用地功能较为混杂,目前尚未进行有效的景观整治(《京杭运河苏南段工程技术总结》,1999;《2003 年苏州市环境状况公报》,2004)。

【剖面图】

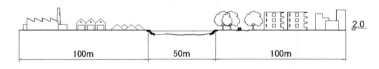

图 5.328　江南运河吴江市区段两岸 100m 范围剖面图

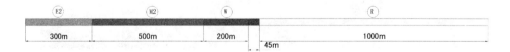

图 5.329　江南运河吴江市区段两岸 1000m 范围剖面图

图 5.330　江南运河吴江市区段典型照片

C. 沿河遗产分布

此段涉及的文化遗产主要有两处，均为古桥梁。

表 5.139　江南运河吴江市区段主要文化遗产分布表

遗产名称	遗产类型	与运河关系类型	地址	时代	保存状况	文物级别	备注
三里桥	运河水利工程遗址	功能相关	江苏省苏州市松陵北门外，跨古运河	元泰定元年（1324）始建，现存为清光绪年间重建	原物破坏严重	市县级文物保护单位	未考察
垂虹桥遗址	运河水利工程遗址	功能相关	江苏省苏州市松陵东门外，跨太湖通运河及吴淞江的隘口	北宋庆历八年（1048）始建，现存为元、明、清三代遗址	原物破坏严重	市县级文物保护单位	未考察
孔庙	古建筑	空间相关	江苏省苏州市吴江市中心	清	不明	市县级文物保护单位	未考察

(续 表)

遗产名称	遗产类型	与运河关系类型	地址	时代	保存状况	文物级别	备注
吴江公园宋蟠松碑	石刻	空间相关	江苏省苏州市吴江公园内	民国	不明	市县级文物保护单位	未考察
钱涤根烈士纪念碑	石刻	空间相关	江苏省苏州市吴江公园内	民国	不明	市县级文物保护单位	未考察

注：表中备注"未考察"遗产资料均据《苏州市历史文化名城保护规划》，2002。

(25) 江南运河吴江市区——平望镇段

A. 河段概况

此段运河历史修筑情况同前文所述的宝带桥——吴江市段。

目前此河段功能主要为航运，5级航道标准，同时兼有行洪排涝、灌溉和输水等功能。

沿途有部分港口、码头泊位，无重要水利工程设施。

B. 河道剖面

【河道】河床平均底宽30m左右，驳岸间口宽约45m。河床基本无纵坡。河道水量充足，目前为劣V类水质。

【河漫滩】无河漫滩或二级滩地。

【护坡】主要采用小驳岸、化纤（法布）模袋或混凝土块护岸形式，护坡坡比1:3左右。城镇段采用直立式或半直立式、浆砌块石护岸或混凝土挡墙。主要为半自然岸线。

【堤岸】此段运河与苏嘉公路紧邻，两岸结合公路绿化进行了景观整治，有连续植被。主要以人工管理的植被为主，视觉景观和环境质量较好。部分滨河地带仍存在绿化用地不足、用地功能混杂的现象。河道生态状况总体相对市区段较好。

【堤外土地利用】途经吴江经济开发区，两侧主要分布工业、仓储用地，对运河水质存在污染(《京杭运河苏南段工程技术总结》,1999;《2003年苏州市环境状况公报》,2004)。

【剖面图】

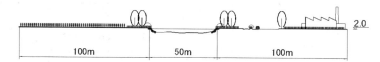

图 5.331　江南运河吴江市区——平望镇段两岸 100m 范围剖面图

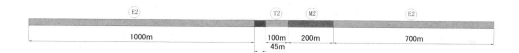

图 5.332　江南运河吴江市区——平望镇段两岸 1000m 范围剖面图

图 5.333　江南运河吴江市区——平望镇段典型照片

C.沿河遗产分布

此段河道沿线有著名的吴江古纤道遗址,始建于唐代,元、明均有修治,为省级文保单位。目前遗产本身的保护状况尚可,但与周围用地仍存在视觉景观不协调的问题。

表 5.140　江南运河吴江市区——平望镇段主要文化遗产分布表

遗产名称	遗产类型	与运河关系类型	地址	时代	保存状况	文物级别	备注
运河古纤道	运河水利工程遗址	功能相关	江苏省苏州市吴江城南	唐元和十一年至十四年（816—819）间始建,现存为元、明修缮遗址	原物破坏严重	省级文物保护单位	已考察

（26）江南运河平望镇区段

A. 河段概况

此段运河约形成于唐代,于宋代定型。目前此河段功能主要为航运,5 级航道标准,同时兼有行洪排涝、灌溉和输水等功能。沿途无重要水利等工程设施。

B. 河道剖面

【河道】河床平均底宽 30m 左右,驳岸间口宽约 45m。河床基本无纵坡。河道水量充足,目前为超 V 类水质。

【河漫滩】主要采用直立式驳岸,无河漫滩或二级滩地。

【护坡】护岸工程采用直立式或半直立式浆砌块石护岸或混凝土挡墙,全部为人工固化岸线。

【堤岸】河道两侧无连续的防护林和护堤植被。

【堤外土地利用】此段河道为运河途经平望镇区段,两岸主要为村镇建设用地,用地功能较为混杂,绿化情况、视觉景观和环境质量较差（《京杭运河苏南段工程技术总结》,1999;《2003 年苏州市环境状况公报》,2004）。

【剖面图】

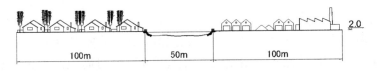

图 5.334　江南运河平望镇区段两岸 100m 范围剖面图

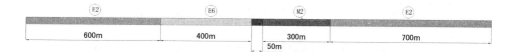

图 5.335　江南运河平望镇区段两岸 1000m 范围剖面图

图 5.336　江南运河平望镇区段典型照片

C.沿河遗产分布

此段涉及的文化遗产主要有三处。

表 5.141　江南运河平望镇区段主要文化遗产分布表

遗产名称	遗产类型	与运河关系类型	地址	时代	保存状况	文物级别	备注
安民桥	运河水利工程遗址	功能相关	江苏省苏州市北前街,跨古运河	明嘉靖三十四年(1555)始建,现存为明代重建	原物保存较好	市县级文物保护单位	已考察
安德桥	运河水利工程遗址	功能相关	江苏省苏州市司前街,运河与由页塘汇合处	唐大历年间(766—779)始建,现存为清同治年间重建	原物保存较好	市县级文物保护单位	已考察
小九华寺	古建筑	空间相关	江苏省苏州市莺脰湖北岸	2002 年重建	完全重建	市县级文物保护单位	已考察

(27) 江南运河平望镇——嘉兴北郊河段

A. 河段概况

此段运河又称苏州塘,南接嘉兴市北郊河、北连至上海的太浦河,是乍嘉苏5级航道的组成部分(《嘉兴市河道整治规划》,2004)。目前主要功能为航运,5级航道标准,同时兼有行洪排涝、灌溉和输水等功能。沿途无重要水利工程设施。

B. 河道剖面

【河道】河床平均底宽30m左右,驳岸间口宽约45m。河床基本无纵坡。河道水量充足,目前为劣V类水质。1999年水量曾达到52.8m³/h,下游围堵严重。

【河漫滩】沿岸分布有大量湖荡、圩田,以自然湿地为主。

【护坡】主要采用小驳岸、化纤(法布)模袋或混凝土块护岸形式,护坡坡比1:3左右。局部无护坡,为自然岸线。

【堤岸】无堤岸及护堤植被。

【堤外土地利用】此段运河途经苏州、嘉兴之间的大片湖塘、湿地、圩田区,河道两岸以自然景观为主,分布少量的工业用地和村庄、民居(《京杭运河苏南段工程技术总结》,1999;《2003年苏州市环境状况公报》,2004)。

【剖面图】

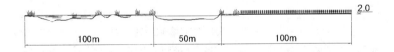

5.337 江南运河平望镇——嘉兴北郊河段两岸100m范围剖面图(1)

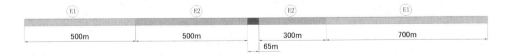

图5.338 江南运河平望镇——嘉兴北郊河段两岸1000m范围剖面图(1)

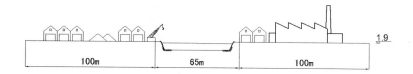

图5.339　江南运河平望镇——嘉兴北郊河段两岸100m范围剖面图(2)

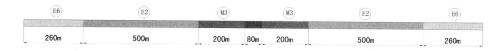

图5.340　江南运河平望镇——嘉兴北郊河段两岸1000m范围剖面图(2)

图5.341　江南运河平望镇——嘉兴北郊河段典型照片

C.沿河遗产分布

途经的文化遗产中,苏嘉两市交界处、属嘉兴市秀洲区王江泾镇的长虹桥为省级文物保护单位,目前得到了当地居民的自发保护,保护状况尚好;但由于处于运河主航道上,运河航运对其有一定的不良影响。

表 5.142 江南运河平望镇——嘉兴北郊河段主要文化遗产分布表

遗产名称	遗产类型	与运河关系类型	地址	时代	保存状况	文物级别	备注
先蚕祠（蚕花殿）	古建筑	空间相关	江苏省苏州市盛泽镇五龙路	清	不明	省级文物保护单位	未考察
济东会馆	古建筑	空间相关	江苏省苏州市盛泽镇斜桥街	清	不明	市县级文物保护单位	未考察
石塔	古建筑	空间相关	江苏省苏州市盛泽镇茅塔村小学内	清	不明	市县级文物保护单位	未考察
白龙桥	运河水利工程遗址	功能相关	江苏省苏州市盛泽镇坛丘白龙桥村	1911年	不明	市县级文物保护单位	未考察
升明桥	运河水利工程遗址	功能相关	江苏省苏州市盛泽镇跨东白漾口	清	不明	市县级文物保护单位	未考察
泰安桥	运河水利工程遗址	功能相关	江苏省苏州市盛泽镇黄家溪村,跨市河	清	不明	市县级文物保护单位	未考察
中和桥	运河水利工程遗址	功能相关	江苏省苏州市盛泽镇王家庄街,跨市河	清	不明	市县级文物保护单位	未考察

(续　表)

遗产名称	遗产类型	与运河关系类型	地址	时代	保存状况	文物级别	备注
长虹桥	古建筑	功能相关	浙江省嘉兴市秀洲区王江泾镇一里街东南	始建于明万历年间，清康熙五年（1666）重修，嘉庆十七年（1812）再修。太平天国时桥栏石损毁，光绪六年（1880）修复	原物保存良好	省级文物保护单位	已考察
长生桥	古建筑	功能相关	浙江省嘉兴市秀洲区东北部与嘉善县接壤的油车港镇	在史料中没有记载，确切建造年代无法考证，但桥中孔横梁上保留的"乾隆五十五仲春"石章可以证明其桥龄至少已有二百多年	不明	非文物保护单位，保护状况不明	未考察（嘉兴文化网）
刘王庙	近现代重要史迹	空间相关	浙江省嘉兴市王江泾东	不详	不明	市县级文物保护单位	未考察（嘉兴文化网）
日军碉堡群	近现代重要史迹	空间相关	浙江省嘉兴市王江泾镇长虹桥东	抗日战争时期	不明	市县级文物保护单位	未考察（嘉兴文化网）
问松桥	古建筑	功能相关	浙江省嘉兴市新塍镇	现存石桥为清道光壬寅道光十二年（1842）里人重建的	不明	非文物保护单位，保护状况不明	未考察（嘉兴文化网）

注：表中备注"未考察"遗产资料除特殊注明外均据《苏州市历史文化名城规划》，2002。

（28）江南运河山塘河、上塘河段

A.河段概况

此两段运河约形成于隋唐时期。山塘河据记载为唐代白居易任苏州刺史时所开，宋元至明清各代均有修治。其中上塘河为明清大运河主线，山塘河为运河支线。目前此河段已无航运功能，主要为休闲旅游功能，同时兼有排涝、输水等功能。沿途无重要水利工程设施。

B.河道剖面

【河道】山塘河河道宽 20—50m，上塘河河道宽 30—40m。河床基本无纵坡。河道水量充足，目前为劣Ⅴ类水质。

【河漫滩】河道流经城区，无河漫滩。

【护坡】主要采用直立式浆砌块石护岸。局部有延伸入水的石埠。

【堤岸】有局部连续的护堤植被，形成乔、灌、草结合的多层次绿化，目前状况较好。部分河段建筑直接临水。

【堤外土地利用】此段运河流经苏州城区，两岸分布有大量的传统民居、文物古迹、园林名胜（《苏州词典》，1999；《2003年苏州市环境状况公报》，2004）。

【剖面图】

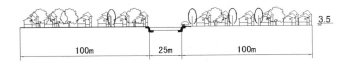

图 5.342　江南运河山塘河段两岸 100m 范围剖面图

图 5.343　江南运河山塘河段两岸 1000m 范围剖面图

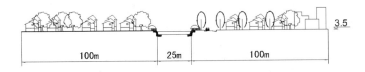

图 5.344　江南运河上塘河段两岸 100m 范围剖面图

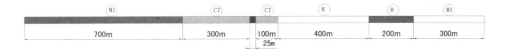

图 5.345　江南运河上塘河段两岸 1000m 范围剖面图

图 5.346　江南运河山塘河段典型照片

图 5.347　江南运河上塘河段典型照片

C. 沿河遗产分布

两河段沿河分布有大量的文化遗产。其中山塘河以虎丘、名人故居、祠堂牌坊群而著称。上塘河沿线则分布有留园、戒幢律寺、潮州会馆等著名古迹。

表 5.143 江南运河山塘河段主要文化遗产分布表

遗产名称	遗产类型	与运河关系类型	地址	时代	保存状况	文物级别	备注
西山庙桥	运河水利工程遗址	功能相关	江苏省苏州市山塘街西首（山塘）	清	不明	非文物保护单位,但已纳入特定保护范围	未考察
万点桥	运河水利工程遗址	功能相关	江苏省苏州市山塘街席场弄口（山塘）	清	不明	非文物保护单位,但已纳入特定保护范围	未考察
绿水桥	运河水利工程遗址	功能相关	江苏省苏州市山塘街（山塘）	清	不明	非文物保护单位,但已纳入特定保护范围	未考察
青山桥	运河水利工程遗址	功能相关	江苏省苏州市山塘街五人墓侧（山塘）	清	不明	非文物保护单位,但已纳入特定保护范围	未考察
普济桥	运河水利工程遗址	功能相关	江苏省苏州市山塘街（山塘）	清	不明	非文物保护单位,但已纳入特定保护范围	未考察
星桥	运河水利工程遗址	功能相关	江苏省苏州市山塘街星桥湾（山塘）	清	不明	非文物保护单位,但已纳入特定保护范围	未考察
通贵桥	运河水利工程遗址	功能相关	江苏省苏州市山塘街杨安浜口（山塘）	清	不明	非文物保护单位,但已纳入特定保护范围	未考察

(续　表)

遗产名称	遗产类型	与运河关系类型	地址	时代	保存状况	文物级别	备注
白姆桥	运河水利工程遗址	功能相关	江苏省苏州市山塘街(山塘)	清	不明	非文物保护单位,但已纳入特定保护范围	未考察
龙华寺桥	运河水利工程遗址	功能相关	江苏省苏州市虎丘乡茶花村	清	不明	非文物保护单位,但已纳入特定保护范围	未考察
引善桥	运河水利工程遗址	功能相关	江苏省苏州市虎丘乡茶花村打柴浜	清	不明	非文物保护单位,但已纳入特定保护范围	未考察
同善桥	运河水利工程遗址	功能相关	江苏省苏州市虎丘山塘普济桥西南	清	不明	非文物保护单位,但已纳入特定保护范围	未考察
白公堤石幢	石刻	功能相关	江苏省苏州市山塘街五人墓院内	明	不明	市县级文物保护单位	未考察
石牌坊	石刻	空间相关	江苏省苏州市渡僧桥下塘水星桥(山塘)	清	不明	非文物保护单位,但已纳入特定保护范围	未考察
杨孝子坊	石刻	空间相关	江苏省苏州市山塘街603号前(山塘)	清	不明	非文物保护单位,但已纳入特定保护范围	未考察
吕袁氏节孝坊	石刻	空间相关	江苏省苏州市山塘街609号前(山塘)	清	不明	非文物保护单位,但已纳入特定保护范围	未考察
陈张氏节孝坊	石刻	空间相关	江苏省苏州市山塘街696号前(山塘)	清	不明	非文物保护单位,但已纳入特定保护范围	未考察

（续　表）

遗产名称	遗产类型	与运河关系类型	地址	时代	保存状况	文物级别	备注
唐孝子坊	石刻	空间相关	江苏省苏州市山塘街696号前（山塘）	清	不明	非文物保护单位,但已纳入特定保护范围	未考察
萧烈妇坊	石刻	空间相关	江苏省苏州市山塘街704号前（山塘）	清	不明	非文物保护单位,但已纳入特定保护范围	未考察
潘陈氏节孝坊	石刻	空间相关	江苏省苏州市山塘街707号旁（山塘）	清	不明	非文物保护单位,但已纳入特定保护范围	未考察
千古义风坊	石刻	空间相关	江苏省苏州市山塘街775号内（五人墓前）	清	不明	非文物保护单位,但已纳入特定保护范围	未考察
石牌坊	石刻	空间相关	江苏省苏州市山塘街840号前（李鸿章祠东）	清	不明	非文物保护单位,但已纳入特定保护范围	未考察
金鸡墩遗址	古遗址	空间相关	江苏省苏州市虎丘区	新石器	不明	市县级文物保护单位	未考察
云岩寺塔	古建筑	空间相关	江苏省苏州市虎丘	五代至宋	原物保存较好	国家级文物保护单位	已考察
钱处士墓	古墓葬	空间相关	江苏省苏州市山塘街	清	不明	市县级文物保护单位	未考察
虎丘摩崖石刻	石刻	空间相关	江苏省苏州市虎丘	唐至清	原物保存较好	市县级文物保护单位	已考察

（续　表）

遗产名称	遗产类型	与运河关系类型	地址	时代	保存状况	文物级别	备注
陈去病墓	古墓葬	空间相关	江苏省苏州市山塘街	1935年	不明	市县级文物保护单位	未考察
李鸿章祠	古建筑	空间相关	江苏省苏州市山塘街	清	不明	市县级文物保护单位	未考察
李氏祗遹义庄	古建筑	空间相关	江苏省苏州市山塘街	清	不明	非文物保护单位，但已纳入特定保护范围	未考察
鲍传德庄祠	古建筑	空间相关	江苏省苏州市山塘街787号	民国	不明	非文物保护单位，但已纳入特定保护范围	未考察
葛成墓	古墓葬	空间相关	江苏省苏州市山塘街	明	不明	省级文物保护单位	未考察
五人墓	古墓葬	空间相关	江苏省苏州市山塘街	明	不明	省级文物保护单位	未考察
观音阁	古建筑	空间相关	江苏省苏州市山塘街578号	民国	不明	非文物保护单位，但已纳入特定保护范围	未考察
吴廷琛故居	古建筑	空间相关	江苏省苏州市百塔西路80号	清	不明	非文物保护单位，但已纳入特定保护范围	未考察
汪氏义庄	古建筑	空间相关	江苏省苏州市山塘街480号	清	不明	非文物保护单位，但已纳入特定保护范围	未考察

(续　表)

遗产名称	遗产类型	与运河关系类型	地址	时代	保存状况	文物级别	备注
郁家祠堂	古建筑	空间相关	江苏省苏州市山塘街502号	民国	不明	非文物保护单位,但已纳入特定保护范围	未考察
陆润庠故居	古建筑	空间相关	江苏省苏州市阊门内下塘街10号	清	不明	非文物保护单位,但已纳入特定保护范围	未考察
庄宅	古建筑	空间相关	江苏省苏州市西海岛3号	清	不明	非文物保护单位,但已纳入特定保护范围	未考察
余宅花园	古建筑	空间相关	江苏省苏州市阊门西街38号	清、民国	不明	非文物保护单位,但已纳入特定保护范围	未考察
惇裕堂王宅	古建筑	空间相关	江苏省苏州市潘儒巷77号	清	不明	非文物保护单位,但已纳入特定保护范围	未考察
许宅	古建筑	空间相关	江苏省苏州市山塘街250号	清	不明	非文物保护单位,但已纳入特定保护范围	未考察
玉涵堂	古建筑	空间相关	江苏省苏州市东杨安浜	明清	不明	市县级文物保护单位	未考察
顾家花园	古建筑	空间相关	江苏省苏州市广济路242号、北浩弄61号	民国	不明	非文物保护单位,但已纳入特定保护范围	未考察
新民桥雕花厅	古建筑	空间相关	江苏省苏州市新民桥	清	一无可考	市县级文物保护单位	未考察

（续　表）

遗产名称	遗产类型	与运河关系类型	地址	时代	保存状况	文物级别	备注
玉涵堂	古建筑	空间相关	江苏省苏州市东杨安浜	明清	不明	市县级文物保护单位	未考察
陶贞孝祠	古建筑	空间相关	江苏省苏州市山塘街696号	清	不明	非文物保护单位,但已纳入特定保护范围	未考察
某宅	古建筑	空间相关	江苏省苏州市山塘街252号	清	不明	非文物保护单位,但已纳入特定保护范围	未考察
某宅	古建筑	空间相关	江苏省苏州市山塘街454号	清	不明	非文物保护单位,但已纳入特定保护范围	未考察
敕建报恩禅寺	古建筑	空间相关	江苏省苏州市山塘街728号	清	不明	非文物保护单位,但已纳入特定保护范围	未考察
岭南会馆头门	古建筑	空间相关	江苏省苏州市山塘街136号	清	不明	非文物保护单位,但已纳入特定保护范围	未考察
山东会馆门墙	古建筑	空间相关	江苏省苏州市山塘街552号	清	不明	非文物保护单位,但已纳入特定保护范围	未考察
天和药铺	古建筑	空间相关	江苏省苏州市山塘街374号	清	不明	非文物保护单位,但已纳入特定保护范围	未考察

表 5.144　江南运河上塘河段主要文化遗产分布表

遗产名称	遗产类型	与运河关系类型	地址	时代	保存状况	文物级别	备注
下津桥	运河水利工程遗址	功能相关	江苏省苏州市枫桥路（上塘河）	明成化十八年（1482）始建，现存为清代重建	原物保存较好	市县级文物保护单位	已考察
上津桥	运河水利工程遗址	功能相关	江苏省苏州市枫桥路（上塘河）	始建年代不详，现存为清代重建	原物保存较好	市县级文物保护单位	已考察
长善浜桥	运河水利工程遗址	功能相关	江苏省苏州市上津桥下塘街（上塘河）	清	不明	非文物保护单位，但已纳入特定保护范围	未考察
普安桥	运河水利工程遗址	功能相关	江苏省苏州市上塘街（上塘河）	清	不明	市县级文物保护单位	未考察
鸭蛋桥	运河水利工程遗址	功能相关	江苏省苏州市阊门外鸭蛋桥浜饭店弄（城外）	清	不明	非文物保护单位，但已纳入特定保护范围	未考察
潮州会馆	古建筑	历史相关	江苏省苏州市上塘街	清康熙四十七年（1708）始建，现存为清代重建	原物破坏严重	市县级文物保护单位	已考察
安徽会馆	古建筑	空间相关	江苏省苏州市阊门外辛庄	民国	不明	非文物保护单位，但已纳入特定保护范围	未考察

（续　表）

遗产名称	遗产类型	与运河关系类型	地址	时代	保存状况	文物级别	备注
戒幢律寺	古建筑	空间相关	江苏省苏州市古城外虎丘路西园弄	清重建	原物保存良好	省级文物保护单位	已考察
留园	古建筑	空间相关	江苏省苏州市古城外留园路	明清	原物保存良好	国家级文物保护单位	已考察
汀洲会馆	古建筑	空间相关	江苏省苏州市阊门外上塘街285、287号	清	不明	非文物保护单位，但已纳入特定保护范围	未考察
叶天士故居	古建筑	空间相关	江苏省苏州市渡僧桥下塘街48、50、52、54号	清	不明	非文物保护单位，但已纳入特定保护范围	未考察
梨园公所	古建筑	空间相关	江苏省苏州市义慈相三乐湾16号	晚清	不明	非文物保护单位，但已纳入特定保护范围	未考察
刘家花园	古建筑	空间相关	江苏省苏州市金石街33号	民国	不明	非文物保护单位，但已纳入特定保护范围	未考察
顾家花园	古建筑	空间相关	江苏省苏州市广济路242号、北浩弄61号	民国	不明	非文物保护单位，但已纳入特定保护范围	未考察

注：以上二表中备注"未考察"遗产资料均据《苏州市历史文化名城保护规划》，2002。

（29）江南运河护城河段

A. 河段概况

此段运河为苏州古城城壕，确切形成年代不详。至隋唐运河开通时已存在，以后各代均有修治。目前此河段已无航运功能，主要功能为休闲旅游，同时兼有排涝、输水、蓄水等功能。沿途无重要水利工程设施。

B. 河道剖面

【河道】全长 17.48km，宽度 30—100m 不等，底宽 15—40m 不等，平均水深 2.8m。河床基本无纵坡。河道水量充足，目前为劣 V 类水质。

【河漫滩】河道流经城区，无河漫滩。

【护坡】主要采用直立式浆砌块石护岸，局部有延伸入水的石埠。

【堤岸】经过苏州市环古城风貌一期、二期工程的治理，目前堤岸绿化状况良好，有连续的植被绿化带，形成乔、灌、草结合的多层次绿化。

【堤外土地利用】此段运河流经苏州城区，两岸主要为绿化和文物古迹用地，亦分布有城市居住、公共设施、工业等用地（《苏州词典》，1999；《苏州市环城绿带总体规划》，2001；《2003 年苏州市环境状况公报》，2004）。

【剖面图】

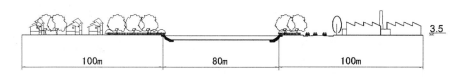

图 5.348　江南运河护城河段两岸 100m 范围剖面图

图 5.349　江南运河护城河段两岸 1000m 范围剖面图

图 5.350　江南运河护城河段典型照片

C. 沿河遗产分布

此段沿河分布大量文化遗产。经过统一规划,形成的环城绿带总面积 270hm², 其中水面 110hm²、绿地 160hm², 共涉及古城 54 个街坊中的 19 个街坊, 将 5 座明清古桥、4480m 古城墙遗址、8 处全国及省市文物保护单位(包括著名的瑞光塔、耦园、胥门等)综合结合在一起, 为遗产的保护提供了良好的环境。但目前对胥门和南门路地区的近代工业遗产重视不足, 应在未来继续发掘、保护和利用。

表 5.145　江南运河护城河段主要文化遗产分布表

遗产名称	遗产类型	与运河关系类型	地址	时代	保存状况	文物级别	备注
阊门遗址	古遗址	历史相关	江苏省苏州市西中市西首(15 号街坊)	元重建,明清重修	改建恢复	市级文物保护单位	已考察
金门	古建筑	历史相关	江苏省苏州市景德路西首	始建年代不详,现存为民国二十年(1931)建	原物破坏严重	市县级文物保护单位	已考察

（续　表）

遗产名称	遗产类型	与运河关系类型	地址	时代	保存状况	文物级别	备注
南濠（浩）桥	运河水利工程遗址	功能相关	江苏省苏州市胥门外南浩街与万年桥大街相接处	清	不明	非文物保护单位,但已纳入特定保护范围	未考察
吉水桥	运河水利工程遗址	功能相关	江苏省苏州市盘门外,跨盘溪	清	不明	非文物保护单位,但已纳入特定保护范围	未考察
程桥	运河水利工程遗址	功能相关	江苏省苏州市盘门内西大街	清	不明	非文物保护单位,但已纳入特定保护范围	未考察
鸿生火柴厂旧址	近现代重要史迹	历史相关	江苏省苏州市盘胥路西侧护城河畔	1920年	原物保存较好	非文物保护单位,但已纳入特定保护范围	未考察（《吴门桥:城南话沧桑》,2004）
胥门	古建筑	历史相关	江苏省苏州市城西	约始建于春秋时期,现存为元代重建	原物破坏严重	市县级文物保护单位	已考察
吴门桥	运河水利工程遗址	功能相关	江苏省苏州市盘门外	北宋元丰七年（1084）始建,现存为清同治十一年（1872）重建	原物保存较好	市县级文物保护单位	已考察

（续　表）

遗产名称	遗产类型	与运河关系类型	地址	时代	保存状况	文物级别	备注
盘门	古建筑	历史相关	江苏省苏州市古城西南角	约始建于春秋时期，现存为元代重建	原物保存较好	省级文物保护单位	已考察
水关桥	运河水利工程遗址	功能相关	江苏省苏州市盘门水关外	清	原物保存较好	非文物保护单位，但已纳入特定保护范围	已考察
兴龙桥	运河水利工程遗址	功能相关	江苏省苏州市盘门外兴龙桥下塘	清	原物保存较好	非文物保护单位，但已纳入特定保护范围	已考察
日本领事馆旧址	近现代重要史迹	历史相关	江苏省苏州市南门路94号	民国十四年（1925）建	原物保存良好	市县级文物保护单位	已考察
日商瑞丰丝厂旧址	近现代重要史迹	历史相关	江苏省苏州市南门路95号	1926年	原物保存良好	非文物保护单位，但有相应机构或个人维护	已考察
苏纶纱厂旧址	近现代重要史迹	历史相关	江苏省苏州市南门路裕棠桥堍	始建于清光绪二十三年（1897）	原物保存较好	非文物保护单位，但已纳入特定保护范围	已考察
齐门水门遗址	古遗址	功能相关	江苏省苏州市1978年发现，疑已破坏	南宋	保存状况不明	非文物保护单位，保护状况不明	未考察

（续　表）

遗产名称	遗产类型	与运河关系类型	地址	时代	保存状况	文物级别	备注
全晋会馆	古建筑	历史相关	江苏省苏州市中张家巷	清乾隆三十年（1765）始建，现存为清末民初重建	原物保存较好	省级文物保护单位	已考察
拙政园	古建筑	空间相关	江苏省苏州市东北街	明清	原物保存良好	国家级文物保护单位	已考察
太平天国忠王府	古建筑	空间相关	江苏省苏州市东北街	1861—1863年	原物保存良好	国家级文物保护单位	已考察
环秀山庄	古建筑	空间相关	江苏省苏州市景德路	明清	原物保存良好	国家级文物保护单位	已考察
玄妙观三清殿	古建筑	空间相关	江苏省苏州市观前街	南宋	不明	国家级文物保护单位	未考察
耦园	古建筑	空间相关	江苏省苏州市小新桥巷	清	不明	国家级文物保护单位	未考察
罗汉院双塔及正殿遗址	古建筑	空间相关	江苏省苏州市定慧寺巷	北宋	原物保存良好	国家级文物保护单位	已考察
苏州文庙及宋代石刻	古建筑	空间相关	江苏省苏州市人民路	南宋	不明	国家级文物保护单位	未考察

(续　表)

遗产名称	遗产类型	与运河关系类型	地址	时代	保存状况	文物级别	备注
网师园	古建筑	空间相关	江苏省苏州市阔家头巷	清	原物保存良好	国家级文物保护单位	已考察
瑞光寺塔	古建筑	空间相关	江苏省苏州市盘门内	北宋	原物保存良好	国家级文物保护单位	已考察
报恩寺塔	古建筑	空间相关	江苏省苏州市平门内、人民路	南宋	不明	省级文物保护单位	未考察
张士诚纪功碑	石刻	空间相关	江苏省苏州市西北街	元	不明	省级文物保护单位	未考察
五峰园	古建筑	空间相关	江苏省苏州市阊门内下塘	明清	不明	省级文物保护单位	未考察
狮子林	古建筑	空间相关	江苏省苏州市园林路	清及民国改建	原物保存良好	省级文物保护单位	已考察
艺圃	古建筑	空间相关	江苏省苏州市文衙弄	明	原物保存良好	省级文物保护单位	已考察
王鏊祠	古建筑	空间相关	江苏省苏州市景德路	明	不明	省级文物保护单位	未考察
城隍庙工字殿	古建筑	空间相关	江苏省苏州市景德路	明	不明	省级文物保护单位	未考察
怡园	古建筑	空间相关	江苏省苏州市人民路	清	不明	省级文物保护单位	未考察

（续　表）

遗产名称	遗产类型	与运河关系类型	地址	时代	保存状况	文物级别	备注
俞樾故居	古建筑	空间相关	江苏省苏州市马医科	清	不明	省级文物保护单位	未考察
东吴大学旧址	古建筑	空间相关	江苏省苏州市十梓街	1901年	不明	省级文物保护单位	未考察
天香小筑	古建筑	空间相关	江苏省苏州市人民路	1933年	不明	省级文物保护单位	未考察
瑞云峰	古建筑	空间相关	江苏省苏州市带城桥下塘	北宋	不明	省级文物保护单位	未考察
织造署旧址	古建筑	空间相关	江苏省苏州市带城桥下塘	清	不明	省级文物保护单位	未考察
开元寺无梁殿	古建筑	空间相关	江苏省苏州市东大街	明	不明	省级文物保护单位	未考察
沧浪亭	古建筑	空间相关	江苏省苏州市沧浪亭街	清重建	原物保存良好	省级文物保护单位	实地考察
苏州美术专科学校旧址	古建筑	空间相关	江苏省苏州市沧浪亭东	1932年	原物保存良好	省级文物保护单位	实地考察
桃坞中学旧址	古建筑	空间相关	江苏省苏州市宝城桥街	1920年代	不明	市县级文物保护单位	未考察
朴园	古建筑	空间相关	江苏省苏州市河西巷	1932年	不明	市县级文物保护单位	未考察

（续　表）

遗产名称	遗产类型	与运河关系类型	地址	时代	保存状况	文物级别	备注
唐寅祠	古建筑	空间相关	江苏省苏州市廖家巷	清	不明	市县级文物保护单位	未考察
唐寅故居遗址	古建筑	空间相关	江苏省苏州市双荷花池	清重建	不明	市县级文物保护单位	未考察
外五泾弄近代住宅	古建筑	空间相关	江苏省苏州市外五泾弄	1936年	不明	市县级文物保护单位	未考察
泰伯庙	古建筑	空间相关	江苏省苏州市阊门内下塘	清重建	不明	市县级文物保护单位	未考察
文山寺	古建筑	空间相关	江苏省苏州市文丞相弄	清	不明	市县级文物保护单位	未考察
残粒园	古建筑	空间相关	江苏省苏州市装驾桥巷	清	不明	市县级文物保护单位	未考察
王氏惇裕义庄	古建筑	空间相关	江苏省苏州市潘儒巷	清	不明	市县级文物保护单位	未考察
北半园	古建筑	空间相关	江苏省苏州市白塔东路	清	不明	市县级文物保护单位	未考察
北张家巷雕花楼	古建筑	空间相关	江苏省苏州市北张家巷	清	不明	市县级文物保护单位	未考察
武安会馆	古建筑	空间相关	江苏省苏州市天库前	清	不明	市县级文物保护单位	未考察
春晖堂杨宅	古建筑	空间相关	江苏省苏州市景德路	清	不明	市县级文物保护单位	未考察

（续　表）

遗产名称	遗产类型	与运河关系类型	地址	时代	保存状况	文物级别	备注
太平天国军械所遗址	古建筑	空间相关	江苏省苏州市马大录巷	1860—1863年	不明	市县级文物保护单位	未考察
蒲林巷近代住宅	古建筑	空间相关	江苏省苏州市蒲林巷	1924年	不明	市县级文物保护单位	未考察
范义庄	古建筑	空间相关	江苏省苏州市范庄前	清重建	不明	市县级文物保护单位	未考察
吴梅故居	古建筑	空间相关	江苏省苏州市蒲林巷	清	不明	市县级文物保护单位	未考察
冯桂芬祠	古建筑	空间相关	江苏省苏州市史家巷	清重建	不明	市县级文物保护单位	未考察
洪钧故居及庄祠	古建筑	空间相关	江苏省苏州市悬桥巷	清	不明	市县级文物保护单位	未考察
钱宅	古建筑	空间相关	江苏省苏州市悬桥巷	明、清	不明	市县级文物保护单位	未考察
惠荫园	古建筑	空间相关	江苏省苏州市南显子巷	明清	不明	市县级文物保护单位	未考察
顾颉刚故居	古建筑	空间相关	江苏省苏州市悬桥巷顾家花园	清、民国	不明	市县级文物保护单位	未考察
东花桥巷汪宅	古建筑	空间相关	江苏省苏州市东花桥巷	清	不明	市县级文物保护单位	未考察
卫道观前潘宅	古建筑	空间相关	江苏省苏州市卫道观前	清	不明	市县级文物保护单位	未考察

（续　表）

遗产名称	遗产类型	与运河关系类型	地址	时代	保存状况	文物级别	备注
卫道观	古建筑	空间相关	江苏省苏州市卫道观前	清重建	不明	市县级文物保护单位	未考察
梵门桥弄吴宅	古建筑	空间相关	江苏省苏州市梵门桥弄	明清	不明	市县级文物保护单位	未考察
荫庐	古建筑	空间相关	江苏省苏州市景德路	1934年	不明	市县级文物保护单位	未考察
听枫园	古建筑	空间相关	江苏省苏州市庆元坊	清	不明	市县级文物保护单位	未考察
过云楼	古建筑	空间相关	江苏省苏州市干将路	清	不明	市县级文物保护单位	未考察
铁瓶巷任宅	古建筑	空间相关	江苏省苏州市干将路	清	不明	市县级文物保护单位	未考察
鹤园	古建筑	空间相关	江苏省苏州市韩家巷	清	不明	市县级文物保护单位	未考察
乐群社会堂	古建筑	空间相关	江苏省苏州市宫巷	1921年	不明	市县级文物保护单位	未考察
文起堂	古建筑	空间相关	江苏省苏州市干将路	明	不明	市县级文物保护单位	未考察
钮家巷潘宅	古建筑	空间相关	江苏省苏州市钮家巷	清	不明	市县级文物保护单位	未考察
长洲县学大成殿	古建筑	空间相关	江苏省苏州市干将路	清重建	不明	市县级文物保护单位	未考察

(续　表)

遗产名称	遗产类型	与运河关系类型	地址	时代	保存状况	文物级别	备注
庙堂巷近代住宅	古建筑	空间相关	江苏省苏州市庙堂巷	1930年代	不明	市县级文物保护单位	未考察
畅园	古建筑	空间相关	江苏省苏州市庙堂巷	清	不明	市县级文物保护单位	未考察
使徒堂	古建筑	空间相关	江苏省苏州市养育巷	1925年	不明	市县级文物保护单位	未考察
大石头巷吴宅	古建筑	空间相关	江苏省苏州市大石头巷	清	不明	市县级文物保护单位	未考察
南半园	古建筑	空间相关	江苏省苏州市仓米巷	清	不明	市县级文物保护单位	未考察
况公祠	古建筑	空间相关	江苏省苏州市西美巷	清	不明	市县级文物保护单位	未考察
章太炎故居	古建筑	空间相关	江苏省苏州市体育场路	1934年	不明	市县级文物保护单位	未考察
信孚里	古建筑	空间相关	江苏省苏州市十梓街	1933年	不明	市县级文物保护单位	未考察
金城新村	古建筑	空间相关	江苏省苏州市五卅路	1930年代	不明	市县级文物保护单位	未考察
万寿宫	古建筑	空间相关	江苏省苏州市民治路	清	不明	市县级文物保护单位	未考察
定慧寺	古建筑	空间相关	江苏省苏州市定慧寺巷	清重建	不明	市县级文物保护单位	未考察

(续　表)

遗产名称	遗产类型	与运河关系类型	地址	时代	保存状况	文物级别	备注
寿星桥	运河水利工程遗址	空间相关	江苏省苏州市望星桥北	宋至清	不明	市县级文物保护单位	未考察
官太尉桥	运河水利工程遗址	空间相关	江苏省苏州市石匠弄唐家巷口	清重建	不明	市县级文物保护单位	未考察
砖塔	古建筑	空间相关	江苏省苏州市甲辰巷	宋	不明	市县级文物保护单位	未考察
文星阁	古建筑	空间相关	江苏省苏州市相门内	明清	不明	市县级文物保护单位	未考察
巡抚衙门旧址	古建筑	空间相关	江苏省苏州市书院巷	清	不明	市县级文物保护单位	未考察
柴园	古建筑	空间相关	江苏省苏州市醋库巷	清	不明	市县级文物保护单位	未考察
叶圣陶故居	古建筑	空间相关	江苏省苏州市滚绣坊青石弄	清	不明	市县级文物保护单位	未考察
可园	古建筑	空间相关	江苏省苏州市沧浪亭街	清	不明	市县级文物保护单位	未考察
李根源故居	古建筑	空间相关	江苏省苏州市十全街	1923年	不明	市县级文物保护单位	未考察
沈德潜故居	古建筑	空间相关	江苏省苏州市阔家头巷	清	不明	市县级文物保护单位	未考察

(续　表)

遗产名称	遗产类型	与运河关系类型	地址	时代	保存状况	文物级别	备注
费仲深故居	古建筑	空间相关	江苏省苏州市桃花坞大街176号	清	不明	非文物保护单位,但已纳入特定保护范围	未考察
谢家福故居	古建筑	空间相关	江苏省苏州市桃花坞大街264号	清	不明	非文物保护单位,但已纳入特定保护范围	未考察
张宅	古建筑	空间相关	江苏省苏州市廖家巷15号	清	不明	非文物保护单位,但已纳入特定保护范围	未考察
吴宅	古建筑	空间相关	江苏省苏州市桃花坞大街120号	清	不明	非文物保护单位,但已纳入特定保护范围	未考察
钱大钧故居	古建筑	空间相关	江苏省苏州市人民路680号	民国	不明	非文物保护单位,但已纳入特定保护范围	未考察
尚志堂吴宅	古建筑	空间相关	江苏省苏州市西北街58、66号	清	不明	非文物保护单位,但已纳入特定保护范围	未考察

(续 表)

遗产名称	遗产类型	与运河关系类型	地址	时代	保存状况	文物级别	备注
关帝庙	古建筑	空间相关	江苏省苏州市西北街关帝庙弄4号	清	不明	非文物保护单位,但已纳入特定保护范围	未考察
瑞莲庵	古建筑	空间相关	江苏省苏州市齐门路星桥巷16、18、20、22号	清	不明	非文物保护单位,但已纳入特定保护范围	未考察
思绩堂潘宅	古建筑	空间相关	江苏省苏州市齐门路84号	清	不明	非文物保护单位,但已纳入特定保护范围	未考察
佛慧庵	古建筑	空间相关	江苏省苏州市齐门路平家巷14、16、17号	清	不明	非文物保护单位,但已纳入特定保护范围	未考察
张氏义庄	古建筑	空间相关	江苏省苏州市东北街222、224、226、228号	清	不明	非文物保护单位,但已纳入特定保护范围	未考察
亲仁堂张宅	古建筑	空间相关	江苏省苏州市东北街210号	清	不明	非文物保护单位,但已纳入特定保护范围	未考察

（续　表）

遗产名称	遗产类型	与运河关系类型	地址	时代	保存状况	文物级别	备注
灵迹司庙	古建筑	空间相关	江苏省苏州市东北街128号	清	不明	非文物保护单位,但已纳入特定保护范围	未考察
敬彝堂严宅	古建筑	空间相关	江苏省苏州市东北街116号	清	不明	非文物保护单位,但已纳入特定保护范围	未考察
许乃钊故居	古建筑	空间相关	江苏省苏州市东北街138、139、140、142号	清	不明	非文物保护单位,但已纳入特定保护范围	未考察
曹沧洲故居	古建筑	空间相关	江苏省苏州市阊门西街59、61号	清	不明	非文物保护单位,但已纳入特定保护范围	未考察
余宅花园	古建筑	空间相关	江苏省苏州市阊门西街38号	清、民国	不明	非文物保护单位,但已纳入特定保护范围	未考察
福济观	古建筑	空间相关	江苏省苏州市阊门内下塘街132号	清	不明	非文物保护单位,但已纳入特定保护范围	未考察

(续　表)

遗产名称	遗产类型	与运河关系类型	地址	时代	保存状况	文物级别	备注
永丰仓船埠	运河水利工程遗址	空间相关	江苏省苏州市阊门内下塘街崇祯真宫桥西	明	不明	非文物保护单位,但已纳入特定保护范围	未考察
庄宅	古建筑	空间相关	江苏省苏州市西海岛3号	清	不明	非文物保护单位,但已纳入特定保护范围	未考察
陆润庠故居	古建筑	空间相关	江苏省苏州市阊门内下塘街10号	清	不明	非文物保护单位,但已纳入特定保护范围	未考察
吴廷琛故居	古建筑	空间相关	江苏省苏州市百塔西路80号	清	不明	非文物保护单位,但已纳入特定保护范围	未考察
洪宅	古建筑	空间相关	江苏省苏州市百塔西路70、72、74号	清、民国	不明	非文物保护单位,但已纳入特定保护范围	未考察
温宅	古建筑	空间相关	江苏省苏州市百塔西路100号	清	不明	非文物保护单位,但已纳入特定保护范围	未考察

（续　表）

遗产名称	遗产类型	与运河关系类型	地址	时代	保存状况	文物级别	备注
潘奕藻故居	古建筑	空间相关	江苏省苏州市蒋庙前2、4、6、8、10号	清	不明	非文物保护单位,但已纳入特定保护范围	未考察
蒋侯庙	古建筑	空间相关	江苏省苏州市蒋庙前19、21、22号	清	不明	非文物保护单位,但已纳入特定保护范围	未考察
吴宅	古建筑	空间相关	江苏省苏州市谢衙前28、30、32号	清	不明	非文物保护单位,但已纳入特定保护范围	未考察
徐宅	古建筑	空间相关	江苏省苏州市皮市街257号	清	不明	非文物保护单位,但已纳入特定保护范围	未考察
吴钟骏故居	古建筑	空间相关	江苏省苏州市潘儒巷79、81号	清	不明	非文物保护单位,但已纳入特定保护范围	未考察
丰备义仓旧址	古建筑	空间相关	江苏省苏州市石家角4号	清	不明	非文物保护单位,但已纳入特定保护范围	未考察

第五章 京杭大运河现状特征与资源详述 507

（续表）

遗产名称	遗产类型	与运河关系类型	地址	时代	保存状况	文物级别	备注
德裕堂张宅	古建筑	空间相关	江苏省苏州市狮林寺巷72、75号	明	不明	非文物保护单位，但已纳入特定保护范围	未考察
惇裕堂王宅	古建筑	空间相关	江苏省苏州市潘儒巷77号	清	不明	非文物保护单位，但已纳入特定保护范围	未考察
王氏太原义庄	古建筑	空间相关	江苏省苏州市传芳巷2号	清	不明	非文物保护单位，但已纳入特定保护范围	未考察
华宅	古建筑	空间相关	江苏省苏州市东麒麟巷17号	清	不明	非文物保护单位，但已纳入特定保护范围	未考察
谦益堂潘宅	古建筑	空间相关	江苏省苏州市刘家浜26号	清	不明	非文物保护单位，但已纳入特定保护范围	未考察
尤先甲故居	古建筑	空间相关	江苏省苏州市刘家浜39、41、43号	清	不明	非文物保护单位，但已纳入特定保护范围	未考察

(续　表)

遗产名称	遗产类型	与运河关系类型	地址	时代	保存状况	文物级别	备注
申宅	古建筑	空间相关	江苏省苏州市刘家浜38号	清	不明	非文物保护单位,但已纳入特定保护范围	未考察
潘宅	古建筑	空间相关	江苏省苏州市五爱巷36号	清	不明	非文物保护单位,但已纳入特定保护范围	未考察
玉器公所	古建筑	空间相关	江苏省苏州市周王庙弄28号	清	不明	非文物保护单位,但已纳入特定保护范围	未考察
织造局旧址	古建筑	空间相关	江苏省苏州市五爱巷10号	清	不明	非文物保护单位,但已纳入特定保护范围	未考察
王鸣盛故居	古建筑	空间相关	江苏省苏州市王洗马巷26、28、30号	清	不明	非文物保护单位,但已纳入特定保护范围	未考察
春申君庙	古建筑	空间相关	江苏省苏州市王洗马巷16号	清	不明	非文物保护单位,但已纳入特定保护范围	未考察

（续　表）

遗产名称	遗产类型	与运河关系类型	地址	时代	保存状况	文物级别	备注
蔼庆堂	古建筑	空间相关	江苏省苏州市王洗马巷7号	清	不明	非文物保护单位,但已纳入特定保护范围	未考察
张宅	古建筑	空间相关	江苏省苏州市宋仙洲巷15号	清	不明	非文物保护单位,但已纳入特定保护范围	未考察
沈宅	古建筑	空间相关	江苏省苏州市三茅观巷26号、宋仙横街6号	清	不明	非文物保护单位,但已纳入特定保护范围	未考察
诵芬堂雷宅	古建筑	空间相关	江苏省苏州市包衙前20、22号	清	不明	非文物保护单位,但已纳入特定保护范围	未考察
潘曾玮故居	古建筑	空间相关	江苏省苏州市西百花巷4号	清	不明	非文物保护单位,但已纳入特定保护范围	未考察
金宅	古建筑	空间相关	江苏省苏州市西百花巷18、26号	清	不明	非文物保护单位,但已纳入特定保护范围	未考察

（续　表）

遗产名称	遗产类型	与运河关系类型	地址	时代	保存状况	文物级别	备注
许宅	古建筑	空间相关	江苏省苏州市高师巷2号	清	不明	非文物保护单位,但已纳入特定保护范围	未考察
张宅	古建筑	空间相关	江苏省苏州市高师巷22、24号	清	不明	非文物保护单位,但已纳入特定保护范围	未考察
王宅	古建筑	空间相关	江苏省苏州市曹家巷28号新乐里	民国	不明	非文物保护单位,但已纳入特定保护范围	未考察
季宅	古建筑	空间相关	江苏省苏州市马大箓巷37号	清	不明	非文物保护单位,但已纳入特定保护范围	未考察
周宅	古建筑	空间相关	江苏省苏州市马大箓巷9、11号	清	不明	非文物保护单位,但已纳入特定保护范围	未考察
顾宅	古建筑	空间相关	江苏省苏州市马大箓巷26号、高师巷23号	清	不明	非文物保护单位,但已纳入特定保护范围	未考察

(续　表)

遗产名称	遗产类型	与运河关系类型	地址	时代	保存状况	文物级别	备注
火神庙	古建筑	空间相关	江苏省苏州市景德路212号	清	不明	非文物保护单位,但已纳入特定保护范围	未考察
石宅	古建筑	空间相关	江苏省苏州市中街路10、12号	清	不明	非文物保护单位,但已纳入特定保护范围	未考察
吴大澂祖居	古建筑	空间相关	江苏省苏州市双林巷18、20、22、24、26号	清	不明	非文物保护单位,但已纳入特定保护范围	未考察
五路财神殿戏楼	古建筑	空间相关	江苏省苏州市范庄前5号	清	不明	非文物保护单位,但已纳入特定保护范围	未考察
长洲县城隍庙	古建筑	空间相关	江苏省苏州市雍熙寺弄8号	清	不明	非文物保护单位,但已纳入特定保护范围	未考察
程宅	古建筑	空间相关	江苏省苏州市闾邱坊巷46、50号	清、民国	不明	非文物保护单位,但已纳入特定保护范围	未考察

（续　表）

遗产名称	遗产类型	与运河关系类型	地址	时代	保存状况	文物级别	备注
詹宅	古建筑	空间相关	江苏省苏州市闾邱坊巷4、6号	清	不明	非文物保护单位，但已纳入特定保护范围	未考察
杭宅	古建筑	空间相关	江苏省苏州市白塔西路115、117、119、121、123、125号	清	不明	非文物保护单位，但已纳入特定保护范围	未考察
轩辕宫	古建筑	空间相关	江苏省苏州市祥符寺巷36号	清	不明	非文物保护单位，但已纳入特定保护范围	未考察
陆宅	古建筑	空间相关	江苏省苏州市祥符寺巷7、8号	清	不明	非文物保护单位，但已纳入特定保护范围	未考察
范烟桥故居	古建筑	空间相关	江苏省苏州市温家岸17、18号	清	不明	非文物保护单位，但已纳入特定保护范围	未考察
潘遵祁故居	古建筑	空间相关	江苏省苏州市白塔西路13、15号，西花桥巷3号	清	不明	非文物保护单位，但已纳入特定保护范围	未考察

(续　表)

遗产名称	遗产类型	与运河关系类型	地址	时代	保存状况	文物级别	备注
王氏怀新义庄	古建筑	空间相关	江苏省苏州市西花桥巷25号、白塔西路39号	清	不明	非文物保护单位,但已纳入特定保护范围	未考察
吴氏垂裕义庄	古建筑	空间相关	江苏省苏州市史家巷46、48号	清	不明	非文物保护单位,但已纳入特定保护范围	未考察
潘氏宅园	古建筑	空间相关	江苏省苏州市史家巷2号	清	不明	非文物保护单位,但已纳入特定保护范围	未考察
梓义公所	古建筑	空间相关	江苏省苏州市清洲观前34号	清	不明	非文物保护单位,但已纳入特定保护范围	未考察
玄妙观方丈殿	古建筑	空间相关	江苏省苏州市观成巷17号	清	不明	非文物保护单位,但已纳入特定保护范围	未考察
天宫寺	古建筑	空间相关	江苏省苏州市天宫寺弄1、3号	明、清	不明	非文物保护单位,但已纳入特定保护范围	未考察

（续　表）

遗产名称	遗产类型	与运河关系类型	地址	时代	保存状况	文物级别	备注
陈宅	古建筑	空间相关	江苏省苏州市菉葭巷49、50号	明、清	不明	非文物保护单位，但已纳入特定保护范围	未考察
潘宅	古建筑	空间相关	江苏省苏州市悬桥巷59号	清	不明	非文物保护单位，但已纳入特定保护范围	未考察
潘氏松麟义庄	古建筑	空间相关	江苏省苏州市悬桥巷58号	清	不明	非文物保护单位，但已纳入特定保护范围	未考察
丁氏济阳义庄	古建筑	空间相关	江苏省苏州市悬桥巷41号	清	不明	非文物保护单位，但已纳入特定保护范围	未考察
德邻堂吴宅	古建筑	空间相关	江苏省苏州市大儒巷8号	清	不明	非文物保护单位，但已纳入特定保护范围	未考察
查宅	古建筑	空间相关	江苏省苏州市悬桥巷37号	清	不明	非文物保护单位，但已纳入特定保护范围	未考察

（续　表）

遗产名称	遗产类型	与运河关系类型	地址	时代	保存状况	文物级别	备注
端善堂潘宅	古建筑	空间相关	江苏省苏州市大儒巷46、48、49、51、52号	清	不明	非文物保护单位,但已纳入特定保护范围	未考察
丁宅	古建筑	空间相关	江苏省苏州市大儒巷6号	清	不明	非文物保护单位,但已纳入特定保护范围	未考察
韩崇故居	古建筑	空间相关	江苏省苏州市大儒巷迎晓里4、6、8号和一弄4号	清	不明	非文物保护单位,但已纳入特定保护范围	未考察
昭庆寺	古建筑	空间相关	江苏省苏州市大儒巷38号	清	不明	非文物保护单位,但已纳入特定保护范围	未考察
郑宅	古建筑	空间相关	江苏省苏州市曹胡徐巷3号	清	不明	非文物保护单位,但已纳入特定保护范围	未考察
宋宅	古建筑	空间相关	江苏省苏州市曹胡徐巷76、80号	清	不明	非文物保护单位,但已纳入特定保护范围	未考察

（续　表）

遗产名称	遗产类型	与运河关系类型	地址	时代	保存状况	文物级别	备注
怀德堂凌宅	古建筑	空间相关	江苏省苏州市东花桥巷10号、姑打鼓巷3-1号	清	不明	非文物保护单位,但已纳入特定保护范围	未考察
杭氏义庄	古建筑	空间相关	江苏省苏州市东花桥巷41号	清	不明	非文物保护单位,但已纳入特定保护范围	未考察
潘宅	古建筑	空间相关	江苏省苏州市东花桥巷11号	清	不明	非文物保护单位,但已纳入特定保护范围	未考察
朱宅	古建筑	空间相关	江苏省苏州市曹胡徐巷51号	清	不明	非文物保护单位,但已纳入特定保护范围	未考察
周宅	古建筑	空间相关	江苏省苏州市曹胡徐巷17号	清	不明	非文物保护单位,但已纳入特定保护范围	未考察
徐氏春晖义庄	古建筑	空间相关	江苏省苏州市南石子街10-1号	清	不明	非文物保护单位,但已纳入特定保护范围	未考察

(续　表)

遗产名称	遗产类型	与运河关系类型	地址	时代	保存状况	文物级别	备注
潘祖荫故居	古建筑	空间相关	江苏省苏州市南石子街6、7、8、10号,迎春里12号	清	不明	非文物保护单位,但已纳入特定保护范围	未考察,苏州市历史文化名城保护规划
韩宅	古建筑	空间相关	江苏省苏州市南显巷5、6、7、8号	清	不明	非文物保护单位,但已纳入特定保护范围	未考察
清慎堂王宅	古建筑	空间相关	江苏省苏州市大柳枝巷9号	清	不明	非文物保护单位,但已纳入特定保护范围	未考察
邓氏宗祠	古建筑	空间相关	江苏省苏州市大柳枝巷18号	清	不明	非文物保护单位,但已纳入特定保护范围	未考察
徐宅	古建筑	空间相关	江苏省苏州市大柳枝巷13号	清	不明	非文物保护单位,但已纳入特定保护范围	未考察
笃佑堂袁宅	古建筑	空间相关	江苏省苏州市大新桥巷28号	清	不明	非文物保护单位,但已纳入特定保护范围	未考察

（续　表）

遗产名称	遗产类型	与运河关系类型	地址	时代	保存状况	文物级别	备注
庞宅	古建筑	空间相关	江苏省苏州市大新桥巷21号	清	不明	非文物保护单位,但已纳入特定保护范围	未考察
沈宅	古建筑	空间相关	江苏省苏州市中张家巷3号	清	不明	非文物保护单位,但已纳入特定保护范围	未考察
郭绍虞故居	古建筑	空间相关	江苏省苏州市大新桥巷12、13、20号	清	不明	非文物保护单位,但已纳入特定保护范围	未考察
蒋氏义庄	古建筑	空间相关	江苏省苏州市胡厢使巷35号	清	不明	非文物保护单位,但已纳入特定保护范围	未考察
唐纳故居	古建筑	空间相关	江苏省苏州市胡厢使巷40号	清	不明	非文物保护单位,但已纳入特定保护范围	未考察
杨宅	古建筑	空间相关	江苏省苏州市混堂巷8号	清	不明	非文物保护单位,但已纳入特定保护范围	未考察

(续 表)

遗产名称	遗产类型	与运河关系类型	地址	时代	保存状况	文物级别	备注
吴宅	古建筑	空间相关	江苏省苏州市中张家巷6号建新里	清	不明	非文物保护单位,但已纳入特定保护范围	未考察
汪氏诵芬义庄	古建筑	空间相关	江苏省苏州市平江路254号	清	不明	非文物保护单位,但已纳入特定保护范围	未考察
嘉寿堂陆宅	古建筑	空间相关	江苏省苏州市天官坊8、10号肃封里	清	不明	非文物保护单位,但已纳入特定保护范围	未考察
裘业公所	古建筑	空间相关	江苏省苏州市高井头2号	清	不明	非文物保护单位,但已纳入特定保护范围	未考察
怡老园后楼	古建筑	空间相关	江苏省苏州市学士街209号	明	不明	非文物保护单位,但已纳入特定保护范围	未考察
某鸳鸯厅	古建筑	空间相关	江苏省苏州市景德路221号	清	不明	非文物保护单位,但已纳入特定保护范围	未考察

（续　表）

遗产名称	遗产类型	与运河关系类型	地址	时代	保存状况	文物级别	备注
毛宅	古建筑	空间相关	江苏省苏州市慕家花园28号	清	不明	非文物保护单位,但已纳入特定保护范围	未考察
顾家花园	古建筑	空间相关	江苏省苏州市申庄前4号	清	不明	非文物保护单位,但已纳入特定保护范围	未考察
海宏寺	古建筑	空间相关	江苏省苏州市海红坊4号	清	不明	非文物保护单位,但已纳入特定保护范围	未考察
郑氏宗祠	古建筑	空间相关	江苏省苏州市西麒麟巷14号	清	不明	非文物保护单位,但已纳入特定保护范围	未考察
吴云故居	古建筑	空间相关	江苏省苏州市金太史场4号	清	不明	非文物保护单位,但已纳入特定保护范围	未考察
潘奕隽故居	古建筑	空间相关	江苏省苏州市马医科36、38、40号	清	不明	非文物保护单位,但已纳入特定保护范围	未考察

(续　表)

遗产名称	遗产类型	与运河关系类型	地址	时代	保存状况	文物级别	备注
宣州会馆	古建筑	空间相关	江苏省苏州市吴殿直巷8号	清	不明	非文物保护单位,但已纳入特定保护范围	未考察
张宅	古建筑	空间相关	江苏省苏州市绣线巷13号	清	不明	非文物保护单位,但已纳入特定保护范围	未考察
庞氏居思义庄	古建筑	空间相关	江苏省苏州市马医科27、29号	清	不明	非文物保护单位,但已纳入特定保护范围	未考察
言子祠	古建筑	空间相关	江苏省苏州市干将路364号	清	不明	非文物保护单位,但已纳入特定保护范围	未考察
让王庙	古建筑	空间相关	江苏省苏州市城东中心小学（原干将路342号,2000年移建）	清	不明	非文物保护单位,但已纳入特定保护范围	未考察
慕园	古建筑	空间相关	江苏省苏州市富仁坊巷72号	清	不明	非文物保护单位,但已纳入特定保护范围	未考察

（续　表）

遗产名称	遗产类型	与运河关系类型	地址	时代	保存状况	文物级别	备注
宝积寺	古建筑	空间相关	江苏省苏州市塔倪巷8号	清	不明	非文物保护单位，但已纳入特定保护范围	未考察
潘宅	古建筑	空间相关	江苏省苏州市颜家巷16号（原蔡汇河头12号，2001年移建）	清	不明	非文物保护单位，但已纳入特定保护范围	未考察
庞莱臣故居	古建筑	空间相关	江苏省苏州市颜家巷26、28号	清	不明	非文物保护单位，但已纳入特定保护范围	未考察
赵宅	古建筑	空间相关	江苏省苏州市颜家巷20号	清	不明	非文物保护单位，但已纳入特定保护范围	未考察
陈宅	古建筑	空间相关	江苏省苏州市干将路216、218号	明、清	不明	非文物保护单位，但已纳入特定保护范围	未考察
王宅	古建筑	空间相关	江苏省苏州市萧家巷53号	明、清	不明	非文物保护单位，但已纳入特定保护范围	未考察

（续　表）

遗产名称	遗产类型	与运河关系类型	地址	时代	保存状况	文物级别	备注
孝友堂张宅	古建筑	空间相关	江苏省苏州市干将路144号	清	不明	非文物保护单位,但已纳入特定保护范围	未考察
董氏义庄	古建筑	空间相关	江苏省苏州市纽家巷34号、大郎桥巷65号	清	不明	非文物保护单位,但已纳入特定保护范围	未考察
王宅	古建筑	空间相关	江苏省苏州市纽家巷5号新一里	清	不明	非文物保护单位,但已纳入特定保护范围	未考察
方宅	古建筑	空间相关	江苏省苏州市纽家巷33号	清	不明	非文物保护单位,但已纳入特定保护范围	未考察
真觉庵	古建筑	空间相关	江苏省苏州市钮家巷27号,东升里16、17、18号	清	不明	非文物保护单位,但已纳入特定保护范围	未考察
元和县城隍庙	古建筑	空间相关	江苏省苏州市萧家巷48号	清	不明	非文物保护单位,但已纳入特定保护范围	未考察

（续　表）

遗产名称	遗产类型	与运河关系类型	地址	时代	保存状况	文物级别	备注
艾步蟾故居	古建筑	空间相关	江苏省苏州市萧家巷15号	清	不明	非文物保护单位,但已纳入特定保护范围	未考察
陈宅	古建筑	空间相关	江苏省苏州市钮家巷8号	清	不明	非文物保护单位,但已纳入特定保护范围	未考察
吴宅	古建筑	空间相关	江苏省苏州市富郎中巷20、22、24号	清	不明	非文物保护单位,但已纳入特定保护范围	未考察
洪钧祖宅	古建筑	空间相关	江苏省苏州市西支家巷8、10、11、13号	清	不明	非文物保护单位,但已纳入特定保护范围	未考察
沈宅	古建筑	空间相关	江苏省苏州市西支家巷14号	清	不明	非文物保护单位,但已纳入特定保护范围	未考察
清微道观	古建筑	空间相关	江苏省苏州市东支家巷15号	清	不明	非文物保护单位,但已纳入特定保护范围	未考察

（续　表）

遗产名称	遗产类型	与运河关系类型	地址	时代	保存状况	文物级别	备注
陶氏宅园	古建筑	空间相关	江苏省苏州市盛家浜8号	民国	不明	非文物保护单位，但已纳入特定保护范围	未考察
按察使署旧址	古建筑	空间相关	江苏省苏州市道前街170号	清	不明	非文物保护单位，但已纳入特定保护范围	未考察
曹沧洲祠	古建筑	空间相关	江苏省苏州市瓣莲巷4号	民国	不明	非文物保护单位，但已纳入特定保护范围	未考察
忠仁祠	古建筑	空间相关	江苏省苏州市庙堂巷16号	清	不明	非文物保护单位，但已纳入特定保护范围	未考察
范氏宅园	古建筑	空间相关	江苏省苏州市庙堂巷10号	清	不明	非文物保护单位，但已纳入特定保护范围	未考察
沈瓞民故居	古建筑	空间相关	江苏省苏州市富郎中巷德寿坊3号	民国	不明	非文物保护单位，但已纳入特定保护范围	未考察

（续　表）

遗产名称	遗产类型	与运河关系类型	地址	时代	保存状况	文物级别	备注
秦宅	古建筑	空间相关	江苏省苏州市大石头巷24号	清	不明	非文物保护单位,但已纳入特定保护范围	未考察
承谵安故居	古建筑	空间相关	江苏省苏州市大石头巷牛车弄2号	民国	不明	非文物保护单位,但已纳入特定保护范围	未考察
丁宅	古建筑	空间相关	江苏省苏州市通关坊5、7号	清	不明	非文物保护单位,但已纳入特定保护范围	未考察
马宅	古建筑	空间相关	江苏省苏州市人民路152号	清	不明	非文物保护单位,但已纳入特定保护范围	未考察
报国寺	古建筑	空间相关	江苏省苏州市穿心街3号	清	不明	非文物保护单位,但已纳入特定保护范围	未考察
元和县署旧址	古建筑	空间相关	江苏省苏州市元和路	清	不明	非文物保护单位,但已纳入特定保护范围	未考察

（续　表）

遗产名称	遗产类型	与运河关系类型	地址	时代	保存状况	文物级别	备注
吴大澂故居	古建筑	空间相关	江苏省苏州市凤凰街101号，沈衙弄1、4号	清	不明	非文物保护单位,但已纳入特定保护范围	未考察
张家瑞故居	古建筑	空间相关	江苏省苏州市沈衙弄	近代	不明	非文物保护单位,但已纳入特定保护范围	未考察
顾宅	古建筑	空间相关	江苏省苏州市十梓街56、58号	清	不明	非文物保护单位,但已纳入特定保护范围	未考察
袁学澜故居	古建筑	空间相关	江苏省苏州市官太尉桥15、17号	清	不明	非文物保护单位,但已纳入特定保护范围	未考察
周瘦鹃故居	古建筑	空间相关	江苏省苏州市王长河头4号	民国	不明	非文物保护单位,但已纳入特定保护范围	未考察
苏宅	古建筑	空间相关	江苏省苏州市盛家带31号	清	不明	非文物保护单位,但已纳入特定保护范围	未考察

（续　表）

遗产名称	遗产类型	与运河关系类型	地址	时代	保存状况	文物级别	备注
朱宅	古建筑	空间相关	江苏省苏州市盛家带29号	清	不明	非文物保护单位，但已纳入特定保护范围	未考察
圣约翰堂	古建筑	空间相关	江苏省苏州市十梓街8号	近代	不明	非文物保护单位，但已纳入特定保护范围	未考察
程小青故居	古建筑	空间相关	江苏省苏州市望星桥北堍	近代	不明	非文物保护单位，但已纳入特定保护范围	未考察
陈宅	古建筑	空间相关	江苏省苏州市金狮巷26、27、28号	清	不明	非文物保护单位，但已纳入特定保护范围	未考察
李宅	古建筑	空间相关	江苏省苏州市金狮巷16号	清	不明	非文物保护单位，但已纳入特定保护范围	未考察
秦宅	古建筑	空间相关	江苏省苏州市金狮巷14号	清	不明	非文物保护单位，但已纳入特定保护范围	未考察

(续 表)

遗产名称	遗产类型	与运河关系类型	地址	时代	保存状况	文物级别	备注
吴宅	古建筑	空间相关	江苏省苏州市泗井巷32号	明、清	不明	非文物保护单位,但已纳入特定保护范围	未考察
王氏太原家祠	古建筑	空间相关	江苏省苏州市醋库巷38号	清	不明	非文物保护单位,但已纳入特定保护范围	未考察
顾宅	古建筑	空间相关	江苏省苏州市滚绣坊26号	清	不明	非文物保护单位,但已纳入特定保护范围	未考察
吴氏继志义庄	古建筑	空间相关	江苏省苏州市滚绣坊41号	清	不明	非文物保护单位,但已纳入特定保护范围	未考察
顾宅	古建筑	空间相关	江苏省苏州市盛家带33号	清	不明	非文物保护单位,但已纳入特定保护范围	未考察
陈宅	古建筑	空间相关	江苏省苏州市带城桥下塘4号	清	不明	非文物保护单位,但已纳入特定保护范围	未考察

(续　表)

遗产名称	遗产类型	与运河关系类型	地址	时代	保存状况	文物级别	备注
红豆山庄遗址	古建筑	空间相关	江苏省苏州市吴衙场37号	清	不明	非文物保护单位,但已纳入特定保护范围	未考察
吴宅花园	古建筑	空间相关	江苏省苏州市东小桥弄3号	民国	不明	非文物保护单位,但已纳入特定保护范围	未考察
陆宅	古建筑	空间相关	江苏省苏州市孔付司巷18号、凤凰街66-1号	清	不明	非文物保护单位,但已纳入特定保护范围	未考察
周宅	古建筑	空间相关	江苏省苏州市新桥巷4号	清	不明	非文物保护单位,但已纳入特定保护范围	未考察
驸马府庙	古建筑	空间相关	江苏省苏州市东大街43号	清	不明	非文物保护单位,但已纳入特定保护范围	未考察
怀厚堂王宅	古建筑	空间相关	江苏省苏州市十全街265号怀厚里	清	不明	非文物保护单位,但已纳入特定保护范围	未考察

（续　表）

遗产名称	遗产类型	与运河关系类型	地址	时代	保存状况	文物级别	备注
慎思堂王宅	古建筑	空间相关	江苏省苏州市十全街275号	清	不明	非文物保护单位,但已纳入特定保护范围	未考察
蒋纬国故居	古建筑	空间相关	江苏省苏州市南园饭店内	民国	不明	非文物保护单位,但已纳入特定保护范围	未考察
圆通寺	古建筑	空间相关	江苏省苏州市阔家头巷6、8号	清	不明	非文物保护单位,但已纳入特定保护范围	未考察
赤阑相王庙	古建筑	空间相关	江苏省苏州市相王路	清	不明	非文物保护单位,但已纳入特定保护范围	未考察
彭定求故居	古建筑	空间相关	江苏省苏州市十全街67号	清	不明	非文物保护单位,但已纳入特定保护范围	未考察

注：表中备注"未考察"遗产资料均据《苏州市历史文化名城保护规划》,2002。

（30）江南运河横塘——胥门、觅渡桥——宝带桥河段

A. 河段概况

此两段运河为大运河苏州段入城故道。其中横塘——胥门段原为胥江，约开凿于春秋伍子胥建城时期。1959 年运河改线走横塘，利用此段胥江入护城河；1985 年运河弃胥江改线。觅渡桥——宝带桥段确切形成年代不详，为明清运河主线，1985 年后运河改走澹台湖，此段运河成为历史故道。目前两河段有少量航运功能，以后将逐渐废止，主要功能转为休闲旅游，同时兼有排涝、输水、蓄水等功能。河段与运河交汇处拟兴建水闸，用以发挥拒洪、排涝、蓄水等功能。

B. 河道剖面

【河道】横塘——胥门段河道河底宽约 10—20m，河面宽约 30m。觅渡桥——宝带桥段河面宽 70m 左右。河道水量充足，目前为劣 V 类水质。

【河漫滩】河道流经城区，无河漫滩。

【护坡】主要采用直立式浆砌块石护岸，局部有延伸入水的码头、石埠。

【堤岸】大部分地段有连续堤岸，但堤岸绿化情况一般，无连续的植被绿化带。

【堤外土地利用】此段运河流经苏州城近郊区，两岸主要为工业、仓储、城市居住、商贸等用地，分布有少量的文物古迹用地（《苏州词典》，1999；《2003 年苏州市环境状况公报》，2004）。

【剖面图】

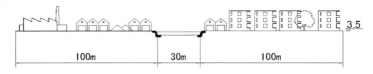

图 5.351　江南运河横塘——胥门段两岸 100m 范围剖面图

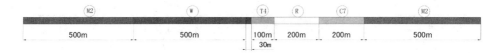

图 5.352　江南运河横塘——胥门段两岸 1000m 范围剖面图

第五章 京杭大运河现状特征与资源详述 533

图 5.353 江南运河横塘——胥门段典型照片

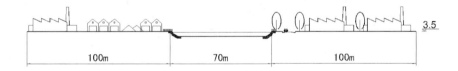

图 5.354 江南运河觅渡桥——宝带桥段两岸 100m 范围剖面图

图 5.355 江南运河觅渡桥——宝带桥段两岸 1000m 范围剖面图

图 5.356 江南运河觅渡桥——宝带桥段典型照片

C.沿河遗产分布

胥江沿线在胥门附近的枣市街为明清时期苏州的主要商业街,在徐扬《姑苏繁华图》中即有描绘,这一地区也是苏州近代工业的分布区域之一,原有大量的传统民居、会馆、近代工业史迹等文化遗产,惜在旧城改造过程中破坏较严重,目前仅余嘉应会馆、唐寅墓、韩王庙等为数不多的几处。觅渡桥——宝带桥段文化遗产以近代工业史迹为主,包括苏州海关旧址、太和面粉厂旧址、亚细亚石油公司大班、二班公寓以及美孚石油公司储油罐四处。

表5.146　江南运河横塘——胥门段主要文化遗产分布表

遗产名称	遗产类型	与运河关系类型	地址	时代	保存状况	文物级别	备注
嘉应会馆	古建筑	空间相关	江苏省苏州市枣市街(泰让桥东)	清	不明	市县级文物保护单位	未考察
唐寅墓	古墓葬	空间相关	江苏省苏州市横塘	明	不明	省级文物保护单位	未考察
韩王庙	古建筑	空间相关	江苏省苏州市胥门枣市街76号	清	不明	非文物保护单位,但已纳入特定保护范围	未考察

注:表中备注"未考察"遗产资料均据《苏州市历史文化名城保护规划》,2002。

表5.147　江南运河觅渡桥——宝带桥段主要文化遗产分布表

遗产名称	遗产类型	与运河关系类型	地址	时代	保存状况	文物级别	备注
觅渡桥	运河水利工程遗址	功能相关	江苏省苏州市南门路东侧赤门湾	元大德二年(1298)始建,现存为清代重建	原物保存较好	市县级文物保护单位	已考察

（续　表）

遗产名称	遗产类型	与运河关系类型	地址	时代	保存状况	文物级别	备注
苏州海关旧址	近现代重要史迹	历史相关	江苏省苏州市南门路觅渡桥堍	1897年	原物易地保存	非文物保护单位，但已纳入特定保护范围	已考察
太和面粉厂旧址	近现代重要史迹	历史相关	江苏省苏州市南门路觅渡桥堍	1934年	原物破坏严重	非文物保护单位，但有相应机构或个人维护	已考察
美孚石油公司油库	近现代重要史迹	历史相关	江苏省苏州古城东南京杭运河古道畔	1915年	原物保存较好	非文物保护单位，但有相应机构或个人维护	未考察（《吴门桥：城南话沧桑》，2004）

（31）江南运河嘉兴市区段

A. 河段概况

此段运河即历史上的护城河，目前仍有部分航运功能；但随着北郊河的建成，运河航道主线已移至城郊，此段河道主要功能为休闲旅游，同时兼有排涝、输水、蓄水等功能。

B. 河道剖面

【河道】目前为 V 类水质。水量稳定，水体流动性不大。河道宽度 40m 左右。

【河漫滩】无。

【护坡】护坡都为水泥质，固化。

【堤岸】有沿岸路线，植被为城市绿化植被，保持在 10—20m 的宽度。

【堤外土地利用】主要为城市公路、居住、广场、商业、文物古迹用地等（《嘉兴市河道水系规划》，2004）。

【剖面图】

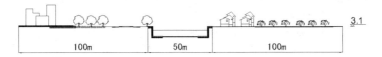

图5.357　江南运河嘉兴市区段两岸100m范围剖面图(1)

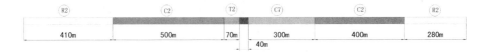

图5.358　江南运河嘉兴市区段两岸1000m范围剖面图(1)

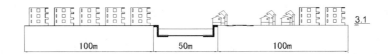

图5.359　江南运河嘉兴市区段两岸100m范围剖面图(2)

图5.360　江南运河嘉兴市区段两岸1000m范围剖面图(2)

图5.361　江南运河嘉兴市区段典型照片

C. 沿河遗产分布

表 5.148　江南运河嘉兴市区段主要文化遗产分布表

遗产名称	遗产类型	与运河关系类型	地址	时代	保存状况	文物级别	备注
秀城桥	古建筑	功能相关	浙江省嘉兴市秀洲区缸甏汇	始建于明景泰元年(1450)	原物保存较好	市县级文物保护单位	已考察
秋泾桥	古建筑	功能相关	浙江省嘉兴市市区闸前街	明崇祯十四年(1642)重修，清嘉庆十一年(1807)再修	不明	市县级文物保护单位	未考察（嘉兴市图书馆网页）
国界桥	古建筑	功能相关	浙江省嘉兴市郊区洪合乡洪合村旗杆下	宋	不明	市县级文物保护单位	未考察（嘉兴市图书馆网页）
文星桥	古建筑	功能相关	浙江省嘉兴市秀城区南湖乡南湖村	始建年不详，重建于清同治六年(1867)	不明	市县级文物保护单位	未考察（嘉兴文化网）
塔塘桥	古建筑	功能相关	浙江省嘉兴市秀城区余新镇西南1里	清	不明	市县级文物保护单位	未考察（嘉兴文化网）
三步两爿桥	古建筑	功能相关	浙江省嘉兴市秀城区凤桥镇北石佛寺	清	不明	市县级文物保护单位	未考察（嘉兴文化网）

(续　表)

遗产名称	遗产类型	与运河关系类型	地址	时代	保存状况	文物级别	备注
北丽桥	古建筑	功能相关	浙江省嘉兴市区建国路与环城北路口，呈南北向跨在东西流向的京杭运河上，即今天的北环城河上，	宋始建，建国后重建	原物破坏严重	非文物保护单位，保护状况不明	未考察（嘉兴市图书馆网页）
沈钧儒祖居	近现代重要史迹	空间相关	浙江省嘉兴市南门南帮岸3号	清	原物保存良好	市县级文物保护单位	已考察
子城	古建筑	空间相关	浙江省嘉兴市市区府前街4号	清	原物保存良好	市县级文物保护单位	已考察
觉海寺	古建筑	空间相关	浙江省嘉兴市市区斜西街363号	南宋始建	原物保存良好	市县级文物保护单位	已考察
严助墓	古建筑	空间相关	浙江省嘉兴市区少年路北端，嘉兴中专校园内	汉	不明	市县级文物保护单位	未考察（嘉兴文化网）
瓶山及项家祠堂井	古建筑	空间相关	浙江省嘉兴市市区中山路69号	宋、明	不明	市县级文物保护单位	未考察（嘉兴文化网）

（续　表）

遗产名称	遗产类型	与运河关系类型	地址	时代	保存状况	文物级别	备注
高家洋房	近现代重要史迹	空间相关	浙江省嘉兴市市区紫阳街159号	近代	不明	市县级文物保护单位	未考察（嘉兴文化网）
宏文馆	近现代重要史迹	空间相关	浙江省嘉兴市市区道前街13号	1928年	不明	市县级文物保护单位	未考察（嘉兴文化网）
明伦堂	古建筑	空间相关	浙江省嘉兴市市区少年路72号	始建于元代，清重修	不明	市县级文物保护单位	未考察（嘉兴文化网）
天主教堂	近现代重要史迹	空间相关	浙江省嘉兴市市区紫阳街51号	1917年	原物破坏严重	市县级文物保护单位	已考察
嘉兴南湖中共"一大"会址	近现代重要史迹	空间相关	浙江省嘉兴市南湖	1921年	原物保存良好	国家级文物保护单位	已考察
烟雨楼	古建筑	空间相关	浙江省嘉兴市城南南湖湖心岛	五代后晋	原物保存良好	市县级文物保护单位	已考察
仓圣祠	古建筑	空间相关	浙江省嘉兴市市区南湖小瀛州	清	不明	市县级文物保护单位	未考察（嘉兴文化网）
揽秀园	古建筑	空间相关	浙江省嘉兴市市区鸳湖路	元至清	原物保存良好	市县级文物保护单位	未考察（嘉兴文化网）

（续　表）

遗产名称	遗产类型	与运河关系类型	地址	时代	保存状况	文物级别	备注
血印柱及禅院	古建筑	空间相关	浙江省嘉兴市市区三塔路越秀桥东	明、清	原物保存较好	市县级文物保护单位	已考察
落帆亭	古建筑	空间相关	浙江省嘉兴市市区北门外杉青闸路旁	始建年代不详，宋重建，清光绪六年（1880）又重建	不明	市县级文物保护单位	未考察（嘉兴文化网）
冷仙亭	古建筑	空间相关	浙江省嘉兴市市区秀州路	清	不明	市县级文物保护单位	未考察（嘉兴文化网）
清真寺	古建筑	空间相关	浙江省嘉兴市东门大年堂前13号	始建于1602年，清乾隆年间两次大修	原物保存良好	市县级文物保护单位	未考察（嘉兴文化网）
西驿亭	近现代重要史迹	空间相关	浙江省嘉兴市市区斜西街，环城西路口运河畔环城化带	元至元十七年（1280年）始建，1999年重修	完全重建	市县级文物保护单位	已考察
穆家洋房	近现代重要史迹	空间相关	浙江省嘉兴市嘉兴秀洲路旁	近代	原物保存良好	市县级文物保护单位	已考察
嘉兴三塔	古建筑	空间相关	浙江省嘉兴市嘉兴三塔路旁	始建于唐代，清光绪二年（1876）重建，1999年重修	原物保存良好	市县级文物保护单位	已考察

（续　表）

遗产名称	遗产类型	与运河关系类型	地址	时代	保存状况	文物级别	备注
文生修道院	近现代重要史迹	空间相关	浙江省嘉兴市市区光明街159号	1902年	不明	市县级文物保护单位	未考察（嘉兴文化网）
侵华日军炮楼	近现代重要史迹	空间相关	浙江省嘉兴市市区火车站	1937—1938年	不明	市县级文物保护单位	未考察（嘉兴文化网）
听王府旧址	近现代重要史迹	空间相关	浙江省嘉兴市嘉兴府治所在地，荣复军人疗养院内	清代	原物保存良好	市县级文物保护单位	未考察（嘉兴文化网）
双魁巷	近现代重要史迹	空间相关	浙江省嘉兴市光明街	1917年	不明	市县级文物保护单位	未考察（嘉兴文化网）
沈曾植故居	近现代重要史迹	空间相关	浙江省嘉兴市姚家埭一号	清末	原物保存良好	市县级文物保护单位	已考察
朱生豪故居	近现代重要史迹	空间相关	浙江省嘉兴市南门东米棚下17号	近代	不明	市县级文物保护单位	未考察（嘉兴文化网）
秀州中学行政楼、校史馆	近现代重要史迹	空间相关	浙江省嘉兴市市区秀州路433号	1900年	原物保存良好	市县级文物保护单位	已考察

（续　表）

遗产名称	遗产类型	与运河关系类型	地址	时代	保存状况	文物级别	备注
嘉兴军政分府旧址	近现代重要史迹	空间相关	浙江省嘉兴市今勤俭路南侧，东为少年路	1911年7月11日使用此地	不明	市县级文物保护单位	未考察（嘉兴文化网）
嘉兴七烈士革命纪念塔	近现代重要史迹	空间相关	浙江省嘉兴市人民公园内部	始建于1931年，1984年重建	不明	市县级文物保护单位	未考察（嘉兴文化网）
金九避难处	近现代重要史迹	空间相关	浙江省嘉兴市市区梅湾街76号	1932—1934年	不明	市县级文物保护单位	未考察（嘉兴文化网）
韩国临时政府要员住所	近现代重要史迹	空间相关	浙江省嘉兴市市区日晖桥17号	1932—1934年	不明	市县级文物保护单位	未考察（嘉兴文化网）
汪胡桢故居	近现代重要史迹	空间相关	浙江省嘉兴市市区帆落浜39号	1928年	不明	市县级文物保护单位	未考察（嘉兴文化网）
唐兰故居	近现代重要史迹	空间相关	浙江省嘉兴市市区秀水兜67号	近代	不明	市县级文物保护单位	未考察（嘉兴文化网）

（32）江南运河嘉兴北郊——石门崇福——塘栖段

A.河段概况

此段运河目前为杭嘉之间的运输动脉,两岸分布有大量的中小型工业企业。

B.河道剖面

【河道】水质为Ⅳ类,水量丰富。河道宽度58m,最大宽度96m,最小50m。

【河漫滩】无。

【护坡】水泥护岸与石工护岸结合。局部护岸破坏较严重,大量工厂码头占用护岸。

【堤岸】无沿河的堤顶路,植被以低矮灌木为主,宽度在10m左右。

【堤外土地利用】以工业、仓储、对外交通用地和农田为主(《嘉兴市河道水系规划》,2004)。

【剖面图】

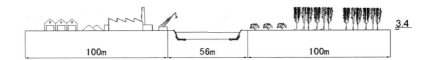

图5.362　江南运河嘉兴北郊——石门崇福——塘栖段两岸100m范围剖面图(1)

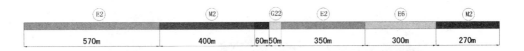

图5.363　江南运河嘉兴北郊——石门崇福——塘栖段两岸1000m范围剖面图(1)

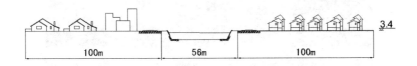

图5.364　江南运河嘉兴北郊——石门崇福——塘栖段两岸100m范围剖面图(2)

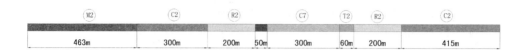

图5.365　江南运河嘉兴北郊——石门崇福——塘栖段两岸1000m范围剖面图(2)

图5.366　江南运河嘉兴北郊——石门崇福——塘栖段两岸100m范围剖面图(3)

图5.367　江南运河嘉兴北郊——石门崇福——塘栖段两岸1000m范围剖面图(3)

图5.368　江南运河嘉兴北郊——石门崇福——塘栖段典型照片

C. 沿河遗产分布

表 5.149　江南运河嘉兴北郊——石门崇福——塘栖段主要文化遗产分布表

遗产名称	遗产类型	与运河关系类型	地址	时代	保存状况	文物级别	备注
司马高桥	古建筑	功能相关	浙江省嘉兴市桐乡崇福镇南,跨京杭运河故道	明始建,清重建	原物保存良好	市县级文物保护单位	已考察
乌镇"双桥"	古建筑	功能相关	浙江省嘉兴市乌镇西栅	明始建,清重建	不明	非文物保护单位,保护状况不明	未考察（嘉兴文化网）
语儿桥	古建筑	功能相关	浙江省嘉兴市桐乡市濮院镇万兴街东端	始建年代不详,清重建	不明	非文物保护单位,保护状况不明	未考察（嘉兴文化网）
大积桥	古建筑	功能相关	浙江省嘉兴市桐乡市濮院镇观前街	元代濮鉴始建,清乾隆四十四年(1779)重建(原在翔云观前,嘉庆四年[1799]移建今址)	不明	非文物保护单位,保护状况不明	未考察（嘉兴文化网）
大德桥	古建筑	功能相关	浙江省嘉兴市桐乡市濮院镇观前街	元代濮鉴始建,1920年里人重建	不明	非文物保护单位,保护状况不明	未考察（嘉兴文化网）
大有桥	古建筑	功能相关	浙江省嘉兴市桐乡市濮院镇大有桥街	元代濮鉴始建,清宣统三年(1911)重修	不明	非文物保护单位,保护状况不明	未考察（嘉兴文化网）

（续　表）

遗产名称	遗产类型	与运河关系类型	地址	时代	保存状况	文物级别	备注
栖凤桥	古建筑	功能相关	浙江省嘉兴市桐乡市濮院镇北横街西端	宋代濮凤始建，清道光二十二年（1842）重建	不明	非文物保护单位，保护状况不明	未考察（嘉兴文化网）
定泉桥	古建筑	功能相关	浙江省嘉兴市桐乡市濮院镇北廊棚	始建年代无考，清乾隆六十年（1795）重建	不明	非文物保护单位，保护状况不明	未考察（嘉兴文化网）
升平桥	古建筑	功能相关	浙江省嘉兴市桐乡市濮院镇仓前街北端	始建年无考，清道光八年（1828）重修	不明	非文物保护单位，保护状况不明	未考察（嘉兴文化网）
众安桥	古建筑	功能相关	浙江省嘉兴市桐乡市濮院镇花园街	始建年无考，清道光四年（1824）重建	不明	非文物保护单位，保护状况不明	未考察（嘉兴文化网）
大通新桥	古建筑	功能相关	浙江省嘉兴市崇福镇西南上市乡新桥村	不详	不明	市县级文物保护单位	未考察（嘉兴文化网）
浮澜桥	古建筑	功能相关	浙江省嘉兴市乌镇南大街	不详	不明	市县级文物保护单位	未考察（嘉兴文化网）
福兴桥	古建筑	功能相关	浙江省嘉兴市乌镇南大街中央	始建于明宣德年间，1518年和1780年两次重建	不明	市县级文物保护单位	未考察（嘉兴文化网）

（续　表）

遗产名称	遗产类型	与运河关系类型	地址	时代	保存状况	文物级别	备注
丰子恺故居：缘缘堂	近现代重要史迹	空间相关	浙江省嘉兴市石门镇棉纱弄39号	现代	原物保存良好	市县级文物保护单位	已考察
茅盾故居	近现代重要史迹	空间相关	浙江省嘉兴市石门镇棉纱弄39号	1896—1910年	原物保存良好	国家级文物保护单位	已考察
修真观戏台	近现代重要史迹	空间相关	浙江省嘉兴市桐乡乌镇观前街南侧	清	原物保存良好	市县级文物保护单位	已考察
明建六朝遗胜牌坊	古建筑	空间相关	浙江省嘉兴市乌镇市河西岸现剧院前	明	原物保存良好	市县级文物保护单位	已考察
孔庙大成殿	古建筑	空间相关	浙江省嘉兴市崇福镇中山公园内	清	原物保存良好	市县级文物保护单位	已考察
崇福寺金刚殿	古建筑	空间相关	浙江省嘉兴市崇福镇中山公园内	清	原物保存良好	市县级文物保护单位	已考察
张玚功德坊	古建筑	空间相关	浙江省嘉兴市崇福镇中山公园内	清	原物保存良好	市县级文物保护单位	已考察
文壁巽塔	古建筑	空间相关	浙江省嘉兴市崇福镇中山公园内	清	原物保存良好	市县级文物保护单位	已考察

（33）江南运河崇福——长安——临平段

A. 河段概况

此段又称上塘河，西起杭州施家桥，东流经余杭临平，经许村吴家堰、海宁长安镇至盐官。

B. 河道剖面

【河道】水质劣于Ⅲ类，水量小。河道宽度10m左右，底部高程 -0.84m—-0.34m（吴淞高程）。河床泥质。

【河漫滩】无。

【护坡】水泥护岸、石工护岸、自然河岸均有。

【堤岸】基本都有堤顶路，不连续，植被多以灌木或低矮植被为主，宽度5m左右。

【堤外土地利用】以村镇建设、工业仓储用地及农田为主（《嘉兴市河道整治规划》，2004）。

【剖面图】

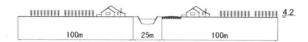

图5.369　江南运河崇福——长安——临平段两岸100m范围剖面图

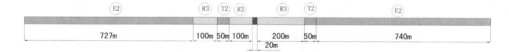

图5.370　江南运河崇福——长安——临平段两岸1000m范围剖面图

图5.371　江南运河崇福——长安——临平段典型照片

C. 沿河遗产分布

表 5.150　江南运河崇福——长安——临平段主要文化遗产分布表

遗产名称	遗产类型	与运河关系类型	地址	时代	保存状况	文物级别	备注
长安虹桥	古建筑	功能相关	浙江省嘉兴市长安镇中街、西街相连处，跨上塘河	南宋咸淳年间（1265—1274）即已建成；清道光二十八年（1848）桥圮，咸丰元年（1851）重建	原物保存良好	市县级文物保护单位	已考察
画像石墓	古建筑	空间相关	浙江省嘉兴市长安镇青年路49号海宁中学内	东汉、三国	原物保存良好	省级文物保护单位	已考察
仰山书院	古建筑	空间相关	浙江省嘉兴市海宁中学校园内	不详	原物保存良好	市县级文物保护单位	已考察
圣女水德勒撒教堂	近现代重要史迹	空间相关	浙江省嘉兴市长安镇浙丝一厂房	近代	不明	市县级文物保护单位	未考察（嘉兴文化网）

（34）江南运河塘栖——拱墅区段

A. 河段概况

元末运河改道塘栖，原上塘河线遂不作为运河主线。明清两代，塘栖——拱墅区段运河均有修治。现为京杭运河主线。主要功能为航运，4级航道，另兼有灌溉、行洪、排涝和输水功能。在拱墅区部分，沿河附近有城市道路，城郊运河两岸大量分布堆场、工业用地。沿河无连续道路，有大量小型码头，多为企业自备码头。

B. 河道剖面

【河道】近期水质为Ⅳ类或Ⅴ类，规划达到Ⅳ类景观用水。河面宽度最小

50m,最大 120m,水量充足。

【河漫滩】主要采用直立式驳岸,无河漫滩或二级滩地。

【护坡】以人工固化护岸为主,部分河段由于河岸标高与水面标高相差悬殊,采用阶梯式护岸。

【堤岸】靠近城区段的堤岸有连续乔木和灌木构成的植被,沿河有城市道路;城郊段则无连续的护堤植被,沿河也无连续道路。

【堤外土地利用】城区段沿岸有大量居住区,以及部分行政办公用地;城郊段则多为直接滨水的工业和仓储用地,环境质量较差(《2003年杭州市环境状况公报》,2004;《杭州市志》第三卷,1995)。

【剖面图】

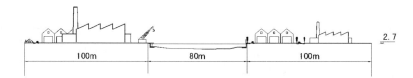

图 5.372 江南运河塘栖——拱墅区段两岸 100m 范围剖面图

图 5.373 江南运河塘栖——拱墅区段两岸 1000m 范围剖面图

图 5.374 江南运河塘栖——拱墅区段典型照片

C. 沿河遗产分布

由于作为主航道,所以运河上的古桥梁及闸坝等水工建筑几乎无存,存留的重要桥梁是拱墅区的拱宸桥和塘栖的广济桥(已不在主航道上)。河道两侧尚存一些与运河相关的遗迹,如高家花园等。这些遗产主要分布在拱墅区及塘栖镇内。

表 5.151　江南运河塘栖——拱墅区段主要文化遗产分布表

遗产名称	遗产类型	与运河关系类型	地址	时代	保存状况	文物级别	备注
广济长桥	古建筑	功能相关	浙江省杭州市塘栖镇	明、清	原物保存较好	省级文物保护单位	未考察(《杭州市历史文化名城保护规划》,2003)
吴昌硕墓	古墓葬	空间相关	浙江省杭州市余杭塘栖镇	近代	原物保存良好	省级文物保护单位	未考察(《杭州市历史文化名城保护规划》,2003)
海云洞	石刻	空间相关	浙江省杭州市塘栖镇超山	宋	不明	市县级文物保护单位	未考察(《杭州市历史文化名城保护规划》,2003)
乾隆御碑	石刻	历史相关	浙江省杭州市塘栖镇,距离广济桥 500m	清	不明	非文物保护单位,保护状况不明	未考察(《杭州运河沿线旅游资源分布》,杭州水利林业局提供)
塘栖镇	古建筑	历史相关	浙江省杭州市塘栖镇	不详	不明	非文物保护单位,保护状况不明	未考察(《杭州运河沿线旅游资源分布》,杭州水利林业局提供)

(35) 江南运河临平(余杭)——拱墅区段

A. 河段概况

上塘河,秦称陵水道,俗称秦河,隋代作为江南运河南段水道,唐称夹官河,明洪武年间筑德胜坝,始称上塘河。1970年代曾疏浚。原与市内中河、东河相连接。此段运河隋代曾作为京杭运河的一部分,现已不通航,主要功能为灌溉、行洪及排涝。居民住宅大多临河而建,可推测上塘河也有排污功能,少部分河道有景观功能。在余杭区内河道较窄,为15m左右,主要作为城市休闲用地。从余杭向东北至长安这一段,沿岸土地利用以农业用地为主,有部分城镇居住用地,环境较好;但河道较窄,约10—25m,有多处小型水闸,船只一般只能在两座闸之间往返,水的流动性不好。

B. 河道剖面

【河道】较宽,约25—50m。由于没有航运功能,加之近期的改善,总体来说,上塘河水质较1999年的劣V类水有一定改善,可达到V类水标准,水量较充足。

【河漫滩】基本无河漫滩或二级滩地。

【护坡】多为人工固化护岸,设有石砌人工护岸。

【堤岸】堤岸植被覆盖良好,除居住用地紧贴河岸的情况,沿河基本均有绿化带。但很多河段沿河没有连续的道路。余杭到长安段河道较窄,近一半河道不设人工护堤,植被众多,周边多为农田和村庄。沿河则有乡村道路,约5—6m宽。

【堤外土地利用】沿岸大都为村镇居住区或农田,有一定量的绿化用地,有永宁桥等文物遗迹,基本没有工业用地(《2003年杭州市环境状况公报》,2004;《杭州市志》第三卷,1995)。

【剖面图】

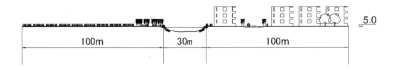

图5.375 江南运河临平(余杭)——拱墅区段两岸100m范围剖面图

第五章 京杭大运河现状特征与资源详述 553

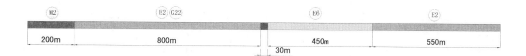

图 5.376　江南运河临平（余杭）——拱墅区段两岸 1000m 范围剖面图

图 5.377　江南运河临平（余杭）——拱墅区段典型照片

C. 沿河遗产分布

此段沿河水工遗迹尚存几座古桥，如欢喜永宁桥。沿岸其他遗产较少。余杭市区内存隆兴桥和桂芳桥（经重建），而余杭至长安段则几乎没有重要的物质遗产。

表 5.152　江南运河临平（余杭）——拱墅区段主要文化遗产分布表

遗产名称	遗产类型	与运河关系类型	地址	时代	保存状况	文物级别	备注
古通济桥	古建筑	功能相关	浙江省杭州市拱墅区石桥镇石桥村	明	原物保存较好	市县级文物保护单位	未考察（《杭州市历史文化名城保护规划》，2003）

（续　表）

遗产名称	遗产类型	与运河关系类型	地址	时代	保存状况	文物级别	备注
拱宸桥	古建筑	功能相关	浙江省杭州市拱墅区运河上	明	原物保存较好	市县级文物保护单位	已考察
欢喜永宁桥	古建筑	功能相关	浙江省杭州市石桥镇石桥村	清	原物保存较好	市县级文物保护单位	已考察
祥符桥	古建筑	功能相关	浙江省杭州市祥符桥镇	明	原物保存较好	市县级文物保护单位	未考察（《杭州市历史文化名城保护规划》,2003）
桂芳桥	古建筑	功能相关	浙江省杭州市余杭区临平镇	始建于清，建国后修缮	完全重建	市县级文物保护单位	已考察
东新桥	古建筑	功能相关	浙江省杭州市上塘乡东新村	清重建	不明	非文物保护单位,保护状况不明	未考察（《杭州地名志》第三册,1988）
上塘桥	古建筑	功能相关	浙江省杭州市石桥乡石桥村	现代,1964年重建	不明	非文物保护单位,保护状况不明	未考察（《杭州地名志》第三册,1988）
广济桥	古建筑	功能相关	浙江省杭州市衣锦桥东北7里	清重建,建国后改建	不明	非文物保护单位,保护状况不明	未考察（《杭州地名志》第三册,1988）

(续　表)

遗产名称	遗产类型	与运河关系类型	地址	时代	保存状况	文物级别	备注
赤岸桥	古建筑	功能相关	浙江省杭州市广济桥东北	始建年代不详,建国后改建	不明	非文物保护单位,保护状况不明	未考察(《杭州地名志》第三册,1988)
半山发电厂龙官桥	古建筑	功能相关	浙江省杭州市半山发电厂	现代	原物保存较好	非文物保护单位,无人管理	已考察
衣锦桥	古建筑	功能相关	浙江省杭州市半山镇金家堰	民国已有	原物保存较好	非文物保护单位,无人管理	已考察
隆兴桥	古建筑	功能相关	浙江省杭州市余杭区临平镇	不详	原物保存较好	非文物保护单位,无人管理	已考察

(36) 江南运河拱墅区——三堡船闸段

A. 河段概况

现为京杭运河杭州市区段主航道。1969 年下半年,从德胜坝处将运河开挖 3.95km,至艮山港止,1983 年再度延伸运河,开挖 6.97km 新河道,终点移至三堡船闸(1989 年 1 月完成)。主要功能为航运功能,由于河道通过城区,有一定的休闲游憩功能,兼有防洪排涝功能。沿岸基本已经城市化,水泥护岸。

三堡船闸年通航能力 300 万吨,如临时改作放水用,将上下闸首两扇输水闸门同时打开,过水面积 $7.92m^2$,上下游水位差为 3m 时(常水位差),过闸流量为 $34.7m^3/s$(《杭州水闸录》,2001)。

B. 河道剖面

【河道】河面宽 50—120m(《杭州市河道汇编》,2003),底宽 8—100m,通航水深一般 2.2—2.7m,最浅 1.7m(《杭州市志》,1995)。水源丰富,水势平稳,常年通航。现在这一段运河已达4级航道标准。

【河漫滩】主要采用直立式驳岸,无河漫滩或二级滩地。

【护坡】河道设有人工护岸。材料为石砌或混凝土,全部为人工固化岸线。

【堤岸】城区段河道旁设有宽窄不一的绿化带。部分河段有城市主要道路临河。

【堤外土地利用】主要包括住宅及公共设施用地等(《杭州市志》第三卷,1995)。

【剖面图】

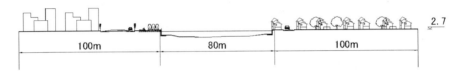

图5.378　江南运河拱墅区——三堡船闸段两岸100m范围剖面图(1)

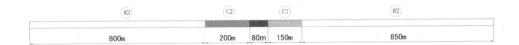

图5.379　江南运河拱墅区——三堡船闸段两岸1000m范围剖面图(1)

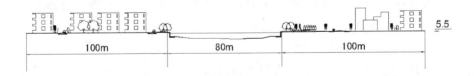

图5.380　江南运河拱墅区——三堡船闸段两岸100m范围剖面图(2)

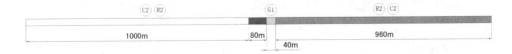

图5.381　江南运河拱墅区——三堡船闸段两岸1000m范围剖面图(2)

图 5.382　江南运河拱墅区——三堡船闸段典型照片

C.沿河遗产分布

作为建设较晚的运河主航道,除拱宸桥外,没有重要的古代水工物质遗产。物质遗产多为空间相关类型,在拱墅区有一些与近代工业相关的遗迹。但与其他段运河相比,物质遗产数量明显较少。

表 5.153　江南运河拱墅区——三堡船闸段主要文化遗产分布表

遗产名称	遗产类型	与运河关系类型	地址	时代	保存状况	文物级别	备注
三堡船闸	运河水利工程遗址	功能相关	浙江省杭州市杭海路	现代	原物保存良好	非文物保护单位,但有相应机构或个人维护	已考察
德胜坝	运河水利工程遗址	功能相关	浙江省杭州市下塘河	明	原物不存,但遗址可考	非文物保护单位,保护状况不明	未考察(《杭州地名志》第三册,1988)

（续　表）

遗产名称	遗产类型	与运河关系类型	地址	时代	保存状况	文物级别	备注
武林门	运河水利工程遗址	功能相关	浙江省杭州市下城、拱墅、西湖三区交界处	五代即有，明改名武林门，今成为交通、旅游、商业中心地段	不明	非文物保护单位，保护状况不明	未考察（《杭州地名志》第三册，1988）
汇芳园	古建筑	空间相关	浙江省杭州市拱宸桥东北	清	一无可考	非文物保护单位，无人管理	未考察
化度寺	古建筑	空间相关	浙江省杭州市拱墅区江涨桥东	始于南朝	一无可考	非文物保护单位，无人管理	未考察
昭化寺	古建筑	空间相关	浙江省杭州市拱墅区潮王桥东南	始于后周	一无可考	非文物保护单位，无人管理	未考察
接待寺	古建筑	空间相关	浙江省杭州市拱墅区左家桥东南	北宋	一无可考	非文物保护单位，无人管理	未考察
大中祥符律寺	古建筑	空间相关	浙江省杭州市拱墅区祥符镇	始于南朝	一无可考	非文物保护单位，无人管理	未考察
潮王庙	古建筑	空间相关	浙江省杭州市拱墅区德胜坝	始于唐	一无可考	非文物保护单位，无人管理	未考察

(续　表)

遗产名称	遗产类型	与运河关系类型	地址	时代	保存状况	文物级别	备注
金祝庙	古建筑	空间相关	浙江省杭州市西湖区东北	北宋	一无可考	非文物保护单位，无人管理	未考察
金刚寺	古建筑	空间相关	浙江省杭州市拱墅区德胜桥东北	清尚存	一无可考	非文物保护单位，无人管理	未考察
文昌阁	古建筑	空间相关	浙江省杭州市拱墅区万物桥北	不详	一无可考	非文物保护单位，无人管理	未考察
天仙戏院	古建筑	空间相关	浙江省杭州市拱宸桥	不详	一无可考	非文物保护单位，无人管理	未考察
丹桂茶园	古建筑	空间相关	浙江省杭州市拱宸桥	不详	一无可考	非文物保护单位，无人管理	未考察
洋关	近现代重要史迹	历史相关	浙江省杭州市拱宸桥市二院内	近代	原物保存良好	市县级文物保护单位	未考察(《杭州市历史文化名城保护规划》,2003)
香积寺石塔	古建筑	历史相关	浙江省杭州市拱墅区香积寺巷	清	原物保存良好	省级文物保护单位	未考察(《杭州市历史文化名城保护规划》,2003)

（续　表）

遗产名称	遗产类型	与运河关系类型	地址	时代	保存状况	文物级别	备注
高家花园	古建筑	历史相关	浙江省杭州市拱宸桥附近	近代	原物保存良好	市县级文物保护单位	已考察
富义仓	古建筑	历史相关	浙江省杭州市拱墅区江涨桥东南	清，现拟建遗址公园	原物不存，但遗址可考	非文物保护单位，无人管理	未考察
拱宸桥桥西历史街区	古建筑	历史相关	浙江省杭州市拱宸桥桥西	清同治年间是水陆码头	原物保存较好	市县级文物保护单位	已考察
小河直街历史街区	古建筑	历史相关	浙江省杭州市小河直街	不详	原物保存较好	市县级文物保护单位	未考察（《杭州市历史文化名城保护规划》，2003）
卖鱼桥旧址	古建筑	历史相关	浙江省杭州市卖鱼桥	民国时建立	不明	非文物保护单位，保护状况不明	未考察（《杭州市历史文化名城保护规划》，2003）

注：表中备注"未考察"遗产资料除特别注明外均据《杭州运河沿线旅游资源分布》，杭州水利林业局提供。

(37) 江南运河中河、东河、贴沙河段

A. 河段概况

中河南北纵贯杭州城,全长10.4km,有桥梁三十余座。东河在城东部,全长4km。贴沙河在杭州市区东界,全长6.5km(《杭州市河道汇编》,2003)。

市区中的中河及贴沙河均曾经作为运河主航道。各历史时期杭州城内的运河河道,隋唐时期以清湖河、浣沙河为主河道(今已不存在);宋代以盐桥运河(今中河)为主河道;元明清以城东贴沙河为主河道。河道自西向东逐渐改道外拓,杭州城市也向东拓展。东河也曾有过航运功能,但不是京杭运河主线。

运河改道三堡船闸后,这几条河道均丧失了航运功能,现在的主要功能是为城市休闲游憩提供景观用水。尤其是东河两岸的景观小品及植被种植很有特色,两岸的房地产市场非常火热。

(B) 河道剖面

【河道】中河自白塔岭至新横河桥,全长10423m,河宽8—10m,平均水深0.6—0.9m,河床标高4.75m。东河自断河头至滚水坝,全长4026m,河宽8—27m,平均水深2m,河床标高1.8—2.6m。东河与中河水质至1999年已有明显好转,化仙桥水质已达Ⅲ类标准。随着改造工程的完成,水质又进一步提高。

【河漫滩】河道位于城市中心区,无河漫滩或二级滩地。

【护坡】均为直立式人工固化护坡。东河护岸以人工石砌为主,砌筑精良,作为城市景观休闲区。

【堤岸】中河一侧是城市主干道,另一侧是次要道路,路与河之间有绿化带隔开,种植草本植物及部分乔木,有一定的生态功能,但河道与城市的关系较为分离。东河曾经过整体改造,作为城市休闲游憩用地,两岸植物配备精良,设有自行车及步行系统,对改善城市环境作用显著。贴沙河建有运河公园,作为城市休闲用地,两岸多为住宅区,有一定美化城市景观的功能。

【堤外土地利用】三条河道两侧均为城市建成区,土地利用情况较复杂。居住、办公等功能均有体现。东河、贴沙河两岸以住宅用地为主,中河两岸则是住宅与办公均有,其中包括部分历史街区(《2003年杭州市环境状况公报》,2004;《杭州市河道汇编》,2003)。

【剖面图】

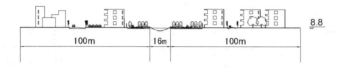

图 5.383　江南运河东河段两岸 100m 范围剖面图

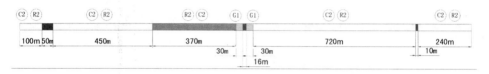

图 5.384　江南运河东河段两岸 1000m 范围剖面图

图 5.385　江南运河杭州城区段典型照片

C. 沿河遗产分布

中河与东河沿线的主要物质遗产是桥梁,分布较均匀,每座桥梁几乎均有其历史意义,包含大量的历史信息,仅从命名方法就可见一斑。例如"嵇接骨桥",是因为骨科医生嵇清而得名;"斗富二桥"讹称"豆腐二桥";美政桥则是官员执法严明,人皆称其美政,所以得名。两河道均经过整治,河上桥梁大部分保存良好。

表 5.154　江南运河中河段主要文化遗产分布表

遗产名称	遗产类型	与运河关系类型	地址	时代	保存状况	文物级别	备注
凤山水城门	古建筑	功能相关	浙江省杭州市上城区凤山门	始建于元，建国后修缮	原物保存良好	市县级文物保护单位	已考察
福德桥	古建筑	功能相关	浙江省杭州市中河之上稽接骨桥北	始建于南宋，又名黑桥，1985年修缮	改建恢复	市县级文物保护单位	已考察
稽接骨桥	古建筑	功能相关	浙江省杭州市省军区后勤部西侧	始建于宋，建国后修缮	修旧如故	市县级文物保护单位	已考察
六部桥	古建筑	功能相关	浙江省杭州市凤山桥北	始建于南宋，建国后修缮	修旧如故	市县级文物保护单位	已考察
老南星桥	古建筑	功能相关	浙江省杭州市凤山路南段	始建于宋，1953年改建（另建有新南星桥）	修旧如故	市县级文物保护单位	已考察
海月桥	古建筑	功能相关	浙江省杭州市洋桥东北，临复兴街	始建于明万历年间，建国后修缮	修旧如故	市县级文物保护单位	已考察
化仙桥	古建筑	功能相关	浙江省杭州市中河之上，临复兴街	始建于明，建国后修缮	修旧如故	市县级文物保护单位	已考察

(续　表)

遗产名称	遗产类型	与运河关系类型	地址	时代	保存状况	文物级别	备注
南星古泉	古遗址	功能相关	浙江省杭州市凤山路南段	宋	改建恢复	市县级文物保护单位	已考察
小诸桥	古建筑	功能相关	浙江省杭州市中河之上，美政桥东北	始建于明清，建国后修缮	修旧如故	市县级文物保护单位	已考察
美政桥	古建筑	功能相关	浙江省杭州市中河之上洋泮桥东北，临复兴街	始建于宋，建国后修缮	修旧如故	市县级文物保护单位	已考察
洋泮桥	古建筑	功能相关	浙江省杭州市中河之上海月桥东北，临复兴街	始建于宋，1967年改建	修旧如故	市县级文物保护单位	已考察
庆余桥	古建筑	功能相关	浙江省杭州市庆春路与中河交界处	始建于宋，建国后修缮	完全重建	非文物保护单位，但有相应机构或个人维护	已考察
仙林桥	古建筑	功能相关	浙江省杭州市中河之上盐桥北，东接长庆街	始建于清，1985年重建	完全重建	非文物保护单位，无人管理	已考察
丰乐桥	古建筑	功能相关	浙江省杭州市解放路中段	始建于宋，1985年拓宽	完全重建	非文物保护单位，无人管理	已考察

(续 表)

遗产名称	遗产类型	与运河关系类型	地址	时代	保存状况	文物级别	备注
西斜桥	古建筑	功能相关	浙江省杭州市东中河之上,接贡院前,西接西桥直街	始建于明,建国后重建现代桥梁	完全重建	非文物保护单位,无人管理	已考察
西桥	古建筑	功能相关	浙江省杭州市中河之上东接贡院前,西接西桥直街	始建于明,1986年重建	完全重建	非文物保护单位,无人管理	已考察
望仙桥	古建筑	功能相关	浙江省杭州市中河之上,东为望江路,江干区内	始建于宋,建国后重建	完全重建	非文物保护单位,无人管理	未考察(《杭州地名志》第三册,1988)
通江桥	古建筑	功能相关	浙江省杭州市中河之上,富德桥北	始建于宋,1985年整修	不明	非文物保护单位,保护状况不明	未考察(《杭州地名志》第三册,1988)
上仓桥	古建筑	功能相关	浙江省杭州市上仓桥路	始建于宋,1967年改建	不明	非文物保护单位,保护状况不明	未考察(《杭州地名志》第三册,1988)
凤山桥	古建筑	功能相关	浙江省杭州市中河之上,老南星桥北	始建于清,建国后重建为板式公路桥	完全重建	非文物保护单位,无人管理	未考察(《杭州地名志》第三册,1988)

(续　表)

遗产名称	遗产类型	与运河关系类型	地址	时代	保存状况	文物级别	备注
水澄桥	古建筑	功能相关	浙江省杭州市复兴街西南	始建于宋,建国后修缮	不明	非文物保护单位,保护状况不明	未考察(《杭州地名志》第三册,1988)
复兴桥	古建筑	功能相关	浙江省杭州市中河之上	始建于民国时期,1970年重建新桥	完全重建	非文物保护单位,保护状况不明	未考察(《杭州地名志》第三册,1988)
洋桥	古建筑	功能相关	浙江省杭州市中河之上,化仙桥东北	现代三孔梁板公路桥	完全重建	非文物保护单位,无人管理	未考察(《杭州地名志》第三册,1988)
梁家桥	古建筑	功能相关	浙江省杭州市中河之上,小诸桥东北	始建于宋	不明	非文物保护单位,保护状况不明	未考察(《杭州地名志》第三册,1988)
新宫桥	古建筑	功能相关	浙江省杭州市中河之上	始建于南宋,明代更名,建国后重建新桥	完全重建	非文物保护单位,无人管理	已考察
三圣桥	古建筑	功能相关	浙江省杭州市中河之上	始建于南宋,明代更名,建国后重建新桥	完全重建	非文物保护单位,保护状况不明	未考察(《杭州地名志》第三册,1988)

（续　表）

遗产名称	遗产类型	与运河关系类型	地址	时代	保存状况	文物级别	备注
铁佛寺桥	古建筑	功能相关	浙江省杭州市中河之上	始建于宋，明代更名，1986年已重建新桥	完全重建	非文物保护单位，保护状况不明	未考察（《杭州地名志》第三册,1988)
府桥	古建筑	功能相关	浙江省杭州市中河之上	始建年代不详（自清始称府桥），1986年重建新桥	完全重建	非文物保护单位，保护状况不明	未考察（《杭州地名志》第三册,1988)
柴垛桥	古建筑	功能相关	浙江省杭州市中河之上	始建于宋，1986年重建新桥	完全重建	非文物保护单位，保护状况不明	未考察（《杭州地名志》第三册,1988)
荐桥	古建筑	功能相关	浙江省杭州市中河之上	始建于宋，1981年重建新桥	完全重建	非文物保护单位，保护状况不明	未考察（《杭州地名志》第三册,1988)
回回新桥	古建筑	功能相关	浙江省杭州市中河之上	始建年代不详,1783年重建新桥	完全重建	非文物保护单位，保护状况不明	未考察（《杭州地名志》第三册,1988)
油局桥	古建筑	功能相关	浙江省杭州市中河之上	清顺治、乾隆年间两次重修，1986年重建新桥	完全重建	非文物保护单位，保护状况不明	未考察（《杭州地名志》第三册,1988)

（续　表）

遗产名称	遗产类型	与运河关系类型	地址	时代	保存状况	文物级别	备注
盐桥	古建筑	功能相关	浙江省杭州市中河之上	始建于北宋,1986年重建新桥	完全重建	非文物保护单位,保护状况不明	未考察(《杭州地名志》第三册,1988)
登云桥	古建筑	功能相关	浙江省杭州市中河之上	始建于明,1986年重建新桥	完全重建	非文物保护单位,但有相应机构或个人维护	已考察
平安桥	古建筑	功能相关	浙江省杭州市中河之上	始建于明中叶,1986年重建新桥	完全重建	非文物保护单位,保护状况不明	未考察(《杭州地名志》第三册,1988)
梅东高桥	古建筑	功能相关	浙江省杭州市中河之上	始建于宋,又名通济桥(不是余杭镇的通济桥),1969年重建新桥	完全重建	非文物保护单位,保护状况不明	未考察(《杭州地名志》第三册,1988)
龙山闸	运河水利工程遗址	功能相关	浙江省杭州市之江中路	始建于唐末五代	一无可考	非文物保护单位,无人管理	已考察
浙江闸	运河水利工程遗址	功能相关	浙江省杭州市之江中路	始建于唐末五代	一无可考	非文物保护单位,无人管理	已考察

（续　表）

遗产名称	遗产类型	与运河关系类型	地址	时代	保存状况	文物级别	备注
圣塘闸	运河水利工程遗址	功能相关	浙江省杭州市古村新河与西湖交界处	元	完全重建	非文物保护单位，但有相应机构或个人维护	已考察
钱塘门	运河水利工程遗址	功能相关	浙江省杭州市圣塘闸附近	不详	原物不存，但遗址可考	非文物保护单位，但有相应机构或个人维护	已考察
临安城遗址	古遗址	空间相关	上城区	南宋	原物保存良好	国家级文物保护单位	已考察
胡庆余堂	古建筑	空间相关	浙江省杭州市清河坊大井巷	清	原物保存良好	国家级文物保护单位	已考察
梵天寺经幢	古建筑	空间相关	浙江省杭州市凤凰山脚	五代	原物保存良好	国家级文物保护单位	未考察
龙兴寺经幢	古建筑	空间相关	浙江省杭州市下城区延安北路灯芯巷口	唐	原物保存良好	省级文物保护单位	未考察
杭州碑林	石刻	空间相关	浙江省杭州市劳动路	五代至清	原物保存良好	省级文物保护单位	未考察

（续　表）

遗产名称	遗产类型	与运河关系类型	地址	时代	保存状况	文物级别	备注
通玄观造像	石刻	空间相关	浙江省杭州市上城区太庙巷紫阳小学	南宋	原物保存良好	市县级文物保护单位	未考察
龚佳育墓	古墓葬	空间相关	浙江省杭州市西湖区六和塔牌楼里月轮山麓	清	原物保存良好	省级文物保护单位	未考察
浙江体育会摩崖题记	石刻	空间相关	浙江省杭州市上城区云居山	民国	原物保存良好	省级文物保护单位	未考察
浙江图书馆旧址	古建筑	空间相关	浙江省杭州市上城区孤山及大学路	近代	原物保存良好	省级文物保护单位	未考察
求是书院	古建筑	空间相关	浙江省杭州市上城区大学路三弄5号	1897年	原物保存良好	省级文物保护单位	未考察
基督教青年会所旧址	古建筑	空间相关	浙江省杭州市上城区青年路	1918—1919年	原物保存良好	省级文物保护单位	未考察
浙江兴业银行旧址	古建筑	空间相关	浙江省杭州市上城区中山中路	1923年	原物保存良好	省级文物保护单位	未考察
浙江省第一师范旧址	近现代重要史迹	空间相关	浙江省杭州市下城区杭州高级中学	现代	原物保存良好	省级文物保护单位	未考察

(续　表)

遗产名称	遗产类型	与运河关系类型	地址	时代	保存状况	文物级别	备注
相国井	古建筑	空间相关	浙江省杭州市上城区井亭桥	唐	原物保存良好	市县级文物保护单位	未考察
天龙寺造像	石刻	空间相关	浙江省杭州市上城区八卦田天龙山	五代	原物保存良好	市县级文物保护单位	未考察
吴越钱氏海塘	古遗址	空间相关	浙江省杭州市六和塔至艮山门老塘堤内	五代	原物保存良好	市县级文物保护单位	未考察
钱塘第一井	古建筑	空间相关	浙江省杭州市上城区大井巷	五代	原物保存良好	市县级文物保护单位	未考察
石佛院造像	石刻	空间相关	浙江省杭州市上城区紫阳山麓	五代	原物保存良好	市县级文物保护单位	未考察
石龙洞造像	石刻	空间相关	浙江省杭州市上城区慈云岭	五代	原物保存良好	省级文物保护单位	未考察
岳官巷吴宅	古建筑	空间相关	浙江省杭州市下城区岳官巷4号	明	原物保存良好	市县级文物保护单位	未考察
感花岩刻诗	石刻	空间相关	浙江省杭州市上城区紫阳山宝城寺后	明	原物保存良好	市县级文物保护单位	未考察

(续表)

遗产名称	遗产类型	与运河关系类型	地址	时代	保存状况	文物级别	备注
于谦故居	古建筑	空间相关	浙江省杭州市上城区祠堂巷42号	明	原物保存良好	市县级文物保护单位	未考察
天主教堂	古建筑	空间相关	浙江省杭州市中山北路415号	清	原物保存良好	市县级文物保护单位	未考察
小米园	古建筑	空间相关	浙江省杭州市上城区马坡巷12号	清	原物保存良好	市县级文物保护单位	未考察
胡雪岩旧居	古建筑	空间相关	浙江省杭州市上城区望江路元宝街	清	原物保存良好	市县级文物保护单位	未考察
郁达夫旧居	近现代重要史迹	空间相关	浙江省杭州市上城区大学路场官农63号	现代	原物保存良好	市县级文物保护单位	未考察
马寅初旧居	近现代重要史迹	空间相关	浙江省杭州市下城区庆春路626号	民国	原物保存良好	市县级文物保护单位	未考察
潘天寿旧居	近现代重要史迹	空间相关	浙江省杭州市上城区荷花池头42号	民国	原物保存良好	市县级文物保护单位	未考察
浙江中山纪念林碑	石刻	空间相关	浙江省杭州市上城区凤凰山东南山坡	民国	原物保存良好	市县级文物保护单位	未考察

（续　表）

遗产名称	遗产类型	与运河关系类型	地址	时代	保存状况	文物级别	备注
丁鹤年墓石亭	古建筑	空间相关	浙江省杭州市上城区柳浪闻莺公园	明	原物保存良好	市县级文物保护单位	未考察
东岳庙	古建筑	空间相关	浙江省杭州市上城区吴山瞭望台旁	明、清	原物保存良好	市县级文物保护单位	未考察
明宅	古建筑	空间相关	浙江省杭州市下城区新华路267号	明	原物保存良好	市县级文物保护单位	未考察
方回春堂	古建筑	空间相关	浙江省杭州市上城区河坊街117号	民国	原物保存良好	市县级文物保护单位	已考察
圣果寺遗址	古遗址	空间相关	浙江省杭州市上城区将台山与凤凰山之间笤铸湾西面	五代至明	原物保存良好	市县级文物保护单位	未考察
老虎洞窑址	古遗址	空间相关	浙江省杭州市上城区凤凰山西北山坳	宋元	原物保存良好	市县级文物保护单位	未考察
王文韶大学士府	古建筑	空间相关	浙江省杭州市下城区清吟巷3、9、10、11号	清	原物保存良好	市县级文物保护单位	未考察
张同泰药店	古建筑	空间相关	浙江省杭州市下城区中山北路99号	清末民初	原物保存良好	市县级文物保护单位	未考察

（续　表）

遗产名称	遗产类型	与运河关系类型	地址	时代	保存状况	文物级别	备注
海潮寺旧址	古建筑	空间相关	浙江省杭州市上城区望江门外杭州中策集团	清	原物保存良好	市县级文物保护单位	未考察
汪宅	古建筑	空间相关	浙江省杭州市上城区望江门266号	清末民初	原物保存良好	市县级文物保护单位	未考察
源丰祥茶号旧址	古建筑	空间相关	浙江省杭州市上城区元宝街1—4号、望江路213号、金钗袋巷79—87号	清末民初	原物保存良好	市县级文物保护单位	未考察
紫薇园坐标原点	近现代重要史迹	空间相关	浙江省杭州市上城区延安南路15-2号地块	民国	原物保存良好	市县级文物保护单位	未考察
太平天国听王府	古建筑	空间相关	浙江省杭州市上城区小营巷58、61、62号	清	原物保存良好	市县级文物保护单位	未考察
万松书院遗址	古遗址	空间相关	浙江省杭州市上城区万松岭北坡	明至民国	原物保存良好	市县级文物保护单位	未考察
排衙石诗刻	石刻	空间相关	浙江省杭州市上城区将台山顶	五代至明	原物保存良好	市县级文物保护单位	未考察

(续 表)

遗产名称	遗产类型	与运河关系类型	地址	时代	保存状况	文物级别	备注
南宋郊坛下官窑窑址	古遗址	空间相关	浙江省杭州市上城区八卦田乌龟山	南宋	原物保存良好	市县级文物保护单位	未考察
鼓楼城楼	古建筑	空间相关	浙江省杭州市鼓楼	始建于南朝,1970年鼓楼被毁,2002年重建工作完成	原物保存良好	市县级文物保护单位	已考察
八卦田遗址	古遗址	空间相关	浙江省杭州市玉皇山脚以南	南宋	原物保存良好	市县级文物保护单位	未考察
吴汉月墓	古墓葬	空间相关	浙江省杭州市上城区闸口施家山	五代至明	原物保存良好	省级文物保护单位	未考察
司徒雷登故居	近现代重要史迹	空间相关	浙江省杭州市下城区天水桥	近代	原物破坏严重	市县级文物保护单位	未考察
韩蕲王花园	古建筑	空间相关	浙江省杭州市下城区	不详	一无可考	非文物保护单位,无人管理	未考察
湖州会馆	近现代重要史迹	历史相关	浙江省杭州市上城区小营巷酱园弄12号	清末	原物破坏严重	市县级文物保护单位	已考察

（续　表）

遗产名称	遗产类型	与运河关系类型	地址	时代	保存状况	文物级别	备注
六和塔	古建筑	历史相关	浙江省杭州市西湖区钱塘江北岸	南宋至清	原物保存良好	国家级文物保护单位	已考察
闸口白塔	古建筑	历史相关	浙江省杭州市钱塘江边闸口白塔岭上	五代	原物保存良好	国家级文物保护单位	已考察
凤凰寺	古建筑	历史相关	浙江省杭州市中山中路227号	五代始建，现存为元至清重建	原物保存良好	国家级文物保护单位	已考察
清河坊街历史街区	古建筑	历史相关	浙江省杭州市清河坊街	589年之后形成商业街区	原物保存良好	市县级文物保护单位	已考察
小营巷旧城风貌保护	古建筑	空间相关	浙江省杭州市小营巷	不详	原物保存较好	市县级文物保护单位	未考察
鼓楼传统建筑街巷群落保护区	古建筑	空间相关	浙江省杭州市鼓楼，以原鼓楼为中心，北起河坊街，南至吴山北山脚，东起中河路，西至小井巷	南宋即有	原物保存较好	市县级文物保护单位	已考察

（续　表）

遗产名称	遗产类型	与运河关系类型	地址	时代	保存状况	文物级别	备注
中山中路、中山南路传统商业街保护区	古建筑	历史相关	浙江省杭州市中山中路、中山南路	南宋即有，前身是南宋都城临安的御街	原物破坏严重	市县级文物保护单位	未考察
思鑫坊近代居民保护区	古建筑	空间相关	浙江省杭州市思鑫坊，包括思鑫坊、萱寿里、承德里三个街坊及八幢别墅	不详	不明	市县级文物保护单位	未考察
兴安里历史街区	古建筑	空间相关	浙江省杭州市兴安里	近代	不明	非文物保护单位，保护状况不明	未考察
恰丰里·韶华巷历史街区	古建筑	空间相关	浙江省杭州市人民路、西湖大道之间	近代	不明	非文物保护单位，保护状况不明	未考察
国货路历史街区	古建筑	空间相关	浙江省杭州市国货路、将军路之间	民国	不明	非文物保护单位，保护状况不明	未考察

(续　表)

遗产名称	遗产类型	与运河关系类型	地址	时代	保存状况	文物级别	备注
平远里近代建筑群	古建筑	空间相关	浙江省杭州市平远里,面临浣纱路	民国	不明	非文物保护单位,保护状况不明	未考察
惠兴路近代建筑群	古建筑	空间相关	浙江省杭州市,东临惠兴路,南临解放路	民国	不明	非文物保护单位,保护状况不明	未考察
五柳巷	古建筑	空间相关	浙江省杭州市斗富三桥、西湖大道之间	清末明初	不明	非文物保护单位,保护状况不明	未考察
龙翔里近代建筑	古建筑	空间相关	浙江省杭州市学士路、龙翔里一弄之间	民国	不明	非文物保护单位,保护状况不明	未考察
元福巷历史地段	古建筑	空间相关	浙江省杭州市清泰街、保佑桥东弄之间	民国	不明	非文物保护单位,保护状况不明	未考察
湖边村近代典型民居保护区	古建筑	空间相关	浙江省杭州市长生路、学士路之间	现存建筑是1930年代典型民居	原物保存较好	市县级文物保护单位	未考察

注:表中备注"未考察"遗产资料除特别注明外均据《杭州市历史文化名城保护规划》,2003。

表 5.155 江南运河东河段主要文化遗产分布表

遗产名称	遗产类型	与运河关系类型	地址	时代	保存状况	文物级别	备注
万安桥	古建筑	功能相关	浙江省杭州市东河之上,东为万安桥东弄	始建于明,建国后改建	修旧如故	非文物保护单位,但有相应机构或个人维护	已考察
解放桥	古建筑	功能相关	浙江省杭州市解放路	始建于1925年,1959年拓宽	完全重建	非文物保护单位,无人管理	已考察
淳佑桥	古建筑	功能相关	浙江省杭州市东河之上,桥东为淳佑桥东弄	始建于宋,建国后重建	完全重建	非文物保护单位,但有相应机构或个人维护	已考察
健民桥	古建筑	功能相关	浙江省杭州市清泰街	始建于清,建国后修缮	完全重建	非文物保护单位,无人管理	已考察
安乐桥	古建筑	功能相关	浙江省杭州市东河之上,斗富三桥北,东通五福弄	始建于南宋,建国后修缮	完全重建	非文物保护单位,无人管理	已考察
斗富二桥	古建筑	功能相关	浙江省杭州市东河之上,东通建国南路	始建于宋,建国后重建	完全重建	非文物保护单位,无人管理	已考察
斗富三桥	古建筑	功能相关	浙江省杭州市东河之上,东通建国南路	始建于宋,1917年重修	完全重建	非文物保护单位,无人管理	已考察

(续　表)

遗产名称	遗产类型	与运河关系类型	地址	时代	保存状况	文物级别	备注
章家桥	古建筑	功能相关	浙江省杭州市清泰街	清重建,建国后修缮	不明	非文物保护单位,保护状况不明	未考察(《杭州地名志》第三册,1988)
菜市桥	古建筑	功能相关	浙江省杭州市庆春路西段	始建于南宋,1919年改建	不明	非文物保护单位,保护状况不明	未考察(《杭州地名志》第三册,1988)
太平桥	古建筑	功能相关	浙江省杭州市体育场路与庆春路之间	清重建	不明	非文物保护单位,保护状况不明	未考察(《杭州地名志》第三册,1988)
新桥	古建筑	功能相关	浙江省杭州市体育场路与庆春路之间	始建于宋	不明	非文物保护单位,保护状况不明	未考察(《杭州地名志》第三册,1988)
东河第一桥(凤凰亭、坝子桥)	古建筑	功能相关	浙江省杭州市东河之上,东出坝子桥路	清	修旧如故	非文物保护单位,但有相应机构或个人维护	已考察
宝善桥	古建筑	功能相关	浙江省杭州市体育场路东段	始建于清,1981年拓宽	完全重建	非文物保护单位,无人管理	已考察

(续　表)

遗产名称	遗产类型	与运河关系类型	地址	时代	保存状况	文物级别	备注
凤起桥	古建筑	功能相关	浙江省杭州市东河之上，宝善桥南	现代新桥	完全重建	非文物保护单位，无人管理	已考察
艮山门	运河水利工程遗址	功能相关	浙江省杭州市艮山门	南宋已有，民国时拆除，现只留一阕	原物不存，但遗址可考	非文物保护单位，无人管理	已考察
东河滚水坝	运河水利工程遗址	功能相关	浙江省杭州市艮山门	不详	完全重建	非文物保护单位，但有相应机构或个人维护	已考察

表5.156　江南运河贴沙河段主要文化遗产分布表

遗产名称	遗产类型	与运河关系类型	地址	时代	保存状况	文物级别	备注
夏衍故居	近现代重要史迹	空间相关	浙江省杭州市江干区彭埠镇严家弄	近代	原物保存良好	非文物保护单位，保护状况不明	未考察（《杭州运河沿线旅游资源分布》，杭州水利林业局提供）

第 六 章
京杭大运河物质文化遗产资源详述

6.1 通惠河与北运河段

(1) 庆丰闸遗址

【历史概况】始建于元代。上闸一直使用到1965年才拆去闸墙;下闸在明代中期废弃(《北运河水旱灾害》,2003)。

【现状特征】古闸。又名籍东闸,两座,上闸在今东便门外的丰闸村,下闸在深沟村附近。目前遗址得到了保护。

【价值评价】非文物保护单位,曾是运河上的重要节点。

(2) 通运桥

【历史概况】建于明万历年间(《通县志》,2003)。

【现状特征】位于通州区张家湾镇。通运桥长45m,宽8.3m,高7m,外观古朴,给人强烈的历史沧桑感;栏杆上的小狮子栩栩如生,部分损坏严重;桥面为块石铺砌,有不同程度的损坏,但结构完整坚固。近年来对桥进行了修缮,目前与环境较为协调。周边为农田与传统街区和村镇。

【价值评价】北京市文物保护单位,是运河上的重要节点。目前被用于保护、展示和教育。

图 6.1　通运桥

(3) 张家湾镇城墙遗址

【历史概况】始建于元代(《通县志》,2003)。

【现状特征】古城址。位于通州区张家湾镇。原始城墙无遗留,仅保留有一块碑,并重建了一段古城墙,长 120m,宽 1m,高 5—6m。遗迹与周边传统街区、村镇及农田较为协调。

【价值评价】北京市文物保护单位,运河上的重要节点。目前被用于保护、展示和教育。

(4) 张家湾运河码头

【历史概况】建于元代。

【现状特征】古码头。位于张家湾镇东,遗址长约 200m。目前遗迹无存。周边为农田与传统街区和村镇。

图 6.2　张家湾镇城墙遗址

图 6.3　张家湾运河码头遗址

【价值评价】非文物保护单位,曾是运河上十分重要的节点。目前已没有实际功能,处于荒弃状态,未得到很好的利用。

(5)张家湾镇清真寺

【历史概况】有七百多年的历史,元代创建,明清曾数次维修,道光十四年(1834)再次重修;最近一次修缮在 1998 年(《通县志》,2003)。

【现状特征】古建筑。位于通州区张家湾镇。寺内有一棵有五百多年历史的古树。原貌保护较好,有少许改建或加建,较完整。占地 $2385m^2$,建筑面积 $1496m^2$;重修后的主体大殿面阔三间勾连搭四,长 28m,宽 11m,即 $308m^2$;南北配殿各三间,长 10.4m,宽 6m,共 $124m^2$。基本按照中国古建筑式样营造,采用硬山歇山与勾连搭建筑形式相结合,使大殿形成一个组合建筑群体,因此主体大殿是一个既符合古建筑传统规矩又有所创新的格局。整个清真寺与张家湾老镇的环境比较协调。

【价值评价】通州区文物保护单位,运河上的重要节点。目前仍维持原有宗教功能。

图6.4　张家湾镇清真寺

(6)香河县文庙

【历史概况】清顺治年间,香河县扩建圣人阁,称"圣人庙"。明清两代多次修葺。清康熙五十二年(1893),圣人庙重建,改称"文庙"。

【现状特征】寺庙。位于香河县城西街路北第一小学附近。目前仅存正殿三间,其余均拆改,与周边的商业金融及文化娱乐、体育建筑显得很不协调。

【价值评价】非文物保护单位,有相应机构或个人维护。目前已没有实际功能,未得到很好的利用。

图6.5　香河县文庙

(7) 秦营古码头遗址

【历史概况】建于元代。为运河沿线停靠船舶的码头(《中国文物地图集·天津分册》,2002)。

【现状特征】古码头。位于武清区大沙河乡秦营村以东,北运河西岸。面积2000m²,文化层厚0.8m。目前古码头已基本不存在,只剩旧河道和几棵柳树,与周边农田和经济林协调性较好。

【价值评价】非文物保护单位,目前处于荒弃状态,无人管理或利用。

图6.6　秦营古码头遗址

(8) 三角坝沉船

【历史概况】造于元代。1973年疏通运河时发现沉船一艘,距地表深2m,出土船板数块及白瓷碗一件。船体基本保存完好,仍埋于地下(《中国文物地图集·天津分册》,2002)。

【现状特征】古沉船。位于武清区大沙河乡木厂村以东,北运河西岸。地面已没有明显的遗迹。周边为农田。

【价值评价】非文物保护单位,发掘地点目前处于荒弃状态,无人管理或利用。

(9) 河西务清真寺

【历史概况】始建于清代晚期。顶正中建亭阁式望月楼,1966年曾遭严重损坏,已修复(《中国文物地图集·天津分册》,2002)。

图 6.7　三角坝沉船

图 6.8　河西务清真寺

【现状特征】寺庙,位于河西务镇。目前保护良好,较为完整。周边都是建国后兴建的居住区,环境协调性一般。

【价值评价】武清区文物保护单位,目前仍作为宗教建筑正常使用。

(10)河西务城址

【历史概况】建于明清。乾隆《武清县志》记载城垣建于明隆庆六年(1572)(《中国文物地图集·天津分册》,2002)。

【现状特征】河西务镇位于武清区北运河西岸,平面呈方形,边长500m。旧城遗迹已不存在,周边为农田。

【价值评价】曾是运河上的重要城镇之一。非文物保护单位,无人管理,目前处于荒弃状态,未得到充分利用。

图 6.9　河西务城址

(11) 仓上遗址

【历史概况】建于元代。曾出土定窑白瓷、磁州窑和景德镇窑华碗等残片,西侧两公里处的西沟河传说为萧太后运粮河(《中国文物地图集·天津分册》,2002)。

【现状特征】仓储遗址。位于武清区泗村店乡,仓上村西南,面积 15 万 m^2。遗迹已不存在,周边为农田。

【价值评价】非文物保护单位,无人管理,目前处于荒弃状态,未得到充分利用。

图 6.10　仓上遗址

(12) 筐儿港坝

【历史概况】始建于清康熙三十八年(1699)。1699年北运河决口,在原古闸坝遗址上重新建造减水坝,转年改建石坝(《中国文物地图集·天津分册》,2002)。

【现状特征】古闸坝。位于武清区徐官屯乡宝稼营北。目前仅有少量遗迹留存,坝旁有清康熙四十九年所立康熙御书碑,碑文"导疏济运",碑通高3.8m,宽1.1m,厚0.46m。现有水工建筑为建国后在原坝址上重建的筐儿港闸,长75m,宽3m,高7m。周边为农田。

【价值评价】非文物保护单位,无人管理。遗迹没有实际功能,未得到利用。重建的筐儿港坝正常使用,主要功能为调控水量、水位及防洪。

图6.11　筐儿港坝

(13) 清世祖顺治帝手植槐

【历史概况】植于清代(1651)。

【现状特征】位于武清区龙凤新河、排污河与北运河交叉处的光荣院内。保护较好,树高5m。旁立一碑,为武清区文物保护管理委员会于2003年10月所立,上书"清世祖顺治帝手植槐,一六五一年"。周边为农田,环境协调性一般。

【价值评价】武清区文物保护单位,作保护、展示和教育之用。

图 6.12　清世祖顺治帝手植槐

(14) 天穆清真北寺

【历史概况】始建于明永乐二年(1404)。1928 年翻修大殿,1948 年被国民党毁后重建(《中国文物地图集·天津分册》,2002)。

【现状特征】寺庙,位于北辰区天穆村北。占地 4666m^2,建筑面积 2734m^2。有大殿、讲堂、沐浴房等,砖木结构,保存完好。

【价值评价】非文物保护单位。

(15) 天穆清真南寺

【历史概况】始建于咸丰四年(1854)。1948 年被国民党毁后重建(《中国文物地图集·天津分册》,2002)。

【现状特征】寺庙,位于北辰区天穆村南。占地 1278m^2,建筑面积 825m^2,砖木结构,保存完好。

【价值评价】非文物保护单位。

图 6.13　天津天穆回民村

(16) 鼓楼

【历史概况】"建楼年代说法不一,据《志余随笔》所载:'鼓楼之建,当在明弘治间也。'"民国初年曾拆而复建。1952年拆除,2001年重建(《天津老城忆旧》,1997)。

【现状特征】位于天津市南开区,已全部原址重建。楼高三层,砖木结构。东西南北四个券门门额上各有匾额,上书"镇东"、"安西"、"定南"、"拱北"。作为金融商业区的地标,与环境高度协调。目前不仅用于保护、展示和教育,而且进行了旅游开发,开发与保护基本平衡。

【价值评价】天津市文物保护单位,是运河上极为重要的节点。

图6.14　天津鼓楼

(17) 广东会馆

【历史概况】始建于清光绪三十三年(1903)。于1985年修葺后辟为天津戏剧博物馆(《中国文物地图集·天津分册》,2002)。

【现状特征】会所,位于南开区南门里大街,占地1.5万 m^2,原貌保护较好,有少许改建或加建,较完整。周边为商业金融及文化娱乐、体育用地,环境协调性一般。目前用于保护、展示和教育,同时进行了旅游开发,开发与保护基本平衡。

【价值评价】国家级文物保护单位。

(18) 古文化街

【历史概况】主体部分为明清时所建。目前已经完全新建。

【现状特征】历史文化街区。位于天津市南开区,紧靠海河,包括天后宫、杨家大院、玉皇阁在内。周边为商业金融用地,环境较好。目前正在进行重建和开发。

图 6.15　广东会馆

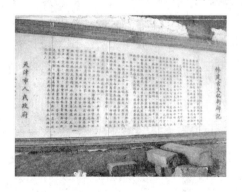

图 6.16　古文化街

【价值评价】非文物保护单位。保护的关键在于如何在保持自身特色的同时有机地融入城市整体之中。

(19)天津文庙

【历史概况】明万历年间始建,天顺、万历、清康熙、雍正、乾隆、光绪年间扩建、重修。1985年修葺后辟为天津文庙博物馆(《中国文物地图集·天津分册》,2002)。现为天津市青少年爱国主义教育基地。

【现状特征】寺庙(祠),位于天津南开区,周边为商业金融用地,环境协调性一般。目前除维持原有祭祀功能并用于保护、展示和教育之外,还添加了出售古玩等商业功能,同时进行了旅游开发,开发与保护基本平衡。

【价值评价】天津市文物保护单位。

图6.17 天津文庙

(20)吕祖堂

【历史概况】原为明清两代供奉吕洞宾的道观,清康熙、乾隆、道光年间多次修建。光绪二十六年(1900)义和团乾字团设总坛口于此。1985年修葺后辟为天津义和团纪念馆(《中国文物地图集·天津分册》,2002)。

【现状特征】寺庙(祠),位于天津南开区,周边为商业金融用地,环境协调性一般。目前除维持原有祭祀功能并用于保护、展示和教育之外,还添加了出售古玩等商业功能,同时进行了旅游开发,开发与保护基本平衡。

【价值评价】国家级文物保护单位。

(21)天后宫

【历史概况】元泰定三年(1326)始建。明清和民国年间,历经多次重修扩建,是中国现存年代最早的天后宫之一。1985年辟为天津市民俗博物馆(《中国文物地图集·天津分册》,2002)。

图 6.18　吕祖堂

图 6.19　天后宫

【现状特征】寺庙，位于天津南开区。目前原貌保护良好，较为完整，占地 5360m^2。周边为传统街区、村镇和商业金融用地，与环境高度协调。目前除维持原有祭祀功能之外，还进行了旅游开发，开发与保护基本平衡。

【价值评价】天津市文物保护单位，运河上的重要节点。天津城市形成和发展的历史见证。

(22) 望海楼教堂

【历史概况】清同治八年(1869)法国天主教会建造，次年 6 月在"天津教案"中被烧毁。清光绪二十三年(1897)帝国主义分子用清政府赔款在废墟原址重建，增建了角楼。1900 年在义和团运动中再次被焚毁。现存望海楼为光绪二十九年(1903)用"庚子赔款"按原形制重建。1976 年因地震严重损坏。1983 年天津市人民政府拨款修缮(《中国文物地图集·天津分册》，2002)。

【现状特征】教堂,位于海河北岸狮子林桥东口。建筑坐北面南,青砖木结构,长47m,宽15m,高22m,正面有3个塔楼,呈笔架形。教堂内部并列两排立柱,为三通廊式,无隔间与隔层。内窗券作尖顶拱形,窗面由五彩玻璃组成几何图案,地面砌瓷质花砖,装饰华丽。周边为建国后的居住区及商业金融用地,环境协调性一般。

【价值评价】国家级文物保护单位,运河上的重要节点。目前除维持原有宗教功能之外,还用于保护、展示和教育,同时进行了旅游开发,开发与保护基本平衡。

图 6.20 望海楼教堂

(23) 大悲禅院

【历史概况】始建于清顺治年间,康熙八年(1669)重修,民国二十九年(1940)扩建(《中国文物地图集·天津分册》,2002)。

【现状特征】寺庙,位于天津河北区天纬路26号。建筑分东西两院,坐北朝南,主要由山门、天王殿、大雄宝殿、大悲殿组成,占地面积 10600m²,保存完好。

【价值评价】天津市文物保护单位。

(24)金刚桥

【历史概况】1924 建造,1943 年上部被拆除(《中国文物地图集·天津分册》,2002)。

【现状特征】位于三岔河口处中山路西端。三孔钢桁架开启桥,长 85.8m,总宽 17m。原貌总体完整,周边为传统街区、村镇和商业金融用地,与环境协调性较好。

【价值评价】非文物保护单位,但是运河上的重要节点,有相应机构或个人维护。目前仍维持正常交通功能。

图 6.21　金刚桥

(25)红灯照黄莲圣母停船场

【历史概况】始建于清光绪二十六年(1900)。红灯照是义和团青年妇女的组织,首领为船民林黑儿,自称"黄莲圣母",在南运河停船处设水上坛口,组织妇女进行反帝斗争(《中国文物地图集·天津分册》,2002)。

【现状特征】码头,位于天津南开区南运河上。目前遗迹无存,立有文物保护标志。周边为商业金融地带。

【价值评价】天津市文物保护单位,目前用于保护、展示和教育。

图 6.22　红灯照黄莲圣母停船场

6.2　南运河段

(1) 引滦入津纪念碑

【历史概况】建国后立。

【现状特征】新建纪念性建筑,位于三岔河口处。原貌完整,周边为传统街区、村镇和商业金融用地,与环境协调性较好。

【价值评价】非文物保护单位,但是运河上极为重要的节点,有相应机构或个人维护。目前仍维持其纪念、展示和教育功能。

图 6.23　引滦入津纪念碑

(2) 石家大院

【历史概况】始建于清同治十二年(1873),又称"尊美堂"。主人石元士是天津"八大家"之一杨柳青石家的代表人物。1990年改为杨柳青博物馆(《中国文物地图集·天津分册》,2002)。

【现状特征】民居,位于西青区杨柳青镇。目前全部为新建建筑。整座宅院东西宽72m,南北长100m,共18个院落,占地面积6080m²。周边为金融商业用地和城市公园,环境协调性较好。

【价值评价】天津市文物保护单位,运河沿线重要节点。目前作保护、展示和教育之用,并进行了旅游开发,保护与利用基本平衡。

图6.24 石家大院

(3) 杨柳青文昌阁

【历史概况】始建于明万历四年(1576),崇祯七年(1634)、清咸丰十年(1860)、民国三十年重修(《中国文物地图集·天津分册》,2002)。

【现状特征】寺庙,位于杨柳青镇。现有建筑已经过重建,保护较好,目前较为完整。该阁边长 5m,通高 15m。周边为建国后的居住区,环境协调性较好。

【价值评价】中国北方保留最完好、最有特色的明代建筑群,省级文物保护单位。目前作保护、展示和教育之用,并进行了旅游开发,保护与利用基本平衡。

图 6.25　杨柳青文昌阁

(4) 西钓台古城址

【历史概况】西汉遗物。西城墙上曾发现王莽时期小型砖室墓一座(《中国文物地图集·天津分册》,2002)。

【现状特征】古遗址,位于静海县陈官屯乡西钓台村西北 400m。目前仅剩少量遗迹,且有大量改建,很难恢复。城址略呈正方形,东西长 520m,南北宽 510m。城墙地上部分已被夷平,成为高出附近平地 1m 多的台地。

【价值评价】省级文物保护单位。目前已没有实际功能,未能得到很好的利用。

图 6.26 西钓台古城址

(5) 唐官屯清真寺

【历史概况】新中国建立前,回民共建,1981 年修复(《静海县志》,1995)。寺内有一碑,为"清真寺民管会"1995 年所立,据碑志所述,清真寺当建于清代。

【现状特征】寺庙,位于静海县唐官屯镇。目前旧迹无存,现有建筑全部经过重建。周围是传统街区及村镇,环境协调性一般。

【价值评价】非文物保护单位,但由天津市静海县唐官屯清真寺管委会负责维护。目前除了维持本身的宗教功能外,也作保护、展示和教育之用。

图 6.27 唐官屯清真寺

(6) 九宣闸

【历史概况】修建于清光绪七年(1881)。室马厂减河配套工程,历年来在控制运河流量及防洪工程中均起了重大作用。其形制为"条石砌筑,四墩五孔"(《中国文物地图集·天津分册》,2002)。

【现状特征】古闸坝,位于静海县大张屯乡。目前旧迹无存,现有水工建筑完全经过重建,与周边农田环境较为协调。新闸5孔,每孔宽6m,设计流量80m³/s。

【价值评价】非文物保护单位,但有相应机构或个人维护。目前正常使用,功能为调控水量、水位、防洪、分洪。

图 6.28　九宣闸

(7) 南运河靳官屯闸碑

【历史概况】篆刻时间为清光绪十七年十二月(《中国文物地图集·天津分册》,2002)。

【现状特征】碑刻,位于天津静海县大张屯乡。碑文记录的是开凿减河的必要性和开凿情况,由李鸿章撰文并执笔书写。石碑通高4.2m,宽1.4m,原貌保护较好,有少许修葺,较完整,与周边农田协调性一般。

【价值评价】非文物保护单位,不是运河上的重要节点,但有相应机构或个人维护。目前仍作纪念之用。

(8) 赵兵部墓

【历史概况】俗称"赵家坟",修建于明嘉靖十二年。1985年文物普查时发现墓中有"石碑一通,石狮2个,石供桌1个,华表2个,石马一对,石人一对,石碑坊一座"。1983年对坟墓及附属石器进行修复(《青县志》,1999)。

【现状特征】古陵墓,位于河北青县县城北15km,流河镇东北1km处,运河西堤西侧。目前破旧不堪,只余少量遗迹,与周边农田协调性一般。

图 6.29　南运河靳官屯闸碑

图 6.30　赵兵部墓

【价值评价】沧州市文物保护单位,空间上靠近运河。目前处于无人管理的荒弃状态,未能得到很好的展示利用。

(9) 马厂营房

【历史概况】清直隶总督李鸿章奏请穆宗皇帝,于同治十年(1871)二月在青县马厂建营设防。现有营房为 1957 年重建(《沧州文史资料第一集》,1987)。

【现状特征】军事遗址,位于青县城北 18km 处,南运河岸边。目前旧迹无存,原址上重建马厂兵营。周边为农田,环境协调性一般。

【价值评价】非文物保护单位,目前仍为军事营地。

图 6.31 马厂营房

(10) 马厂炮台

【历史概况】清同治十年(1871)二月,直隶总督李鸿章奏调淮军盛字马步23个营、仁字步2个营,由山东济宁移驻青县马厂修建炮台(《青县志》,1999)。

【现状特征】军事遗址,位于青县城北15km处,东依京福公路,西傍运河,北靠津保公路。虽有较多破损、缺失,并有部分改建,尚可恢复。炮台高8m,厚12m,共设四门,与周围农田协调性一般。

【价值评价】省级文物保护单位,空间上靠近运河。地处畿辅重地拱卫攸关,是清末抵御外敌的见证。目前处于无人管理的荒弃状态,已没有实际功能,未能得到很好的展示利用。

图 6.32 马厂炮台

(11)大邵庄汉墓群

【历史概况】建筑年代为汉、宋。1986 年 3 月发现(《青县志》,1999, p.680)。

【现状特征】古陵墓,位于青县城北 8km"青王"公路东侧。现有汉墓 8 座、宋墓 2 座,已被发掘,现场看不到任何相关遗迹。周边是农田。

【价值评价】县级文物保护单位,目前处于无人管理的荒弃状态,已没有实际功能,未能得到适当的利用。

图 6.33　大邵庄汉墓群

(12)东空城遗址

【历史概况】据《民国青县志》载古城"为宋代名将杨延景镇守边关时为囤放粮草而建,后因无粮可储,故名空城"(《青县志》,1999)。

【现状特征】古城址,位于青县城北偏西 10km,王镇店乡东空城村 200m 处。城址南北长 300m,东西宽 300m。目前仅存少量遗迹。周边为农田,环境协调性较好。

【价值评价】县级文物保护单位,目前处于无人管理的荒弃状态,已没有实际功能,未能得到适当的利用。

(13)盘古祠

【历史概况】始建于元世祖至元十五年(1278),明弘治十七年(1504)、崇祯九年(1636)重修。清康熙二十七年(1688)改于旧祠西南重建;民国五年

第六章 京杭大运河物质文化遗产资源详述 605

图 6.34 东空城遗址

图 6.35 盘古祠

(1916)毁于火,重建规模较小,后于 1947 年毁坏。1986 年修复。1997 年完全重建(《青县志》,1999)。

【现状特征】寺庙,位于青县南偏西 6km 大盘古村。目前旧迹无存,现有庙宇一座、彩塑,全部为 1997 年重建,并立有"先天至尊"碑。周边为传统街区村镇、经济林和公园,环境协调性一般。

【价值评价】盘古祠是运河上的重要节点,县级文物保护单位,有相应机构或个人维护。目前除祭祀之外,还被用于保护、展示和教育。

(14) 清真北大寺

【历史概况】明永乐初年入沧回民筹资建寺,工期 13 年,落成于明朝永乐十八年(1420)。1966 年"文革"期间部分被拆,改建工厂;1980 年工厂迁出,重修寺院(《沧州市文化志》,1993)。

【现状特征】寺庙,位于沧州市区解放中路。目前仅存礼拜大殿一座,另有后建的北配殿和淋浴室等。原貌保护良好,建筑面积为3200m^2,与周边的商业金融用地协调性一般。

【价值评价】省级文物保护单位,运河上的重要节点,不仅是宗教建筑,还具有保护、展示和教育的功能。

图6.36 清真北大寺

(15)沧州市文庙

【历史概况】明洪武元年(1368)创修,到民国六年,历经17次修葺。1981年河北省拨款维修(《沧州市文化志》,1993)。

【现状特征】祠堂,位于沧州市晓市街北侧。占地 $2734m^2$,庙中大成殿占地 $162m^2$,歇山顶式,檐下有斗拱。目前原貌保护良好,周边为建国后居住区,环境协调性一般。

【价值评价】市县级文物保护单位。目前除祭祀之外,还被用于保护、展示和教育。

图 6.37　沧州市文庙

(16) 沧州旧城

【历史概况】沧州设州始于南北朝,城修于隋唐(《沧州市文化志》,1993)。

【现状特征】古遗址,位于沧县东南 20km 东关村西。城内地下文化层丰富,现有文物铁狮子、铁钱库、铁炉、密云寺碑等。目前地面上可见的只有一片农田,残留有城墙,环境协调性较好。

【价值评价】省级文物保护单位,目前处于无人管理的荒弃状态,已没有实际功能,未能得到适当的利用。

图 6.38　沧州旧城

(17) 沧州铁狮子

【历史概况】五代时期所铸(《沧州市文化志》,1993)。原在开元寺内,寺废后铁狮独存。1984 年 11 月 22 日沧州市政府将铁狮北移 8m,迁于钢筋混凝土台基之上,并用可塑性材料修补狮脚(《沧州文史资料第一集》,1987)。

【现状特征】位于沧州旧城内西南土阜上。狮身通高 5.4m,通长 6.13m,宽 2.85m,有较多锈蚀缺失,且已不在原址。周边为农田,环境协调性较好。

【价值评价】具有较高的历史、艺术和科学价值,1961 年经国务院批准公布为第一批全国重点文物保护单位。目前用于保护、展示和教育,并进行了旅游开发,保护与利用基本平衡。

图 6.39　沧州铁狮子

(18) 登瀛桥(杜林石桥)

【历史概况】始建于明万历二十二年(1594)。清光绪二十年(1894)大水冲毁桥身西畔二孔,光绪三十三年(1907)乡人筹资耗时六年重修。桥头原有石狮一对,"文革"动乱中村民埋入地下加以保护,至今未掘出(《沧州市文化志》,1993)。

【现状特征】位于县城西偏北 13.5 km 旧沧河路与滹沱河故道交汇处。桥长 66m,桥面宽 7.8m,每孔跨径 11.3m,栏板、望柱头均有各式精美雕刻。

目前原貌保护较好,构件有少许缺失。与周边传统街区村镇及农田较为协调。

【价值评价】属省级文物保护单位,目前除维持交通功能之外,还被用于保护、展示和教育之用。

图 6.40　登瀛桥

(19) 刘焘墓

【历史概况】刘焘殁于明万历二十六年(1598)(沧州市文管处,1995)。

【现状特征】古陵墓,位于沧州城南 3km 的梁官屯。有较多破损、缺失。周边为农田,环境协调性较好。

【价值评价】市县级文物保护单位,空间上靠近运河。目前用于保护、展示和教育。

图 6.41　刘焘墓

(20) 捷地减水闸

【历史概况】始建于明弘历三年(1490),当时为简易过水坝,乾隆三年(1737)修闸,乾隆三十六年(1771)改为滚水石坝(《沧县志》,1995)。

【现状特征】古闸坝,位于沧县捷地镇捷地村。目前古闸已不存在,原址重建闸坝。周边为农田,环境协调性一般。

【价值评价】非文物保护单位,但是运河上的重要节点。目前正常使用,功能为调控水量、水位、防洪和分洪。

图 6.42 捷地减水闸遗址(重建新闸)

(21)捷地减水闸乾隆碑

【历史概况】乾隆三十六年(1771)关捷地减河分水闸后所立。

【现状特征】碑刻,位于捷地减水闸旁。碑身宽 1.25m,高 1.79m,厚 0.3m,座宽 0.58m,长 1.3m,高 0.75m。目前原貌保护良好,较为完整。周边为传统街区及村镇,环境协调性一般。

【价值评价】市县级文物保护单位,用于保护、展示和教育。

图 6.43 捷地减水闸乾隆碑

(22)捷地减水闸清同治年间立碑

【历史概况】清代同治年间所立。

【现状特征】碑刻,位于捷地闸管理所院内。目前原貌保护良好,较为完整。周边为传统街区及村镇,环境协调性较好。

【价值评价】非文物保护单位,用于保护、展示和教育。

图 6.44　捷地减水闸清同治年间立碑

(23) 捷地石姥姆座像

【历史概况】明代所塑。石座高 1.18m,莲座高 0.79m,下圆直径 0.54m(《沧县志》,1995)。

【现状特征】位于捷地村。目前原貌保护良好,较为完整,但不在原址。周边为传统街区及村镇,环境协调性一般。

【价值评价】市县级文物保护单位。目前除祭祀之外,还被用于保护、展示和教育。

图 6.45　捷地石姥姆座像

(24) 古皮城

【历史概况】春秋齐桓公缮皮革于此。秦置县,汉及魏属渤海诸郡(《南皮县志》，1992）。

【现状特征】古遗址，位于南皮县城北6km张三拨村西约300m处。城址东西长465m，南北宽426m，面积19.8万m²。目前破旧不堪，只余少量遗迹。周边为农田，环境协调性较好。

【价值评价】非文物保护单位，目前处于无人管理的荒弃状态，未能得到适当的利用。

图6.46　古皮城

(25) 范丹居

【历史概况】东汉桓帝时，范丹避党锢之祸栖于此（《南皮县志》，1992）。

【现状特征】古遗址，位于古皮城西门外0.5km处。遗址面积约3万m²。目前很难辨别出遗迹，据当地人称要在冬季农作物收割之后才比较容易辨别出来。周边为农田，环境协调性较好。

【价值评价】非文物保护单位，目前处于无人管理的荒弃状态，未能得到适当的利用。

(26) 南皮石金刚

【历史概况】"据《南皮县志》载：'识者以艺术考之，为唐代所造。'"（《漳卫南运河大观》，1998）

【现状特征】石雕，位于南皮县城东北大慈阁湾北，县政府北偏西300m。配有"南皮石金刚亭"，基台长16.2m，宽12.5m，内有石金刚两尊，连坐高2.96m，到南皮者皆慕名前来观赏。目前原貌保护良好，较为完整，但与周边建国后的居住区很不协调。

【价值评价】省级文物保护单位。目前用于保护、展示和教育。

图 6.47 范丹居

图 6.48 南皮石金刚

（27）明槐

【历史概况】明初所植。

【现状特征】古树,位于南皮城内西街菜市场东南侧。树高 5m,围约 1.7m。

【价值评价】非文物保护单位,用于保护、展示和教育。

（28）六合武馆

【历史概况】为六合拳第八代传人石同鼎于 2002 年投资百万兴建（白维平、石同鼎,2004）。

【现状特征】武馆,位于泊头市清真寺街南端。目前原貌保护良好,较为完整。周边为商业金融用地和文物古迹用地,环境协调性较好。

图 6.49　明槐

图 6.50　六合武馆

【价值评价】非文物保护单位。目前主要用于武术教育,作为非物质文化遗产保护、展示和历史教育场所。六合武馆的建立,使得六合拳这一富有特色的回民文化得以发扬光大。

（29）泊头清真寺

【历史概况】始建于明永乐二年(1404)(《泊头市志》,2000)。

【现状特征】寺庙,位于泊头市区清真街南端。现有建筑全部经过重建,面积为 $11200m^2$。周边为建国后居住区和商业金融用地,环境协调性较好。

【价值评价】国家级文物保护单位,运河上的重要节点。不仅是宗教建筑,还具有保护、展示和教育的功能。

图 6.51　泊头清真寺

(30) 泊头火柴厂

【历史概况】1908 年建立(《泊头市志》,2000)。

【现状特征】老工厂,位于泊头市解放西路。目前原貌保护良好。周边为建国后居住区和商业金融用地,环境协调性较好。

【价值评价】非文物保护单位。目前仍在正常生产。

图 6.52　泊头火柴厂

(31) 东光码头镇码头遗址

【历史概况】始建年代不详。

【现状特征】码头,码头镇码头桥旁。目前破旧不堪,仅存少量遗迹。旁立石碑,为东光县人民政府所立,上书"古运河遗址"。周边为传统街区村镇和农田,环境协调性一般。

【价值评价】市县级文物保护单位。目前用于保护、展示与教育。

图 6.53　东光码头遗址

（32）东光县铁佛寺（铁佛寺、二郎岗、泰山行宫、马致远纪念馆）

【历史概况】原名"普照寺"，始建于北宋开宝五年（973）。据《大清一统志》记载，普照寺在明永乐年间曾经重修。寺中铁佛铸于北宋，相传乃是为镇大雨洪灾所铸，素有"沧州狮子景州塔，东光县的铁菩萨"之名。1929 年直系军阀吴佩孚题写"铁佛寺"横匾挂于门上，因而普照寺又称铁佛寺。建国后被列为河北省重点文物保护单位。在十年动乱中，铁佛被砸碎，庙宇被拆毁，旧址已无遗存。1986 年，东光县在旧址正南偏东 1km 处重建铁佛寺。方圆 20 亩地以铁佛寺为中心，统称"普照寺公园"。现"铁佛寺"匾为原全国政协副主席、中国佛教协会会长赵朴初所题（《东光县志》，1999）。

【现状特征】寺庙，位于沧州市偏西南 60km 东光县城内。殿后两侧原有千佛阁与钟鼓楼，现由山门、天王殿、大雄宝殿及东西配殿组成。大雄宝殿正中的释迦牟尼佛为铁铸，高 8.24m，重 48 吨。目前已经完全重建，与永清观、泰山行宫和马致远纪念馆共同组成一个旅游景区，占地面积 7334m²。周边为建国后的居住区，环境协调性一般。

【价值评价】省级文物保护单位，目前用于保护、展示和教育，并进行了旅游开发，保护与利用基本平衡。大雄宝殿正中的释迦牟尼佛是我国最大的座式铸铁佛像。

（33）泰山行宫

【历史概况】始建年代不详，2000 年 4 月完全重建。

【现状特征】行宫，与二郎岗永清观隔永清湖遥相呼应（铁佛寺景区内），占地 4675m²。周边为建国后的居住区，环境协调性一般。

图 6.54　东光铁佛寺

图 6.55　泰山行宫

【价值评价】用于保护、展示和教育,并进行了旅游开发,保护与利用基本平衡。

(34) 马致远纪念馆

【历史概况】为新建纪念馆。

【现状特征】位于铁佛寺景区内。周边为建国后的居住区,环境协调性一般。

【价值评价】用于保护、展示和教育,并进行了旅游开发,保护与利用基本平衡。

(35) 永清观(二郎庙)

【历史概况】明嘉靖十三年(1534)兴建,嘉靖四十一年(1562)又加修缮,清乾隆二十六年(1761)邑人增建屋宇,广植松柏。1967年庙宇被毁。现已完全重建(《东光县志》,1999)。

图 6.56　马致远纪念馆

图 6.57　永清观

【现状特征】寺庙,位于县城西门外南侧的护邑岭上(铁佛寺景区内)。周边为建国后的居住区,环境协调性一般。

【价值评价】用于保护、展示和教育,并进行了旅游开发,保护与利用基本平衡。

(36) 景县舍利塔

【历史概况】俗称"景州塔",塔顶悬有铁匦,铸有"齐、隋重修"字样。宋、金、明、清、民国都有所修葺。经山东省古建筑学家鉴定,现存宝塔为宋代风格(《景县志》,1991)。

【现状特征】古塔,位于景县政府西北景县中学。塔高 63.85m,底座周长

50.5m,共有十三层,砖砌,每层内为环型走廊。目前原貌保护较好。周边为建国后居住区及教育科研用地,环境协调性较好。

【价值评价】国家级文物保护单位,运河上的重要节点。目前除用于保护、展示和教育之外,还进行了旅游开发,保护与利用基本平衡。

图 6.58　景县舍利塔

(37) 封氏墓群

【历史概况】又名"封家坟",俗称"十八乱冢",是北魏大族封氏墓地(《景县志》,1991)。

【现状特征】古陵墓,位于县城东南15里高地,面积约14hm²。目前原貌保护较好,调研时可见农田中分布有较大的墓堆,周边为人工林及经济林,环境协调性较好。

【价值评价】国家级文物保护单位,运河上的重要节点。目前用于保护、展示和教育。

图6.59 封氏墓群

(38) 孙膑石牛

【历史概况】刻于明弘治十五年(1502),原在城关镇东南小辛庄。1955年被移到吴桥城内。1957年河北省拨款建石牛亭,"文革"期间亭被毁。1987年石牛由城关镇迁至桑园镇,置县城存放(《吴桥县志》,1992)。

【现状特征】石牛置于吴桥城(桑园镇)杂技大世界财神庙院内,原为城东南孙公庙中之饰物,上建一亭。牛为立姿,身长1.85m,身高0.97m。有基座两层,上层长1.21m,宽0.7m,高1.35m,下层长1.45m,宽0.77m,高0.33m。石雕通高1.47m。石牛原貌保护较好,稍有缺失。周边为建国后居住区及风景名胜区,环境协调性较好。

【价值评价】省级文物保护单位。目前用于保护、展示和教育。

(39) 吴桥唐槐

【历史概况】约在700年左右为唐人所植,距今已有一千二百年历史(《吴桥县志》,1992)。

图 6.60　孙膑石牛

图 6.61　吴桥唐槐

【现状特征】古树，位于城关镇北关东南部的村边。树高 8m 许，围长 4.5m，树干已枯裂、洞穿，但仍枝繁叶茂。原貌完整，保护良好，与周边的建国后居住区及农田的协调性较好。

【价值评价】目前除用于保护、展示和教育之外，还进行了旅游开发，保护与利用基本平衡。

(40) 吴桥三里井卧槐

【历史概况】种植年代不详。

【现状特征】古树，位于村边农田之中。占地面积很大，树干倾倒，枝繁叶茂，主干部分掏空，树下空间别有情趣，并有古井一口。原貌保护较完整，与周边农田及传统民居的协调性较好。

【价值评价】目前除用于保护、展示和教育之外，还进行了旅游开发，保护与利用基本平衡。

图 6.62　吴桥三里井卧槐

(41) 苦井甘泉

【历史概况】修建年代不详。井口原为圆形,现为一方一园。(《吴桥县志》,1992)

【现状特征】为两眼水井,位于吴桥县双井王庄东。双井东西相距三尺,东为甘泉,西为苦水。双井位于村中间,相距三尺,井口直径约1m。已经过部分改建,目前两口井全被水泥砌边,井内无水,周围有栏杆。井附近有古槐一株。周边为农田及传统民居,环境协调性较好。

【价值评价】目前已被作为当地的一个旅游景点开放。

图 6.63　苦井甘泉

(42)澜阳书院

【历史概况】修建年代不详。1951改建为吴桥第一中学(《吴桥县志》,1992)。

【现状特征】位于吴桥县铁城镇中学院内。双层楼房,有阳台,为民国时建筑风格。原貌保护较好,与周边的传统街区村镇及教育科研用地较为协调。

【价值评价】市县级文物保护单位。目前除维持原有教育功能(学校)之外,还作为保护、展示和历史教育之用。

图 6.64　澜阳书院

(43)苏禄王墓

【历史概况】明永乐十五年(1417),苏禄国东、西二王率眷属随从三百四十余人访华,辞归途中东王病薨于德州。明永乐皇帝朱棣追封东王为"恭定王",厚葬之。次年立碑、修祭庙于王墓前。王妃及王次子、三子守墓三年,后定居德州,死后葬于王墓东南隅百米处。明宣德年间在墓旁修建了清真寺。清雍正九年(1731)守墓人员子孙入中国籍定居德州。苏禄王墓于1977年12月被公布为省级重点文物保护单位,1988年又升格为全国重点文物保护单位。1965—1987年间历经7次维修,扩大了规模(《德州市志》,1997)。

【现状特征】古陵墓,位于德州市城北1km北营村。前殿后墓,墓高6m,

直径17m,墓前是祭庙,东西为配殿、回廊,祭庙前为仪门和陵园甬道,甬道两侧有石兽、石俑。王墓东南侧是永乐帝御碑亭,碑亭旁边是王妃墓和两个王子墓。陵园南侧是一座清真寺。王墓本身为一圆形墓冢,冢上百草丛生。冢前有碑,碑前为一石案。墓冢原貌完整,保存状况良好。陵园周边为传统街区及村镇,环境协调性一般。

【价值评价】全国重点文物保护单位。目前用于展示、保护与教育,并进行了旅游开发,保护与利用基本平衡。

图 6.65 苏禄王墓

(44)四女寺枢纽

【历史概况】明弘治二年(1489),于德州城西南39里开四女寺运河东岸减河。嘉靖十四年末(1535)四女寺减水闸修复。明万历元年(1573)漳水北决入滏阳河后,该闸逐渐废弃。清康熙三十六年(1697)漳水再次入卫,四十四年(1705)重建四女寺闸。清雍正二年,因明嘉靖旧闸年久圮坏,减河淤塞,故改四女寺减水闸为滚水坝。雍正四年、八年,乾隆二十七年、二十八年多次改扩建(姚汉源,1998)。现四女寺枢纽建于1957年11月至1958年5月,1972—1973年7月进行了扩建、改建(《故城县水利志》,1994)。

【现状特征】闸坝,位于武城县四女寺村东北卫运河、漳卫新河和南运河的衔接处。现枢纽工程由南、北进洪闸、节制闸、船闸、兄弟灌区引水涵洞几部分组成,船闸为连接南运河与卫运河的航道枢纽,可通过400—1000吨船队,钢筋混凝土结构。目前仍在使用中。

【价值评价】漳卫河中下游主要控制枢纽,既可防洪除涝,又能用于灌溉、航运。

图 6.66　四女寺枢纽

(45)临清舍利塔

【历史概况】始建年代无考。明万历三十九年(1611)重修(《临清市志》,1997),一说为明万历四十一年(1613)重修(《京杭运河(聊城段)沿线文物调查报告》,2003)。

【现状特征】古塔,位于临清城北永寿寺南(今在河套内)。为八角楼阁式砖木结构,9级8面,高约60m。塔座为条石砌基,周长39m,高约5.3m,南面辟门。九层塔身,向上逐层收分。古塔外观原貌保持良好。周边为农田及湖泊水体,环境协调性较好。过度的旅游开发活动导致塔内石阶、石壁磨损严重,并有很多游客留下的刻痕,对古塔的保护造成一定程度的影响。

【价值评价】运河上的重要节点,1956年被定为地级文物保护单位,并收入《中国名胜辞典》(《临清市志》,1997),现为国家级文物保护单位,"临清十六景"之首。

6.3　聊城段

(1)临清清真北寺

【历史概况】始建年代不详。曾于明弘治十七年(1504)、嘉靖四十三年(1564)、清嘉庆十四年(1809)重修(《京杭运河(聊城段)沿线文物调查报告》,2003)。1983年再次修葺。1992年被公布为省级重点文物保护单位(《临清市志》,1997)。

【现状特征】寺庙,位于临清市先锋街道办事处桃园街西侧,古运河北支入卫处。坐西朝东,现存大门、钟鼓楼、望月楼、穿厅楼、正殿(礼拜堂)、北讲

图 6.67　临清舍利塔

堂、沐浴室、后门等建筑八十余间,面积近 1 万 m^2。原貌完整,保护较好,与周边传统街区村镇较为协调。

【价值评价】全国十大清真寺之一,运河上的重要节点,国家级文物保护单位。目前维持原有功能,仍为运河岸边回族群众进行宗教活动的场所。

图 6.68　临清清真北寺

（2）问津桥（元宝桥）

【历史概况】明万历时（1572—1619）重修，崇祯时续修，题名问津。因采用元宝石造就，又名元宝桥。1972 年扩大治理卫运河时，大堤后退，桥拆除（《临清市水利志》，1989）。

【现状特征】桥涵，位于原会通河北支入卫处。由于运河改道，原址已成为陆地道路，作交通之用。目前桥已拆除，唯一的遗迹是地上的几块元宝石。周边为农田。

【价值评价】非文物保护单位，曾是运河上的重要节点，目前无人管理。

图 6.69　问津桥

(3) 清真东寺

【历史概况】明成化元年(1465)建(《京杭运河(聊城段)沿线文物调查报告》,2003)。

【现状特征】寺庙,位于临清先锋街道办事处桃园街东侧,古运河北支入卫处。东寺占地8000m²,建筑面积2000m²。坐北朝南,四进院落,建筑平面呈十字型,有少许改建或加建,较完整。周边为建国后居住区,环境协调性较好。

【价值评价】运河上的重要节点,国家级文物保护单位。目前维持原有功能,仍为运河岸边回族群众进行宗教活动的场所,并进行了旅游开发。

图6.70　清真东寺

(4) 会通古槐

【历史概况】明代所植(《临清市志》,1997)。

【现状特征】古树,位于临清市白布巷36号院内。目前枝繁叶茂,长势良好,与周边传统街区村镇、农田及人工林之间较为协调。

【价值评价】非文物保护单位,但已纳入特定保护范围。

(5) 月径桥(鸽子桥)

【历史概况】始建于清顺治九年(1651),民国十八年重修(《临清市水利志》,1989)。

【现状特征】桥涵,位于临清市官驿街西端。桥身为砖石结构,一孔,半圆形,直径4.6m,孔高2.3m。上嵌有石匾,曰"月径桥"。现有较多破损、缺失。周边为传统街区村镇,环境协调性一般。

【价值评价】市县级文物保护单位,曾是运河上的重要节点,目前无人管理,仍维持原有交通功能。

图 6.71　会通古槐

图 6.72　月径桥

(6)天桥(永济桥)

【历史概况】明成化年间知县关杰建,弘治时毁,嘉靖时重修。1965 年改造市容,重建为砖结构,双拱(《临清市水利志》,1989)。

【现状特征】闸坝,位于临清市城区内郭市街北。砖结构,双拱,孔高 3.5m,孔宽 3.2m,长 17.25m,宽 15m。现有较多破损、缺失。周边为传统街区村镇,附近河道堆有大量垃圾,环境协调性差。许多个体商贩的小摊占满桥面两侧,无人管理。

【价值评价】非文物保护单位。目前仍作交通之用。

图 6.73　天桥

(7) 会通闸

【历史概况】元宗元二年开工,大德二年竣工(1269—1298)。后改为会通桥(《临清市水利志》,1989)。

【现状特征】闸坝,位于临清市福德街北门外。砖石结构,一孔拱形,孔宽 6.2m,高 4m,桥身长 6.4m,跨径 3.2m,南雁翅残长 2.8m。桥身有较多缺失。周边为传统街区村镇,环境协调性较好。

【价值评价】市县级文物保护单位,运河上的重要节点。目前无人管理,闸已久废。现仅为运河河道上的一座小桥,作交通之用。

图 6.74　会通闸

(8) 大宁寺

【历史概况】始建于明嘉靖年间(1522—1566),万历四十七年(1619)重修(《京杭运河(聊城段)沿线文物调查报告》,2003)。

【现状特征】佛教寺庙,位于新城中州大寺街北侧。仅存大雄宝殿(前大殿),保存较好。周边为建国后居住区,环境协调性一般。

【价值评价】县市级文物保护单位。目前仍维持宗教功能。

图 6.75 大宁寺

(9) 通济桥(工农桥)

【历史概况】始建于明弘治年间,于嘉靖年间改石桥为闸式,后屡经重修。1965 年改造市容,改建后命名"工农桥"(《临清市水利志》,1989)。

【现状特征】闸坝,位于城区鳌头矶以北。虽在原址,但已经过有大量改建,难以恢复。砖拱二孔,孔宽 2.3m,高 3.2m,桥身长 14.25m,宽 23.2m。周边为传统街区村镇、文物古迹用地和城市公园,环境协调性较好。

【价值评价】非文物保护单位,但曾是运河上的重要节点。目前已无闸坝功能,仅作为运河上的交通桥梁之用。

(10) 鳌头矶

【历史概况】始建于明代正德年间,明嘉靖年间续修。1984 年省文物局拨款 3.5 万元对鳌头矶建筑群重新进行彩绘修缮,并将临清市博物馆设置于此;1992 年鳌头矶被公布为省级重点文物保护单位(《临清市志》,1997)。

【现状特征】古建筑群,位于临清市中区汶河分岔处。目前鳌头矶建筑群原貌完整,保护较好,有北殿三间,俗称李公祠;西殿三间,曰吕祖堂;南楼三

图 6.76　通济桥

图 6.77　鳌头矶

间,名望月楼;东楼三间,楼上建观音阁,呈方形,飞檐四挑,木隔落地。鳌头矶底部以砖砌成方台,台中东西间有门洞。周边为建国后居住区和城市公园,环境协调性较好。

【价值评价】运河上的重要节点,国家级文物保护单位。目前用于保护、展示和教育,并进行了旅游开发,为古运河边一处标志性名胜。过度的利用对文物保护有所影响。

(11)五样松

【历史概况】明永乐年间锦衣卫陈氏在茔地所植(《京杭运河(聊城段)沿线文物调查报告》,2003)。

【现状特征】古树,位于临清市新华街办事处陈坟村,东临三干渠。桧柏,树高15m,树围7m,树冠像一把张开的巨伞,树干中空。周边为农田,环境协调性较好。

图 6.78　五样松

【价值评价】市县级文物保护单位。目前作保护、展示和教育之用,以"东郊孤松"之名列入"临清十景"(《京杭运河(聊城段)沿线文物调查报告》,2003)。

(12)临清钞关

【历史概况】始建于明宣德四年(1429),并于隆庆元年(1576)、乾隆十五年(1750)两次扩建(《京杭运河(聊城段)沿线文物调查报告》,2003)。

【现状特征】漕运管理建筑,位于临清市青年街道办事处青年路南侧,古运河西岸。现存两进院落,坐西面东,占地1600m²。建筑有大量改建,难以恢复。周边为建国后居住区,环境协调性较好。

【价值评价】国家级文物保护单位,运河上的重要节点,明清两代中央政府建在运河上督理漕运税收的直属机构。目前用于保护、展示和教育,无人看管理。

图 6.79　临清钞关

(13) 二闸

【历史概况】始建于明永乐十五年(1417),正德八年(1513)重建。原闸单孔,条石砌筑,高约 4.5m。于 1965 年改建为砖拱桥(《京杭运河(聊城段)沿线文物调查报告》,2003)。

【现状特征】闸坝,位于临清市城区车营街北端。原闸坝经过大量改建,已难以恢复。现存桥身为砖拱结构,二孔,跨径 2.6m,桥长 12m,宽 7.2m。所处运河河道正在改造。周边为建国后的居住区、行政办公用地和商业金融用地,环境协调性一般。

【价值评价】非文物保护单位,但有相应机构或个人维护。估计改造完成后仍将作交通与水量调节之用。

图 6.80　二闸

(14) 头闸

【历史概况】始建于明永乐十五年(1417),正德八年(1513)重建。现闸墩曾改铺桥板(《京杭运河(聊城段)沿线文物调查报告》,2003)。

【现状特征】闸坝,位于临清市青年街道办事处夹道街南首。破坏严重,现已完全改建为头闸口排灌站。周边为建国后居住区和农田、水体,环境协调性较好。

【价值评价】非文物保护单位,无人管理,但曾是会通河上重要的节制水闸、船闸之一。

图 6.81 头闸

(15) 歇马亭古岱庙

【历史概况】始建于明万历初年(《京杭运河(聊城段)沿线文物调查报告》,2003)。

【现状特征】寺庙,位于临清市东郊大辛庄镇歇马亭村古运河西岸。现为寺庙建筑群,内有圣母殿、玉皇殿、碧霞宫、王母宫等。歇马亭东南角有古井一口,曰"御饮井",为乾隆所赐。寺庙占地面积约 4 万 m^2,有少许改建或加建,较完整。周边为传统街区村镇和农田、人工林,环境协调性较好。

【价值评价】非文物保护单位,但已纳入特定保护范围。目前除维持原有祭祀功能之外,还进行了较为适度的旅游开发,促进了寺庙的保护。

(16) 戴湾闸

【历史概况】始建于明成化七年(1471),1965 年拆除,1967 年重建(《临清市水利志》,1989)。

【现状特征】古闸坝,位于戴闸村南,距市区 15km。砌石墩钢筋混凝土桥面,宽 2.8m,长 7m,留有古戴闸石块。已有大量改建,难以恢复。周边为传统街区村镇和农田、人工林,环境协调性较好。

【价值评价】非文物保护单位,但曾是运河上的重要节点。闸已久废,目前仅作交通桥梁之用。

图 6.82　歇马亭古岱庙

图 6.83　戴湾闸

（17）魏湾钞关

【历史概况】古代监管漕运所设直属机构。始建年代不详，光绪二十七年（1910）罢漕后曾改建为茶馆，1970年代初拆毁（《京杭运河（聊城段）沿线文物调查报告》，2003）。

【现状特征】漕运管理建筑，位于临清市魏湾镇魏湾村运河北岸，运河折湾码头处。访谈中得知，民间曾有"三山夹一井"之说形容钞关的旧日景观。目前钞关残破不堪，可见的遗迹只有一口古井位于一间临街小屋内，井口直径约1m。周边为传统街区村镇和农田、人工林，环境协调性较好。

【价值评价】非文物保护单位，但已纳入特定保护范围。无人管理，目前仅古井尚在使用中。

图6.84　魏湾钞关

（18）三孔桥

【历史概况】始建于明景泰四年（1453），民国时曾改修为混凝土平板桥面。1970年，马颊河扩大治理，桥拆除（《临清市水利志》，1989）。

【现状特征】闸坝，位于魏湾南1km会通河入马颊河处。遗迹无存。周边为传统街区村镇，环境协调性一般。

【价值评价】非文物保护单位，但曾是运河上的重要节点。目前除交通功能之外，桥头空间还作为村民纳凉、休闲的场所。

（19）土闸

【历史概况】始建于明代，原名"土桥闸"（《京杭运河（聊城段）沿线文物调查报告》，2003）。

【现状特征】古闸坝，位于东昌府区梁水镇土闸村古运河道上。闸已久废,遗迹东西长约15m,目前闸面已不存在,仅有一些石块散落在原闸墩处,最高处约4.2m;访谈中,村民提及淤泥之下尚有高约1.5m的构筑物。周边为传统村落和农田,环境协调性较好。

【价值评价】目前处于无人管理、无人利用的荒弃状态。

图6.85 土闸

(20) 梁乡闸

【历史概况】始建于明、清(《京杭运河(聊城段)沿线文物调查报告》,2003)。

【现状特征】古闸坝,位于聊城市东昌府区梁水镇梁闸村中部偏南。为石块所砌,拱跨南北,长约20m,高约5m。闸坝功能已久废,有部分破损和缺失。

所在运河故道已无水,闸下淤泥堆积,闸旁河床中遍植白杨。周边为传统街区村镇、灌丛、荒地与湖泊水体,环境协调性较好。

【价值评价】非文物保护单位,但曾是运河上的重要节点。目前无人管理,仅作为农村小型交通桥梁之用。

图6.86 梁乡闸

(21) 辛闸

【历史概况】建于明代(《京杭运河(聊城段)沿线文物调查报告》,2003)。

【现状特征】闸坝,位于东昌府区杨集乡辛闸村西古运河道。目前闸墩有较多破损,存留部分原砌石,闸墩高4m,其上加建了水泥桥面。桥头石狮尚有一只留存,被掩埋在柴堆下。图为考察队员扒开柴堆,拍照记录的石狮。周边为农田与人工林,环境协调性较好。

【价值评价】非文物保护单位,但曾是运河上的重要节点,已纳入特定保护范围。目前闸坝功能已久废,只作交通桥梁之用。

图 6.87 辛闸

(22) 聊城铁塔

【历史概况】始建年代无文字记载,据推测,当在南宋或辽金。原塔在明代永乐年间(1403—1424)倒塌,天顺年间(1457—1464)重修。1973年3月对铁塔进行维护修缮时,地宫内曾出土石函、银棺等珍贵文物。现以"铁塔烟霏"之名跻身聊城古八景之列(《京杭运河(聊城段)沿线文物调查报告》,2003)。

【现状特征】古塔,位于聊城市东关古运河河畔小礼拜寺街,原护国隆兴寺内东南角。塔为生铁铸造,实心,八角阁楼式,共有13层,高约15.8m,塔下基座占地16m²。铁塔原貌保护较好,但与周边的建国后居住区、灌丛和湖泊水体之间并不协调。目前作展示、保护与教育之用,并进行了适度的旅游开发。

【价值评价】被誉为"东昌府三宝"之一,是运河上的重要节点,省级文物保护单位。

图 6.88　聊城铁塔

（23）王口古槐

【历史概况】种植年代已不可考,但当地人称之为"唐槐"(《京杭运河(聊城段)沿线文物调查报告》,2003)。

【现状特征】古树,位于聊城市隆兴寺铁塔以北 1km 运河西岸,王口桥以南。通高 18m,围长 4.2m,长势良好。周边为传统街区村镇,环境协调性较好。

【价值评价】市县级文物保护单位。目前作为一处景点进行了适当的旅游开发。

图 6.89　王口古槐

(24) 小礼拜寺(聊城清真东寺)

【历史概况】始建于明永乐年间,距今五百多年(《京杭运河(聊城段)沿线文物调查报告》,2003)。

【现状特征】寺庙,位于聊城东关大街路北,古运河东侧,铁塔以南,东距运河约150m。坐西朝东,占地约3000m^2,屋顶为绿色琉璃瓦。建筑原貌保护较好。周边为传统街区村镇,环境协调性一般。

【价值评价】市县级文物保护单位。目前仍维持原有功能,为附近回族居民做礼拜的场所。

图6.90 小礼拜寺

(25) 闸北古槐

【历史概况】树龄约五百年。

【现状特征】古树,位于运河西岸大码头遗址附近。长势良好。周边为商业金融用地,环境协调性较好。

【价值评价】目前作为一处景点进行了适当的旅游开发。

(26) 聊城清真西寺

【历史概况】始建于明洪武十七年(1384)。明嘉靖年间(1532—1566)、清康熙丙子年(1696)清真教民曾捐资两次重建(《京杭运河(聊城段)沿线文物调查报告》,2003)。

【现状特征】寺庙,位于聊城光岳楼东礼拜街。已有部分改建和加建。周边为传统街区、人工林和农田,环境协调性较好。

【价值评价】县市级文物保护单位。目前仍维持原有宗教功能,为附近回族居民做礼拜的场所。寺内遗物是研究聊城历史和伊斯兰教重要实物资料。

图 6.91 闸北古槐

图 6.92 聊城清真西寺

(27)光岳楼

【历史概况】原为城中鼓楼,作军事瞭望及拱卫城池之用。始建于明洪武七年(1374),成化二十二年(1486)重修。其后又进行多次维修,最后一次从1984年5月动工到1985年12月竣工,历时十九个月。形制为四重檐十字脊楼阁,由楼基和四层主楼构成,高33m,占地面积1236m^2。楼基为砖石砌成的正四棱台,高9.38m,底边边长34.43m,上缘边长31.93m。四层主楼全为木结构,方形带廊,高24m,楼脊为歇山十字脊,脊顶正中装一座高3m、直径1.5m的透花铁葫芦。1977年被公布为省级重点文物保护单位(《京杭运河(聊城段)沿线文物调查报告》,2003)。

【现状特征】门楼,全木质结构,位于聊城市古城区中心。较为完整,作为商业金融用地的中心地标,与环境较为协调,具有重要的地位。

【价值评价】国家级文物保护单位。目前用于保护、展示与历史教育,并进行了适当的旅游开发。

(28)大码头

【历史概况】聊城崇武驿大码头,始建于明清年间。原码头长17.5m,宽3.8m,呈"巨"字形,为官用码头。明清两代聊城经济鼎盛时期,码头附近漕船往来如织,有"崇武连樯"之说,列为"聊城八景"之一(《京杭运河(聊城段)沿线文物调查报告》,2003)。

【现状特征】码头,位于聊城市大码头街。访谈中得知,大码头原作货运码头之用。目前遗迹无存,原址仅存一块聊城市人民政府于1999年所立的聊

图 6.93 光岳楼

图 6.94 大码头

城市文物保护单位标志石碑,上书"大码头"三字。周边为城市公园。

【价值评价】市级文物保护单位,曾是京杭运河的重要口岸。目前仅为聊城城区沿运河绿化景观带中的一个标志点。

(29)海源阁

【历史概况】由著名藏书家杨以增创建于清道光二十年(1840)的藏书楼。"文革"时期,连同杨氏五进院子均被毁。现有建筑全部为聊城市政府于1992年在原址按原有形制重建(《京杭运河(聊城段)沿线文物调查报告》,2003)。

【现状特征】藏书楼,位于聊城旧城中心万寿观街路北,光岳楼以南200m。现有建筑单檐歇山,上下两层,院落中有杨以增半身雕像一座。周边是传统街区村镇,环境协调性一般。

【价值评价】中国四大书库之一,省级文物保护单位。目前作为陈列馆,展览海源阁发展史、清代聊城景象、运河发展史相关图片及杨氏部分藏书。

图 6.95　海源阁

(30)基督教堂

【历史概况】建于清末,由美国传教士主持修建(《京杭运河(聊城段)沿线文物调查报告》,2003)。

【现状特征】教堂,位于聊城东关古运河西岸,山陕会馆以北50m。建筑外观较为独特,青砖砌筑,屋顶为红瓦。目前原貌完整,保护良好。周边为建国后居住区,环境协调性一般。

【价值评价】市县级文物保护单位。目前仍维持其宗教功能,正常使用。

图 6.96 基督教堂

(31) 山陕会馆

【历史概况】由山陕商人建于清乾隆八年(1743),乾隆三十一年(1766)增建看楼。清嘉庆八年(1803)加建春秋阁、钟鼓楼和享亭等。清道光二十一年(1841)毁于火。现有戏楼、山门、钟鼓楼为清道光二十五年(1845)重建。1977年被公布为山东省重点文物保护单位,1988年升格为全国重点文物保护单位(《聊城市志》,1999)。

【现状特征】会所,位于聊城城区南部,东关古运河西岸。馆内保存有历年重修大小碑刻19块。会馆坐西朝东,面河而立,为砖木石结构,东西阔77m,南北长43m,占地面积3311m²,有山门、戏楼、夹楼、钟鼓二楼、南北看楼、南北碑亭、享亭、南北中三殿游廊、春秋阁、望楼等殿阁堂楼一百六十余间。山门三间,为牌坊式门楼,气势磅礴,斗拱层叠,彩画精美。目前会馆原貌完整,保护良好。周边为建国后居住区,环境协调性较好。

【价值评价】国家级文保单位,是运河及聊城城区中极为重要的节点。目前用于保护、展示和教育,并进行了适当的旅游开发。

(32) 通济闸

【历史概况】始建于明代。已被拆除,原址处重建东关大桥(《京杭运河(聊城段)沿线文物调查报告》,2003)。

【现状特征】位于聊城东关闸口古运河上。遗迹无存,已完全重建。周边为建国后居住区,环境协调性一般。

【价值评价】曾是运河上的重要节点。

图 6.97　山陕会馆

(33) 小码头

【历史概况】始建于明、清。由青石砌垒,平面呈凹形,宽 8m,左右各有石砌台阶,台阶最上层青石上有圆形穿孔,为系舟船之用;原为商贾私用码头,主要用于客运,曾被完整保存(《京杭运河(聊城段)沿线文物调查报告》,2003)。

【现状特征】古码头,位于聊城市大码头街,运河西岸,东关闸口南 500m 处。目前已被大量改建,仅存少量原有石料。原址旁立有一块聊城市人民政府于 1999 年 6 月 10 日所立的聊城市文物保护单位标志石碑,上书"小码头"三字。周边为建国后居住区和城市公园,环境协调性一般。

【价值评价】市级文物保护单位,是明清时代漕运兴盛的实证。目前仅为聊城城区沿运河绿化景观带中的一个标志点。

图6.98　小码头

(34) 傅以渐墓及傅氏先茔

【历史概况】为清代修建。"文革"初期墓葬被毁，墓地石人、石马、石碑、石牌坊遭到严重破坏(《聊城市志》,1999)。

【现状特征】古陵墓，位于聊城旧城城南1.5km傅家坟。茔地长360m，宽120m，面积43200m^2。茔门有二，北向建，均单檐歇山顶。

【价值评价】非文物保护单位。

图6.99　傅以渐墓及傅氏先茔

(35) 李海务闸

【历史概况】建于元元贞二年(1296)，二月二日起修，五月二十日修成(姚汉源,1997)。

【现状特征】古闸坝，位于聊城市东昌府区。目前遗迹基本不存在，由于运河改道，原址已变成一片树林，仅有一块原砌石露出土面。访谈中一位年长者提及李海务闸曾有"厉害务"之称，说李海务闸附近河道曾有皇帝南巡的船只沉没，建国后有人挖掘出沉船珠宝。周边为传统街区村镇，环境协调性一般。

【价值评价】非文物保护单位,但曾是运河上的重要节点。目前无人管理,处于荒弃状态。

图6.100　李海务闸遗址

(36)周店闸

【历史概况】始建于元大德四年(1300)。现存老闸为民国二十五年(1936)重修(《京杭运河(聊城段)沿线文物调查报告》,2003)。

【现状特征】古闸坝,位于聊城市东昌府区李海务镇周店村古运河上。古闸规模较大,分进水闸和出水闸两大部分。现有较多破损和缺失。周边为传统街区村镇,环境协调性一般。

【价值评价】运河上的重要节点。目前闸已久废,处于无人管理的荒弃状态,未能得到适当的展示和利用。

(37)七级北大桥

【历史概况】始建年代不详。不是运河古渡,但桥面、雁翅、桥墩由古石刻构筑而成,桥头镇水兽是古渡口原物(《京杭运河(聊城段)沿线文物调查报告》,2003)。

【现状特征】古桥,位于七级镇中心古运河上。桥宽16m,深5m,雁翅长7.5m。目前有较多破损,但桥旁镇水石兽保存较为完好,桥墩部分砌石仍可见雕刻精美的图案。南5m处为古渡遗址,渡口已拆除。周边为传统街区村镇、农田和人工林,环境协调性较好。

图 6.101　周店闸

【价值评价】非文物保护单位,但曾是运河上的重要节点,已纳入特定保护范围。

(38)七级镇古街

【历史概况】元开会通河,穿七级镇而过,渡口设有七级台阶,故名"七级"。明清时受到运河漕运影响,成为阳谷东部重要的水运码头和货物集散地,日益繁盛。镇区有六纵八横十四长街,呈棋盘式(《京杭运河(聊城段)沿线文物调查报告》,2003)。

【现状特征】传统街区,位于阳谷县七级镇。目前仅运河沿岸有所残留,街巷宽2.2m,残长二百余米,街道上仍可见旧有板房。周边为传统村镇,环境协调性较好。

【价值评价】典型的运河城镇,其兴衰与运河的开凿和漕运休戚相关。作为当年盛景中仅存的珍贵遗迹,目前残存的古街巷及其间散落的石刻和残碑对研究运河发展史具有重要价值。

图6.102　七级古镇北大桥与古街

（39）刘楼闸

【历史概况】始建年代不详。

【现状特征】闸坝,位于阳谷县阿城镇刘楼村。目前残破不堪,仅存原闸墩的部分砌石,依稀可见模糊的雕刻图案;闸顶已不存在,闸墩之上现有简陋的木排覆土桥面。周边是农田、湖泊水体和传统民居,环境协调性较好。

【价值评价】非文物保护单位,但曾是运河上的重要节点。目前无人管理,仅作农村小型交通桥梁之用。

图6.103　刘楼闸

（40）海会寺

【历史概况】创建于清康熙年间（《京杭运河（聊城段）沿线文物调查报告》,2003）。

第六章 京杭大运河物质文化遗产资源详述 651

图 6.104 海会寺

【现状特征】佛教寺庙,位于阳谷县阿城镇南街,西距运河百余米。旧有大雄宝殿尚存,为木石结构。梁、檩上绘有精致的龙凤彩画,虽已部分褪色,但线条清晰可见;木质框架、山墙垂花及柱础的木雕、砖雕和石刻皆精美繁复,柱础石上为双龙戏珠图案。中央主梁上写有"乾隆十三年岁次戊辰三月十八日辰时阿城监运司"字样。大殿门扇已缺失,虽有神像和供桌、蒲团,但这一处旧殿已被荒置,不作海会寺内日常佛事之用,且无人管理,未能受到很好的保护。殿内墙壁上留有"文革"时期的标语。殿外散落断碑残石,其中一块雕龙碑头上书"永远垂禁"四字,另有两块断石上分别刻有"会馆"、"运司"字样。海会寺内还有一座保存完好的"乾隆二十九年浴佛日御笔"碑,碑文内容为《般若波罗密多心经》。寺庙占地 $6hm^2$,已经过大规模扩建,寺中建筑多为新建。周边为传统街区村镇,环境协调性较好。

【价值评价】华北五大寺院之一,市县级文物保护单位,运河上十分重要的节点。目前除维持宗教活动与宗教教育、进香功能之外,还进行了适度的旅游开发。

(41)阿城闸(阿城下闸)

【历史概况】始建于元大德三年(1299),三月五日起修,七月二十八日修成(《京杭运河史》,姚汉源,1997)。

【现状特征】闸坝,位于阳谷县阿城镇以北十一里。目前仅有原闸墩尚存,闸墩之上加建了水泥桥面,两侧为水泥护栏,刻有"交通桥"字样。周边为传统村镇街区、农田及人工林,环境协调性较好。

【价值评价】非文物保护单位,但曾是运河上的重要节点,已被纳入特定保护范围。闸坝功能已久废,目前作为交通桥梁正常使用。

图 6.105 阿城下闸

(42) 张秋古镇

【历史概况】五代时称张秋口,金元一度改称景德镇。元代开会通河,穿镇而过。明代又改称安平镇。至清代,张秋镇城有"九门九关厢"之说。鼎盛时被称为"小苏州"(《京杭运河(聊城段)沿线文物调查报告》,2003)。

【现状特征】古镇,位于阳谷县,方圆近 $5km^2$。运河从城中穿过。目前城墙已不存在,大部分古街巷已被拆除,仅存清真南寺、西寺和部分民宅、店铺。

【价值评价】是典型的运河城镇,对运河历史的研究具有重要价值。

(43) 张秋古渡石桥

【历史概况】始建年代不详。现存桥乃利用原古渡口石料及周边所拆古建石构件垒砌而成,多为明清石刻(《京杭运河(聊城段)沿线文物调查报告》,2003)。

【现状特征】涵桥,位于张秋。原为石桥,两边护栏形式精美,望柱柱头有多面体、桃形和卧式鼓状等多种形式,栏板也有别致的槽形图案。桥头护栏两端各有石狮一座,但目前已缺失一座,存三座。石桥曾被加建,加建部分为红砖砌筑。管理不善,桥边虽有聊城市政府所立"张秋石桥"重点文物保护单位石碑,但石碑本身倾倒于草堆之中。目前古桥栏板及望柱有部分缺失,石狮面部损坏较严重。周边为传统村镇街区和农田,环境协调性一般。

【价值评价】张秋古渡是运河上的重要节点,市级文物保护单位。目前作为交通桥梁正常使用。

(44) 张秋五体十三碑

【历史概况】明正德十一年(1516),杨淳修季子祠,并立碑留诗。其后,明隆庆年间、万历年间、清康熙年间,陆续有骚人墨客在此续修季子祠,并题诗镌碑,其中的 13 块碑刻保存至今,字体囊括楷、行、草、隶、篆(《京杭运河(聊城段)沿线文物调查报告》,2003)。

【现状特征】碑刻,位于聊城市张秋镇,西距运河 300m。目前保护不当,碑体断裂,散落于村民家中,无法起展示、教育作用。周边为传统村镇街区。

【价值评价】县市级文物保护单位。

图 6.106　张秋古镇与石桥

图 6.107　张秋五体十三碑

(45) 陈家老宅

【历史概况】典型的清代北方小城镇民居建筑（《京杭运河（聊城段）沿线文物调查报告》，2003）。

【现状特征】民居，位于聊城市张秋镇北街，东临运河三百余米。现有一进院落，保存较好。周边为建国后居住区，环境协调性一般。

【价值评价】县市级文物保护单位。目前仍作为住宅正常使用。

图 6.108　陈家老宅

(46) 张秋清真南寺

【历史概况】年代不详，据传由镇上回民沙钰捐资修建（《京杭运河（聊城段）沿线文物调查报告》，2003）。

【现状特征】寺庙，位于聊城市张秋镇，运河西 300m。建筑砖木结构，占地约 700m^2。有较多破损缺失，其中东讲堂屋顶破漏，濒临坍塌。周边为传统街区村镇和农田，环境协调性较好。

【价值评价】县市级文物保护单位。目前处于无人管理、无人利用的荒弃状态。

(47) 张秋清真东寺

【历史概况】始建于明弘治八年（1495）。大殿于 1940 年被日本侵略军烧毁，仅有北讲堂残存（《山东自助旅游丛书·聊城卷》，2002）。

【现状特征】寺庙，位于聊城市张秋镇。有大量改建，已难以恢复原貌。周边为传统街区村镇，环境协调性一般。

【价值评价】非文物保护单位。目前仍维持原有宗教功能。

图 6.109　张秋清真南寺

图 6.110　张秋清真东寺

(48) 张秋山陕会馆

【历史概况】又名关帝庙，建造年代不详。会馆山门悬石匾，上书"乾坤正气"，落款为"康熙癸西孟秋榖旦，山陕东西商人同创建"，故其历史至少可追溯到康熙年间(京杭运河(《聊城段》)沿线文物调查报告》,2003)。

【现状特征】会所,位于张秋镇南街,东距运河70m,南北长约32m,东西宽约40m,占地约为1280m²。有较多破损缺失。周边为传统街区村镇,环境协调性一般。

【价值评价】非文物保护单位,但曾是运河上的重要节点。阴刻"乾坤正气"匾为县市级文物保护单位(《阳谷县志》,1991)。目前其产权属于私人,但保护不力,基本处于荒弃状态,无法起到教育展示的作用。

图6.111 张秋山陕会馆

(49)张秋下闸

【历史概况】建于明代,为阳谷明设六闸之一(《京杭运河(聊城段)沿线文物调查报告》,2003)。

【现状特征】闸坝,阳谷县张秋镇下闸村西,阿城镇宋庄村东,南距上闸约1000m。闸函南北长12m,东西宽8m。闸坝有较多破损缺失。桥头有二石狮,其中之一头面部已严重损毁。周边为传统街区村镇,环境协调性一般。

【价值评价】非文物保护单位,但曾是运河上的重要节点,有相应机构或个人维护。目前作为农村小型交通桥梁使用。

(50)张秋上闸

【历史概况】始建于明永乐九年(1411)(《京杭运河(聊城段)沿线文物调查报告》,2003)。

【现状特征】闸坝,位于阳谷县张秋镇上闸村西。由青石砌成,南北长10m,东西宽13m,闸坝雁翅长8m。有较多破损缺失,闸板已不存在,镇水石兽尚存。周边为传统街区村镇,环境协调性一般。

【价值评价】非文物保护单位,但曾是运河上的重要节点,有相应机构或个人维护。目前作为农村小型交通桥梁使用。

图 6.112　张秋下闸

图 6.113　张秋上闸

(51) 金堤闸

【历史概况】始建年代不详。1940—1950 年代改建(《京杭运河(聊城段)沿线文物调查报告》,2003)。

【现状特征】闸坝,位于聊城市张秋镇,是运河流入聊城的第一通道。闸口宽 3.8m,高 7.4m,涵洞长闸坝百余米。闸坝由残碑砌成,多为明成化年间碑刻。部分残碑字迹清晰,书法遒劲,具有较高的艺术、历史价值。周边为街区村镇,环境协调性一般。

【价值评价】非文物保护单位。目前作为闸式桥正常使用,兼具交通与水位调节功能。

(52) 景阳岗

【历史概况】1973 年经鉴定为"龙山文化"遗址(《阳谷县志》,1991),文化层积厚约 1.5m。1994 年阳谷县耗时三年,斥资 1156 万元,实施景阳岗修复开发工程,加建山神庙、孙二娘店、三碗不过岗酒店、景阳岗文物陈列馆、山门、地下宫等二十多处景点(《中国历史文化名城·聊城》,1999)。

【现状特征】古遗址,位于张秋镇景阳岗村西约 100m 处。南北长 250m,东西宽约 200m。庙宇前有石碑,上书"景阳岗"。周边为参天古柏,环境协调性较好。

【价值评价】省级文物保护单位。目前用于保护、展示和教育,并进行了旅游开发,是县内重要的旅游点之一。

图 6.114　景阳岗

6.4　梁济运河段

济宁地处汶、泗两大水系之间,"湖河环绕,轮轨交通","四方之人,群萃于此"。自南北朝北魏时期,济宁就一直是郡县治所,在盛唐时期曾兴盛二百余年。元代运河贯通以后,便在运河北岸兴建济宁土城,且治所连连升格,由"州"升"府",又升"路"。京杭运河贯通南北,济宁恰处于"运道之中","南通江淮,北达京畿","南船北马;百货萃聚","高堰北行舟,市杂荆吴客","人烟多似簇,聒耳厌喧啾",因而迅速成为重要的客货交汇之地和漕粮运输的中继站。可以说,有了京杭运河,才有了真正意义上的济宁城(刘玉平、贾传宇等,2003)。

元代以后,繁盛的漕运及商品流通促进了沿运河地区商品经济的活跃与发展,致使运河沿岸以港口、码头为依托,先后形成和崛起了许多市镇,形成了沿运著名的九镇:安山镇、靳口镇、袁口镇、南旺镇、长沟镇、鲁桥镇、南阳镇、谷亭镇、夏镇。沧桑的京杭运河给济宁留下了众多的历史文化遗存。

(1) 太白楼

【历史概况】原是唐代贺兰氏经营的酒楼,李白饮酒处。宋、金、元时期对酒楼依原貌整修;明洪武二十四年(1391)年重修时移迁于城墙上,名为"太白楼";1952年在旧城墙上重建。楼内有宋、金、明、清、民国以来历代文人墨客的诗词歌赋和乾隆的《登太白楼》刻石等碑碣六十余块。1987年,此楼成立李白纪念馆(《济宁市中区志》,1999)。

【现状特征】位于济宁市中区太白中路。重建后的太白楼连同台基共占地 $4000m^2$,楼体为两层,重檐歇山式,砖木结构。保存较好,现为李白纪念馆,陈列有李白的碑刻石碣及照片资料;也是城市的地标式文物古迹,围绕其为中心形成城市的文化休闲场所,成为济宁市著名的旅游景点之一。周边是商业用地、休闲广场、居住区,建筑风格与太白楼较一致,总体比较和谐。

【价值评价】济宁运河的重要地标之一,具有很高的历史价值。

(2) 东大寺

【历史概况】始建于明朝宣德年间(1426—1435),历代均有修葺,清乾隆年间敕建始成最后规模。1980年以来,进行了全面整修。

第六章　京杭大运河物质文化遗产资源详述　661

图 6.115　太白楼

图 6.116　太白楼御碑

图 6.117　太白楼壮观碑

图 6.118　东大寺前门

图 6.119　东大寺后门

图 6.120　东大寺大殿

【现状特征】坐落于济宁市南关回族聚居区内。规模宏大,全寺面积6200多 m^2,建筑面积4518多 m^2,坐西朝东,主体建筑石坊、大门、邦克亭、大殿、望月楼、后门牌楼排列在东西轴线上,左右为南北讲堂、水房等。大殿建筑面积1057m^2,最宽27.5m,进深41.5m。大殿基座高1.3m,殿内以40根朱红通天木柱和12根石柱支撑。全殿由卷棚殿、前殿和后窑殿三部分以勾连搭形式组成,后窑殿为三层楼阁,上覆六角伞形楼顶,高30m,顶嵌青铜质镏金宝顶(《济宁东大寺》,2001)。现在仍然是济宁市伊斯兰教活动的重要场所,鲁西南伊斯兰教活动中心。位于老运河岸边,河岸杨柳依依,但是周边是居住区和商业区等现代建筑,与之明显冲突;后门原有著名的竹竿巷,现在已拆除,建成仿古建筑商业街。

【价值评价】济宁运河文化尤其是伊斯兰文化的代表,对于研究沿运河清真寺和伊斯兰教活动的情况具有重要价值。

(3) 竹竿巷

【历史概况】明末清初开始形成,扩展至鲁西南人人皆知的"济宁竹竿巷"(《济宁古代简史》,2003),为临河的一条与江南苏州相似的街巷。通常所说的"竹竿巷",是包括竹竿巷、纸坊街、汉石桥、纸店街以及清平巷、打绳巷、永丰巷和大闸口河南街这一大片临河街区,旧时这里是济宁手工业最集中、商业最繁荣的地段。济宁并不种竹,元代开通大运河之后,浙江毛竹、篙竹、黄竹、斑竹及烟杆竹都从运河向北方贩运,济宁是大码头,自然也多在此地上岸交易,竹编工匠随之在济宁上岸谋生。济宁成了山东最大的竹器市场,而济宁竹器作坊又多集中在竹竿巷,清末已有37家,民国增至六十多家,抗战前发展到一百三十多家,直到今天竹竿巷仍然是济宁市竹器行业的大本营。南方竹匠的建铺方式加上百年北方泥瓦匠不断翻新,到了清代,这一建筑便与济宁其他街巷迥然不同了。它既有江南风又有北方味儿,因此有"江北小苏州"之称(《济宁运河文化》,2003)。

【现状特征】老建筑已被拆掉,现在建成仿古建筑街,仍然是济宁市竹器市场的大本营。

【价值评价】济宁运河商业和手工业文化的代表,对于研究沿运河兴起的手工业/商业具有重要价值。

图 6.121　竹竿巷

(4) 安山闸

【历史概况】建于明成化八年(1472),因坐落在安山镇而得名。建闸工艺比较复杂,用料精到。为保证闸基泉对闸底供水,在闸底遍下 1—2m 长的柏木桩,密密麻麻,桩顶平铺火纸,纸上再铺大片基石。基石厚 0.3m,2—3m² 大。闸口东西走向,闸身南北对峙,口宽 4m,东西闸壁宽 11m,南北沿口都用标准大石铺平,并稍向河心倾斜,以增强对壁石的拉力和桥梁的稳定性。闸翅是闸口上下连接闸口揽水拢流的石壁,形如斜展的鹰翅。安山闸四个闸翅各有不同,上游北翅较长而外展度小,南翅略短而外展度较大,翅长 8m 有余;下游北翅亦短,外展亦小,南翅则长,外展度亦大,长 11.5m。闸口不居中心,而是南部突出,是南有越河和纤道的缘故。闸口、闸翅石壁之内均填三合土,夯实。三合土是用石灰、黏土、黄沙合成,再用熬得浓度较稀的"红米汁"搅拌。砌石四面堑齐,垒砌后江米汁灌缝,再用铁扣联结。铁扣俗称"银鼎扣",生铁铸成,长 24cm,两头炸角宽 12cm,中腰宽 6cm,厚 2cm。在各"行"石平面连接处割缝,起槽扣严,再灌江米汁。闸口石壁上开宽 20cm、深 18cm 板槽,置放用 4 块锯子大钉穿成的楸木闸板。闸板板端有铁环穿缆绳连结闸耳,通过闸耳起吊闸板。闸耳设在闸槽的左右两边,耳底座 60cm 卡在闸口的石壁内,耳宽 40cm,厚 30cm,全高 2m,两耳相距 80cm。上端有直径 20cm 的圆孔,穿轴系缆联结闸板,闸口两边 4 个闸耳两两相对,担当着积水保运的重任(刘玉平、贾传宇等,2003)。

【现状特征】原安山闸的大部分构筑物依然存留,只利用闸顶改成桥面,古闸两侧的燕翅以及闸内用来挡水的石头突出物都是未经改变的原物。

【价值评价】运河沿线重要的水工建筑,是古代水利工程发展的见证,有重要研究价值。

图 6.122　安山闸

(5)安山运河古堤

【历史概况】安山闸的配套工程,与安山闸具有同样的历史渊源,历史上作为一段繁忙的码头而闻名一时。安山镇是济宁到东昌府之间运河上的最大水旱码头,经济繁荣,百里内的县城、集镇都不能相比。古镇三里地的长街沿运河修筑,河南岸居住着三四百户农户、船户、渔户,北岸是六七百户工商行栈、客店饭馆等。安山闸便建在三里长街的东端,居于大街的闹市(刘玉平、贾传宇等,2003)。

【现状特征】已经完全重建,但依稀可见些许遗迹。

【价值评价】运河沿线重要的水工建筑,是古代水利工程发展的见证,有重要研究价值。

(6)靳口古运河闸

【历史概况】最早元代时修建,历代维护修补。运河闸坝都用条石砌成,先在河的两岸各建一个 5—7m 长的闸墩,闸墩上、下都垒砌八字形"雁翅"(现在称为翼墙),墩上有石槽,木叠梁闸门置于石槽中,门宽 6—8m 的木叠梁制成方形,由闸夫转动绞轴升降(刘玉平、贾传宇等,2003)。

图 6.123 安山运河古堤

图 6.124 靳口古运河闸

【现状特征】位于梁山以东,距梁山县城 15km,地处梁山、东平、汶上三县交界处,曾经的运河名镇靳口内。现无遗迹。

【价值评价】运河沿线重要的水工建筑,是古代水利工程发展的见证,有重要研究价值。

(7)袁口古运河闸

【历史概况】明正德元年(1506)在袁口建起节制闸,调控水量。在此地,每至河水汛期,北舟南船络绎不绝;陆地交通则有东西方向的驿道,向东可至汶上、兖州,向西至水泊梁山,与郓城、鄄城相通(刘玉平、贾传宇等,2003)。

【现状特征】已不存,遗址为新建的单孔石桥。

【价值评价】运河沿线重要的水工建筑,是古代水利工程发展的见证,有重要研究价值。

(8)开河古运河闸

【历史概况】最早兴建于元代,其后历代重修,也是因闸而兴的重要运河市镇。附近找到的开河石碑详细记载了明代重修开河运河古闸的史迹。

【现状特征】已被改为桥,石碑有较多破损,还算完整。

【价值评价】运河沿线重要的水工建筑,石碑记载了重要的运河兴修事件,是古代水利工程发展的见证,有重要研究价值。

图 6.125　袁口古运河闸

图 6.126　开河古运河闸

(9) 南旺分水龙王庙

【历史概况】始建于明朝永乐年间(1403—1424),至清代不断增建,逐渐形成了众庙集聚的建筑群。包括龙王庙大殿、戏楼、禹王殿、水明楼、宋礼祠、白英祠、关帝庙、观音阁、莫公祠、文公祠、蚂蚱庙及和尚禅室等十余处院落,占地南北长220m,东西宽255m,面积约56100m²,其中建筑占地9338m²。龙王庙大殿建于明永乐年间,宋公祠、白英祠建于明正德七年(1512),禹王殿和水明楼建于清康熙十八年(1679)五月至十九年十月,莫公祠建于清嘉庆年间(1796—1820),观音阁建于清道光十一年(1831),蚂蚱神庙建于清咸丰八年(1858),建筑年代不一,风格样式各异,却布局协调,院落交错,堪称明清庙宇建筑的大观园。建筑群周围数百米处,耸立四座土山,均高约60m,向庙群作朝拱之势,称为"四山拱卫"。龙王庙建筑群位居河右岸,四座大门直冲运河,气势恢宏。滔滔汶水由东向西迎面而来与大运河呈丁字形交汇,为避汶水冲击,沿岸建有坡高 4m、长约 220m 的石剥岸,有四处台阶直通大门,官商民人可在此下船拾级而上。有 8 个巨形石雕水兽兀立岸边,作盘卧状,石剥岸下竖有 12 根石桩,用以挽缆船只(刘玉平、贾传宇等,2003)。

【现状特征】目前仍存禹王殿、宋公祠、关帝庙、观音阁、文公祠、蚂蚱神庙等建筑,以及观音阁后墙长角麟身四足怪兽的壁画和碑。所存建筑业已破败不堪。

【价值评价】南旺分水工程的纪念性建筑群,残存建筑风格多样,规制较高,对古代建筑研究也有一定价值。

南旺分水工程是古代劳动人民完成的伟大工程,解决了运河在济宁高地势"运河脊背"处复杂的水利技术难题,是古代水利工程发展的见证,有重要的工程技术研究价值。

图 6.127 南旺分水龙王庙

(10)柳林闸

【历史概况】建于明代,也是运河沿线的又一大古闸,南旺分水工程的配套工程。附近有清代石碑记载运河漕运。历史上,南旺分水口建成后,为节用水源,在其南北各距 5 里处,分别设置了十里闸和柳林闸,控制南旺分水。当北水不足时开启十里闸,柳林闸严闭,开诸湖放水斗门,水随船北去;如南水紧缺,财闭十里闸,开柳林闸,放水南下(刘玉平、贾传宇等,2003)。

【现状特征】已被改为桥,石碑有严重破损,字迹模糊。

【价值评价】南旺分水工程的组成部分,有重要的水利工程技术研究价值。

图 6.128　柳林闸

(11) 长沟闸

【历史概况】最早兴建于明代,其后历经修复,后改为桥,也是因闸而兴的重要运河市镇。

【现状特征】已不存。

【价值评价】南旺分水工程的组成部分,运河沿线重要的水工建筑,是古代水利工程发展的见证,有重要研究价值。

图 6.129　长沟闸

(12) 十里闸

【历史概况】建于明代,是运河沿线的一大古闸,南旺分水工程的配套工程。附近有清代石碑记载运河漕运。历史上,南旺分水口建成后,为节用水源,在其南北各距5里处,分别设置了十里闸和柳林闸,控制南旺分水。具体操作见前"柳林闸"。

【现状特征】建国后已被改为双孔拱桥,桥基还可看到古闸残留景象。

【价值评价】南旺分水工程的组成部分,具有极高的水利工程研究价值,是古代劳动人民智慧的象征。

图 6.130　十里闸

6.5　南四湖区段

南阳镇老运河

南阳镇位于南阳湖、昭阳湖、独山湖三湖交界的运道处,古老的京杭大运河穿镇而过。

元至顺二年(1331)在与古老的泗水重合的京杭大运河上,建了南阳闸,附近聚落因此得名。南阳古运河于明嘉靖四十五年(1566)开凿,从南阳到留城,隆庆三年(1569)竣工(《运河名镇——南阳》,2001)。到明代中期,南阳已成镇,自"漕运新渠"开通以后,南阳镇成为水上运输和商品交易的交汇点和重要的商埠码头。来自南北方的各种商品汇集与此,南阳得水运之便,迅速繁荣发展。清初,由陆地变成湖中之岛(《济宁运河文化研究》,2002)。

南阳镇曾有皇宫所、皇粮店、关帝庙、魁星楼、文公祠、禹庙等多处文物古迹,后多毁于抗日战争及"文革"时期,现仅存些许历史遗迹。

(1) 南阳清真寺

【历史概况】始建于明代,占地约 0.2hm²。原有南北讲堂、大殿、望月楼等,大殿九间,望月楼一间,正殿大门十二扇。大殿建筑飞檐斗拱,庄严美观(《运河名镇——南阳》,2001)。

【现状特征】位于南阳镇中心。现为普通民居,大门坐西朝东,门两旁各踞一尊石狮,余一间房,保存较好,其余部分系重建。周边是传统街区、行政办公用地、居住区,建筑风格较一致,总体比较和谐。

【价值评价】对于研究回民在运河附近的活动有重要意义,是南阳镇兴盛繁荣的见证,具有重要的历史价值。

图 6.131　南阳清真寺大门

图 6.132　南阳清真寺残余一间房

(2) 南阳镇东西古商业街古民居区

【历史概况】古南阳镇以商埠码头闻名,明清两朝曾有非常繁华的阶段,是地区"京广百杂货"的聚散批发商业码头,行业很多,仅粮行就有 12 家,还有皇家盐店,文化也非常繁荣,戏楼、茶馆很多。镇商业区在约 2km 的东牌坊街和北小井子街上,呈"L"型,青石铺地,两侧拥挤的店铺多为青砖瓦木结构,间有两层的酒楼、饭庄十多家,下砌石阶,上筑厦檐(《运河名镇——南阳》,2001)。

【现状特征】现街区青石路面仍保留完整,两侧店铺商业凋零,部分古建已有改建。周边是传统街区、行政办公用地、居住区、市政设施用地,建筑较一致,总体比较和谐。

【价值评价】对于研究运河工商业和南阳镇历史具有重要价值,保存比较完整,有开发旅游的潜力。

图 6.133　南阳镇东西古商业街及建筑

（3）古运河残道

【历史概况】元代开挖的运河纵穿南阳镇；明嘉靖四十四年开挖漕运新渠，北起南阳镇，镇中心运河又成为漕运新河的起点；建国后新开挖的京杭运河的湖中航槽又在南阳岛的北侧穿过。

【现状特征】位于南阳镇中，北到南贯穿而过，两岸砌以石级，设河埠。河埠处取水、洗衣、泊船、交易。现古运河残道仍保留完整，但附近居民区对河岸的侵占、破坏日益严重。周边是传统街区、行政办公用地、居住区、市政设施用地，古镇风格与古运河风貌总体比较和谐。

【价值评价】作为济宁运河全线唯一没有淤塞的老运河，具有重要的历史价值，也有一定的开发旅游的潜力。

图 6.134　南阳古运河残道

(4) 新河神庙

【历史概况】原址在运河南岸,即现在的南阳中学。明隆庆二年(1568),工部尚书朱衡、都御史潘季驯凿修南阳新河后,由知州景一元、判官郑梦陵于南阳修建,新河神庙面北而建,占地 500m²。明万历年间重修新河神庙并南阳书院。原有石碑 8 座,其中龙头碑两座(《运河名镇——南阳》,2001)。

【现状特征】神庙和原石碑均不复存在,重修新河神庙碑尚存,其中石龟 10 吨重,现保留在南阳中学院内。

【价值评价】南阳新河的开凿是运河历史上非常重要的转折点,新河神庙见证了这段历史,具有重要的历史意义。

图 6.135　新河神庙残存石碑

(5) 南阳闸

【历史概况】元至元十九年(1282),开挖济宁到须城的济州河,又在济宁到沛县的古泗水运道上建闸 14 座,其中南阳闸始建时为草木结构。至明宣德七年(1432),改建为板闸,后又改为石闸。清乾隆三年(1738)再修,加顶面石二层,金门宽二丈二尺,高一丈九尺二寸,东岸月河一道,长七十一丈。至 1958 年圮毁(《运河名镇——南阳》,2001)。

【现状特征】今尚存石结构闸座,建桥一座横卧河上。

【价值评价】运河历史上非常重要的水工建筑,具有极大的历史价值。

微山县老运河

明嘉靖末新开夏镇至南阳的运道,夏村即成沿运码头,工商业日趋繁荣,隆庆三年改村为镇。运河自西北向东南蜿蜒穿行,随着水运兴起,河上建筑物都成了人口聚居场所，形成了一串以河为特征的村落街巷；商贸业兴起，夏镇成为周围数百里内的商货集散地。遗憾的是，运河兴盛时期的历史文化遗产多已湮没，少有遗迹。

鲁桥是运河岸边一座古镇，唐时已为泗水运道上的重镇，南方的船只自此北上，都是"借黄行运"到徐州后再逆泗水运道到鲁桥，再沿汶泗水道北去的。自元代会通河开通后，鲁桥就成为沿运码头市镇。明代市镇商业开始兴盛。清代以后镇中沿运两岸商号店铺栉次鳞比，形成了长达 1.5km 的商业街区，成为济宁地区南部重要的商货集散地。由于考察路线和时间限制，鲁桥镇的历史文化遗存没有详细考察，留下遗漏。

（6）闸口桥

【历史概况】历史上为一重要古闸，沟通运河往来，附近得以形成夏镇老商业街区。

【现状特征】位于微山县夏镇老城区中，1990 年在古闸址建单拱石桥。桥体保存完整，长约 30m，宽约 6m，为夏镇老运河一景。周边是传统街区、居住区、市政设施用地，古镇风格与古运河风貌总体比较和谐。

【价值评价】运河历史上重要的水工建筑，见证了夏镇兴盛的历史和在运河史上的重要地位。

图 6.136　微山县夏镇闸口桥

(7) 吕公堂春秋阁

【历史概况】始建于明代,历史上多次改建、重修。具体不详。

【现状特征】位于一所小学院内,紧临古运河,两层砖木结构,青砖重檐。现仅存两座建筑,主殿两层保存完整,其他建筑部分破损严重,有两块石碑记述该阁由来、捐助人、演变等历史信息。周边是传统街区、居住区、小学,环境比较和谐。

【价值评价】位于古运河畔的历史遗存,需要进一步挖掘其历史价值。

图 6.137　吕公堂春秋阁及碑

(8) 仲子庙

【历史概况】唐开元七年(719)任城县贺姓县令为纪念孔子得意弟子仲子创建,宋、明、清多次扩建重修,东西长 100m,南北宽 40m,布局严谨,造型古朴,内有康熙、雍正、乾隆所赐匾额及对联。现庙为明、清重修(《微山县志》,1997)。

【现状特征】坐落于鲁桥镇仲浅村内。背西向东,庙后 150m 处为南四湖大堤,庙前古运河自北向南流过,一座古石拱桥跨庙前运河东西两岸。现存大殿五间,穿堂三间,寝殿三间两层,南北配庑各五间。1984 年、2000 年进行了重修。周围是民房,有围墙相隔,考察时仍在进行修缮工作。

【价值评价】历史悠久,文人墨客在此留下诗词歌赋。紧邻古运河畔,承载了夏镇古运河的深厚历史和文化。

图 6.138　仲子庙

(9) 圣母池泉群及碑

【历史概况】明代为解决运河水源不足的问题,采取了导泉济运的措施。微山县凤凰山南麓伏羲庙后有六眼清泉,泉边立有八块明清石碑,其中一块碑的碑额题有"圣母池泉"四字。据此碑得知,泉水流向西南,经南阳闸入运河。由此可以推断,当时负责河道水利的官员十分重视运河水源的保护。

【现状特征】现在水质较差,泉水盛于方形泉池中,池边长有野草,池中可见泉眼,水池被围墙围起来,与外面的农田和山体隔开,人工化明显。

【价值评价】当年对补充运河水源起到重要作用,具有重要的历史价值。

台儿庄老运河

台儿庄运河位于苏鲁边界区域,是明朝万历二十一年(1593)起至万历三十二年(1604)止、历时十余年的京杭运河四次大改道工程的重大成果。漕运畅通,台儿庄成了水陆码头,到清康乾年间,台儿庄运河漕运达到鼎盛时期,不但是漕运枢纽、水旱码头,而且成为沟通苏鲁豫皖乃至江淮浙沪地区的重要货物集散地,人流、物流空前活跃,各地商人云集于此,商号、店铺林立,河道舟楫如梭,一派繁荣景象。帝王巡游、民间文化、漕运经济、酒食习俗等积淀形成了丰富深厚的运河文化。1938 年的台儿庄战役将这一运河古镇变成了一片废墟。幸运的是,这段古运河被保存了下来,并且留下了一些宝贵的历史文化遗产。

(10) 月河街

【历史概况】位于台儿庄老街区。南面紧邻古运河,长 200m,宽 4m,明清时期因漕运兴盛而非常繁荣,青石板铺筑,青石路心,卵石镶边,两侧店铺林立,商贸业发达,两边建筑南北风格融于一体。自 1939 年一座座二层高的古楼被拆除后,街道逐渐萧条,被当地居民称为闭巷,以后逐渐衰落。

【现状特征】街道的格局被保留得比较完整,还保留了一部分明清时候的建筑。周边是传统街区、居住区、市政设施用地,建筑风格较一致,总体比较和谐。古街道、古民居、古码头结合紧密。

【价值评价】对于研究运河商贸业和台儿庄历史具有重要价值,保存比较完整,是台儿庄运河文化旅游区的重要组成部分。

图 6.139　台儿庄月河街

(11) 台儿庄清真古寺

【历史概况】明初由常遇春修建,清乾隆七年(1742)阿訇李中和重修,位于台儿庄大北门内的郁家花园(现在寺院所在地),占地约 2.6hm^2。寺院前大门向东;过厅五间,南北讲堂各五间,东西小讲堂各三间,西水房三间,大殿二十五间;后大门向西。院内古柏翠竹,树木参天。清朝末年将南讲堂改建成大门楼(《运河古镇台儿庄》,2002)。台儿庄战役期间是重要的战场之一,历经战火洗礼,日军曾放火烧毁清真寺,收复后已是断壁残垣,满目疮痍。

【现状特征】已修复部分古建,共占地约 3000m²,建筑面积约 800m²。1985 年望月楼原址上重修西大殿。近年来又逐年投资修复,新修的"日月潭"等新景点和园林与古寺相得益彰。现在清真古寺既是回民作礼拜的地方,也是供人参观的战争遗址和旅游景点。周边是传统街区、居住区、文物古迹用地,建筑风格较一致,总体比较和谐。

【价值评价】对于研究回民在运河附近的活动有重要意义,并且见证了台儿庄兴衰的历史,具有重要的历史价值;现在既是回民活动场所又是战争遗址,是比较有吸引力的旅游点。

图 6.140　台儿庄清真古寺

(12) 清真南寺

【历史概况】建于明万历年间,由外地在此地经商的回族所建;清乾隆年间重新修建;台儿庄大战时遭到毁灭性破坏。

【现状特征】占地 30 亩。目前尚在重新修缮中,有原寺庙残碑弃于后院,部分碑石完整,字迹清晰可辨。

【价值评价】一直以来都是当地回民举行礼拜的重要场所,对于研究回民在运河附近的活动具有一定价值。

(13) 太和号及旁边商号

【历史概况】此地商号兴盛主要在明清时期,利用运河的便利交通发展商业,以经营钱庄、药材和食盐为主。至民国初年仍堪称发达,抗日战争开始后由于战乱而日益衰落,不复振(《台儿庄运河文化》,2002)。

图 6.141　台儿庄清真南寺

图 6.142　太和号及旁边商号

【现状特征】位于台儿庄古运河边上，是店面临街、庭院朝河的建筑布局，建筑风格南北交融，大门是格扇门，天井庭院。大部分建筑保存了原貌，少数改建为现代民居。留存的建筑多已非常破旧，部分仍有居民居住，少数因多年无人居住而门窗损坏甚至坍塌。现在已被政府统一划定保护，禁止个人拆毁重建，但是尚未动工。周边是传统街区、居住区、文物古迹用地，建筑风格与较一致，总体比较和谐。

【价值评价】商号旧址尚存一些字迹，而且旧宅中也有不少明清时的文物。当地拟将此段运河及街上原有的商号按原貌重新恢复，一方面用于旅游业，另一方面再现历史原貌，对了解运河与台儿庄古镇历史都有重要意义。

(14) 台儿庄船闸

【历史概况】1968年兴建,1972年建成,恢复了运河济宁段到台儿庄的航运,发挥重大航运作用。后因设计通航能力偏小,废弃不用。

【现状特征】位于台儿庄节制闸左侧,长120m,宽10m,上闸首底高程23.3m,下闸首底高程18.3m,设计闸上水位25.5m,闸下水位20.5m(《沂沭泗河道志》,1996)。船闸已破败废弃,失去通航作用,闸上部分作为桥面一部分供行人通行。周边是工业区、传统街区、居住区,紧邻历史街区,环境一般。

【价值评价】恢复了京杭运河山东段台儿庄至济宁的航运,沟通了鲁、苏、浙、沪、皖等省市的水路运输,使沉寂多年的京杭运河再度呈现繁荣景象,具有重要的历史意义,虽已废弃,应当得到保护。

图6.143　台儿庄船闸

(15) 山西会馆

【历史概况】清雍正十三年(1735),晋籍商人集资兴建新关帝庙,初建时有春秋楼、关公殿、厢棚和东西配房等。清乾隆三十年(1765)续建仪门三间,东、西配殿各五间,戏楼五间等。乾隆五十年(1785)二次续建东、西辕门及照壁等(《台儿庄运河文化》,2002)。旧时占地30亩,楼殿禅舍百余间,建筑面积近6000 m²,香客、商贾云集,热闹非凡。1938年台儿庄大战期间大部分毁于战火。

【现状特征】坐落于运河街道办事处大南门里车大路西侧。原庙已大部分被工厂、居民区占用,现仅存关公殿三间,几经维修,较好地保持了原貌。周边是工业区、传统街区、居住区,景观不协调。

【价值评价】反映了台儿庄漕运兴盛时期商业、宗教文化的繁荣,具有重要的历史价值,对于研究山西人在运河一带的活动有一定价值。

图 6.144　台儿庄山西会馆

(16) 古码头

【历史概况】明清时候,随着漕运的兴盛,沿河的一些店铺、商号为了便于从水上装卸货物,在台儿庄运河北岸依街修筑了一些用石阶铺设而成的码头,称为"水门"。这些水门既可装卸货物,停泊船只,平时也可洗衣、洗菜和汲取生活用水,从台儿庄西门至小南门共有十余处。清朝末年,漕运渐衰,商业萧条,大多数码头逐渐废弃(《台儿庄运河文化》,2002)。现保存完好的古码头有骆家码头、郁家码头、王公桥码头等五处(《运河古镇台儿庄》,2002)。

【现状特征】全用青石建成,台阶已被磨光,可见些许遗迹。紧邻历史街区,周边有工业区、传统街区、居住区,景观不协调。

【价值评价】台儿庄历史上漕运兴盛时期南北货物交流、人员往来、文化交流的见证,具有重要的历史和文化价值。

图 6.145 台儿庄古码头

6.6 不牢河段

(1)乾隆行宫

【历史概况】乾隆二十二年(1757)四月,乾隆在宿迁县顺河集弃船登陆到徐州视察灾情,指示地方官修建行宫。行宫范围在东接御桥、西至现在的中山路、南抵云龙山、北达土山的庞大区域内。前后左右均为三进院落,房屋栉比,气势恢宏,风景怡人。竣工之后,乾隆分别于二十七年(1762)、三十年(1765)、四十九年(1784)到徐州实地考察黄河水情与河防工程,留下了许多勤政抚民的佳话(《汉风》,2001)。

【现状特征】位于徐州市云龙山北麓。现存大殿及两边配房六楹。大殿东西长 13.3m,南北宽 6.8m,四梁八柱全用川柏;坐北朝南,单檐挑角,黄釉筒瓦,椽檩彩绘,金龙飞楣,颇为壮观(《汉风》,2001)。1960 年,被辟为徐州博物馆。1977 年,在行宫东面兴建了碑园。1999 年,徐州博物馆在乾隆行宫遗址上落成新馆,对游人开放。周围主要是风景区,但街对面是比较杂乱的商业和居住区,显得不太协调。

【价值评价】记载了徐州黄患的历史以及废黄河在徐州历史上的重要地位。

图 6.146　乾隆行宫

(2) 北洞山西汉楚王陵

【历史概况】根据出土文物推测,其墓葬年代约在西汉初年,墓主人的身份可能是汉初分封在徐州的第五代楚王刘道。为完整的按照阳间生活场景建成的阴宅,葬制结构最为复杂。

【现状特征】坐落在徐州北郊茅村乡洞山村。墓门坐北朝南,以山为陵,系开山凿石成横穴崖洞墓。上有封土墩(现高 10m),墓葬结构庞大,气势壮观,共有 19 室,全长 46m,最宽处 33m,建筑面积为 500m^2。甬道、门和部分墓道用巨型塞石封闭,两列双层塞石共有 36 块,上下塞石间有榫卯相合。墓道其余部分为夯土封闭。全墓分为主室、侧室和墓龛三部分。出土彩绘陶俑 222 件,俑高 55cm,造型优美,体态各异,色彩鲜艳,是国内罕见的彩绘俑群(《徐州市志》,1994)。

【价值评价】研究西汉历史和古建筑的珍贵实物资料,国家级文物保护单位。对外开放参观,但周围为村庄,道路曲折且无明显标识,少有人问津,保护设施相当简陋。

(3) 山西会馆

【历史概况】据会馆内现存的清顺治十八年(1661)"重修云龙山关圣殿记"碑载,这里原供奉关公大帝。顺治以后,关圣殿改为相山神祠,祀伏魔帝君、火神、水神等神。旅居徐州的山西人常在此祭祀和集会。清乾隆七年(1742),在徐州经商的山西人捐资修葺,将原来颓圮的相山神祠建成山西人往来贸易、物资集散、乡人停留之所,并供奉关公大帝。后又经过三次大规模重修扩建,最后一次重建是光绪十三年(1888)。这几次重修扩建的记事碑如今仍完好无损(《汉风》,2001)。

【现状特征】位于徐州市云龙山东麓。现在的山西会馆是徐州城内保存最完善的古代建筑,依山而建,坐西向东,西高东低,有过廊和大殿。过廊为二层建筑,廊顶及左右共有楼房十余间,大殿明三暗五,明间辟有丹樨走廊,花棂门窗,古朴典雅,暗间分别被殿前的南屋与北屋遮住,与明间不通。建国后相当长一段时间内一直闲置,1987年被市政府批准为文保单位,为徐州地区唯一建筑格局保留完整的会馆。1995年,云龙山风景管理处重塑关羽像,并在大殿南北二间置火神、财神二神像,对游人开放,至今香火不断。位于云龙山麓,与山景配合得非常和谐。

【价值评价】对于研究沿运河会馆具有重要价值。

图 6.147　北洞山西汉楚王陵

图 6.148　山西会馆

(4) 黄楼

【历史概况】苏轼在徐州做官期间,黄河泛滥,大水逼到徐州,他组织和带领全城军民阻止大水的威胁,一方面筑堤固岸,一方面加高城楼,终于成功地战胜洪水。元丰元年二月,动工在城东门挡水要冲处建造了二层高楼,因为"水受制于土",所以涂上黄土,取名黄楼,含有"土实胜水"的意义。为庆贺黄楼落成,苏轼大宴宾客,有《九月黄楼作》一诗。

黄楼初建于东门城墙上,二层,高十丈,下建五丈旗。后移建于地面,屡圮屡建。然而从清末到民国,由于年久失修,逐渐衰颓。建国初期,为避免危险而拆除。十年浩劫之中,遗存的石碑被砸毁,只有《黄楼赋碑》至今保存完好,成为黄楼最后的遗存(《汉风》,2001)。

【现状特征】矗立于徐州市区北故黄河畔。1988 年重修于故黄河畔,双层飞檐,歇山抱厦,覆有黄色琉璃瓦,底层金砖铺地,顶层有平台望远。周围建有精巧别致的栏杆,山头饰鱼草等花纹。与牌楼、镇海铁牛两个治水遗址集中布置在一起,成为故黄河公园的一部分。与附近的现代城市景观对比强烈。

【价值评价】对研究徐州黄患和治理黄患的历史具有一定的历史价值。

图 6.149 黄楼

(5) 牌楼

【历史概况】始建于清嘉庆二十三年(1818),为河道总督黎世序庆祝一场治水胜利而建。当年牌楼耸立在一丈多高的青石台上,由一排朱红色圆柱撑起,斗拱叠厦,四角挑檐,悬系铁铃。两面匾额上的"五省通衢"和"大河前横"

八字,集中反映了古代徐州重要的交通地位。据旧志记载,牌楼就坐落在当年徐州北门"武宁门"外,那里曾是清代奉接皇帝诏书以及送官迎官的码头。黄河北徙以后,码头日渐冷落,牌楼也慢慢失去初始的辉煌。在经历百年风雨后,因颓圮于1964年拆除,1987年重建(汉风,2001)。

【现状特征】坐落于徐州故黄河畔,1987年11月重建。为三开间牌坊式结构,耸立于庆云桥东侧,雕梁画栋,四角飞檐,上覆绿釉筒瓦,横额两面题书,一为"大河前横",一为"五省通衢",横匾是原有之物。与黄楼、镇海铁牛两个治水遗址集中布置在一起,成为故黄河公园的一部分。临近的建筑试图与牌楼风格统一,但附近的现代城市景观与之对比强烈。

【价值评价】对于研究徐州作为重要交通枢纽的地位及其运河的关系、借黄行运的历史具有重要意义。

图 6.150 牌楼

(6)兴化寺

【历史概况】建筑雕刻始于北魏时期。到明洪武三十一年(1398),高僧胜吉缘山构宇,以大石佛为中心,建大雄宝殿。此后兴化寺大兴土木,至明万历年间已形成今天看到的规模庞大的佛寺建筑群。

【现状特征】位于云龙山北数第一节山的东山腰上,是我国著名佛寺之一。寺内的主要建筑有大雄宝殿、大石佛殿、唐宋摩崖石刻、四大天王殿、钟亭等。其中大雄宝殿深达20.78m,宽19.60m,歇山层顶。在大雄宝殿内有佛龛

71个、佛像185尊。坐落于山腰上绿树环抱之中,与环境非常和谐。现在是徐州市云龙山风景区重要的名胜古迹,对外开放旅游。

【价值评价】见证了运河兴盛时期佛教在徐州传播的盛况,遗存的古建筑具有一定的历史价值。

图6.151　兴化寺大雄宝殿

(7)狮子山西汉楚王陵及兵马俑

【历史概况】狮子山楚王陵是西汉的第三代楚王刘戊的陵墓,位于其西侧300m远的汉兵马俑则是它的一个组成部分,象征着卫戍楚王陵的部队,两处遗址距今已有二千一百余年的历史。这座楚王陵不仅规模庞大、气势恢宏,奇特的结构更是独树一帜,前所未有。墓中出土了各类珍贵文物近二千件,其中不少文物是国内考古首次发现。

【现状特征】规模庞大,气势恢宏,结构奇特,独树一帜,从入口到后室长117m,使用面积850m^2,凿石量5000m^3。位于其西侧300m远的汉兵马俑有五条俑坑,每条有上千件兵马俑。楚王陵出土的不少文物具有极大的历史价值与艺术价值,汉兵马俑为全国重点文物,现在已经成为著名的旅游热点,据介绍,每年游客约30万人,其中绝大部分是外地参观者。整个狮子山是一个陵园,西北面都有陪葬墓,陵墓凿山而建,与周围景物比较和谐。

【价值评价】出土的不少文物具有极大的历史价值与艺术价值。

图 6.152　狮子山西汉楚王陵及兵马俑

(8) 戏马台

【历史概况】公元前 206 年,在推翻秦王朝中立下战功的项羽自立为西楚霸王,定都彭城,在城南山(明天启四年更名为户部山)上构筑崇台,观赏士卒操练、赛马,后人称为"戏马台"(《走近徐州》,2003)。历史上各个朝代在戏马台场地上营建了不少建筑物,诸如台头、三义庙、名宦祠、聚奎书院、耸翠山房和碑亭等。随着岁月的流逝,时移世变,昔日的建筑物已湮没殆尽。

【现状特征】以风云阁为中轴线,分东西两院。台名碑石树于台顶重檐六角亭的风云阁内,高 2m 多,"戏马台"三字为明代徐州兵备右参政柳城莫与齐所书,笔锋苍劲遒劲,为当年旧物。1982 年徐州市人民政府将戏马台定为文物保护单位。1986 年戏马台在原有的基础上进行了重修,以明万历十一年古碑为中心,占地面积 7000 余 m^2。现在是徐州市重要的旅游景点。依山就势建于户部山上,与户部山古民居成为一个和谐完整的古建筑区,与周围环境比较和谐。

【价值评价】具有重大的历史文化价值,是徐州楚汉文化的代表。

图 6.153　戏马台

6.7　中运河段

窑湾镇运河

窑湾镇位于徐州新沂市西南边缘,京杭大运河与骆马湖交汇处,三面环水,与邳州、宿迁、睢宁隔水相望,是一座有一千三百多年历史的水乡古镇,素有"黄金水道"和苏北"小上海"之称。窑湾镇系京杭大运河重要码头之一,在明清漕运和盐运的鼎盛时期,扼南北水路要津,往来船只南达苏杭、北抵京津,商业贸易盛极一时。清末民初窑湾镇店铺鳞次栉比、商旅云集。据统计,当时全国有 18 个省的商人在此设立商会和经商办事处,筑店经营;世界上有 10 个国家的商人和传教士在此建商号和教堂经商传教。一时成为全国著名的商业重镇与苏北重要的政治、军事、文化活动场所和经济集散中心。

窑湾古镇古建筑现存清代和民初古民居 813 间,总面积 $14121m^2$。明末清初形成的两条古街仍保持原有的风貌,一条是中宁街,南北方向,一条是西大街,大致东西方向。另外,还存有古商会馆、古庙、古桥、古槐、古松、名人碑亭等人文自然景观二十多处(《窑湾古镇情况介绍》,窑湾镇政府提供)。

窑湾古镇的历史价值、现存古建筑群的文物价值及潜在的旅游开发价值已引起有关专家和媒体的关注,目前开发窑湾古镇旅游资源已经被提上日程。

(1)窑湾古镇中宁街

【历史概况】明末清初形成的古街道,青石铺道,原长 1km,宽 3m。

【现状特征】现存长约 200 m 的街道和一些古建筑,部分已废弃,部分还作为店铺使用。青石铺道,店铺鳞次栉比,长檐出厦,尺度宜人。窑湾镇的古街道基本保存完整,但镇子的整体空间格局没有得到很好的保留,其他新建的民房和古建筑间对比较强烈。镇政府正试图恢复沿线的古建筑。

【价值评价】可开发为旅游资源,亦可借此研究运河与窑湾工商业、近代资本主义经济的关系,古建筑也有很高的历史价值。

图 6.154　窑湾古镇中宁街

(2)窑湾山西会馆

【历史概况】位于窑湾西大街,据传原为唐代关帝庙。清康熙年间清兵在山西施行"圈田令",被驱赶至此的山西人以关帝庙为址建山西会馆。

【现状特征】院子里现仅存青砖房一栋,已破败不堪,附近有一株三百多年的老槐树,院中杂草丛生。会馆掩映于绿树之中,周围是民房。已被划定保护,尚未加以修缮。

【价值评价】可重修开放作为旅游景点,也可借此研究窑湾运河港口时代的历史。

图 6.155　窑湾山西会馆

宿迁市运河

宿迁地处鲁南丘陵与苏北平原过渡带，素有"洪水走廊"之称。黄河夺泗入淮，境内首当其冲。由于上游鲁南沂蒙山地区地高面广，洪水暴发势猛量大，飞流直泻境内骆马湖，而下游出路宣泄不畅，加之境内地形高低悬殊，经常酿成水势横溃、河湖无涯的局面。千百年来，宿迁人民深受水患之苦，历代官府多次治理境内水患，如清代开挖中运河、总六塘河，建闸，筑坝，民国时期导淮委员会工程处在中运河上建刘老涧船闸等，对抑制水患起到一定的作用，但没有根治。建国后，人民政府在境内形成了完整的水利体系，在抵御水患方面取得了很大的成就（《宿迁市志》，1996）。

宿迁市共有古建筑、古遗址和纪念地等各类文物点三百余处。其中，省级文物保护单位 4 家，市级文物保护单位 4 家，县级单位 87 处，博物馆 3 个，馆藏文物 1700 余件，其中二级文物 7 件，三级文物 50 件（《宿迁市文物景点基本概况》，2001）。

（3）龙王庙行宫

【历史概况】始建于清康熙二十三年（1684）；雍正五年（1435）重修；乾隆年间有过扩建；嘉庆十八年（1813）又修。因乾隆皇帝六次南巡，曾有五次到此祭祀，故又称乾隆行宫。1982 年公布为江苏省文物保护单位，1983 年修复。

原是清代皇帝为消除洪患、安澜息波而祈求水神保佑所建的祭祀庙宇,后经雍正、乾隆、嘉庆年间的多次维修和扩建,形成今日之规模(《宿迁市文物景点基本概况》,2001)。

【现状特征】遗产仍在原址,保存较好,当地进行了适当的旅游开发。周围是民居和农田。

【价值评价】国家级文物保护单位,是一组有代表性的清代大型建筑群,也是至今保存得最为完好的帝王行宫之一,在选址、建筑设计、营造、用料等诸多方面都严格遵照清代《工部工程作法则例》,是北方宫室建筑和民间建筑的结合体。建筑群布局严谨,是研究古代建筑和历史的宝贵文物资料,具有较高的历史价值、科学价值和独特的艺术价值(《宿迁市文物景点基本概况》,2001)。

图 6.156 龙王庙行宫

(4)马陵公园

【历史概况】建于民国二十四年(1935),原有真武殿、望河楼、杨公亭、倪瑞璇图书馆等。后此园毁于抗日炮火,现存遗址为建国后重建(《宿迁市国家、省市级文物保护单位概况一览表》,未出版)。

【现状特征】位于江苏省宿迁市宿城西北隅马陵山。原物已不存,当地政府在原址新建综合性公园,除花木竹石假山溪水外,还有儿童乐园、溜冰场,特别是抗日战争、解放战争及其他革命烈士纪念馆,塔亭、碑布满园林,既是公园又是陵园,内有苏北大战纪念塔。公园对外开放,用于市民游憩、旅游和爱国主义教育。临街,周围是新建楼房和商业街区。

【价值评价】宿迁市区的重要建筑,重要的爱国主义教育基地和人民休闲娱乐的场所。

图 6.157　马陵公园正门

(5) 极乐律院

【历史概况】明末僧人智恒所建,俗称极乐庵。原名马神庙,始建于明崇祯十七年(1644);康熙年间开始大规模重建;历经嘉庆、道光至清末,发展到鼎盛时期。民国十八年(1929)因涉宿迁刀会暴动渐趋衰败;"文革"期间破坏更为严重。至 1996 年,仅剩五座建筑(《宿城区文物保护单位》,2001;《宿迁市文物景点基本概况》,2001;《宿迁市国家、省市级文物保护单位概况一览表》,未出版)。

【现状特征】位于宿迁市粮食局北院,宿城区博物馆内。原物有较多破损,已失去原有功能,被毁建筑的砖瓦残片堆放在院落里,尚待修缮。周围是新建住宅区和主要商业街区。

【价值评价】省级文物保护单位。大雄宝殿和藏经楼是极乐律院内的建筑精华,其规模的完好程度在长江以北首屈一指;原汁原味的"人"字梁除在个别少数民族地区的古建筑中偶有发现外,在汉族地区的同时代建筑至今还未发现,对研究古代建筑史有较高的参考价值。

(6) 项王故里公园

【历史概况】康熙四十年(1763)知县胡三俊立项王故里碑;民国二十四年(1935)修复项王故里,辟为项王故里公园,后遭破坏。1982 年宿迁县政府制定修复项羽故里总体规划,到1984年建成古典院墙400m和英风阁、故居纪念室等;1987年公布为淮阴市文物保护单位(《淮阴文物志》,1994;《宿城区文物保护单位》,2001;《宿迁市文物景点基本概况》,2001;《宿迁市国家、省市级文物保护单位概况一览表》,未出版)。

【现状特征】位于宿迁城南,运河西岸1km处。原状基本保存完整,整体修缮较好,在保存原物的基础上添加了很多近现代书法家的字帖。目前仍在修缮中。周围是传统街区和城镇、农田。已被开发为当地重要的旅游景点,有专门的工作人员负责管理。

图 6.158　极乐律院

图 6.159　项王故里公园

6.8 里运河段

淮安市运河

淮安位于苏北平原中部,里下河地区西北部。地处京杭运河之孔道,为清政府漕运中心。向北运河水浅,南北各省往来官员和客商都在此舍船登陆,取道北上进京,因此这里成了"南船北马"的"九省通衢"之地,是古老大运河上四大古城之一。除清河县衙之外,还先后设有南河总督、河道库、淮扬道、漕运总督、清军同知、东河船政同知、淮安府同知等二三十个府署,多次作为郡、州、路、府的治所。明清以来,总督漕运部院、船政盐司、户部钞关驻节郡城内外,会馆棋布,商贾云集,书院林立,是富商巨贾、文人墨客的交游之地,留下了许多珍贵的文化遗产。

现有国家级文物保护单位1个,省级文物保护单位5个,淮阴市级文物保护单位6个,淮安市级文物保护单位36个。1986年被公布为中国历史文化名城(《淮阴文物志》,1994;《淮安名胜古迹》,1998)。

(1)清江浦楼

【历史概况】清江浦,宋时名为沙河;明永乐年间,平江伯陈瑄疏浚沙河后改名清江浦(即今里运河),后又演变为地名"清江浦",简称"清江",即今淮阴市区。该楼始建于清雍正七年(1729)(《淮阴文物志》,1994;《淮安园林》,2004)。

【现状特征】位于淮安市市区里运河航道上,清江大闸中州岛东端。原楼在淮安市里运河西端,现已不存。新建仿古建筑,用于展示、旅游和教育。处于古运河风光带上,周边建筑以仿古风格为主;对岸有一些工厂和货场,对景观质量和环境状况有不良影响。

【价值评价】1987年公布为淮阴市文物保护单位。清江浦楼是清江浦地名的标志,淮阴市区历史演变的实物见证,也是历史上这一带治理水患的重要标志性建筑。

(2)清江文庙

【历史概况】明嘉靖九年(1530),工部主事建崇景堂;清初规模大备;康熙三十七年(1698)始称文庙,又称山阳县学;道光三年(1823),总河黎世序移向

图 6.160　清江浦楼

图 6.161　清江文庙

正南重建,二年功成;咸丰十年(1860)毁于兵燹;同治四年(1865),漕督吴棠重建大成殿。

【现状特征】周围堆放杂物,门前杂草丛生,维护不佳。周边环境基本以仿古风格的建筑为主,毗邻清江浦楼和清江大闸,建筑风格较为统一。桥西侧漕运东路北面为运河广场。原状保存较好,进行了适当的保护和利用。周围是传统街区、居住区和水体。

【价值评价】1987年公布为淮阴市文物保护单位。现存建筑是典型的清代建筑,对于研究古代建筑有重要的参考价值。

(3) 慈云禅寺

【历史概况】原名慈云庵,为两淮八大丛林之首。始建于明万历四十三年(1615);清康熙十五年(1676),大觉普济能仁国师南游,于此跌座而逝;后雍正颁旨以慈云庵为基础敕建丛林,乾隆四年(1739)建成,改名慈云寺;咸丰十年(1860)毁于兵火;同治元年(1862)重建,历经 20 年恢复旧观;后大雄宝殿于民国七年(1918)毁于大火;1994 年 12 月 15 日,慈云禅寺修缮完成,正式对外开放(《淮阴文物志》,1994)。

【现状特征】位于承德南路北端与轮埠路交界处。原状保存完整,进行了适当的修缮和维护,在维持原有功能的基础上,进行了适当的旅游开发。周围是民居和公共用地,附近有楚秀园、淮安古街——东大街和西大街。

【价值评价】1987 年公布为淮阴市文物保护单位。在全国宗教界有较高的地位,可资研究运河与宗教的关系。

图 6.162　慈云禅寺

(4) 东大街、西大街

【历史概况】清以前原为商业街。

【现状特征】西大街,西到人民南路,东至淮海南路,长约 500m;清以前就已存在,现在基本上失去历史原貌,街上多为现代商业建筑,局部有少量历史民居。东大街,西到淮安南路,东到环城东路,长约 500m。两街位于市水门桥南首东侧,入口处各有牌坊一座,街道两侧为仿古建筑,现为步行商业街,道边古树掩荫,并有书店、报社及办公、书画用品专卖店,在很好地维持原有功能的基础上,增加了旅游等新功能,是当地重要的历史街区。附近有楚秀园和慈云禅寺,不远处是京杭大运河及运河文化广场,整体上与周围景物较为协调。

【价值评价】多数店铺典雅别致,有茶座、酒家及地方特色小吃,是当地人经济生活的重要场所。

图 6.163　东西大街

（5）苏皖边区政府旧址

【历史概况】1945 年 11 月 1 日，苏皖边区政府于淮安成立，是中国共产党领导下的苏中、苏北、淮南、淮北四大解放区的人民民主联合政府。

【现状特征】位于淮阴市淮海南路 30 号，西大街与淮海南路交界口南 50 m 处。部分原有房屋因火灾损坏，按原样进行翻建，现用于边区政府史料陈列。除了小会堂不存和院墙堵了南门重开东大门以外，大体保持着原有格局和风貌；部分用于机关办公用地（《淮阴文物志》，1994）。入口相接处有现代商店及商业招牌；旧址是低矮的砖建筑物，周围均为现代的住宅区，色调、建筑风格及建筑物的高度看起来极不协调。

【价值评价】保存较完整，1985 年公布为江苏省文物保护单位，是进行爱国主义教育和党史教育的重要活动场所，具有重大的现实意义。

图 6.164　苏皖边区政府旧址

(6) 清晏园

【历史概况】原系清代河运总督署官衙花园,已有三百一十多年的历史。黄河夺淮时,清政府于此设官治河,始建年代不详;康熙十七年(1678),河道总督靳辅驻节于此,名之为"淮园";后雍正、嘉庆、光绪年间历任河督都曾加以修建,曾改"澹园"、"清晏园"、"留园"等名。1929年从官署中划出为游乐场所,命名为"城南公园";1946年为纪念叶挺遇难改名为"叶挺公园";1948年又恢复"城南公园"之名;1983年市政府拨款大规模修园;1991年又将"城南公园"恢复清代名称"清晏园"(《淮阴文物志》,1994)。

【现状特征】位于淮安市人民南路西侧92号。在遗存原物的基础上,进行了适当修缮和维护,成为当地重要的旅游资源。周边城市用地主要为商业、金融、居住及交通用地。

【价值评价】原为清代河道总督府办公地点,南北建筑风格杂糅,是中国漕运史上唯一留存的官宦园林,也是苏北地区最具代表性的古典园林遗址。从园中的御制碑文中可以了解到治水的艰辛和漕运的情况,是不可多得的水利史料和历史文物。现为当地的文化活动中心,常年在此举行花卉、书画展览。

图 6.165 清晏园

(7) 惠济祠

【历史概况】始建于明正德年间;清乾隆十六年重修惠济祠,并建惠济祠碑,碑文分别为乾隆丁丑(1751)和乾隆十六年所刻(载于乾隆《南巡盛典》)。碑文称颂了康熙数次南巡视察黄淮水利工程,漕运船只尽避黄河之险等业绩

(《淮阴文物志》,1994)。

【现状特征】位于淮安市码头镇。原物破损严重,字迹模糊,已没有实际功能,无人管理利用。周围是村镇和农田。

【价值评价】非文物保护单位,但当地人十分重视。从访谈中了解到,惠济祠不仅是康乾行宫和中央重视此地治水的有力证据,而且原为妈祖庙,当地俗称奶奶庙,妈祖的信奉是通过运河从外面传到此地的,因此,对研究运河与宗教的关系也有重要的意义。现在当地人民仍在此祭拜。

图 6.166　惠济祠

(8) 码头镇

【历史概况】秦置淮阴县,西汉、东汉、魏、西晋、东晋、齐、唐、五代、宋、元均为县治所在,其间还曾经同时作为广陵郡、淮阴郡和侨置的青、兖、徐、北兖四州和东平郡的治所。明清时水上码头尤为繁盛,故又称码头镇;运河改道后,由于距市区较远且交通不便而衰落。

【现状特征】位于淮安市码头镇。有建于民国十六年的石牌坊,上书"安澜码头镇"。现状破败不堪,昔日繁华荡然无存。街上古建筑破坏严重,仅有少量留存的明清建筑杂处于现代民居中;许多古代建筑及其遗迹无人看管,被当地群众挪作他用;经济不发达,拆迁重建的建筑不多。由于周围是落后的农村,故街区的空间格局保存较好,与周围环境的整体格调比较协调。

【价值评价】当地人民仍然引其历史之辉煌为自豪,但由于经济条件的限制,无法采取适当的保护措施,甚至为生活所迫而破坏古建。兴衰充分体现了京杭大运河对沿岸地区社会经济发展的重大影响,码头镇是"成也运河,败也运河"的一个典型代表,对它的研究可以折射出京杭大运河在历史上对整个运河沿岸的重大作用。如果可以对比其他地区的类似情况,无论从区位经济学、历史学还是交通地理的角度,都将是一个非常有意义的课题。

图6.167 码头镇

(9)漂母祠

【历史概况】据《重修山阳县志》载,旧祠在东门内,明成化初迁西门外,后移建钓鱼台侧。康熙二十三年(1864)知县王命选捐修;乾隆年间大修;同治九年(1870)复修;抗日战争时毁于战火;1982年淮安县政府拨款重修。

【现状特征】位于淮安城西北隅古运河东岸。坐北朝南,为一庭院建筑。北有享殿,硬山顶,抬梁式,殿中设漂母塑像。

【价值评价】在当地影响广泛,漂母今天仍然受当地人爱戴,此传说在当地也广为流传。

(10) 古末口

【历史概况】春秋鲁哀公九年(前1486),吴王夫差为北进中原运送物资之需而开凿,连接江淮,此即为邗沟与淮河的连接处,古称"末口";唐代末口附近有韩国侨民聚居点"新罗坊";五代时曾于末口建北神埝;北宋天圣四年(1026)在埝西侧开月河,建北神闸,是世界上最早的船闸之一;元末筑淮安新城时,留此作为新城北水关;1982年,原淮安市政府于此建牌坊一座(《淮安市各级文物保护单位简介》,2003)。

【现状特征】位于淮安市楚州区淮城镇新城村,现址与原址稍有偏移。原址未进行整体保护,保护与利用基本平衡。周围是新建居住区、农田和对外交通用地。

【价值评价】对研究淮河与运河的演变史以及淮安故城的发展史均有十分重要的意义。

图 6.168 古末口

(11) 吴承恩故居

【历史概况】始建年代不详。因吴承恩无后,故居几经易手,后毁于战火;1982年为纪念吴承恩逝世400周年,淮安县政府按旧式式样重建故居(《淮阴文物志》,1994)。

【现状特征】位于淮安城西北的河下打铜巷最南端。新建建筑保存良好,由专门机构负责管理,进行了适当的保护和利用,成为重要的旅游景点和教育基地。

【价值评价】1987年公布为淮阴市文物保护单位。昭示当地的文化底蕴及人文主义精神,受到当地人民和政府的重视,是江苏省爱国主义教育基地。

图6.169 吴承恩故居

(12)河下古镇石板街

【历史概况】河下在明清为淮盐的集散地,清康熙年间造河下市面,街道由程姓徽商捐资兴建,运河经过此地时非常繁华,后来逐渐衰落。

【现状特征】位于楚州区河下古镇。由条形麻石铺设而成,石板街呈十字形,全长约5km;街上以古代风格建筑为主,破坏改建较少,是淮安市保存较好的古石板街道;为城市平民聚居区,基础设施不足,卫生条件欠佳。西临古运河,附近有枚亭等文物古迹,沿河有机动车道。周边地区已经开始城市化进程,对街区的保护有一定影响。

【价值评价】在运河河堤上,是因运河繁盛、衰落而形成的古商业街。

图6.170 河下古镇石板街

（13）天后宫

【历史概况】清代闽商为祭海神而建,兼作会馆(《淮阴文物志》,1994)。

【现状特征】位于宿迁市泗阳县骡马街。没有经过修缮,前殿已经改为澡堂,屋顶和内部亦已改建;大殿成为危房。周边为居民区和工厂,环境杂乱,建筑简陋,与遗产不协调。

【价值评价】全国好多地方都有天后宫,如福建莆田湄洲祖庙、台湾北港朝天宫、天津天后宫等,可比较研究。

图 6.171　天后宫

（14）总督漕运公署遗址

【历史概况】始建于南宋乾道六年(1170);元、明时期为淮安路总管府;明万历七年(1579)移漕运总督府于此;清末运河失修,漕运停办,府署裁撤改为陆军学堂;后毁于抗日战火;1988 年,淮安市政府于遗址上重建门厅 9 间;2002 年 8 月重建(《淮阴文物志》,1994;《总督漕运公署遗址简介》,遗址门前碑刻)。

【现状特征】位于淮安市楚州区南门大街北端市中心。现重建前堂、门厅等部分古建,后堂及左右两侧官署尚未重建,但是已经用石栏将遗址所在地围护起来,与已建的前堂统一管理,遗址中散落着石柱础等遗物。门楼北侧正对漕运总署,中间有城市主干道相隔;南面正对南门大街(商业为主);四面为交通干道包围,可达性欠佳。楼下有游廊为市民提供了休闲的场所。

【价值评价】省级文物保护单位,是当地人引以为豪的地方,受到当地政府的重视。可资研究京杭大运河所涉及的历代河臣在中国封建社会官僚体系中的职位重要性及其演变,对研究古代官署的布局也有重要意义。

图 6.172　总督漕运公署遗址

(15) 镇淮楼

【历史概况】原名谯楼。宋宝庆二年(1226)创建；明洪武十九年(1386)倾圮，永乐十七年(1419)镇守淮安指挥使陈瑄等重建；康熙十七年(1678)因地震受损进行整修；光绪十七年(1891)又修；1959年淮安县人民政府再次重修，变木结构为砖结构，改花墙为实墙，台基两侧砖梯改为条石阶梯，总体上仍保持原有风貌(《淮阴文物志》,1994)。

【现状特征】位于淮安市楚州区南门大街北端市中心。保存较完整，基本保留原貌，设置专门人员负责管理。一楼为展厅，二楼存放展出资料及供管理人员居住。楼中藏有木乃伊一具、明清瓷器和破碎瓷片若干及古淮安城模型。门楼北侧正对漕运总署，中间有城市主干道相隔；南面正对南门大街(商业为主)。

【价值评价】1987年公布为淮阴市文物保护单位。通过在此举办展览，成为历史和爱国主义教育的重要场所。

图 6.173　镇淮楼

(16) 淮安府儒学泮池

【历史概况】北宋景祐二年(1035)楚州知州魏廉在原孔子庙的基础上建成;嘉定八年(1215)楚州知州应纯之扩建校舍,规模和格局基本定型,延续至清末;后因战争被毁,现仅存泮池一小块区域。明代以来,运河河堤日渐抬高,城市河道进水不畅,嘉靖年间淮安知府王凤灵修浚城河,恢复府学通河之道,泮池成为城市河道中的一个结点(刘怀玉,2003,碑刻)。

【现状特征】位于淮安市楚州区学府路南。仅存一池,已用石围栏围护。池四周均为民居。

【价值评价】泮池其制起于古代,儒学门前都有。然淮安府儒学泮池西通河湖,应纯之曾于此河上建"献功堂",训练水军,文武并重;淮安府儒学培养了大批人才,为历史的发展做出了很大贡献,记录了楚州城市的盛衰,见证了一方文风兴盛的历史,是淮安历史文化名城的重要标志(刘怀玉,2003,碑刻)。

图 6.174　淮安府儒学泮池

(17) 潘埙墓

【历史概况】潘埙,字伯和,号熙台,明正德戊辰年(1508)进士,授工科给事中,三迁至工科都给事中、开州同知。嘉靖七年(1528),任左副都御史、河南巡抚。此墓修建年代不详。

【现状特征】位于平桥镇九洞村。墓已毁,原墓址基础上新建一学校。现存一石碑、一石人及两石羊、两石虎、两石龟,三排并列放置在教室前的空地上。石碑(《御史潘公乐丘记》)为"二龙戏珠"碑头,碑身字迹破坏严重,大部分已被凿坏,无法辨认。据当地人说墓在学校的教室下。与周围环境的关系较为协调。墓前有当地人所称的"龙井"。

【价值评价】在当地有较大影响,潘埙本人今天仍然受到当地人的尊重。采访中得知,墓葬周围的物品在"文革"中曾经流失,1997年前后当地人从各处收集至此,并且加以保护。

图 6.175　潘埙墓

(18) 洪泽湖大堤

【历史概况】始建于东汉建安五年(200),原在北段武墩一带筑捍淮堰30km,后称高家堰;唐大历年间洪泽湖置官屯垦,于南段今周桥一带修筑唐堰;明永乐十三年(1415)在平江伯陈瑄主持下,从高家堰到唐堰将残缺处补齐,形成大堤之雏形;明万历六年(1578)潘季驯总理河漕,从武墩修补加固,将大堤筑至蒋坝,并建部分石工堤;清康熙年间大修高家堰,建武墩到码头老堆头的石工堤;雍正、乾隆、嘉庆、道光几个时期继续修建,加高、加宽、加固,形成从淮阴码头到洪泽蒋坝大营门 70km 的完整大堤;晚清以后,大堤屡决;建国后继续修缮,在原石工堤迎水面建二级坡和防浪林带,并造高涧闸、二河闸、三河闸等大型水利设施(《淮阴文物志》,1994;《洪泽湖大堤——第五批江苏省文物保护单位推荐材料》,2001)。

【现状特征】位于洪泽湖东岸,淮阴、洪泽两县境内。大坝整体保护较好,多有改建和新建,原大堤仅存洪泽湖东岸—周桥至蒋坝段。堤上建有公路,有少量机动车通行。坡体为人工林,植被覆盖良好。周围是农居和农田。水泥步行道通往头坝脚下;堤上有少量生活垃圾。

【价值评价】1987年被公布为淮阴市文物保护单位。洪泽湖底高出东部陆地地面5—9m,是"悬湖",因此洪泽湖大堤是淮河中下游地区十几座城市的防洪安全屏障,是洪泽湖区域水利建设和综合开发的基础和前提。规格统一,筑工精细,展示了我国自古以来传承的水利建设的高超技艺。

图6.176 洪泽湖大堤

盱眙县运河

盱眙位于淮河中下游、洪泽湖南岸,江苏省西部。历史上曾建都并升郡、军和州,多次被设为治所。隋唐时代,盱眙随着运河的开辟而成为比较富庶的地区。北宋时,东南漕运由扬州、楚州朔淮水经盱眙入汴河;由汴京往东南也取道于盱眙。南宋时,以盱眙为边围,常戍重兵。元、明、清时由于黄河夺泗入淮,运河改道,盱眙经济衰落。

境内文物古迹丰富,有古文化遗址31处,古墓葬18处,古城堡1处,历史文物及革命文物共807件(《盱眙县文物志(征求意见稿)》,1986)。

(19) 第一山

【历史概况】原名都梁山,因在淮水之南,又称南山。北宋书法家米芾赋有"且是东南第一山"诗句,并书"第一山"三字,南山之名遂逐渐为第一山所取代;此字现已不存,毁于明代兵祸。清代乾隆年间,知县郭起元临摹米氏"第一山"手迹,勒石为碑,立于半山,留存至今。南宋时期,宋金以淮河——大散关为界,盱眙在淮河岸边,因此多有文人墨客在此抒发胸臆(访谈资料;

《盱眙县志》，1993）。

【现状特征】位于盱眙中部。海拔百米左右，保存状况较好，已经被开发为风景旅游名胜，有专门的机构负责管理维护。面临淮河，旁边依山建有度假村，山顶有中学一所。

【价值评价】当地重要的旅游胜地，也是当地人民休闲、娱乐的重要场所和了解当地历史、进行历史教育和爱国主义教育的良好素材。山上摩崖石刻草、隶、篆俱全，风格多样，有很高的艺术价值。

图 6.177 第一山

(20) 东阳城遗址

【历史概况】秦置东阳县。秦末陈婴曾在此领导农民起义军协助项梁反秦。汉代仍为东阳县，东汉以后衰败（《淮阴文物志》，1994）。

【现状特征】位于盱眙城东约 35km 云山脚下。遗址基本保存完好，古城四周的土筑城垣大部分清晰可见，由东、西两城并列组成。城略呈方形，正南北向。东城较完整，西城破坏较多。东城的东垣现有一缺口，可能为原城门位置。东城墙及东城墙与南城墙交界处保存较好。周围都是民居和农田，整体协调关系较好。

【价值评价】1982 年公布为江苏省文物保护单位。城内曾出土秦代铜钱及汉代文物，出土资料与文献记载基本相符，说明为秦汉时古东阳城遗址。城址外围还有很多秦汉时期的丛葬墓地。

图 6.178　东阳城遗址

(21)泗州城

【历史概况】唐代始建,宋代扩建,明代合而为一,更以砖石。康熙十九年(1680)大水,泗州城被洪水淹没,从此荒弃(《淮河与盱眙》,2002)。

【现状特征】地面仅存少量遗迹,荒弃无人管理。原遗址已成为农田,周围是村镇和马路。

【价值评价】地处淮河下游、汴河之口,为中原之襟喉、南北交通要冲,是古代典型的河口城镇,也是黄河、淮河、长江水道的中转点,唐宋时的漕运中心;隋大业元年(605)泗州境内的汴河是通济渠的一段,在唐宋时承担了很大的漕运量,最终因黄河夺淮而废弃(《淮河与盱眙》,2002)。因而是研究黄淮及京杭大运河的重要材料。

图 6.179　泗州城遗址

(22)明祖陵

【历史概况】明太祖朱元璋祖父、曾祖父、高祖父的衣冠冢,也是朱元璋祖父朱初一的实际殁葬地。始建年代学术界有争议,一是洪武初年,二是洪武十八年(1385),三是元朝末年(1361—1363)。《淮河与盱眙》一书认为陵寝始建于元朝末年;洪武初年追尊四代;洪武四年(1371)建祖陵庙;洪武十九年(1386)诣陵修缮,至明永乐十一年(1413)竣工(2002)。

【现状特征】陵寝东临洪泽湖,水涨时有被淹没的危险。整体保存较完整,部分遗址仍没于水中,有少量改建和加建,加建部分严重破坏了原貌。已被作为重要的旅游景点对外开放。周围是农田、人工林和湖泊。

【价值评价】明代第一座大规模的陵墓,在中国古代陵墓建筑史上起着承上启下的重要作用。其建筑布局与山陵制度沿袭唐宋,是研究古代陵寝制度的重要史料。

图6.180 明祖陵

扬州市遗产状况

(23)宁国寺

【历史概况】始建于唐贞观十一年(637),由无尘和尚开山。原名宁国禅寺,后易名为宁国教寺。原址在大新桥东,叶挺路北侧。面临大街,背倚城墙,前后共六进,寺房计数百间,有"跑马关山门"之说,乃淮东一大名刹。近百年来频遇人祸,屡遭天灾,日渐凋敝。建国后改建为大众电影院,所剩殿宇陆续拆毁,仅存一座清代蝴蝶厅,为县级文物保护单位。

【现状特征】位于宝应县。政府现在正大规模新修扩建,全寺面积将扩大到 $10000m^2$,主体建筑已基本完成,其他部分正在施工中(宝应县人民政府网站)。

【价值评价】在当地较有影响的寺庙,有一定价值。

图 6.181　宁国寺

(24) 盂城驿

【历史概况】开设于明洪武八年(1375),地处江苏省高邮市南门大街馆驿巷内,是我国目前保存最好、规模最大的古代驿站遗址。

【现状特征】位于高邮市。修复后的驿站主体建筑包括门厅、正厅、后厅、驿丞宅、马神庙、鼓楼、秦邮碑亭等,其中大多数为明清时期的原建,和已修旧如新的南门明清古街组成了亮丽的建筑群。现已辟为邮驿博物馆,室内恢复了驿站当年的陈设,布置了《中国古代邮驿史展览》。列为全国重点文物保护单位(高邮市人民政府网站)。

【价值评价】紧靠运河,为非常重要的遗迹。

图 6.182　盂城驿

(25) 南门大街

【历史概况】为依附于盂城驿兴盛起来的商业街。

【现状特征】位于高邮市。保存了大量明清时期的住宅和字号,在潘谷西教授的负责下,按整旧如旧的原则保持了古街的风貌,和盂城驿、城墙一起形成了一个完整的明清建筑群落(高邮市人民政府网站)。

【价值评价】为盂城驿景区不可缺少的部分,非常重要。

图 6.183　南门大街

(26) 镇国寺塔

【历史概况】始为唐睿宗为其皇弟所建,原为九级,至乾隆时仅存六级,光绪三十二年(1906)重修。塔砖建,空心,平面为正方形,底宽8.6m,周长34.4m,造型优美,被誉为"南方的大雁塔"。

【现状特征】位于高邮市。省级文物保护单位。建国后开挖的新河道切割东岸,分离成岛,寺在岛上,遂成为运河的标志性建筑物(高邮市人民政府网站)。

【价值评价】标志性景观,非常重要。

图6.184 镇国寺塔

(27) 高邮州署

【历史概况】初建于明嘉靖年代,重建于清代。

【现状特征】位于高邮市。头门坐落于城内府前街中段,南向,门楼脊高近7m,宽为11m,深7m,砖木结构,拱斗垂檐,至今保存完整。两旁翼墙上有顺治到道光时期的告示碑八块。现为市政府办公大院大门(高邮市人民政府网站)。

【价值评价】高邮州为明代南河中枢,此署有一定历史价值。

(28) 文游台

【历史概况】始建于北宋太平兴国年间,原为东岳行宫,因苏轼、孙觉、秦观、王巩等文人会集于此得名。

图 6.185　高邮州署

图 6.186　文游台

【现状特征】位于高邮市。风景区地处江苏省高邮市城区东北郊，是筑在土山顶端的高台建筑，登高四望，东观禾田，西览湖天，水乡景色尽收眼底。台前盍簪堂四壁嵌有苏东坡、米元章、董其昌等名家手书刻石《秦邮帖》，具有较高的艺术价值。门厅东西两侧为园林式的博物馆展区，主要陈列有"高邮上下五千年"、"龙虬庄出土文物"及"汪曾祺文学馆"等，为人们了解高邮的历史文化提供了一个窗口（高邮市人民政府网站）。

【价值评价】现为江苏省文物重点保护单位。可以俯瞰运河附近风光，较为重要。

（29）界首镇护国寺大殿

【历史概况】为高邮著名的古寺，始建于南宋，距今有八百四十多年历史。

【现状特征】位于高邮市。现存清代的大殿和禅堂，大殿为平房。2003年由华侨出资在旧建筑前新建了大雄宝殿和山门（界首镇人民政府网站）。

【价值评价】紧邻运河，有重要历史与文化价值。

（30）子婴坝

【历史概况】因子婴河而得名。子婴河古称子婴沟。清代侨居宝应助建八宝亭的高邮贡生孙应科在其《里下河水利编》中说："运河三百余里，宝应居其中，界首之子婴沟中而又中。"明万历二十四年（1596）河臣潘季驯建子婴大闸。清康熙十六年（1677）靳辅废闸建坝，改筑子婴坝。乾隆四年（1739）于坝

图 6.187　界首镇护国寺大殿

图 6.188　子婴坝

两端分建二闸以泄洪,名子婴南、北闸,由宝应县主簿负责管理。光绪十六年（1890）又合二为一,改建成今天的子婴闸。1953 年 6 月交高邮管理。

【现状特征】位于高邮市。地处子婴河镇西运河东岸,现在所见全部为新建的闸座。

【价值评价】水工建筑,具有一定的工程技术价值。

（31）车逻坝

【历史概况】清代归海五坝之一,明初即建,清康熙时改为减水坝（《扬州水利志》,1999）。

【现状特征】现已闭合,仅在原地立"抢险碑"为志。

【价值评价】有较高的历史价值。

图 6.189　车逻坝

(32) 昭关坝

【历史概况】清代归海五坝之一,原为鳅鱼口坝。康熙四十年(1701),坝址迁建于邵伯镇北五里之昭关庙,更名昭关坝;道光六年(1826)停闭(《扬州水利志》,1999)。

【现状特征】位于江都市。现昭关闸在原坝南数百米处。

【价值评价】有较高的历史价值,原闸座全部封闭。

图 6.190　昭关坝旧址

(33) 湖南会馆

【历史概况】晚清时期湖南盐商为曾国藩修建的住宅,其中的棣园非常精美,后来改为湖南会馆(扬州文艺网,wenyi.yztoday.com)。

【现状特征】位于扬州市区南河下街区。现仅存一面保存完好的门楼,雕刻精美,大约 6m 高。内部已为 723 所招待所和饭店占据。

【价值评价】反映会馆历史,价值很高。

(34) 汪姓盐商住宅

【历史概况】为光绪时盐商汪鲁门的住宅(马家鼎、金爱民,2003)。

【现状特征】位于扬州市区南河下街区。扬州现存最大的盐商住宅,前后九进二层。建国后曾被占用作医药仓库,现在清空封锁,作了初步的加固和保护,处于闲置的状态。

【价值评价】反映盐商文化,价值很高。

图 6.191　汪姓盐商住宅

(35) 卢姓盐商住宅

【历史概况】光绪时盐商卢绍绪所建(《扬州市老城区 12 号街坊控制性详细规划文本》,2004)。

【现状特征】位于扬州市区南河下街区连接南河下的康山街,占地 5000m^2,多为楠木结构。现为住户。

【价值评价】反映盐商文化,价值很高。

图 6.192　卢姓盐商住宅

(36) 湖北会馆楠木厅

【历史概况】原系湖北会馆大厅(马家鼎、金爱民,2003)。

【现状特征】位于扬州市区南河下街区。坐北朝南,硬山顶,全部楠木结构,用材考究,面阔三间,进深七檩,前后有卷棚,柱础、雀替雕刻精美,保存完好,与东侧汪姓盐商住宅相连成文物景点。目前处于封锁闲置的状态。

【价值评价】反映会馆历史,文化价值很高。

(37) 徐宅楠木楼

【历史概况】故扬州督军徐宝山为家人修建的居所(扬州文艺网,wenyi.yztoday.com)。

【现状特征】位于扬州市区南河下街区。现存楠木楼一座,内住人家。

【价值评价】为名人故居,有较高价值。

(38) 廖姓盐商住宅

【历史概况】清末盐商廖可亭宅(马家鼎、金爱民等,2003)。

【现状特征】位于扬州市区南河下街区。占地约 3000m^2,分东西两轴,东轴有二门厅、大厅、住宅楼计五进,大厅楠木结构,面阔五间,进深七檩,前有卷棚,东西有廊与门厅相接;西轴有船厅、花厅、住宅楼等计四进。除大门厅及北部花园已毁外,整个住宅基本完整。现为住户。

【价值评价】反映盐商文化,价值很高。

图6.193　徐宅楠木楼

图6.194　廖姓盐商住宅

(39)棣园

【历史概况】始建于明,清初增建,道光年间始称棣园。光绪初为湖南会馆所有(马家鼎、金爱民,2003)。

【现状特征】位于扬州市区南河下街区。现存观戏厅、蝴蝶厅等建筑。观戏厅坐北朝南,歇山顶,楠木结构,方木作,面阔五间,进深七檩。山尖有精美砖雕。此园破坏严重,然规模尚在。园内原有古戏台,1978年拆除,木构架由博物馆保存。园中水池、假山被埋入土中。

【价值评价】有较高文化价值,但现在封闭在723所之内。

(40)平园

【历史概况】盐商周静臣所建(马家鼎、金爱民,2003)。

【现状特征】位于扬州市区南河下街区。占地3447m^2,大门南向,系砖刻门楼。园在住宅西偏,园门东向,上有楷书"平园"石额。园内以花墙分隔为南北两院落,花墙正中开月门,上有石额,南题"惕息",北题"小苑风和";南院中有三百年广玉兰两株,北院中有南向花厅五间,厅内置楠木隔扇,装修精致。厅南沿墙叠有湖石假山。

【价值评价】文化价值较高,但现在封闭在723所之内。

(41)八咏园

【历史概况】历史沿革不详(《扬州市老城区12号街坊控制性详细规划文本》,2004)。

【现状特征】位于扬州市广陵路、甘泉路街区。园在住宅之西,分南北两部。现存建筑两进,其余已毁。现为住户。

【价值评价】为名人故居,有一定价值。

(42)长生寺阁

【历史概况】长生寺是座佛寺,原名弥勒阁,建于清嘉庆年间。阁呈八角形,上下三层,阁顶原为铜质葫芦,是传统的佛教建筑(扬州文艺网,wenyi.yz-today.com)。

【现状特征】位于扬州市广陵路、甘泉路街区跃进桥北侧,古运河东岸。近年曾毁于火灾,内部建构烧毁很多,现在重新修建,并雇了专人看守。周围是未经规划过的运河岸,长满了荒草。

【价值评价】重要的运河景观。

图 6.195　八咏园

图 6.196　长生寺阁

(43) 二分明月楼

【历史概况】以著名诗句"天下三分明月夜,二分无赖是扬州"得名,建于清代中叶,其主先为员氏,后为盐商贾颂平所有(扬州名胜古迹,www.chinacsw.com/cszx/yangzhou/guji1.htm)。

【现状特征】位于扬州市广陵路、甘泉路街区。园中有山林一区、长楼7

间,楼上悬清代钱泳书题"二分明月楼"匾额。园东有黄石假山,拾级登东阁。扬州"旱园水做"的私家园林之上品。现为免费开放的街道公园。

【价值评价】有较高的价值,已被开辟。

图 6.197　二分明月楼

(44) 甘泉县衙署门厅

【历史概况】清代甘泉县衙门(扬州文艺网,wenyi.yztoday.com)。

【现状特征】位于扬州市老城区甘泉路西首。1980 年代一直是扬州市人民检察院所在,直至 1990 年代检察院迁走,后为其他单位所占用。除门厅外,其余建筑已不存。

【价值评价】有一定历史价值。

(45) 粮食局楠木厅

【历史概况】晚清时民居,民国年间为国民党交通银行行址(《扬州市老城区 7 号街坊控制性详细规划文本》,2004)。

【现状特征】位于扬州市广陵路、甘泉路街区。坐北朝南,硬山顶,楠木梁柱,前后皆有卷棚,面阔三间,进深七檩,厅南两侧有抄手廊相接,厅北存住宅楼等建筑。现为粮食部门使用。

【价值评价】属扬州楠木厅文化系列。

(46) 人民银行楠木厅

【历史概况】历史沿革不详(《扬州市老城区 7 号街坊控制性详细规划文本》,2004)。

【现状特征】位于扬州市广陵路、甘泉路街区。现在被单位占用,前后部分被改造为剧场和住宅。

【价值评价】属扬州楠木厅文化系列。

图 6.198　甘泉县衙署门厅

图 6.199　人民银行楠木厅

（47）四岸公所楠木厅

【历史概况】四岸公所是扬州建立时间最晚的一所会馆，当时，凡销往湘、鄂、赣、皖四省口岸的一切盐务，均需在这里由四岸商人协议办理（《扬州市老城区 7 号街坊控制性详细规划文本》，2004）。

【现状特征】位于扬州市广陵路、甘泉路街区。绝大多数建筑已不存，只有附近广陵路小学内还保留着它的一座楠木厅。大厅四面外墙已被水泥重新刷盖，但内部楠木结构保留完好。现被小学占用作跳水蹦床的训练场所。

【价值评价】属扬州楠木厅文化系列。

图 6.200　四岸公所楠木厅

(48) 愿生寺

【历史概况】前身为扬州原有的两所旌德会馆之一,建国后被扬州京剧团占用(扬州文艺网,wenyi.yztoday.com)。

【现状特征】位于扬州市广陵路、甘泉路街区。现为居民大院。内存明代楠木厅一座,大殿和门楼均破坏严重。

【价值评价】反映会馆文化,有一定价值。

图 6.201　愿生寺

(49) 何园

【历史概况】原是清乾隆时双槐园旧址,清光绪年间(1875—1908)道台何芷舠改建(扬州名胜古迹,www.chinacsw.com/cszx/yangzhou/guji1.htm)。

【现状特征】位于扬州市广陵路、甘泉路街区。又名寄啸山庄。园在宅后,面积12360m²。园分东、西两部分,以两层串楼和复廊与住宅相连。西部为主园,地阔景深。正中设水池,池边叠石,四周楼阁环绕。池东建一座四面环水的方亭戏台,亭周筑廊,亭北以湖石为梁,亭南有石板桥相通。池北是七间二层楼厅,屋顶盖轻薄小瓦,屋角反翘,形态似蝶,俗称蝴蝶厅;厅两端以廊连接,通向西南部的赏月楼。池西有桂花厅,厅边植桂树。池南是读书楼。西南部有大型湖石假山,山上有小径通向楼边。东部以船厅为主景,南北二厅相对。北厅是四面窗格,船形,四周带回廊,单檐歇山顶,称船厅,又叫四面厅;南厅略小,无回廊。东北二面沿墙筑假山,山下水池围绕;山上筑小亭,沿假山蹬道过楼阁与西部楼台通连。此园东部紧凑,西部开敞,以复道廊与假山贯穿分隔,成为可多层次欣赏的园林。

【价值评价】全国重点文物保护单位。扬州住宅园林的经典作品。

图 6.202　何园

(50)刘氏庭园

【历史概况】原为盐商刘敏斋住宅(扬州文艺网,wenyi.yztoday.com)。

【现状特征】位于扬州市广陵路、甘泉路街区粉妆巷 19 号。现在只有门楼对面一小院原貌保存较好。小院亦为住户,后有一小型花园。小院周围的建筑被拆毁或淹没在后来搭建的住宅中。

【价值评价】名人故居,具有一定价值。

(51)刘庄

【历史概况】初名"陇西后圃",建于清光绪年间,民国十一年(1922)归盐商刘氏所有,修筑后改今名(《扬州市老城区 7 号街坊控制性详细规划文本》,2004)。

【现状特征】位于扬州市广陵路、甘泉路街区。占地 6160m²,大门南向,园在住宅以北,以院落分隔。园入口有月洞门,上额"余园半亩",南向厅屋三

图 6.203　刘氏庭园

图 6.204　刘庄

间,厅后有院,厅西有廊通院西半亭,西南墙下筑湖石花坛,植有白皮松等花木。东院内,北有楼阁临虚,贴墙叠山,南有水池,上叠湖石假山一组。后院荒芜,院墙上尚残存明刻《泼墨斋法帖》石刻数方。园南部住宅东西三轴,前后各四进,保存有楠木厅。现为广陵区公安分局使用。

【价值评价】属盐商文化系列,有一定价值。

(52) 梅花书院

【历史概况】原在广储门外,为明嘉靖年间湛公书院故址,万历年间改崇雅书院，崇祯年间废。清雍正年间重建后改今名；咸丰三年毁于兵火；同治七年(1868)于今址重建(扬州名胜古迹，www.chinacsw.com/cszx/yangzhou/guji1.htm)。

【现状特征】位于扬州市广陵路、甘泉路街区。现存大厅、楼房两幢及东部长廊，占地约1056m²。大厅系楠木梁架，硬山造，面阔三间，进深七檩。前殿有卷棚，厅前有抄手廊相接。东侧门上嵌有清书法家吴让之"梅花书院"石额。1990年全面大修，重建砖雕门楼。现为学校使用。

【价值评价】扬州现存书院中较为完整的一座，有较高价值。

图6.205　梅花书院

(53)匏庐

【历史概况】民国初年卢殿虎建(《扬州市老城区7号街坊控制性详细规划文本》，2004)。

【现状特征】位于扬州市甘泉路81号。园分东西两部，东月门有"匏庐"匾，西月门有"可栖"石额。入东园，地形狭长，亭阁回廊相连，南面漏窗花墙下配以山石花木；东南隅凿有水池，半亭临水，水北端尽头有亭轩廊池之胜。绕池可入园的西部，有花厅一座，将园分为南北两半，北有黄石花坛，花木茂盛，南有湖石叠山，点缀青藤老树，山右有一水阁，阁临池上。西墙有月门曰"留余"。砖路夹巷向北，造就曲径通幽、咫尺山林的佳境。现为住户，周围为民宅。

【价值评价】名人故居,有较高价值。

图 6.206　匏庐

(54) 杨氏小筑

【历史概况】原为民国地方杨姓绅士宅园,为扬州造园名家余继之所筑(《扬州市老城区 7 号街坊控制性详细规划文本》,2004)。

【现状特征】位于扬州市广陵路、甘泉路街区。园内以花墙分隔空间,北院有南向书斋二间;南院东叠假山,下凿水池,西南隅筑半亭,向北有短廊与书斋相接。现存建筑三进,园后有厅房二进;用作居民住宅,长期缺乏维修和保养,古建筑保存不佳。

【价值评价】名人故居,有较高价值。小型住宅园林的杰出代表,收入陈从周主编《扬州园林》。

(55) 扬州教案旧址

【历史概况】旧址为基督教堂,同治七年(1868)英国传教士戴德生所办,为扬州最早的基督教堂之一。此前,有法国传教士于 1867 年冬在扬州设育婴堂,仅半年多即虐死婴儿四十多名,激起民愤。1868 年夏,扬州市人民张贴揭贴,反对洋教,两江总督曾国藩妥协媚外,将扬州知府撤职,赔偿损失,并立碑保护外国教会,是全国影响最大的教案(《扬州市老城区 7 号街坊控制性详细

图 6.207　杨氏小筑

图 6.208　扬州教案旧址

规划文本》,2004)。

【现状特征】位于扬州市皮市街 147—149 号。占地约 800m^2,大门东向,现存两幢南向二层楼房及水井一口。楼房基本保持原样,后楼面阔五间,前楼面阔三间,两楼间教堂原址已改建为平房。原大门仍在,门前碑已不存,另在两楼前东墙开了便门。现用作宿舍,保护情况较差,亟须改进。

【价值评价】市级文物保护单位。有较高的历史纪念意义。

(56)邱氏园

【历史概况】民国初年染料商邱天一建(《扬州市老城区 7 号街坊控制性详细规划文本》,2004)。

【现状特征】位于扬州市广陵路、甘泉路街区。现存大厅、二厅及住宅楼计四进。坐北朝南,占地 2000m², 大厅硬山顶, 前带卷棚, 面阔三间, 进深七檩, 原西部花园毁于 1966 年。现在临街的部分已被占用作商店, 后部为住户。

【价值评价】著名商人故居,有较高价值。

(57)蔚圃

【历史概况】建于民国初,系扬州造园名家余继之所筑(《扬州市老城区 7 号街坊控制性详细规划文本》,2004)。

【现状特征】位于扬州市广陵路、甘泉路街区。占地仅 400 余 m²。园北有南向花厅三间,厅前两侧有短廊,东廊与后面两进住宅相通,西廊向南与水阁相接,阁下为一水池,沿院南墙叠湖石山子与花坛,庭院中缀以峰石,假山紫藤覆盖,并植有松柏、女贞。现为广陵街道办使用。

【价值评价】著名园林,有一定价值。

图 6.209　邱氏园

图 6.210　蔚圃

(58) 文公祠

【历史概况】祀清代大学士文煜,光绪十六年(1890)建成(《扬州市老城区12号街坊控制性详细规划文本》,2004)。

【现状特征】位于扬州市广陵路、甘泉路街区。大门朝东,有门堂、享堂、过亭、祠堂及偏房等。占地约1360m²。祠堂为硬山造,面阔三间,进深七檩,脊檩高8m,十分壮阔,梁架有雕饰,半拱完好;明间前有廊接过亭,亭内有八角藻井及彩绘。年久失修,现在被木工厂占用作厂房,破坏严重,防火条件很差。

【价值评价】有一定的历史价值。

图6.211 文公祠

(59) 个园

【历史概况】清嘉庆二十三年(1818),两淮盐总黄玉筠于明寿芝园旧址重建。园名取宋苏东坡"宁可食无肉,不可居无竹。无肉使人瘦,无竹使人俗"、清袁枚"月映竹成千个字"之句意(扬州名胜古迹,www.chinacsw.com/cszx/yangzhou/guji1.htm)。

【现状特征】位于扬州市东关街318号宅后,以盐阜东路富春花园西首为出入口。个园是以竹石为主体、以分峰用石为特色的城市山林。最为人乐道者,为四季假山之说:门首修篁弄影,石笋参差,春意盎然,是为春山;过春山,绕宜雨轩,便是一座用太湖石堆叠的中空外奇、跌宕多姿,取意于夏云多奇峰的夏山;秋山气魄雄伟,拔地数仞,有咫尺千里之势,最富画意;冬景用白矾石冰裂纹铺地,腊梅、南天竺点缀,起到烘托、陪衬的作用。因游览为环形路线,春、夏、秋、冬四景安排巧妙,恰如经历了周而复始的四季循环变化。

【价值评价】全国重点文物保护单位,全国四大名园之一,江南园林的著名代表。

图 6.212　个园

(60) 扬州城西门遗址

【历史概况】1995 年 11 月,在扬州旧城西门街拓宽改建工程中被发现。在对西门遗迹层面叠压关系的分析中,专家们发掘出五代、北宋、南宋、明、清五个时期的西门遗迹。通过发掘发现,扬州宋大城遗址始建于五代,是在五代周小城的基础上修筑而成的。其中,各个时代的城墙基础、砖铺路面的地层叠压关系极为清晰,为我国城市考古中所罕见,也解决了五代以后扬州城的修建年代、继承和演变关系等问题。这一考古发现印证和弥补了扬州历史文献的不足。从发掘的宋代西门结构看,其为砖构券顶门洞,这一实物证据把我国木构过梁式方形城门向砖构券顶式转变的时间提早了一百多年(扬州名胜古迹,www.chinacsw.com/cszx/yangzhou/guji1.htm)。

【现状特征】位于扬州市东关街附近。现为露天公园,环绕草地,保护得相当好。在西门遗址旁,就地建设了"宋大城西门遗址博物馆"。

【价值评价】对研究扬州城市发展史有很高的价值。

图 6.213　扬州城西门遗址

(61) 普哈丁墓

【历史概况】建于南宋宝祐年间，有普哈丁等阿拉伯人墓葬与清真寺等建筑（扬州名胜古迹，www.chinacsw.com/cszx/yangzhou/guji1.htm）。

【现状特征】在扬州市区古运河东岸、解放桥东南角，俗称"巴巴窑"。墓园坐东朝西，墓亭为阿拉伯制式。正门临河。门厅三楹南侧为清真寺，面东南楹。沿石阶抵"天方矩矱"墓域门厅，厅三楹为四角攒尖顶。庭院中，有北轩、东轩各三楹。北轩附近建南北相对墓亭两座。亭后即普哈丁墓亭。亭平面呈方形，四壁设拱门，四角攒尖板瓦顶，内层呈拱球顶。墓葬于亭中央地下，地面用青石砌成五级矩形墓塔。墓亭东北植有七百多年树龄的银杏一株，老干虬枝，姿态奇特。

【价值评价】各民族沿运河迁移的见证，紧靠运河，非常重要。

(62) 重宁寺

【历史概况】清代扬州八大名刹之一。乾隆四十八年（1783）扬州许多富商吁请在天宁寺后面增建万寿寺。乾隆赐"万寿重宁寺"和"普现庄严"、"妙香花语"额。咸丰年间寺毁于兵火。同治初重建，光绪十七年（1891）建山门、大殿，至宣统初竣工（扬州名胜古迹，www.chinacsw.com/cszx/yangzhou/guji1.htm）。

【现状特征】位于扬州市区北郊。现中轴线上的天王殿、大雄宝殿、文昌

图 6.214　普哈丁墓

图 6.215　重宁寺

阁均保存完整。大殿内 8 根方柱系用珍贵的铁藜木制成，遇火难烧；殿内彩绘至今鲜艳明丽。登临文昌阁可眺望江南景色。先后被武警队、考古队、国画院等多家单位占用，未使用的建筑十分破旧。

【价值评价】有很高的历史文化价值。

(63) 天宁寺

【历史概况】清代扬州八大名刹之首。原是晋太傅谢安别墅，后建谢司空寺。东晋义熙十四年(418)尼泊尔名僧佛驮跋陀罗在此译《华严经》。唐证圣元年(695)建延圣寺。北宋政和年间改今名。后毁,明洪武年间重建。清康熙帝六次南巡均驻跸寺内。乾隆曾颁赐天宁寺为"江淮诸寺之冠",并在寺内兴建行宫、御花园和寺前御码头(扬州名胜古迹,www.chinacsw.com/cszx/yangzhou/guji1.htm)。

【现状特征】位于扬州市城北,近邻史公祠,现天宁寺为扬州博物馆所在地,馆内收藏扬州出土的文物字画。

【价值评价】有很高的历史文化价值。

图 6.216　天宁寺

(64)天主教堂

【历史概况】始建于清同治三年(1864),同治十二年(1873)上海法籍神父来扬聘请扬州工匠建造(《扬州市老城区 12 号街坊控制性详细规划文本》,2004)。

【现状特征】位于扬州市区北河下 25 号。坐西朝东,占地面积 $2080m^2$,建筑面积 $1302m^2$。大门为中式水磨砖砌门楼,上嵌石额,刻"天主堂"三字。教堂为中世纪哥特式建筑,两坡顶,屋尖竖铜十字架,正立面有三拱门,两侧有钟楼。堂内用簇柱,窗户镶嵌彩色玻璃,装修精致华美。教堂以南有北向神父楼一座,保存完好。古运河旅游线上的重要文物古迹,现用作宗教活动。

【价值评价】省级文物保护单位。紧靠运河,为天主教最早的活动场所之一。

图 6.217　天主教堂

(65) 史可法祠、墓

【历史概况】清顺治二年(1645)四月，南明兵部尚书兼东阁大学士史可法在扬州就义，嗣子副将史德威寻遗体不得，乃葬其衣冠于梅花岭下。清初曾建祠于大东门外，后毁圮。乾隆年间于墓西侧建祠，并谥"忠正"。咸丰年间毁于兵燹，同治九年(1870)重建。1935年和1948年两度维修（扬州名胜古迹，www.chinacsw.com/cszx/yangzhou/guji1.htm）。

【现状特征】位于扬州市区广储门外街24号，梅花岭畔。现存建筑除遗墨厅、梅花仙馆外，大部分为晚清所建。1949年后曾多次修缮，现为"史可法纪念馆"。祠墓均南向，大门临河，东墓西祠，并列通连。墓后为梅花岭，岭上遍植梅花。岭北为遗墨厅。

【价值评价】省级文物保护单位。具有很高的历史纪念意义。

(66) 小苑

【历史概况】清朝末期徽商汪竹铭购之扩建，民国初年其长子汪泰阶率诸兄弟二次扩建（扬州名胜古迹，www.chinacsw.com/cszx/yangzhou/guji1.htm）。

【现状特征】位于扬州东圈门历史街区地官第街14号。扩建后为四角有园，三进三纵，另有花厅、书斋、轿房、浴房、花房等老房旧屋近百间，建筑面积约1580m^2，占地面积约3000m^2，是扬州现存保存最完好的清末民初盐商住宅之一。

【价值评价】盐商文化系列中的重要部分。

图 6.218　史可法祠、堂与陵墓

图 6.219　小苑

(67)盐运使司衙署门厅

【历史概况】清代两淮盐运使司的驻地(扬州名胜古迹,www.chinacsw.com/cszx/yangzhou/guji1.htm)。

【现状特征】现存门厅坐西朝东,悬山结构,顶盖筒瓦,面阔三间;门前有石狮一对,两旁有八字墙。现为扬州市政府办公大院。

【价值评价】扬州盐业文化的代表建筑之一。

图 6.220　盐运使司衙署门厅

(68)朱草诗林

【历史概况】罗聘(1733—1799),甘泉(今江都)人,"扬州八怪"之一。其画兼收众长,独辟蹊径。朱草诗林为其故居(今日扬州,eagles.nease.net/yangzhou/04.htm)。

【现状特征】位于扬州弥陀巷内。房屋坐北朝南,系扬州传统的三合院结构。东侧住所与花厅间用一长廊隔开,廊中有六角小门互通。西边住所前有坐西朝东的书斋三间,名香叶草堂。斋前西南依墙筑一半亭,半亭与书斋间以短廊相接。整个建筑结构紧凑,环境清雅。现封锁无人,有开发旅游的计划。

【价值评价】有较高的文化价值。

图 6.221　朱草诗林

（69）东关古渡

【历史概况】自唐代起成为扬州城市最繁华的渡口。

【现状特征】位于扬州市东关街的最东端。现在是扬州城内古运河人文景观系列的北端，古渡码头以北就以自然景观为主了。

【价值评价】运河边非常重要的渡口。

图 6.222　东关古渡

（70）茱萸湾古闸区

【历史概况】隋唐时期京杭大运河由北向南进入扬州的第一个码头。隋炀帝三下扬州，都经此湾。在唐代，是重要码头，也是风景秀丽的水乡。后因水系的变化，逐步由盛趋衰，至晚清时已成冷僻小村落。1958—1960 年，对里运河进行拓浚，新辟瓦窑铺至六圩段航道，使茱萸湾恢复为大运河航船往来的要道（扬州名胜古迹，www.chinacsw.com/cszx/yangzhou/guji1.htm）。

【现状特征】现名湾头镇，位于扬州市东北约 5km 处。

【价值评价】非常重要的古运河节点。

（71）黄金坝和邗沟

【历史概况】东周敬王三十四年（前 486），吴王夫差为北上伐齐于邗城下开邗沟以通江淮，是为古运河的最早一段（扬州名胜古迹，www.chinacsw.com/cszx/yangzhou/guji1.htm）。

【现状特征】因年久淤湮，今仅遗存螺丝湾桥至黄金坝东西向一段，长约

图6.223 茱萸湾古闸区

图6.224 黄金坝和邗沟

1450m,宽50—60m,两侧淤积层约20—25m,中间沟床约10m。中段有明清时修建的"邗沟桥"横跨,此桥为两头门石桥,两边山花墩上均嵌"邗沟桥"石额。古邗沟从黄金坝汇入运河,由于启坝时间较短,水体静止发黑,腐臭严重。

【价值评价】具有非常高的价值。

(72)大明寺

【历史概况】始建于南朝刘宋大明年间,故名。其后屡经兴废,数度更名,曾称西寺、栖灵寺。明天顺五年(1461)重建,万历、崇祯年间又重建,仍称大明寺。清康熙年间因讳大明,沿称栖灵寺。乾隆三十年(1765)高宗南巡时,敕赐"法净寺",为当时扬州八大名刹之一。咸丰年间毁于兵火,现存建筑群为同治年间复建。1980年复称大明寺(扬州名胜古迹,www.chinacsw.com/cszx/yangzhou/guji1.htm)。

【现状特征】位于扬州市西北。占地面积约$8.5hm^2$,建筑面积$5659.25m^2$。中轴线上为寺庙建筑,西部有平山堂、谷林堂、欧阳文忠公祠、西园,东部有平远楼、鉴真纪念堂、东苑、藏经楼及重建的栖灵塔等寺庙园林景点。

【价值评价】对于研究运河文化有非常高的价值。

图6.225 大明寺

(73)便宜门广场和禅臣洋行旧址

【历史概况】扬州城区有著名的"五城六码头",便宜门为五城门之一,独占两个码头(《广陵区志》,1993)。

【现状特征】位于扬州市区运河沿岸。现为一个临运河的休闲广场,保留德国禅臣洋行的旧厂房大楼一座,楼外陈列旧式机器一部。

【价值评价】临运河,为市区一个很好的休闲场所。

图 6.226　便宜门广场和禅臣洋行旧址

（74）荷花池公园

【历史概况】清初汪玉枢在荷花池畔所建的别墅，系清代扬州八大名园之一（今日扬州，eagles.nease.net/yangzhou/04.htm）。

【现状特征】位于扬州市区运河沿岸。园有太湖九峰，乾隆巡游扬州时御书"九峰园"额。已正式免费对外开放。

【价值评价】紧邻运河，有较高的价值。

（75）文峰塔

【历史概况】建于明万历十年（1582），距今已有四百多年历史，为扬州古时水路、陆路出入的标志。鉴真和尚就是从这里起航东渡日本的（扬州名胜古迹，www.chinacsw.com/cszx/yangzhou/guji1.htm）。

【现状特征】位于扬州市南门外古运河东岸。仿楼阁式的砖木混合结构，平面作八角形，高七层，底层外檐特长，给人以稳重、坚实之感。登塔顶可近览扬州全景，远观江南风光。

【价值评价】扬州运河的标志性建筑，非常重要。

（76）高旻寺

【历史概况】清代扬州八大名刹之一。相传原为小庙，庙中和尚精通医术，揭榜为高丽国王的太子治病，用所得报酬建了此寺。康熙、乾隆都曾驻跸寺内（扬州名胜古迹，www.chinacsw.com/cszx/yangzhou/guji1.htm）。

图 6.227 文峰塔

图 6.228 高旻寺

【现状特征】位于扬州市邗江区。宫殿重叠,碑亭林立,是一座幽静的皇家花园;地处城南 7km 茱萸湾三汊河畔,田园村落环抱,景色十分迷人。内部建筑大多为新建。

【价值评价】1983 年被国务院列为全国重点保护寺院。位于运河节点,非常重要。

6.9 江南运河段

(1) 虎踞桥

【历史概况】原为砖木桥,明万历二十二年(1594)改建为石桥,曾更名"泰运桥",昔为镇江通衢要道之一。1980年以前,市政工程处先后两次对桥进行整修改造,但桥拱圈、金刚桥及基础仍保持明代建筑风格(《镇江市历史文化名城保护规划保护名录》,2003)。

【现状特征】桥为单孔石拱桥,宽约10m,桥连两头引道全长30m,基础以长条石砌置,桥拱圆弧度大于半圆,桥孔高敞,净空大,利于行舟。

【价值评价】市级文物保护单位。镇江市区段运河之上的重要地标,具有一定的历史价值。

图6.229 虎踞桥

(2) 丁卯桥遗址

【历史概况】东晋元帝时运粮在此立埭,丁卯日成,名丁卯埭,亦为漕运重要渡口,遂建桥名丁卯桥,距今有1600年历史。为单孔石桥,清乾隆、道光年间两次修缮。1980年,丹徒县因河道拓宽,桥的大半边被拆除,在桥旁新建公路新桥(《镇江市历史文化名城保护规划保护名录》,2003;王玉国,1993)。

【现状特征】位于镇江城南三里市郊丁卯村。现残存原丁卯桥东叠石金刚墙及桥基础叠石,部分桥拱圈石及金刚墙南有闸门凹槽两道,长约8m,高约5.5m。

【价值评价】镇江市区段运河之上的重要地标,具有历史价值和旅游开发价值。

图6.230 丁卯桥今址

(3)千秋桥

【历史概况】东晋平北将军王恭镇守京口,在城楼上建造万岁楼,下有千岁桥,寓意"千秋万岁",并建有楼阁式石牌坊,石拱桥横跨漕河之上。1950年代填河筑路,桥埋路下(《镇江市历史文化名城保护规划基础资料汇编》,2003)。

【现状特征】桥址在今千秋桥街东端。

【价值评价】古时镇江运河上的重要地标,对研究运河历史文化有一定的价值。

(4)通阜桥

【历史概况】又名老西门桥。原为单孔石拱桥,横跨运河上,为西门入城之通衢。桥身高耸,两端石级延伸,车辆必须牵挽而行。清道光二十二年(1842)七月二十一日,鸦片战争镇江之役英侵略军在此遭受重创方攻入城中(《镇江古今建筑》,1999)。

【现状特征】1960年改建为梁式水泥桥。

【价值评价】镇江市区段运河上的重要地标,具有一定的历史价值。

(5) 南水关石闸

【历史概况】明清南水关前的一座桥闸,宽约 6m,高约 5m,长约 11m(《镇江市历史文化名城保护规划》,2003;《镇江古今建筑》,1999)。

【现状特征】于 1998 年考古时发现,在今南水桥西北侧排污截流管理站内。遗迹基本保存完整。

【价值评价】镇江古代城市的一处重要的水利、交通设施,具有较高的历史实证和旅游开发价值。

(6) 练湖和练湖闸

【历史概况】晋朝陈敏所建。古时练湖辽阔,方圆达八十余里,由高骊山、长山八十四脉下泄之水汇流而成。练湖溉田面积虽不甚广,却是吴地早期修建完好的农田水利工程。湖心有墩,古代建有亭、台、轩、榭。南朝齐、梁时君臣每宴集于此。南宋时曾在此湖练兵。昔日湖水能调节水位。练湖闸建于民国时期,为五孔泄水闸(《镇江古今建筑》,1999)。

【现状特征】清代以后,练湖逐渐被淤塞,现已变为陆地。其湖址所在地为练湖国营农场。古练湖湖心亭遗址处还留下一株老黄杨树;考察寻访得知,练湖国营农场倒闭后老黄杨树已经被砍伐。周围仍为农田,但有相当数量的工厂。

【价值评价】运河历史发展中重要的水利枢纽工程,有一定的历史保护价值。

图 6.231 练湖闸

（7）西津渡、待渡亭

【历史概况】早在三国时，这里就建有蒜山渡，已有一千六百多年的历史。至唐代北固山下建起了甘露渡，蒜山渡因在城西改称西津渡。唐武德九年时镇江属于金陵，故又名金陵渡。此渡口为历代江防要地。待渡亭在渡口处。现亭于同治七年（1868）重建，亭内新建石碑（《镇江市历史文化名城保护规划保护名录》，2003；《江南名城——镇江》，2002）。

【现状特征】位于镇江市区西部云台山麓。现仅存待渡半亭和下渡船的石级。

【价值评价】1982年列为市级文物保护单位。具有重要的历史、科学和艺术价值，是研究长江和京杭运河交通史的重要文物佐证。

图6.232　西津渡、待渡亭

（8）昭关石塔

【历史概况】元代建，明、清先后修治。为过街塔，据佛经解释，从塔下经过就算是礼拜（《镇江市历史文化名城保护规划保护名录》，2003；《江南名城——镇江》，2002）。

【现状特征】位于西津渡古街东端。塔高约5m，分塔座、塔身、塔颈、十三天、塔顶等部分，全用青石分段雕成，上有"昭关"两个大字。2000年市建委和文管会实施落架维修，恢复其原貌。

【价值评价】1982年列为江苏省重点文物保护单位。我国现存唯一完整、时代最早的喇嘛塔式过街塔，具有重要的历史价值。2001年获联合国教科文组织亚太地区文化遗产保护杰出项目奖。

图 6.233　昭关石塔

(9) 新河街一条街

【历史概况】两边临街建筑大多为晚清房屋,有公所、公馆、堂等当地名人故居。晚清时因临长江、古运河边缘而成为客货运繁忙之地,商业尤其发达(《镇江市历史文化名城保护规划保护名录》,2003)。

【现状特征】位于京口闸以东。南北向,二百多米长,均系砖木结构,石子铺街面,雕花门楼、石额。现有建筑有同善堂(慈善机构)、米业公所、安仁堂、泾太公所、陈公馆、黄公馆、徐(保山)公馆、静瑞堂、清真寺等。

【价值评价】1987 年列为市级文物保护单位。反映了运河沿岸商业活动的历史,具有一定的历史价值。

图 6.234　新河街一条街

(10) 米业公所

【历史概况】清同治五年（1866）建。八字磨砖花门楼，前后四进，穿堂式建筑。昔日镇江为长江下游唯一大米市，每日行价皆以此为准。李鸿章任两江总督时，强令米市迁往芜湖，镇江粮米交易从此衰落（《镇江古今建筑》，1999；王玉国，1993）。

【现状特征】位于新河街114号。现存前后四进穿堂式建筑，有水磨砖雕花门楼，门额上留有门匾痕迹。今为民宅。

【价值评价】古代运河沿岸商业发达的实证，有一定的历史价值。

图6.235　米业公所

(11) 京口堰、闸

【历史概况】形成于隋炀帝开凿江南运河时。京口闸埭何时始建不详，但唐开元二十二年（734）有"废闸置堰"的记载，可见此处早有建筑物。北宋天圣七年（1029）开新河（即小闸口），明正统元年（1436）始建坝堰。17世纪中叶，大闸口渐淤，小闸口已同时使用。据记载，清嘉庆二十二年（1817）修建的京口大闸宽二丈一尺，高二丈，砌石二十层；小闸是同一尺寸。到民国二十五年（1936）堙废时，大闸是双孔，各宽3m，小闸仍为一孔。于民国二十八年改成桥（曾名新镇桥），1949年8月地方又筹资重建木面石台桥，长18.3m，面宽3.3m（《镇江市历史文化名城保护规划基础资料汇编》，2003）。

【现状特征】大闸位于今中华路；原小闸口已重建为京口闸，系今镇江城区古运河的入江口门。

【价值评价】运河上十分重要的水工建筑，反映了运河的变迁。

图 6.236　小京口闸

(12) 镇江英国领事馆旧址

【历史概况】1856年，镇江被辟为通商口岸。1864年，英国于云台上建筑领事馆，划滨江一带为租界。领事馆整体是以红砖间夹青砖叠砌的砖木石结构，由五幢楼房组成，属19世纪后半叶券廊式建筑，为欧洲古典建筑的变种。1888年曾被毁，1890年重建竣工。1927年3月，英领事将租界行政交镇江商会商团接管，关闭了领事馆(《镇江市历史文化名城保护规划保护名录》，2003；王玉国，1993)。

【现状特征】现属镇江博物馆，进行了多次维修改造，保存情况较好。

【价值评价】1996年列为全国重点文物保护单位。近现代重要史迹及革命文物，具有很高的历史价值。

图 6.237　镇江英国领事馆旧址

(13) 丹阳南朝陵墓石刻

【历史概况】丹阳是南朝齐、梁两代帝王的故里,故齐、梁帝王死后大多归葬于此。现在丹阳的荆林、胡桥、建山、坤城等几个乡的山凹里,有齐高帝、梁文帝、梁武帝等陵墓 11 处、石刻 12 处。墓前设置成对的石兽有二十多只,至今保存完好,距今已有 1400—1470 年历史(《镇江市历史文化名城保护规划保护名录》,2003;《江南名城——镇江》,2002)。

【现状特征】雄踞于丹阳境内,气魄雄伟、形态各异、雕刻精美。

【价值评价】国家重点文物保护单位。体现了南朝艺术雄秀兼备的风格,是我国雕刻史上的杰作,具有很高的艺术价值与历史价值。

图 6.238 丹阳南朝陵墓石刻

(14) 僧伽塔

【历史概况】僧伽,高僧名,南宋绍兴年间建塔于寿邱山。明万历年间,迁徙于鼎石山上。嘉庆、道光年间曾修缮过。1984 年园林部门有整修(《镇江市历史文化名城保护规划保护名录》,2003)。

【现状特征】七级八面,高 32m。砖木石结构,石质塔基,青砖塔身,每层四个券,隔层有叠涩性砖檐,设旋梯登塔。四周砌墙保护,砖塔有人看管。

【价值评价】市级文物保护单位。镇江市区段运河的重要地标,也是市区的重要观景点和景观。

(15) 清真寺

【历史概况】初建于康熙年间,迭经兴废,同治十二年(1873)重建。1982 年整修,以中国的古典建筑与伊斯兰教风格相结合,风格独特,造型恢宏(《镇

图 6.239　僧伽塔

江市历史文化名城保护规划保护名录》,2003)。

【现状特征】四周为青砖围墙,条石基础,有门楼,上置斗拱,对门有照壁。大门内有门廊明间、过厅、走廊,大殿面阔五间,硬山式,前有檐廊,梁上绘彩画,两侧设券拱门。殿内举行宗教仪式。殿前有庭院,东设对厅,作会客之用。整体建筑宏大壮阔。

【价值评价】市级文物保护单位。全省最大的清真寺,具有一定的历史价值。

(16)淹城遗址

【历史概况】建于春秋晚期,是我国目前同时期古城遗址中保存最为完整的一座。最早的文字记载见于东汉袁康《越绝书·吴地传》,此后本地历代方志均有记载。正式的考古发掘始于1930年代,建国后出土了大批珍贵文物(《常州文物》,2003)。

【现状特征】位于常州南郊7km武进区。东西长850m,南北宽750m,总面积约65万 m^2。建筑形制从里向外,由子城、子城河、内城、内城河、外城、外城河三城三河相套组成,此类形制在我国古城遗址中绝无仅有。

【价值评价】全国重点文物保护单位。具有极高的历史价值、美学价值和科学价值。

(17) 奔牛闸

【历史概况】古为奔牛堰,逆水西行180里,经丹阳达镇江,因地势东倾,堰不足以蓄泄水位。自隋时运河开通后,鉴于奔牛为水路要冲,始设闸,以节制运河水位,利于南北航行。其后屡废屡建达十五次之多。北宋天佑四年,因闸废不合水利,常州府请建奔牛澳闸,为上闸,天顺巳卯年建下闸,从此奔牛闸有上下两闸。上闸因河道屡经浚治,建国前已经废弃,遗址不存在。下闸在1958年和天禧桥一起被拆废(《奔牛镇志》,1984)。

【现状特征】闸上已覆有建筑物,只能从外形构造上分辨出曾经作为水利工程的痕迹。

【价值评价】有一定的保护价值。

(18) 孟渎万缘桥

【历史概况】运河水源自镇江分流,经丹阳,过府城东趋。上有吕城、奔牛二闸以节水。武进西境有孟渎,烈塘诸河可引江以通运、灌田,渎上建此桥。

【现状特征】单孔石拱桥。周围都为普通民居。

【价值评价】重要的运河水利工程遗址,具有很高的历史价值。

(19) 孟渎老宁闸

【历史概况】又称老人闸。始建年代不详,现存闸约建于清末或民国初年,废弃已久(《奔牛镇志》,1984)。

【现状特征】位于孟渎河口万缘桥北,石砌而成。由于废弃已久,现仅存闸基,上建有民房,闸形制仍可见。

【价值评价】现为此段运河上为数不多的古闸,具有一定的历史价值。

(20) 怀德桥

【历史概况】老桥始建于1923年,前后经过八次整修。现在的怀德桥是1998年12月26号正式竣工通车的,共投入资金1.47亿元。

【现状特征】按苏南运河四级航道标准设计,主桥长100m,宽40m,桥梁净宽50m,引桥、引道宽28m,通航净空不小于5m。作了整体的美化、亮化,在桥两侧设置了一些休闲娱乐的广场。为现代城市重要的交通枢纽,周围是居住区。

【价值评价】重要的地标和现代水利工程。

(21) 毗陵驿

【历史概况】篦箕巷口有一高大牌坊,上书三个红色大字"大码头",顾名思义,这里即大码头所在地。从明正德十四年(1519)起,毗陵驿即设于此巷,此驿站是专供传递公文的差役和官员途经本地时停船休息或换马住宿的。到了清乾隆年间,毗陵驿也被称为皇华馆,因此大码头旁也就有了皇华亭,是古时常州城区大运河畔三个接官亭中级别最高的一处。据史料记载,乾隆南巡途经常州时,有三次就是从这个大码头登岸进城的。皇华亭内有一碑刻"毗陵驿",由现代大书法家武中奇先生书写(《常州市志》,1995)。

【现状特征】背靠大运河,西倚怀德桥,东接箄箕巷。因不临近市内交通,观赏游览的人较少。

【价值评价】街区的重要标志,有一定的代表性,文化氛围浓厚,有很高的历史价值、美学价值和文化价值。

图 6.240　毗陵驿

(22) 篦梁灯火

【历史概况】毗陵驿一带生意特别兴隆,而且夜晚人流不息买卖不断。当时古巷的店面都是骑楼式建筑,挑梁伸出巷道,梁下挂着一盏宫灯,落日西斜时,家家户户灯光闪耀,常常彻夜不灭。晶莹闪闪的灯影倒映在运河里,与岸边船上的灯火相映交辉,宛如金色游龙,形成一片迷人的景象。"篦梁灯火"是常州古时西郊八景之一(《常州市志》,1995)。

【现状特征】现仅存双檐牌楼一座,悬挂有"篦梁灯火"匾额。旧时景观已不复存在。

【价值评价】街区的重要标志,有一定的代表性,文化氛围浓厚,有很高的历史价值、美学价值和文化价值。

(23) 文亨桥

【历史概况】始建于明嘉靖二十七年(548),清乾隆三十三年(1768)重建,因此俗称新桥。旧时这里舟船穿越,轮蹄交错,为交通要道。《武阳志余》称常州桥梁中"惟文亨雄杰为之冠"。每当皓月当空、清风徐来的夜晚,宝镜高悬,清辉四溢,俯视桥下,微波荡漾,河水湍行,像要把倒映在水中的月亮冲涤穿桥而去,因此"文亨穿月"就成为常州西郊八景之一。帝王南巡,此桥为必经之地,地方官司员不待桥圮,必谨加修葺,所以桥梁虽古,至今完好无损。1987年因古运河拓宽,此桥由南北横跨古运河移建为目前的状态(《常州市志》,1995)。

【现状特征】三孔拱形花岗石结构,长 49.7m,宽 4.1m。目前被移建到西瀛里新景观区。周围有新建居民小区和城市广场。

【价值评价】有重要的美学价值、历史价值。

图 6.241　文亨桥

(24) 西瀛门城墙

【历史概况】常州是一座有二千五百余年历史的古城,据《常州市志》、《常州地名录》等记载,城垣始建于晋代,五代、明清屡毁屡建。今天残存的西瀛门段城墙长 210.9m,宽 4.6m,高 6m,是明洪武二年(1369)朱元璋大将汤和驻守常州时所建(《常州市志》,1995)。

【现状特征】现存城墙自表场至水关一段,长210.9m,宽4.6m,高6m。被规划进城市运河景观带中,作了部分修缮,有台阶供市民登到城墙上。周围有新建居民小区和城市广场。

【价值评价】常州历史文化底蕴的重要见证和载体。

图6.242 西瀛门城墙

(25)新坊桥

【历史概况】坐落于和平南路中段东侧,西距新建的琢初桥6m多,是常州市市河(又称前河)上遗存的最古老的一座石拱桥,始建于南北朝时期梁武帝大同元年(535),距今已一千四百六十余年。当时晋陵和武进两县以此桥分境分治。建成至今历经整修,明弘治十一年(1498)知府曾望宏重修时桥上树有朱昱撰文的《重修新坊桥记》石刻,现佚(《常州市志》,1995)。

【现状特征】新坊桥已被移至距原址两百米处,原址已改为公路桥。属分节并列式单孔石拱桥,用花冈岩条石起拱,下部桥台用条石筑墩,水面下桥底亦用条石砌成反拱,用以支撑桥脚,此种构筑法在常州同类桥梁中属特例。桥长35m,高8.6m,上部宽5.8m,下部桥墩宽6.8m,桥拱跨径9.5m。桥坡石级分别为东南向29级(原41级)、西北向23级(原35级)。周围主要为商业建筑,与环境不协调。

【价值评价】有一定的保存价值。

图 6.243 新坊桥

(26)广济桥

【历史概况】原坐落于西仓粮库附近的西仓街与三堡街交界处,始建于明正德十二年(1517),乃由于西仓库附近两岸商业的兴起,为方便南来北往的行人及客商而兴建。原高 9.79m,长 48.25m,两边各有石阶 47 级、48 级,雄踞于大运河上,显得高峻秀拔、气势宏伟。桥的边孔直径都是 6.8m,中孔直径达 11.7m,是全市古典石拱桥梁中跨径最大的拱形孔(《常州市志》,1995)。

【现状特征】在市区大运河段扩展为四级航道过程中,1985 年被移建于舣舟亭公园内,作为连接半月岛供游人游玩的休闲桥。古桥与公园景观比较协调。

【价值评价】有一定的保存价值。

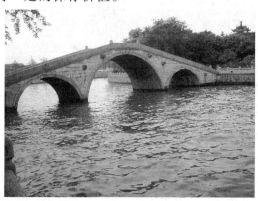

图 6.244 广济桥

(27) 东坡古渡(御码头)

【历史概况】乾隆皇帝当年停泊御舟的地方(《常州市志》,1995)。

【现状特征】码头在广济桥西侧,被五六十米的围墙包围,采用双层檐阁作为入口。入水台阶比常见的河埠头略宽。因码头归入公园内,已没有使用功能。与周围景物比较协调。

【价值评价】有很好的历史文化氛围,保护完整,有很高的历史价值和美学价值。

图 6.245　御码头

(28) 文笔塔

【历史概况】建于南齐建元年间(480—482),原为太平寺塔,迄今已有一千五百余年历史。相传每当塔顶有祥光腾现,常州地区必有文人中状元。北宋大观元年,常州一地中进士 53 名,占 1/5 强,据说皇帝下令改太平寺塔为文笔塔。因此,该塔便成了常州文人心目中的笔魂,每次上京赶考前必来登塔祈祷。自塔建成后,常州先后出了 15 位皇帝、9 名状元、1333 名进士,还涌现出了一大批政治、经济、历史、文化、科技等方面的优秀人才,因而该塔成为常州文化的象征(《常州市志》,1995)。

【现状特征】位于红梅公园内,原古塔在火灾中被毁,仅存基座,塔身后又重修。楼阁式砖木结构,七级八面,高 48.38m,底层外径 9.85m,塔基及须弥座为八角形,由花岗岩构筑。与周围景物非常和谐。

【价值评价】重要的地标,有很好的历史文化氛围,保护完整,有很高的历史价值和美学价值。

(29) 护王府

【历史概况】陈坤书(？—1864)，广西桂平人，太平军主将，被封为"殿前礼部副春僚顶天扶朝纲护王悦千岁"。清兵进攻常州，陈坤书坚守五个月，巷战中受伤被俘，壮烈牺牲(《常州市志》，1995)。

【现状特征】位于常州市区局前街187号，为太平天国护王陈坤书的府第。现存回字楼一座，七间二层，砖木结构。屋檐饰龙凤纹和鲤鱼跳龙门瓦滴水，转楼的梁、墩、落地长窗等木构件分别雕有鱼、兔、松鼠、蜻蜓、蚱蜢、扁豆、葫芦、葡萄、瓜藤等图案，雕工粗犷有力，立体感强，颇具太平天国艺术特色。现为常州市文管会办公处，大门正对市内交通要道，周围多为行政管理部门。

【价值评价】爱国主义教育基地，陈列大量太平天国历史文物资料。

图6.246　文笔塔

图6.247　护王府(纪念馆)

(30) 千果巷

【历史概况】始建于明万历年间，面临城区运河段，当时是南北果品集散地。巷内有二十多处名人故居。深宅大院毗连，流水人家相映，是具有江南水乡风貌的古典街巷。

【现状特征】东起和平南路，西至南大街西瀛里。街巷西侧建筑部分已被拆除，原有格局遭到破坏。从千果巷穿过的古运河东侧为菜市场，考察过程中常见有人向河中倾倒污水。与周围景物不太协调。

【价值评价】传统历史街区,有浑厚的文化底蕴,文物遗产密集集中,人文景观特色鲜明,是常州历史文化底蕴的重要见证和载体。保护价值有待提升,管理有待加强。

(31) 县文庙大成殿

【历史概况】始建于元天历二年(1329),重建于明洪武七年(1374),以后明、清两代继续修建和扩建。原有石筑棂星门、泮池、明伦堂、礼圣殿、尊经阁、东西斋房、楼房、后堂、射圃亭、碑亭等,在礼圣殿供有孔子、孟子及其有名望的门徒弟子(《常州市志》,1995)。

【现状特征】单檐歇山顶,面阔五间,宽22.8m,进深16m,庄重古朴。殿前为明伦堂,硬山顶木结构,壁间嵌有重修文庙石碑三块。文庙前泮池、石桥遗迹保存完好。殿前的大成门已被改成酒吧,而殿前的空地已变为文物古董交易市场,与扬州的天宁寺旧货市场类似。与周围景物不协调。

【价值评价】明、清时期常州地方尊孔、尊儒,提倡儒学的重要场所。

图 6.248　青果巷历史文化保护街区

图 6.249　县文庙大成殿

(32) 中山纪念堂

【历史概况】1933年为纪念孙中山先生而建,原为府城隍庙旧址。宫殿式建筑,青砖筒瓦,重檐歇山顶,面阔三间,宽19.7m,进深19.2m。1934年元旦,现代著名戏剧家洪深率复旦剧社回常州在此演出,以庆祝其落成。后为国民党武进县党部所在地。新中国建立后为常州专员公署驻地。

【现状特征】位于常州市大庙弄。现已被改为川菜馆,周围多为民居和商业建筑,与周围景物十分不协调。

【价值评价】爱国主义教育基地,有一定的历史价值。

(33)舣舟亭

【历史概况】南宋时,常州市民为纪念北宋大文豪苏东坡来常泊舟于此而建"舣舟亭"。清康熙、乾隆二帝南巡时,在此兴建万寿亭行宫,重修过舣舟亭。基址原名文成坝,传说常州历来人文荟萃,为保住常州才气不东流,因而在古运河上筑坝使河水绕个大弯东去。

【现状特征】位于常州市区东部。原名东郊公园,占地 2.667hm^2,为名胜古迹与自然风光相结合的江南园林。乃常州著名景点,因此园内文物保护工作做得较好。与周围景观比较协调。

【价值评价】有很好的文化氛围,有一定的历史价值和保存价值。

图 6.250　舣舟亭

(34)天宁寺

【历史概况】始建于唐永徽年间,初名光福寺,北宋政和元年(1111)改今名。寺基广占百亩,巍峨宏峻,被誉为"一郡梵刹之冠"(《常州市志》,1995)。

【现状特征】寺内建筑保护较好,正殿后方正修建一座新塔。新塔与红梅公园的文笔塔相距不远,破坏了原有的"文笔夕照"景观。

【价值评价】1983 年被列为全国重点佛教寺院之一。著名的宗教场所,有很好的文化氛围,有一定的历史价值和保存价值。

图 6.251　天宁寺

(35) 黄埠墩

【历史概况】相传公元前 248 年，楚国丞相春申君黄歇徙封江南，在治理芙蓉湖水患时曾扎营该墩，这也是"黄埠墩"名称的由来。南宋德祐二年（1276），状元出身的南宋宰相、民族英雄文天祥抗元失败后被元军羁押沿着京杭大运河北上途经无锡，夜泊于黄埠墩。清康熙、乾隆两帝南巡时曾多次在黄埠墩上歇脚，高兴至极便题诗咏怀（《无锡名景》，2003）。

【现状特征】运河水紧贴着黄埠墩分成两股奔流而去，岛上面积为 $220m^2$。无锡市旅游局近年来开辟了古运河观光旅游线路，黄埠墩是旅游线的起点。平时无渡船前往岛上。黄埠墩北岸为原无锡米市所在地，但现在遗迹无存。周围为新建居民小区和仿古建筑商业街。

【价值评价】无锡运河发展过程中的一个重要见证，具有一定的历史价值。

图 6.252　黄埠墩

(36)西水墩

【历史概况】明永乐十三年(1415),无锡士人提倡列"邑之八景",其中的"梁溪晓月"就是描绘此地景色。1925年此地设立了第一所工人夜校,被誉为无锡工人运动的摇篮(《无锡名景》,2003)。

【现状特征】此处为古运河与梁溪的分水墩,面积约 0.7hm^2,被称为"地轴"。岛上有西水仙庙等文物保护建筑。近年来对西水仙庙等建筑进行了翻修,同时迁走墩上居民,对周围环境进行了重新规划,改为文化公园。

【价值评价】无锡运河发展过程中的一个重要见证,具有一定的历史价值。

图 6.253　西水仙庙

(37)惠山古镇祠堂群

【历史概况】明嘉靖年间开始至清代,大运河江南段经惠山古镇东北部的黄埠墩,与无锡北门有名的北塘大街、三里桥遥相呼应,在惠山附近形成了米市、布码头、丝绸码头、钱庄、货栈。来此做生意的徽商在惠山浜附近修建祠堂(《无锡名景》,2003)。

【现状特征】祠堂一条街东侧为宝善桥,西侧为锡惠公园,内有国家重点文物保护单位寄畅园。该街自龙头而下,直至古运河边的惠山浜,长达 1km,占地面积 30hm^2。自明代起大小商人在此建起各姓祠堂,最多时达到 120 处。从京杭大运河分水口黄埠墩附近分流出的小支流龙头河从祠堂群中穿流而过,两岸是繁茂的香樟林,环境十分优美。

【价值评价】古祠堂群清晰地反映了无锡独特的工商文化,具有重要的历史价值。

(38) 惠山寺庙园林

【历史概况】位于惠山秀嶂街(今惠山直街和横街交接处),寺院范围包括整个愚公谷和寄畅园,僧舍就有1048间之多。始建于南北朝,距今已有一千五百余年。无锡人湛挺将自己的别墅"历山草堂"舍宅为寺,这就是惠山寺的开始。梁大同三年(537),建大雄宝殿,规模逐步扩大,后来香火很旺。唐宋后经过多次兴衰,仅能以少量建筑物延续一脉香火。据史料记载,明洪武寺僧普真(字性海)曾经在寺内种银杏18棵,有一棵保存至今(《无锡名景》,2003)。

【现状特征】现在惠山寺还保留着的古迹和建筑物有古华山门、唐宋石经幢、金刚殿、香花桥和日月池、金莲桥和金莲池、御碑亭、听松石床、古银杏树、大同殿、竹炉山房、云起楼等。无锡市园林和宗教部门已经对惠山寺进行了修复,拆除二山门,按宋式建筑风格落地翻造金刚殿;搬迁大同殿内的李鸿章碑亭;对金莲桥实施封闭保护;古华山门至大同殿门坊轴线的道路、广场翻建石质路面;拆除原位于不二法门内、建于1970年代的园林处办公楼和大礼堂,原址重建天王殿和大雄宝殿。大雄宝殿以北的院落内新建有地藏殿、罗汉堂、大悲阁、藏经楼及斋堂、寮房等宗教建筑。在听松亭对面建造钟亭,重铸惠山寺大钟。目前修复的惠山寺面积已达到1万 m^2。修复后的惠山寺与周围环境不太协调,主殿北侧开辟成出售佛教商品的商店,修复后的惠山寺与锡惠公园分离,在南侧山门处设立另外的售票点,将整个公园一分为二。

【价值评价】作为寺庙园林,有较高的历史价值。

(39) 寄畅园

【历史概况】寄畅园又名秦园,面积1 hm^2。园址原为惠山寺沤寓房等二僧舍,明嘉靖初年(约1527年前后)由曾任南京兵部尚书的秦金(号凤山)得之,辟为园,名"凤谷山庄"。秦金殁,园归族侄秦瀚及其子江西布政使秦梁。嘉靖三十九年(1560),秦瀚修葺园居,凿池叠山,亦称"凤谷山庄"。秦梁卒,园改属秦梁之侄都察院、右副都御使、湖广巡抚秦燿。万历十九年(1591),秦燿因座师张居正被追论而解职;回无锡后,寄抑郁之情于山水之间,疏浚池塘,改

图 6.254　惠山寺庙园林

图 6.255　寄畅园

筑园居,构园景二十,每景题诗一首,取王羲之《答许椽》诗"取欢仁智乐,寄畅山水阴"句中的"寄畅"两字名园(《无锡名景》,2003)。

【现状特征】位于无锡市惠山东麓惠山横街。园景布局以山池为中心,假山以惠山东麓山势作余脉状;引"二泉"伏流注其中,称"八音涧"。因巧妙的借景、高超的叠石、精美的理水、洗练的建筑,在江南园林中别具一格,属山麓别墅园林。园内植被茂密,绿树成荫。对原物保护得较好,基本保持原貌,只在园林的西北角按照寄畅园古造园图进行了一些修复。

寄畅园十分注重与周围环境的协调,园西靠惠山,东南是锡山,总体布局抓住这个优越的自然条件,以水面为中心,西、北为假山接惠山余脉,势若相连,东为亭榭曲廊,相互对映。园的面积虽不大,但近以惠山为背景,远以东南方锡山龙光塔为借景,近览如深山大泽,远眺山林隐约。寄畅园还是惠山祠堂一条街的第一代园林祠的典型代表,与其东侧的祠堂一条街也存在文脉继承的关系。

【价值评价】现存江南古典园林中叠山理水的典范之一,也是无锡祠堂发展史的重要部分。

(40)天主堂

【历史概况】原名若瑟堂。1640年由意大利传教士筹建,清雍正后废,光绪十八年(1892)法国传教士在原址重建。1966年后,教会停止活动,大堂后部的钟楼被拆除,圣堂被占作仓库。1980年那稣圣诞节恢复开堂(锡城旧影,www.wuxinews.com,2004)。

天主教初传入无锡时,教徒多为渔民,因此教堂就选址在运河边上。教会还于1934年初为附近贫困学生开办了原道中学,即现在的市北高级中学前身,此中学现仍在教堂附近。

【现状特征】位于北塘区三里桥民主街86号。砖木结构,正面呈十字形。正面顶部竖立大十字架,下有大理石"天主堂"三字,两侧为砖刻对联:"万有资生渊微莫测;一元默化浩荡难名"。左右边门门额分别为"天级"、"神阶"。整组建筑协调美观,气氛庄严肃穆。

此天主堂为无锡总锋区本堂南京教区第一大堂,江苏省最大的教堂。靠近吴桥,面向古运河;四周都为旧宅,有二层小楼和一层平房;附近还有一所中学。因为处在旧居民区中,周围的卫生管理状况不佳。

【价值评价】无锡天主教传播史的见证之一。

(41)东林书院

【历史概况】创建于北宋政和元年(1111),是当时知名学者杨时长期讲学的地方。明万历三十二年(1604),以顾亭林、高攀龙为首的学者为继承杨时讲学遗志,捐资重修东林书院,并主盟其中,一时间倾动朝野,盛况空前,成为当时江南地区人文荟萃之区和议论国是的主要舆论中心。明末东林学者顾亭林撰成的名联"风声雨声读书声声声入耳,家事国事天下事事事关心"更是家

图 6.256　天主堂

图 6.257　东林书院

喻户晓(《无锡名景》,2003)。

【现状特征】位于无锡市区东侧东林广场旁。布局为东、中、西三条轴线,中轴线上分布有书院正门、石牌坊、东林精舍、丽泽堂、依庸堂、燕居庙、三公祠等讲学建筑。经重新修复后,占地面积达 15000m², 建筑面积 3000 余 m²。书院地处市区繁华地段,与新开发的无锡站前广场相距不远,周围开发了一些城市广场等景观。修复时疏浚了东轴线旁的弓河,并保留了一段有 400 年历史的驳岸。同时在书院北侧修建了与其相呼应的东林广场,成为书院与周围城市景观的有效过渡空间。

【价值评价】重要的爱国主义教育基地,东林党人的活动在我国政治、思想、文化及教育史上均占有一定的地位。

(42)薛福成故居

【历史概况】薛福成(1838—1894),字叔耘,号庸庵,无锡人,我国近代著名的爱国思想家、外交家和早期维新派代表人物之一。清光绪十六年(1890),被朝廷任命为出使英、法、意、比四国特命全权大臣。同年,他亲自构画草图,为这座宏大的住宅作了大致的设计,并责成其儿子薛翼运(字南溟)具体实施。整个工程陆续进行了四年,到1894年上半年方才落成(《无锡名景》,2003)。

【现状特征】故居中轴线前后共六进,由门厅、轿厅、正厅、房厅以及转盘楼等组成,另有藏书楼、东花园、后花园、西花园等,占地总面积21000m²。当地很重视故居,斥巨资将其修复。故居正门口正对市内交通道路,东侧为商业街,西侧即为古运河,南侧为居民区,北侧为另一文物保护单位薛汇东故居。

【价值评价】2001年被公布为全国重点文物保护单位。薛福成在无锡近代工商业发展中起了重要的作用,他在无锡曾经开办水泥厂、丝厂等工商企业。其故居采取了中西融合的形式,并且有大量建筑构件采取机器化生产,充分体现了工商业发展对建筑发展的影响。

图6.258 薛福成故居

(43)薛汇东故居

【历史概况】由薛福成长子薛南溟于1911年筹建,1917年落成,后移作其子薛汇东与袁世凯女儿袁昭结婚新居,故称薛汇东住宅(《无锡名景》,2003)。

【现状特征】位于无锡市健康路西侧,前西溪2号。由门楼、正楼、偏楼三幢建筑组成,占地1547m²,具有欧洲巴洛克风格,是无锡目前保存最完整、由中国人自己设计的西式住宅组群之一。现为无锡市妇联的办公地点。故居东侧为商业街,西侧即为古运河,南侧为薛福成故居,北侧为旧居民小区。

【价值评价】反映出无锡工商业发展对当地建筑的影响。

(44)无锡县图书馆旧址

【历史概况】1912年由无锡军政分府总理秦毓鎏委派秦琢如、顾倬等人负责筹建,历时一年,耗资24887元。历任馆长有顾倬、秦玉书、陈然等。底层壁上尚存石碑一通,由钱锺书之父、国学大师钱博撰文,俞复书丹,详记建筑始末。建国后改为无锡市图书馆(无锡文物,www.wst.net.cn/wenhuagj/wuxi/tsgjz.htm,2004)。

【现状特征】图书馆占地三亩六分多,建筑面积1300m²。其功能分布为:底层阅览室、二楼书库、三楼保藏室、四楼钟室。每到整点或半小时,钟锤敲响,发出悠扬的钟声。在当时成为无锡县城内最高的标志性建筑。现在新图书馆建成,此处已不承担借阅图书的功能,钟楼也不再起报时作用了。

【价值评价】市级文物保护单位。近代遗留下来的文化遗产,有一定的历史价值。

(45)荣德生旧居

【历史概况】荣德生(1875—1952),名宗铨,字德生,号乐农居士,无锡人,与其胞兄荣宗敬同为我国近代著名的民族工商业家。建国后,历任中国政协委员、华东军政委员会委员和苏南行政公署副主任(无锡文物,www.wst.net.cn/wenhuagj/wuxi/tsgjz.htm,2004)。

【现状特征】四开间二层洋楼,采用巴洛克式建筑装饰。周围现在都为新建居民楼,此楼已经作为小区的中心景观,基本保持原貌,与周围景物比较协调。门间、主楼、厨房、附房及阁墙均为原建筑,前后庭院作了相应的规划,以满足周围居民休闲娱乐需求。

【价值评价】荣德生在中国近代工商业发展中占有十分重要的地位。

图 6.259　荣德生旧居

(46) 小娄巷

【历史概况】又名鸣珂里,初为戴墓巷,因与大娄巷相对,故名小娄巷。距今近 900 年,名人辈出,文化底蕴丰厚,是无锡城区现存历史最久、面积最大、知名度最高、培养人才最多的历史街巷。曾先后建立绣衣坊、钟秀坊、毓英坊、文献坊、进士第坊、丛桂坊等九座牌坊,为无锡最著名的街坊。在后来的辛亥革命中成为无锡主要的革命活动场所(《无锡名景》,2003)。

【现状特征】在旧城改造运动中,巷子被拆除大半,目前尚存不足百米,而且周围都是高大的现代建筑。但巷内依然保存有一些祠堂和明清旧建筑。巷子东侧为市公安局办公楼,巷子口正对市内交通道路,与周围环境不太协调。

【价值评价】北面中心位置一条长约百米的老备弄贯穿南北,是整个无锡地区现存最长的旧式备弄,历史传统风貌十分浓郁,具有较高的文物价值和研究价值。

(47) 日晖巷

【历史概况】长 70 余米,与古运河相隔一条马路。当年从运河南下、北上的商人常在这里交易并集会(《无锡日报》,2004.4.10)。

【现状特征】日晖巷街区尚有保存完好的茶楼、作坊等,保持着运河建筑的原始风貌。22 号是无锡市保存最古老的茶楼。"金昌字号酱油作坊"和"福来和号酱园糟坊"等也都是当年生产、交易的地方。45 号、47 号等不仅有做工精美的砖雕门楼,还有极富个性的转盘楼。周围为市内交通,因为马路抬高,街巷已经低于路面。周边为居民楼和商业建筑。

图 6.260　小娄巷　　　　　　　　图 6.261　日晖巷传统街区

【价值评价】保持着运河建筑的原始风貌,并且体现出强烈的无锡特色。

(48)茂新面粉厂

【历史概况】1901 年由我国近代著名实业家荣宗敬、荣德生集资创建。原名保兴面粉厂,后改茂新面粉厂,1916 年更名为茂新第一面粉厂。1937 年遭日机轰炸并烧毁,1946 年重建厂房,由上海华盖建筑师事务所设计。1984 年年底复名为茂新面粉厂(《扬子晚报》,2003.12.5)。

【现状特征】目前保存着 1948 年建成的麦仓、制粉车间、粉库以及荣毅仁先生工作过的办公楼,并继续发挥着原有的功能,是无锡市区至今保存完整的近代民族工业企业。旧址位于西水墩上,现存一座四五层楼高的谷仓、三层老式办公楼、车间、进口生产机械。工厂面临古运河,西水墩部分改为文化公园,与周围景观较为协调。

【价值评价】展示无锡工商业文化的重要基地。

(49)南长街明清"水弄堂"

【历史概况】此地区的发展有赖于运河的开通和元代锡山驿的设立,从此四方人口开始在此聚集,形成了无锡南门外特有的社会结构。街区保存了近百年来的建筑和空间肌理,从中依稀可见当时的社会状况(《南长街保护街区规划》,2004)。

图 6.262　茂新面粉厂

图 6.263　南长街明清水弄堂

【现状特征】水弄堂一段的古运河宽 10m 左右,自西北向东南逐渐变宽,两侧也从房屋夹岸变成开敞的道路,特别是在清名桥以南,东侧的道路为古代纤道,直通苏州。因为整个 1.5km 都为历史保护街区,原建筑保存较完整。由于历史原因,周围居住、工业用地布局犬牙交错,一些行政用地、文教卫生用地也散落在地段内,其中南长区法院、南长区医院、清明桥中学的主体建筑都是新建筑,规模比较大。

【价值评价】无锡运河发展史和漕运发展史的重要见证,同时也是无锡成为民族工商业发祥地的见证。

(50)大窑路窑群遗址

【历史概况】嘉靖年间为抗击倭寇,无锡烧制城砖,修筑无锡县城的城墙。无锡的砖窑业除烧制城砖外,大宗产品为各种建筑砖瓦,曾销往大江南北,至近代,甚至远销东南亚地区(《无锡名景》,2003)。

【现状特征】分布于大窑路沿线,绵延达1.5km之遥。原有砖窑百余座,现残存42座,其中较完整的约19座。大部分是倒焰窑,少数为环窑。窑群已不再进行烧制工作,因此现在古窑砖隙之间长满爬藤植物。

【价值评价】现存古窑多为烧制瓷器的官窑,大规模的砖窑保存完好的较少见,此处具有一定的历史价值,同无锡城市发展史也密切相关。

图6.264 大窑路窑群遗址

(51)清名桥

【历史概况】始建于明万历年间,原名清宁桥。清康熙八年(1669)重建;乾隆三十一年(1766)重修;道光二十年(1840)又修,为避道光皇帝之讳改名清名桥;咸丰十年(1860)毁;同治八年(1869)又集资重建;1949年后又作修葺(《无锡名景》,2003)。

【现状特征】位于无锡南门外三里,古运河与伯渎港交会处,东西向横跨运河。保存完好,仍为当地居民过运河的重要通道。桥为单孔石拱桥,长43.3m,中宽5.5m,高7.4m,桥孔跨度13.1m,桥面石阶东为37级,西为19级,经一平台后又各有17级。桥体系花岗石构筑。周围即为历史保护街区。

【价值评价】有较高的历史价值。

图 6.265　清名桥

(52)伯渎桥

【历史概况】与清名桥相对,为单孔拱桥。

【现状特征】位于古运河与伯渎港交会处,横跨于伯渎港上。桥上栏杆为水泥制作,但桥身为砖砌。周围即为历史保护街区。

【价值评价】具有一定的历史价值。

图 6.266　伯渎桥

(53)南水仙庙

【历史概况】明代为祀文天祥部将麻、尹两将军,在锡地南上塘立庙,称"双忠祠",又称"南水仙庙"。清康熙二十二年(1683)在双忠祠南侧建"松滋王侯庙",于是两庙合为一所;乾隆四十六年(1718)重修殿宇;嘉庆十四年(1809)拓地扩建;咸丰年间被毁;同治年间(1862—1874)又重建(无锡文物,www.wst.net.cn/wenhuagj/wuxi/tsgjz.htm,2004)。

【现状特征】寺庙主体由头山门、二门、戏台、大殿、酒厅、茶厅、蚕师殿及北侧的双忠祠正殿、书厅等建筑组成。经过重新翻修与加固,主体建筑上可见水泥加固件。在院落中可见散落的抱鼓石残片。地处保护历史街区内,与环境较协调。

【价值评价】具有一定的历史价值。

图 6.267　南水仙庙

(54)永泰丝厂

【历史概况】清光绪二十二年(1896)著名实业家薛南溟与周舜卿在上海开设永泰丝厂,不久即独资经营;宣统元年,在无锡仓浜开办锦记丝厂。民国十年,永泰丝厂所生产的"金双鹿"牌高级丝曾代表中国丝业参加纽约万国博览会。民国十五年,永泰丝厂迁到知足桥旁的现址(无锡文化,whj.wuxi.gov.cn/dh/wbtd/29.htm-23k,2004)。

【现状特征】厂房与办公楼现在仍归厂方所有,均保存较好。红砖砌成,办公楼为五开间二层小楼,二层使用铸铁栏杆。厂房地处保护历史街区内,与环境较协调。

【价值评价】无锡近代工商业发展的重要见证。

图 6.268　永泰丝厂

(55) 海宁救熄会

【历史概况】旧时的南下塘多为低矮民房及作坊小店，还有一些草棚，多发火警。民国初年，街坊里弄居民合议在南下塘 63 号建造房屋，设置了海宁救熄会（锡城旧影，www.wuxinews.com，2004）。

【现状特征】位于清名桥北侧古运河东岸南下塘 263 号。面阔一间，高两层，青砖清水墙，大门之上雕刻着当年救熄会的标志：一只钢盔和两把斧头。此会购置抬龙（大木桶中两个活塞，用人力移动和人力压水），另有撤龙（铁结构，带四轮，用人力提压活塞吸水、压水）。建筑外观保存完好，但已经改为民居；立面上标志仍然清晰可见，但原来的消防设施已经没有了。

【价值评价】研究当时运河旁居民社会生活的重要物证。

图 6.269　海宁救熄会

(56) 耕读桥

【历史概况】原名西孤渎桥。始建年代不详,明、清两代都有重建。据史料记载,最后一次重建于清光绪二十三年(1897)(锡城旧影,www.wuxinews.com,2004)。

【现状特征】桥为金山石单孔拱桥,横跨梁溪河支流孤渎港,长27m,宽3m。桥面南北各有石阶22级。桥两面均置石楹联,东联为"沃壤植桑麻,抱布贸丝人利涉;佳名易耕读,高车驷马客留题",西联为"南里岁丰穰,风送稻花香匝地;西溪波潋滟,云沉孤米水如天"。因为两岸沿河土地分别被办公楼与居民小区挤占,此桥已无交通功能。与周围环境不协调。

【价值评价】具有一定的历史价值。

图6.270 耕读桥

(57) 鼎昌丝厂旧址

【历史概况】鼎昌丝厂是著名实业家周舜卿之子周肇甫投资建造的,1928年动工,1930年建成,耗资60万元,设有坐缫车512部。抗战期间曾被日军占领。1944年产权被钱凤高占有。建国后,并入一些小丝厂,改为国营无锡第一缫丝厂(无锡文物,www.wst.net.cn/wenhuagj/wuxi/tsgjz.htm,2004)。

【现状特征】位于无锡南门外黄泥浜金钩桥街23号今无锡第一缫丝厂内。旧厂房显得比较突出。原有生产车间三幢,均为清水砖墙铁皮屋顶的二层楼房,且互相连接呈"王"字形;还有茧库一幢、三层楼,锅炉间、配电间各一幢，也是清水砖墙建筑。三幢厂房有的被改建为宾馆，保存最完好的一幢改为茶室，外观作了少许调整。

【价值评价】无锡民族工业企业旧址中保存较为完整的一处。

图 6.271　鼎昌丝厂旧址

(58)枫桥

【历史概况】据传旧时皇粮北运，经该河段时禁止其他船只通行，故称"封桥"；或谓旧时朝开航、夕闭航，故称"封桥"。后因唐张继《枫桥夜泊》而衍为今名。始建确切年代不详，现桥为清同治六年（1867）重建（《苏州市历史文化名城保护规划》，2002；《苏州词典》，1999）。

【现状特征】位于阊门外枫桥镇铁铃关前，跨京杭古运河南北走向段。长39.6m，中宽4.4m，矢高5.7m，净跨10.5m。花岗石构筑，拱券纵联分节并列砌置。桥面石镌轮回纹，东西两坡砌踏步，东坡落于铁铃关拱门内。额镌"重建枫桥"四字。砖砌栏板，间石望柱，覆以石条。目前保存状况较好。周边为文物古迹用地和城市绿地，与古桥风格和谐。

【价值评价】省级文物保护单位。苏州运河的重要地标之一，具有很高的历史价值。

图 6.272　枫桥

(59) 江村桥

【历史概况】始建年代未详。清康熙四十五年(1706)重建,同治六年(1867)年修,1984 年重修(《苏州市历史文化名城保护规划》,2002;《苏州词典》,1999)。

【现状特征】位于枫桥镇寒山寺前,跨京杭古运河南北走向段。单孔石拱桥,东西走向,中宽 4.3m,矢高 4.85m,全长 30m,净跨 10.8m。花岗石间以少量青石,拱券石 11 排纵联分节并列砌置。桥面石镌轮回纹,桥栏用城砖砌筑,上压抹条角石,间以石望柱。东西两坡砌条石踏步,东 25 级,西 30 级。保存状况良好,与周围景观协调。

【价值评价】省级文物保护单位。紧邻枫桥,是苏州运河的重要地标之一,具有较高的历史价值。

图 6.273　江村桥

(60) 彩云桥

【历史概况】始建年代无考,明清两代曾重修,民国十七年(1928)重建。1991年因运河拓宽,原样迁建至跨胥江,并在西堍引桥增辟桥洞数孔,与驿亭相接(《苏州市历史文化名城保护规划》,2002;《苏州词典》,1999)。

【现状特征】位于市郊横塘镇,原跨运河航道。桥为三孔石拱桥,长38m,中宽3.7m,中孔矢高5.6m,净跨8.5m,两边孔较小。花岗石构筑,拱券纵联分节并列砌置。西端引桥分南北落坡,东端引桥在河中折北落坡,经堤岸通驿亭。东次孔内有纤道。条石栏板,两坡砌条石踏步。目前保存状况较好。周边主要为工业和仓储用地,对古桥风貌有一定影响。

【价值评价】市级文物保护单位。与横塘驿站共同构成苏州运河中段的地标。

图6.274 彩云桥

(61) 上津桥、下津桥

【历史概况】上津桥始建年代无考,明末重建,1984年重修。下津桥又名通津桥,明成化十八年(1482)建,清代重修,1984年又重修(《苏州市历史文化名城保护规划》,2002;《苏州词典》,1999)。

【现状特征】均位于阊门外上塘河沿线。上津桥现为半圆拱单孔石桥,中宽3.7m,全长42.45m,净跨12.2m,矢高5.9m;赭色花岗岩拱券分节并列砌置;青砖桥栏,间以石望柱,上覆石条,南北踏步共60级。下津桥现为半圆拱单孔石桥,中宽4.8m,全长36.7m,净跨12.2m,矢高6m;青石拱券分节并列砌置;花岗石桥台,条石栏板,南北踏步共59级。目前保存状况较好。周边主要为历史保护街区,同时绿化状况较好,与古桥风貌较为协调。

【价值评价】均为市级文物保护单位。在上塘河古运河线路上占有较重要的地位,具有一定的历史价值。

图 6.275　上津桥、下津桥

(62) 吴门桥

【历史概况】宋《平江图》所载为三桥相连,下设三洞。北宋元丰七年(1084)始建,南宋昭定中改建,明清均有重修。盘门当时系苏州正南城门,此桥为"步入吴门第一桥",因名"吴门桥"。现存为清同治十一年(1872)重建。

【现状特征】位于盘门外,跨护城河。为单孔花岗石拱桥,杂有少量武康石。中宽4.8m,长66.3m,净跨16m,矢高9.85m,拱券石10排,长系石11根,纵联并列砌置。南北坡条石踏步50级,北段金刚墙左右两翼均砌有宽约0.6m的纤道,为纤夫穿越桥洞而设。1989年,部分拱券石被船只撞落,修补时发现各拱券之间用定胜形榫卯拼接,以增加强度。保护状况较好。周边为环护城河绿带以及著名的"盘门三景",与古桥风貌十分协调(《苏州市历史文化名城保护规划》,2002;《苏州词典》,1999)。

【价值评价】市级文物保护单位。苏州现存最高单孔石拱古桥,是苏州古运河线路上的重要地标,具有重要的历史价值和美学、科学价值。

图 6.276 吴门桥

(63)觅渡桥

【历史概况】地处水陆要地,原有渡船,昆山僧人敬修因屡遭舟人横暴之厄,与同乡募捐建桥。元大德二年(1298)始建,初名"灭渡桥"。明正统年间(1436—1449)重修,清同治年间(1862—1874)又修,1985 年再修并恢复石栏(《苏州市历史文化名城保护规划》,2002;《苏州词典》,1999)。

【现状特征】位于城东南葑门外赤门湾,跨京杭古运河。桥身用武康石、青石、花岗石混砌,保留了多次重修、大修的历史痕迹。桥为薄型单孔拱式,通长 81.3m,净跨 19.3m,矢高 8.5m。两坡各设 53 步石级。在拱顶与面石之间不加垫层,并尽量增加桥身坡长,使之平缓易行,高而不峻,堪称江南古桥梁之典范。保护状况良好。周围景观亦与之相协调。

【价值评价】市级文物保护单位。苏州古运河线路上的重要地标,具有重要的历史价值和美学、科学价值。

图 6.277 觅渡桥

(64) 行春桥、越城桥

【历史概况】始建年代无考,南宋淳熙十六年(1189)修,明清均有修缮。

【现状特征】行春桥位于城西南上方山路,跨石湖北渚。为半圆薄墩九孔连拱长桥,全长54m,中宽5.2m,中孔净跨5.3m,矢高2.6m;花岗石砌筑,长系石则为武康石,端部雕兽面,为宋代遗物;条石栏板,各望柱头雕蹲狮;桥身平缓,势若长虹。宋范成大有《行春桥记》,旧时苏州有农历八月十八日游石湖,看行春桥下串月之俗。越城桥位于行春桥东侧,跨越来溪。始建于南宋淳熙年间,清同治八年(1869)重建。为单孔石梁桥,全长33.2m,净跨9.5m,中宽3.6m,矢高4.8m;花岗石构筑,拱券纵联分节并列砌置;长系石端部雕神兽纹,桥面石刻纹饰,条石栏板(《苏州市历史文化名城保护规划》,2002;《苏州词典》,1999)。由于地处交通节点,两桥的保护受到过往交通的影响,目前存在一定问题。周边主要为自然山体、湖泊和农田,与古桥较为协调。

【价值评价】市级文物保护单位。与苏州特殊的地方风俗相关,同时也是重要的地标、节点,具有较高的历史价值。

图6.278 行春桥、越城桥

(65) 宝带桥

【历史概况】据史志记载,唐代沿运河所筑纤道中断于澹台湖,此处水急不利船只通行,元和十一年至十四年(816—819)间,刺史王仲舒捐束身宝带构筑长桥,为使湖水通畅,采用多孔、狭墩结构。宋、元后曾失修坍塌,明正统十一年(1446)重建,清末和抗战期间曾遭破坏,1956年和1982年两次修复。

【现状特征】位于城东南大运河与澹台湖贯通口上。现桥宽4.1m,全长

317m,桥下53孔联缀,孔径总长249.8m,南端引桥长43.8m,北端引桥长23.4m,桥堍呈喇叭形,宽6.1m。桥两端原有青石狮一对,现剩北端一只,桥北有石碑亭和石塔各一座。第27孔与28孔之间水盘石上也有石塔一座。受到运河航运的影响,保护存在较严峻的问题,应通过规划尽快解决。西岸主要为湿地湖泊、农田、荒地,与古桥景观较为协调;东岸以仓储码头用地为主,存在视觉景观的不协调(《苏州市历史文化名城保护规划》,2002;《苏州词典》,1999)。

【价值评价】国家级文物保护单位。运河苏州段极为重要的地标,具有极高的历史价值、美学价值和科学价值。

图6.279　宝带桥

(66)吴江古纤道遗址

【历史概况】又称吴江古塘路。今吴江市南北古为太湖泄水口,唐以前均为太湖水体,无陆路。唐元和五年(810),苏州刺史王仲舒"堤松江为路",形成了今运河的西堤,称为吴江塘路。吴越钱镠时亦有修治。北宋庆历二年(1042)又于唐堤之东筑堤,形成运河东堤。元代进一步修治,全盛期形成"九里石塘",为当时吴江境内的交通要道。明清以后没有进行大的修缮,至清雍正年间,塘路已大半废没,不少巨石沉入水中,塘路两侧也多淤而成田。1930年代苏嘉公路筑成后,塘路不再使用,成为历史遗物。在1993年开始的江南运河苏州段治理工程中,发现并保护了这一重要的文化遗产(《运河访古》,1986;姚汉源,1998)。

【现状特征】位于吴江市区南部京杭大运河边。纤道由长1.8—2.2m、宽约0.6m、厚0.4—0.5m的青石铺筑而成,路基采用直径10—12cm的杉木梢打入土中。路体内外两道石墙,中间填入泥石而成。遇到湖中筑堤路段,则首先将泥袋堕入水中筑起土坝,然后将水舀尽垒石筑之。塘路之上还有三孔、五孔、七孔等石桥九座,桥面全部用五块条石拼铺。紧邻苏嘉公路,周边绿化状况较好(《苏州市历史文化名城保护规划》,2002;《吴中胜迹——苏州市文物保护单位简介》,2001)。

【价值评价】省级文物保护单位。目前是京杭运河上仅存的几处古纤道遗址之一,具有重要的历史价值和科学价值。

图 6.280　吴江古纤道遗址

(67) 垂虹桥遗址

【历史概况】原名利往桥。初建于北宋庆历八年(1048),为石墩木桥,元代改建为连拱石桥,共 72 孔,长 500m,桥中建方亭,名曰垂虹。明清几经修缮。至民国只余 44 孔,1967 年大部坍塌(《苏州市历史文化名城保护规划》,2002;《苏州词典》,1999)。

【现状特征】位于吴江松陵镇东门外,跨太湖通往京杭运河及吴淞江的隘口。今仅存东西两端十数孔。

【价值评价】市级文物保护单位。具有一定的保护和利用价值。

(68) 盘门

【历史概况】据古籍记载,盘门为吴都八门之一,古称蟠门。现存城门为元至正十一年(1351)修筑,瓮城为至正十六年(1356)张士诚增建。明清皆有修缮,总体布局和建筑结构基本保持元末明初旧观。

【现状特征】位于苏州古城西南角。水陆两门南北并列,总平面呈曲尺形,朝向为东偏南 10 度。水门由相距 4.6m 的内外两重城门组成,纵深 24.5m。内外水门之间,南北砌驳岸。陆门也有内外两重,其间为平面略呈方形的瓮城,城墙高 8.1m,下以条石为基,上砌城砖。保护状况良好。周边景观亦与之相协调(《苏州市历史文化名城保护规划》,2002;《苏州词典》,1999)。

【价值评价】省级文物保护单位。苏州目前仅存的水陆城门,具有极高的历史价值、美学价值和科学价值。

图 6.281　盘门

(69)铁铃关

【历史概况】又名枫桥敌楼。明嘉靖三十六年(1557)为抵御倭寇而建,清道光九年(1829)曾重修,次年改建上层为文星阁。其后逐渐倾颓,1986—1987年大修,基本恢复清代规模。

【现状特征】位于阊门外枫桥东堍。以条石为基,城砖砌墙,底平面为长方形,面阔 15m,深 10.2m,高 7m,正中辟拱门。关门内南北壁面均辟大小拱门各一,内砌登关砖级,有藏兵和存储武器的空间。保护状况良好。周边景观亦与之相协调(《苏州市历史文化名城保护规划》,2002;《苏州词典》,1999)。

【价值评价】省级文物保护单位。运河苏州段极为重要的地标,具有很高的历史价值、美学价值和科学价值。

图 6.282　铁铃关

(70)潮州会馆

【历史概况】清初广东潮州旅苏商人集资创建,初在阊门外北濠弄,康熙四十七年(1708)迁至现址。后屡经增建、重修。

【现状特征】位于上塘街 278 - 1 号。现仅存头门和戏台(《苏州市历史文化名城保护规划》,2002;《苏州词典》,1999)。

【价值评价】具有一定的历史价值。

图 6.283　潮州会馆

(71)苏纶纱厂旧址

【历史概况】始建于清光绪二十三年(1897)。洋务派代表人物张之洞建议创办,由时任国子监祭酒的苏州人陆润庠主持兴建。1897—1927 年间,工厂几度易手,1927 年由严裕棠为首的严氏家族接手管理,定名为"光裕公司苏纶纺织厂"。日占期间曾一度被日军军管,至 1941 年归还严氏,直至 1949 年,工厂的生产经营状况一直良好。1960 年代更名为"苏州市人民纺织厂"(《吴门桥:城南话沧桑》,2004)。

【现状特征】位于苏州市南门路裕棠桥堍。目前工厂已外迁,部分厂区建筑保留。

【价值评价】运河近代工业的代表之一,是苏州民族工业的重要代表。《中国近代工业史资料》中这样评价:"苏州之苏纶,上海之大纯及裕源,无锡之业勤等厂,皆为中国纱业之先进,亦新工业之前导也。"具有重要的历史价值。

图 6.284　苏纶纱厂旧址

(72) 苏州海关旧址

【历史概况】《马关条约》签订以后,苏州于清光绪二十年(1895)辟为通商口岸,次年于觅渡桥堍码头设立苏州海关,以收洋商进口税银。建筑建于 1897 年。2003 年南门路地段改造时暂时拆除,移至南侧重建。【现状特征】位于苏州市南门路觅渡桥堍。包括邻近的亚细亚石油公司大班、二班公寓在内共三栋建筑,建英式风格,红色裸砖横砌外墙。海关为双坡屋顶,正面 7 个拱券,侧面各 4 个拱券。三栋建筑立面砌有突出的壁炉烟道,高坡屋顶。海关建筑已暂时拆除,两栋公寓建筑现被用作某外贸公司仓库、厂房和职工宿舍。保护状况亟须改善。周边主要为工业用地(《吴门桥:城南话沧桑》,2004)。

【价值评价】在苏州的近代史和近代工业史上具有重要意义,是江南运河沿线重要的近代史迹,建筑造型端庄有特色,具有重要的历史价值、美学价值。

图 6.285　苏州海关旧址

（73）太和面粉厂旧址

【历史概况】始建于 1934 年,由无锡人蔡漱岑、陶君武等创办,1936 年竣工投产。此后经营状况良好。1956 年并入苏州面粉厂(原三丰机制面粉公司),同时苏州面粉厂由胥门外枣市街原址迁入太和面粉厂址至今。目前工厂已转产外迁。

【现状特征】位于苏州市南门路觅渡桥堍。现仅存五层高钢筋混凝土结构厂房一座,由上海英租界工部局设计,建筑风格简洁,檐口处、窗下墙和墙裙处有直线线脚装饰。工厂已外迁,运出设备时对建筑立面造成了一定破坏,主体结构尚完好。目前保护状况亟须改善。周边主要为工业用地。(《吴门桥:城南话沧桑》,2004)

【价值评价】在苏州的近代工业史上具有一定意义,是苏州民族工业的重要代表,建筑风格反映了 1930 年代的工业建筑特征,具有一定的历史价值、美学价值。

（74）鸿生火柴厂旧址

【历史概况】始建于 1920 年,由浙江人刘鸿生创办。1930 年与上海、镇江等地火柴厂合并,组成"大中华火柴股份有限公司"。1956 年公私合营,成立"公私合营鸿生火柴厂"。1980 年代后逐渐转产倒闭。

【现状特征】位于苏州市盘胥路西侧护城河畔。现仅存二层高厂房一座,原为火柴厂仓库。外墙采用青砖为主、红砖镶嵌的法式风格。目前周边为环护城河绿地,环境较好,应进一步实现建筑的合理利用(《吴门桥:城南话沧桑》,2004)。

图 6.286 太和面粉厂旧址

【价值评价】在苏州的近代工业史上具有较重要的意义,是苏州民族工业的重要代表,建筑风格反映了早期海派西洋建筑特征,具有一定的历史价值、美学价值。

(75)日本领事馆旧址

【历史概况】1895 年《马关条约》签订以后,清政府划盘门外青旸地为日租界,设领事馆,初设于城内,1902 年迁入租界。现存馆建于民国十四年(1925)。

【现状特征】位于苏州市南门路 94 号。主楼为砖混结构两层西式建筑,占地 993m²,总建筑面积 939.94m²,红瓦红砖,花岗石勒角,平面不对称。正门朝东,前有半圆形停车台,南北西三面各有门出入,南立面有走廊,窗为多拱形,屋顶随墙体走向分为不同朝向的坡面。现地处苏州第一丝厂内,用作厂办公楼,保护状况较好,周围景观基本与之协调。

【价值评价】市级文物保护单位。记录了苏州近代租界地的历史,具有较高的历史价值(《苏州市历史文化名城保护规划》,2002;《吴门桥:城南话沧桑》,2004)。

图 6.287　日本领事馆旧址

（76）日商瑞丰丝厂旧址

【历史概况】由日本片仓株式会社创办，1926年竣工投产，后几经扩建及1930年代的停产，1938年更名为苏州丝厂，1943年改属中华蚕丝股份有限公司管理，改为中日合办企业。1946年更名为中国蚕丝公司苏州第一丝厂。建国后为苏州第一丝厂，目前仍正常生产，同时开展了苏州丝绸工业旅游等项目（《吴门桥：城南话沧桑》，2004）。

【现状特征】位于苏州市南门路94号。现仅存三层高、红砖外墙、双坡顶茧库一座及一层办公用房两栋。

【价值评价】在苏州的近代工业史上具有一定的意义，具有一定的历史价值。

图 6.288　日商瑞丰丝厂旧址

(77) 美孚石油公司油库

【历史概况】始建于1915年,由美国美孚石油公司创建(《吴门桥:城南话沧桑》,2004)。

【现状特征】位于苏州古城东南京杭运河古道畔。原有储油罐2座,现仅存1座,金属外壳外用红砖围砌。其中601号油罐的测油口盖上标有"GOLUMBIAN 1893",记录了制造商和生产日期。目前为中石化江苏省石油公司苏州油库所在地,油罐仍正常使用。周边为油库仓储用地,保护状况较好。

【价值评价】在苏州的近代工业史上具有一定的意义,建造工艺反映了当时的先进水平,具有一定的历史价值和科学价值。

图6.289　美孚石油公司油库

(78) 横塘驿站

【历史概况】又称邮亭。始建年代不详,现存为同治十三年(1874)建。1961、1962、1980年三次修缮,1993年落架大修,并抬高台基,与运河河岸高度相适(《苏州市历史文化名城保护规划》,2002;《苏州词典》,1999)。

【现状特征】位于横塘镇胥江与运河交汇处。为亭式建筑,歇山卷棚板瓦顶,平面呈正方形,面阔4.6m,进深5.5m,高4.7m。受到运河航运的一定影响,保护状况一般。周边主要为工业仓储用地,与古迹不够协调。

【价值评价】省级文物保护单位。江南运河沿线仅存的一处邮驿遗迹,具有很高的历史价值。

图 6.290　横塘驿站

（79）文昌阁太平军营垒遗址

【历史概况】原建于明万历二十三年（1595），清咸丰十年（1860）至十三年（1863）曾为太平军扼守运河、积储粮草的营垒（《苏州市历史文化名城保护规划》，2002；《苏州词典》，1999；《吴中胜迹——苏州市文物保护单位简介》，2001）。

【现状特征】位于浒墅关镇兴贤桥运河西岸土丘之上。太平军驻守浒墅关时期，曾在阁四周筑一道高 3m、厚 1m 的砖墙，背面沿河正门内有类似月城的砖垒，上有了望孔多处，东南角辟门，下通水池。今砖墙无存，文昌阁尚完整。

【价值评价】市级文物保护单位。具有一定的保护利用价值。

（80）三里亭

【历史概况】古名於止亭。清乾隆年间（1736—1795）建，同治六年（1867）重建。1987 年因大运河拓宽向西移建 50m（《苏州市历史文化名城保护规划》，2002；《苏州词典》，1999；《吴中胜迹——苏州市文物保护单位简介》，2001）。

【现状特征】位于浒墅关镇兴贤桥南运河西岸，为古代行人纤夫休憩之所。亭为花岗石质，单檐歇山顶，坐西朝东，平面呈宽约 3.2m 的正方形，四角立方形石柱，东面亭檐下有阳文"三里亭"额，亭内置有石凳。

【价值评价】市级文物保护单位。具有一定的保护利用价值。

(81) 长安三闸

【历史概况】长安虹桥旁边的重要船闸。

【现状特征】在长安虹桥旁边,现已完全不存,只留部分遗迹。

【价值评价】上塘河上重要的历史建筑,有很高的历史价值。

(82) 长安虹桥

【历史概况】据南宋咸淳《临安志》记载,虹桥又名长安桥。明成化《杭州府志》则说,桥亘如虹,故又名虹桥。由此可知,至少在南宋咸淳年间(1265—1274),此桥即已建成。清道光二十八年(1848)桥圮,咸丰元年(1851)重建(嘉兴文化网,www.jxcnt.com,2004)。

【现状特征】位于今长安镇中街、西街相连处,跨上塘河。单孔石拱,正中通高 6.7m,跨度 10.5m。桥两侧石栏板刻有人物浮雕,桥顶石栏板镌篆书铭文。1989 年长安镇人民政府在桥旁建虹桥记略碑亭,为街市一景。建筑主体仍然存在,地处秀洲区王江泾镇一里街东南,但是破坏严重,而且被周围居民区包围,不甚明显。

【价值评价】省级文物保护单位。上塘河上重要的历史建筑,有很高的历史价值。

图 6.291 长安虹桥

(83) 文星桥

【历史概况】俗称哑巴桥,在揽秀园东,是古代鸳鸯湖畔有名的桥。始建年代不详,重建于清同治六年(1867),三孔石拱桥。文星桥一带(包括揽秀园),宋代称"梅溪",宋元祐年间(1086—1093),僧人智鉴筑庵于此,植梅百株,称"梅庵"。明崇祯《嘉兴县志》记载有"梅溪八景":梅溪月印、竹里茶烟、三峰招翠、西湖暮泛、曲流春涨、厌径疏篱、苏桥积雪、西亭晴云。元明两代此地屡遭毁废。直到明崇祯五年(1652),里人孙洪基梦中遇一老人随地指示古迹,于是构筑庵堂,补植梅花,建孙大参、孙勋卿两公祠,恢复梅溪景观(嘉兴文化网,www.jxcnt.com,2004)。

【现状特征】未实地考察。

【价值评价】有很高的历史价值。

(84)长虹桥

【历史概况】始建于明万历年间,清康熙五年(1666)重修,嘉庆十七年(1812)再修,太平天国时桥栏石损毁,光绪六年(1880)修复。横跨大运河上,是嘉兴市最大的石拱桥,也是大运河上罕见的巨型三孔实腹石拱大桥,气势宏伟。造型如长虹卧波,往昔天气晴明时,登桥远眺,北之吴江盛泽、南之嘉兴北门外隐隐可见。古人有"虹影卧澄波,登高供远瞻。南浮越水白,北接吴山绿"之句。

【现状特征】桥全长72.8m,桥面宽4.9m,东西桥阶斜长30m,各有台阶57级,用长条石砌置。桥拱三孔,是纵联分节并列砌筑法的半圆形石拱。主孔净跨16.2m,拱矢高10.7m;东西两边孔净跨9.3m,拱矢高7.2m。桥边孔两侧有两副对联:一面为"劝世入善,愿天作福",另一面为"千秋水庆,万古长龄"。中孔楹联一面为"淑气风光架岭送登彼岸,洞天云汉横梁稳步长堤",另面为"福泽长流物阜民安国泰,慈航普渡江平海晏河清"。桥两坡各有57级石阶,用平整的长条石砌成,桥栏也是长条石,用石凿的榫卯联接,朝里侧凿成可供人坐憩的弧形。每一块条石都可称修洁。整体保存得很好(嘉兴文化网,www.jxcnt.com,2004)。

【价值评价】市级文物保护单位。江苏和浙江两省的界桥,是现有杭嘉湖地区大运河主线上唯一一座古代石桥,有很高的历史价值。

(85)司马高桥

【历史概况】旧名南高桥,明洪武年间(1368—1398)建,清乾隆十四年(1749)重建,同治三年(1864)毁,光绪二年(1876)知县余丽元重建。东侧桥

图 6.292　长虹桥

图 6.293　司马高桥

联为"碧浪驾舆梁事隶夏官资共济,白栏依雉堞情深秋水溯伊人"。据《周礼》载,周时设置六官,以司马为夏官,掌军政和军赋,后用为兵部的别称。余丽元这次重建司马高桥(还重修了包角堰桥、青阳桥、拱辰桥等运河大桥),请求动用库银,得到兵部的支持,这便是桥名之所由来。

【现状特征】位于桐乡崇福镇南,跨京杭运河故道。单孔石拱,桥长29.4m,宽3m,高约10m。桥顶望柱雕石狮两对(嘉兴文化网,www.jxcnt.com,2004)。

【价值评价】崇福镇上最重要的水工建筑,也是京杭大运河上重要的桥梁,而且保存完好,有很高的历史价值。

（86）秀城桥

【历史概况】据《竹林八圩志》记载,始建于明景泰元年(1450)。桥身楹联北侧上联为"帝道遐昌,兴水利而济涉",下联为"皇口巩固,乐民便以成梁"。南侧上联已风化,字迹不可辨,下联为"凭眺一濠,是号秀城之胜概"。可见桥当时因跨秀水并像城廊而得名,是通往市中心的主要行人桥。

【现状特征】桥拱孔圈石纵联砌置。桥身长35m,桥面宽3.8m,拱矢高约9.5m;南北桥垛各有台阶36步级。今存望柱共7根,其中桥顶方形望柱3根,素面无雕饰;桥南北块莲花状,圆柱4根,栏板素面无雕饰。桥顶面栏板刻有花草纹饰,并有铭文"重建秀城桥"阳刻楷书。桥南踏跺因缸甏江河岸狭窄不能伸展,在桥块石阶起步处筑有小平台,平台台级石沿街平行铺伸相连,构造巧妙(嘉兴文化网,www.jxcnt.com,2004)。

【价值评价】秀城桥一带曾是嘉兴最早的商业中心、贸易集散地、水陆码头,桥的存在为了解嘉兴商业的发展历史提供了资料,有很高的历史价值。

图6.294　秀城桥

（87）石佛寺与三步二爿桥

【历史概况】757年当地人在附近挖到石佛四尊,乃造寺以名。明末巢鸣盛、晚清张鸣珂曾读书、著作于此。巢鸣盛手创"檇李韵尊"(葫芦器),故宫博物院有藏;张鸣珂著有《寒松阁谈艺琐录》,为世所重。两者足可以为寺增光(嘉兴文化网,www.jxcnt.com,2004)。

【现状特征】石佛寺自1930—1940年代起渐次废毁,现仅存唐代银杏树两棵及三步二爿桥。桥建于清代,南名"聚秀",北名"长丰",跨放生河上,转折相连,形制独特,构图生动,是难得的景致。当地流传乡谚"鬼迷石佛寺",言其荒落清寂。

【价值评价】有一定的历史价值。

(88)塔塘桥

【历史概况】清《嘉兴府志》记载始建于清同治初年,是沟通城乡间交通之要道。

【现状特征】位于余新镇,是嘉兴市郊区乡间现存单孔石拱桥中最高、最长的一座石桥。桥顶拱矢高7.40m,桥面宽2.95m,桥身连同东西桥堍共长80m,东西坡各43级。桥拱用券石并列砌置,券石之上桥面石用石板条横铺,增加了桥顶的牢度。望柱共8根,桥顶面4根雕刻石狮子,东西桥墩4根为方形,栏板共16块,保存完好。方形望柱、栏板、砷石均素面,无雕饰,用材硕大。桥梁造型雄健,远远望去宛如长虹。余新镇古有"大桥赏雪"之称,与"古塔吟风"、"坟坞渔歌"等并称十景。桥南座墩右侧嵌有石碑一块,镌刻"万善同登碑",落款为:大清光绪乙巳三十一年(1905)重建塔塘桥众善台王镌刻环石外登于右(嘉兴文化网,www.jxcnt.com,2004)。

【价值评价】有很高的历史和建筑价值。

(89)问松桥

【历史概况】始建年代不详,现存石桥是清道光十二年(1842)里人重建的。

【现状特征】位于新塍镇,单孔石桥。拱券砌石并列砌置,桥身连同东西桥堍共长36m,桥拱矢高6.10m,净跨9.8m,桥面宽3m。桥东台阶18级,桥西台阶24级。存有部分栏板,无望柱,桥身正中栏板刻有"问松桥"三字。保存状况良好。沿运河两岸民居多为新建,风格基本一致,古韵尚存(嘉兴文化网,www.jxcnt.com,2004)。

【价值评价】有一定的历史价值。

(90)长生桥

【历史概况】在史料中没有记载,确切建造年代无法考证,但桥中孔横梁上保留的"乾隆五十五仲春"石章可以证明其桥龄至少已有二百多年。

【现状特征】位于秀洲区东北部与嘉善县接壤的油车港镇。自古以来便是贯通南北两岸居民交通的津梁,至今仍在发挥着不可缺少的重要作用。构造比较简单,为三孔小型石架平桥,通身采用花岗石构筑,呈南北向横跨在东西流向、穿镇而过的油车港镇市河上。桥全长20.2m,宽3m,水面至桥顶平均高度约3m,两侧共有4只桥耳朵,桥顶立4根方型望柱,桥栏杆以长条方石铺设,既可作坐椅,也可当扶手。桥门没有楹联遗存,也没有任何雕饰,桥额上刻有"重建长生桥"五个大字(嘉兴文化网,www.jxcnt.com,2004)。

【价值评价】有很高的建筑价值和历史价值。

(91)北丽桥

【历史概况】据史料记载,始建于宋熙宁七年(1074)。初时为石拱桥,经历代重建,抗战时期改为车行拱桥。1963年改建为梁板桥。桥名由著名书法家、原西泠印社社长沙孟海题写。1983年在桥东建成廊桥。现在的北丽桥全长46.6m、宽24.5m,中间为宽阔的汽车道,两侧各有宽3.5m的人行道,上建仿古亭子、长廊及城墙式栏杆,与中基路、缸甏江沿河民居相呼应,既可让行人避雨,又可在此遥望观景(嘉兴文化网,www.jxcnt.com,2004)。

【现状特征】位于嘉兴市区建国路与环城北路口,呈南北向跨于东西流向的京杭运河,即今天的北环城河上。北丽桥畔已成为嘉兴市民业余时间休闲活动的好场所。

【价值评价】有很高的古建改建价值。

(92)乌镇"双桥"

【历史概况】通济桥南侧桥联为"寒树烟中尽乌戍六朝旧地,夕阳帆外是吴兴几点远山",北侧桥联为"通霅门开数万家西环浙水,题桥主人三千里北望燕京"。明正德十年(1515)里人重建通济桥,越三年,又改建仁济桥。清同治年间先后重修。这两座桥相距十余米,呈直角相连。两桥水映桥孔、双影重叠,景观奇妙,被称作"桥里桥"(嘉兴文化网,www.jxcnt.com,2004)。

【现状特征】通济桥俗称西高桥,跨西栅港,单孔石拱,桥长28.4m,宽3.5m,高约12m。仁济桥俗称栅桥,跨市河,单孔石拱,长、宽、高稍逊于通济桥。双桥保存良好,随着乌镇的旅游开发,其艺术与景观价值为今人所体验。

【价值评价】有很高的历史价值和文学价值。

(93)语儿桥

【历史概况】始建年代无考,仅知宋德祐元年(1275)邑人濮振垂重修,清嘉庆二年(1797)重建(嘉兴文化网,www.jxcnt.com,2004)。

【现状特征】位于万兴街东端,跨梅泾,单孔石拱桥,长17.4m,宽2.8m。桥西堍筑有券拱门,旧时可以启闭。

【价值评价】对研究桐乡濮院镇的历史有很高的价值。

(94)濮院诸桥

【历史概况】濮院在宋建炎前是一个草市。宋建炎二年(1128),著作郎濮凤随高宗南渡,见此地有梧桐树,以为"凤栖梧桐"跟他的大名相符,便决定卜宅于此,这是濮院开镇之始。宋宝庆年间濮凤六世孙濮斗南因功得赐第称"濮院",这是濮院有镇名之始。濮氏一族在此地营造庄园,把老家山东曲阜的蚕桑经验介绍到江南,并在庄园里教人缫织,以濮绸鸣于市。明清时期濮院已成丝绸巨镇,有"日出万绸"之誉。濮院旧镇的规模与布局在宋元濮氏定居时已具雏形,明清时又加以扩展而成。镇区呈正方形,东西南北各三里。又因市镇为"流水包络其间",街巷与街巷之间多有小桥相连。这种"小桥流水人家"的景象,至今在观前街、仓前街、北廊棚几处还能见到。濮院现存的二十余座桥,大约有半数为濮姓始建或修葺。西市河上的栖凤桥是濮氏始迁祖濮凤创建的,桥上的刻字保存得很好。

【现状特征】大积桥位于濮院观前街,跨庙桥港,单孔石平桥;元代濮鉴始建,清乾隆四十四年(1779)重建;原在翔云观前,嘉庆四年(1799)移建今址。大德桥位于濮院观前街,跨庙桥港,单孔石平桥;元代濮鉴始建,1920年里人重建。大有桥位于濮院大有街,跨庙桥港,三孔石平桥;元代濮鉴始建,清宣统三年(1911)重修。栖凤桥位于濮院北横街西端,跨西市河,三孔石板桥;宋代濮凤始建,清道光二十二年(1842)重建;旧传濮院多梧桐,凤凰来集,故有"栖凤"之说。秀桐桥位于濮院北廊棚,跨北河头港,三孔石平桥;旧时为桐乡、秀水两县交界处。定泉桥位于濮院北廊棚,跨北河头港,单孔石拱桥;始建年代无考,清乾隆六十年(1795)重建;里人相传桥下有泉穴,虽大旱之年亦涌突不绝,故名"定泉"。升平桥位于濮院仓前街北端,单孔石拱桥;始建年无考,清道光八年(1828)重修。众安桥位于濮院花园街,跨东河头港,单孔石拱桥;始建年代无考,清道光四年(1824)重建;桥东堍原有施全庙,已残破,无塑像(嘉兴文化网,www.jxcnt.com,2004)。

【价值评价】对于研究濮院镇的历史有非常高的历史价值。

(95) 落帆亭

【历史概况】清光绪六年(1880)重建,增筑太白亭,祀李白,旁有花神及闸神像。后为嘉兴酒业公所。民国十年(1921)公所出资再修。当时园林建筑有 2500m², 为嘉兴主要风景点之一。园林内有玲珑的假山、幽雅的亭轩、苍翠的树木;特别是亭前池中遍植荷花,幽香四溢,是人们纳凉消夏的胜处。亭对面有古羞墓,相传是汉朱买臣妻崔氏葬所。亭后原有嘉禾墩,相传为三国吴黄龙三年(231)"野稻自生"处,嘉兴古名禾兴即源于此。"禾墩秋稼"也曾列入"嘉禾八景"。抗战后落帆亭衰落。1967年又遭严重破坏,荷花池被垫平筑路,房舍成为居民住宅,仅存部分假山和太白亭。1988年市城建局园林管理处加以修葺,重筑落帆亭(太白亭)于假山之上,略具原型(嘉兴文化网,www.jxcnt.com,2004)。

【现状特征】未实地考察。

【价值评价】有很高的历史价值。

(96) 沈曾植故居

【历史概况】沈曾植(1850—1922),字子培,别字乙庵,晚号寐叟,初别号小长芦社人,晚称巽斋老人、东轩居士,又自号逊斋居士、癯禅、寐翁、姚埭老民、东轩支离叟等。清光绪六年(1880)进士,任刑部贵州司主事、总理各国事务衙门章京,外调任江西广信知府、安徽提学使,曾赴日本考察教育制度。宣统二年(1910)在署理安徽布政使任上忽然因病乞休,从此侨寓上海,以遗老自居。1917 年 7 月张勋复辟,他兴头十足地赶去北京参加,任"学部尚书"。这一点经常为后人诟病。沈曾植治学严谨博大,综览百家,后专治辽、金、元三史,于边疆历史地理及中外交通史事开辟前人未窥的新领域。清末任刑部贵州司主事 18 年,潜心研究古今律令,亦有独到成就。晚年在政治上趋于保守,在学术上、艺术上却富于创新,对后人影响颇深(嘉兴文化网,www.jxcnt.com,2004)。

【现状特征】坐北朝南,系清末四合院式三进两层楼住宅,砖木结构。内为走马堂楼,有厅堂、花园等。第一进五开间,中间是厅,两边有厢楼联接,和第二进形成走马堂楼。第二进五开间,中间是厅,两边各有两间。第三进为三开间楼房;东边有一水井。楼房后有五间平房。

【价值评价】有很高的历史价值。

(97)范蠡湖,金明寺,西施妆台

【历史概况】相传湖畔有范蠡故宅,范蠡助越王勾践灭吴后,偕西施在此隐居,并由此发棹泛五湖,因名"范蠡湖"。南宋淳熙年间(1174—1189),状元姚颖筑圃湖畔,名"景范庐"。在此之前,乾道年间(1165—1173),郡僧万寿王在此建寺,开禧元年(1205)移海盐废金明寺额于此,遂称金明寺。明代,在金明寺后建"越相国范公祠",明代称其为范蠡祠、范蠡宅。清光绪年间,重建范蠡祠并建水阁,称"西施妆台";原建在湖中,清初即废,现称湖边水阁为西施妆台。范蠡湖碧波一泓,风光秀丽,西施妆台凌波跨水,构造精巧,历代文人歌咏不绝。相传西施每天在此梳妆,倾脂粉于湖中,螺食而成五彩,名曰五彩螺。宋张尧同诗曰"少伯曾居此,螺纹吐彩丝。一奁秋镜好,犹可照西施",即指此事(嘉兴文化网,www.jxcnt.com,2004)。

【现状特征】位于嘉兴市城南部,今嘉兴第一中学校园西侧。范蠡湖原与南湖相连,唐代筑城,将湖之一角围入城中。

【价值评价】有很高的历史价值。

(98)沈钧儒纪念馆

【历史概况】沈钧儒(1875—1963),原籍浙江嘉兴,光绪甲辰(1904)进士,次年留学日本,回国后参加辛亥革命和反对北洋军阀的斗争。1935年,他与宋庆龄等发起并组织了全国各界救国联合会,积极开展抗日救亡运动,触怒当局而入狱,为著名的"七君子"之一。之后,他为反对内战争取和平,对建立和扩大爱国统一战线做出了很大贡献,是中国民主同盟的创始人之一。建国后,历任最高人民法院院长、全国政协副主席、全国人大常委会副委员长和民盟中央主席等职,被誉为"民主人士左派的旗帜"、"爱国知识分子的光辉榜样"(嘉兴文化网,www.jxcnt.com,2004)。

【现状特征】沈钧儒祖居在嘉兴南帮岸3号,始建于清代嘉庆、道光年间。头门在抗战初期被毁,仪门在1970年代即已破敝不堪。保存比较完整的是大厅、吉门和堂楼。1998年按原样重建,并将祖居辟为"沈钧儒纪念馆",江泽民题书匾额。现纪念馆占地面积2100m^2,建筑面积740m^2。纪念馆前厅放置铜铸的沈钧儒坐像。前厅和堂楼陈列、展出的四百多幅照片和一百多件实物(生活用品等),比较全面地反映了沈钧儒革命、奋斗的一生。

【价值评价】有很高的历史价值。

图 6.295　沈钧儒纪念馆

(99) 嘉兴南湖中共"一大"会址

【历史概况】据史籍记载,后晋天福年间(936—945),吴越王钱镠第四子中吴节度史、广陵郡王钱元镣,在湖滨筑宾舍楼台以为"登眺之所"。后几经兴废,至明嘉靖二十七年(1548),嘉兴知府赵瀛征民夫修浚城河,运土填于南湖之中,成一厚五丈、广二十丈的湖心小岛,并于次年重建烟雨楼于岛上,使风景区初具规模。南湖四周烟雨迷蒙,楼台隐现,形成独特景观。尤其是清明(南湖水会)、荷诞(古称观莲节)、七夕(乞巧节)、中秋,湖上游人如织,画舫中歌舞不绝……这种繁华胜景一直持续到抗日战争前夕。

【现状特征】南湖是浙江三大名湖之一。古称漷湖、马场湖、东南湖。南湖之西为西南湖,两湖相连合称鸳鸯湖。南湖面积 41.6 万 m^2,水深 2—5m。四周地势低平,河港纵横。新中国建立后,南湖有了巨大变化。特别是1991年以来,在湖滨新建了南湖革命纪念馆,南湖风景区建设步伐加快,环湖建起春园、夏园、秋园、冬园和湖滨公园及揽秀园,形成环湖绿化带;湖西南岸建了精严寺、双塔乐园,使自然景观与人文景观融汇一体,成为四季宜人的旅游胜地(嘉兴文化网,www.jxcnt.com,2004)。

【价值评价】有关新中国历史的重要地点,有很高的历史价值。

图6.296　嘉兴南湖中共"一大"会址

(100)丰子恺故居——缘缘堂

【历史概况】京杭大运河自杭州流至桐乡县石门镇,形成一个120度的大湾折向东北,在转弯附近,有一幢坐北朝南的宅院,这便是现代著名画家、文学家、音乐美术教育家丰子恺的故居——缘缘堂。民国十五年(1926)丰子恺在上海请弘一法师为住所取名,弘一法师让丰子恺写一些字团成纸团抓阄,两次都抓到"缘"字,因而取名"缘缘堂"。民国二十二年春,丰子恺亲自设计的颇具民族特色的宅院在石门镇建成,遂用缘缘堂命名,并请马一浮题额。缘缘堂建筑雅洁幽静,被称为"一件艺术品",丰氏即在这里创作、生活。民国二十七年1月,缘缘堂被侵华日军焚毁。2月,流亡在江西萍乡的丰子恺得悉消息后,奋笔疾书《还我缘缘堂》、《告缘缘堂在天之灵》、《辞缘缘堂》等文章,怒斥日本侵略军的残暴行径。抗日战争胜利后,丰子恺曾回故乡凭吊缘缘堂遗址(嘉兴文化网,www.jxcnt.com,2004)。

【现状特征】缘缘堂正厅在院中面南,门楣上悬挂着叶圣陶书"丰子恺故居"匾。厅中"缘缘堂"堂额照马一浮原迹复制。堂额下面挂一幅红梅中堂,系著名画家唐云仿吴昌硕画意之作。中堂两旁悬挂两副对联,内联是"欲为诸法本,心如工画师"。此联原为弘一法师录书《大方广佛华严经》句,现仿制改成板联。正厅内的陈设基本复原,除匾联中堂外,还挂有当代多位书画家所赠书画作品。正厅西室原为书房,现摆放丰子恺半身铜像。东室除陈列丰子恺字画外,正中墙上悬一幅水墨写真的丰子恺全身画像,以及当代书画家的多幅作品。东室后侧门有一过道通楼梯,楼上三间分别以板壁隔成前后两室。东西两间前楼原为丰氏家人卧室,现均为陈列室,陈列着丰子恺各个时期的照片和一些作品与遗物。中间前楼原为丰子恺的卧室兼画室,基本按原样布置。靠后壁是一张简易双人垫架床,两侧为书箱书橱,前面窗口放一张九斗写字台和一把藤椅。一切陈设场体现原来"单纯明快、朴素大方"的风格。所有床、台、橱、椅等均为上海日月楼旧居中的丰子恺遗物。书桌上放有丰子恺生前用过的文房四宝及《辞海》等书籍。书橱中陈列他的著作和译作,此外还展出一些丰子恺的手稿、照片、信札、印章等。

【价值评价】名人故居,有很高的历史价值。

图 6.297　丰子恺故居——缘缘堂

(101)茅盾故居

【历史概况】当代文学巨匠茅盾(沈雁冰)出生和生活过的地方。故居是茅盾曾祖父沈焕于清光绪十一年(1885)前后在汉口经商时寄钱回家购置的,自沈焕至茅盾,四代同堂居住于此。民国二十二年(1933)夏,茅盾亲自主持翻建为三大间,东为储藏室,中为卧室及小客堂,西为书房及会客室。此后几年中茅盾曾数度住在这里写作、读书,并以之为起居会客之所。自抗战爆发后,茅盾即未回故乡。1983年中共中央批准修复茅盾故居。1985年7月4日在茅盾诞辰89周年之际,乌镇茅盾故居隆重开放。至1990年,前来参观瞻仰的游客已有12万余人次(嘉兴文化网,www.jxcnt.com,2004)。

【现状特征】位于乌镇观前街与新华路交接处。整个故居面街南向,是砖木结构的一般江南民居。主体是四开间两进深的二层楼房,共16间,面积414.25m^2。楼房后有小园,有平房三间近100m^2。因当初这所楼房东西两个单元购进时间有先后,因此东单元称"老屋",西单元称"新屋"。两单元外貌一样,前后两进,楼上楼下门、路相通,浑成一体。前楼四间临街。底层自东至西第一间为大门和通道;第二间为家塾,是当年沈氏子弟就学之处;第三、四间联成一大间,为当年全家的饭堂。楼上自东第一间是茅盾祖父的卧室,第二间是其父母的卧室,茅盾及其弟沈泽民即诞生在这间房内。第三、四间当年曾是茅盾两位叔祖的卧室。自前楼底层通过天井或自楼上经过通道即至后进楼房。后楼底层四间自东起依次为客堂、厨房、通前后的过道及全家的起居室。楼上四间自东起依次为茅盾姑母的卧室、女仆丫头的卧室及茅盾曾祖父母的卧室。以上房舍至今仍保持百年前的规制未变。在两进楼房后面是一个约半亩地的园子,茅盾曾祖父曾在这里盖平房三间,多年来堆积杂物。

【价值评价】全国重点文物保护单位。名人故居,有重要的历史价值。

图6.298　茅盾故居

(102) 清河坊历史街区

【历史概况】以原鼓楼为中心,北起高银巷,南至吴山北山脚,东起中河路,西至华光巷(杭州文物局提供电子文档资料,并结合实地调查)。

【现状特征】区内现有全国重点文物保护单位胡庆余堂,市级文物保护单位钱塘第一井、胡雪岩故居。现在此地区基本保持完整,尚未进行改造。

【价值评价】具有一定开发潜力,逐步形成具有浓郁传统气息的文化、娱乐、商业、旅游综合街区。

(103) 中山中路、中山南路传统商业街保护区

【历史概况】北起官巷口,南至凤山门,全长 2.5km,道路两侧各 30m 的范围。中山路的前身是南宋都城临安的御街(杭州文物局提供电子文档资料,并结合实地调查)。

【现状特征】现在沿中山路两侧仍保留很多清代至民初的商业建筑,还有不少仿西方古典式建筑,是市内近代建筑最密集的地区。新旧建筑混杂,历史建筑占 50—60%。

【价值评价】属于杭州传统街区风貌,兼具旅游、文化、娱乐、餐饮功能,可形成有传统特色的商业街。

(104) 小河直街历史街区

【历史概况】京杭大运河、余杭塘河、小河三条河流在此交汇,为杭州城北运河文化的重要区域,也是杭州城北运河的交通枢纽,因境内之京杭运河支流小河而得名。隋唐以来,尤其是南宋时期,拱墅地区成为杭州城北重要的物资集散地、河陆转运地、码头、物资储备地,附近北关市、湖州市、江涨桥市等也很繁华。小河直街的兴衰与京杭运河的发展密不可分(杭州文物局提供电子文档资料,并结合实地调查)。

【现状特征】位于杭州市北部拱宸桥南。今天在小河直街两侧仍能看到工场、会所、店铺、仓廪、旅舍、茶馆、民居、码头、河坎、河埠等民国时期的遗迹。这些遗迹大致分布在西起小河变电所、东至小河东河下、南起余杭塘河、北到长征桥路的范围内,面积约 3.23hm^2。目前已被列入历史文化街区。

【价值评价】作为见证运河兴衰史的地区之一,经过整修后将重现昔日的光彩。

图 6.299　小河直街历史街区

(105)六和塔

【历史概况】矗立于杭州钱塘江畔,始建于北宋开宝三年(970)。吴越国国王钱弘俶患于钱塘江江潮的侵害,故建塔以镇江潮。时塔身九级,高五十余丈,塔顶设灯光以作钱塘江夜航标志。北宋宣和三年(1121)塔遭兵燹。南宋时重建,后各代屡经修缮(杭州文物局提供电子文档资料,并结合实地调查)。

【现状特征】现塔高 58.89m,为套筒式内外两重结构,其中砖砌塔身为南宋原物,外部木檐廊系清光绪间重建,整座塔基本保持了南宋时的风格。塔平面呈八边形,外檐十三层,七层与塔身相通,六层封闭,形成七明六暗的格局。塔为仿木构形式,内施彩绘。每层辟壶门,通木檐外廊,门道两侧及回廊间设壁龛及须弥座,座上砖雕精美。各层的斗栱、腰檐、塔身三者在尺度处理上极为恰当。整个塔身外观上明暗间隔收分合度,轮廓分明。全塔现在基本保护良好。

【价值评价】平面八边形的楼阁式塔始于五代吴越国,后影响中原及北方,六和塔作为此类塔的代表,在中国建筑史上具有突出的地位和影响;它位于杭州运河与钱塘江交汇处,亦是重要地标建筑。

图 6.300　六和塔

(106)闸口白塔

【历史概况】建于五代吴越末期(约 932—947),通体采用白石建造,是仿木构楼阁式石塔,平面八角,九层,通高 14.4m,逐层收分,比例适度,出檐深远,起翘舒缓,轮廓挺拔(杭州文物局提供电子文档资料,并结合实地调查)。

【现状特征】位于杭州市钱塘江边闸口白塔岭。塔的基座为须弥山,刻山峰与海浪,象征"九山八海"。束腰部分刻佛经,其上塔体每层由平座、塔檐、塔身三部分组成。塔身每面的转角处都有倚柱,收分明显,柱头卷杀;中间两根槏柱把每面分成三间,其中四个壁面的明间辟有壼门,并雕有实榻大门,门上有门钉;上部置直棂窗,倚柱之间架以阑额,上刻"七朱八白"。塔身上浮雕佛、菩萨和经变故事,形象生动。檐下斗栱为五铺作。塔檐雕檐子、飞子、筒板瓦垄,檐口刻勾头、滴水,翼角雕老角梁、子角梁和脊饰。平座前沿有柱洞,原来装有栏杆。塔顶为铁铸塔刹,由覆莲、宝珠、仰莲等构件组成。全塔现在基本保护良好。

【价值评价】杭州现存吴越时期仿楼阁式石塔最具代表性、最典型的一座。

图 6.301　闸口白塔

(107) 凤凰寺

【历史概况】始建于五代(另一说为宋),原名真教寺,又称礼拜寺,是我国现存的南方伊斯兰教四大古寺之一。原建筑规模宏伟,面积比现在大一倍以上。因整个建筑群布局形似凤凰,故得名。历代几经重建和重修。

【现状特征】位于杭州市中山中路 227 号。现总平面呈矩形,占地面积 2660m^2,大门坐西朝东,使礼拜者面向麦加。寺内中轴线上依次有门厅、礼堂、礼拜殿。在礼堂与礼拜殿之间建有廊屋相连,还保持着古代工字殿的传统形制。轴线左侧有碑廊和教长室;右侧厢房为浴室、殡仪室等。寺院的四周用高大的砖墙围护(杭州文物局提供电子文档资料,并结合实地调查)。

【价值评价】在结构和功能上保持着浓厚的阿拉伯建筑风格,如礼拜殿的穹顶、横置式平面、圣龛等具有典型的伊斯兰教建筑特点,在建筑朝向、陈设、铺地等方面较严格地遵守了伊斯兰教的教义,但在总体布局和建筑屋顶等方面又融入了不少中国传统建筑手法。特别是其礼拜殿为元代阿拉伯大商人阿老丁所建无梁殿,具有很高的历史、艺术、科技价值,对研究我国东南沿海元代砖石结构建筑有重要的参考作用。寺内还保存了十数通明清时期中、阿文有关碑刻和墓志。凤凰寺记载了中国和阿拉伯人民古代友好往来的历史,对研究我国汉族地区中古时期与阿拉伯国家的经济文化交流具有重要的意义。

图 6.302　凤凰寺

(108) 岳飞墓

【历史概况】岳飞(1103—1142),字鹏举,河南汤阴人,抗金名将。由于他极力反对南宋朝廷的投降政策,被赵构、秦桧杀害于临安府(今杭州)大理寺风波亭。岳飞被害后狱卒隗顺潜负其尸葬于"九曲城下,北山之滨"。隆兴元年(1163)孝宗即位,诏复岳飞官爵,改葬栖霞岭,其子岳云附葬于旁。嘉定十四年(1221),勘定智果寺为功德院,这就是现在岳庙的始基(杭州文物局提供电子文档资料,并结合实地调查)。

【现状特征】位于杭州西湖北之栖霞岭南麓,占地 23.5 亩,建筑面积 2793 m^2。前有照壁,上刻"尽忠报国"四大字。墓道古柏葱葱,两侧为碑廊,陈列历朝碑刻一百二十多通,有岳飞《送紫岩张先生北伐诗》、传岳飞书写的诸葛亮前、后《出师表》、唐代李华《吊古战场文》等。过墓阙,墓地正中是岳飞墓,碑上刻"宋岳鄂王墓",左侧有岳云墓,墓碑上刻"宋继忠侯岳云墓"。墓前两侧有石俑、石马、石虎和石羊,系明代遗物。墓阙两侧面墓而跪的是陷害岳飞的秦桧夫妇和万俟卨、张俊四人的铁像;墓阙石柱上刻一对联:"青山有幸埋忠骨,白铁无辜铸佞臣"。

庙是墓的附属建筑,分忠烈祠和启忠祠两部分,以忠烈祠为主体。忠烈祠是奉祀岳飞的地方,正殿重檐歇山顶,檐间悬挂"心昭天日"金底大匾。殿内塑有岳飞坐像。启忠祠在忠烈祠的西边,原是奉祀岳飞父母的地方,1984年辟为岳飞纪念馆。

【价值评价】重要的爱国主义教育基地。

(109)胡庆余堂

【历史概况】清同治十三年(1874)由"江南药王"胡雪岩创办,光绪四年(1878)正式落成营业。

【现状特征】位于杭州市吴山东麓大井巷。共三进,采用前店堂、后作坊的布局形式。入口立面古朴庄重,高大气派,门内由"进内交易"牌引入一条幽深的长廊,沿廊挂三十多块刻着药名药效的药牌,黑底金字,分外夺目。东侧廊下设一排"美人靠",可供顾客小憩。廊前亭下小桥流水,入口空间明暗相映,收放自然,较好地体现了建筑的装饰美和空间氛围的烘托,给人以清新舒适的感觉和健康平安的希望。一进建筑分前后两院,前院为营业大厅,后院是客厅和账房间,营业大厅宽畅明亮,楼屋呈"凹"形布置,天井架玻璃棚顶,可避日晒雨淋,厅内宫灯高挂,金碧辉煌,四周雕栏玉栋,两旁为高大的红木柜台,沿壁设"百眼橱",建筑用材讲究,雕刻精美。整个营业厅富丽堂皇,匠心独具的建筑形式显示出大药号的排场,从气氛上增强了药号的声望,使顾客沉浸于好奇和赞叹之中,起到忘病而去、药到病除的功效。一进与二进之间以高大封火墙相隔,中辟夹弄和直跑梯道,可登二层楼屋。二进为药材加工场,建筑四面环接呈四合院布置,底层回廊相通,后院为小花园,二进与三进也以夹道相隔,三进原为药材库,空间狭窄。胡庆余堂产销的药品素以选材地道、验方独特、碾制精细、药效优良蜚声海内外,与北京同仁堂并称南北二大国药号。"采办务真,修制务精"为其办店宗旨,为追求药性纯正,不惜工本铸金铲银锅即为明证;店堂内高悬"真不二价"、"戒欺"匾额是其经营之本和质量、信誉的保证(杭州文物局提供电子文档资料,并结合实地调查)。

【价值评价】整组建筑吸收江南传统民居以院落为空间单元的特点,布局精巧,设计独特,具有较高的建筑艺术水平,是我国保存最完整且极为少见的清代商业古建筑群之一。1989年建成开放了"中药博物馆"。

图 6.303　胡庆余堂

（110）宋皇城遗址

【历史概况】宋室南渡后，绍兴元年（1132）宋高宗诏守臣徐康国利用原州治筹建行宫，绍兴四年（1134）至二十八年（1158）扩建宫城及东南外城，使整个皇城范围东起中河南段以西，西至凤凰山，南自笤帚湾，北达万松岭，方圆九里。皇城四面各开一大门，南称丽正门，是皇城的正大门，北、东、西分别为和宁门、东华门、西华门。皇城内经过历年修建，到南宋后期有殿、堂、楼、阁、台、轩、观等一百三十余座，建筑鳞次栉比，金碧辉煌。整个皇城充分利用山势精心规划布局，将主要宫殿置于较高的南部，显得巍峨壮丽，其中大庆殿为正殿，此外还有皇帝日朝的垂拱殿及后殿、延和殿、端诚殿、崇政殿、钦先孝思殿、复古殿、福宁殿、坤宁殿、选德殿、勤政殿等。皇城东部为东宫。后苑在西北部，"怪石夹列，献瑰逞秀，三山五湖，洞穴深杳"。德祐二年（1276），元军攻入杭州，不久宫室遭火焚毁过半，残留宫殿改为报国寺、小仙林寺、尊胜寺、兴元寺、般若寺。到明万历年间大殿基本坍毁，整个皇城渐成废墟（杭州文物局提供电子文档资料，并结合实地调查）。

【现状特征】位于杭州凤凰山麓。现残存的遗址深埋地下，地面仅存部分北城墙遗迹，皇城后苑及周围地区尚存宋高宗"忠实"摩崖题刻、南宋淳熙丁未"凤山"题刻、五代圣果寺遗址等遗迹。

【价值评价】现为全国重点文物保护单位南宋临安城遗址的主要组成部分。

(111)南宋太庙遗址

【历史概况】南宋皇家的宗庙,始建于南宋绍兴四年(1134),有大殿七楹十三室。以后各朝都有扩建,供奉从宋太祖起共十四位宋朝皇帝神位(杭州文物局提供电子文档资料,并结合实地调查)。

【现状特征】位于杭州市紫阳山东麓。1995年9月,杭州市文物考古所在紫阳小区建设工地发现太庙东围墙、东门门址及大型夯土台基等建筑遗迹。

【价值评价】从已发掘的部分遗迹看,南宋太庙规模宏大,营造考究,是我国目前发现的时代最早、保存较为完好的古代皇家宗庙遗址,为研究南宋的政治、礼制提供了重要的实物史料。现为全国重点文物保护单位南宋临安城遗址的组成部分。

图6.304　南宋临安城遗址

(112)梵天寺经幢

【历史概况】北宋乾德三年(965)、吴越国王重建南塔寺时所建(杭州文物局提供电子文档资料,并结合实地调查)。

【现状特征】位于杭州市凤凰山东麓。经幢为一对,相距十余米,幢高15.76m,幢身八面,太湖石质,形制相同,各部分比例和谐,雕刻精美。经幢自下而上由须弥座、幢身、腰檐、山花蕉叶、宝珠、仰莲、短柱等构件叠砌而成。台基浮雕"九山八海",须弥座束腰处浮雕四条体态矫健的蟠龙。中层束腰刻十六个佛龛,龛内浮雕菩萨像。上层束腰刻八个佛龛,龛内雕一佛二弟子二菩萨。幢身刻行书体佛经,南幢为《大佛顶陀罗尼经》,北幢为《大随求即得大自在陀罗尼经》,字迹清晰隽秀。两幢均刻建幢记,也为行书体,文末署"乾德三年乙丑岁六月庚子朔十五日甲寅日六,天下大元帅吴越国王钱俶建"。

【价值评价】国内现存最高、层次最丰富、雕饰最精美的佛教经幢之一,是经幢成熟时期的代表作。

(113)老虎洞南宋窑址

【历史概况】宋元时期堆积。绝大部分专家认为其南宋堆积层即为南宋修内司官窑窑址,因而备受国际学术界关注(杭州文物局提供电子文档资料,并结合实地调查)。

【现状特征】位于杭州市凤凰山与九华山之间的山岙平地。1996—2001年,杭州市文物考古所先后进行了三次考古勘探与发掘,发掘面积约 2000m^2,共发现二座龙窑、一座素烧炉、作坊遗迹及大量瓷片、窑具标本,器型丰富多样,复原器达数百件,全面完整地揭露了老虎洞窑址全貌。

【价值评价】遗址元代层中出土的与传世哥窑类同的瓷片为解决长期以来悬而未决的哥窑产地问题提供了第一手资料。

(114)胡雪岩故居

【历史概况】建于清同治十一年(1872)。占地 10.8 亩,建筑面积为 5815m^2,是晚清红顶商人胡雪岩耗费十余万两白银而盖的巨宅(杭州文物局提供电子文档资料,并结合实地调查)。

【现状特征】位于上城区元宝街。1950 年代开始先后被学校、工厂占用,并有 135 户居民入住。由于长期失修,建筑物毁损严重。1999 年初,杭州市人民政府决定重修,筹资 2900 万元,由杭州市园文局主持全部修复工程。杭州市文物保护管理所、杭州市文物建筑工程公司招聘国内文物修复的能工巧匠,不辞辛劳,夜以继日,精心施工,终使修复工程于 2000 年底如期竣工,2001 年春节对外开放。

【价值评价】名人故居,重要的古代居住建筑。

(115)六部桥

【历史概况】长 15m,宽 5m,单孔石拱桥。南宋时,六部二十四司官署在其西,故名。桥东有都亭驿,故又名都亭桥。元代改为通惠,明代称锦云,清复称六部。桥南 50m 左右为凤山水门(《杭州地名志》第三卷,1988)。

【现状特征】现在作为杭州城市公园的一部分,受到良好的保护。两侧均有城市道路。

【价值评价】作为城市休闲设施的一部分,属于中河诸桥之一,有一定的历史价值。

图 6.305　六部桥

(116)欢喜宁桥

【历史概况】又名永宁桥。清乾隆三十五年(1770)创建,跨大河南北。长47m,宽6.5m,单孔石阶桥(《杭州地名志》第三卷,1988)。

【现状特征】周围是农田及住宅基地,此桥未受到重视。但因地处城乡结合部,此段运河又没有航运功能,亦未受到大的破坏。

【价值评价】作为杭州早期古运河上的桥梁,有一定的历史价值,应得到更好的保护。

图 6.306　欢喜永宁桥

(117) 福德桥

【历史概况】南宋时称黑桥。相传附近为染坊荟萃,所染之布匹就在河中漂洗,河水为之恶浊,终年黑色,故名。又称洪桥,1985 年整修(《杭州地名志》第三卷,1988)。

【现状特征】毗接骨桥北,福德桥弄。长 10.5m,宽 2.8m,单孔石阶桥。现处于城市河流廊道内,有交通功能(供行人过河)。受到较好保护。

【价值评价】作为杭州早期古运河上的桥梁,有一定的历史价值。

第七章

京杭大运河非物质文化遗产资源详述

7.1 通惠河与北运河段

(1) 京东大鼓

中国曲艺曲种。产生于北京的通县、河北的香河和天津的武清、宝坻、蓟县一带,在当地的民间小调基础上逐渐发展而成。流行于北京、天津和河北部分地区,约有一百多年的历史。只唱不说,唱词基本是七字句。表演形式原为一人演唱,左手击铜板,右手击鼓,以三弦伴奏。现有对口、群唱等形式出现,并加以二胡、扬琴伴奏。唱腔是曲牌体和板腔体的混合结构。常用的曲牌有[金钩调]、[大反腔]、[双柔调]、[双高调]、[上板调]、[十三咳]等。传统曲目长篇以历史故事为主,如《杨家将》、《薛刚反唐》等,短篇以民间传说为主,如《许仙游湖》、《武松打店》等(《通州区志》,1992)。

(2) 泥人张彩塑

天津泥人这种民间艺术,在清代乾隆、嘉庆年间就已享有很大声誉,而使这门艺术大放异彩,把传统的捏泥人提高到艺术水平,又装饰以色彩、道具,形成独特风格的,当推"泥人张"。泥人张彩塑创始人张明山(1826—1906),自幼练就一手绝技,能在与人接触瞬间"触手成像",而且形态逼真,令人倾服,遂得"泥人张"的誉称。"泥人张"艺术世代相传,彩塑艺术不断发展。第二代张玉亭(1863—1954)继承父业,善于在动态中表现人物,其作品更多反映劳动人民,讽刺揭露黑暗势力,艺术成就极高。张明山、张玉亭的作品曾获巴拿马赛会的金奖、巴拿马国际博览会的荣誉奖,并在南洋各地展览会上获得奖状、奖牌二十余件。"泥人张"第三代张景祜(1891—1967)创作了不少革命历史题材作品,并深入少数民族地区,创作反映少数民族生活的作品,为彩塑艺术开创了新的途径(《天津老城忆旧》,1997)。

(3) 风筝魏

在北方,最受欢迎的风筝是天津魏元泰的风筝,每逢春秋季节都要畅销一时。魏元泰制造的风筝畅销国内外各地,"风筝魏"驰名遐迩。他制作的风筝,手艺精巧、构思奇特、拆卸灵活。他的作坊"长清斋"门前经常挂着一个饱经风吹日晒的"小飞雁"风筝,作为他卖风筝的标记(《天津老城忆旧》,1997)。

(4) 杨柳青年画

杨柳青年画历史悠久,以其细腻的笔法、秀丽的人物造型、明艳的色彩、丰富多姿的形式内容而闻名。杨柳青年画成熟于清代。康乾时期,杨柳青年画风格严谨,背景简洁,注重人物神情的刻画。这一时期的代表人物是齐健隆、戴康增两位画师。嘉庆道光年间,杨柳青年画的风格渐趋活泼,画面热闹,色彩丰富,背景也各式各样。杨柳青年画题材的一大类便是娃娃。这些娃娃体态丰腴、活泼可爱。他们或手持莲花,或怀抱鲤鱼,都象征吉祥美好,非常惹人喜爱(《西青区志》,2000)。

(5) 天津快板

中国曲艺曲种。1950年代形成,是天津业余演员改革、发展天津时调[大数子]的结果,去掉了[大数子]的前两句[靠山调]慢板,丰富了伴奏音乐。演出时,演员手持节子板数叙,唱调几言皆可,上、下句子要求对仗,对尾字要求押韵,全篇既可一辙到底,也可用花辙,自由活泼,颇富韵律。伴奏乐器为大三弦和扬琴等。曲目多为反映现实生活的短篇(《天津老城忆旧》,1997)。

7.2 南运河段

(1) 泊头六合拳

六合拳法始传于泊头,约在明万历末年,一侠士张明,路经泊头镇清真八里庄(今红星八里庄),落难染病,回族村民曹振朋将其接入家中,为其延医寻药,百般照料。张遂授六合拳法数载,赠拳谱多卷,以报搭救之情,曹振朋获六合真谛,传与其子曹寿,曹寿传泊头镇石金可,授石长春、张茂龙等(均为回族)。为弘扬六合,八代传人石同鼎倾家投资百万,于2002年兴建"六合武馆",回汉各族习六合之人第一次有了自己的场馆。六合拳法传乘不分贵贱亲疏,授徒不问民族地域,非一地一姓一家之私产,技艺主张兼收并蓄,极重武德(白维平、石同鼎,2004)。

(2)吴桥杂技

中国吴桥国际杂技艺术节是以"吴桥"命名的国际性杂技盛会。创办于1987年,每两年一届,举办地在河北省省会石家庄市,是我国举办历史最长、规模最大、设施最完善的国际性杂技艺术节。已有四十多个国家和地区的三百多个节目参加了比赛和演出(《聊城地区志》,1997)。

7.3 聊城段

(1)聊城冠县郎庄面塑

冠县郎庄是个三四十户的小村,家家户户男女老少一年四季都制作面塑,成品远销省内外。其制作工艺为:用精麦面粉发面,发好后在案板上用剪刀、梳子等工具捏出各式花样,蒸熟、上胶、绘色、晒干即成。其造型夸张简练,面塑为半浮雕式,经过蒸熟"发胖",显现一种浑圆敦厚的造型美。面塑用色也很大胆,常涂以大块面的红、黄、绿等原色,间以多变的线条,再用少量钴蓝和白粉点缀成花骨朵和小梅花,最后用墨绿勾画出眉眼和发色,造成色相度的对比,使面塑色彩更加活泼跳动、绚丽多彩(《聊城地区志》,1997)。

(2)临清镜画

镜画技术于清末由天津传入临清。其主要特点是从玻璃背面绘画书写,正面观赏,美观大方、色彩持久,悬挂、摆放皆宜。现代镜画工厂多采用真空镀铝新工艺,有套镜、挂镜、美术镜等六大类产品(《聊城地区志》,1997)。

(3)聊城葫芦皮贴画

葫芦皮贴画即用葫芦制作的工艺品。贴画分两类,一类是素色画,利用葫芦皮本身固有的奶黄色提光,质感坚硬,有象牙浮雕的艺术效果;另一类是彩色画,利用葫芦皮染色后的滞涩凝重感,配以适当题材,赋予作品一种古朴的乡土风情基调(《聊城地区志》,1997)。

(4)聊城八角鼓

颇具地方特色的说唱艺术,以伴奏乐器"八角鼓"得名。八角鼓用蟒皮蒙制,七个面中间安装小铜钹,一个面中间安装铜柱,柱端环上系鼓穗。演员表演时,左手执鼓,右手配合,随着三弦弹奏的主旋律,垫、弹、轮、搓、拍、摇、碰,委婉动听,引人入胜。可一人演唱,也可多人分角色演出(《聊城地区志》,1997)。

7.4 梁济运河段

(1)梁山枣梆

枣梆是鲁西南地区流行较广、影响较大的地方剧种之一。在梁山一带最有名气的,是梁山县方庙村和北部大张村的枣梆戏,而方庙村的演出活动最早。据传,因梁山一带百姓多是从山西洪洞县迁民而来,所以梁山明清时的地方戏大都带有山西梆和陕西秦腔的韵味,托腔绵长,腔调高亢而豪放,服装道具也十分简单。后来,山西遭旱灾,上党地区的梆子戏艺人逃荒来到梁山方庙一带,以唱戏要饭糊口。两地戏剧颇有相似之处,艺人在一起相互切磋,结为知音,从而使梁山南部地方戏在原来基础上,融当地戏剧和山西上党地区梆子戏之长,发展成为独具特色的地方剧种——梁山枣梆(刘玉平、贾传宇等,2003)。

(2)仙鹤舞

仙鹤舞是流传在济宁城区的一种古老的民间舞蹈,原始形态属道具舞范畴。道具仙鹤是用竹子扎成的,其长颈、双翅、尾部均用白色绸绢覆盖,再缀上象征羽毛的穗子。演出时由一位女演员藏于道具鹤中驾驭,称"白鹤仙子"。仙鹤舞一般由八个"白鹤仙子"和一个领舞的"丹顶鹤"组成,表演象征鹤飞翔、行走、抖羽毛、吸水、嬉戏等动作,同时变换各种传统程式的队形。仙鹤舞既可以作为一种单独的舞蹈形式进行表演,也可以跟随"灯舞"跑大场,做伴舞。晚间演出,鹤顶、双翅均点燃灯火,更增添此舞迷人的风采(刘玉平、贾传宇等,2003)。

(3)济宁八角鼓

八角鼓是清乾隆年间由北京八旗子弟兴起的较有影响的说唱艺术。八角鼓原为一种打击乐器,在乾隆中叶后才以说唱艺术品种出现,最初称岔曲,《白雪遗音》将岔曲、腰截、杂牌曲并为一类,题为八角鼓。北京的八角鼓嘉庆后渐趋衰落,而随水流转至济宁,与先期流入的河南鼓子曲相结合,并吸纳济宁方言土语和民歌俚曲,形成了济宁八角鼓。盛于晚清,衰于民国,兴盛时拥有四百多个牌子曲小令(刘玉平、贾传宇等,2003)。

7.5 南四湖区段

(1)微山湖唢呐

由运河流传而来,沿岸官衙接送官船或是百姓婚丧嫁娶都用鼓乐。微山县因地处十几个县的结合部,唢呐艺人交游广,技高一筹,既能演奏传统曲目,也能将戏曲、歌曲改编成唢呐曲,还能触景生情即兴创作演奏,深受人们喜爱。直到民国时候,唢呐高手还有很多,留下了珍贵的民间艺术遗产(刘玉平、贾传宇等,2003)。

(2)端鼓腔

相传自唐朝就已成形于洪泽湖上的渔民,于明末清初溯运河北上而传入微山湖上,随之成为微山湖渔家的俗艺。戏台搭建在湖面上两只大船之间,演出形式融合了戏剧、曲艺、舞蹈等的特点,多采用民间题材,是一种非常独特的艺术形式。最初是渔民用来敬大王、逢年过节请送神灵、续家谱、砸凌起草还愿时演唱,多数被巫婆神汉掌握,只限在大湖深处的渔民中演出,为口传身授的技艺,至今未发现文字记载,仍有所流传(刘玉平、贾传宇等,2003)。

(3)打排斧·拉粮船

打排斧是运河岸边排船工匠从劳动实践中创造出的一种敲打音乐,打排斧的乐器实际上就是捻船用的工具,即斧、凿,演员也即捻船的工匠。拉粮船是流行在微山、鱼台运河岸畔的一种民间舞蹈。表演时,饰纤夫的演员摹仿运河中拉漕船的习惯动作,随着打击乐起舞,表现拉粮船的生活情景,旧时常与端鼓腔艺人联袂出演于各渔村中(刘玉平、贾传宇等,2003)。

7.6 不牢河段

(1) 柳琴戏

又称"拉魂腔",产生于清乾隆年间,约有二百多年历史。主要在苏北、鲁南、皖北、豫东一代流传。主要伴奏乐器为柳琴,大多取材于民间故事,唱腔十分丰富,刚柔并济、粗细并存。由于徐州交通发达,不断受到外来文化的影响,兼收并蓄形成了自己的特色,至今仍活跃在苏北一代(《走近徐州》,2003)。

(2) 梆子戏

又称"大戏"。江苏梆子戏由山西、陕西梆子戏演变而来,主要流传于徐州、铜山、丰、沛一代,据传已有300年的历史。唱腔刚柔相济,表演吸收了武术、杂技、魔术和气功的特点,充分表现了徐州人粗犷豪放、勇猛剽悍的性格,至今仍活跃在徐州地区的舞台上(《走近徐州》,2003)。

(3) 徐州琴书

徐州琴书由明清小曲及地方民歌小调演变而来,距今已有三百多年的历史。以扬琴、坠子等乐器伴奏,有说有唱,以唱为主,表演形式多样,曲目丰富,融入当地民歌小调和姊妹艺术的精华,明快委婉,表现力强,乡土气息浓郁(《走近徐州》,2003)。旧时是民间艺人用来谋生的说唱形式,流行于徐州以及山东南部、河南东部和安徽东北部,后来流传到全国,至今仍然十分兴盛。

7.7 中运河段

无。

7.8 里运河段

(1) 平桥豆腐

【历史概况】平桥豆腐是江苏的一道名菜,其来历与清乾隆皇帝南巡有关。平桥是隶属淮安的一座古镇,濒临京杭大运河东岸,相传乾隆皇帝下江南之时,乘龙舟途经这里。当时有位名叫林百万的大财主,为了讨好皇帝,依仗自己拥有百万家产,令人在淮安至平桥镇四十多里的路上,张灯结彩,铺设罗缎,将乾隆帝接到家中。在接驾之前,就派人探听到皇上的饮食爱好,命家厨用鲫鱼脑加老母鸡原汁烩当地的特色豆腐款待乾隆帝。乾隆帝品尝以后,连连称好,从此,鲜美可口的平桥豆腐便不胫而走,誉满江淮,一直流传至今(考察访谈整理)。

【现状特征】主要集中在楚州、淮安,及以淮扬菜为主要菜系的地区。

【价值评价】在当地影响很深远,制作工艺仍然保存,是当地招待客人的重要菜肴。不仅深受当地人民喜爱,而且是淮扬菜系中的名菜。当地人民已经认识到这一工艺的重要价值,开始有意识地推广。

(2)漂母的故事

【历史概况】传说韩信年轻时家庭贫困,因饥饿困顿而受当地的一名洗衣妇(俗称"漂母")的救助,后韩信有所建树时,为了感谢漂母的恩惠,在当地为漂母修建墓地(事见《史记·淮阴侯列传》:"韩信者,淮阴人也。钓于城下,诸母漂,有一母见信饥,饭信,竟漂数十日。信喜,为漂母曰:吾必有以重报母。母怒曰:大丈夫不能自食,吾哀王孙而进食;岂望报乎!汉五年,信为楚王,至国,招所从食漂母赐千金。")。后来历代文人墨客经过此地多有诗词,如刘长卿《经漂母墓》:"昔贤怀一饭,兹事已千秋。古墓樵人识,前朝楚水流。渚蘋行客荐,山木杜鹃愁。春草茫茫绿,王孙旧此游。"(高步瀛,1978)。关于韩信,当地有"成败一知己,存亡两夫人"之说,"一知己"即张良,两夫人指"漂母"和"吕后"。

【现状特征】在淮安地区广为传颂。

【价值评价】当地人民的一笔宝贵的精神财富,而且促进了当地人民对漂母祠等物质遗产的保护。

(3)潘季驯的治河思想

【历史概况】潘季驯(1521—1595),字时良,号印川,浙江乌程(今吴兴县)人,先后担任九江府推官、大理寺丞、工部左侍郎、工部尚书、刑部尚书等职。明世宗嘉靖四十四年(1565)至神宗万历二十年(1592),曾四次出任总理河道的职务,负责治理黄河十二年,创造性地提出了比较科学的治河理论和措施,并且在黄河下游的治理工作中取得了显著成绩。潘季驯的治河理论和实践经验收集在他所著《河防一览》一书中,书中有详细的治河全图、有关治河的章奏和关于河防险要的论说,是我国古代治黄经验的珍贵记录,丰富了我国水利科学的宝库。潘季驯最重要的贡献是提出了"塞旁决以挽正流、以堤束水、以水攻沙"的理论。

【现状特征】治河思想频繁地出现于当地有关水利的各种书籍中,也很受当地各级水利部门重视。

【价值评价】考察王景、贾鲁和潘季驯,可资研究中国古代治河思想及理论的演变。

(4) 扬州清曲

以前也称小曲、小唱,形成于明代,清代最为兴盛。郑板桥有诗句"千家养女先教曲,十里栽花算种田",描绘了当年家家唱清曲的情形。但在1960年代后,这种古老的民间曲艺日渐衰落。目前清曲只在扬州、上海、镇江三地有人传唱,会唱的近百人,年龄大多已在60—80岁之间。扬州清曲这一艺术影响曾波及大半个中国的曲艺形式,正濒临失传(扬州文艺网,wenyi.yztoday.com)。

(5) 扬州弹词

原名扬州弦词,是用扬州方言说唱的一种曲艺形式,流行于扬州、镇江、南京及里下河一带。扬州弹词和扬州评话同出一流,弹词约始于明末清初,早期一人说唱,自弹三弦伴奏,故名弦词。在清初,评话艺人往往兼工弦词,乾、嘉以后才逐渐分开,清代中叶盛行期间发展为双档演出,称"对白弦词",增添了琵琶伴奏,特点是说多唱少,唱词只有叙述性的表唱。扬州弹词的传统书目,已记录的有《珍珠塔》、《双金锭》、《倭袍记》、《玉蜻蜓》、《落金扇》、《白蛇传》等八部(扬州文艺网,wenyi.yztoday.com)。

(6) 扬州评话

又叫维扬评话或评词。约形成于清代初期,流行于以扬州为中心的江苏省北部,以及南京、镇江、上海等地。形式为一人坐在桌后,以折扇、手帕等为道具,用扬州方言说演。20世纪中叶以来,也有不用道具站立说演的情形。历史上涌现过诸多名家和名作,如擅长说演《三国志》的吴天绪,浦琳编演的《清风闸》与邹必显编演的《飞跎传》,叶霜林说演的《岳传》,邓光斗、宋月章说演的《水浒》,李国辉、蓝玉春说演的《三国》,金国灿说演的《平妖传》,郎照明、郎照星说演的《绿牡丹》,戴善章说演的《西游记》,樊紫章说演的《施公案》等等,均名重一时。扬州评话艺人以节目授受传承艺术。许多节目如《三国》、《水浒》、《清风闸》、《飞跎传》等代有传人,且流派纷呈。有些节目在流传中内容日趋丰富,情节相同而细节各异,显示出艺人不同的艺术偏好与说演取舍,更体现着艺人认识历史、体验生活深浅程度的不同。中华人民共和国成立后,许多新创作的小说曾不同程度地被改编成扬州评话节目表演,中、短篇节目也开始出现,但对传统节目的改编演出仍是上演节目的主体。古事今说的审美旨趣,使得扬州评话并未由于节目的传统而失却时代的光彩(扬州文艺网,wenyi.yztoday.com)。

(7)扬剧

江苏省主要地方剧种之一。原名维扬戏,俗称扬州戏,流行于苏州、江南、上海和安徽部分地区。扬剧是以扬州花鼓戏和苏北香火戏为基础,又吸收了扬州清曲、民歌小调发展起来的。花鼓戏团用丝弦伴奏唱腔比较细腻,故俗称"小开口"。香火戏原为苏北农村酬神赛会时由男巫(香火)扮演的戏,因有锣鼓伴奏,唱腔比较粗犷,故俗称"大开口"。"大开口"与"小开口"1930年代初合并演出,以"小开口"为主,称为维扬戏。建国后,维扬戏改称扬剧。目前仍有相当数量的喜爱者和支持者(扬州文艺网,wenyi.yztoday.com)。

(8)扬州木偶

扬州有木偶之乡的称誉,其杖头木偶与泉州的提线木偶、漳州的布袋木偶齐名。扬州木偶起源于泰兴县一带,建国前木偶戏班原有百余家,在此基础上成立了泰兴县木偶团,现为扬州市木偶剧团。该团的代表剧目《嫦娥奔月》人物形象生动,表演栩栩如生,注重把握人物的思想感情,以刚柔相济、细腻传神著称于世(扬州文艺网,wenyi.yztoday.com)。

(9)广陵琴社

古琴艺术在各地形成了若干流派,如四川的川派、浙江的浙派、山东的鲁派、江苏常熟的虞山派、扬州的广陵琴派等。扬州的广陵派古琴历史悠久,可远溯到唐代,但真正形成广陵琴派是在清初。代表人物徐常遇,著有《澄鉴堂琴谱》,其子徐祜、徐伟也是古琴名家。康熙皇帝曾召见他俩演奏,后辑成《五知斋琴谱》,为近代流传最广的琴谱集。二百多年来,广陵琴派代有传人,至今仍是琴坛上一大流派,代表曲目有《渔歌》、《樵歌》、《昭君怨》、《渔樵问答》等,尤以前二者最能表现广陵琴派之长,既存北派刚键之气,又蕴南派柔和之情。1932年,以著名琴家孙绍陶为首创建了广陵琴社,先后培养了一批很有影响的琴人。广陵琴社于1984年正式恢复,为继承和发扬广陵琴派的古琴艺术,琴社先后举办过三次古琴训练班,以培养青少年接班人。广陵琴派的古琴艺术正在焕发青春(扬州文艺网,wenyi.yztoday.com)。

(10)扬州漆器

江苏扬州的传统漆器工艺起源于两千多年前的秦汉时期,发展于盛唐,鼎盛于明清,具有浓郁的民族艺术和地域特色。明代扬州艺人周翥首创了以金银珠宝、翡翠玛瑙、水晶玳瑁等高档材料雕成山水、人物、花卉、亭台、翎毛嵌于檀梨漆器上的"漆器镶嵌"工艺。千百年来,扬州漆器艺术逐渐形成"胎形稳固,做工精细,光泽腴润,造型别致"的独特风格,与北京漆器、福建脱胎漆器并称为"中国三大漆器"(扬州文艺网,wenyi.yztoday.com)。

(11)扬州八刻

扬州木刻、竹刻、石刻、砖刻、瓷刻、牙刻和刻纸、刻漆,统称扬州八刻。扬州八刻之中,尤以牙刻、竹刻闻名遐迩。牙刻、竹刻有深刻和浅刻之分。扬州艺人以微刻、浅刻见长。浅刻的特点是技艺精细,虽在牙、竹上作书绘画,仿如用纸、绢一般,横竖撇捺擦烘染,刀过如笔,纯熟流畅,一刻而就。微刻则字如蚊足,画似指甲,小中见大,神韵自然。明清时代,扬州曾涌现不少技艺高超的牙刻、竹刻艺人。清时潘西凤精于皮雕,声名极盛。郑板桥有诗赞道:"年年为恨诗书累,处处逢人劝读书。试看潘郎精刻竹,胸无万卷待何如。"金石巨匠吴让之的竹、牙刻堪称一绝,作品精美绝伦,为稀世之珍。近代扬州牙、竹刻名家有黄汉、吴南愚等十数人。吴南愚能在一粒米大的象牙上刻百余字。1927年他刻的《红楼十二金钗》等两件浅刻作品,参加了巴拿马赛会并获奖(扬州文艺网,wenyi.yztoday.com)。

7.9 江南运河段

(1)镇江香醋

迄今已有150年历史,具有"色、香、酸、醇、浓"的特色。存放时期愈久,口味越香醇。清道光二十年(1840),朱兆怀创设恒顺糟坊,生产百花酒。百花酒因质地优良被采为贡品后,产量大幅度增加。道光三十年起,恒顺以酒糟制醋,作坊因此改为恒顺糟淋坊。同治十二年(1873),增加酱和酱菜生产,又改称恒顺糟酱淋坊。宣统二年(1910),恒顺的陈醋在南洋劝业会上荣获金牌后,镇江香醋即声名远播。民国十五年(1926),由李皋宇接办,改牌号为恒顺源酱醋糟坊。民国二十四年,改组为镇江恒顺酱醋厂股份有限公司,恒顺进入鼎盛时期。1955年,恒顺实行公私合营,成立镇江恒顺酱醋厂。到1985年,恒顺酱醋厂香醋年生产能力达3506吨,产品在国内外多次获奖(《镇江市志》,1993;《镇江要览》,1989)。

(2) 镇江三鱼

指的是鲥鱼、刀鱼和鲴鱼。清蒸鲥鱼、红烧刀鱼和白汁鲴鱼为镇江名菜。鲥鱼是我国长江的名贵鱼类之一。早在北宋年间,鲥鱼就被称为京口的美味。每年春夏之交,鲥鱼从沿海回游上溯到江中产卵,季节性很准,故有"时"鱼之称。以焦山、大港江域所产鲥鱼味道最美。刀鱼是江海回游鱼类。每年初春,进入繁殖期的刀鱼自东海进入长江,溯江而上,焦山以东沿江一带,刀鱼之多,举网可得。清著名诗人朱彝尊有"京口刀鱼尺半肥"的诗句,可见镇江刀鱼之名由来已久。鲴鱼,头微扁而身青白色,春季为上市旺季,秋季肉味最美,肉多无刺,味赛河豚,无害于人(《镇江要览》,1989)。

(3) 江绸

也称京江绸,是手工木机织的丝织品。唐宋以来,便不断有绫、罗、绸、缎作为贡品,其品种名称历代有异,自太平天国后则统称"江绸"。其主体品种是花素宁绸和京江线绉,另外还有官纱、缣丝、塔夫绸等。花素宁绸和京江线绉被苏州织造府作为贡品,以备皇帝赏赐臣僚,故又称"宫绸";官员的官府袍套大部分采用此料。官纱、缣丝是夏令衣料,塔夫绸多为衣里。江绸业在清光绪二十年(1894)前为最盛时期,陶聚茂、陈恒顺、毛凤记、蔡协记为著名的四大绸号。1909年,在南洋劝业会上,花素宁绸、京江线绉以及官纱中的文明纱分别获优等奖和金牌(《镇江要览》,1989)。

(4) 彩灯、戏曲服装

镇江彩灯造型独特,制作精巧。其中荷花、龙灯曾为第五届全国运动会开幕式采用,受到好评。戏曲服装近年来受到全国影剧界的好评,被许多电影、电视剧采用,如电影《知音》、《艾里甫与赛乃姆》和电视连续剧《红楼梦》等(《镇江要览》,1989)。

（5）白蛇传——水漫金山

水漫金山寺说的是许仙被法海骗上金山寺,白娘娘和小青上金山,恳求法海放还许仙。法海意欲割断白娘娘与许仙的夫妻恩情,破口大骂,要动刀兵。白娘娘请来四海龙王和虾兵蟹将,引来四海海水,只漫金山寺,不淹镇江城,金山寺被淹没在水中。这就是有名的"白娘娘水漫金山寺"的故事(《镇江要览》,1989)。

（6）常州学派

清代今文经学的复兴最早以运河区域的常州为中心,后人研究学术史者因其郡望而呼其常州学派,又因这一学派所治的是《春秋》公羊学而称之为公羊学派。

清代今文经学的开创者为庄存与(1719—1788),字方耕,号养恬,江苏常州武进人。乾隆年间,经学考据之风大盛,庄存与亦治经学,但他治经以"使用"为宗旨,即不分今古,亦不别汉、宋,学贯六艺,阐抉奥旨,于群经皆有论著。据民国间增修《毗陵庄氏族谱》卷十六《著述》载,庄存与著有《易说》、《尚书既见》、《尚书说》、《周官记》、《周官说》、《春秋正辞》、《乐说》、《算法约言》、《味经斋文稿》等,其中于一代今文经学复兴最有影响者则为《春秋正辞》。

作为开风气者,常州人士张惠言、庄述祖等人的承前启后之功同样不可忽视(《常州市志》,1995)。

（7）常州派

清代花鸟画派之一。代表画家是恽寿平。纯没骨体是其特色。宋代的没骨还有细的轮廓(勾勒),至清代恽南田等发展成一种全然不同勾勒的纯没骨体,称为写生的正派,流传甚广。因恽南田是常州人,故称常州派。清初至嘉庆是花鸟画风格多样、各放异彩的时期。清初常州派恽格花鸟逸笔点缀,润秀清雅,影响较大,成为最流行的画风(《常州市志》,1995)。

（8）常州滩簧

清朝后期流行于江南运河沿线苏州、无锡、常州、杭州及上海等地的说唱艺术。民间曲艺说因果,也发展成为一种新曲艺——常州道情(《常州市志》,1995)。

（9）常州梳篦

我国古代八大发饰之一,始自晋朝(265—420),昔为宫廷御用珍品,故享有"宫梳名篦"之称,迄今已逾1500年,是我国传统的手工艺品。近百年来,常州梳篦多次参加国内外展览会,荣获金银质奖11次,如1915年获巴拿马国际和平展览会银质奖,1926年获美国费城博览会金质奖(《常州市志》,1995)。

(10)锡剧

江苏省主要地方剧种之一,迄今已有一百多年历史。它是在太平天国前后由无锡滩簧和常州滩簧合并发展而逐步形成的(《无锡市志》,1988)。

(11)惠山泥人

系用惠山地区一米以下的土为材料,经多道工序制作而成。《大阿福》系列泥人是惠山泥人的代表作(《无锡市志》,1988)。

(12)《二泉映月》

乐曲自始至终流露的是一位饱尝人间辛酸和痛苦的盲艺人的思绪情感,展示了独特的民间演奏技巧与风格,以及无与伦比的深邃意境,显示了中国二胡艺术的独特魅力。它拓宽了二胡艺术的表现力,获"20世纪华人音乐经典作品奖"(《无锡市志》,1988)。

(13)昆剧

昆曲是戏曲剧种最为古老的一种,也叫昆山腔、昆剧。昆曲的起源地是昆山(今属江苏)。据明代(1368—1644)人士魏良辅《南词引正》记载,是元朝(1279—1368)末年顾坚创始的。一般认为昆曲在明代嘉靖年间,由魏良辅吸收海盐腔、弋阳腔的音乐进行加工提高,影响日益扩大;魏良辅配合传奇作家梁辰创作了《浣纱记》,使它成为符合昆腔韵律的脚本,对昆腔的传播起了推动的作用。

昆曲腔调细腻婉转,因而也有"水磨腔"的美称。表演上舞蹈性极强。昆曲还产生了许多支派,如北昆、湘昆、川昆、宁昆等等。但是在清朝中叶,昆曲逐渐走向衰落,在建国前几乎绝迹于舞台。建国以后,在对这一珍贵剧种进行抢救、整理的一系列工作后,昆曲又焕发了新的生命力。经常演出的传统剧目有《游园惊梦》、《思凡》、《跪池》、《醉皂》、《痴梦》等,以及经过整理加工的《十五贯》、《太白醉写》、《西园记》等等(《苏州市志》,1995;《苏州词典》,1999)。

(14)苏绣

发源地在苏州吴县一带。江苏土地肥沃,气候温和,蚕桑发达,盛产丝绸,自古以来就是锦绣之乡。据西汉刘向《说苑》记载,早在两千多年前的春秋时期,吴国已将刺绣用于服饰。到了明代,江南已成为丝织手工业中心。在绘画艺术方面出现了以唐寅、沈周为代表的吴门画派,推动了刺绣的发展。刺绣艺人结合绘画作品进行再制作,所绣佳作栩栩如生,笔墨韵味淋漓尽致,有"以针作画"、"巧夺天工"之称。

清代是苏绣的全盛时期,皇室享用的大量刺绣品几乎全出于苏绣艺人之手。民间刺绣更是丰富多彩,广泛用于服饰、戏衣、被面、枕袋帐幔、靠垫、鞋面、香包、扇袋等方面。这些苏绣生活用品不仅针法多样、绣工精细、配色秀雅,而且图案花纹含有喜庆、长寿、吉祥之意,深受群众喜爱。还有一种"画绣",属于高档欣赏品,称为"闺阁绣"。史载吴县的钱慧、曹墨琴,吴江的杨卯君、沈关关,无锡的丁佩、薛文华等人的刺绣佳作皆名垂一时。特别是到了清末民初,在西学东流的潮流中,苏绣也出现了创新的兆头。

光绪年间,技艺精湛的刺绣艺术家沈云芝闻名苏州绣坛,在她的倡导下,江苏的苏州、南通、丹阳、无锡、常熟等地分别举办了刺绣传习所、绣工科、绣工会等。1930年代初,丹阳正则女职中绣工科主任杨守玉始创了纵横交错、长短不一、分层重叠的"乱针绣",丰富与提高了苏绣艺术的表现力。自1950年代初以来,苏绣艺人的创作开拓了新的广阔天地。苏州、南通、常州、无锡、扬州、东台等地先后建立了刺绣研究机构或工厂,使刺绣艺人专心致志研究和创作,对失传的技艺进行了挖掘、总结、提高、发展,使古老的苏绣艺术重放异彩(《苏州市志》,1995;《苏州词典》,1999)。

(15)吴门画派

自元朝以后,江南苏州一带成为文人荟萃之地。许多著名画家云集苏州,史料记载,当时苏州有一百五十余人,占明代画家总数的五分之一。他们形成一个强大的画派。苏州史称"吴门",这一有共同地区特征的画家群称为吴门画派。吴门画派的领袖沈周同他的学生文征明、唐寅,再加上仇英,合称"吴门四家"。

明代隆庆、万历及崇祯(1567—1644)时期,是吴门画派最盛的时期。吴门画派虽然因受生活范围的限制,题材面狭窄,立意比较单调,作品的重复性较大,但是,他们重视继承前人的笔墨传统,关注作品中的气韵神采,把对风格的追求作为艺术的重要目的。而且,由于他们具有深厚的文化修养,有各自的美学追求,从而也具有一定的创造性。他们的笔墨技巧和表现手法,以及对意境的创造,对后世有很大影响(《苏州市志》,1995;《苏州词典》,1999)。

(16)苏州评弹

苏州评弹是苏州评话和弹词的总称。它产生并流行于苏州及江、浙、沪一带,用苏州方言演唱。评弹的历史悠久,清乾隆时期已颇流行。最著名的艺人有王周士,他曾为乾隆皇帝演唱过。嘉庆、道光年间有陈遇乾、毛菖佩、俞秀山、陆瑞廷四大名家。咸丰、同治年间又有马如飞、赵湘舟、王石泉等。之后名家流派纷呈,使苏州评弹艺术历经二百余年至今不衰。

苏州评弹有说有唱,大体可分为三种演出方式,即一人的单档、两人的双档、三人的三档。演员均自弹自唱,伴奏乐器为小三弦和琵琶。唱腔音乐为板式变化体,主要曲调为能演唱不同风格内容的"书调",同时也吸收许多曲牌及民歌小调,如"费伽调"、"乱鸡啼"等。"书调"是各种流派唱腔发展的基础,通过不同艺人演唱,形成了丰富多彩的流派唱腔,大致可分为三大流派,即陈(遇乾)调、马(如飞)调、俞(秀山)调。经百余年的发展,又不断出现继承这三位名家风格且又有创造发展自成一家的新流派。如"陈调"的继承人刘天韵、杨振雄,"俞调"的继承人夏荷生、朱慧珍,均自成一家。其中"马调"对后世影响最大,多有继承并自成一派者,如"薛(筱卿)、沈(俭安)调"、"琴调"(朱雪琴在"薛调"基础上的发展)。"周(玉泉)调"是在"马调"基础上的发展,而"蒋(月泉)调"又出自"周调",如此发展繁衍形成了苏州评弹流派唱腔千姿百态的兴旺景象。

此外,还有"严调"、"姚调"、"丽调"等等,流派纷呈,人才辈出,中华人民共和国成立后,更是一片百花争妍的繁盛局面。苏州评弹不仅在江、浙、沪一带深受人们喜爱,徐丽仙演唱的开篇《蝶恋花·答李淑一》受到全中国人民的喜爱,成为音乐会的保留节目;杨乃珍演唱的开篇《大九连环》也曾风靡一时。

1980年代以来,苏州评弹演员经常赴港、澳地区演出,他们还将这颗江南明珠介绍到日本、美国、加拿大及东南亚各国(《苏州市志》,1995;《苏州词典》,1999)。

(17)桃花坞木刻年画

桃花坞木刻年画因集中于桃花坞一带生产而得名。它通过版画设计、木版雕刻,并采用一版一色的木版套印方法印刷而成。起源于明代,盛行于清代雍正、乾隆年间,已有三百多年历史。

桃花坞木刻年画以门画、中掌、屏条为基本开工,以神像、戏文、民间故事、传统风俗为主要题材,以构图丰满、色彩鲜明、富于装饰性为艺术特色,与天津杨柳青、山东潍坊木刻年画齐名,并称为"中国三大木刻年画",历来有"南桃北杨"之称。江南城乡每逢新春佳节,常贴桃花坞木刻年画,以示祛凶避邪、吉祥喜庆。

为继承、发展民间艺术,苏州不仅恢复成立了专业生产桃花坞木刻年画的画社,而且市文联还专门成立桃花坞木刻年画研究会,先后搜集、挖掘和复制了近百幅传统木刻年画版子,新创作了《水乡风貌》等一百多幅年画作品。目前,苏州桃花坞木刻年画蜚声海内外,年画社曾多次应邀派人送作品赴意大利、日本等国家的城市巡回展出(《苏州市志》,1995;《苏州词典》,1999)。

(18) 苏式月饼

苏式月饼,皮层酥松,色泽美观,馅料肥而不腻,口感松酥,是苏式糕点的精华。苏式月饼的花色品种分甜、咸或烤、烙两类。甜月饼的制作工艺以烤为主,有玫瑰、百果、椒盐、豆沙等品种;咸月饼以烙为主,品种有火腿猪油、香葱猪油、鲜肉、虾仁等。其中清水玫瑰、精制百果、白麻椒盐、夹沙猪油是苏式月饼中的精品。苏式月饼选用原料讲究,富有地方特色。甜月饼馅料用玫瑰花、桂花、核桃仁、瓜子仁、松子仁、芝麻仁等配制而成;咸月饼馅料主要以火腿、猪腿肉、虾仁、猪油、青葱等配制而成。皮酥以小麦粉、绵白糖、饴糖、油脂调制而成(《苏州市志》,1995;《苏州词典》,1999)。

(19) 濮绸

桐乡濮院镇居民和附近农民旧时大多以织绸为业,家家有绸机。当地相传,织绸的祖师为伯余,传说是黄帝的大臣,机杼为其发明;机神则为织女。每年七月初七(织女生日)、九月十六(伯余生日),机户都要到翔云观机神庙去祭祀。届时,殿内外张灯结彩,供三牲、福果。仪式后,在议事厅举行盛大宴会,请戏班演戏(嘉兴文化网,www.jxcnt.com,2004)。

(20) 南湖船菜

流行于民国时期,为嘉兴南湖游船之特色菜肴。以八大碗八小碗为正宗,亦有八小碗六大碗或六大碗六小碗、四大碗四小碗等规格。用料以蟹粉、蟹黄、河虾等有南湖特色的时鲜为主,烹调考究,冷盘尤佳。近人徐珂为文说:"船菜为禾中画舫特殊之撰","春秋佳日,肆筵设席,丝竹清音,山水真趣,皆得之矣"。抗战时游船废,船菜消失(嘉兴文化网,www.jxcnt.com,2004)。

(21) 观潮船菜

民国期间海宁观潮季节最流行。其菜肴较之南湖船菜更具乡土特色,计有炒虾仁、红烧鳗、粉皮鲫鱼、水晶蹄(或金银蹄)、小白菜芋艿、咸菜豆瓣泥、菱烧豆腐、芙蓉蛋汤等(嘉兴文化网,www.jxcnt.com,2004)。

(22) 乳腐肉

乳腐肉是嘉兴传统名菜,以吴震懋饭店出品的为佳。该饭店创建于清光绪二十三年(1897),迄今近百余载。乳腐肉取夹心猪肉为主料,配以冰糖、乳腐卤、红曲粉、黄酒等辅料。先以大锅烧煮,再盛碗放入蒸笼,用文火续蒸。肉质酥糯,香味浓郁,深受群众喜爱。昔日,上海、苏南等地旅客来嘉兴,自己品味之后,总要带回一些馈送亲朋或全家共享。1958年以后,因网点迁撤等原因,乳腐肉在饮食业中消失(嘉兴文化网,www.jxcnt.com,2004)。

(23) 二锦馅

民国时期为嘉兴吴震懋饭店传统特色菜肴之一。用肉嵌油面筋一只、豆腐皮包肉五只、香菇一朵,置于陶罐,加鸡汤、火腿片、冬笋、糖、酒等佐料,用棉纸封罐,上蒸笼蒸煮而成。其菜可下酒,汤可下饭。据传此菜曾流行于清末北京嘉兴籍京官中。1980年代曾试图恢复,风味似尚未达到历史水平(嘉兴文化网,www.jxcnt.com,2004)。

(24) 成年礼

少年过16岁生日,被认为已长大成人,旧俗父母给子女吃鳜鱼,因此鱼亦名鲫花鱼,取其谐音,表示要其记住已成年。今城市人家对子女16岁生日亦很重视,近亲都向过生日的少年赠物赠钱(嘉兴文化网,www.jxcnt.com,2004)。

(25) 观湖节

旧俗八月十八为潮神诞辰,人们多去盐官镇观海潮,现代更加兴盛。辛亥革命前,地方官于是日备三牲香烛,在镇海塔旁之大观亭内祭潮神,朝廷有时亦派大员在海神庙致祭(嘉兴文化网,www.jxcnt.com,2004)。

(26) 太平军生日

清末民初,海宁硖石镇横头一带每逢八月二十三,家家户户都烧红糖芋艿粥吃,据说是给太平军做"生日"。相传,清咸丰十年(1860),太平军队伍攻硖石,八月二十三日进驻碛石,曾救产妇和婴儿,以后当地百姓就把八月二十三日定为"太平军生日",烧红糖芋艿粥吃,一直延续到抗日战争前夕。此俗的来源据口碑调查,是否另有含义,无从深考(嘉兴文化网,www.jxcnt.com,2004)。

(27)南皋峰庙会

南皋峰为嘉兴南堰一所庙宇,过去每年举行庙会,于清雍正至民国时最盛。庙本名"刘猛将军庙",俗称"南皋峰庙"。按:"皋峰"应是"高丰"。唐代在嘉兴屯田,名高丰屯,获大丰收,建高丰庙;此庙可能是当时所建,与唐代嘉兴屯田有关,后被文人雅称为"皋峰"。旧俗每年正月十三,南堰皋峰庙演戏酬神,市民倾城而出,观戏娱乐。建国后废(嘉兴文化网,www.jxcnt.com,2004)。

(28)徐王庙庙会

城区秀水乡徐王村旧时有徐王庙,每年正月初八举行庙会。据《嘉兴府志》卷三十四《风俗》记载:"八日乡人蚁舟集徐王庙,为赛神之会。"又据《古禾杂识》记载:"初八日烧八寺香,北郊外徐王庙最闹。市井人丛集,有换元宝还元宝等名。"另据《嘉兴府典故纂要》记载:"徐偃王逃之会稽,其宗族有散在邑者,后世思王功德,立庙以祀焉。"按:徐王又名徐偃王,据考春秋时为山东东夷族首领,战败,逃至江南,后世各地建庙祭祀甚多。清代朱彝尊《鸳鸯湖棹歌》有"不待上元灯火夜,徐王庙下鼓冬冬"诗句。

正月初八又为"谷日",民国时期为"佛生日",乡人视"徐王"为"谷神",祭祀甚恭。此俗延续至1950年代,后渐废(嘉兴文化网,www.jxcnt.com,2004)。

(29)王江泾庙会

旧俗二月初八为张大帝生日,多风雨,有"请客风送客雨"之谣。据《古禾杂识》记载,南宋时已有"二月初八张大帝生日"一说。民国时期,二月初八、初九为王江泾庙会,当时轮船公司每年于初六、初七两日增开班船至王江泾运客(嘉兴文化网,www.jxcnt.com,2004)。

(30)网船会

民国时期,清明节、中秋节前后为嘉兴连四荡网船会之期,江浙两省附近船户乡民成千上万聚集于连四荡刘王庙,举行迎神赛会。刘王庙在今郊区荷花乡民主村,民国时期各地船民相继建立供奉刘王的宗教团体,如上海新公门、老公门和江浙一带的八仙社等。1958年网船会中止举行,刘王庙拆除改建为丝织厂,但外地来祭者仍络绎不绝,1979年即有五万多人,1986年又增至十余万,烧香者多为妇女及船民,江苏一带农民专程乘轮船前来。荷花乡政府于1986年6月在原庙址建"刘公园",意在对这一旧俗赋予新的教育意义,并突出经济文化活动的功能。旧时刘王庙附近还有石桥头庙,网船会期间也举行庙会(嘉兴文化网,www.jxcnt.com,2004)。

(31)轧太平

盛于海宁皇岗一带。每年农历二月初八,方圆十里的乡民齐集太平广福寺赶庙会,称"皇岗轧太平",延续至今。1980年代后,商品经济发展,娱乐活动更加丰富多彩(嘉兴文化网,www.jxcnt.com,2004)。

(32)曹王庙庙会

曹王庙在郊区余新乡,旧时庙会极盛,明末清初每逢春天庙会之时,城区仕女往游者数以万计。建国后,庙会废(嘉兴文化网,www.jxcnt.com,2004)。

(33)杭州评话

俗称大书,为江南评话的一支,即用杭州方言说表的评话,起源于南宋。杭州评话系一人说表,只说不唱,用扇子、手帕作道具,以醒木拍桌子来加强气氛。有的重说表,有的重演装。传统书目分为三大类:"长靠书"、"官带书"、"短打书"(《杭州市志》第二卷,1997)。

(34)杭州评词

俗称小书,由明清南词演变而来,用杭州方言说唱、表白。形式以一人说、表、拉、唱为主。说表时以扇子、手帕作道具,唱时伴以胡琴,唱东乡调、七字句。传统书目取材于深闺爱情、才子佳人(《杭州市志》第二卷,1997)。

(35)杭州滩簧

简称杭滩,为江浙滩簧一支,用杭州方言演唱。据说,杭滩起源于宋室南渡,坐唱形式,五、七人为堂,也有多至九到十一人的。角色分为生、旦、净、丑四种。艺人自操乐器,边拉边唱(《杭州市志》第二卷,1997)。

(36)杭曲

系清末民初由地方曲种演变而来。初用小木鱼敲打伴奏,由两人对唱,大都演唱因果报应、惩恶劝善等一类故事。后改为胡琴、三弦等乐器伴奏。曲调有"平板"、"大陆板"等(《杭州市志》第二卷,1997)。

(37)独角戏

俗称滑稽,由民国初年流行于杭州、上海和江苏地区的小热昏、隔壁戏发展而成,也受文明戏和相声的影响。由一至二人演出,表演分为两种类型,一种以说笑话和说各地方言取胜,另一种以学唱戏曲腔调、小曲、流行歌曲为主,也有取化妆演唱形式的(《杭州市志》第二卷,1997)。

(38)口技

俗称暗春。明清两代的"隔壁戏"演出中就有此类口技表演,如"百鸟朝凤"。口技全靠演员运用口腔发声,模仿虫、鸟、走兽或某些人类生活的声音,表演时有一人或两人配合动作,以加强真实感(《杭州市志》第二卷,1997)。

(39)赛龙舟

又称舟竞渡,为杭州传统水上运动(经常在钱塘江中进行),常于端午节进行。龙舟分为两种,一种为平底小船,船头插龙头,划者八至十人;另一种为帅船,龙头篷架精雕细刻,张挂彩旗,到各乡周游(《杭州市志》第二卷)。

(40)弄潮

曾在南宋时盛行,大都在农历八月十六至十八日进行。钱塘江水最汹涌时经常出现危险,清时已禁止(《杭州市志》第二卷,1997)。

参考文献

CIIC. *Canary Conclusions*. Canary Islands, Spain, 1998.
CIIC. *Tenerife Work Program*. Tenerife, Spain, 1999.
Daily G. *Nature's Services: Society Dependence on Natural*. Island Press, Washington, D. C., 1997.
Frenchman Dennis. International Examples of the United States Heritage Area Concept. 2004 (http://whc. unesco. org/p_dynamic/document/document_download. cfm? id_document = 1609; http://www. cr. nps. gov/heritageareas/REP/research. htm)
ICOMOS and TICCIH. *The International Canal Monuments List*. 1996.
MacEwen Ann, Malcolm. *National Parks: Conservation or Cosmetics*. London, George Allen & Unwin, 1982.
Mander U, Jagonaegi J, et al. "Network of Compensative Areas as an Ecological Infrastructure of Territories: Connectivity in Landscape Ecology", *Proceedings of the 2nd International Seminar of the International Association for Landscape Ecology*, Ferdinand Schoningh, Paderborn, 1988: 35-38.
TICCIH. *The Nizhny Tagil Charter for the Industrial Heritage*. Paris: TICCIH, 2003.
UNESCO World Heritage Committee. Operational Guidelines for the Implementation of the World Heritage Convention, 2005 (http://whc. unesco. org/archive/opguide05-en. pdf).
UNESCO World Heritage Committee. Report on the Expert Meeting on Heritage

Canals, 1994 (http://whc.unesco.org/p_dynamic/document/document_download.cfm?id_document=736).

UNESCO World Heritage Committee. Report on the Expert Meeting on Routes as part of our Cultural Heritage, 1994 (http://whc.unesco.org/p_dynamic/document/document_download.cfm?id_document=1244).

UNESCO World Heritage Committee. *Revision of the Operational Guidelines for the implementation of the World Heritage Convention*, 1994.

UNESCO World Heritage Committee. World Heritage Convention Information Document on Heritage Canals Experts Meeting. Canada, 1994 (http://whc.unesco.org/archive/canals94.htm).

Yu, KongJian. "Security Patterns and Surface Model and in Landscape Planning". *Landscape and Urban Planning*. 1996, 56(5): 1-17.

北京市北运河管理处、北京市城市河湖管理处编:《北运河水旱灾害》,北京:中国水利水电出版社,2003。

北京市统计局编:《北京统计年鉴(2003)》,北京:中国统计出版社,2003。

沧县县志办公室编著:《沧县志》,北京:和平出版社,1995。

沧州市文化志编纂委员会:《沧州市文化志》,沧州,1993。

常州市地方志编纂委员会编:《常州市志》,北京:中国社会科学出版社,1995。

陈璧显:《中国大运河史》,北京:中华书局出版社,2001。

陈丽华、黄建康编著:《常州文物》,北京:中国文史出版社,2003。

陈望尘:《吴门桥:城南话沧桑》,南京:东南大学出版社,2004。

崔振明主编,阜城县地方志编纂委员会编:《阜城县志》,北京:中国文联出版公司,1998。

单霁翔:《关注新型文化遗产——工业遗产的保护》,《中国文化遗产》2006年第4期。

董献吉总纂,徐州市地方志编纂委员会编:《徐州市志》,北京:中华书局,1994。

段育达主编,北京市西城区志编纂委员会编:《西城区志》,北京:北京出版社,1999。

高步瀛:《唐宋诗举要》,上海:上海古籍出版社,1978。
故城县地方志编纂委员会:《故城县志》,北京:中国对外翻译出版公司,1998。
故城县水利志编纂委员会:《故城县水利志》,天津:天津古籍出版社,1994。
郭凤歧主编,天津市西青区志地方志编修委员会编著:《西青区志》,天津:天津社会科学院出版社,2000。
国家文物局主编:《中国文物地图集·天津分册》,北京:中国大百科全书出版社,2002。
邗江县地方志编纂委员会:《邗江县志》,南京:江苏人民出版社,1995。
韩启祥主编:《天津统计年鉴(2003)》,北京:中国统计出版社,2003。
汉风:《寻访徐州老建筑》,北京:中国戏剧出版社,2001。
河北省东光县地方志编纂委员会编:《东光县志》,北京:方志出版社,1999。
河北省清河县地方志编纂委员会编纂:《清河县志·北京》,中国城市出版社,1993。
淮安市环境保护局:《淮安市环境质量报告书(2003)》,淮安:淮安市环境保护局,2003。
淮安市水利局:《淮安市水利志》,北京:中国党史出版社,2001。
淮安市政协文史委员会:《淮安园林》,北京:中国文史出版社,2004。
淮安市政协文史资料委员会:《淮安名胜古迹》,江苏:江苏文史资料编辑部,1998。
淮阴市地方志编纂委员会:《淮阴市志》,上海:上海社会科学院,1995。
济宁市市中区地方史志编纂委员会:《济宁市中区志》,济南:齐鲁书社,1999。
济宁市水利志编纂委员会:《济宁市水利志》,济宁:济宁市新闻出版局,1997。
嘉兴市统计局主编:《嘉兴市统计年鉴2003》,北京:中国统计出版社,2003。
嘉兴市志编纂委员会编:《嘉兴市志》,北京:中国书籍出版社,1997。
江洪等主编:《苏州词典》,苏州:苏州大学出版社,1999。
江苏省地方志编纂委员会办公室:《江苏市县概况》,南京:江苏教育出版社,1989。
江苏省交通厅编:《苏南运河整治工程论文集》,北京:人民交通出版社,1998。
江苏省交通厅及苏北航务管理处史志编纂委员会:《京杭运河志(苏北段)》,上海:上海社会科学院出版社,1998。

江苏省扬州市地方志编纂委员会编:《扬州市志》,上海:中国大百科全书出版社上海分社,1997。
景县志编纂委员会编:《景县志》,天津:天津人民出版社,1991。
静海地方志编修委员会编:《静海县志》,天津:天津社会科学院出版社,1995。
居丽琴主编,常州年鉴社编辑:《2003 常州年鉴》,常州:常州年鉴社,2004。
李德崇主编:《河北区志》,天津:天津社会科学出版社,2003。
李德明主编:《运河古镇——台儿庄》,北京:红旗出版社,2002。
李连生等编著:《漳卫南运河大观》,天津:天津科学出版社,1998。
李书恒、郭伟:《京杭大运河的功能与苏北运河段的发展利用》,《第四纪研究》2007 年第 5 期。
李伟、俞孔坚、李迪华:《遗产廊道与京杭大运河整体保护的理论框架》,《城市问题》2004 年第 1 期。
李伟、俞孔坚:《世界文化遗产保护的新动向——文化线路》,《城市问题》2005 年第 4 期。
梁山县水利志编纂组:《梁山县水利志》,济宁:济宁市新闻出版局,1992。
临西县地方志编纂委员会编纂:《临西县志》,北京:中国书籍出版社,1996。
刘昌明:《调水工程的生态、环境问题与对策》,《人民长江》1996 年第 27 卷第 12 期。
刘昌明:《南水北调工程对生态环境的影响》,《海河水利》2002 年第 1 期。
刘玉平等:《中国运河之都》,北京:中国文史出版社,2003。
刘玉平、贾传宇等:《济宁运河文化》,北京:中国文史出版社,2003。
陆国明等:《天津老城忆旧》,天津:天津人民出版社,1997。
吕联泰主编,镇江市统计局编:《镇江统计年鉴 2003》,北京:中国统计出版社,2003。
吕舟:《面向新世纪的中国文化遗产保护》,《建筑学报》2001 年第 3 期。
马家鼎、金爱民等:《加强对扬州盐商住宅的研究与利用》,《扬州社会科学》2003 年第 1 期。
南皮县地方志编纂委员会编:《南皮县志》,石家庄:河北人民出版社,1992。
潘非、宋演武主编:《崇文区志》,北京:北京出版社,2004。
浦学坤等:《古运河畔南长街》,北京:中国华侨出版社,1997。

青县地方志编修委员会编:《青县县志》,北京:方志出版社,1999。

阙维民编:《著杭州城池暨西湖历史图说》,杭州:浙江人民出版社,2000。

沙无垢编著:《无锡名景》,南京:江苏人民出版社,2003。

山东年鉴编辑部:《山东年鉴2003》,济南:山东年鉴社,2003。

山东省德州市德城区地方史志编纂委员会编:《德州市志》,济南:齐鲁书社出版社,1997。

山东省地方史志编纂委员会:《山东各地概况》,济南:山东人民出版社,1999。

山东省地方史志编纂委员会:《山东省志·水利志》,济南:山东人民出版社,1994。

山东省东平县志编纂委员会:《东平县志》,济南:山东人民出版社,1989。

山东省济宁市任城区地方史志编纂委员会:《任城区志》,济南:齐鲁书社,1999。

山东省嘉祥县地方史志编纂委员会:《嘉祥县志》,济南:山东人民出版社,1997。

山东省聊城地区水利志编纂委员会:《聊城地区水利志》,聊城:山东省聊城地区水利局,1993。

山东省临清市地方史志编纂委员会:《临清市志》,山东:齐鲁书社出版社,1997。

山东省微山县地方史志编纂委员会:《微山县志》,济南:山东人民出版社,1997。

山东省汶上县志编纂委员:《汶上县志》,郑州:中州古籍出版社,1996。

山东省武城县史志编纂委员会编:《武城县志》,济南:齐鲁书社出版社,1994。

山东省夏津县志编纂委员会编:《夏津县志》,济南:山东人民出版社,1991。

山东省鱼台县地方史志编纂委员会:《鱼台县志》,济南:山东人民出版社,1997。

山东省枣庄市台儿庄区地方史志编纂委员会:《台儿庄区志》,济南:山东人民出版社,1993。

山东省枣庄市峄城区史志编纂委员会:《峄城区志》,济南:齐鲁书社,1995。

水利部淮河水利委员会沂沭泗水利管理局:《沂沭泗河道志》,北京:中国水利水电出版社,1996。

水利部黄河水利委员会《黄河水利史述要》编写组:《黄河水利史述要》,北京:水利电力出版社,1984。

水利水电科学研究院《中国水利史稿》编写组:《中国水利史稿》,北京:水利电力出版社,1989。

宋联洪主编:《北辰区志》,天津:天津古籍出版社,2000。

苏州市地方志编纂委员会:《苏州市志》,南京:江苏人民出版社,1995。

苏州市水利史志编纂委员会:《苏州市水利志》,上海:上海社会科学院出版社,2003。

苏州市文物管理委员会办公室:《吴中胜迹——苏州市区文物保护单位简介》,苏州:古吴轩出版社,1996。

宿迁市地方志编纂委员会:《宿迁市志》,江苏:江苏人民出版社,1996。

宿迁统计局:《宿迁统计年鉴(2003)》,宿迁:宿迁统计局,2003。

孙应科:《里下河水利编》,清刻本。

孙自凯、张洪林主编:《通县志》,北京:北京出版社,2003。

唐宋运河考察队:《运河访古》:上海:上海人民出版社,1986。

天津市红桥区地方志编修委员会编:《红桥区志》,天津:天津古籍出版社,2001。

天津市政协北辰区委员会编:《北运河》,天津:天津古籍出版社,2003。

王东升主编:《廊坊经济统计年鉴(2003)》,廊坊市:廊坊市统计局,2003。

王琼撰,姚汉源、谭徐明点校:《漕河图志》,北京:水利电力出版社,1990。

王守和、杨国祥主编,镇江年鉴编辑部编:《镇江年鉴2003》,北京:方志出版社,2003。

王玉国:《镇江文物古迹》,南京:南京大学出版社,1993。

王育民:《中国历史地理概论》,北京:人民教育出版社,1987。

王志芳、孙鹏:《遗产廊道——一种较新的遗产保护方法》,《中国园林》2001年第5期。

微山县南阳镇新闻通讯站:《运河名镇——南阳》,济宁:济宁市新闻出版局,2001。

无锡地方志编纂委员会:《无锡市志》,南京:江苏人民出版社,1988。

《无锡日报》,2004年4月10日。

无锡市人民政府:《2003无锡年鉴》,北京:中国统计出版社,2004。

吴良镛:《面对城市规划"第三个春天"的冷静思考》,《城市规划》2002年第26卷第12期。

吴桥县地方志编纂委员会办公室编:《吴桥县志》,北京:中国社会出版社,1992。

武清县地方史志编修委员会编著:《武清县志》,天津:天津社会科学出版社,1991。

香河县地方志编委纂员会编:《香河县志》,北京:中国对外翻译出版公司,2001。

扬州市广陵区地方志编纂委员会编:《广陵区志》,北京:中华书局,1993。

扬州市水利史志编纂委员会:《扬州水利志》,上海:中华书局,1999。

《扬子晚报》,2003年12月5日。

杨瑞彬、刘明祥:《镇江古今建筑》,苏州:古吴轩出版社,1999。

杨玉刚:《海河流域超采地下水引起的生态环境效应及其生态恢复对策》,《水利发展研究》2003年第7期。

姚汉源:《京杭运河史》,北京:中国水利水电出版社,1998。

姚元龙、王玉国:《江南名城——镇江》,南京:江苏人民出版社,2002。

俞孔坚:《景观生态战略点识别方法与理论地理学的表面模型》,《地理学报》1998年第53期。

俞孔坚、李迪华:《城市景观之路——与市长们交流》,北京:中国建筑工业出版社,2003。

俞孔坚、李迪华:《"反规划"途径》,北京:中国建筑工业出版社,2005。

俞孔坚、李迪华、李伟:《论大运河区域生态基础设施战略和实施途径》,《地理科学进展》2004年第23卷第1期。

俞孔坚:《生物保护的景观安全格局》,《生态学报》1999年第19卷第1期。

张泊生主编,河北省泊头市地方志编纂委员会编:《泊头市志》,北京:中国对外翻译出版公司,2000。

张松:《城市文化遗产保护国际宪章与国内法规选编》,上海:同济大学出版社,2007。

张英霖:《苏州古城散论》,苏州:古吴轩出版社,2004。

漳卫南运河志编委会:《漳卫南运河志》,天津:天津科学技术出版社,2003。
赵浦根、朱赤:《山东寺庙塔窟》,济南:齐鲁书社出版社,2002。
镇江市地方志办公室:《镇江要览》,南京:江苏古籍出版社,1989。
镇江市地方志编纂委员会:《镇江市志》,上海:上海社会科学院出版社,1993。
镇江市水利志编辑委员会:《镇江水利志》,上海:上海社会科学院出版社,1997。
郑连生、穆仲义、马大明:《河北省缺水状况、问题及对策》,《地理学与国土研究》2002 年第 1 期。
政协台儿庄区委员会:《台儿庄运河文化》,北京:人民日报出版社,2002。
中国城市地图集编辑委员会:《中国城市地图集》,北京:中国地图出版社,1994。
中国水利百科全书编辑委员会、水利电力出版社中国水利百科全书编辑部:《中国水利百科全书》,北京:水利电力出版社,1991。
朱兵:《我国非物质文化遗产的立法:背景、问题与思路》,2005 年 7 月在"中国非物质文化遗产保护·苏州论坛"上的大会专题发言,2007。
朱承山、刘玉平主编:《济宁古代简史》,北京:中国文史出版社,2003。
朱强、俞孔坚、李迪华:《景观规划中的生态廊道宽度》,《生态学报》2005 年第 9 期。
朱学西:《中国古代著名水利工程》,北京:商务印书馆,1997。
邹宝山等:《京杭运河治理与开发》,北京:水利水电出版社,1990。
走近徐州编纂委员会:《走近徐州》,北京:中华书局,2003。

非正式出版物:
宝应城镇志编纂委员会:《宝应城镇志》,1999。
宝应县环保局:《宝应县环境质量公报》,2003。
北京市朝阳区地方志编纂委员会编:《朝阳区志(稿)》,1989。
高邮市环保局:《高邮市环境质量公报》,2003。
杭州市林水局:《苕溪运河志资料余录(内部资料)》,2004。
淮安市人民政府、南京大学环境科学中心:《江苏省淮安市生态建设规划(讨论稿)》,2004。

淮安市文化局:《洪泽湖大堤——第五批江苏省文物保护单位推荐材料》, 2001。

淮阴市水利局:《淮阴水利手册》(内部资料),1995。

淮阴市文化局:《淮阴文物志》,1994。

嘉兴市水利水电勘察设计研究院:《嘉兴市河道整治规划》,2004。

江苏省常州市航道管理处编:《常州航道发展二十年》,1999。

江苏省交通厅:《京杭运河苏南段工程技术总结》,1999。

刘怀玉:《重修淮安府儒学泮池记》,碑刻,2003。

南长区政府:《南长街保护街区规划》,2004。

山东省环境保护局、山东省发展计划委员会:《南水北调东线工程山东段水污染防治总体规划》,2003。

苏州市规划设计研究院:《苏州市历史文化名城保护规划》,2002。

苏州市规划设计研究院:《苏州市环城绿带总体规划》,2001。

苏州市环保局:《2003年苏州市环境状况公报》,2004。

宿城区文化局:《宿城区文物保护单位》,2001。

《宿迁市国家、省市级文物保护单位概况一览表》,2001。

宿迁市环境保护局:《宿迁市环境状况公报(2003)》,2003。

宿迁市文物局:《宿迁市文物景点基本概况》,2001。

盱眙县文物志编写小组:《盱眙县文物志(征求意见稿)》,1986。

扬州市规划局:《扬州市老城区1—12号街坊控制性详细规划文本》,2004。

扬州市环保局:《扬州市区环境质量公报》,2003。

浙江省水利厅编:《浙江省河流简明手册》,1984。

镇江市大运河工程指挥部:《千年古河展新姿——苏南运河镇江段整治文萃》,1997。

镇江市规划设计研究院、镇江历史文化名城保护规划修编组:《镇江市历史文化名城保护规划(说明,基础资料)》,2003。

政协盱眙县文史资料委员会:《淮河与盱眙》,2002。

中共奔牛镇委编史修志领导小组:《奔牛镇志》,1984。

网站：

http://whc.unesco.org/.

http://whc.unesco.org/en/list/1221.

http://www.nps.gov/history/heritageareas/VST/INDEX.HTM#list.

宝应热线，www.byrx.net。

大众网，http://www.dzwww.com。

丹阳市统计信息网，www.dystats.com，2004。

高邮市人民政府网站，www.gaoyou.gov.cn。

嘉兴市图书馆网，http://www.jxlib.com，2004。

嘉兴文化网，http://www.jxcnt.com，2004。

今日扬州，www.eagles.nease.net/yangzhou/04.htm。

聊城政府网，http://www.liaocheng.gov.cn。

山东省情网，http://www.infobase.gov.cn/。

水信息网，http://www.hwcc.com.cn。

无锡市人民政府网站，http://www.wuxi.gov.cn，2004。

无锡水利局网站，http://www.wxwater.gov.cn，2004。

无锡文化，whj.wuxi.gov.cn/dh/wbtd/29.htm，2004。

无锡文物，www.wst.net.cn/wenhuagj/wuxi/tsgjz.htm，2004。

锡城旧影，www.wuxinews.com，2004。

新华网山东频道，http://www.sd.xinhuanet.com/。

扬州名胜古迹，www.chinacsw.com/cszx/yangzhou/guji1.htm。

扬州市人民政府网站，www.zgwj.gov.cn。

扬州统计信息网，www.yzstats.gov.cn。

扬州文艺网，wenyi.yztoday.com。

镇江市环境保护局网站，www.zjshb.gov.cn，2004。

中国城市网，www.chinacsw.com/cszx/yangzhou/guji1.htm。

中国新闻网，http://www.chinanews.com.cn/gn/news/2007/03-11/888571.shtml，2007。

附录一

《为实现整体保护目的的京杭大运河遗产廊道研究》历程

2003—2004 年
  申请国家文物局大运河保护研究课题。
2004.7—2004.8
  课题组组织了由老师、博士硕士研究生和本科生组成的 30 人团队对京杭大运河进行了为期一个月的自行车实地考察。
2004.8—2005.3
  运河地理信息系统建设,调查资料整理,研讨课题并撰写研究报告。
2005.3—2006.7
  课题组组织编写了 40 万字左右的研究报告,配以近 2000 张插图。
2007.10—2011.12
  修改书稿,筹备出版。

国家自然科学基金申请

2004 年,大运河遗产廊道保护的区域生态基础设施途径(未获资助)。
2005 年,跨区域遗产廊道建设理论与方法:大运河案例(未获资助)。
2007 年,中国京杭大运河遗产与生态廊道研究(未获资助)。
2008 年,基于空间技术的线性遗产保护范围确定方法研究——以京杭大运河为例(未获资助)。

研究成果

博士、硕士研究生学位论文：
共完成博士论文 3 篇、硕士论文 15 篇。
期刊论文：
共在全国期刊上发表论文 30 篇,其中核心期刊 16 篇。

规划实践项目

北京市通州区:通州运河城市段景观规划及城市设计。面积:13.5km²;规划时间:2003 年。

北京市朝阳区:温榆河生态走廊(朝阳段)规划设计。面积:1018hm²;规划时间:2004 年。

山东省德州市:德州岔河两岸景观工程。面积:480000m²;规划时间:2004 年。

江苏省宿迁市:宿迁湖滨新城生态基础设施规划。面积:80km²;规划时间:2004 年。

江苏省苏州市:苏州白马涧生态园龙池风景区规划。面积:45.8hm²;规划时间:2004 年。

江苏省苏州市:苏州古城市风貌保护规划设计。规划时间:2004 年。

浙江省湖州市:湖州西山风景区核心区规划设计。面积:6.3km²;规划时间:2004 年。

江苏省宿迁市:京杭大运河宿豫段景观带规划设计。面积:543.1hm²;规划时间:2005 年。

浙江省湖州市:绍兴镜湖国家城市湿地公园总体规划。面积:15.63km²;规划时间:2007 年。

浙江省杭州市:杭州水系景观规划研究。面积:930km²;规划时间:2007 年。

媒体报道

研究引起了广泛的媒体关注,新华社、人民网、《中国国家地理》杂志、《中国文物报》、《中国环境报》等主流媒体都对项目组的研究成果、观点进行了大量客观报道。

附录二

关于保护和巩固和谐社会根基的两个建议

俞孔坚

建议一 警惕和防止"新农村"名义下的破坏性建设

党中央国务院关于科学发展观和建设和谐社会的思想非常英明,必将为中华民族的和谐、持续的繁荣带来深刻影响。伟大的目标始于足下,始于最基本的土地和人民。现特提以下两个建议:

1. 保护和谐社会的根基,尽快开展"国土生态安全格局与乡土遗产景观网络"保护规划的建议。
2. 巩固和谐社会的根基,建立"大运河国家遗产与生态廊道"的建议。

尽快开展"国土生态安全格局与乡土遗产景观网络"建设

二十多年的快速城市化和正在开展的社会主义新农村建设,已经和正在使中国古老的大地发生翻天覆地的变化,五千年来未曾有过,辉煌的成绩举世瞩目。明察发展中出现的一些问题,党中央国务院又及时提出了科学发展观和建设和谐社会的指导思想,无比英明。

人与土地的和谐关系是和谐社会的根基,这种和谐关系体现在健康安全的生态过程、秀美的自然环境、人对土地的精神寄托和归属感。一个充满诗意与精神灵秀的土地是民间信仰和民族认同的基础。

挑战

中国国土的以下两个特点使维护上述和谐社会基础的任务异常艰巨：

第一，本来脆弱的土地生态面临更严峻的挑战。巨量的人口，有限的资源，特别是土地和水、林资源，几千年不断地开垦，使中国的土地生态异常脆弱、自然灾害频繁。在中国历史上，因自然灾害而流离失所的乡民往往是社会不安定的因素，而城市化对土地的侵占又将使这种人地关系矛盾进一步紧张。

第二，五千年的土地充满精神含义，是草根信仰的载体。古老的中国土地上，由于世代人的栖居、耕作，留存了丰富的乡土遗产景观，一条小溪、一座家山、一片圣林、一汪水池，都是一家、一族、一村人的精神寄托和认同，它们尽管不像官方的、皇家的历史遗产那样宏伟壮丽，也没有得到政府的保护，但这些乡土的、民间的遗产景观，与他们祖先和先贤的灵魂一起，恰恰是构成中华民族草根信仰的基础。热爱国家首先源于热爱家乡的土地，热爱家乡的土地是因为它有祖先和先贤的灵魂和精神，能产生认同感和归属感。

长期的灾害经验，使中国广大乡村保存了一些对保障土地生态安全有关键意义的景观格局和元素，如茂密的山林、蜿蜒的溪流等，它们也往往与当地的信仰体系紧密结合。然而，在过去的城市化和新农村的建设过程中，由于认识问题不足和缺乏科学发展观的指导，这些乡土生态和文化景观破坏严重。脆弱的中国大地生态景观和不可或缺的乡土遗产景观再也经不起更多的破坏了。

所以，在进行城市建设、市政基础设施建设，特别是在开展新农村建设之前，我们应该首先观照国土生态安全和维护乡土遗产景观。前者从物质上保障人民的栖息和安宁，后者从精神上保障人民的归属感和认同感，两者皆为和谐社会不可或缺的基础。

战略

战略之一：建立国土生态安全格局，在各个尺度上维护国土生态安全。

生态安全格局是指对维护生态过程的健康和安全具有关键意义的景观元素、空间位置和联系，包括连续完整的山水格局、湿地系统、河流水系的自然形态、绿道体系,以及中国过去已经建立的防护林体系等等。它是一个多层次的、连续完整的网络,包括宏观的国土生态安全格局、区域的生态安全格局和城市及乡村的微观生态安全格局。这些不同尺度上的生态安全格局,共同构成保障国土生态安全和健康的生态基础设施。

战略之二:建立乡土遗产景观网络,保护中华民族的民间信仰基础。

乡土遗产景观是指那些到目前为止还没有得到政府和文物部门保护的,对中国广大城乡的景观特色、国土风貌和民众的精神需求具有重要意义的景观元素、土地格局和空间联系。如古老的龙山圣林,泉水溪流,古道驿站,祖先、前贤和爱国将士的陵墓遗迹等等。它们应该得到系统完整的保护,形成连续、完整的景观网络,成为人民教育后代和开展游憩的永久空间,并与未来遍布全国的自行车和步行网络及游憩系统相结合。

措施

1.尽快由国务院领导成立专门机构,协调国土资源、建设、文物、环保、林业、水利、宗教等部门,统筹"国土生态安全格局与乡土遗产景观网络"建设。

2.尽快组织编制"国土生态安全格局与乡土遗产景观网络"保护规划。这项工作必须在进行社会主义新农村建设规划之前或至少同时进行,并优先实施。

3.尽快组织制定《乡村景观保护法》以及《生态安全格局保护法》,作为对文物保护法规和环境保护法规及风景名胜区保护和管理条例、历史文化名城保护法规等的补充。

4.尽快成立组织机构和专家指导机构,制定工作导则,开展相关规划和调研人员的培训工作,避免这项事关国土生态安全和中华民族草根信仰基础的工作流于形式或不够细致。

意义

国土生态安全格局与乡土遗产景观网络保护规划事关国土生态安全和社会和谐稳定,它是对国家既有的、局部的国土生态与文化遗产保护的完善和提高,是系统化的工作,事半而功倍。这虽非显赫工程,却事关每个乡村和平民,润物无声,公德无量,泽及万代。

建议二 建立"大运河国家遗产与生态廊道"

国土生态安全和民族文化认同是和谐社会的根基。构建"大运河国家遗产与生态廊道"对维护国土生态安全、强化民族认同感和归属感,具有战略意义。

构建"大运河国家遗产与生态廊道"的战略及其意义

第一,大运河是世界上独一无二的遗产廊,是中华民族文化认同的纽带。

大运河上下2500年,南北3500里,举世无双,在中国各民族文化融合、各种宗教信仰的共存、国家统一、社会发展过程中一直起着积极而重要的作用,是中华民族团结和睦、社会和谐的纽带。连续完整的大运河遗产廊道,是遗产保护、历史知识普及、爱国主义教育最好的教科书。

第二,大运河是中国东部的区域生态廊道,是国土生态安全的重要基础设施。

大运河横跨中国南北多个类型的气候区域,勾连长江、黄河等五大水系,连接太湖、南四湖等东部最大的湿地群,是中国大地上唯一的南北水系,对东部区域的雨洪管理、旱涝调节、生物迁徙、生物多样性保护、环境净化等都具有不可替代的战略意义。

第三,大运河是沿运城市稀缺的生态基础设施,是城市生态安全与居民休憩的战略性资源。

大运河途经中国东部人口最密集、城市化程度最高、经济最发达的地区。经过二十多年的快速城市建设,沿运城市及周边的水网已经受到不同程度的破坏,环境污染严重、开放空间缺乏,与此同时,城市居民对良好环境和休憩空间的要求将不断提高。大运河因此将成为连接城市与区域生态网络、改善城市生态环境和建立市民休憩空间的战略性资源。

构建"大运河国家遗产与生态廊道"的紧迫性

经过我们的系统实地考察发现,这样一条对国土生态安全和民族文化认同具有关键意义的遗产与生态廊道目前面临着严重的威胁,如不尽快统一规划、保护、管理和建设,必将造成难以挽回的遗憾。

1. 运河及沿线的许多珍贵遗产正在消失和遭受破坏。古运河河道有的地段已被开垦种地，有的已成为垃圾坑和排污沟，一些世界级的水工设施已遭严重毁坏。

2. 以运河为骨架的水系统和湿地系统正面临恶化。千百年的人工和自然过程使大运河与区域水系统形成了一个连续、完整、富有生命的生态景观网络。而在近些年的城市建设、市政基础设施建设和水利工程建设等过程中，这个生态景观网络已受到严重破坏，包括污染、截断、河道硬化渠化、水系填埋、覆盖等等，如果不进行系统规划和管理，大运河虽有形骸却无生命。

3. 城市扩张和急功近利的工程正在吞噬国家遗产。许多地方没有真正认识到大运河的生态与遗产价值，而是片面追求眼前利益，开展各类破坏性的工程建设，包括夹运房地产开发、粗制滥造假古董开发旅游等等，严重损害了大运河遗产廊道的真实性，导致其生态服务功能的丧失。

4. 南水北调的历史机遇和挑战。这是继京杭大运河开凿以来又一次对以运河为骨架和主体形成的区域生态网络施加的人工干扰。这是对运河遗产廊道保护的一次挑战，同时也是一次历史性机会，如果明智地加以规划利用，会有利于运河断流和生态功能瘫痪区域系统的生态系统修复和运河遗产保护，从而实现生态与遗产廊道的建立。关键在于系统全面的规划和管理，切勿单一目标导向。

措施

1. 尽快由国务院领导成立专门机构，协调国土资源、建设、文物、环保、林业、水利、宗教等部门，统筹"大运河国家遗产与生态廊道"的建设。

2. 尽快组织专业队伍，系统研究和编制"大运河国家遗产与生态廊道"。

3. 尽快组织制定《大运河国家遗产与生态廊道保护法》或相关的管理条例。

4. 尽快成立专家指导机构，制定工作导则，开展相关规划和调研人员的培训工作，避免使这项事关国土生态安全和中华民族发展的工作流于形式或不够细致。

（本文为2006年俞孔坚教授向温家宝总理建言）

附录三

图表目录

图目：

图 1.1	京杭大运河开凿年代图	5
图 1.2	京杭大运河分段图	6
图 1.3	京杭大运河湖泊水系湿地分布图	14
图 1.4	京杭大运河年均温度分布图	16
图 1.5	京杭大运河年均降雨量分布图	17
图 1.6	京杭大运河年均无霜期分布图	18
图 1.7	京杭大运河日照时数图	19
图 1.8	京杭大运河所经区县人口分布图	22
图 1.9	京杭大运河所经区县人口密度图	23
图 1.10	京杭大运河所经区县国内生产总值图	24
图 1.11	京杭大运河所经区县人均 GDP 图	25
图 1.12	京杭大运河所经区县第一产业图	26
图 1.13	京杭大运河所经区县第二产业图	27
图 1.14	京杭大运河所经区县第三产业图	28
图 2.1	京杭大运河河道宽度图	30
图 2.2	京杭大运河水质现状图	31
图 2.3	京杭大运河堤岸连续性图	33
图 2.4	京杭大运河堤岸类型图	34

图 2.5	京杭大运河航运等级现状图	35
图 2.6	功能相关遗产与运河距离关系	39
图 2.7	历史相关遗产与运河距离关系	41
图 2.8	全部遗产点与运河距离关系	43
图 3.1	西班牙塞戈维亚古城及其高架引水渠(徐四海摄)	60
图 3.2	法国米迪运河(安建国摄)	60
图 3.3	比利时中央运河(温珮君摄)	61
图 3.4	加拿大里多运河(吴万里摄)	61
图 3.5	圣地亚哥德孔波斯特拉朝圣线路(法国部分)(李迪华摄)	62
图 3.6	日本纪伊山朝圣线路(阪冈悌·藤木庸介提供)	63
图 4.1	京杭大运河国家遗产与生态廊道保护范围	78
图 4.2	京杭大运河国家遗产和生态廊道规划剖面示意图	82
图 4.3	京杭大运河国家遗产与生态廊道平面布局示意图	83
图 5.1	通惠河北京城区段两岸 100m 范围剖面图	95
图 5.2	通惠河北京城区段两岸 1000m 范围剖面图	95
图 5.3	通惠河北京城区段典型照片	95
图 5.4	通惠河通州城区段两岸 100m 范围剖面图	95
图 5.5	通惠河通州城区段两岸 1000m 范围剖面图	96
图 5.6	通惠河通州城区段典型照片	96
图 5.7	北运河通州城区段两岸 100m 范围剖面图	102
图 5.8	北运河通州城区段两岸 1000m 剖面图	102
图 5.9	北运河通州城区段典型照片	102
图 5.10	北运河六环路——潞湾橡胶坝段两岸 100m 范围剖面图	109
图 5.11	北运河六环路——潞湾橡胶坝段两岸 1000m 范围剖面图	109
图 5.12	北运河六环路——潞湾橡胶坝段典型照片	109
图 5.13	北运河潞湾橡胶坝——青龙湾减河段两岸 100m 范围剖面	116
图 5.14	北运河潞湾橡胶坝——青龙湾减河段两岸 1000m 范围剖面	116
图 5.15	北运河潞湾橡胶坝——青龙湾减河段典型照片	116

图 5.16　北运河青龙湾减河——武清城区北边缘段两岸
　　　　100m 范围剖面图 ································· 118
图 5.17　北运河青龙湾减河——武清城区北边缘段两岸
　　　　1000m 范围剖面图 ································ 118
图 5.18　北运河青龙湾减河——武清城区北边缘段典型照片 ············· 119
图 5.19　北运河武清城区段两岸 100m 范围剖面图 ················· 120
图 5.20　北运河武清城区段两岸 1000m 范围剖面图 ················ 120
图 5.21　北运河武清城区段典型照片 ························· 120
图 5.22　北运河武清城区南边缘——屈家店枢纽段两岸
　　　　100m 范围剖面图 ································· 124
图 5.23　北运河武清城区南边缘——屈家店枢纽段两岸
　　　　1000m 范围剖面 ·································· 124
图 5.24　北运河武清城区南边缘——屈家店枢纽段典型照片 ············ 124
图 5.25　北运河屈家店枢纽——新红桥段两岸 100m 范围剖面图 ········· 126
图 5.26　北运河屈家店枢纽——新红桥段两岸 1000m 范围剖面图 ········ 126
图 5.27　北运河屈家店枢纽——新红桥段典型照片 ················· 126
图 5.28　北运河新红桥——三岔口段两岸 100m 范围剖面图 ············ 128
图 5.29　北运河新红桥——三岔口段两岸 1000m 范围剖面图 ··········· 128
图 5.30　北运河新红桥——三岔口段典型照片 ··················· 128
图 5.31　南运河天津城区段两岸 100m 范围剖面图 ················· 141
图 5.32　南运河天津城区段两岸 1000m 范围剖面图 ················ 141
图 5.33　南运河天津城区段典型照片 ························· 142
图 5.34　南运河天津城区南——杨柳青段两岸 100m 范围剖面图 ········· 144
图 5.35　南运河天津城区南——杨柳青段两岸 1000m 范围剖面图 ········ 144
图 5.36　南运河天津城区南——杨柳青段典型照片 ················· 144
图 5.37　南运河杨柳青城区段两岸 100m 范围剖面图 ··············· 145
图 5.38　南运河杨柳青城区段两岸 1000m 范围剖面图 ··············· 145
图 5.39　南运河杨柳青城区段典型照片 ······················· 146
图 5.40　南运河杨柳青城区边缘——独流减河段两岸
　　　　100m 范围剖面图 ································· 149

图 5.41	南运河杨柳青城区边缘——独流减河段两岸 1000m 范围剖面图	149
图 5.42	南运河杨柳青城区边缘——独流减河段典型照片	149
图 5.43	南运河独流减河——九宣闸段两岸 100m 范围剖面图	150
图 5.44	南运河独流减河——九宣闸段两岸 1000m 范围剖面图	150
图 5.45	南运河独流减河——九宣闸段典型照片	151
图 5.46	南运河九宣闸——青县城区边缘段两岸 100m 范围剖面图	152
图 5.47	南运河九宣闸——青县城区边缘段两岸 1000m 范围剖面图	152
图 5.48	南运河九宣闸——青县城区边缘段典型照片	153
图 5.49	南运河青县城区段两岸 100m 范围剖面图	154
图 5.50	南运河青县城区段两岸 1000m 范围剖面图	154
图 5.51	南运河青县城区段典型照片	155
图 5.52	南运河青县城区边缘——沧州市边缘段两岸 100m 范围剖面图	156
图 5.53	南运河青县城区边缘——沧州市边缘段两岸 1000m 范围剖面图	156
图 5.54	南运河青县城区边缘——沧州市边缘段典型照片	156
图 5.55	南运河沧州城区段两岸 100m 范围剖面图	158
图 5.56	南运河沧州城区段两岸 1000m 范围剖面图	158
图 5.57	南运河沧州城区段典型照片	158
图 5.58	南运河沧州城区边缘——泊头城区边缘段两岸 100m 范围剖面图	159
图 5.59	南运河沧州城区边缘——泊头城区边缘段两岸 1000m 范围剖面图	159
图 5.60	南运河沧州城区边缘——泊头城区边缘段典型照片	160
图 5.61	南运河泊头城区段两岸 100m 范围剖面图	162
图 5.62	南运河泊头城区段两岸 1000m 范围剖面图	162
图 5.63	南运河泊头城区段典型照片	162

图 5.64　南运河泊头城区边缘——东关县码头镇段两岸
100m 范围剖面图 ··· 164
图 5.65　南运河泊头城区边缘——东关县码头镇段两岸
1000m 范围剖面图 ·· 164
图 5.66　南运河泊头城区边缘——东关县码头镇段典型照片 ········· 164
图 5.67　南运河东光县码头镇——德州城区段两岸
100m 范围剖面图 ··· 166
图 5.68　南运河东光县码头镇——德州城区段两岸
1000m 范围剖面图 ·· 166
图 5.69　南运河东光县码头镇——德州城区段典型照片 ············· 166
图 5.70　南运河德州城区段两岸 100m 范围剖面图 ················· 168
图 5.71　南运河德州城区段两岸 1000m 范围剖面图 ················ 168
图 5.72　南运河德州城区段典型照片 ···························· 169
图 5.73　南运河德州市区南——四女寺水利枢纽段两岸
100m 范围剖面图 ··· 170
图 5.74　南运河德州市区南——四女寺水利枢纽段两岸
1000m 范围剖面图 ·· 170
图 5.75　南运河德州市区南——四女寺水利枢纽段典型照片图 ······· 170
图 5.76　南运河四女寺水利枢纽——故城县建国镇段两岸
100m 范围剖面图 ··· 171
图 5.77　南运河四女寺水利枢纽——故城县建国镇段两岸
1000m 范围剖面图 ·· 171
图 5.78　南运河四女寺水利枢纽——故城县建国镇段典型照片 ······· 172
图 5.79　南运河故城县建国镇——临清舍利塔段两岸
100m 范围剖面图 ··· 173
图 5.80　南运河故城县建国镇——临清舍利塔段两岸
1000m 范围剖面图 ·· 173
图 5.81　南运河故城县建国镇——临清舍利塔段典型照片 ··········· 173
图 5.82　南运河临清舍利塔——引黄济津穿卫枢纽段两岸
100m 范围剖面图 ··· 174

图 5.83	南运河临清舍利塔——引黄济津穿卫枢纽段两岸1000m 范围剖面图	174
图 5.84	南运河临清舍利塔——引黄济津穿卫枢纽段典型照片	174
图 5.85	历代会通河上闸坝示意图(《聊城地区水利志》,1993)	176
图 5.86	明代会通河示意图(《聊城地区水利志》,1993)	177
图 5.87	聊城运河元宝桥——工农桥段两岸 100m 范围剖面图	183
图 5.88	聊城运河元宝桥——工农桥段两岸 1000m 范围剖面图	183
图 5.89	聊城运河元宝桥——工农桥段典型照片	183
图 5.90	聊城运河头闸口——二闸口段两岸 100m 范围剖面图	186
图 5.91	聊城运河头闸口——二闸口段两岸 1000m 范围剖面图	186
图 5.92	聊城运河头闸口——二闸口段典型照片	186
图 5.93	聊城运河二闸口——鳌头矶段两岸 100m 范围剖面图	188
图 5.94	聊城运河二闸口——鳌头矶段两岸 1000m 范围剖面图	188
图 5.95	聊城运河二闸口——鳌头矶段典型照片	188
图 5.96	聊城运河鳌头矶——歇马亭段两岸 100m 范围剖面图	190
图 5.97	聊城运河鳌头矶——歇马亭段两岸 1000m 范围剖面图	190
图 5.98	聊城运河鳌头矶——歇马亭段典型照片	190
图 5.99	聊城运河歇马亭——郭庄闸段两岸 100m 范围剖面图	191
图 5.100	聊城运河歇马亭——郭庄闸段两岸 1000m 范围剖面图	192
图 5.101	聊城运河歇马亭——郭庄闸段典型照片	192
图 5.102	聊城运河郭庄闸——魏湾段两岸 100m 范围剖面图	193
图 5.103	聊城运河郭庄闸——魏湾段两岸 1000m 范围剖面图	193
图 5.104	聊城运河郭庄闸——魏湾段典型照片	193
图 5.105	聊城运河魏湾——马颊河段两岸 100m 范围剖面图	195
图 5.106	聊城运河魏湾——马颊河段两岸 1000m 范围剖面图	195
图 5.107	聊城运河魏湾——马颊河段典型照片	195
图 5.108	聊城运河马颊河——辛闸段两岸 100m 范围剖面图	196
图 5.109	聊城运河马颊河——辛闸段两岸 1000m 范围剖面图	197
图 5.110	聊城运河马颊河——辛闸段典型照片	197
图 5.111	聊城运河辛闸——周公河段两岸 100m 范围剖面图	198

图 5.112	聊城运河辛闸——周公河段两岸 1000m 范围剖面图	198
图 5.113	聊城运河辛闸——周公河段典型照片	199
图 5.114	聊城运河周公河——兴华街桥段两岸 100m 范围剖面图	199
图 5.115	聊城运河周公河——兴华街桥段两岸 1000m 范围剖面图	200
图 5.116	聊城运河周公河——兴华街桥段典型照片	200
图 5.117	聊城运河兴华街桥——山陕会馆南段两岸 100m 范围剖面图	201
图 5.118	聊城运河兴华街桥——山陕会馆南段两岸 1000m 范围剖面图	201
图 5.119	聊城运河兴华街桥——山陕会馆南段典型照片	201
图 5.120	聊城运河山陕会馆南——沉沙池段两岸 100m 范围剖面图	204
图 5.121	聊城运河山陕会馆南——沉沙池段两岸 1000m 范围剖面图	204
图 5.122	聊城运河山陕会馆南——沉沙池段典型照片	205
图 5.123	聊城运河沉沙池——周店段两岸 100m 范围剖面图	206
图 5.124	聊城运河沉沙池——周店段两岸 1000m 范围剖面图	206
图 5.125	聊城运河沉沙池——周店段典型照片	206
图 5.126	聊城运河周店——张秋闸堤口段两岸 100m 范围剖面图	208
图 5.127	聊城运河周店——张秋闸堤口段两岸 1000m 范围剖面图	208
图 5.128	聊城运河周店——张秋闸堤口段典型照片	208
图 5.129	聊城运河郭庄闸——周店段两岸 100m 范围剖面图	212
图 5.130	聊城运河郭庄闸——周店段两岸 1000m 范围剖面图	212
图 5.131	聊城运河郭庄闸——周店段典型照片	213
图 5.132	聊城运河周店——位山引黄闸段两岸 100m 范围剖面图	213

图 5.133	聊城运河周店——位山引黄闸段两岸 1000m 范围剖面图	213
图 5.134	聊城运河周店——位山引黄闸段典型照片	214
图 5.135	梁济运河梁山县东郊段两岸 100m 范围剖面图	222
图 5.136	梁济运河梁山县东郊段两岸 1000m 范围剖面图	222
图 5.137	梁济运河梁山县东郊段典型照片	222
图 5.138	梁济运河济宁郊区段两岸 100m 范围剖面图	223
图 5.139	梁济运河济宁郊区段两岸 1000m 范围剖面图	224
图 5.140	梁济运河济宁郊区段典型照片	224
图 5.141	梁济运河安山老运河段两岸 100m 范围剖面图	225
图 5.142	梁济运河安山老运河段两岸 1000m 范围剖面图	225
图 5.143	梁济运河安山老运河段典型照片	225
图 5.144	梁济运河靳口老运河段两岸 100m 范围剖面图	227
图 5.145	梁济运河靳口老运河段两岸 1000m 范围剖面图	227
图 5.146	梁济运河靳口老运河段典型照片	227
图 5.147	梁济运河济宁市区老运河太白楼段两岸 100m 范围剖面图	230
图 5.148	梁济运河济宁市区老运河太白楼段两岸 1000m 范围剖面图	230
图 5.149	梁济运河济宁市区老运河太白楼段典型照片	230
图 5.150	梁济运河济宁市区越河段两岸 100m 范围剖面图	230
图 5.151	梁济运河济宁市区越河段运河 1000m 范围剖面图	231
图 5.152	梁济运河济宁市区越河段典型照片	231
图 5.153	梁济运河济宁郊区老运河石化厂段两岸 100m 范围剖面图	234
图 5.154	梁济运河济宁郊区老运河石化厂段两岸 1000m 范围剖面图	234
图 5.155	梁济运河济宁市郊区老运河石化厂段典型照片	234
图 5.156	南四湖区运河上级湖西线航道大李庄到小李庄段两岸 100m 范围剖面图	244

图 5.157 南四湖区运河上级湖西线航道大李庄到小李庄段两岸 1000m 范围剖面图 ·················· 245

图 5.158 南四湖区运河下级湖西线航道二级坝南段两岸 100m 范围剖面图 ·················· 245

图 5.159 南四湖区运河下级湖西线航道二级坝南段两岸 1000m 范围剖面图 ·················· 245

图 5.160 南四湖区运河下级湖东线航道二级坝南段两岸 100m 范围剖面图 ·················· 245

图 5.161 南四湖区运河下级湖东线航道二级坝南段两岸 1000m 范围剖面图 ·················· 245

图 5.162 南四湖区运河南阳镇老运河段两岸 100m 范围剖面图 ········ 247

图 5.163 南四湖区运河南阳镇老运河段两岸 1000m 范围剖面图 ········ 247

图 5.164 南四湖区运河南阳镇老运河段典型照片 ···················· 247

图 5.165 南四湖区运河鱼台郊区老运河段两岸 100m 范围剖面图 ·················· 249

图 5.166 南四湖区运河鱼台郊区老运河段两岸 1000m 范围剖面图 ·················· 249

图 5.167 南四湖区运河鱼台郊区老运河段典型照片 ················ 250

图 5.168 南四湖区运河鱼台——南阳段两岸 100m 范围剖面图 ········ 251

图 5.169 南四湖区运河鱼台——南阳段两岸 1000m 范围剖面图 ········ 251

图 5.170 南四湖区运河鱼台——南阳段典型照片 ···················· 251

图 5.171 南四湖区运河微山县夏镇闸口桥段两岸 100m 范围剖面图 ·················· 252

图 5.172 南四湖区运河微山县夏镇闸口桥段两岸 1000m 范围剖面图 ·················· 252

图 5.173 南四湖区运河微山县夏镇闸口桥段典型照片 ············ 253

图 5.174 南四湖区运河韩庄运河韩庄节制闸段两岸 100m 范围剖面图 ·················· 256

图 5.175 南四湖区运河韩庄运河韩庄节制闸段两岸 1000m 范围剖面图 ·················· 256

图 5.176	南四湖区运河韩庄运河韩庄节制闸段典型照片 ·················	256
图 5.177	南四湖区运河韩庄运河台儿庄节制闸段两岸 100m 范围剖面图 ·················	257
图 5.178	南四湖区运河韩庄运河台儿庄节制闸段两岸 1000m 范围剖面图 ·················	257
图 5.179	南四湖区运河台儿庄老运河段两岸 100m 范围剖面图 ·········	258
图 5.180	南四湖区运河台儿庄老运河段两岸 1000m 范围剖面图 ·······	258
图 5.181	南四湖区运河台儿庄老运河段典型照片 ·················	259
图 5.182	不牢河徐州郊区解台船闸段两岸 100m 范围剖面图 ··········	265
图 5.183	不牢河徐州郊区解台船闸段两岸 1000m 范围剖面图 ········	265
图 5.184	不牢河徐州郊区解台船闸段典型照片 ·················	265
图 5.185	徐州市废黄河段两岸 100m 范围剖面图 ·················	267
图 5.186	徐州市废黄河段两岸 1000m 范围剖面图 ·················	267
图 5.187	徐州市废黄河段典型照片 ·················	268
图 5.188	中运河苏鲁边界至窑湾段两岸 100m 范围剖面图 ··········	281
图 5.189	中运河苏鲁边界至窑湾段两岸 1000m 范围剖面图 ········	281
图 5.190	中运河苏鲁边界至窑湾段典型照片 ·················	281
图 5.191	中运河窑湾至皂河段两岸 100m 范围剖面图 ··········	284
图 5.192	中运河窑湾至皂河段两岸 1000m 范围剖面图 ········	284
图 5.193	中运河窑湾至皂河段典型照片 ·················	284
图 5.194	中运河皂河闸至宿迁北郊段两岸 100m 范围剖面图 ··········	287
图 5.195	中运河皂河闸至宿迁北郊段两岸 1000m 范围剖面图 ········	287
图 5.196	中运河皂河闸至宿迁北郊段典型照片 ·················	288
图 5.197	中运河宿迁市北郊段两岸 100m 范围剖面图 ··········	289
图 5.198	中运河宿迁市北郊段两岸 1000m 范围剖面图 ········	289
图 5.199	中运河宿迁市北郊段典型照片 ·················	289
图 5.200	中运河宿迁市区中心段两岸 100m 范围剖面图 ··········	291
图 5.201	中运河宿迁市区中心段两岸 1000m 范围剖面图 ········	291
图 5.202	中运河宿迁市区中心段典型照片 ·················	291
图 5.203	中运河宿迁市南郊段两岸 100m 范围剖面图 ··········	295

图 5.204　中运河宿迁市南郊段两岸 1000m 范围剖面图 ………………… 295
图 5.205　中运河宿迁市南郊段典型照片 ………………………………… 296
图 5.206　中运河宿迁市南郊至泗阳段两岸 100m 范围剖面图 ………… 298
图 5.207　中运河宿迁市南郊至泗阳段两岸 1000m 范围剖面图 ……… 299
图 5.208　中运河宿迁市南郊至泗阳段典型照片 ………………………… 299
图 5.209　中运河泗阳周庄至淮阴闸段两岸 100m 范围剖面图 ………… 301
图 5.210　中运河泗阳周庄至淮阴闸段两岸 1000m 范围剖面图 ……… 302
图 5.211　中运河泗阳周庄至淮阴闸段典型照片 ………………………… 302
图 5.212　里运河(新)淮安市西郊段两岸 100m 范围剖面图 …………… 316
图 5.213　里运河(新)淮安市西郊段两岸 1000m 范围剖面图 ………… 316
图 5.214　里运河(新)淮安市西郊段典型照片 …………………………… 317
图 5.215　里运河(新)淮安市区段两岸 100m 范围剖面图 ……………… 318
图 5.216　里运河(新)淮安市区段两岸 1000m 范围剖面图 …………… 318
图 5.217　里运河(新)淮安市区段典型照片 ……………………………… 319
图 5.218　里运河(老)淮安市区段两岸 100m 范围剖面图(1) ………… 320
图 5.219　里运河(老)淮安市区段两岸 1000m 范围剖面图(1) ……… 320
图 5.220　里运河(老)淮安市区段典型照片(1) ………………………… 321
图 5.221　里运河(老)淮安市区段两岸 100m 范围剖面图(2) ………… 321
图 5.222　里运河(老)淮安市区段两岸 1000m 范围剖面图 (2) ……… 321
图 5.223　里运河(老)淮安市区段典型照片(2) ………………………… 321
图 5.224　里运河(老)楚州区北郊段两岸 100m 范围剖面图 …………… 326
图 5.225　里运河(老)楚州区北郊段两岸 1000m 范围剖面图 ………… 326
图 5.226　里运河(老)楚州区北郊段典型照片 …………………………… 326
图 5.227　里运河(新)楚州区段两岸 100m 范围剖面图 ………………… 328
图 5.228　里运河(新)楚州区段两岸 1000m 范围剖面图 ……………… 328
图 5.229　里运河(老)楚州区城区段两岸 100m 范围剖面图 …………… 329
图 5.230　里运河(老)楚州区城区段两岸 1000m 范围剖面图 ………… 329
图 5.231　里运河(老)楚州区城区段典型照片 …………………………… 329
图 5.232　里运河(老)楚州区南郊段两岸 100m 范围剖面图 …………… 336
图 5.233　里运河(老)楚州区南郊段两岸 1000m 范围剖面图 ………… 336

图 5.234	里运河(老)楚州区南郊段典型照片	336
图 5.235	里运河楚州区南郊至宝应县段两岸 100m 范围剖面图	339
图 5.236	里运河楚州区南郊至宝应县段两岸 1000m 范围剖面图	339
图 5.237	里运河楚州区南郊至宝应县段典型照片	340
图 5.238	里运河宝应县——邵伯镇段两岸 100m 范围剖面图	341
图 5.239	里运河宝应县——邵伯镇段两岸 1000 范围剖面图	341
图 5.240	里运河宝应县——邵伯镇段典型照片	342
图 5.241	里运河邵伯镇——茱萸湾段两岸 100m 范围剖面图	352
图 5.242	里运河邵伯镇——茱萸湾段两岸 1000m 范围剖面图	352
图 5.243	里运河邵伯镇——茱萸湾段典型照片	352
图 5.244	里运河茱萸湾——扬州新运河入江口段两岸 100m 范围剖面图	357
图 5.245	里运河茱萸湾——扬州新运河入江口段两岸 1000m 范围剖面图	357
图 5.246	里运河茱萸湾——扬州闸段两岸 100m 范围剖面图	358
图 5.247	里运河茱萸湾——扬州闸段两岸 1000m 范围剖面图	358
图 5.248	里运河茱萸湾——扬州闸段典型照片	358
图 5.249	里运河扬州闸——扬农集团段两岸 100m 范围剖面图	360
图 5.250	里运河扬州闸——扬农集团段两岸 1000m 范围剖面图	360
图 5.251	里运河扬州闸——扬农集团段典型照片	360
图 5.252	里运河扬农集团——瓜州镇段两岸 100m 范围剖面图	376
图 5.253	里运河扬农集团——瓜州镇段两岸 1000m 范围剖面图	376
图 5.254	里运河扬农集团——瓜州镇段典型照片	376
图 5.255	江南运河京口闸——老西门桥段两岸 100m 范围剖面图	404
图 5.256	江南运河京口闸——老西门桥段两岸 1000m 范围剖面图	404
图 5.257	江南运河京口闸——老西门桥段典型照片	404
图 5.258	江南运河老西门桥——青年广场段两岸 100m 范围剖面图	411

图 5.259 江南运河老西门桥——青年广场段两岸 1000m
范围剖面图 ………………………………………………… 411
图 5.260 江南运河老西门桥——青年广场段典型照片 ……… 412
图 5.261 江南运河青年广场——丁卯桥段两岸 100m
范围剖面图(1) …………………………………………… 417
图 5.262 江南运河青年广场——丁卯桥段两岸 1000m
范围剖面图(1) …………………………………………… 417
图 5.263 江南运河青年广场——丁卯桥段两岸 100m
范围剖面图(2) …………………………………………… 417
图 5.264 江南运河青年广场——丁卯桥段两岸 1000m
范围剖面图(2) …………………………………………… 418
图 5.265 江南运河青年广场——丁卯桥段典型照片 ………… 418
图 5.266 江南运河丁卯桥——谏壁闸段两岸 100m 范围剖面图 ……… 419
图 5.267 江南运河丁卯桥——谏壁闸段两岸 1000m 范围剖面图 …… 419
图 5.268 江南运河丁卯桥——谏壁闸段典型照片 …………… 420
图 5.269 江南运河谏壁闸——丹阳市段两岸 100m 范围剖面图 ……… 421
图 5.270 江南运河谏壁闸——丹阳市段两岸 1000m 范围剖面图 …… 421
图 5.271 江南运河谏壁闸——丹阳市段典型照片 …………… 422
图 5.272 江南运河丹阳市——武进区段两岸 100m 范围剖面图 ……… 423
图 5.273 江南运河丹阳市——武进区段两岸 1000m 范围剖面图 …… 423
图 5.274 江南运河丹阳市——武进区段典型照片 …………… 424
图 5.275 江南运河武进区——市区怀德桥段两岸 100m
范围剖面图 ………………………………………………… 425
图 5.276 江南运河武进区——市区怀德桥段两岸 1000m
范围剖面图 ………………………………………………… 425
图 5.277 江南运河武进区——市区怀德桥段典型照片 ……… 425
图 5.278 江南运河市区怀德桥——朝阳桥段两岸 100m
范围剖面图 ………………………………………………… 426
图 5.279 江南运河市区怀德桥——朝阳桥段两岸 1000m
范围剖面图 ………………………………………………… 427

图 5.280	江南运河市区怀德桥——朝阳桥段典型照片	427
图 5.281	江南运河明长城——东坡公园段两岸 100m 范围剖面图	428
图 5.282	江南运河明长城——东坡公园段两岸 1000m 范围剖面图	428
图 5.283	江南运河明长城——东坡公园段典型照片	428
图 5.284	江南运河朝阳桥——戚墅堰段两岸 100m 范围剖面图	436
图 5.285	江南运河朝阳桥——戚墅堰段两岸 1000m 范围剖面图	436
图 5.286	江南运河朝阳桥——戚墅堰段典型照片	436
图 5.287	江南运河戚墅堰——山北大桥段两岸 100m 范围剖面图	438
图 5.288	江南运河戚墅堰——山北大桥段两岸 1000m 范围剖面图	438
图 5.289	江南运河戚墅堰——山北大桥段典型照片	438
图 5.290	江南运河山北大桥——吴桥段两岸 100m 范围剖面图	439
图 5.291	江南运河山北大桥——吴桥段两岸 1000m 范围剖面图	439
图 5.292	江南运河山北大桥——吴桥段典型照片	439
图 5.293	江南运河吴桥——国际集装箱中转站(新运河)段两岸 100m 范围剖面图	441
图 5.294	江南运河吴桥——国际集装箱中转站(新运河)段两岸 1000m 范围剖面图	441
图 5.295	江南运河吴桥——国际集装箱中转站(新运河)段典型照片	441
图 5.296	江南运河江尖公园——跨塘桥(东护城河)段两岸 100m 范围剖面图	445
图 5.297	江南运河江尖公园——跨塘桥(东护城河)段两岸 1000m 范围剖面图	445
图 5.298	江南运河江尖公园——跨塘桥(东护城河)段	

	典型照片 ……………………………………………………	445
图 5.299	江南运河吴桥——跨塘桥(西护城河)段两岸 100m 范围剖面图(1) ……………………………………………	447
图 5.300	江南运河吴桥——跨塘桥(西护城河)段两岸 1000m 范围剖面图(1) ……………………………………………	447
图 5.301	江南运河吴桥——跨塘桥(西护城河)段两岸 100m 范围剖面图(2) ……………………………………………	447
图 5.302	江南运河吴桥——跨塘桥(西护城河)段两岸 1000m 范围剖面图(2) ……………………………………………	448
图 5.303	江南运河吴桥——跨塘桥(西护城河)段典型照片 ……	448
图 5.304	江南运河跨塘桥——清名桥段两岸 100m 范围剖面图 ……	453
图 5.305	江南运河跨塘桥——清名桥段两岸 1000m 范围剖面图 ……	453
图 5.306	江南运河跨塘桥——清名桥段典型照片 ……………	453
图 5.307	江南运河清名桥——钢铁桥段两岸 100m 范围剖面图 ……	455
图 5.308	江南运河清名桥——钢铁桥段两岸 1000m 范围剖面图 ……	455
图 5.309	江南运河清名桥——钢铁桥段典型照片 ……………	455
图 5.310	江南运河钢铁桥——新虹桥段两岸 100m 范围剖面图 ……	457
图 5.311	江南运河钢铁桥——新虹桥段两岸 1000m 范围剖面图 ……	457
图 5.312	江南运河钢铁桥——新虹桥段典型照片 ……………	457
图 5.313	江南运河新虹桥——望亭段两岸 100m 范围剖面图 ……	458
图 5.314	江南运河新虹桥——望亭段两岸 1000m 范围剖面图 ……	458
图 5.315	江南运河新虹桥——望亭段典型照片 ………………	458
图 5.316	江南运河望亭——枫桥段两岸 100m 范围剖面图 ……	460
图 5.317	江南运河望亭——枫桥段两岸 1000m 范围剖面图 ……	460
图 5.318	江南运河望亭——枫桥段典型照片 …………………	460
图 5.319	江南运河枫桥——运河公园段两岸 100m 范围剖面图 ……	463
图 5.320	江南运河枫桥——运河公园段两岸 1000m 范围剖面图 ……	463
图 5.321	江南运河枫桥——运河公园段典型照片 ……………	463
图 5.322	江南运河运河公园——宝带桥段两岸 100m 范围剖面图 ……………………………………………………	465

图 5.323	江南运河运河公园——宝带桥段两岸 1000m 范围剖面图	466
图 5.324	江南运河运河公园——宝带桥段典型照片	466
图 5.325	江南运河宝带桥——吴江市段两岸 100m 范围剖面图	469
图 5.326	江南运河宝带桥——吴江市段两岸 1000m 范围剖面图	469
图 5.327	江南运河宝带桥——吴江市段典型照片	469
图 5.328	江南运河吴江市区段两岸 100m 范围剖面图	470
图 5.329	江南运河吴江市区段两岸 1000m 范围剖面图	470
图 5.330	江南运河吴江市区段典型照片	471
图 5.331	江南运河吴江市区——平望镇段两岸 100m 范围剖面图	473
图 5.332	江南运河吴江市区——平望镇段两岸 1000m 范围剖面图	473
图 5.333	江南运河吴江市区——平望镇段典型照片	473
图 5.334	江南运河平望镇区段两岸 100m 范围剖面图	474
图 5.335	江南运河平望镇区段两岸 1000m 范围剖面图	475
图 5.336	江南运河平望镇区段典型照片	475
图 5.337	江南运河平望镇——嘉兴北郊河段两岸 100m 范围剖面图(1)	476
图 5.338	江南运河平望镇——嘉兴北郊河段两岸 1000m 范围剖面图(1)	476
图 5.339	江南运河平望镇——嘉兴北郊河段两岸 100m 范围剖面图(2)	477
图 5.340	江南运河平望镇——嘉兴北郊河段两岸 1000m 范围剖面图(2)	477
图 5.341	江南运河平望镇——嘉兴北郊河段典型照片	477
图 5.342	江南运河山塘河段两岸 100m 范围剖面图	480
图 5.343	江南运河山塘河段两岸 1000m 范围剖面图	480
图 5.344	江南运河上塘河段两岸 100m 范围剖面图	480
图 5.345	江南运河上塘河段两岸 1000m 范围剖面图	481

图 5.346	江南运河山塘河段典型照片	481
图 5.347	江南运河上塘河段典型照片	481
图 5.348	江南运河护城河段两岸 100m 范围剖面图	490
图 5.349	江南运河护城河段两岸 1000m 范围剖面图	490
图 5.350	江南运河护城河段典型照片	491
图 5.351	江南运河横塘——胥门段两岸 100m 范围剖面图	532
图 5.352	江南运河横塘——胥门段两岸 1000m 范围剖面图	532
图 5.353	江南运河横塘——胥门段典型照片	533
图 5.354	江南运河觅渡桥——宝带桥段两岸 100m 范围剖面图	533
图 5.355	江南运河觅渡桥——宝带桥段两岸 1000m 范围剖面图	533
图 5.356	江南运河觅渡桥——宝带桥段典型照片	533
图 5.357	江南运河嘉兴市区段两岸 100m 范围剖面图（1）	536
图 5.358	江南运河嘉兴市区段两岸 1000m 范围剖面图（1）	536
图 5.359	江南运河嘉兴市区段两岸 100m 范围剖面图（2）	536
图 5.360	江南运河嘉兴市区段两岸 1000m 范围剖面图（2）	536
图 5.361	江南运河嘉兴市区段典型照片	536
图 5.362	江南运河嘉兴北郊——石门崇福——塘栖段两岸 100m 范围剖面图（1）	543
图 5.363	江南运河嘉兴北郊——石门崇福——塘栖段两岸 1000m 范围剖面图（1）	543
图 5.364	江南运河嘉兴北郊——石门崇福——塘栖段两岸 100m 范围剖面图（2）	543
图 5.365	江南运河嘉兴北郊——石门崇福——塘栖段两岸 1000m 范围剖面图（2）	544
图 5.366	江南运河嘉兴北郊——石门崇福——塘栖段两岸 100m 范围剖面图（3）	544
图 5.367	江南运河嘉兴北郊——石门崇福——塘栖段两岸 1000m 范围剖面图（3）	544
图 5.368	江南运河嘉兴北郊——石门崇福——塘栖段典型照片	544
图 5.369	江南运河崇福——长安——临平段两岸 100m	

	范围剖面图 ……………………………………………………	548
图 5.370	江南运河崇福——长安——临平段两岸 1000m	
	范围剖面图 ……………………………………………………	548
图 5.371	江南运河崇福——长安——临平段典型照片 …………	548
图 5.372	江南运河塘栖——拱墅区段两岸 100m 范围剖面图 ……	550
图 5.373	江南运河塘栖——拱墅区段两岸 1000m 范围剖面图 …	550
图 5.374	江南运河塘栖——拱墅区段典型照片 …………………	550
图 5.375	江南运河临平余杭——拱墅区段两岸 100m	
	范围剖面图 ……………………………………………………	552
图 5.376	江南运河临平余杭——拱墅区段两岸 1000m	
	范围剖面图 ……………………………………………………	553
图 5.377	江南运河临平余杭——拱墅区段典型照片 ……………	553
图 5.378	江南运河拱墅区——三堡船闸段两岸 100m	
	范围剖面图（1） ………………………………………………	556
图 5.379	江南运河拱墅区——三堡船闸段两岸 1000m	
	范围剖面图（1） ………………………………………………	556
图 5.380	江南运河拱墅区——三堡船闸段两岸 100m	
	范围剖面图（2） ………………………………………………	556
图 5.381	江南运河拱墅区——三堡船闸段两岸 1000m	
	范围剖面图（2） ………………………………………………	556
图 5.382	江南运河拱墅区——三堡船闸段典型照片 ……………	557
图 5.383	江南运河东河段两岸 100m 范围剖面图 ………………	562
图 5.384	江南运河东河段两岸 1000m 范围剖面图 ………………	562
图 5.385	江南运河杭州城区段典型照片 …………………………	562
图 6.1	通运桥 ……………………………………………………………	583
图 6.2	张家湾镇城墙遗址 ……………………………………………	584
图 6.3	张家湾运河码头遗址 …………………………………………	584
图 6.4	张家湾镇清真寺 ………………………………………………	585
图 6.5	香河县文庙 ………………………………………………………	585
图 6.6	秦营古码头遗址 ………………………………………………	586

图 6.7　三角坝沉船 …… 587
图 6.8　河西务清真寺 …… 587
图 6.9　河西务城址 …… 588
图 6.10　仓上遗址 …… 588
图 6.11　筐儿港坝 …… 589
图 6.12　清世祖顺治帝手植槐 …… 590
图 6.13　天津天穆回民村 …… 590
图 6.14　天津鼓楼 …… 591
图 6.15　广东会馆 …… 592
图 6.16　古文化街 …… 592
图 6.17　天津文庙 …… 593
图 6.18　吕祖堂 …… 594
图 6.19　天后宫 …… 594
图 6.20　望海楼教堂 …… 595
图 6.21　金刚桥 …… 596
图 6.22　红灯照黄莲圣母停船场 …… 597
图 6.23　引滦入津纪念碑 …… 597
图 6.24　石家大院 …… 598
图 6.25　杨柳青文昌阁 …… 599
图 6.26　西钓台古城址 …… 600
图 6.27　唐官屯清真寺 …… 600
图 6.28　九宣闸 …… 601
图 6.29　南运河靳官屯闸碑 …… 602
图 6.30　赵兵部墓 …… 602
图 6.31　马厂营房 …… 603
图 6.32　马厂炮台 …… 603
图 6.33　大邵庄汉墓群 …… 604
图 6.34　东空城遗址 …… 605
图 6.35　盘古祠 …… 605
图 6.36　清真北大寺 …… 606

图 6.37	沧州市文庙	607
图 6.38	沧州旧城	608
图 6.39	沧州铁狮子	608
图 6.40	登瀛桥	609
图 6.41	刘焘墓	609
图 6.42	捷地减水闸遗址（重建新闸）	610
图 6.43	捷地减水闸乾隆碑	610
图 6.44	捷地减水闸清同治年间立碑	611
图 6.45	捷地石姥姆座像	611
图 6.46	古皮城	612
图 6.47	范丹居	613
图 6.48	南皮石金刚	613
图 6.49	明槐	614
图 6.50	六合武馆	614
图 6.51	泊头清真寺	615
图 6.52	泊头火柴厂	615
图 6.53	东光码头遗址	616
图 6.54	东光铁佛寺	617
图 6.55	泰山行宫	617
图 6.56	马致远纪念馆	618
图 6.57	永清观	618
图 6.58	景县舍利塔	619
图 6.59	封氏墓群	620
图 6.60	孙膑石牛	621
图 6.61	吴桥唐槐	621
图 6.62	吴桥三里井卧槐	622
图 6.63	苦井甘泉	622
图 6.64	澜阳书院	623
图 6.65	苏禄王墓	624
图 6.66	四女寺枢纽	625

图 6.67	临清舍利塔	626
图 6.68	临清清真北寺	627
图 6.69	问津桥	627
图 6.70	清真东寺	628
图 6.71	会通古槐	629
图 6.72	月径桥	629
图 6.73	天桥	630
图 6.74	会通闸	630
图 6.75	大宁寺	631
图 6.76	通济桥	632
图 6.77	鳌头矶	632
图 6.78	五样松	633
图 6.79	临清钞关	633
图 6.80	二闸	634
图 6.81	头闸	635
图 6.82	歇马亭古岱庙	636
图 6.83	戴湾闸	636
图 6.84	魏湾钞关	637
图 6.85	土闸	638
图 6.86	梁乡闸	638
图 6.87	辛闸	639
图 6.88	聊城铁塔	640
图 6.89	王口古槐	640
图 6.90	小礼拜寺	641
图 6.91	闸北古槐	642
图 6.92	聊城清真西寺	642
图 6.93	光岳楼	643
图 6.94	大码头	643
图 6.95	海源阁	644
图 6.96	基督教堂	645

图 6.97	山陕会馆	646
图 6.98	小码头	647
图 6.99	傅以渐墓及傅氏先茔	647
图 6.100	李海务闸遗址	648
图 6.101	周店闸	649
图 6.102	七级古镇北大桥与古街	650
图 6.103	刘楼闸	650
图 6.104	海会寺	651
图 6.105	阿城下闸	652
图 6.106	张秋古镇与石桥	654
图 6.107	张秋五体十三碑	654
图 6.108	陈家老宅	655
图 6.109	张秋清真南寺	656
图 6.110	张秋清真东寺	656
图 6.111	张秋山陕会馆	657
图 6.112	张秋下闸	658
图 6.113	张秋上闸	658
图 6.114	景阳岗	659
图 6.115	太白楼	661
图 6.116	太白楼御碑	661
图 6.117	太白楼壮观碑	661
图 6.118	东大寺前门	661
图 6.119	东大寺后门	661
图 6.120	东大寺大殿	661
图 6.121	竹竿巷	663
图 6.122	安山闸	664
图 6.123	安山运河古堤	665
图 6.124	靳口古运河闸	665
图 6.125	袁口古运河闸	666
图 6.126	开河古运河闸	666

图 6.127	南旺分水龙王庙	667
图 6.128	柳林闸	668
图 6.129	长沟闸	668
图 6.130	十里闸	669
图 6.131	南阳清真寺大门	670
图 6.132	南阳清真寺残余一间房	670
图 6.133	南阳镇东西古商业街及建筑	671
图 6.134	南阳古运河残道	671
图 6.135	新河神庙残存石碑	672
图 6.136	微山县夏镇闸口桥	673
图 6.137	吕公堂春秋阁及碑	674
图 6.138	仲子庙	675
图 6.139	台儿庄月河街	676
图 6.140	台儿庄清真古寺	677
图 6.141	台儿庄清真南寺	678
图 6.142	太和号及旁边商号	678
图 6.143	台儿庄船闸	679
图 6.144	台儿庄山西会馆	680
图 6.145	台儿庄古码头	681
图 6.146	乾隆行宫	682
图 6.147	北洞山西汉楚王陵	683
图 6.148	山西会馆	683
图 6.149	黄楼	684
图 6.150	牌楼	685
图 6.151	兴化寺大雄宝殿	686
图 6.152	狮子山西汉楚王陵及兵马俑	687
图 6.153	戏马台	688
图 6.154	窑湾古镇中宁街	689
图 6.155	窑湾山西会馆	690
图 6.156	龙王庙行宫	691

图 6.157	马陵公园正门	692
图 6.158	极乐律院	693
图 6.159	项王故里公园	693
图 6.160	清江浦楼	695
图 6.161	清江文庙	695
图 6.162	慈云禅寺	696
图 6.163	东西大街	697
图 6.164	苏皖边区政府旧址	697
图 6.165	清晏园	698
图 6.166	惠济祠	699
图 6.167	码头镇	700
图 6.168	古末口	701
图 6.169	吴承恩故居	702
图 6.170	河下古镇石板街	702
图 6.171	天后宫	703
图 6.172	总督漕运公署遗址	704
图 6.173	镇淮楼	704
图 6.174	淮安府儒学泮池	705
图 6.175	潘埙墓	706
图 6.176	洪泽湖大堤	707
图 6.177	第一山	708
图 6.178	东阳城遗址	709
图 6.179	泗州城遗址	709
图 6.180	明祖陵	710
图 6.181	宁国寺	711
图 6.182	盂城驿	712
图 6.183	南门大街	712
图 6.184	镇国寺塔	713
图 6.185	高邮州署	714
图 6.186	文游台	714

图 6.187	界首镇护国寺大殿	715
图 6.188	子婴坝	715
图 6.189	车逻坝	716
图 6.190	昭关坝旧址	716
图 6.191	汪姓盐商住宅	717
图 6.192	卢姓盐商住宅	718
图 6.193	徐宅楠木楼	719
图 6.194	廖姓盐商住宅	719
图 6.195	八咏园	721
图 6.196	长生寺阁	721
图 6.197	二分明月楼	722
图 6.198	甘泉县衙署门厅	723
图 6.199	人民银行楠木厅	723
图 6.200	四岸公所楠木厅	723
图 6.201	愿生寺	724
图 6.202	何园	725
图 6.203	刘氏庭园	726
图 6.204	刘庄	726
图 6.205	梅花书院	727
图 6.206	匏庐	728
图 6.207	杨氏小筑	729
图 6.208	扬州教案旧址	729
图 6.209	邱氏园	730
图 6.210	蔚圃	730
图 6.211	文公祠	731
图 6.212	个园	732
图 6.213	扬州城西门遗址	733
图 6.214	普哈丁墓	734
图 6.215	重宁寺	734
图 6.216	天宁寺	735

图 6.217	天主教堂	736
图 6.218	史可法祠、堂与陵墓	737
图 6.219	小苑	737
图 6.220	盐运使司衙署门厅	738
图 6.221	朱草诗林	738
图 6.222	东关古渡	739
图 6.223	茱萸湾古闸区	740
图 6.224	黄金坝和邗沟	740
图 6.225	大明寺	741
图 6.226	便宜门广场和禅臣洋行旧址	742
图 6.227	文峰塔	743
图 6.228	高旻寺	743
图 6.229	虎踞桥	744
图 6.230	丁卯桥今址	745
图 6.231	练湖闸	746
图 6.232	西津渡、待渡亭	747
图 6.233	昭关石塔	748
图 6.234	新河街一条街	748
图 6.235	米业公所	749
图 6.236	小京口闸	750
图 6.237	镇江英国领事馆旧址	750
图 6.238	丹阳南朝陵墓石刻	751
图 6.239	僧伽塔	752
图 6.240	毗陵驿	754
图 6.241	文亨桥	755
图 6.242	西瀛门城墙	756
图 6.243	新坊桥	757
图 6.244	广济桥	757
图 6.245	御码头	758
图 6.246	文笔塔	759

图 6.247	护王府(纪念馆)	759
图 6.248	青果巷历史文化保护街区	760
图 6.249	县文庙大成殿	760
图 6.250	舣舟亭	761
图 6.251	天宁寺	762
图 6.252	黄埠墩	762
图 6.253	西水仙庙	763
图 6.254	惠山寺庙园林	765
图 6.255	寄畅园	765
图 6.256	天主堂	767
图 6.257	东林书院	767
图 6.258	薛福成故居	768
图 6.259	荣德生旧居	770
图 6.260	小娄巷	771
图 6.261	日晖巷传统街区	771
图 6.262	茂新面粉厂	772
图 6.263	南长街明清水弄堂	772
图 6.264	大窑路窑群遗址	773
图 6.265	清名桥	774
图 6.266	伯渎桥	774
图 6.267	南水仙庙	775
图 6.268	永泰丝厂	776
图 6.269	海宁救熄会	776
图 6.270	耕读桥	777
图 6.271	鼎昌丝厂旧址	778
图 6.272	枫桥	779
图 6.273	江村桥	779
图 6.274	彩云桥	780
图 6.275	上津桥、下津桥	781
图 6.276	吴门桥	782

图 6.277	觅渡桥	782
图 6.278	行春桥、越城桥	783
图 6.279	宝带桥	784
图 6.280	吴江古纤道遗址	785
图 6.281	盘门	786
图 6.282	铁铃关	787
图 6.283	潮州会馆	787
图 6.284	苏纶纱厂旧址	788
图 6.285	苏州海关旧址	789
图 6.286	太和面粉厂旧址	790
图 6.287	日本领事馆旧址	791
图 6.288	日商瑞丰丝厂旧址	791
图 6.289	美孚石油公司油库	792
图 6.290	横塘驿站	793
图 6.291	长安虹桥	794
图 6.292	长虹桥	796
图 6.293	司马高桥	796
图 6.294	秀城桥	797
图 6.295	沈钧儒纪念馆	803
图 6.296	嘉兴南湖中共"一大"会址	804
图 6.297	丰子恺故居——缘缘堂	805
图 6.298	茅盾故居	806
图 6.299	小河直街历史街区	808
图 6.300	六和塔	809
图 6.301	闸口白塔	810
图 6.302	凤凰寺	811
图 6.303	胡庆余堂	813
图 6.304	南宋临安城遗址	814
图 6.305	六部桥	816
图 6.306	欢喜永宁桥	816

表目：

表1.1	京杭大运河各段自然地理概况	20
表2.1	京杭大运河沿线遗产类型表	36
表2.2	京杭大运河遗产保护类型表	37
表2.3	京杭大运河沿线遗产与运河关系类型表	37
表2.4	京杭大运河沿线遗产与运河关系类型表	38
表2.5	功能相关遗产沿运河分布情况	38
表2.6	历史相关遗产沿运河分布情况	40
表2.7	空间相关遗产沿运河分布情况	40
表2.8	全部文化遗产沿运河分布情况	42
表2.9	京杭大运河沿线代表性非物质文化遗产	44
表3.1	部分欧洲国家与遗产区域类似的保护项目	64
表4.1	京杭大运河国家遗产与生态廊道构成要素表	72
表4.2	研究资料收集和野外调查的区县范围	73
表4.3	京杭大运河国家遗产与生态廊道典型河道保护与利用导则	80
表5.1	通惠河与北运河流经区县气候状况	89
表5.2	通惠河与北运河流经区县经济情况(2002)	90
表5.3	通惠河与北运河各区县河段水质情况(2003)	91
表5.4	北运河在北京市不同年代平均出境水量统计表	91
表5.5	通惠河、北运河主要流经区县环境情况(2004年9月)	92
表5.6	通惠河、北运河河道分段表	92
表5.7	通惠河沿线主要文化遗产分布表	96
表5.8	北运河通州城区段主要文化遗产分布表	103
表5.9	北运河六环路——武清城区北边缘段主要文化遗产分布表	110
表5.10	北运河武清城区北边缘——新红桥段主要文化遗产分布表	121
表5.11	北运河新红桥——三岔口段主要文化遗产分布表	129
表5.12	南运河流经区县气候状况	134
表5.13	南运河流经区县经济情况(2002)	136
表5.14	南运河典型断面历年水质监测结果	137

表 5.15	南运河河道分段表	138
表 5.16	南运河天津城区段主要文化遗产分布表	142
表 5.17	南运河杨柳青城区段主要文化遗产分布表	146
表 5.18	南运河水工建筑物详细技术指标表	147
表 5.19	南运河独流减河——九宣闸段主要文化遗产分布表	151
表 5.20	南运河九宣闸——青县城区边缘段主要文化遗产分布表	153
表 5.21	南运河青县城区边缘——沧州市边缘段主要文化遗产分布表	157
表 5.22	南运河沧州城区段主要文化遗产分布表	158
表 5.23	南运河沧州城区边缘——泊头城区边缘段主要文化遗产分布表	160
表 5.24	南运河泊头城区段主要文化遗产分布表	163
表 5.25	南运河泊头城区边缘——东关县码头镇段主要文化遗产分布表	165
表 5.26	南运河东光县码头镇——德州城区段主要文化遗产分布表	167
表 5.27	南运河德州城区段主要文化遗产分布表	169
表 5.28	运河聊城段流经区县气候状况	179
表 5.29	运河聊城段流经区县经济情况(2002)	180
表 5.30	运河聊城段河道分段表	181
表 5.31	聊城运河元宝桥——工农桥段主要文化遗产分布表	184
表 5.32	聊城运河头闸口——二闸口段主要文化遗产分布表	187
表 5.33	聊城运河二闸口——鳌头矶段主要文化遗产分布表	189
表 5.34	聊城运河鳌头矶——歇马亭段主要文化遗产分布表	191
表 5.35	聊城运河郭庄闸——魏湾段主要文化遗产分布表	194
表 5.36	聊城运河魏湾——马颊河段主要文化遗产分布表	196
表 5.37	聊城运河马颊河——辛闸段主要文化遗产分布表	197
表 5.38	聊城运河兴华街桥——山陕会馆南段主要文化遗产分布表	202
表 5.39	聊城运河沉沙池——周店段主要文化遗产分布表	207

表 5.40	聊城运河周店——张秋闸堤口段主要文化遗产分布表	209
表 5.41	梁济运河主要支流水系	215
表 5.42	梁济运河流经区县气候状况	217
表 5.43	梁济运河与废弃老运河流经区县经济情况(2002)	218
表 5.44	梁济运河污染情况	219
表 5.45	梁济运河河道分段表	220
表 5.46	梁济运河安山老运河段主要文化遗产分布表	226
表 5.47	梁济运河黄河以南到济宁以北老运河段主要文化遗产分布表	228
表 5.48	梁济运河济宁市区老运河段主要文化遗产分布表	231
表 5.49	南四湖水系主要河流情况	236
表 5.50	南四湖区段运河流经区县气候状况	238
表 5.51	南四湖区段运河流经区县经济情况(2002)	239
表 5.52	南四湖区段南水北调控制单元 1995—2002 年水质监测结果	240
表 5.53	南四湖区段运河河道分段表	241
表 5.54	南四湖区段运河主要文化遗产分布表	246
表 5.55	南四湖区运河南阳镇老运河段主要文化遗产分布表	248
表 5.56	南四湖区运河微山县老运河段主要文化遗产分布表	253
表 5.57	韩庄运河干流堤岸特征表	256
表 5.58	南四湖区运河韩庄运河段主要文化遗产分布表	257
表 5.59	南四湖区运河台儿庄老运河段主要文化遗产分布表	259
表 5.60	不牢河流经市县气候状况	261
表 5.61	不牢河流经市县经济情况(2002)	263
表 5.62	不牢河段运河河道分段表	264
表 5.63	京杭运河不牢河段主要文化遗产分布表	266
表 5.64	徐州市废黄河段主要文化遗产分布表	268
表 5.65	中运河与里运河流经区县气候状况	275
表 5.66	中运河流经区县经济情况(2002)	276
表 5.67	中运河各区县河段及相关水体水质情况(2003)	277

表 5.68	中运河河道分段表	……	278
表 5.69	中运河苏鲁边界至窑湾段主要文化遗产分布表	……	282
表 5.70	中运河窑湾至宿迁段主要文化遗产分布表	……	285
表 5.71	中运河皂河闸至宿迁北郊段主要船闸	……	285
表 5.72	中运河皂河闸至宿迁北郊段主要涵闸	……	286
表 5.73	中运河宿迁市北郊段主要水工建筑	……	288
表 5.74	中运河宿迁市区段主要文化遗产分布表	……	292
表 5.75	中运河宿迁市南郊至泗阳段主要船闸	……	296
表 5.76	中运河宿迁市南郊至泗阳段大型涵闸	……	297
表 5.77	中运河泗阳周庄至淮阴闸段主要船闸	……	300
表 5.78	中运河泗阳周庄至淮阴闸段主要涵闸	……	300
表 5.79	中运河泗阳周庄至淮阴闸段主要文化遗产分布表	……	302
表 5.80	里运河流经区县气候状况	……	306
表 5.81	里运河流经区县经济情况（2002）	……	307
表 5.82	里运河淮安市各区县河段水质情况（2003）	……	308
表 5.83	运河水生物状况（1）	……	309
表 5.84	运河水生物状况（2）	……	310
表 5.85	里运河河道分段表	……	312
表 5.86	里运河（新）淮安市西郊段主要船闸	……	314
表 5.87	里运河（新）淮安市西郊段主要涵闸	……	315
表 5.88	里运河（新）淮安市西郊段主要文化遗产分布表	……	317
表 5.89	里运河（老）淮安市区段主要文化遗产分布表	……	322
表 5.90	里运河（老）楚州区北郊段主要水工建筑	……	325
表 5.91	里运河（新）楚州区段主要涵闸	……	327
表 5.92	里运河（老）楚州区城区段主要文化遗产分布表	……	330
表 5.93	里运河（老）楚州区南郊段主要涵闸	……	335
表 5.94	里运河楚州区南郊至宝应县段主要船闸	……	337
表 5.95	里运河楚州区南郊至宝应县段主要涵闸	……	338
表 5.96	里运河楚州区南郊至宝应县段水电站	……	338
表 5.97	里运河宝应县——邵伯镇段主要文化遗产分布表	……	342

表 5.98	里运河邵伯镇——茱萸湾段主要文化遗产分布表	353
表 5.99	里运河茱萸湾——扬州闸段主要文化遗产分布表	359
表 5.100	里运河扬州闸——扬农集团段主要文化遗产分布表	361
表 5.101	里运河扬农集团——瓜州镇段主要文化遗产分布表	377
表 5.102	江南运河镇江运河段流经区县气候状况	383
表 5.103	江南运河常州运河段流经区县气候状况	383
表 5.104	江南运河无锡运河段流经区县气候状况	384
表 5.105	江南运河苏州运河段流经区县气候状况	385
表 5.106	江南运河嘉兴运河段流经区县气候状况	386
表 5.107	江南运河杭州运河段流经区县气候状况	386
表 5.108	江南运河镇江运河段流经区县社会经济情况（2002）	389
表 5.109	江南运河常州运河段流经区县社会经济情况（2002）	389
表 5.110	江南运河无锡运河段流经区县社会经济情况（2002）	390
表 5.111	江南运河苏州运河段流经区县社会经济情况（2002）	390
表 5.112	江南运河嘉兴运河段流经区县社会经济情况（2002）	391
表 5.113	江南运河杭州运河段流经区县社会经济情况	392
表 5.114	镇江运河各区县河段水质情况	392
表 5.115	常州运河各区县河段水质情况	393
表 5.116	无锡运河各区县河段水质情况	394
表 5.117	苏州运河各区县河段水质情况	394
表 5.118	嘉兴运河各区县河段水质情况	395
表 5.119	杭州运河（包含古运河）各区县河段水质情况	395
表 5.120	江南运河河道分段表	399
表 5.121	江南运河京口闸——老西门桥段主要文化遗产分布表	405
表 5.122	江南运河老西门桥——青年广场段主要文化遗产分布表	412
表 5.123	江南运河青年广场——丁卯桥段主要文化遗产分布表	418
表 5.124	江南运河丁卯桥——谏壁闸段主要文化遗产分布表	420
表 5.125	江南运河谏壁闸——丹阳市段主要文化遗产分布表	422
表 5.126	江南运河丹阳市——武进区段主要文化遗产分布表	424

表5.127	江南运河武进区——市区怀德桥段主要文化遗产分布表	426
表5.128	江南运河明长城——东坡公园段主要文化遗产分布表	429
表5.129	江南运河朝阳桥——戚墅堰段主要文化遗产分布表	437
表5.130	江南运河山北大桥——吴桥段主要文化遗产分布表	440
表5.131	江南运河吴桥——国际集装箱中转站(新运河)段主要文化遗产分布表	442
表5.132	江南运河江尖公园——跨塘桥(东护城河)段主要文化遗产分布表	446
表5.133	江南运河吴桥——跨塘桥(西护城河)段主要文化遗产分布表	449
表5.134	江南运河跨塘桥——清名桥段主要文化遗产分布表	454
表5.135	江南运河清名桥——钢铁桥段主要文化遗产分布表	456
表5.136	江南运河望亭——枫桥段主要文化遗产分布表	461
表5.137	江南运河枫桥——运河公园段主要文化遗产分布表	464
表5.138	江南运河运河公园——宝带桥段主要文化遗产分布表	466
表5.139	江南运河吴江市区段主要文化遗产分布表	471
表5.140	江南运河吴江市区——平望镇段主要文化遗产分布表	474
表5.141	江南运河平望镇区段主要文化遗产分布表	475
表5.142	江南运河平望镇——嘉兴北郊河段主要文化遗产分布表	478
表5.143	江南运河山塘河段主要文化遗产分布表	482
表5.144	江南运河上塘河段主要文化遗产分布表	488
表5.145	江南运河护城河段主要文化遗产分布表	491
表5.146	江南运河横塘——胥门段主要文化遗产分布表	534
表5.147	江南运河觅渡桥——宝带桥段主要文化遗产分布表	534
表5.148	江南运河嘉兴市区段主要文化遗产分布表	537
表5.149	江南运河嘉兴北郊——石门崇福——塘栖段主要文化遗产分布表	545
表5.150	江南运河崇福——长安——临平段主要文化	

	遗产分布表 ……………………………………………………	549
表5.151	江南运河塘栖——拱墅区段主要文化遗产分布表 …………	551
表5.152	江南运河临平（余杭）——拱墅区段主要文化 遗产分布表 ……………………………………………………	553
表5.153	江南运河拱墅区——三堡船闸段主要文化遗产分布表 ……	557
表5.154	江南运河中河段主要文化遗产分布表 ………………………	563
表5.155	江南运河东河段主要文化遗产分布表 ………………………	579
表5.156	江南运河贴沙河段主要文化遗产分布表 ……………………	581

附录四

京杭大运河剖面图图例

护坡类型	图例	堤岸类型	图例	河床类型	图例	配景	图例
自然护坡（缓）		柏油路		湿地		车	
半自然护坡（缓）		砂石路		水道		人	
固化护坡（垂直）		土路		湿地+水道			
固化护坡（陡）		砖石路		固化河床			
自然护坡（陡）		水泥路					
半自然护坡（陡）							

表1 河堤剖面类型示意图例

用地类型	图例	用地类型	图例		用地类型	图例	
广场、公共绿地	G1	湿地、水体	E1		河床、一道堤	以1:1000的剖面为准，缩小比例	
防护林	G22	工业用地	无污染、干扰工业用地	M1	二道堤	‖	
			一般污染、干扰工业用地	M2			
			严重污染、干扰工业用地	M3			
荒草地	E7	对外交通用地	铁路	T1	公共设施用地	商业用地	C2
			公路	T2		体育用地	C4
			港口	T4		历史街区、文物古迹用地	C7
果园苗圃	G21	村镇居住用地	E6		仓库堆场	普通仓库	W1
						危险仓库	W2
						堆场	W3
农田	E2	城市居住用地	二类居住	R2			
			三类居住	R3			
			四类居住	R4			

表2 用地类型代码图例

用地类型	图例	用地类型	图例	用地类型	图例
旱作农田		城市住宅		广场、公共绿地	
水作农田		工厂		港口、码头	
荒草地		农村住宅		落叶灌木	
常绿灌木		仓库堆场		落叶乔木	
常绿阔叶乔木		历史街区		针叶乔木	
湿地、湖泊		公共设施		果园苗圃	

表3　用地类型示意图例

用地类型	图例	用地类型	图例	用地类型	图例
农田	G1	湿地、水体	E1	河床、一道堤	以1:1000的剖面为准，缩小比例
防护林	G22	工业用地	M1 M2 M3	二道堤	
荒草地	E7	对外交通用地	T1 T2 T4	公共设施用地	C2 C4
广场、公共绿地	G21	村镇居住用地	E6	仓库堆场	W1 W2 W3
果园苗圃	E2	城市居住用地	R2 R3 R4		
		历史街区、文物古迹用地	C7		

表4　用地类型颜色图例

索 引

通惠河　4，7，20，44，87—96，100，108，582，818，857，884

北运河　4，7，10—12，20，29，44，87—94，96—103，108—121，123—129，132，229，260，273，379，582，586，587，589，694，807，818，839，841，843，857，858，884

南运河　4，7，8，10，15，20，29，44，50，127，131—147，149—174，179，226，235，255，292，382，461，596，597，601，602，612，624，753，793，819，840，841，845，846，858—860，874，884，885

会通河　4，8，9，20，173，175，176，184，189，191，192，194，196，198，200，204，205，207，214，215，248，249，627，634，637，649，653，673，860，861

梁济运河　4，8—10，20，44，214—231，233—236，240，242，243，659，821，862，863，885，886

南四区湖段　9，235，238—241，246，669，822，886

不牢河段　4，10，20，44，260，261，263，264，266，680，822，886

中运河　4，10—13，15，20，44，246，260，261，263，264，272—279，281—292，295—302，379，466，687，690，823，865，866，886，887

里运河　4，11，13，15，20，44，275，277，303，305—309，312—322，325—330，333—342，351—353，356—361，375—377，693，694，739，823，866，867，886—888

江南运河　4，12，13，15，21，29，44，379，380，382—386，389—392，396，399，403—405，411，412，417—429，435—442，444—449，452—466，468—478，480—482，488，490，491，532—537，543—545，548—553，555—557，561—563，579，581，743，749，784，788，792，827，829，867—873，888—890

北京　3，4，7，29，36，50—53，72，73，87，88，90—92，94—101，103—107，110，114，116，117，248，582，583，801，812，818，821，822，827，834，839—845，849，857，884

天津　3，7，36，50，72，73，88，90—92，111—114，117，121—123，126，127，129—134，138，141—144，146，147，149—151，157，586—591，593—596，598—601，703，818—820，833，840，841，843—845，858，874，884

河北　3，7，8，10—12，29，49，50，72，73，88—91，111，114，124，126，127，129—133，143，147，148，152—154，157—161，163，165，167，171，172，175，184，194，214，215，224—226，

232,249,255,260,266,273,275,323,340,
379,403,424,595,601,606,616,620,625,
627,628,637,660,680,685,762,818,820,
822,840,841,844,845

山东　3,7—10,13,29,32,50,73,99,132,
148,165,169,171,172,175,179,197,202,
214,215,217—221,223,226,228,229,231—
233,236,237,239—241,243,246,248,250,
253—255,257,259,260,263,269,272—274,
279,406,414,415,442,443,462,467,487,
572,603,618,645,655,662,679,683,765,
800,812,814,823,826,833,835,842,845,
847,849

江苏　3,12,32,73,237,260—263,266,268—
272,274—276,279,282,283,285,292—294,
302,303,305,306,310,317,322—324,330—
334,342—351,353—356,359,361—375,
377—379,381,387,393,394,396,405—410,
412—416,418,420,422,424,426,429—435,
437,440,442—444,446,449—452,454,456,
461,462,464,466—468,471,472,474,475,
478,482—489,491—531,534,535,690,691,
697,701,706—708,711,714,747,766,792,
795,823,825—827,829—831,836,837,
840—846,849

浙江　3,4,12,32,73,379,381,397,479,537—
542,545—547,549,551,553—555,557—
560,563—581,662,789,795,802,803,824,
826,842,846,849

洛阳　4

东便门　4,87,93,94,98,582

乐家花园　4,87,94

高碑店　4,87,94,99

通州　4,7,52,73,87—93,95,96,100—108,
110,114,115,582—585,818,849,857,884

南开区　136,141—143,591,593,594,596

武清区　73,88—92,111—113,117,121,
586—589

北辰区　73,88—92,122—125,127,590,843

西青区　73,134—136,143,146,147,598,
819,840

红桥区　88—91,122,124,126,127,130,131,
136,141—143,843

杨柳青镇　598,599

康家沟　4,87

香河县　73,88—92,111,114,115,117,585,
844,873

杨村镇　113,121

北仓村　122

静海县　7,73,87,134—136,147,149,151,
599—601,841

唐官屯镇　151,600

捷地镇　7,132,133,148,160,161,609

河西务　7,88,92,111,112,114,116—118,
586—588,873

南蔡村　7,88,113,118

杨村　7,88,113,117,121,125,369

沧州　7,36,73,131,132,136,138,139,147,
152,155—161,167,364,602,606—609,616,
839,859,874,885

临西　7,73,132,135,137,172,841

清河　7,9,11,73,132,135,137,172,215,216,
273,296,307,323,324,569,576,694,807,
840

故城　7,73,132,134—136,140,171—173,
349,624,701,840,860

景县　7,73,132,134—136,165,167,618—
620,841,875

阜城　7,73,132,135,136,163,839

南皮　7,73,132,134—136,159,161,611—613,841,875

泊头市　7,73,132,134—136,159,161,163,613—615,844

吴桥　8,73,132—136,148,165,167,378,380,400,438—442,445—449,620—623,766,820,844,869,870,875,889

沧县　7,73,132—136,148,157,159—161,607,609,611,839

沧州市区　7,73,132,158,606

青县　7,73,132—136,139,147,152—157,601—605,842,859,885

冠县　73,179,180,820

临清　7—9,73,131,132,136—138,140,148,157,166,172—176,178—182,184,185,187,189,191,194,214,215,625—635,637,820,842,860,875,876

夏津　7,73,132,135,137,172,842

武城　7,73,132,135,137,140,148,364,624,842

聊城　8,20,36,44,73,175,176,178—209,212—214,625,628,631—635,637—642,644—650,653,655—657,659,820,821,842,847,860—862,876,885

东昌府区　176,179,180,197,207,637—639,647,648

魏湾　181,192—196,637,861,876,885

七级镇　209,210,648,649

李海务镇　207,648

周店镇　207

德城区　7,73,132,135,137,138,842

张秋镇　209—211,653,655,657,659

梁山　8,9,73,175,214—222,226,228,236,665,707,821,841,862,863

徐州　8,10,11,13,32,36,50,73,175,229,235,241,255,260—276,282,283,673,681—688,823,839,840,845,865,886

微山　8,9,73,175,235—246,248,252—254,672—675,822,842,843,864,878,886

安山　8,9,175,214,215,220,222,224—226,660,663—665,863,877,886

济宁　8—10,32,36,50,73,176,214—217,219—221,223,224,226,228—244,246,248,252—254,603,659,660,662,664,667,669,671—673,679,821,822,840—843,845,863,886

南阳湖　9,10,214—216,218,219,223,235—237,239,243,246,254,669

昭阳湖　9,10,235,237,249,669

独山湖　9,10,235,669

微山湖　9,10,219,235,243,246,255,260,261,263,264,822

韩庄　9,235,242,243,255—257,274,279,864,886

南阳镇　10,235,242,246—248,252,660,669—671,843,864,878,886

南旺镇　216,228,229,660

大王庙　10,11,260,261,264,273,278,279,292

台儿庄　32,238,239,242,255—260,279,675—680,841,842,845,864,865,878,886

鱼台　10,73,235,237—240,242,248—252,257,700,822,842,864

董庄　10,261

铜山　73,261—263,266,267,269,270,823

泗阳　11,73,273—276,278,279,296—303,305,311,703,865,866,887

宿迁　11,36,73,273—279,283,285—299,301,302,305,309,337,681,688,690—693,703,843,846,849,865,866,886,887

夏镇　11,252—255,273,660,672—674,864,878

猫儿窝　11,273

窑湾　11,273,278—285,687—690,865,878,886

曹店子　11,273

宿豫　73,276,849

杨庄　11,273,279,299,305,314,315,337,356

淮阴　11,73,273,277—279,283,284,286—288,290,295,298—303,307,308,310—312,314—317,322—324,330,333,335,337,338,693—699,701,703,704,706—708,824,840,846,866,887

淮安　11,12,36,73,274—277,300,303—312,314—325,327,328,330—335,337,338,340,693,694,696—705,823,824,840,845,846,866,879,887

清浦区　307,323,324

楚州区　11,73,276,277,303,304,306—308,311—313,325—340,701—705,866,887

盱眙　274,304,311,707—710,846

河下古镇　312,325,328,333,702,879

平桥镇　342,705,824

龙虬镇　342

高邮镇　340,342—349

三垛镇　343,344

清江　11,12,303,304,310,319,322,324,325,694,695,878,879

扬州　11,12,36,44,73,303,304,306,309—311,313,337,340,342—375,377—379,707,710,715—718,720—725,727—739,741—743,760,825—827,831,841,844,846,847,867,880,887

码头镇　11,140,163—167,303,317,615,699,700,859,860,879,885

楚州　12,278,304,305,705,824

镇江　12,36,73,379—383,387,389,392,396,398,403—420,422,424,744—751,753,789,808,825,827—829,841,843—847,881,888

宝应　73,305—309,313,337—342,350,351,711,714,715,845,847,866,867,887

邵伯镇　313,340—342,345,351—355,716,867,887

茱萸湾　313,351—353,356—359,739,740,743,867,881,887

高邮　73,305—309,340,341,343—349,711—715,845,847,879

江都　73,308,340,345,355,716,738

邗江区　73,307,308,356,743

京口区　73,383,389,392

丹徒区　73,383,389,392

常州　12,36,73,379—383,387,389,393,396,398,426,429—435,437,752—761,829—831,839,841,846,888

武进区　73,383,389,393,399,423—426,752,868,888

钟楼区　73,383,389,393

无锡　12,21,36,56,57,73,379,380,382,384,387,390,393,394,396—398,437—446,449—452,454,456,762—773,775,777,778,788,789,829—831,842—844,847,888

苏州　12,21,36,56,73,247,379,380,382,384,385,387,388,390,391,394,397,398,459—476,478—480,482—532,534,535,653,662,772,778—793,826,828—833,840,

843—846,849,883,888

嘉兴　12,21,36,73,379—382,385,386,388,391,395,397,398,402,476—479,535—549,794—804,806,833—836,840,846,847,871,872,883,888,889

杭州　3,4,12,21,32,36,52,56,73,248,379,381,382,386,388,389,392,395—398,548,550—581,794,804,807—817,829,836,837,842,845,849,873,888

丹阳　12,73,379,383,389,392,399,421—424,751,753,831,847,868,881,888

崇福　12,379,402,543—549,796,872,889

吴江　12,73,380,382,385,390,394,397,398,401,402,468—474,784,785,795,831,870,871,882,889

平望镇　402,472—478,871,889

塘栖　12,379,402,543—545,549—551,872,873,889

临平　402,403,548,549,552—555,872,873,889

拱墅区　386,392,395,402,403,549—560,873,889,890